LES

FRANÇAIS.

TOME PREMIER.

IMPRIMERIE
DE DECOURCHANT
rue d'Erfurth, 1.

LES
FRANÇAIS
PEINTS
PAR EUX-MÊMES.

TOME PREMIER.

PARIS,

L. CURMER, ÉDITEUR,

49, RUE DE RICHELIEU,

AU PREMIER.

M DCCCXL.

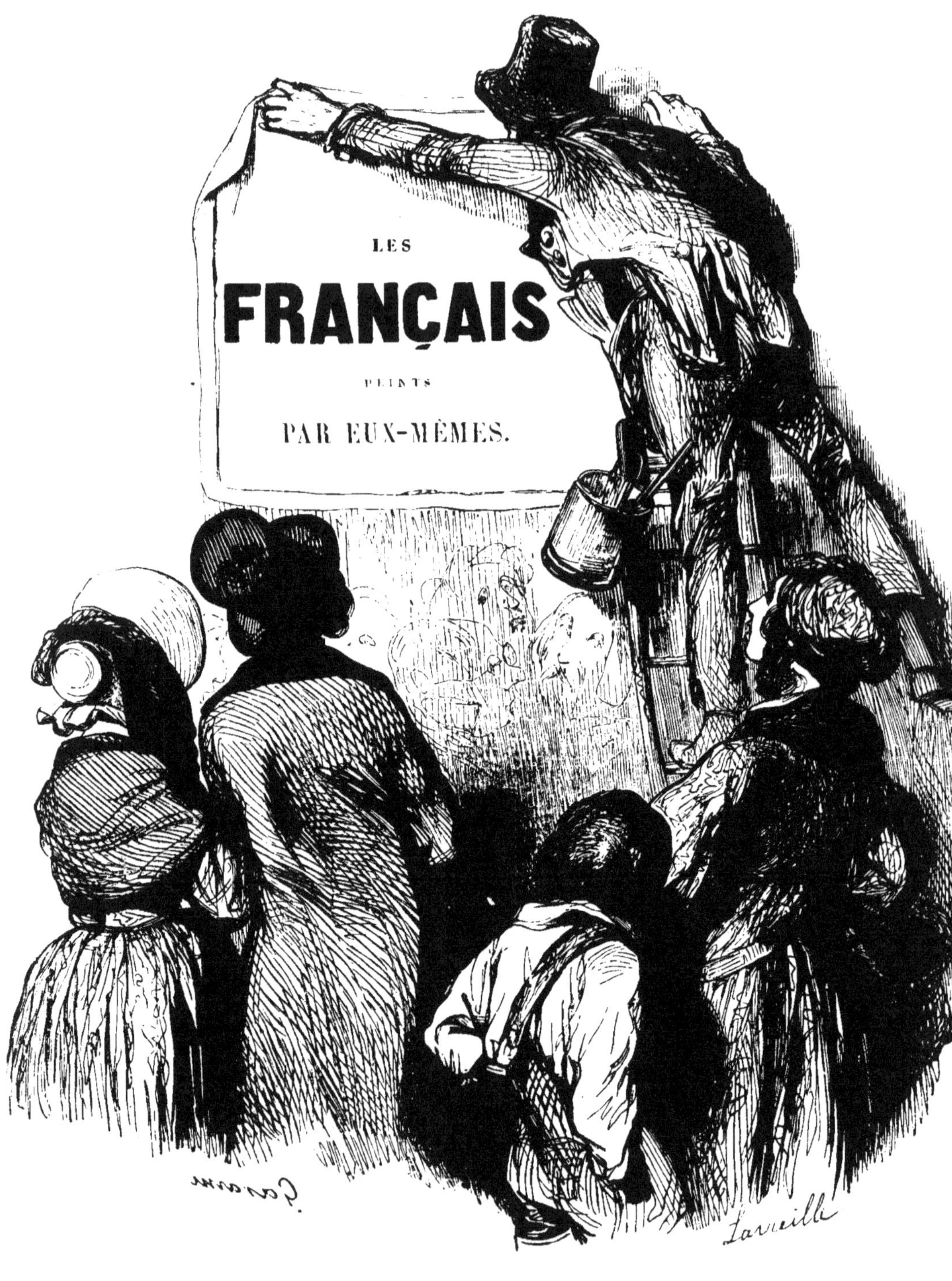
LES
FRANÇAIS
PEINTS
PAR EUX-MÊMES.

A

MESDAMES ANCELOT, DE BAWR, VIRGINIE DE LONGUEVILLE ;

MESSIEURS

A. ACHARD, ALTAROCHE, P. AUDEBRAND,
J. AUGIER, M. AYCARD,
DE BALZAC, DE LA BÉDOLLIERRE, P. BERNARD, E. BLAZE,
E. BRIFFAULT, CHAUDES-AIGUES,
A. CLER, F. COQUILLE, DE CORMENIN, L. COUAILHAC,
Comte DE COURCHAMPS, Vicomte D'ARLINCOURT,
P. DUVAL, ECARNOT,
ARNOULD FREMY, J. HILPERT, J. JANIN, A. KARR, A. DE LACROIX,
A. DE LAFOREST, MÉRY, E. NYON, E. REGNAULT, R. PERRIN,
L. ROUX, E. ROUGET, A. SECOND,
F. SOULIÉ,
TAXILE DELORD, Comte HORACE DE VIEL-CASTEL, F. WEY ;

GAVARNI et H. MONNIER,

L'ÉDITEUR RECONNAISSANT.

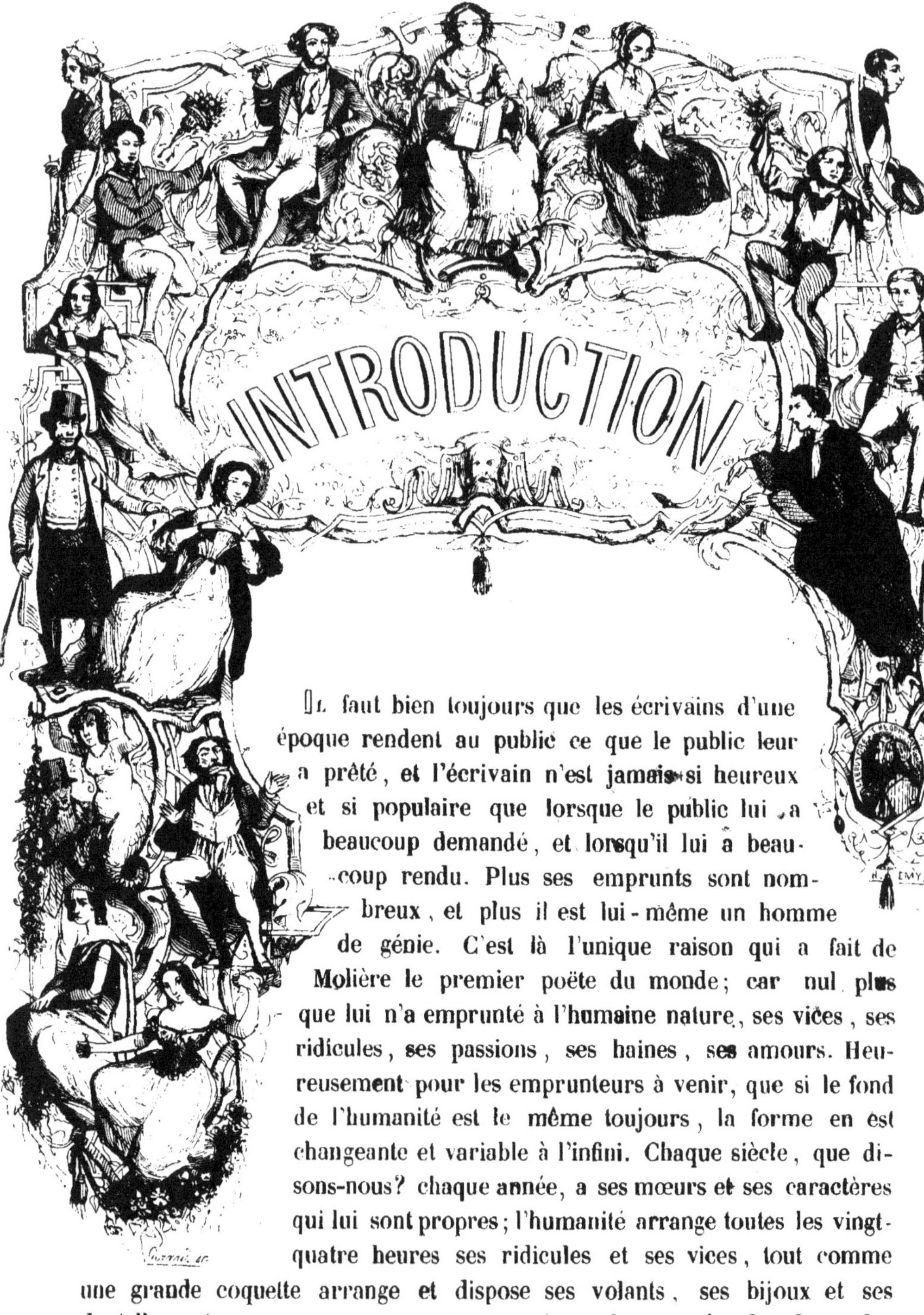

Il faut bien toujours que les écrivains d'une époque rendent au public ce que le public leur a prêté, et l'écrivain n'est jamais si heureux et si populaire que lorsque le public lui a beaucoup demandé, et lorsqu'il lui a beaucoup rendu. Plus ses emprunts sont nombreux, et plus il est lui-même un homme de génie. C'est là l'unique raison qui a fait de Molière le premier poëte du monde; car nul plus que lui n'a emprunté à l'humaine nature, ses vices, ses ridicules, ses passions, ses haines, ses amours. Heureusement pour les emprunteurs à venir, que si le fond de l'humanité est le même toujours, la forme en est changeante et variable à l'infini. Chaque siècle, que disons-nous? chaque année, a ses mœurs et ses caractères qui lui sont propres; l'humanité arrange toutes les vingt-quatre heures ses ridicules et ses vices, tout comme une grande coquette arrange et dispose ses volants, ses bijoux et ses dentelles; et nous ne voyons pas trop, puisque les marchandes de modes ont des livres Sybillins, tout exprès pour expliquer jour par jour les révolutions de leur empire, pourquoi donc n'aurions-nous pas, nous aussi, le peuple frivole et mobile par excellence, un registre tout exprès pour y transcrire ces nuances si fines, si déliées, et pourtant si vraies, de nos mœurs de chaque jour? C'est La Bruyère qui l'a dit, et celui-là s'y connaissait : *Il n'y a point d'année où les folies des hommes ne puissent fournir un volume de caractères.* Et je vous prie, si pareil livre eût été fait seulement depuis les derniers livres de Théophraste, savez-vous une histoire qui fût plus variée, plus remplie, plus charmante, plus vraie surtout et plus animée par toutes sortes de personnages? Mais non, les historiens, oubliant l'espèce humaine, se sont amusés à raconter des siéges, des batailles, des villes prises et renversées, des traités de paix ou de guerre, toutes sortes de choses menteuses, sanglantes et futiles; ils ont dit comment se battaient les hommes et non pas comment ils vivaient; ils ont décrit avec le plus grand soin leurs armures, sans s'inquiéter de leur manteau de chaque jour; ils se sont occupés des lois, non pas des mœurs; ils ont tant fait, que c'est presque en pure perte que ces misérables sept mille années que nous comptons depuis qu'il y a des hommes en société ont été dépensées pour l'observation et pour l'histoire des mœurs.

En effet, comptez donc combien peu de moralistes ont daigné entrer dans ces simples détails de la vie de chaque jour! Comptez donc combien le nombre des poëtes comiques est inférieur au nombre des logiciens, des métaphysiciens, ou simplement des casuistes! Dans cette représentation animée des mœurs et des caractères d'un peuple, l'antiquité ne vit guère que sur Homère et sur Théophraste, sur Plaute et sur Térence; les temps modernes s'appuient sur Molière et sur La Bruyère, deux représentants sérieux et gais à la fois de notre vie publique; l'un, l'historien du peuple, l'ami du peuple; l'autre, l'historien de la cour, dont il était loin d'être l'ami. Entre ces deux grands maîtres se placent, de temps à autre, quelques écrivains subalternes : Sainte-Foix et Mercier, par exemple. Mais chez les badigeonneurs du carrefour et de la rue, quels regards sans portée! quels jugements faits au hasard! Comme ces valets de chambre de l'histoire rapetissent à plaisir leur triste héros, en le réduisant aux proportions les plus infimes! A ces faiseurs de silhouettes crayonnées d'une main tremblante sur le mur d'une cuisine, je préfère encore les satiriques, race acharnée et mal élevée, il est vrai, mais qui finit cependant par arriver à une certaine ressemblance, et dont les pages brutales ressemblent à l'histoire, comme un coup de poignard qui tue ressemble à un coup de bistouri qui sauve. Mais, quoi! nous ne sommes pas chargés de faire l'histoire des moralistes : nous voulons seulement rechercher de quelle façon il faut nous y prendre pour laisser quelque peu, après nous, de cette chose qu'on appelle la vie privée d'un peuple; car, malgré nous, nous qui vivons aujourd'hui, nous serons un jour la postérité. Nous avons beau nous estimer au plus bas, c'est-à-dire nous estimer un peu plus qu'à notre juste valeur, il faudra bien qu'à notre tour nous tombions tête baissée dans ce gouffre béant qu'on appelle l'histoire, et qui finira par absorber l'éternité et Dieu lui-même avec elle. Donc, puisque nous sommes encore, à l'heure qu'il est, sur le bord de ce gouffre, prenons nos précautions pour bien tomber dans l'abîme; le pied peut nous glisser, nous pouvons avoir le vertige, et alors il nous faudrait tomber là comme des goujats pris de vin ou de sommeil.

Oui, songeons-y, un jour viendra où nos petits-fils voudront savoir qui nous étions et ce que nous faisions *en ce temps-là;* comment nous étions vêtus; quelles robes portaient nos femmes; quelles étaient nos maisons, nos habitudes, nos plaisirs; ce que nous entendions par ce mot fragile, soumis à des changements éternels, la beauté? On voudra de nous tout savoir : comment nous montions à cheval? comment nos tables étaient servies? quels vins nous buvions de préférence? Quel genre de poésie nous plaisait davantage, et si nous portions ou non de la poudre sur nos cheveux et à nos jambes des bottes à revers? Sans compter mille autres questions que nous n'osons pas prévoir, qui nous feraient mourir de honte, et que nos neveux s'adresseront tout haut comme les questions les plus naturelles. C'est à en avoir le frisson cent ans à l'avance.

Cependant il faut en prendre votre parti, mes chers contemporains : ce que vous faites aujourd'hui, ce que vous dites aujourd'hui, ce sera de l'histoire un jour. On parlera dans cent ans, comme d'une chose bien extraordinaire, de vos places en bitume, de vos petits bateaux à vapeur, de vos chemins de fer si mal faits, de votre gaz si peu brillant, de vos salles de spectacle si étroites, de votre drame moderne si modéré, de votre vaudeville si réservé et si chaste. Dans ce temps-là, l'on entendra parler d'une capitale d'un grand royaume qui absorbait le royaume tout entier, qui attirait à elle toute fortune et toute beauté, toute intelligence et tout génie, toutes les vertus mais aussi tous les crimes, toutes les poésies mais aussi tous les vices. L'on dira que dans cette capitale, tout le temps de la vie se passait à parler, à écrire, à écouter, à lire : discours écrits le matin dans vos feuilles immenses, discours parlés dans le milieu du jour à la tribune, discours imprimés le soir; que la seule préoccupation de la ville entière était de savoir si elle parlerait un peu mieux le lendemain que la veille; qu'elle n'avait pas d'autre ambition, et que le reste du monde pouvait crouler, pourvu qu'elle eût chaque matin sa dose d'esprit tout fait et de café à la crème. On racontera en même temps que cette ville, si fière de son unité, se divisait cependant en cinq ou six faubourgs, lesquels faubourgs étaient comme autant d'univers séparés l'un de l'autre, bien plus que si chacun d'eux était entouré par la grande muraille de la Chine.

La Bruyère et Molière ne connaissaient l'un et l'autre que ces deux choses : la cour et la ville; tout ce qui n'était pas la cour était la ville, tout ce qui n'était pas la ville était la cour. A la ville, on s'attend au passage dans une promenade publique pour se regarder au visage les uns les autres; les femmes se rassemblent pour montrer une belle étoffe et pour recueillir le prix de leur toilette. Il y a dans la ville la grande et la petite robe; il y a de jeunes magistrats *petits-maîtres ;* il y a les Crispins qui se cotisent en recueillant dans leur famille jusqu'à six chevaux pour allonger un équipage; les Sannions qui se divisent en deux branches, la branche aînée et la branche cadette : ils ont avec les Bourbons, sur une même couleur, le même métal. La ville possède encore le bourgeois qui dit : *Ma meute ;* André le marchand qui donne obscurément des fêtes magnifiques à Élamire; le beau Narcisse qui se lève le matin pour se coucher le soir; le nouvelliste dont la présence est aussi essentielle aux serments des ligues suisses, que celle du chancelier et des ligues mêmes; il y a Théramène, qui est très-riche et qui a donc un très-grand mérite, la terreur des maris, l'épouvantail de ceux qui ont envie de l'être. Paris est le singe de la cour. Pour imiter les femmes de la cour, les femmes de la ville se ruinent en meubles et en dentelles; le jour de leurs noces, elles restent couchées sur leur lit comme sur un théâtre, et exposées à la curiosité publique. La vie se passe à se chercher incessamment les uns les autres, avec l'impatience de ne se point rencontrer. Il est de bon ton d'ignorer le nom des choses les plus communes; de ne point distinguer l'avoine du froment. A cette heure, les bourgeois vont en carrosse, ils s'éclairent avec des bougies et ils se chauffent à un petit feu; l'argent et l'or brillent sur les tables et sur les buffets, ils étaient autrefois dans les coffres; on ne saurait plus distinguer la femme du patricien d'avec la femme du magistrat; en un mot, la ville a tout à fait oublié la vieille sagesse bourgeoise, qui disait, que ce qui est, dans les grands, splendeur, somptuosité, magnificence, est déception, folie, ineptie, dans le particulier.

Telle était la ville il y a cent soixante ans à peine. Vous reconnaissez bien, il est vrai, la ville moderne à quelques-uns de ces traits généraux; mais pourtant quelle différence! Voilà un tableau où l'électeur, le juré, le garde national sont oubliés et traités comme des monstres impossibles; un tableau où l'artiste n'est même pas nommé, où l'écrivain est oublié tout à fait, où le spéculateur et l'homme d'argent paraissent à peine. Dans ce tableau sérieux, la grisette parisienne, le gamin de Paris, la comédienne, la fille folle de son corps, la femme libre dans toute la liberté du mot, n'obtiennent même pas un regard du moraliste. On ne s'occupe ni de l'employé des divers ministères, ni de l'officier à la retraite, ni du savant perdu dans ses livres, ni de l'homme du peuple qui n'existe pas encore et qui s'arme tout bas derrière cette Bastille qui pèse de tout son poids sur le faubourg Saint-Antoine. A voir ce tableau, il vous semble bien, il est vrai, que vous avez vu cela quelque part; mais regardez-le d'un coup d'œil plus attentif, et vous découvrirez que si le théâtre est à peu près le même, les acteurs de la scène ont changé : ce qui explique la nécessité de refaire de temps à autre ces mêmes tableaux dont le coloris s'en va si vite, aquarelles brillantes qui n'auront jamais l'éternité d'un tableau à l'huile; et véritablement, pour les scènes changeantes qu'elles représentent, c'est tant mieux.

Mais voici bien une autre révolution dans les mœurs et dans l'étude des mœurs! Tout un hémisphère qui disparaît! un monde entier qui s'abîme comme font ces îles de la mer, signalées par les voyageurs de la veille, et que les navigateurs du lendemain ne retrouvent plus à la place indiquée par les hydrographes contemporains. Il y avait, dans ce temps-là, à côté de ce Paris qui était si peu, la cour qui était plus que tout. Qu'en avez-vous fait, je vous prie? Où se cache-t-il, cet univers d'or et de soie? Où donc s'est-il perdu, ce type du courtisan que l'on croyait éternel, maître de son front et de ses yeux, de son geste et de son visage; profond, impénétrable, dissimulant les mauvais offices, souriant à ses ennemis, contraignant son humeur, déguisant ses passions? Avez-vous jamais vu un pareil homme de nos jours? Où sont-ils ces hommes tout brodés, qui passaient leur vie dans une antichambre ou sur l'escalier, dans un édifice bâti de marbre et rempli d'hommes fort doux et fort polis? Qu'avez-vous fait de ce monde à part courbé sous le regard du prince qui les enlaidissait tous par sa seule présence; hommes insolents et emportés, plats dans l'antichambre, vils dans le salon; flatteurs, complaisants, insinuants, dévoués aux femmes, leur soufflant à l'oreille des grossièretés, devinant leurs chagrins, leurs maladies et fixant leurs couches? Ces gens-là, race perdue sans espoir de retour, étaient les plus importants de la nation. Ils faisaient les modes, raffinaient sur le luxe et sur la dépense; ils faisaient des contes; ils appartenaient à coup sûr aux princes lorrains, aux Rohan, aux Foix, aux Châtillon, aux Montmorency; mais hélas! aujourd'hui, les Rohan, les Foix, les Châtillon, les Montmorency, où sont-ils?

Monde étrange, où il était nécessaire d'être effronté, d'être insolent, d'être mendiant; où les plus habiles vivaient à la fois de l'église, de l'épée et de la robe; où la vie se passait à recevoir et à demander, et à se congratuler et à se calomnier les uns les autres; où l'on se masquait toute l'année, quoiqu'à visage découvert; où l'oubli, la fierté, l'arrogance, la dureté, l'ingratitude, étaient la monnaie courante; où l'honneur, la vertu, la conscience, étaient inutiles; où l'on voyait des gens enivrés et comme ensorcelés de la faveur, dégouttant l'orgueil, l'arrogance, la présomption. Région incroyable! « Les vieillards y sont galants, polis et civils; les jeunes gens, au contraire, sont durs, féroces, sans politesse; affranchis de la passion des femmes dans un âge où l'on commence ailleurs à la sentir : ils leur préfèrent des repas, des viandes et des amours ridicules. Il ne manque à leur débauche que de boire de l'eau-forte. Dans cet affreux pays, les femmes précipitent le déclin de leur beauté par des artifices qu'elles croient servir à les rendre belles; leur coutume est de peindre leurs lèvres, leurs joues, leurs sourcils et leurs épaules qu'elles étalent avec leur gorge, leurs bras et leurs oreilles, comme si elles craignaient de cacher l'endroit par où elles pourraient plaire et n'en pas montrer assez. Ce pays se nomme Versailles; il est à quelque quarante-huit degrés d'élévation du pôle, et à plus de onze cents lieues de mer des Iroquois et des Patagons! »

Affreuse peinture, et pourtant pleine de verve et d'esprit. Cependant allez à Versailles : en moins de dix minutes, vous aurez franchi ces onze cents lieues de mer, et, dans ce palais qui fut la France entière, vous trouverez la déification la plus entière de ce même peuple qui pénétra la première fois dans ce palais pour en arracher, de ses mains sanglantes, le roi, la reine et l'enfant royal. Dans ce pays d'Iroquois et de Patagons, la royauté s'est faite si humble et si débonnaire, que c'est à peine si quelques chapeaux se lèvent quand passe le roi qui a relevé ces murs. Certes, ce sont là d'étranges dissonances qui parlent plus haut que tous les philosophes du monde, qui nous enseignent mieux que Salomon lui-même, les vanités de la toute-puissance, et aussi combien il est nécessaire d'écrire au jour le jour l'histoire mobile et changeante de cette pauvre humanité.

Oui, ce monde-là s'est perdu; il s'est évanoui dans les révolutions et dans les tempêtes. Mais cependant, de cet ancien bagage, que de choses nous sont restées! Nous avons gardé, par exemple, *ce magasin de phrases toutes faites* et dont l'on se sert pour se féliciter les uns les autres sur les événements. Aujourd'hui, comme autrefois, *avec cinq ou six termes de l'art, et rien de plus*, l'on se donne pour connaisseur en musique, en tableaux, en bâtiments et en bonne chère. Aujourd'hui, comme autrefois, nous ne manquons pas de ces gens à qui la politesse et la fortune tiennent lieu d'esprit et de mérite, qui n'ont pas deux pouces de profondeur, à qui la faveur arrive par accident. Mais ces fortunes-là se font autrement, elles se produisent autre part : aujourd'hui le monarque a changé, c'est le peuple qui a des flatteurs à son tour.

N'ayez crainte que le véritable ambitieux attende la fortune de ce qu'on appelle la cour, par ironie. Quand La Bruyère parle de *la faveur,* il n'a pas besoin d'ajouter la faveur *royale.* Aujourd'hui, quand vous parlez de *la faveur,* pour être compris et même pour parler en français, il faut ajouter une épithète indispensable : on dit la faveur *populaire.* Nous ne connaissons plus que celle-là.

D'où il suit que plus la société française s'est trouvée divisée, et plus l'étude des mœurs est devenue difficile. Ce grand royaume a été tranché en autant de petites républiques, dont chacune a ses lois, ses usages, ses jargons, ses héros, ses opinions politiques à défaut de croyances religieuses, ses ambitions, ses défauts et ses amours. Le sol de la France n'a pas été divisé avec plus d'acharnement depuis la perte de la grande propriété. Maintenant comment donc le même moraliste, le même écrivain de mœurs, pourrait-il pénétrer dans toutes ces régions lointaines dont il ne connaît ni les routes, ni la langue, ni la coutume? Comment donc le même homme pourrait-il comprendre tous ces patois étranges, tous ces langages si divers? Si par hasard il se trompe de royaume, quel ne sera pas son étonnement en reconnaissant que là et là ce ne sont plus les mêmes habits, les mêmes coutumes, les mêmes caractères, la même façon de voir, de comprendre et de sentir? Il est donc nécessaire que cette longue tâche de l'étude des mœurs se divise et se subdivise à l'infini, que chacune de ces régions lointaines choisisse un historien, dans son propre lieu, que chacun parle de ce qu'il a vu et entendu dans le pays qu'il habite. Qu'un seul homme se chargeât de cette histoire, c'était bon autrefois, peut-être quand il n'y avait en France que la cour et la ville; mais aujourd'hui que rien n'existe plus dans ses limites naturelles, aujourd'hui que tous ces rares éléments d'une grande société sont confondus au hasard, arrivez tous à cette curée de comédies qu'il faut prendre sur le fait, vous les malicieux observateurs de ce temps-là!

Pour bien se convaincre de la nécessité de diviser le travail tout autant que la matière est divisée, ouvrez au hasard quelques-uns des chapitres de La Bruyère, et vous verrez quelle infinie variété de matériaux inconnus de son temps. Le chapitre premier traite des *ouvrages de l'esprit :* ce simple chapitre est devenu, depuis La Bruyère, le sujet d'un livre immense qui embrasserait tous les détails de la vie littéraire, cette nouvelle façon de vivre et d'être un homme important dont le dix-septième siècle n'avait aucune idée. Du temps de La Bruyère, *c'était un métier de faire un livre comme de faire une pendule :* c'est bien pis que cela aujourd'hui, c'est un métier comme de raccommoder les vieux souliers. Du temps de La Bruyère, on n'avait jamais vu un chef-d'œuvre *qui fût l'ouvrage de plusieurs;* nous ne voyons que cela de nos jours. La Bruyère ne reconnaissait au critique d'autre droit que celui-ci : dire au public que ce livre *est bien relié et en beau papier, et qu'il se vend tant;* s'il vivait aujourd'hui, La Bruyère serait à coup sûr le premier parmi ces critiques qu'il méprisait si fort.

Du temps de La Bruyère, la vie littéraire commençait à peine, et nous ne sommes pas bien certains qu'elle ait tout à fait commencé aujourd'hui. Que sera-t-elle dans un siècle? Dieu lui-même n'en sait rien.

Il y a ensuite un chapitre du *Mérite personnel,* où il est parlé *de la difficulté de se faire un grand nom,* chose aujourd'hui si facile; de la grande étendue d'esprit qu'il faut aux hommes *pour se passer de charges et d'emplois,* pendant qu'aujourd'hui ce sont les médiocres et les moins ambitieux qui acceptent les emplois et les charges. Dans ce chapitre, il est dit *que les enfants des dieux se tirent des règles ordinaires de la nature, qu'ils n'attendent presque rien du temps et des années, que la mort en eux devance l'âge.* Ceci était écrit dans l'enfance du duc de Bourgogne. Aujourd'hui les enfants des dieux vont au collége avec des fils de bourgeois, ils étudient pour apprendre; et quand ils remportent un second prix d'histoire, c'est qu'ils l'ont tout simplement un peu plus mérité que leurs condisciples. En un mot, il n'y a rien à comparer entre le *mérite personnel* de ce temps-ci et le *mérite personnel* de ce temps-là.

Comme aussi ce chapitre infini *des Femmes* ne saurait se comparer à rien de ce que nous savons de nos jours en fait de femmes. Mesurez-les tant que vous le voudrez, depuis la chaussure jusqu'à la coiffure exclusivement, vous trouverez entre les unes et les autres d'incroyables différences. C'est bien le même amour du luxe, de la toilette, de la parure, la même mignardise et la même affectation, le même caprice tout proche de la beauté pour en être le contre-poison; c'est bien la même femme, coquette, galante, perfide, pleine de caprices; mais cependant que de types effacés! Où êtes-vous, Célie, amoureuse tour à tour de Roscius, de Bathylle, du sauteur Cobus, ou de Dracon le joueur de flûte? Qu'a-t-on fait, dans les bonnes maisons de ce siècle, de ce tyran domestique qu'on appelait un directeur, un confesseur? Qu'est devenue la femme dévote *qui veut tromper Dieu et qui se trompe elle-même?* la femme savante, *que l'on regarde comme on fait une belle arme?* Oui; mais nous avons de nos jours tant de femmes que le siècle passé ne comprenait même pas, à commencer par ces femmes de génie en vieux chapeaux et en bas troués, à finir par cet être nouvellement découvert, qu'on appelle la femme de trente ans!

Nous avons aujourd'hui, en fait de *passions du cœur,* des passions échevelées, des amours à coups de poignard, des adultères plus rélgés et plus réguliers que des mariages, des amours moyen âge et barbus, des délires au clair de la lune; la passion est une exposition publique; le cœur est en étalage, tout comme les chaînes d'or à la boutique des bijoutiers; on a tué ainsi deux choses dont les moralistes tiraient un si bon parti : la galanterie et l'amour.

Et le salon, où est-il? et de la conversation parisienne, cette supériorité toute française, dont nous étions si fiers à bon droit, qu'en avons-nous fait, je vous prie? Il me semble que je suis admis dans un de ces beaux salons d'autrefois, à l'hôtel de Rambouillet, chez mademoiselle de Lenclos, chez madame de Sévigné : quel spirituel et poétique murmure! Tous les genres d'esprit sont admis; les médisants, les satiriques, les bons plaisants, *pièce rare;* les éloquents, les moralistes, les savants, les futiles, les *puristes* eux-mêmes. La politesse et l'élégance sont le centre unique de ces réunions heureuses où Bossuet prononça son premier sermon, où Molière fit la première lecture du *Tartufe.* Mais aujourd'hui, holà! prenez garde! fuyez, madame! défendez votre dentelle et votre écharpe; vous n'êtes pas assez loin, fuyez encore! car voici la cohorte de nos jeunes gens à la mode qui envahit le boulevard, l'éperon au pied, le cigare à la bouche, le chapeau cloué sur la tête! trop heureuse si, couverte de fumée et la robe déchirée, ces galants jeunes gens ne vous jettent pas sur le bitume, en passant.

Il n'y a même pas jusqu'à ce simple mot, *un riche,* qui n'ait tout à fait changé de nom. Autrefois était riche qui pouvait manger des entremets, faire peindre ses lambris et ses alcôves, jouir d'un palais à la campagne et d'un autre à la ville, avoir un grand équipage et mettre un duc dans sa famille. Être riche, aujourd'hui, c'est jouer à la bourse, habiter un second étage, aller au spectacle avec un billet donné, et demander pour son fils, la fille d'un usurier.

Autrefois, le *manieur d'argent,* l'homme d'affaires, était un ours qu'on ne savait apprivoiser; aujourd'hui l'homme d'affaires est jeune, élégant, bien frisé; il dîne au café de Paris, et il va à l'Opéra.

Autrefois quand on disait : *Cinquante mille livres de rentes!* chacun ouvrait de grands yeux; aujourd'hui, nul ne se retourne : c'est si commun! Autrefois il y avait les *partisans* qui finissaient par être princes, de laquais qu'ils étaient; il y a aujourd'hui des banquiers qui finissent par être laquais, de princes qu'ils étaient d'abord.

Aujourd'hui cependant, comme hier, comme toujours : « faire fortune est une si belle phrase, qu'elle est d'un usage universel; on la reconnaît dans toutes les langues; elle plaît aux étrangers et aux barbares; il n'y a point de lieux sacrés où elle n'ait passé, point de solitude où elle soit inconnue! »

Vous avez donc, à ce sujet, à nous raconter les voies nouvelles de la fortune, la banque, la bourse, les actions, les actionnaires, les annonces, les prospectus, les faillites, les rabais, les misères, les spéculations sans fin sur le rien et sur le vide et autres commerces que ce bon dix-neuvième siècle a gardés pour lui-même, ne voulant pas s'exposer à la malédiction des siècles à venir.

Vous avez dit, à propos de ce chapitre effacé, *de la cour,* que la race *des grands* est perdue. Il est vrai qu'avec M. le prince de Talleyrand est mort le dernier gentilhomme de ce pays *éminemment* constitutionnel. Ne cherchez donc plus cette race à part de gens heureux qui étaient de toute nécessité les seuls riches, les seuls braves, qui avaient à eux seuls les riches ameublements, la bonne chère, les beaux chevaux; comme aussi ne cherchez plus ni les rieurs, ni les nains, ni les bouffons, ni les flatteurs qui les amusaient : la race est perdue, et en son lieu et place s'est élevée, tout armée de ses droits et de ses pouvoirs, la grande nation des épiciers.

L'homme d'argent a remplacé le grand seigneur. Aujourd'hui, c'est l'homme d'argent qui se pique d'ouvrir une allée dans une forêt, de soutenir des terres par de longues murailles, de dorer des plafonds, de faire venir dix pouces d'eau, de meubler une orangerie; mais de rendre un cœur content, de combler une âme de joie, de prévenir des extrêmes besoins ou d'y remédier, la supériorité des hommes d'argent de nos jours, non plus que des grands seigneurs d'autrefois, ne s'étend pas jusque-là.

Mais, pour n'avoir pas ce qu'on appelle vulgairement de grands seigneurs, notre époque a pourtant ce qu'elle appelle ses grands hommes. Ceux-là sont si heureux, qu'ils n'essuient pas, même dans toute leur vie, la moindre contrariété, du moins, tant qu'ils obéissent aux passions populaires, dont ils sont les très-humbles esclaves. Ils font le métier d'un drapeau dans des mains habiles; comme les grands d'autrefois *ils croient seuls être parfaits,* ils ne sont jamais que sur un pied, mobiles comme le mercure; on les loue pour marquer qu'on les voit de près. Malheureusement ce sont des grandeurs viagères; un rien les a créées, un rien les tue : moins que rien! une boule noire dans une élection ou un article de journal.

Ce sont là certainement de notables différences, et qu'il sera très-bon de signaler, chemin faisant, dans l'étude des mœurs. Quant au chapitre du *Souverain,* dans les *Caractères* de La Bruyère, qui a été longtemps le dernier mot de la science politique et de l'opposition, j'aurais trop beau jeu à vous faire remarquer quel profond abîme sépare ce chapitre, écrit en plein Versailles, de la Charte de 1830. Ce seul mot, la Charte, le gouvernement représentatif, a créé chez nous et comme par enchantement toute une série nouvelle de mœurs, étranges, incroyables, dont les temps passés ne pouvaient avoir et n'avaient en effet aucune idée, pas plus que nous n'avons l'idée, nous autres, des salons du vieux Paris, dans lesquels tous les moralistes du grand siècle, et à leur tête Molière et La Bruyère, ont trouvé les héros de leur comédie, Tartufe, Célimène, M. Orgon, Alceste, M. Jourdain et sa femme, Sganarelle, Valère, Élise, Marianne, Ménalque le distrait, Argyre la coquette, Gnaton le glouton, Ruffin le jovial, Antagoras le plaideur, le noble de province, si inutile à sa patrie, à sa famille et à lui-même; Adraste, libertin et dévot; Triphile, bel-esprit comme tant d'autres sont charpentiers ou maçons. Vous en avez encore, il est vrai, des uns et des autres, mais modifiés, corrigés, tantôt moins ridicules, quelquefois plus odieux; et puis aussi, il faut le dire, votre âme se sent quelque peu contrariée en relisant d'horribles détails, devenus impossibles aujourd'hui. Ce portrait-là, par exemple, dans lequel il s'agit du paysan de nos campagnes : « L'on voit certains animaux farouches, des mâles et des femelles, répandus par la campagne, noirs, livides et tout brûlés du soleil, attachés à la terre qu'ils fouillent; ils ont comme une voix articulée, et quand ils se lèvent sur leurs pieds, ils montrent une face humaine, et en effet ils sont des hommes! » Eh bien! cet animal n'existe plus, Dieu merci; il a relevé la tête, il est devenu tout à fait un homme; à certaines heures de l'année, les ambitieux le vont visiter, non pas dans sa *tanière,* mais dans sa maison, sollicitant son sourire et son suffrage; il n'y a pas même longtemps qu'un de ces animaux a été nommé chevalier de la Légion-d'Honneur pour une charrue de son invention.

Dans La Bruyère, le chapitre *de la Mode* est naturellement un des chapitres qui ont le moins vieilli. Il en est de ce sujet éternel comme des images que reflète le *Daguerréotype,* l'instrument tout nouveau. Ce sera bien, si vous voulez, le même paysage que reproduira la chambre obscure, mais, comme pas une heure du jour ne ressemble à l'heure précédente, pas un de ces tableaux, représentant le même aspect de la terre ou du ciel, ne sera semblable aux tableaux précédents. Du temps de La Bruyère, la *viande noire* était hors de mode; aujourd'hui la mode qui s'attache à tout, n'oserait plus s'attacher à la viande; autrefois le fleuriste cultivait la *tulipe;* le camélia l'emporte aujourd'hui sur la tulipe; avant-hier, les dalhias avaient tous les honneurs de la culture; il n'y a pas huit jours, c'étaient les roses. En ce temps-là, le bouquiniste avait sa maison pleine de livres du haut en bas : aujourd'hui le bouquiniste choisit ses livres; mais c'est toujours, dans le fond de l'âme, le même fleuriste, le même bouquiniste; comme aussi c'est toujours le vieil amateur de vieilleries, *dont les filles, à peine vêtues, à peine nourries, se refusent un tour de lit et du linge blanc.* C'est toujours celui-ci qui aime les oiseaux ; sa maison en est égayée, non pas empestée ; cet autre qui aime les insectes, *le premier homme du monde pour les papillons ;* ce troisième est duelliste ; son voisin est grand joueur ; l'un est fou et ridicule, *il rêve la veille par où et comment il pourra se faire remarquer le jour suivant.* Onuphre est un hypocrite, Zélie est riche, et elle rit aux éclats : Syrus, l'esclave, a pris le nom d'un roi, il s'appelle Cyrus. Nous aussi nous avons nos magistrats coquets et galants, nos avocats déclamateurs, nos calomniateurs à gages, nos ragoûts, nos liqueurs, nos entremets ; nous avons Hermippe qui a porté si loin la science de l'ameublement et du comfort, qui a trouvé le secret de monter et de descendre autrement que par l'escalier ; nous avons nos médecins à spécifiques ; ils font de l'homœopathie aujourd'hui, autrefois ils vendaient des drogues ; nous avons nos devins et nos devineresses : seulement nous croyons un peu moins à la magie que La Bruyère n'y croyait lui-même ; nous avons aussi nos révolutions de grammaires et de dictionnaires, les mots de la langue qui ont la destinée de la feuille des arbres, qu'un automne emporte, qu'un printemps ramène. Ce que nous n'avons plus, c'est la chaire chrétienne, ce sont les grandes assemblées qui se faisaient autour de l'orateur évangélique ; mais en revanche, nous avons la tribune politique, autour de laquelle sont soulevées tant de passions. Aujourd'hui comme autrefois, les hommes sont les dupes de l'action et de la parole et de tout l'appareil de l'auditoire. Il faut dire aussi que nous n'avons plus d'*esprits forts.* Un homme qui se poserait aujourd'hui comme un *esprit fort,* qui crierait par-dessus les toits : *Il n'y a pas de Dieu !* cet homme-là serait tout au plus ridicule : autrefois, il était un sujet d'épouvante ; on faisait contre ce malheureux de très-gros livres. En revanche, s'il n'y a pas d'esprits forts, il y a les disciples de Roberspierre, de Marat ou de Danton, d'honnêtes jeunes sans-culottes qui ne voudraient pas tuer une mouche, et qui désirent tout haut que le genre humain n'ait qu'une tête pour la couper d'un seul coup ; d'où il suit qu'il est très-nécessaire d'être indulgents pour les anciens, en songeant combien nous aussi nous aurons besoin d'indulgence. Il ne faut pas prendre trop en pitié les mœurs et les usages de nos pères ; car nous aussi nous serons quelque jour des ancêtres. En fait de mœurs, nous sommes trop éloignés de celles qui ont passé ; nous sommes trop proches des mœurs présentes pour les juger à une distance équitable. Acceptons donc toutes les méthodes dont nos devanciers se sont servis pour écrire les *caractères* de leur époque, soit qu'ils aient appelé à leur aide la comédie ou le drame, le roman ou le chapitre ; qu'ils aient procédé par des définitions, par des divisions, des tables et de la méthode, ou bien qu'ils aient réduit les mœurs aux passions, ou encore qu'ils se soient occupés à discerner les bonnes mœurs d'avec les mauvaises, à démêler dans les hommes ce qu'il y a de vain, de faible ou de ridicule, d'avec ce qu'ils peuvent avoir de bon, de saint et de louable; soit enfin que, laissant là toute analyse, ils aient adopté le pittoresque : toujours est-il que nous devons être reconnaissants pour ceux qui ont entrepris cette tâche difficile. Il n'y a même pas jusqu'à la satire, jusqu'à la personnalité, jusqu'à l'offense qui n'ait son utilité et sa valeur, car tout compte et tout sert dans cette étude de l'homme; seulement il faut plaindre les misérables qui dans cette analyse de la vie humaine, au lieu d'employer le scalpel, se servent du poignard.

De nos jours, cette science de la comédie, trop négligée au théâtre, s'est portée partout où elle a pu se porter, dans les histoires, dans les romans, dans les chansons, dans les tableaux surtout. Le peintre et le dessinateur sont devenus, à toute force, de véritables moralistes, qui surprenaient sur le fait toute cette nation si vivante, et qui la forçaient de poser devant eux. Pendant longtemps, le peintre allait ainsi de son côté, pendant que l'écrivain marchait aussi de son côté; ils n'avaient pas encore songé l'un l'autre à se réunir, afin de mettre en commun leur observation, leur ironie, leur sang-froid et leur malice. A la fin cependant, et quand chacun d'eux eut obéi à sa vocation d'observateur, ils consentirent d'un commun accord à cette grande tâche, l'étude des mœurs contemporaines. De cette association charmante il devait résulter le livre que voici : une comédie en cent actes divers, mais tout habillée, toute parée, toute meublée, et telle, en un mot, que pour être complète, la comédie se doit montrer aux hommes assemblés. Songez donc que dans cette étude des mœurs publiques et privées, il y a des époques entières de l'histoire de France qui ne sont guère représentées que par des images plus ou moins fidèles; Boucher et Watteau, par exemple, ne sont-ils pas autant les historiens des mœurs du siècle passé, que Diderot ou Crébillon fils? Que sera-ce donc quand ces deux façons de peindre seront réunies dans un seul et même livre? et quel livre charmant et surtout fidèle c'eût été là, un roman de Crébillon fils, illustré par Watteau?

Je vais plus loin : quel que soit le talent de l'écrivain, et certes je ne prétends pas le rabaisser ici; quelles que soient l'exactitude et la vérité de la page historique, un temps arrive où de ces tableaux dont les originaux sont si faciles à reconnaître pour les contemporains, quelques traits s'effacent toujours. Les habits changent de forme et de couleur; les armes disparaissent pour faire place à d'autres armes; la laine est remplacée par le velours, le velours par la dentelle, le fer par l'or, la misère par le luxe, l'art grec par l'art de la renaissance, Louis XIV par Louis XV, Athènes par Rome. En un mot, que ce soit un siècle, que ce soit un vice qui fasse la différence entre une époque et une autre époque, le moyen, je vous prie, qu'un pauvre historien, livré à lui-même, saisisse au passage toutes ces nuances? Autant vaudrait lui imposer la tâche de retenir toutes les chansons diverses que chantent les oiseaux dans les bois. Certes, quand vous lisez les admirables chapitres du vieux Théophraste, mort à cent cinquante ans et se plaignant du peu de durée de la vie des hommes, cela vous étonne de voir dans ces pages si vives et cependant si pleines d'esprit et de sel, grouiller tout le peuple athénien. Les simples chapitres de Théophraste vous font mieux connaître ce peuple d'Athènes que toutes les histoires de Xénophon et de Thucydide; mais cependant quelle joie serait la vôtre si vous les pouviez voir maintenant, ces bons bourgeois, vêtus, meublés, nourris, posés comme ils l'étaient du temps de Théophraste, et tels qu'il les a vus lui-même! Votre joie serait-elle donc gâtée si vous les pouviez voir passer dans la rue ces braves gens qui ont posé sans le vouloir devant le philosophe grec : le *flatteur*, l'*impertinent*, le *rustique*, le *complaisant*, le *coquin*, le *grand parleur*, l'*effronté*, le *nouvelliste*, l'*avare*, l'*impudent*, le *fâcheux*, le *stupide*, le *brutal*, le *vilain homme*, l'*homme incommode*, le *vaniteux*, le *poltron*, les *grands de la république*! Que celui-là eût été bien avisé, qui eût accompagné de quelques dessins fidèles ces personnages si divers! Que d'intérêt il eût ajouté au récit de Théophraste, et combien nous reconnaîtrions plus facilement ces originaux, si vivement dépeints!

Mais, Dieu nous protége! ce que nos devanciers n'ont pas fait pour nous, nous le ferons pour nos petits-neveux : nous nous montrerons à eux non pas seulement peints en buste, mais des pieds à la tête et aussi ridicules que nous pourrons nous faire. Dans cette lanterne magique, où nous nous passons en revue les uns et les autres, rien ne sera oublié, pas même d'allumer la lanterne; en un mot, rien ne manquera à cette œuvre complète, qui a pour objet l'étude des mœurs contemporaines, et dont La Bruyère lui-même, notre maître à tous et à bien d'autres, nous a en quelque sorte dicté le programme quand il dit quelque part[1] : « Nos pères nous ont transmis, avec la connais-« sance de leurs personnes, celle de leurs habits, de leurs coiffures, de leurs « armes offensives et défensives et des autres ornements qu'ils ont aimés « pendant leur vie. Nous ne saurions reconnaître cette série de bienfaits, « qu'en traitant de même nos descendants. »

[1] *De la Mode*, chapitre XIII.

JULES JANIN.

LAVIELLE

L'ÉPICIER.

'AUTRES, des ingrats, passent insouciamment devant la sacro-sainte boutique d'un épicier. Dieu vous en garde! Quelque rebutant, crasseux, mal en casquette que soit le garçon, quelque frais et réjoui que soit le maître, je les regarde avec sollicitude et leur parle avec la déférence qu'a pour eux le *Constitutionnel*. Je laisse aller un mort, un évêque, un roi, sans y faire attention; mais je ne vois jamais avec indifférence un épicier. A mes yeux, l'épicier, dont l'omnipotence ne date que d'un siècle, est une des plus belles expressions de la société moderne. N'est-il donc pas un être aussi sublime de résignation que remarquable par son utilité; une source constante de douceur, de lumière, de denrées bienfaisantes? Enfin n'est-il plus le ministre de l'Afrique, le chargé d'affaires des Indes et de l'Amérique? Certes, l'épicier est tout cela; mais, ce qui met le comble à ses perfections, il est tout cela sans s'en douter. L'obélisque sait-il qu'il est un monument?

Ricaneurs infâmes, chez quel épicier êtes-vous entrés qui ne vous ait gracieusement souri, sa casquette à la main, tandis que vous gardiez votre chapeau sur la tête? Le boucher est rude, le boulanger est pâle et grognon; mais l'épicier, toujours prêt à obliger, montre dans tous les quartiers de Paris un visage aimable. Aussi, à quelque classe qu'appartienne le piéton dans l'embarras, ne s'adresse-t-il ni à la science rébarbative de l'horloger, ni au comptoir bastionné de viandes saignantes où trône la fraîche bouchère, ni à la grille défiante du boulanger : entre toutes les boutiques ouvertes, il attend, il choisit celle de l'épicier pour changer une pièce de cent sous ou pour demander son chemin; il est sûr que cet homme, le plus chrétien de tous les commerçants, est à tous, bien que le plus occupé; car le temps qu'il donne aux passants, il se le vole à lui-même. Mais quoique vous entriez pour le déranger, pour le mettre à contribution, il est certain qu'il vous saluera; il vous marquera même de l'intérêt, si l'entretien dépasse une simple interrogation et tourne à la confidence. Vous trouveriez plus facilement une femme mal faite qu'un épicier sans politesse. Retenez cet axiome, répétez-le pour contrebalancer d'étranges calomnies.

Du haut de leur fausse grandeur, de leur implacable intelligence ou de leurs barbes artistement taillées, quelques gens ont osé dire *Raca!* à l'épicier. Ils ont fait de son nom un mot, une opinion, une chose, un système, une figure européenne et encyclopédique comme sa boutique. On crie : Vous êtes des épiciers! pour dire une infinité d'injures. Il est temps d'en finir avec ces Dioclétiens de l'épicerie. Que blâme-t-on chez l'épicier? Est-ce son pantalon plus ou moins brun rouge, verdâtre ou chocolat? ses bas bleus dans des chaussons, sa casquette de fausse loutre garnie d'un galon d'argent verdi ou d'or noirci, son tablier à pointe triangulaire arrivant au diaphragme? Mais pouvez-vous punir en lui, vile société sans aristocratie et qui travaillez comme des fourmis, l'estimable symbole du travail? Serait-ce qu'un épicier est censé ne pas penser le moins du monde, ignorer les arts, la littérature et la politique? Et qui donc a engouffré les éditions de Voltaire et de Rousseau? qui donc achète *Souvenirs et Regrets* de Dubufe? qui a usé la planche du *Soldat laboureur,* du *Convoi du pauvre,* celle de *l'Attaque de la barrière de Clichi?* qui pleure aux mélodrames? qui prend au sérieux la Légion-d'Honneur? qui devient actionnaire des entreprises impossibles? qui voyez-vous aux premières galeries de l'Opéra-Comique quand on joue *Adolphe et Clara* ou *les Rendez-vous bourgeois?* qui hésite à se moucher au Théâtre-Français quand on chante *Chatterton?* qui lit Paul de Kock? qui court voir et admirer le Musée de Versailles? qui a fait le succès du *Postillon de Longjumeau?* qui achète les pendules à mamelucks pleurant leur coursier? qui nomme les plus dangereux députés de l'opposition, et qui appuie les mesures énergiques du pouvoir contre les perturbateurs? L'épicier, l'épicier, toujours l'épicier! Vous le trouvez l'arme au bras sur le seuil de toutes les nécessités, même les plus contraires, comme il est sur le pas de sa porte, ne comprenant pas toujours ce qui se passe, mais appuyant tout par son silence, par son travail, par son immobilité, par son argent! Si nous ne sommes pas devenus sauvages, espagnols ou saint-simoniens, rendez-en grâces à la grande armée des épiciers. Elle a tout maintenu. Peut-être maintiendra-t-elle l'un comme l'autre, la république comme l'empire, la légitimité comme la nouvelle dynastie; mais certes elle maintiendra. Maintenir est sa devise. Si elle ne maintenait pas un ordre social quelconque, à qui vendrait-elle? L'épicier est la chose jugée qui s'avance ou se retire, parle ou se tait aux jours des grandes crises. Ne l'admirez-vous pas dans sa foi pour les niaiseries consacrées? Empêchez-le de se porter en foule au tableau de Jeanne Gray, de doter les enfants du général Foy, de souscrire pour le Champ-d'Asile, de se ruer sur l'asphalte, de demander la translation des cendres de Napoléon, d'habiller son enfant en lancier polonais, ou en artilleur de la garde nationale, selon la circonstance. Tu l'essaierais en vain, fanfaron Journalisme, toi qui, le premier, inclines plume et presse à son aspect, lui souris et lui tends incessamment la chatière de ton abonnement!

Mais a-t-on bien examiné l'importance de ce viscère indispensable à la vie sociale, et que les anciens eussent déifié peut-être? Spéculateur, vous bâtissez un quartier, ou même un village; vous avez construit plus ou moins de maisons, vous avez été assez osé pour élever une église; vous trouvez des espèces d'habitants, vous ramassez un pédagogue, vous espérez des enfants; vous avez fabriqué quelque chose qui a l'air d'une civilisation, comme on fait une tourte : il y a des champignons, des pattes de poulets, des écrevisses et des boulettes; un presbytère, des adjoints, un garde-champêtre et des administrés : rien ne tiendra, tout va se dissoudre, tant que vous n'aurez pas lié ce microcosme par le plus fort des liens sociaux, par un épicier. Si vous tardiez à planter au coin de la rue principale un épicier, comme vous avez planté une croix au-dessus du clocher, tout déserterait. Le pain, la viande, les tailleurs, les prêtres, les souliers, le gouvernement, la solive, tout vient par la poste, par le roulage ou le coche; mais l'épicier doit être là, rester là, se lever le premier, se coucher le dernier, ouvrir sa boutique à toute heure aux chalands, aux cancans, aux marchands. Sans lui, aucun de ces excès qui distinguent la société moderne des sociétés anciennes, auxquelles l'eau-de-vie, le tabac, le thé, le sucre, étaient inconnus. De sa boutique procède une triple production pour chaque besoin : thé, café, chocolat, la conclusion de tous les déjeuners réels; la chandelle, l'huile et la bougie, source de toute lumière; le sel, le poivre et la muscade, qui composent la rhétorique de la cuisine; le riz, le haricot et le macaroni, nécessaires à toute alimentation raisonnée; le sucre, les sirops et la confiture, sans quoi la vie serait bien amère; les fromages, les pruneaux et les mendiants, qui, selon Brillat-Savarin, donnent au dessert sa physionomie. Mais ne serait-ce pas dépeindre tous nos besoins que détailler les unités à trois angles qu'embrasse l'épicerie? L'épicier lui-même forme une trilogie : il est électeur, garde national et juré. Je ne sais si les moqueurs ont une pierre sous la mamelle gauche; mais il m'est impossible de railler cet homme quand, à l'aspect des billes d'agate contenues dans ses jattes de bois, je me rappelle le rôle qu'il jouait dans mon enfance. Ah! quelle place il occupe dans le cœur des marmots auxquels il vend le papier des cocottes, la corde des cerfs-volants, les soleils et les dragées! Cet homme, qui tient dans sa montre des cierges pour notre enterrement et dans son œil une larme pour notre mémoire, côtoie incessamment notre existence : il vend la plume et l'encre au poëte, les couleurs au peintre, la colle à tous. Un joueur a tout perdu, veut se tuer : l'épicier lui vendra les balles, la poudre ou l'arsenic; le vicieux personnage espère tout regagner, l'épicier lui vendra des cartes. Votre maîtresse vient, vous ne lui offrirez pas à déjeuner sans l'intervention de l'épicier; elle ne fera pas une tache à sa robe qu'il ne reparaisse avec l'empois, le savon, la potasse. Si, dans une nuit douloureuse, vous appelez la lumière à grands cris, l'épicier vous tend le rouleau rouge du miraculeux, de l'illustre Fumade, que ne détrônent ni les briquets allemands, ni les luxueuses machines à soupape. Vous n'allez point au bal sans son vernis. Enfin, il vend l'hostie au prêtre, le *cent-sept-ans* au soldat, le masque au carnaval, l'eau de Cologne à la plus belle moitié du genre humain. Invalide, il te vendra le tabac éternel que tu fais passer de ta tabatière à ton nez, de ton nez à ton mouchoir, de ton mouchoir à ta tabatière : le nez, le tabac et le mouchoir d'un invalide ne sont-ils pas une image de l'infini aussi bien que le serpent qui se mord la queue? Il vend des drogues qui donnent la mort, et des substances qui donnent la vie; il s'est vendu lui-même au public comme une âme à Satan. Il est l'alpha et l'oméga de notre état social. Vous ne pouvez faire un pas ou une lieue, un crime ou une bonne action, une œuvre d'art ou de débauche, une maîtresse ou un ami, sans recourir à la toute-puissance de l'épicier. Cet homme est la civilisation en boutique, la société en cornet, la nécessité armée de pied en cap, l'encyclopédie en action, la vie distribuée en tiroirs, en bouteilles, en sachets. Nous avons entendu préférer la protection d'un épicier à celle d'un roi : celle du roi vous tue, celle de l'épicier fait vivre. Soyez abandonné de tout, même du diable ou de votre mère, s'il vous reste un épicier pour ami, vous vivrez chez lui, comme le rat dans son fromage. Nous tenons tout, vous disent les épiciers avec un juste orgueil. Ajoutez : Nous tenons à tout.

Par quelle fatalité ce pivot social, cette tranquille créature, ce philosophe pratique, cette industrie incessamment occupée, a-t-elle donc été prise pour type de la bêtise? Quelles vertus lui manquent? Aucune. La nature éminemment généreuse de l'épicier entre pour beaucoup dans la physionomie de Paris. D'un jour à l'autre, ému par quelque catastrophe ou par une fête, ne reparaît-il pas dans le luxe de son uniforme, après avoir fait de l'opposition en bizet? Ses mouvantes lignes bleues à bonnets ondoyants accompagnent en pompe les illustres morts ou les vivants qui triomphent, et se mettent galamment en espaliers fleuris à l'entrée d'une royale mariée. Quant à sa constance, elle est fabuleuse. Lui seul a le courage de se guillotiner lui-même tous les jours avec un col de chemise empesé. Quelle intarissable fécondité dans le retour de ses plaisanteries avec ses pratiques! avec quelles paternelles consolations il ramasse les deux sous du pauvre, de la veuve et de l'orphelin! avec quel sentiment de modestie il pénètre chez ses clients d'un rang élevé! Direz-vous que l'épicier ne peut rien créer? QUINQUET était un épicier; après son invention, il est devenu un mot de la langue, il a engendré l'industrie du lampiste.

Ah! si l'épicerie ne voulait fournir ni pairs de France ni députés, si elle refusait des lampions à nos réjouissances, si elle cessait de piloter les piétons égarés, de donner de la monnaie aux passants, et un verre de vin à la femme qui se trouve mal au coin de la borne, sans vérifier son état; si le quinquet de l'épicier ne protestait plus contre le gaz son ennemi, qui s'éteint à onze heures; s'il se désabonnait au *Constitutionnel*, s'il devenait progressif, s'il déblatérait contre le prix Monthyon, s'il refusait d'être capitaine de sa compagnie, s'il dédaignait la croix de la Légion-d'Honneur, s'il s'avisait de lire les livres qu'il vend en feuilles dépareillées, s'il allait entendre les symphonies de Berlioz au Conservatoire, s'il admirait Géricault en temps utile, s'il feuilletait Cousin, s'il comprenait Ballanche, ce serait un dépravé qui mériterait d'être la poupée éternellement abattue, éternellement relevée, éternellement ajustée par la saillie de l'artiste affamé, de l'ingrat écrivain, du saint-simonien au désespoir. Mais examinez-le, ô mes concitoyens! Que voyez-vous en lui? Un homme généralement court, joufflu, à ventre bombé, bon père, bon époux, bon maître. A ce mot, arrêtons-nous.

Qui s'est figuré le Bonheur autrement que sous la forme d'un petit garçon épicier, rougeaud, à tablier bleu, le pas sur la marche d'un magasin, regardant les femmes d'un air égrillard, admirant sa bourgeoise, n'ayant rien, rieur avec les chalands, content d'un billet de spectacle, considérant le patron comme un homme fort, enviant le jour où il se fera comme lui la barbe dans un miroir rond, pendant que sa femme lui apprêtera sa chemise, sa cravate et son pantalon? Voilà la véritable Arcadie! Être berger comme le veut Poussin n'est plus dans nos mœurs. Être épicier, quand votre femme ne s'amourache pas d'un Grec qui vous empoisonne avec votre propre arsenic, est une des plus heureuses conditions humaines.

Artistes et feuilletonistes, cruels moqueurs qui insultez au génie aussi bien qu'à l'épicier, admettons que ce petit ventre rondelet doive inspirer la malice de vos crayons. Oui, malheureusement quelques épiciers, en présentant arme, présentent une panse rabelaisienne qui dérange l'alignement inespéré des rangs de la garde nationale à une revue, et nous avons entendu des colonels poussifs s'en plaindre amèrement. Mais qui peut concevoir un épicier maigre et pâle? il serait déshonoré, il irait sur les brisées des gens passionnés. Voilà qui est dit, il a du ventre. Napoléon et Louis XVIII ont eu le leur, et la Chambre n'irait pas sans le sien. Deux illustres exemples! Mais, si vous songez qu'il est plus confiant avec ses avances que nos amis avec leur bourse, vous admirerez cet homme et lui pardonnerez bien des choses. S'il n'était pas sujet à faire faillite, il serait le prototype du bien, du beau, de l'utile. Il n'a d'autres vices, aux yeux des gens délicats, que d'avoir en amour, à quatre lieues de Paris, une campagne dont le jardin a trente perches; de draper son lit et sa chambre en rideaux de calicot jaune imprimé de rosaces rouges, de s'y asseoir sur le velours d'Utrecht à brosses fleuries; il est l'éternel complice de ces infâmes étoffes. On se moque généralement du diamant qu'il porte à sa chemise et de l'anneau de mariage qui orne sa main; mais l'un signifie l'homme établi, comme l'autre annonce le mariage, et personne n'imaginerait un épicier sans femme. La femme de l'épicier en a partagé le sort jusque dans l'enfer de la moquerie française. Et pourquoi l'a-t-on immolée en la rendant ainsi doublement victime? Elle a voulu, dit-on, aller à la cour. Quelle femme assise dans un comptoir n'éprouve le besoin d'en sortir, et où la vertu ira-t-elle, si ce n'est aux environs du trône? car elle est vertueuse : rarement l'infidélité plane sur la tête de l'épicier, non que sa femme manque aux grâces de son sexe, mais elle manque d'occasions. La femme d'un épicier, l'exemple l'a prouvé, ne peut dénouer sa passion que par le crime, tant elle est bien gardée. L'exiguité du local, l'envahissement de la marchandise, qui monte de marche en marche et pose ses chandelles, ses pains de sucre jusque sur le seuil de la chambre conjugale, sont les gardiens de sa vertu, toujours exposée aux regards publics. Aussi, forcée d'être vertueuse, s'attache-t-elle tant à son mari que la plupart des femmes d'épiciers en maigrissent. Prenez un cabriolet à l'heure; parcourez Paris, regardez les femmes d'épiciers : toutes sont maigres, pâles, jaunes, étirées. L'hygiène, interrogée, a parlé de miasmes exhalés par les denrées coloniales; la pathologie, consultée, a dit quelque chose sur l'assiduité sédentaire au comptoir, sur le mouvement continuel des bras, de la voix, sur l'attention sans cesse éveillée, sur le froid qui entrait par une porte toujours ouverte et rougissait le nez. Peut-être en jetant ces raisons au nez des curieux, la science n'a-t-elle pas osé dire que la fidélité avait quelque chose de fatal pour les épicières; peut-être a-t-elle craint d'affliger les épiciers en leur démontrant les inconvénients de la vertu? Quoi qu'il en soit, dans ces ménages que vous voyez mangeant et buvant enfermés sous la verrière de ce grand bocal, autrement nommé par eux *arrière-boutique*, revivent et fleurissent les coutumes sacramentales qui mettent l'hymen en honneur. Jamais un épicier, en quelque quartier que vous en fassiez l'épreuve, ne dira ce mot leste, *ma femme;* il dira, *mon épouse.* Ma femme emporte des idées saugrenues, étranges, subalternes, et change une divine créature en une chose. Les Sauvages ont des femmes, les êtres civilisés ont des épouses; jeunes filles venues entre onze heures et midi à la mairie, accompagnées d'une infinité de parents et de connaissances, parées d'une couronne de fleurs d'oranger toujours déposée sous la pendule, en sorte que le mameluck ne pleure pas exclusivement sur le cheval. Aussi, toujours fier de sa victoire, l'épicier conduisant sa femme par la ville a-t-il je ne sais quoi de fastueux qui le signale au caricaturiste. Il sent si bien le bonheur de quitter sa boutique, son épouse fait si rarement des toilettes, ses robes sont si bouffantes, qu'un épicier orné de son épouse tient plus de place sur la voie publique que tout autre couple. Débarrassé de sa casquette de loutre et de son gilet rond, il ressemblerait assez à tout autre citoyen, n'étaient ces mots, *ma bonne amie,* qu'il emploie fréquemment en expliquant les changements de Paris à son épouse, qui, confinée dans son comptoir, ignore les nouveautés. Si parfois, le dimanche, il se hasarde à faire une promenade champêtre, il s'assied à l'endroit le plus poudreux des bois de Romainville, de Vincennes ou d'Auteuil, et s'extasie sur la pureté de l'air. Là, comme partout, vous le reconnaîtrez, sous tous ses déguisements, à sa phraséologie, à ses opinions. Vous allez par une voiture publique à Meaux, Melun, Orléans, vous trouvez en face de vous un homme bien couvert qui jette sûr vous un regard défiant; vous vous épuisez en conjectures sur ce particulier d'abord taciturne. Est-ce un avoué? est-ce un nouveau pair de France? est-ce un bureaucrate? Une femme souffrante dit qu'elle n'est pas encore remise du choléra. La conversation s'engage, l'inconnu prend la parole.

— *Môsieu*... Tout est dit, l'épicier se déclare. Un épicier ne prononce ni *monsieur,* ce qui est affecté; ni *msieu,* ce qui semble infiniment méprisant; il a trouvé son triomphant *môsieu* qui est entre le respect et la protection, exprime sa considération et donne à sa personne une saveur merveilleuse. — Môsieu, vous dira-t-il, pendant le choléra, les trois plus grands médecins, Dupuytren, Broussais et môsieu Magendie, ont traité leurs malades par des remèdes différents; tous sont morts ou à peu près. Ils n'ont pas su ce qu'est le choléra; mais le choléra, c'est une maladie dont on meurt. *Ceux* que j'ai vus se portaient déjà mal. Ce moment-là, môsieu, a fait bien du mal au commerce.

Vous le sondez alors sur la politique. Sa politique se réduit à ceci : « Môsieu, il paraît que les ministres ne savent ce qu'ils font! On a beau les changer, c'est toujours la même chose. Il n'y avait que sous l'empereur où ils allaient bien. Mais aussi, quel homme! En le perdant, la France a bien perdu. Et dire qu'on ne l'a pas soutenu! » Vous découvrez alors chez l'épicier des opinions religieuses extrêmement répréhensibles. Les chansons de Béranger sont son Évangile. Oui, ces détestables refrains frelatés de politique ont fait un mal dont l'épicerie se ressentira longtemps. Il se passera peut-être une centaine d'années avant qu'un épicier de Paris, ceux de la province sont un peu moins atteints de la chanson, entre dans le Paradis. Peut-être son envie d'être Français l'entraîne-t-elle trop loin. Dieu le jugera.

Si le voyage était court, si l'épicier ne parlait pas, cas rare, vous le reconnaîtriez à sa manière de se moucher. Il met un coin de son mouchoir entre ses lèvres, le relève au centre par un mouvement de balançoire, s'empoigne magistralement le nez et sonne une fanfare à rendre jaloux un cornet à piston.

Quelques-uns de ces gens qui ont la manie de tout creuser signalent un grand inconvénient à l'épicier : il se retire, disent-ils. Une fois retiré, personne ne lui voit aucune utilité. Que fait-il? que devient-il? il est sans intérêt, sans physionomie. Les défenseurs de cette classe de citoyens estimables ont répondu que généralement le fils de l'épicier devient notaire ou avoué, jamais ni peintre ni journaliste, ce qui l'autorise à dire avec orgueil : J'ai payé ma dette au pays. Quand un épicier n'a pas de fils, il a un successeur auquel il s'intéresse ; il l'encourage, il vient voir le montant des ventes journalières et les compare avec celles de son temps ; il lui prête de l'argent : il tient encore à l'épicerie par le fil de l'escompte. Qui ne connaît la touchante anecdote sur la nostalgie du comptoir à laquelle il est sujet?

Un épicier de la vieille roche, lequel, trente ans durant, avait respiré les mille odeurs de son plancher, descendu le fleuve de la vie en compagnie de myriades de harengs et voyagé côte à côte avec une infinité de morues, balayé la boue périodique de cent pratiques matinales et manié de bons gros sous bien gras, il vend son fonds, cet homme riche au delà de ses désirs, ayant enterré son épouse dans un bon petit terrain à perpétuité, tout bien en règle, quittance de la Ville au carton des papiers de famille; il se promène les premiers jours dans Paris en bourgeois, il regarde jouer aux dominos, il va même au spectacle. Mais il avait, dit-il, des inquiétudes. Il s'arrêtait devant les boutiques d'épiceries, il les flairait, il écoutait le bruit du pilon dans le mortier. Malgré lui cette pensée : Tu as été pourtant tout cela! lui résonnait dans l'oreille, à l'aspect d'un épicier amené sur le pas de sa porte par l'état du ciel. Soumis au magnétisme des épices, il venait visiter son successeur. L'épicerie allait. Notre homme revenait le cœur gros. Il était *tout chose*, dit-il à Broussais en le consultant sur sa maladie. Broussais ordonna les voyages, sans indiquer positivement la Suisse ou l'Italie. Après quelques excursions lointaines tentées sans succès à Saint-Germain, Montmorency, Vincennes, le pauvre épicier, dépérissant toujours, n'y tint plus; il rentra dans sa boutique comme le pigeon de La Fontaine à son nid, en disant son grand proverbe : *Je suis comme le lièvre, je meurs où je m'attache!* Il obtint de son successeur la grâce de faire des cornets dans un coin, la faveur de le remplacer au comptoir. Son œil, déjà devenu semblable à celui d'un poisson cuit, s'alluma des lueurs du plaisir. Le soir, au café du coin, il blâme la tendance de l'épicerie au charlatanisme de l'Annonce, et demande à quoi sert d'exposer les brillantes machines qui broient le cacao.

Plusieurs épiciers, des têtes fortes, deviennent maires de quelque commune, et jettent sur les campagnes un reflet de la civilisation parisienne. Ceux-là commencent alors à ouvrir le Voltaire ou le Rousseau qu'ils ont acheté, mais ils meurent à la page 17 de la notice. Toujours utiles à leur pays, ils ont fait réparer un abreuvoir, ils ont, en réduisant les appointements du curé, contenu les envahissements du clergé. Quelques-uns s'élèvent jusqu'à écrire leurs vues au *Constitutionnel*, dont ils attendent vainement la réponse; d'autres provoquent des pétitions contre l'esclavage des nègres et contre la peine de mort.

Je ne fais qu'un reproche à l'épicier : il se trouve en trop grande quantité. Certes, il en conviendra lui-même, il est commun. Quelques moralistes, qui l'ont observé sous la latitude de Paris, prétendent que les qualités qui le distinguent se tournent en vices dès qu'il devient propriétaire. Il contracte alors, dit-on, une légère teinte de férocité, cultive le commandement, l'assignation, la mise en demeure, et perd de son agrément. Je ne contredirai pas ces accusations, fondées, peut-être, sur le temps critique de l'épicier. Mais consultez les diverses espèces d'hommes, étudiez leurs bizarreries, et demandez-vous ce qu'il y a de complet dans cette vallée de misères. Soyons indulgents envers les épiciers! D'ailleurs où en serions-nous s'ils étaient parfaits! il faudrait les adorer, leur confier les rênes de l'état, au char duquel ils se sont courageusement attelés. De grâce, ricaneurs auxquels ce mémoire est adressé, laissez-les-y, ne tourmentez pas trop ces intéressants bipèdes : n'avez-vous pas assez du gouvernement, des livres nouveaux et des vaudevilles?

DE BALZAC.

LA GRISETTE.

De tous les produits parisiens, le produit le plus parisien sans contredit, c'est la grisette. Voyagez tant que vous voudrez dans les pays lointains, vous rencontrerez des arcs de triomphe, des jardins royaux, des musées, des cathédrales, des églises plus ou moins gothiques; comme aussi, chemin faisant, partout où vous conduira votre humeur vagabonde, vous coudoierez des bourgeois et des altesses, des prélats et des capitaines, des manants et des grands seigneurs; mais nulle part, ni à Londres, ni à Saint-Pétersbourg, ni à Berlin, ni à Philadelphie, vous ne rencontrerez ce quelque chose si jeune, si gai, si frais, si fluet, si fin, si leste, si content de peu, qu'on appelle la grisette. Que dis-je, en Europe? vous parcourriez toute la France que vous ne rencontreriez pas dans toute sa vérité, dans tout son abandon, dans toute son imprévoyance, dans tout son esprit sémillant et goguenard, la grisette de Paris.

Les savants (foin des savants!), qui expliquent toute chose, qui trouvent nécessairement une étymologie à toute chose, se sont donné bien de la peine pour imaginer l'étymologie de ce mot-là, *la grisette*. Ils nous ont dit, les insensés! qu'ainsi se nommait une mince étoffe de bure à l'usage des filles du peuple, et ils en ont tiré cette conclusion : *Dis-moi l'habit que tu portes, et je te dirai qui tu es!* comme si nos élégantes duchesses de la rue, nos comtesses qui vont à pied, nos fines marquises qui vivent du travail de leurs mains, toute cette galante et sceptique aristocratie de l'atelier ou du magasin, étaient condamnées à porter à tout jamais une triste robe de laine; comme si elles avaient renoncé, ces anachorètes blanches et roses, aux plus douces joies de la vie, au ruban de soie, à la broderie, aux souliers neufs, aux gants neufs, à toutes les ressources ingénieuses de cette coquetterie facile qui est à la portée de toutes les belles personnes qui sont pauvres, bien faites, et qui ont vingt ans!

Donc laissons là les étymologistes et leurs étymologies saugrenues. Ce sont de vieux bons hommes revenus des passions humaines, et dont on ne peut pas dire, à propos de ces doux échantillons de la coquetterie française, qu'ils sont pleins de leur sujet. On ne définit pas ce qui est net, vif et beau. La seule façon de comprendre ce monde des grisettes parisiennes, monde à part dans le monde, c'est de le voir de près. Sortez le matin par un beau jour qui commence, et regardez autour de vous quelle est la première femme éveillée dans ce riche Paris qui dort encore : c'est la grisette! Elle se lève un instant après le jour, et tout de suite la voilà qui se fait belle pour toute la journée. Son ablution de chaque jour est complète, ses beaux cheveux sont peignés de fond en comble : ses vêtements sont reluisants de propreté; je le crois bien, ma foi! c'est elle-même qui les a faits, elle-même qui les a blanchis. En même temps, elle pare aussi la mansarde qu'elle habite; elle met en ordre le pauvre rien qu'elle possède, elle décore sa misère comme d'autres femmes ne sauraient pas décorer leur opulence. Ceci fait, elle jette un dernier coup d'œil sur son miroir, et quand elle s'est bien assurée qu'elle est aussi jolie aujourd'hui qu'elle l'était hier, elle s'en va à son travail. En effet, et voilà ce qu'elles ont de touchant et de respectable, qui dit une grisette dit en même temps un petit être charmant et content de peu qui produit et qui travaille; une grisette oisive n'est pas dans la nature des grisettes : elle devient alors tout autre chose; elle sort tout à fait de cet honnête département des grisettes; une fois oisive, elle franchit la faible limite qui la sépare du vice parisien. — De celle-là nous n'en parlons pas, elle gâterait notre sujet.

Mais cependant, puisqu'elle travaille, quel est donc le travail de la grisette? Il serait bien plus simple de vous dire tout de suite quel n'est pas son travail, car qui dit une grisette dit une fille bonne à tout, qui sait tout, qui peut tout. Une légion de fourmis travailleuses suffit à produire des montagnes; eh bien! la grisette est comme la fourmi. Les grisettes de Paris, ces petits êtres fluets, actifs et pauvres, Dieu le sait! elles opèrent autant de prodiges que des armées. Entre leurs mains industrieuses se façonnent sans fin et sans cesse la gaze, la soie, le velours, la toile. A toutes ces choses informes elles donnent la vie, elles donnent la grâce, l'éclat : elles les créent, pour ainsi dire, et, ainsi créées, elles les jettent dans toute l'Europe; et, croyez-moi, cette innocente et continuelle conquête à la pointe de l'aiguille est plus durable mille fois que toutes nos conquêtes à la pointe de l'épée.

Ils se répandent ainsi dans la ville, ces pauvres artisans noirs ou blonds, blancs et roses, et, tout en fredonnant, ils habillent la plus belle partie du genre humain; leurs doigts légers exécutent comme en se jouant les tours de force les plus difficiles; tout ce que le caprice des femmes dans leurs plus ingénieux accès de coquetterie peut inventer, nos charmants artistes l'exécutent. Elles règnent en despotes sur la parure européenne. Elles brodent le manteau des reines, elles coupent le tablier des bergères. Et faut-il que ce goût français soit universel pour que ces petites filles, enfants de pauvres gens, et qui mourront pauvres comme leurs mères, deviennent ainsi les interprètes tout-puissants de la mode dans l'univers entier! Détruisez cette race intelligente et laborieuse, c'en est fait de la grâce européenne; déjà je vois d'ici toutes les grandes coquettes de ce monde vêtues au hasard, c'est-à-dire mal vêtues, et qui s'écrient en soupirant : Où allons-nous?

Dans cette position à la fois élevée et subalterne, et placées, comme elles le sont, entre le luxe le plus exagéré des puissants de ce monde et leur propre misère à elles-mêmes, certes il faut à ces pauvres filles bien de l'esprit et bien du courage pour résister à la fois à ce luxe et à cette misère. Car à peine descendue du cinquième étage qu'elle habite, la grisette est introduite dans les plus riches magasins, dans les maisons les plus somptueuses : là, elle règne ; là, elle dicte ses lois et sans appel ; pendant tout le jour, elle préside à la coquetterie des femmes riches, elle les habille, elle les parc, elle entoure ces cadavres, souvent très-laids, des tissus les plus précieux ; elle sait à fond tous les déguisements de ces beautés si souvent trompeuses. Que de tailles contrefaites elle a réparées! que de maigreurs elle a dissimulées! que de laideurs elle a fait paraître charmantes! et quand l'idole est ainsi parée par ces pauvres mains si blanches et si gentilles, quand l'amour arrive, qui emporte dans les fêtes resplendissantes, non pas la femme, qui est laide, mais sa parure, qui est adorable, sans songer que l'ouvrière qui l'a faite est cent fois plus belle que celle qui la porte, vous figurez-vous notre jeune artiste qui suit d'un regard contrit cette femme qu'elle a créée, et qui se dit à elle-même avec un gros soupir : Je suis pourtant plus belle que cela! Oui, certes, c'est là une de ces immenses tentations auxquelles résisteraient bien peu de courages. En effet, on comprend très-bien qu'un homme passe devant un monceau d'or sans y toucher : sa probité le sauve ; mais une jeune et jolie fille, qui peut tout d'un coup, d'obscure et inconnue qu'elle était, devenir l'admiration et l'amour des hommes, si elle veut mettre seulement ce morceau de gaze créé par son aiguille, renoncer ainsi à ses admirables et faciles conquêtes, voilà, certes, le plus surprenant de tous les courages! Elle est seule ; cette parure est achevée ; les fleurs sont prêtes pour la chevelure, la gaze transparente pour le sein nu, le ruban pour la ceinture, le soulier pour le pied, le bas brodé pour la jambe faite au tour, le gant pour la main : qui donc empêche l'humble chrysalide de devenir tout d'un coup le papillon léger, de réaliser les plus beaux rêves et d'entraîner à sa suite l'admiration des hommes, la jalousie des femmes? Ainsi vêtue, elle devient tout d'un coup la reine du monde, elle marche l'égale des plus belles ; sa jeunesse brille de tout son éclat ; elle est l'orgueil de nos fêtes, la joie de nos théâtres ; le monde des arts, du luxe et du pouvoir lui est ouvert : rien ne doit résister à son triomphe. Victoire! victoire! plus de travail! plus de misère! Mais non, cette humble pauvreté ne sera pas vaincue : elle résistera à cette tentation chaque jour renouvelée ; la noble héroïne rendra sans murmurer cette parure à celle qui la paie, et elle se consolera avec ses chansons, sa gaieté et ses vingt ans. — Ou bien tout simplement, elle deviendra folle. Que d'ambitieuses de vingt ans, qui ont manqué d'une robe pour être adorées, sont renfermées à la Salpêtrière! Savez-vous bien cependant ce qu'on donne à la grisette pour prix de tant de travaux, de tant d'héroïsme, de tant de folies qui la tuent? Hélas! j'en rougis. Mais cette noble fille, sacrifiée à ces passions dévorantes, est presque aussi peu payée que nos Alexandres et nos Césars à quatre sous par jour. Pour se vêtir, pour se nourrir, pour se loger, pour cultiver le parterre qui est devant sa fenêtre, pour le mouron de l'oiseau qui chante dans sa cage, pour le bouquet de violettes qu'elle achète chaque matin, pour cette chaussure si luisante et si bien tenue, pour cette élégance soutenue des pieds à la tête, dont serait fière plus d'une reine de préfecture, la grisette parisienne gagne à peine de quoi fournir chaque jour au déjeuner d'un surnuméraire du ministère de l'intérieur. Et cependant avec si peu, si peu que rien, elle est bien plus que riche, elle est gaie, elle est heureuse; elle ne demande en son chemin qu'un peu de bienveillance, un peu d'amour.

Ce n'est pas que dans ce chemin, ou plutôt dans ce modeste sentier, semé de tant de fleurs des champs et de tant d'épines, qu'elle parcourt d'un pas si léger, l'aimable fille, elle ne rencontre bien des petits bonheurs à sa taille et à son usage. Elle se pare de cet or que fabrique à si peu de frais la médiocrité, et l'or de cette mine est plus inépuisable que toutes les mines du Pérou. Elle est contente de peu, elle est contente de rien! La poésie et l'amour, ces deux anges qui consolent et qui encouragent, l'accompagnent dans sa route; elle tient à la poésie par sa misère d'abord et ensuite par sa profession, elle tient à l'amour par ses grâces naturelles et sa beauté sans fard. La grisette est la providence de cette race à part et imberbe, l'honneur, l'esprit et le tapage de nos écoles, qu'on peut appeler à bon droit le *printemps de l'année;* elle est l'amour souriant et désintéressé des poëtes sans maîtresses, des orateurs en herbe, des généraux sans épée, des Mirabeaux sans tribune; tout jeune homme qui vit à Paris d'une maigre pension paternelle et d'espérance est de droit le vainqueur et le tyran de ces jolies petites marquises de la rue Vivienne. Dans cette franche communauté fondée sur l'amour, sur l'économie et le travail, chacun des deux amoureux apporte tout ce qu'il a, rien d'abord, et avec cela un grand appétit, et par-dessus le marché un grand fonds d'insouciance, tous les adorables ingrédients du bonheur; on travaille chacun de son côté toute la semaine; l'aiguille et la plume font des merveilles : l'un dissèque des cadavres, l'autre en habille; celui-ci débrouille les textes de Justinien, celle-là redresse tous les torts féminins qu'on lui présente; à peine a-t-on le temps de se voir, de s'entre-sourire; à peine une fois ou deux passe-t-il devant la porte du magasin dont la glace est recouverte d'un rideau à demi entr'ouvert. Mais le dimanche venu, adieu toute contrainte! l'aiguille et la plume se reposent, le magasin et le livre sont fermés! Liberté, liberté tout entière; c'est le jour où il est riche, c'est le jour où elle est belle, c'est le jour où ils s'aiment à ciel et à cœur ouverts. Allons, notre royaume légitime, la vallée de Montmorency nous appelle; allons, notre beau duché de Saint-Cloud nous ouvre ses portes; allons, notre belle comté de Saint-Germain va grimper jusqu'à notre cinquième étage par le chemin de fer; allons vite : j'ai mon habit neuf, mon gilet blanc, mes épargnes dans ma poche; prends ton chapeau le plus frais, ton écharpe la plus rose; prends l'ombrelle que Louise a oubliée chez toi l'autre jour, et en avant! Et les voilà qui s'emparent ainsi l'un et l'autre des plus petits recoins de la campagne parisienne; pour leur faire place, à ces innocents amoureux, les oisifs et les riches se cachent de leur mieux, ils savent que le dimanche appartient à l'étudiant et à la grisette; et ainsi dans les campagnes, l'été, dans la ville, l'hiver, ils sont les maîtres souverains un jour chaque semaine; ils remplissent les bois, ils remplissent les théâtres; toutes les fleurs des champs et toutes les larmes du mélodrame leur appartiennent; ils ont cinquante-deux jours de règne dans l'année. Quelle est la puissance en ce monde qui dure si longtemps?

Ainsi se passe cette dernière jeunesse du jeune homme; il marche ainsi appuyé sur cette blanche épaule jusqu'à ce qu'il arrive à être quelque chose, médecin, avocat, sous-lieutenant. Alors l'ambition le gagne, l'amour s'en va, il dit adieu à la folle et douce maîtresse de ses beaux jours; l'ingrat qu'il est, il l'abandonne à cette misère si facile à porter quand on est deux, il change ce cœur aimant contre quelques arpents de vigne, ou les quelques sacs d'écus dont se compose une dot de province; elle cependant, la pauvre fille, que devient-elle? Elle pleure, elle se résigne, elle se console, quelquefois elle recommence, souvent enfin elle se marie; elle passe ainsi du poëte amoureux au mari brutal, du rire aux larmes, de l'indulgente misère à l'indigence brutale; tout est fini pour elle; le papillon devient chrysalide : heureusement elle ne meurt pas sans laisser après elle une assez bonne provision de grisettes et de gamins de Paris.

Mais soyons prudents et sages, ne regardons pas trop au fond des choses, de peur de tomber dans l'abîme. Quelle est la rose la mieux épanouie que n'emporte le premier vent qui souffle? Quel est le fruit mûr qui ne porte son ver rongeur? Au reste, Dieu merci, cette triste fin n'est pas la même pour toutes ces charmantes filles; il en est qui se sauvent par hasard, il en est d'autres que sauve le bonheur, quelques-unes la vertu comme l'entendent les moralistes : je veux à ce propos vous raconter l'histoire de Jenny, la bouquetière.

Cette Jenny a fait un métier que je ne saurais trop vous expliquer, mesdames. Cependant, comme elle avait un bon cœur et une belle âme, il faut qu'elle ait, sa biographie à part, une page dans ce recueil d'artistes. Jenny a été si utile à l'art!

Je dis *Jenny la bouquetière*, parce qu'elle vint à Paris vendant des roses et des violettes pâles comme elle, la pauvre enfant! Pour le débit des fleurs, il n'y a que deux ou trois bonnes places à Paris : l'Opéra, le soir, quand l'harmonie étincelle, quand le gaz éclate, quand les femmes riches et parées s'en vont en diamants, en dentelles, se livrer aux molles extases de l'harmonie. Alors il fait bon avoir à part soi un magasin de roses et de violettes, le débit est sûr. Mais quand vint Jenny à Paris, elle ne put vendre ses fleurs que sur le pont des Arts, des fleurs sans odeur et sans couleur, image trop réelle de la poésie académique; des fleurs de la veille à l'usage des grisettes qui passent. Avec un pareil commerce il n'y avait aucune fortune à espérer pour Jenny.

Jenny la bouquetière se morfondait et pleurait. Il y eut des vieillards, des roués de la bourgeoisie, qui firent des quolibets à Jenny, qui l'accablèrent de mots à double sens; mais Jenny ne les comprit pas : le bourgeois libertin est trop laid! La pauvre fille cependant vendait ses fleurs, mais le commerce allait mal; il fallait sortir de ce misérable état à tout prix.

Quand je dis à tout prix je me trompe, non pas au prix de l'innocence, pauvre Jenny! non pas au prix de cette fortune éphémère et misérable qui s'en va si vite, et qui se fait remplacer par la honte. Ne crains rien pour ton joli visage, ma bouquetière; il y a quelque chose d'innocent à faire avec ta jeunesse et ta beauté; quelque chose d'innocent à faire, entends-tu bien? avec ton visage si frais, tes doigts si déliés, ton port si noble, ta taille svelte, et ce pied arabe qui donne une forme charmante à tes mauvais souliers.

Viens dans mon atelier, belle Jenny, viens; tiens-toi à distance. Tu n'as pas même à redouter mon souffle. Pose-toi là, ma fille, sous ce rayon de soleil qui t'enveloppe de sa blancheur virginale. Oh! sois muette et calme, laisse-moi t'envelopper d'art et de poésie; tu seras mon idole pour un jour, à moi peintre. Je vois déjà voltiger autour de ta robe en guenilles les couleurs riantes, les formes légères, les ravissantes apparitions de mon voyage d'Italie. Reste là, reste, Jenny, sous mon pinceau, sur ma toile, dans mon âme, sous mon regard charmé; que de métamorphoses tu vas subir! Vierge sainte, on t'adore, les hommes se prosternent à tes pieds; jolie fille au doux sourire, les jeunes gens te rêvent et te font des vers. Sois plus grave, relève tes sourcils arqués, réprime ce sourire; je te fais reine, grande dame; après quoi si tu veux poser ta tête sur ta main, si tu veux mollement sourire, si tu veux t'abandonner à la poétique langueur d'une fille qui rêve, je fais de toi plus qu'une vierge, je te crée la maîtresse de Raphaël ou de Rubens. Pauvre fille, c'est beaucoup plus que si je te faisais la maîtresse d'un roi.

Jenny, inépuisable Jenny! qu'elle vienne, l'inspiration me saisit et m'oppresse, la fièvre de l'art est dans mes veines; ma palette est chargée pêle-mêle, ma grossière palette en bois de chêne, ma brosse est à mes pieds, haletante comme le chien de chasse qu'on tient en laisse. Viens, il est temps, Jenny. Et Jenny vient, docile comme l'imagination, docile et souple, et prête à tout, à tout ce que l'art a d'innocence et de poésie. Allons, Jenny, pose-toi: je veux voir en toi une belle fille grecque, comme celles que vit Apelles quand elles posèrent pour la statue de la déesse. Tu es belle ainsi, ma jolie Grecque, ma sévère beauté, mon Athénienne aux formes ravissantes! Et, si je veux changer ma beauté cosmopolite, ma beauté change; la voilà Romaine, Romaine de l'empire, Romaine comme les Romaines de Juvénal. Allons, Jenny, sors du festin, prête l'oreille aux chants des buveurs, relis-moi l'ode d'Horace à Glycère, à Nééra; sois belle et riche, étends-toi dans ta litière portée par des esclaves gaulois; remplace les bagues de l'hiver par l'or de l'été. Mais avant tout, avant de représenter l'ivresse, as-tu déjeuné ce matin, Jenny? Vous autres, vous ne vous figurez pas ce que c'est qu'une pauvre fille qui rêve tout éveillée, et qui rêve pour vous; vous ne vous imaginez pas tout ce qu'il y a de péril et de difficulté dans cette position fixe d'une pauvre femme qui reste des heures entières immobile, muette, arrêtée; il faut qu'elle unisse la passion au calme, la colère au calme, l'ivresse au calme, l'amour au calme! La plus grande des comédiennes, c'est une pauvre fille qui sert de modèle, qui est comédienne tout un jour, comédienne pour un homme tout seul, comédienne à huis clos, comédienne qui se drape avec une guenille, reine dont un foulard forme la couronne, danseuse dont un tablier noir fait la robe de bal, sainte martyre qui prie, les yeux levés au ciel, en chantant une chanson de Béranger. Pauvre, pauvre femme! Elle passe par tous les extrêmes selon le caprice de l'artiste: on la brûle, on l'égorge, on l'étouffe, on la met en croix, on la plonge dans mille voluptés orientales; elle est en enfer, elle est au ciel; archange aux ailes d'or, prostituée à l'air ignoble; elle est tout, elle passe par toutes les habitudes de la vie : grande dame, bourgeoise, majesté, divinité de la fable, que voulez-vous? Et cela sans que personne l'applaudisse, sans un battement de mains, sans la plus petite part dans l'admiration accordée au chef-d'œuvre. On voit le tableau : Que cette femme est belle! quel regard! quelle main! que d'inspirations véhémentes dans cette tête! On porte l'artiste aux nues, on le comble d'or et d'honneurs; il n'y a pas un regard pour la pauvre Jenny : or c'est Jenny qui a fait le tableau!

Étrange assemblage de beauté et de misère, d'ignorance et d'art, d'intelligence et d'apathie! Prostitution à part d'une belle personne qui peut sortir chaste et sainte après avoir obéi en aveugle aux caprices les plus bizarres! C'est que l'art est la grande excuse à toutes les actions au delà du vulgaire; c'est que l'art purifie tout, même cet abandon qu'une pauvre fille fait de son corps; c'est que l'art est aussi favorisé que l'opérateur à qui on livre le cadavre, sans repentir et sans remords; c'est qu'aussi Jenny était douce et modeste autant que jolie; Jenny était soumise à l'artiste, aveuglément soumise tant qu'il s'agissait de l'art; mais là s'arrêtait sa vocation. L'artiste redevenait-il un homme? Jenny quittait son rôle brillant, elle redescendait des hautes régions où l'artiste l'avait comme placée à dessein, Jenny redevenait une simple femme pour se mieux défendre; Jenny recouvrait de la bure ternie ses bras si blancs, elle rejetait sur son beau sein son pauvre mouchoir d'indienne, elle rentrait sa jambe nue dans son bas troué. On n'eût pas respecté la reine ou la sainte : on respectait Jenny.

Ce qu'est devenue Jenny? vous voulez le savoir! Elle a parsemé nos temples de belles saintes qu'adorerait un protestant; elle a peuplé nos boudoirs d'images gracieuses qui font plaisir à voir, de ces têtes de femmes qu'une jeune femme enceinte regarde si avidement; elle a donné son beau visage et ses belles mains aux tableaux d'histoire; sa bienveillante influence s'est fait longtemps sentir dans l'atelier de nos artistes; avoir Jenny dans son atelier, c'était déjà un gage de succès. Jenny dédaignait l'art médiocre, elle s'enfuyait à s'écheveler quand elle était appelée par nos modernes Raphaëls; elle ne voulait confier sa jolie figure qu'au génie, elle n'avait foi qu'au génie. Quand l'artiste favorisé était pauvre, Jenny lui faisait crédit bien volontiers. Aimable fille! Elle a plus encouragé l'art à elle seule que nos trois derniers ministres de l'intérieur à eux trois! Mais hélas! l'art a perdu Jenny, perdu le charmant modèle, perdu sans retour; l'art est livré à lui-même sans vertu, sans pouvoir, sans avenir, sans fortune, sans idéal!

Ce qu'est devenue Jenny? Elle est devenue ce que deviennent toujours les femmes très-jeunes et très-jolies, heureuse et riche; elle est à présent ce que sont toujours les femmes très-bonnes, elle est très-aimée, très-respectée, très-fêtée. La grande dame a conservé son amour d'artiste, son dévouement d'artiste, elle est restée un artiste. Elle a quitté, il est vrai, ses pauvres habits, son simple foulard et son châle de hasard; elle a chargé son cou de diamants; les tissus de cachemire couvrent ses épaules; sa robe est brodée, ses bas de soie sont encore à jour, mais troués cette fois par le luxe et la coquetterie, elle a des gants de Venise pour cette main si blanche et des senteurs de l'Orient pour cette peau si parfumée et si douce; elle a un titre et des laquais. Eh bien! Ne craignez rien, approchez: la grande dame est toujours Jenny, Jenny la bouquetière, Jenny modèle. Si vous êtes un grand artiste, si vous vous appelez Gérard, Ingres, Delaroche ou Vernet, arrivez; dites-lui: Jenny, il me faut une main de femme; Jenny vous jettera au nez ses gants de Venise; dites-lui: Jenny, il me faut de blanches et fraîches épaules, il me faut un sein qui bat; Jenny ôtera son cachemire et vous montrera son sein et ses épaules; dites-lui: Jenny, je fais une Atalante, il me faut la jambe et le pied d'Atalante; Jenny, duchesse, vous prêtera sa jambe et son pied tout comme faisait Jenny la bouquetière. Bonne fille! et simple, et ingénue, et dévouée à l'art, aimant la beauté pour elle-même, se félicitant tout haut d'être belle parce qu'elle est belle partout, sur la toile, sur la pierre, sur le marbre, sur l'airain, en terre cuite et en plâtre, toujours belle. Que l'art ne s'afflige pas de la fortune de Jenny, Jenny appartient toujours à l'art; elle est son bien, elle est toute sa fortune. L'art veut bien la prêter à l'hymen d'un grand seigneur, mais ce n'est qu'un prêt qu'il lui fait: il faut que ce grand seigneur soit toujours disposé à rendre Jenny à l'artiste. C'est une stipulation écrite tacitement dans le contrat de mariage de Jenny.

Telle est cette simple et souriante histoire. Il n'est pas un artiste de talent, s'il était juste, qui ne mît de moitié dans sa gloire et dans sa fortune quelque beau sein inspirateur. Or maintenant, et pour finir comme j'ai commencé, trouvez-moi quelque part, dans tout l'univers, un petit être ainsi venu au monde, que par le fait même de sa naissance il soit merveilleusement disposé à toutes choses, aux plus tristes et aux plus gaies, frais sourire, larmes amères, abnégation profonde, travail, paresse, vice et vertu, supportant également tous les excès de la fortune et tous les excès de la misère, d'une parfaite égalité d'humeur au milieu de tant de fortunes changeantes et renversées, aussi heureux dans la bure que dans la soie, aussi à l'aise dans le salon que dans la mansarde, parlant en chantant une belle langue française qui tient à la fois du Versailles de Louis XIV et de la Courtille de nos jours. — Grande dame grave et chaste, fille égrillarde et rieuse, poëte, artiste, mondaine, folle de joie, rêveuse, distraite, coquette, amoureuse, modeste, bonne et vive, prête à tout; et pour tout dire en un mot, véritablement, entièrement et complétement — la *Grisette de Paris.*

JULES JANIN.

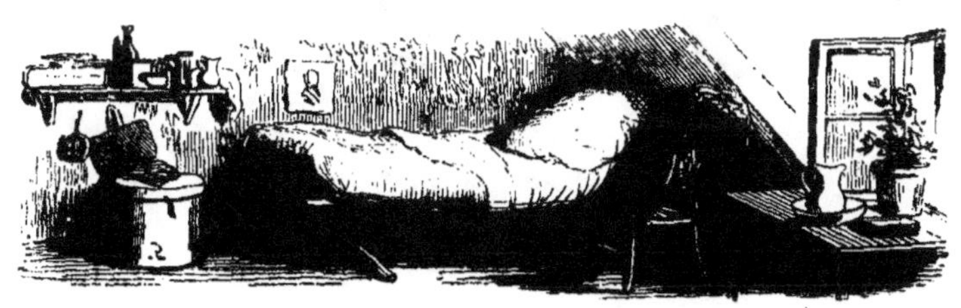

L'ÉTUDIANT EN DROIT.

Un jeune homme sort du collége. Il a passé son examen de bachelier ès-lettres, après avoir fait ce qu'on appelle ses études; c'est-à-dire que dix ans de travaux l'ont rendu capable d'expliquer, à l'aide de bons dictionnaires, Cornelius Nepos et les fables d'Ésope. Son père et sa mère, assis au coin du feu, délibèrent sur la destinée ultérieure de leur fils unique. « Il faut qu'il fasse son droit, » dit le père d'un ton grave et doctoral; « c'est le complément indispensable de l'éducation. Le titre d'avocat mène à tout. »

O bourgeois candide et patriarcal! le titre d'avocat ne mène à rien! Où vont ces milliers d'élèves qui s'asseyent chaque année sur les bancs de l'école de droit? sont-ils tous pourvus d'emplois honorables et lucratifs? les voit-on primer au barreau ou dans la magistrature? Hélas! non, la majorité ne met jamais le pied au palais. Quelques-uns deviennent notaires, avoués ou huissiers; le reste se répartit dans diverses professions. Cet agent d'affaires qui négocie des ventes et des achats de fonds de commerce sans clientèle, il a fait son droit. Ce *jeune premier* qui colporte en province sa misère et ses oripeaux, il a fait son droit. Cet écrivain public qui rédige en prose et en vers des compliments à l'usage des cuisinières, il a fait son droit. Ce dramaturge qui compose des pièces à grand spectacle pour le théâtre de madame Saqui a prêté le serment d'avocat. Les administrations publiques et particulières, l'armée, les boutiques, les échopes, fourmillent d'ex-étudiants qui végètent et regrettent les trois années qu'ils ont perdues sous le vain prétexte d'apprendre les lois, dont ils ne savent pas un mot.

Quoi qu'il en soit, tous les ans, au mois de novembre, une foule de jeunes gens affluent de toutes les parties de la France et viennent s'entasser dans les hôtels du quartier Latin, vaste camp dont les avant-postes s'étendent d'un côté jusqu'au Pont-Neuf, et de l'autre jusqu'à la barrière d'Enfer.

Le nouveau débarqué est installé; il a pris sa première inscription; il a choisi ses professeurs; il a fait sa première apparition au cours, où il aura soin de se montrer le moins possible. Que lui faut-il encore? Une femme, une compagne qui partage avec lui les peines de la vie, et qui lui cire ses bottes! Il se met en quête, et un de ses compatriotes, élève de deuxième année, dont les belles manières et la conversation solide ont ébloui la haute société de son endroit pendant les vacances, a été chargé par les excellents parents de notre novice de guider sa jeune expérience à travers les écueils de la Babylone maudite où le jeune héritier n'a été abandonné qu'en tremblant. Pénétré de sa mission, le Mentor introduit dès le lendemain de son arrivée son jeune Télémaque au bal Montesquieu, autant pour le rompre sans retard aux bonnes habitudes que pour retrouver ses anciennes connaissances personnelles. Une contredanse et deux galops ont suffi pour lier intimement notre jeune homme à une élégante danseuse qui répond au nom d'Irma, Amanda, ou autre nom de la même famille. Elle est sage à n'en pas douter, car elle a refusé de donner son adresse; mais notre étudiant l'a bientôt retrouvée. Il l'épie et l'arrête au passage sur le trottoir de la rue Dauphine, enveloppée d'un long tartan, la tête encadrée dans un bonnet de velours noir, le bras passé dans un large cabat d'osier, garde-meuble inséparable de la majorité féminine de notre excellente capitale, et les pieds protégés par une chaussure équivoque. Sous ces dehors peu favorables, l'étudiant en droit a reconnu la taille élégante et les jolis yeux de sa danseuse : il faut ajouter qu'il a deviné un cœur tendre et des qualités physiques et morales qui suffisent à sa consommation personnelle. Son choix est fait, le pacte d'alliance est signé sur une table de la Grande-Chaumière du Mont-Parnasse. Là, vous ne reconnaissez plus la pauvre fille dont les souliers épargnent de la besogne aux balayeurs. Elle est pimpante, élégante, éblouissante, frisée, pommadée, attifée, charmante à voir; elle porte une capote de batiste, une robe de mousseline, des bas blancs, et une écharpe de crêpe bleu.

Les amours de l'étudiant et de la grisette ne sont point de ces passions échevelées qui pleurent dans les drames modernes, et bientôt il ne la traite guère mieux qu'une servante, la charge de ses commissions, lui envoie chercher du tabac, de l'eau-de-vie et du jambon. Lorsqu'il régale ses amis, c'est elle qui, avant de présider au festin, fait cuire les côtelettes et met le couvert. Il faut le dire à sa louange, la grisette se prête merveilleusement à toutes ces fonctions de ménage, qui la rendent indispensable et lui donnent un air de femme mariée. Heureuse si les vacances seules interrompent le cours de cette liaison trop passagère, si elle peut dire adieu en pleurant à son époux temporaire, qui lui promettra de lui écrire! Mais souvent, las du ménage, l'ingrat songe à reconquérir sa liberté. Il cherche querelle à *sa femme*, l'accuse d'infidélité, et, à force de brouilles préparatoires, arrive à une rupture définitive. C'est un de ses amis qui lui succède, et la malheureuse fille passe de main en main comme un billet à ordre, comme une reconnaissance du mont-de-piété, jusqu'à ce que, vieille et fanée, elle tombe insensiblement au dernier degré de la dépravation.

S'il n'a point de femme pour lui préparer ses repas à domicile, l'étudiant en droit peut choisir entre une multitude de restaurants dont les fastueuses affiches lui garantissent, moyennant dix-huit sous, une alimentation saine et abondante. Poupon, Viot, Rousseau! restaurants trop calomniés! comme Figaro, vous valez mieux que votre réputation! La malice seule a pu accuser vos innocents cuisiniers de transformer une tête de cheval en tête de veau, et de présenter un angora sous la fallacieuse apparence d'un civet. Vos beefsteaks sont peut-être *duriuscules,* vos bouillons trop aquatiques, vos hachis légèrement suspects; mais vous n'en méritez pas moins l'estime et la pratique de quiconque possède une âme sensible, un estomac complaisant et dix-huit sous dans sa poche. Laissez crier les diffamateurs, respectables sanctuaires de la gastronomie au rabais; tant qu'il y aura une école de droit à Paris, vous continuerez d'offrir à une foule toujours croissante vos demi-potages à dix centimes et vos canards aux navets à six sous la portion.

Si l'on nous demande à quels signes extérieurs on peut reconnaître l'étudiant en droit, nous répondrons qu'il ne s'habille pas à la dernière mode, mais qu'il crée une mode tout exprès pour lui. Il laisse volontiers croître ses cheveux et sa barbe, quand il en a, afin, dit-il, de ne pas ressembler à un épicier; mais avant de se présenter devant les examinateurs, il a soin de faire disparaître ces attributs anarchiques. Il ressemble par la coiffure à un membre du club des Jacobins, et par la royale à un seigneur de la cour de Louis XIII. On l'a vu jadis se glorifier d'un chapeau gris et d'un gilet rouge à la Robespierre. Aujourd'hui, qu'il soit ou non du Béarn, il adopte le béret et la ceinture rouge, parce qu'il trouve à ce costume une couleur locale. Une pipe colossale est l'accessoire obligé de l'étudiant; fumeur intrépide, il parfume les passants des bouffées nauséabondes du tabac de la régie. La tête de sa pipe, plus ou moins *culottée,* offre l'image d'un Turc, de Henri IV, de Robert Macaire, de François Ier, de Saint-Just, etc. Son cœur bondit de joie lorsqu'il parvient à se procurer une chibouque algérienne ou un houka indien, et, qu'étendu sur son canapé garni en velours d'Utrecht rouge, il se donne une tournure orientale. Roi du quartier Latin, il domine au théâtre, il domine à la taverne, il domine dans la rue. L'hôtelier le respecte, le restaurateur le désire, le cafetier le regarde avec amour; son crédit est solidement posé, car ses parents *sont bien;* à lui le haut du pavé, à lui les gracieux sourires des jeunes filles. Sultan sans rivaux, il dispense ses faveurs à son gré, et rappelle les beaux temps de la galanterie française en faisant offrir des brevets de beauté et de grâce sous la forme de bouquets aux dames qui fréquentent les loges des théâtres du Panthéon et du Luxembourg.

Entre tous surgit un caractère plus tranché, un type exceptionnel, que les étudiants appellent *bambocheur.* Ses confrères se permettent l'estaminet et la guinguette à titre de distraction, le bambocheur y passe ses jours. Il entre à la taverne à dix heures du matin, déjeune amplement, consomme une infinité de petits verres et de chopes, fume un nombre considérable de pipes, joue au piquet et au billard, et le soir, à une heure avancée, se mêle à des chœurs qui chantent à gorge déployée :

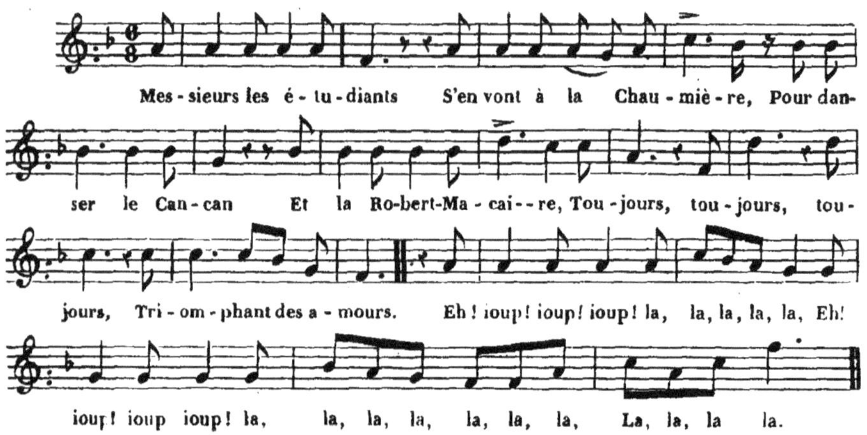

Le carnaval est l'élément du bambocheur ; c'est alors qu'il se montre dans tout son éclat. Craignant qu'on ne lui vole sa montre à la faveur de la confusion des bals masqués, il s'empresse de la déposer entre les mains d'un commissionnaire au mont-de-piété, et le même administrateur intègre se charge d'un manteau, complétement inutile à son propriétaire pour se déguiser en postillon. Dès lors plus de soucis, plus de soins de l'avenir! Le bambocheur n'a jamais pris d'inscriptions ; il n'aura jamais d'examens à passer ; il n'a point de carrière à parcourir, point de famille à satisfaire ; toutes ses facultés sont concentrées, dans le moment présent, dans le vin qu'il boit, dans le débardeur à cheveux poudrés qu'il fait valser, dans le tumulte et l'enivrement du bal.

Si, dans ces nuits de délire, un paisible observateur se place au cintre du théâtre du Panthéon et regarde en bas, il n'apercevra d'abord qu'un mélange de couleurs diverses, recouvertes d'un uniforme glacis de poussière, enveloppées d'un brouillard de vapeurs délétères; puis, au milieu de ce chaos, il distinguera confusément des têtes, des bras, des jambes, mais sans pouvoir déterminer quels sont les propriétaires respectifs de ces membres, tant est vertigineuse la rapidité avec laquelle cette masse compacte se meut, se tourne, se déroule, se heurte et tourbillonne. Du fond du parterre monte un bourdonnement étrange composé de l'union discordante de tous les sons de voix, depuis le baryton le plus éclatant jusqu'au fausset le plus criard. C'est une mêlée pareille à celle d'un champ de bataille, un inexprimable tohubohu, un labyrinthe de formes humaines, un pandémonium de danseurs; c'est un bal masqué.

Mais, bien qu'il s'abandonne parfois aux plaisirs physiques, l'étudiant sait aussi goûter ceux de la vie intellectuelle. Beaux-arts, littérature, philosophie, politique, il étudie tout, excepté son droit. Il dévore les romans nouveaux, et juge en maître des pièces en vogue. Le portrait de madame George Sand, attaché par une épingle au chevet de son lit, témoigne de son enthousiasme pour l'illustre hermaphrodite. Il suit M. de Balzac dans sa course à travers mœurs, et admire en Victor

Hugo le chef de l'école poétique des temps modernes. Loin de se passionner pour ces tragédies guindées et compassées qui se font, comme une règle d'arithmétique, par l'addition d'un certain nombre de princes, de princesses et de confidents, il porte avec enthousiasme le tribut de son admiration partout où le drame saisissant se meut et palpite. Donne-t-on une pièce inédite du grand homme, l'étudiant se passe de dîner, se met à la queue dès deux heures, arrive le premier au bureau, et emporte d'assaut l'unique billet de parterre que l'on y distribue. Un coup de sifflet part d'une loge. « A la porte! à la porte! » s'écrie l'étudiant; « c'est un membre de l'Institut! » Nouveau coup de sifflet. « A la porte! » répète l'étudiant; « à la lanterne, les classiques! » Vient une tirade de poésie harmonieuse et sublime, toute la salle enivrée applaudit et trépigne, l'étudiant bat des mains avec fureur et lance un regard de mépris à l'individu véhémentement soupçonné d'être membre de l'Institut.

Il est rare que l'étudiant en droit ne soit pas musicien. Il a un maître de flageolet, de flûte ou de cornet à piston, et joue *Au clair de la lune* sur l'accordéon. Nonobstant les règlements de police, son cor de chasse retentit au milieu du silence de la nuit, il l'embouche à une heure du matin, au retour du spectacle, pour se consoler d'avoir vu la nouveauté *juste-milieu*. Le propriétaire tempête, les voisins s'insurgent; mais qu'importe? l'intrépide virtuose poursuit son harmonieux tintamarre de complicité avec les chats des environs. La vigueur de ses poumons est-elle épuisée, il sacrifie aux muses, il se laisse entraîner à une monomanie qui l'obsède : il faut qu'il écrive. Il jette des feuilletons dans la boîte des journaux, qui ne les insèrent jamais; expédie des drames et des vaudevilles aux directeurs des théâtres des boulevards, et s'indigne de ne pouvoir obtenir lecture. Il porte le manuscrit d'un roman intime en deux volumes in-8° à Lachapelle ou à H. Souverain, scrupuleux et discrets dépositaires de ces chefs-d'œuvre. Les nouvelles qu'il élabore débutent presque toujours ainsi : « Par une belle matinée de printemps, deux hommes, enveloppés de larges manteaux, descendaient silencieusement la colline... » Parfois aussi il entame son sujet *in medias res*, conformément à la recette suivante : « Par la messe! dit le jeune inconnu en vidant d'un seul trait son hanap rempli de vin de Hongrie, nous vivons en des temps bien étranges, messeigneurs... » Sa poésie est de ce genre phthisique, maladif et rachitique, désespérant et désespéré, dont Joseph Delorme est le patron. Le *moi* et les exclamations y dominent. On y remarque des vers tels que ceux-ci :

> Oh! parmi les humains je marche solitaire,
> Comme le juif errant, et courbe vers la terre
> Mon front pâle et rêveur!!
> Tout nourrit le poison de ma mélancolie!
> Oh! mon cœur est brisé! j'ai bu jusqu'à la lie
> La coupe du malheur!!!

Cette strophe est éclose dans un nuage de fumée de tabac, et la coupe qu'il vide pour s'inspirer est tout simplement un verre de grog. Voyant que les éditeurs et la gloire lui tournent le dos, l'étudiant passe à l'état de génie méconnu, et, en traversant le pont des Arts, il mesure d'un œil farouche la distance qui le sépare de l'abine. Mais il puisera des consolations dans la philosophie, car elle est aussi de son ressort; sitôt qu'une théorie apparaît, elle trouve parmi les étudiants des adeptes, des sectateurs, des enthousiastes. Voltairiens sous la restauration, ils ont suivi le mouvement du siècle, et tendent à prendre une couleur morale et religieuse. Les uns applaudissent aux théories économiques de Saint-Simon et aux rêveries de Fourrier; d'autres s'accordent à dire, avec le père Enfantin, qu'il est urgent de réhabiliter la chair, tâche dont ils s'acquittent à la grande édification des habitués du bal du Prado.

Les opinions politiques de l'étudiant en droit sont de celles qui font dire aux cacochymes et aux asthmatiques : « On voit bien que vous êtes jeune. Bah ! ces idées-là vous passeront. » Ou bien : « C'est un beau rêve qui ne se réalisera jamais; on reconnaît bien là l'effervescence de la jeunesse. » Il y a des êtres persuadés que, passé la trentaine, il faut nécessairement prendre du ventre et se rapprocher du mollusque. L'étudiant est d'un patriotisme exalté. Sa chambre est décorée des portraits des chefs de la Montagne. La révolution de juillet est à ses yeux une révolution à l'eau de rose, en gants jaunes et en bas de soie. Il eût voulu qu'en 1830 on déclarât la guerre à toute l'Europe, et que le drapeau tricolore fît le tour du monde. Il a gémi sur le sort de la Pologne, et maudi l'autocrate. Du temps où florissaient les souscriptions nationales, on voyait figurer sur les listes son nom, accompagné de notes plus ou moins démagogiques, semblables à celle-ci : « A... B..., ami de la liberté et de la patrie, ennemi des tyrans et de l'oppression, 25 centimes. » Feu la société des droits de l'homme comptait dans son sein beaucoup d'étudiants en droit. Ils péroraient dans les sections, annonçaient officiellement que les faubourgs Antoine et Martin étaient prêts à descendre, couchaient en bonnet rouge, et au besoin s'armaient pour l'émeute. Plusieurs, hélas! victimes d'un enthousiasme prématuré, sont tombés sur les dalles de Saint-Merry.

Une haine vivace bouillonne entre l'étudiant en droit et le sergent de ville. Ce sont deux ennemis plus irréconciliables que Montaigu et Capulet, et ce n'est point sans raison. Qui, dans les bals publics, surprend les étudiants en flagrant délit de *cachucha* nationale? qui le mène au violon? qui modère l'élasticité hasardée de leurs mouvements? C'est le sergent de ville. Mais les principaux motifs de l'aversion de l'étudiant en droit sont plus sérieux; il déteste dans le sergent de ville l'agent, le satellite armé de l'ordre public, et, du plus loin qu'il l'aperçoit, il donne à sa physionomie l'expression la plus dédaigneuse possible, relève fièrement la tête, et murmure dans sa barbe l'injurieuse épithète de mouchard.

Au reste, l'exagération politique de l'étudiant en droit est plutôt extérieure que réelle; elle cache les sympathies d'une âme honnête et généreuse, et ne croyez pas qu'arrivé à l'âge mur l'étudiant en droit renie les croyances de sa jeunesse. Électeur, il vote avec l'opposition; père de famille, il transmet ses principes à ses enfants; sentinelle avancée du progrès, sa voix s'élève toujours en faveur des grandes réformes.

Il se trouve pourtant parmi les étudiants bon nombre de ces jeunes gens tenaces au travail, que rien ne rebute, et qui mêlent à leurs études de droit des travaux sérieux d'histoire, de littérature : celui qui prend cette voie aride, mais dont la récompense est certaine, se nomme *piocheur*.

Le *piocheur* ne connaît ni les plaisirs ni les soucis attachés à la prodigalité : c'est un jeune homme sans fortune qui veut faire son chemin, ose lire Duranton, et affronte sans pâlir les volumineuses collections d'arrêts de Dalloz et de Sirey ; il se place chez un avoué, et au bout de deux ans de travaux assidus, il obtient enfin l'importante fonction de troisième clerc ! il ira loin !

Il n'est guère d'étudiant qui ne devienne *piocheur* au moins une fois par an, car l'approche des examens cause dans le quartier Latin une perturbation complète, un branle-bas général ; on se met à l'œuvre, on court aux codes longtemps négligés, on veille, on ne sort plus, on défend sa porte, on s'enterre tout vivant avec Rogron et Ducaurroy ; on analyse, on dissèque le texte des lois, et, au bout de six semaines de fatigues, on arrive souvent à être refusé : alors la victime crie à l'injustice, et traite les professeurs de *scélérats*.

Trois, quatre ou cinq ans suffisent à la majorité des étudiants pour sortir vainqueurs de leurs cinq épreuves, y compris la thèse. Il est facile de reconnaître dans la salle des Pas-Perdus celui qui vient d'avoir l'honneur de prêter le serment d'avocat. Il se pavane dans sa robe de louage, le gonflement de sa poitrine soulève son rabat jaunâtre, il porte sous le bras un énorme portefeuille bourré de papiers qui simulent les dossiers absents, invite ses connaissances à venir le voir au Palais, les promène dans les couloirs, et, s'il aperçoit quelque notabilité judiciaire, soulève sa toque à un demi-pouce de son front, pour persuader aux profanes qu'il est en relation avec la susdite notabilité.

L'admission au stage a été pour le licencié en droit le sujet d'une inextricable embarras. Les règlements de l'ordre des avocats exigent que le candidat occupe une chambre convenable au premier ou au second étage, et qu'il possède une bibliothèque suffisamment garnie de livres de jurisprudence. Or le licencié demeurait place Sorbonne, au cinquième au-dessus de l'entresol, et n'avait, en fait d'ouvrages de droit, que les chansons de Béranger, les contes de Voltaire, le Contrat social, un volume dépareillé d'un roman de Paul de Kock, une collection, heureusement incomplète, du *Journal des écoles*. Grâce au ciel, un de ses amis, homme d'affaires, lui a confié les clefs d'un magnifique appartement. Le licencié a donné son adresse au local de son ami, et le rapporteur, chargé de décider si les conditions requises étaient remplies, a été émerveillé qu'un débutant aussi jeune fût si splendidement logé, que la bibliothèque fût si nombreuse et si bien choisie, et le bureau, si encombré de paperasses et d'actes de toute espèce.

Dans les conférences, où des étudiants et de jeunes avocats apprennent l'art de défendre la veuve et l'orphelin, l'avocat stagiaire plaide avec autant d'emphase que d'érudition. Il cite les coutumes et le Digeste, Pothier et Gaïus, et assaisonne sa harangue de mots latins.

« Oui, messieurs, dit-il, dans la question qui nous occupe, notre adversaire est *penitus extraneus*. C'est l'amour du gain qui le pousse, *certat de lucro captando ;* tandis que nous, messieurs, *certamus de damno vitando !* »

L'avocat stagiaire aime à prévoir les arguments de la partie adverse, et il est rare de ne pas rencontrer dans son discours deux ou trois phrases qui commencent en voix de fausset par : « Mais, nous dira-t-on ! » Puis après avoir énuméré les objections qu'on peut lui faire, il retrousse ses manches, lève les bras au ciel, et s'écrie : « Eh ! messieurs, je vous le demande, est-il possible d'imaginer un raisonnement plus illogique, un raisonnement plus contraire aux principes, un raisonnement plus dénué de fondement, plus étrange, plus... Je m'arrête, messieurs, car mon indignation toujours croissante m'entraînerait peut-être trop loin ! »

Sunt verba et voces, prætereaque nihil.

Malgré cette enflure, les conférences façonnent l'avocat stagiaire à l'improvisation ; il a l'agrément d'y être à tour de rôle juge, président, ministère public, demandeur ou défendeur ; il apprend à plaider le pour et le contre de la première question venue, ce qui ne laisse pas que d'être d'une application journalière.

Maintenant que notre étudiant a pris son essor et qu'il a secoué complétement la poudre des écoles, nous lui souhaitons des succès judiciaires, une clientèle interminable, et puisse-t-il n'être pas obligé, après d'infructueuses tentatives, de se faire journaliste ou de s'engager dans les hussards !

E. DE LABEDOLLIERRE,
Avocat, Journaliste.

LA FEMME COMME IL FAUT.

PAR une jolie matinée, vous flânez dans Paris. Il est plus de deux heures, mais cinq heures ne sont pas sonnées. Vous voyez venir à vous une femme. Le premier coup d'œil jeté sur elle est comme la préface d'un beau livre, il vous fait pressentir un monde de choses élégantes et fines. Comme le botaniste à travers monts et vaux de son herborisation, parmi les vulgarités parisiennes vous rencontrez enfin une fleur rare.

Ou elle est accompagnée de deux hommes très-distingués dont un au moins est décoré, ou quelque domestique en petite tenue la suit à dix pas de distance. Elle ne porte ni couleurs éclatantes, ni bas à jour, ni boucle de ceinture trop travaillée, ni pantalons à manchettes brodées bouillonnant autour de sa cheville. Vous remarquez à ses pieds soit des souliers de prunelle à cothurnes croisés sur un bas de coton d'une finesse excessive ou sur un bas de soie uni de couleur grise, soit des brodequins de la plus exquise simplicité. Une étoffe assez jolie et d'un prix médiocre vous fait distinguer sa robe dont la façon surprend plus d'une bourgeoise : c'est presque toujours une redingote attachée par des nœuds et mignonnement bordée d'une ganse ou d'un filet imperceptible. L'inconnue a une manière à elle de s'envelopper dans un châle ou dans une mante, elle sait se prendre de la chute des reins au cou, en dessinant une sorte de carapace qui changerait une bourgeoise en tortue, mais sous laquelle elle vous indique les plus belles formes, tout en les voilant. Par quel moyen? Ce secret, elle le garde sans être protégée par aucun brevet d'invention. Artistes, poëtes, amants, vous tous qui adorez le beau idéal, cette rose mystique du génie heureusement interdite à la mécanique, flânez et admirez cette fleur de beauté si bien cachée, si bien montrée! La coquette se donne par la marche un certain mouvement concentrique et harmonieux qui fait frissonner sous l'étoffe sa forme suave ou dangereuse, comme a midi la couleuvre sous la gaze verte de son herbe frémissante. Doit-elle à un ange ou à un diable cette ondulation gracieuse qui joue sous la longue chape de soie noire, en agite la dentelle au bord, répand un baume aérien, et que je nommerais volontiers la brise de la Parisienne? Vous reconnaîtrez sur les bras, à la taille, autour du cou, une science de plis qui drape la plus rétive étoffe, de manière à vous rappeler la Mnémosyne antique. Ah! comme elle entend, passez-moi cette expression, *la coupe de la démarche!* Examinez cette façon d'avancer le pied en moulant la robe avec une si décente précision, qu'elle excite chez le passant une admiration mêlée de désir, mais comprimée par un profond respect. Quand une Anglaise essaie de ce pas, elle a l'air d'un grenadier qui se porte en avant pour attaquer une redoute. A la femme de Paris le génie de la démarche! Aussi la municipalité lui devait-elle l'asphalte des trottoirs. Votre inconnue ne heurte personne. Pour passer, elle attend avec une orgueilleuse modestie qu'on lui fasse place. La distinction particulière aux femmes bien élevées se trahit surtout par la manière dont elle tient le châle ou la mante croisés sur sa poitrine. Elle vous a, tout en marchant, un petit air digne et serein, comme les madones de Raphaël dans leur cadre. Sa pose, à la fois tranquille et dédaigneuse, oblige le plus insolent dandy à se déranger pour elle. Le chapeau, d'une simplicité remarquable, a des rubans frais. Peut-être y aura-t-il des fleurs, mais les plus habiles de ces femmes n'ont que des nœuds. La plume veut la voiture, les fleurs attirent trop le regard. Là-dessous vous voyez la figure fraîche et reposée d'une femme sûre d'elle-même sans fatuité, qui ne regarde rien et voit tout, dont la vanité blasée par une continuelle satisfaction répand sur sa physionomie une indifférence qui pique la curiosité. Elle sait qu'on l'étudie, elle sait que presque tous, même les femmes, se retournent pour la revoir. Aussi traverse-t-elle Paris comme un fil de la Vierge, blanche et pure. Cette belle espèce affectionne les latitudes les plus chaudes, les longitudes les plus propres de Paris; vous la trouverez entre la 20ᵉ et la 110ᵉ arcade de la rue de Rivoli; sous la Ligne des boulevards, depuis l'Équateur ardent des Panoramas où fleurissent les productions des Indes, où s'épanouissent les plus chaudes créations de l'industrie, jusqu'au cap de la Madeleine; dans les contrées les moins crottées de bourgeoisie; entre le 30ᵉ et le 150ᵉ numéro de la rue du Faubourg-Saint-Honoré. Durant l'hiver, elle se plaît sur la terrasse des Feuillants et point sur le trottoir en bitume qui la longe. Selon le temps, elle vole dans l'allée des Champs-Élysées, bordée à l'est par la place Louis XV, à l'ouest par l'avenue de Marigny, au midi par la chaussée, au nord par les jardins du faubourg Saint-Honoré. Jamais vous ne rencontrerez cette jolie variété de femme dans les régions hyperboréales de la rue Saint-Denis, jamais dans les Kamtschatka des rues boueuses, petites ou commerciales; jamais nulle part par le mauvais temps. Ces fleurs de Paris éclosent par un temps oriental, parfument les promenades, et, passé cinq heures, se replient comme les belles-de-jour.

Les femmes que vous verrez plus tard, ayant un peu de leur air, essayant de les singer, sont des femmes *comme il en faut;* tandis que la belle inconnue, votre Béatrix de la journée, est la *femme comme il faut.* Il n'est pas facile aux étrangers de reconnaître les différences auxquelles les observateurs émérites les distinguent, tant la femme est comédienne! mais elles crèvent les yeux aux Parisiens ; c'est des agrafes mal cachées, des cordons qui montrent leur lacis d'un blanc roux au dos de la robe par une fente entre-bâillée, des souliers éraillés, des rubans de chapeau repassés, une robe trop bouffante, une tournure trop gommée. Vous remarquerez une sorte d'effort dans l'abaissement prémédité de la paupière. Il y a de la convention dans la pause. Quant à la bourgeoise, il est impossible de la confondre avec la femme comme il faut ; elle la fait admirablement ressortir, elle explique le charme que vous a jeté votre inconnue. La bourgeoise est affairée, sort par tous les temps, trotte, va, vient, regarde, ne sait pas si elle entrera, si elle n'entrera pas dans un magasin. Là où la femme comme il faut sait bien ce qu'elle veut et ce qu'elle fait, la bourgeoise est indécise, retrousse sa robe pour passer un ruisseau, traîne avec elle un enfant qui l'oblige à guetter les voitures; elle est mère en public, et cause avec sa fille; elle a de l'argent dans son cabas, et des bas à jour aux pieds; en hiver, elle a un boa par-dessus une pèlerine en fourrure, un châle et une écharpe en été : la bourgeoise entend admirablement les pléonasmes de toilette.

Votre belle promeneuse, vous la retrouverez, si vous êtes susceptible de la retrouver, aux Italiens, à l'Opéra, dans un bal. Elle se montre alors sous un aspect si différent, que vous diriez deux créations sans analogie. La femme est sortie de ses vêtements mystérieux comme un papillon de sa larve soyeuse. Elle sert, comme une friandise, à vos yeux ravis, les formes que le matin son corsage modelait à peine. Au théâtre, elle ne dépasse pas les secondes loges, excepté aux Italiens. Vous pourrez alors étudier à votre aise la savante lenteur de ses mouvements. L'adorable trompeuse use des petits artifices politiques de la femme avec un naturel qui exclut toute idée d'art et de préméditation. A-t-elle une main royalement belle, le plus fin croira qu'il était absolument nécessaire de rouler, de remonter ou d'écarter, celle de ses *ringleets* ou de ses boucles qu'elle caresse. Si elle a quelque splendeur dans le profil, il vous paraîtra qu'elle donne de l'ironie ou de la grâce à ce qu'elle dit au voisin, en se posant de manière à produire ce magique effet de profil perdu, tant affectionné par les grands peintres, qui attire la lumière sur la joue, dessine le nez par une ligne nette, illumine le rose des narines, coupe le front à vive arête, laisse au regard sa paillette de feu, mais dirigée dans l'espace, et pique d'un trait de lumière la blanche rondeur du menton. Si elle a un joli pied, elle se jettera sur un divan avec la coquetterie d'une chatte au soleil, les pieds en avant, sans que vous trouviez à son attitude autre chose que le plus délicieux modèle donné par la lassitude à la statuaire. Il n'y a que la femme comme il faut pour être à l'aise dans sa toilette, rien ne la gêne. Vous ne la surprendrez jamais, comme une bourgeoise, à remonter une épaulette récalcitrante, à faire descendre un busc insubordonné, à regarder si la gorgerette accomplit son office de gardien infidèle autour de deux trésors étincelants de blancheur, à se regarder dans les glaces pour savoir si la coiffure se maintient dans ses quartiers. Sa toilette est toujours en harmonie avec son caractère, elle a eu le temps de l'étudier, de décider ce qui lui va bien, car elle connaît depuis longtemps ce qui ne lui va pas. Pour être femme comme il faut, il n'est pas nécessaire d'avoir de l'esprit, mais il est impossible de l'être sans beaucoup de goût. Vous ne la verrez pas à la sortie, elle disparaît avant la fin du spectacle. Si par hasard elle se montre calme et noble sur les marches rouges de l'escalier, elle éprouve alors des sentiments violents. Elle est là par ordre, elle a quelque regard furtif à donner, quelque promesse à recevoir. Peut-être descend-elle ainsi lentement pour satisfaire la vanité d'un esclave auquel elle obéit parfois. Si votre rencontre a lieu dans un bal ou dans une soirée, vous recueillerez le miel affecté ou naturel de sa voix rusée; vous serez ravi de sa parole vide, mais à laquelle elle saura communiquer la valeur de la pensée par un manége inimitable. L'esprit de cette femme est le triomphe d'un art tout plastique. Vous ne saurez pas ce qu'elle a dit, mais vous serez charmé. Elle a hoché la tête, elle a gentiment haussé ses blanches épaules, elle a doré une phrase insignifiante par le sourire d'une petite moue charmante, elle a mis l'épigramme de Voltaire dans un *hein!* dans un *ah!* dans un *et donc!* Un air de tête a été la plus active interrogation, elle a donné de la signification au mouvement par lequel elle a fait danser une cassolette attachée à son doigt par un anneau. C'est des grandeurs artificielles obtenues par des petitesses superlatives: elle a fait retomber noblement sa main en la suspendant au bras du fauteuil comme des gouttes de rosée à la marge d'une fleur, et tout a été dit, elle a rendu un jugement sans appel, à émouvoir le plus insensible. Elle a su vous écouter, elle vous a procuré l'occasion d'être spirituel, et j'en appelle à votre modestie, ces moments-là sont rares. Vous n'avez été choqué par aucune idée malsaine. Vous ne causez pas une demi-heure avec une bourgeoise sans qu'elle fasse apparaître son mari sous une forme quelconque; mais si vous savez que cette femme est mariée, elle a eu la délicatesse de si bien dissimuler son mári, qu'il vous faut un travail de Christophe Colomb pour le découvrir. Souvent vous n'y réussissez pas tout seul. Si vous n'avez pu questionner personne, à la fin de la soirée vous la surprenez à regarder fixement un homme entre deux âges et décoré, qui baisse la tête et sort. Elle a demandé sa voiture, et part. Vous n'êtes pas la rose, mais vous avez été près d'elle, et vous vous couchez sous les lambris dorés d'un délicieux rêve qui se continuera peut-être lorsque le Sommeil aura, de son doigt pesant, ouvert les portes d'ivoire du temple des fantaisies.

Chez elle, aucune femme comme il faut n'est visible avant quatre heures quand elle reçoit. Elle est assez savante pour vous faire toujours attendre. Vous trouverez tout de bon goût dans sa maison, son luxe est de tous les moments et se rafraîchit à propos, vous ne verrez rien sous des cages de verre, ni les chiffons d'aucune enveloppe appendue comme un garde-manger. Vous aurez chaud dans l'escalier. Partout des fleurs égaieront vos regards; les fleurs, seul présent qu'elle accepte et de quelques personnes seulement : les bouquets ne vivent qu'un jour, donnent du plaisir et veulent être renouvelés; pour elle, ils sont, comme en Orient, un symbole, une promesse. Les coûteuses bagatelles à la mode sont étalées, mais sans viser au musée ni à la boutique de curiosités. Vous la surprendrez au coin de son feu, sur sa causeuse, d'où elle vous saluera sans se lever. Sa conversation ne sera plus celle du bal. Ailleurs elle était votre créancière, chez elle son esprit vous doit du plaisir. Ces nuances, les femmes comme il faut les possèdent à merveille. Elle aime en vous un homme qui va grossir sa société, l'objet des soins et des inquiétudes que se donnent aujourd'hui les femmes comme il faut. Aussi pour vous fixer dans son salon, sera-t-elle d'une ravissante coquetterie. Vous sentez là surtout combien les femmes sont isolées aujourd'hui, pourquoi elles veulent avoir un petit monde dont elles soient la constellation. La causerie est impossible sans généralités. L'épigramme, ce livre en un mot, ne tombe plus, comme pendant le dix-huitième siècle, ni sur les personnes, ni sur les choses, mais sur des événements mesquins, et meurt avec la journée. Son esprit, quand elle en a, consiste à mettre tout en doute, comme celui de la bourgeoisie lui sert à tout affirmer. Là est la grande différence entre ces deux femmes : la bourgeoise a certainement de la vertu, la femme comme il faut ne sait pas si elle en a encore, ou si elle en aura toujours; elle hésite et résiste, là où l'autre refuse net pour tomber à plat. Cette hésitation en toute chose est une des dernières grâces que lui laisse notre horrible époque. Elle va rarement à l'église, mais elle parlera religion et voudra vous convertir si vous avez le bon goût de faire l'esprit fort, car vous aurez ouvert une issue aux phrases stéréotypées, aux airs de tête et aux gestes convenus entre toutes ces femmes. — Ah fi donc! je vous croyais trop d'esprit pour attaquer la religion! La société croule et vous lui ôtez son soutien. Mais la religion, en ce moment, c'est vous et moi, c'est la propriété, c'est l'avenir de nos enfants. Ah! ne soyons pas égoïstes. L'individualisme est la maladie de l'époque, et la religion en est le seul remède, elle unit les familles que vos lois désunissent, etc. Elle entame alors un discours néo-chrétien, saupoudré d'idées politiques, qui n'est ni catholique ni protestant, mais moral, oh! moral en diable, où vous reconnaissez une pièce de chaque étoffe qu'ont tissue les doctrines modernes aux prises. Ce discours démontre que la femme comme il faut ne représente pas moins le gâchis intellectuel que le gâchis politique, de même qu'elle est entourée des brillants et peu solides produits d'une industrie qui pense sans cesse à détruire ses œuvres pour les remplacer. Vous sortez en vous disant : Elle a décidément de la supériorité dans les idées! Vous le croyez d'autant plus qu'elle a sondé votre cœur et votre esprit d'une main délicate, elle vous a demandé vos secrets ; car la femme comme il faut paraît tout ignorer pour tout apprendre, il y a des choses qu'elle ne sait jamais, même quand elle les sait. Seulement vous êtes inquiet, vous ignorez l'état de son cœur. Autrefois les grandes dames aimaient avec affiches, journal à la main et annonces; aujourd'hui la femme comme il faut a sa petite passion réglée comme un papier de musique, avec ses croches, ses noires, ses blanches, ses soupirs, ses points d'orgue, ses dièzes à la clef. Faible femme elle ne veut compromettre ni son amour, ni son mari, ni l'avenir de ses enfants. Aujourd'hui le nom, la position, la fortune ne sont plus des pavillons assez respectés pour couvrir toutes les marchandises à bord. L'aristocratie entière ne s'avance plus pour servir de paravent à une femme en faute. La femme comme il faut n'a donc point, comme la grande dame d'autrefois, une allure de haute lutte, elle ne peut rien briser sous son pied, c'est elle qui serait brisée. Aussi est-elle la femme des jésuitiques *mezzo termine*, des plus louches tempéraments, des convenances gardées, des passions anonymes menées entre deux rives à brisants. Elle redoute ses domestiques comme une

Anglaise qui a toujours en perspective le procès en criminelle conversation. Cette femme si libre au bal, si jolie à la promenade, est esclave au logis; elle n'a d'indépendance qu'à huis clos, ou dans les idées. Elle veut rester femme comme il faut. Voilà son thème. Or, aujourd'hui, la femme quittée par son mari, réduite à une maigre pension, sans voiture, ni luxe, ni loges, sans les divins accessoires de la toilette, n'est plus ni femme, ni fille, ni bourgeoise; elle est dissoute et devient une chose. Les carmélites ne veulent pas d'une femme mariée, il y aurait bigamie; son amant en voudra-t-il toujours? là est la question. La femme comme il faut peut donner lieu peut-être à la calomnie, jamais à la médisance. Elle est entre l'hypocrisie anglaise, et la gracieuse franchise du dix-huitième siècle, système bâtard qui révèle un temps où rien de ce qui succède ne ressemble à ce qui s'en va, où les transitions ne mènent à rien, où il n'y a que des nuances, où les grandes figures s'effacent, où les distinctions sont purement personnelles. Dans ma conviction, il est impossible qu'une femme, fût-elle née aux environs du trône, acquière avant vingt-cinq ans la science encyclopédique des riens, la connaissance des manéges, les grandes petites choses, les musiques de voix et les harmonies de couleurs, les diableries angéliques et les innocentes roueries, le langage et le mutisme, le sérieux et les railleries, l'esprit et la bêtise, la diplomatie et l'ignorance, qui constituent la femme comme il faut. Des indiscrets nous ont demandé si la femme auteur est femme comme il faut : quand elle n'a pas du génie, c'est une femme comme il n'en faut pas.

Maintenant qu'est cette femme? à quelle famille appartient-elle? d'où vient-elle? Ici la femme comme il faut prend les proportions révolutionnaires. Elle est une création moderne, un déplorable triomphe du système électif appliqué au beau sexe. Chaque révolution a son mot, un mot où elle se résume et qui la peint. Expliquer certains mots, ajoutés de siècle en siècle à la langue française, serait faire une magnifique histoire. Organiser, par exemple, est un mot de l'empire, il contient Napoléon tout entier. Depuis cinquante ans bientôt nous assistons à la ruine continue de toutes les distinctions sociales; nous aurions dû sauver les femmes de ce grand naufrage, mais le Code civil a passé sur leurs têtes le niveau de ses articles. Hélas! quelque terribles que soient ces paroles, disons-les : les duchesses s'en vont, et les marquises aussi! Quant aux baronnes, elles n'ont jamais pu se faire prendre au sérieux, l'aristocratie commence à la vicomtesse. Les comtesses resteront. Toute femme comme il faut sera plus ou moins comtesse, comtesse de l'empire ou d'hier, comtesse de vieille roche, ou, comme on dit en italien, comtesse de politesse. Quant à la grande dame, elle est morte avec l'entourage grandiose du dernier siècle, avec la poudre, les mouches, les mules à talons, les corsets busqués ornés d'un delta de nœuds en rubans. Les duchesses aujourd'hui passent par les portes sans les faire élargir pour leurs paniers. Enfin l'empire a vu les dernières robes à queue! Je suis encore à comprendre comment le souverain qui voulait faire balayer sa cour par le satin ou le velours des robes à queue n'a pas établi pour certaines familles le droit d'aînesse et les majorats par d'indestructibles lois. Napoléon n'a pas deviné l'application du code dont il était si fier. Cet homme, en créant ses duchesses, engendrait des femmes comme il faut, le produit médiat de sa législation. La

LAVIEILLE.

pensée, prise comme un marteau par l'enfant qui sort du collége ainsi que par le journaliste obscur, a démoli les magnificences de l'état social. Aujourd'hui, tout drôle qui peut convenablement soutenir sa tête sur un col, couvrir sa puissante poitrine d'homme d'une demi-aune de satin en forme de cuirasse, montrer un front où reluise un génie apocryphe sous des cheveux bouclés, se dandiner sur deux escarpins vernis ornés de chaussettes en soie qui coûtent six francs, tient son lorgnon dans une de ses arcades sourcilières en plissant le haut de sa joue, et fût-il clerc d'avoué, fils d'entrepreneur ou bâtard de banquier, il toise impertinemment la plus jolie duchesse, l'évalue quand elle descend l'escalier d'un théâtre, et dit à son ami pantalonné par Blain, habillé par Buisson, gileté, ganté, cravaté par Bodier ou par Perry, monté sur vernis comme le premier duc venu : — Voilà, mon cher, une femme comme il faut. Les causes de ce désastre, les voici. Un duc quelconque, il s'en rencontrait sous Louis XVIII ou sous Charles X qui possédaient deux cent mille livres de rente, un magnifique hôtel, un domestique somptueux, pouvait encore être un grand seigneur. Le dernier de ces grands seigneurs français, le prince de Talleyrand, vient de mourir. Ce duc a laissé quatre enfants dont deux filles. En supposant beaucoup de bonheur dans la manière dont il les a mariés tous, chacun de ses hoirs n'a plus que cent mille livres de rente aujourd'hui, chacun d'eux est père ou mère de plusieurs enfants, conséquemment obligé de vivre dans un appartement, au rez-de-chaussée ou au premier étage d'une maison, avec la plus grande économie. Qui sait même s'ils ne quêtent pas une fortune? Dès lors la femme du fils aîné n'est duchesse que de nom : elle n'a ni sa voiture, ni ses gens, ni sa loge, ni son temps à elle ; elle n'a ni son appartement dans son hôtel, ni sa fortune, ni ses babioles; elle est enterrée dans le mariage comme une femme de la rue Saint-Denis dans son commerce ; elle achète les bas de ses chers petits enfants, les nourrit, et surveille ses filles, qu'elle ne met plus au couvent. Les femmes les plus nobles sont ainsi devenues d'estimables couveuses. Notre époque n'a plus ces belles fleurs féminines qui ont orné les grands siècles. L'éventail de la grande dame est brisé. La femme n'a plus à rougir, à médire, à chuchoter, à se cacher, à se montrer, l'éventail ne sert plus qu'à s'éventer ; et quand une chose n'est plus que ce qu'elle est, elle est trop utile pour appartenir au luxe. Tout en France a été complice de la femme comme il faut. L'aristocratie y a consenti par sa retraite au fond de ses terres, où elle a été se cacher pour mourir, émigrant à l'intérieur devant les idées, comme à l'étranger devant les masses populaires. Les femmes qui pouvaient fonder des salons européens, commander l'opinion, la tourner comme un gant, dominer le monde, en dominant les hommes d'art ou de pensée qui devaient le dominer, ont commis la faute d'abandonner le terrain, honteuses d'avoir à lutter avec la bourgeoisie enivrée de pouvoir et débouchant sur la scène du monde pour s'y faire peut-être hacher en morceaux par les barbares qui la talonnent. Aussi, là où les bourgeois veulent voir des princesses, n'aperçoit-on que des jeunes personnes comme il faut. Aujourd'hui les princes ne trouvent plus de grandes dames à compromettre, ils ne peuvent même plus illustrer une femme prise au hasard. Le duc de Bourbon est le dernier prince qui ait usé de ce privilége, et Dieu sait seul ce qu'il lui en coûte! Aujourd'hui les princes ont des femmes comme il faut, obligées de payer en commun leur loge avec des amies, et que la faveur royale ne grandirait pas d'une ligne, qui filent sans éclat entre les eaux de la bourgeoisie et celles de la noblesse, ni tout à fait nobles, ni tout à fait bourgeoises. La presse a hérité de la femme. La femme n'a plus le mérite du feuilleton parlé, des délicieuses médisances ornées de beau langage ; il y a des feuilletons écrits dans un patois qui change tous les trois ans, de petits journaux plaisants comme des croquemorts, et légers comme le plomb de leurs caractères. Les conversations françaises se font en iroquois révolutionnaire d'un bout à l'autre de la France par de longues colonnes imprimées dans des hôtels où grince une presse à la place des cercles élégants qui y brillaient jadis. Le glas de la haute société sonne, entendez-vous ! le premier coup est ce mot moderne de la femme comme il faut ! Cette femme, sortie des rangs de la noblesse, ou poussée de la bourgeoisie, venue de tout terrain, même de la province, est l'expression du temps actuel, une dernière image du bon goût, de l'esprit, de la grâce, de la distinction réunis, mais amoindris. Nous ne verrons plus de grandes dames en France, mais il y aura longtemps des femmes comme il faut, envoyées par l'opinion publique dans une haute chambre féminine, et qui seront pour le beau sexe ce qu'est le *gentleman* en Angleterre. Voici le progrès : autrefois une femme pouvait avoir une voix de harengère, une démarche de grenadier, un front de courtisane audacieuse, les cheveux plantés en arrière, le pied gros, la main épaisse, elle était néanmoins une grande dame ; mais aujourd'hui, fût-elle une Montmorency, si les demoiselles de Montmorency pouvaient jamais être ainsi, elle ne serait pas femme comme il faut.

DE BALZAC.

LE DÉBUTANT LITTÉRAIRE.

Le jour où Dieu enjoignit à l'homme de croître et de multiplier, il est probable, sinon certain, qu'il entendit parler d'une multiplication honnête et d'une croissance raisonnable. Toute supposition contraire impliquerait de la part de la Providence une incurie complétement inadmissible, quand on considère la sublime harmonie qui régit les moindres rouages de l'univers. A quoi bon en effet tirer l'homme du néant et l'exposer aux mille besoins de la vie, s'il ne vous est pas donné de les satisfaire ? Certes il est on ne peut plus louable « aux petits des oiseaux de donner la pâture, » mais il nous a toujours paru que les *petits des humains* avaient à la bonté divine des droits fondés non moins justement que les *petits des oiseaux*.

Donc il est permis de croire que Dieu, en créant le monde, lui avait assigné un certain chiffre de population que l'homme, pour son bonheur, n'aurait dû jamais dépasser. En doutez-vous? Lisez l'histoire, interrogez la tradition, qu'y trouvez-vous? des mortels béats au premier chef, savourant, sans désemparer, toutes les joies de l'existence; allant et venant dans la vie, comme sur une pelouse en fleurs, sans regrets, sans soucis, sans alarmes. Il est bien vrai que par-ci, par-là, survenaient tout à coup des épisodes désagréables, comme le déluge ou l'incendie de Gomorrhe : mais qui donc, par une belle matinée de printemps, splendidement éclairée, s'est jamais inquiété des taches que les astronomes ont cru remarquer dans le soleil? et d'ailleurs quel roi puissant de la terre peut se dire à l'abri des atteintes bourgeoises du rhume de cerveau?

Mais, hélas! à mesure que les siècles ont marché, l'humanité s'est agglomérée comme une immense boule de neige. Alors, les pelouses en fleurs ont fait place à des sentiers rudes et escarpés; désormais chacun se presse, se coudoie et cherche à supplanter son voisin. « Ote-toi de là que je m'y mette! » devient la devise à la mode, et l'égoïsme une nécessité vitale. Et comment en serait-il autrement lorsque la moindre place vacante ne compte pas moins de deux cents rivaux béants? lorsque tout se dispute avec une ardeur sans égale, portefeuilles de ministre et bureaux de tabac? quand il y a vingt fois plus d'avocats que de procès à perdre, de peintres que de portraits à faire, de soldats que de victoires à gagner, de médecins que de malades à tuer? quand toutes les issues sont envahies, assiégées, escaladées, encombrées?

Sous l'Empire, où il était convenu que passer sa vie à braver la mort constituait une position sociale, le canon faisait de larges trouées dans cet amoncellement de jeunes hommes sans direction et sans choix. Mais à présent que l'humeur belliqueuse n'est plus à l'ordre du jour, il ne reste à la jeunesse que deux carrières à remplir : le barreau et la médecine. Or, comme pour y arriver il faut, à toute force, passer par des chemins qui ne sont pas toujours bordés de roses; comme, en outre, ces deux professions regorgent déjà d'une quantité inouïe de pauvres diables qu'on voit se disputer clients et malades avec tout l'acharnement d'un appétit qui frise le jeûne, il suit de là que nombre de plumes, taillées pour prendre des notes au cours de M. Orfila, finissent par rimer des élégies, et qu'une foule de cahiers, achetés dans l'origine pour rédiger les leçons de M. Ducaurroy, servent en définitive à recevoir un plan de vaudeville, à enregistrer une scenario de mélodrame. — Car, en dépit de l'axiome latin, on ne naît pas, on n'est jamais né poëte. Avez-vous ouï dire que M. de Lamartine ait fait des vers au maillot, ou que M. de Chateaubriand ait salué autrement que par des cris et des pleurs la venue de sa première dent? Donc, sur trois mille jeunes gens que la province envoie chaque année à Paris, ce Minotaure de pierre, on en compte huit ou dix à peine qui débarquent dans la cour des messageries avec l'intention formelle de se faire littérateurs. Le reste arrive sous le prétexte d'étudier le droit ou la médecine, et ce n'est qu'après s'être écorché aux épines de ces deux sciences, après avoir absorbé l'argent des inscriptions que, du Ciel un beau matin s'imaginant ressentir l'influence secrète, ils enfourchent leur plume comme un coursier qui doit les mener rapidement à la gloire et à la fortune, et s'embarquent joyeusement dans leur encrier, dont ils transforment les petites vagues noires en flots dorés du Pactole.

L'Odyssée d'un débutant littéraire étant celle, à quelques circonstances près, de tous les débutants imaginables, nous allons raconter l'histoire d'Eugène Préval, un débutant de ces dernières années. *Ab uno disce omnes.*

Vers la fin de 1834, Eugène Préval, le cœur plein et la bourse vide, monta en diligence, et, pour la première fois de sa vie, dit adieu à sa famille et à sa petite ville de Château-Chinon. Son père l'envoyait à Paris pour étudier la procédure et se former aux belles manières, à raison de 100 francs par mois, sur quoi il devait prélever l'argent nécessaire à la nourriture, au logement, au blanchissage, aux inscriptions, à l'habillement, à l'éclairage, au chauffage et aux menus plaisirs. Trois semaines après son débarquement, Eugène avait déjà mangé l'argent d'un trimestre, et nourrissait dans son cœur une haine invincible contre tous les codes civils imaginables.

Un soir, pour se distraire, il s'en fut au Gymnase, où l'on jouait trois pièces de M. Scribe. Le hasard l'ayant fait voisin de deux messieurs bavards, il n'eut rien de mieux à faire que d'écouter la conversation, qui pouvait se résumer ainsi : « Combien pensez-vous que ça soit payé à Scribe des petites choses comme celles qu'on vient de nous représenter? — Mais ça peut bien lui rapporter de cinq à six cent mille francs par année. — Ah! bah! — Ma parole! — Farceurs d'écrivains! on m'avait dit qu'ils mouraient tous de faim à l'hôpital. — Plus souvent! Le cousin du beau-frère de l'oncle du parrain de mon portier est valet de chambre chez un journaliste; on ne lui paie ses gages qu'en bijoux et en perles fines. — Tiens, tiens! si je retirais mon petit troisième de chez le droguiste où il est en apprentissage, et si j'en faisais un homme de lettres? Quand même il ne gagnerait que cent mille francs en commençant, ça m'irait encore, allez! »

Rentré chez lui, notre héros fit un auto-da-fé de tous ses livres classiques, et s'écria, non sans lancer un regard de dédain sur sa mansarde : « Et moi aussi je serai homme de lettres! »

Eugène se réveilla le lendemain à l'état de *débutant littéraire,* c'est-à-dire qu'il employa sa matinée à noircir quelques innocentes feuilles de papier, et son après-midi à découvrir, dans l'Almanach des 25,000 adresses, la demeure de tous les journaux parisiens. Le surlendemain, il entra dans cette voie de déceptions et de déboires où, pour réussir, il ne faut pas que du talent, mais aussi du courage, de l'adresse, de la ruse, de la souplesse et de la diplomatie; voie ardue qui aboutit si souvent à la misère, quand elle n'aboutit pas au suicide.

Eugène Préval s'en fut donc offrir son article à la *Revue des Deux-Mondes,* qui le refusa à titre d'immoral; puis à la *Revue de Paris,* qui ne put l'admettre comme entaché d'une moralité par trop digne de feu Berquin. *Le Siècle* le trouva trop long, et *le Courrier-Français*, trop court; *le National* jugea que les idées qui y étaient émises ne cadraient pas avec sa ligne politique, et *la Presse* déclara la prose d'Eugène éminemment incendiaire et digne en tout point de figurer dans les colonnes d'une feuille anarchique. Quant aux petits journaux, ils se firent les imitateurs serviles de leurs grands confrères, répondant, les uns qu'il était trop fade, les autres qu'il était trop méchant; ceux-ci que l'idée s'y montrait d'une niaiserie banale, ceux-là que le fond en était d'une extravagance impossible.

Deux mois se passèrent ainsi. Eugène faisait, journée commune, de trois à quatre lieues par les rues de Paris, allant du quartier Saint-Jacques à la Chaussée-d'Antin et du faubourg Saint-Germain au faubourg Saint-Honoré, bravant la pluie, la crotte et la froidure, supportant sans sourciller les refus souvent impolis des rédacteurs, et les grands airs des garçons de bureau, gens espiègles à la façon des petits clercs et toujours prêts à molester les solliciteurs. A la fin pourtant, et de quelque solidité que fussent douées ses illusions et ses bottes, les unes et les autres, grâce aux rudes échecs qu'elles avaient eu à subir dans le cours de leur carrière, commencèrent à s'user sensiblement ; Eugène, médiocrement alléché par ces prémices littéraires, en était venu à se demander s'il ne lui serait pas bien plus profitable d'étudier le droit, et puis de s'en aller dans une ville de province défendre la veuve et l'orphelin sur le pied d'un écu par tête. Mais un jour, comme il montait la rue de Sorbonne d'un pas mélancolique, ses regards furent subitement frappés à la vue d'une affiche colossale, conçue en ces termes : « *Le Chérubin,* journal littéraire, paraissant le jeudi « de chaque semaine, etc. Prix : 24 fr. par an. Bureaux, rue Guénégaud, 25. »

« *Le Chérubin!* s'écria notre débutant le cœur rempli d'espoir ; *le Chérubin*, un nouveau journal! le seul qui ne m'ait pas encore refusé... Essayons-en avant de couper mes ailes. » Et aussitôt il vola à son hôtel, interrogea l'arcane mystérieuse de son secrétaire, et reconnut, ô joie surhumaine ! que deux pièces de cent sous lui restaient encore. C'était plus qu'il n'en fallait; et, revêtant aussitôt ses habits les plus convenables, il s'empressa de courir à la rue Guénégaud.

Le Chérubin était une petite feuille inodore qui avait pour spécialité d'être tirée sur papier rose et de n'avoir jamais eu besoin d'un caissier. Personne, sans aucun doute, n'a gardé souvenir de cet *estimable* journal, si ce n'est son imprimeur infortuné, à qui probablement il reste encore dû quelque vieux reliquat de compte. Ledit *Chérubin* florissait au n. 25 de la rue Guénégaud, vieille maison triste et froide; et ce qui sur les affiches était baptisé solennellement du nom pompeux de *bureaux* consistait dans une seule chambre, meublée d'une banquette circulaire qu'on avait oublié de rembourrer ; au fond se trouvait une alcôve fermée, ornée d'un lit de sangle, où venaient coucher alternativement ceux des rédacteurs qui étaient dans de mauvais termes avec leurs propriétaires. Lorsque Eugène arriva au *Chérubin,* la rédaction tout entière s'était comme donné rendez-vous aux bureaux, qui *était* encombré d'une quinzaine de jeunes gens en train de révolutionner le monde littéraire et d'*échiner* en bloc toutes les illustrations contemporaines. Eugène demeura plusieurs minutes sans oser tourner la clef dans la serrure, tant il lui semblait que l'aspect de ces hommes devait être majestueux et imposant; puis, d'un mouvement convulsif, il ouvrit la porte, et pénétra dans le sanctuaire. Il eut un éblouissement. Tout en discutant, la rédaction du *Chérubin* battait la semelle dans le but ingénieux de réchauffer, non pas la discussion, qui était aussi chaude que possible, mais ses pieds, que l'absence du feu, au cœur de janvier, avait singulièrement refroidis.

La foudre tombant à l'improviste, au cœur de l'hiver et par un ciel d'azur, sur la rue Guénégaud, n'eût pas causé une plus grande surprise que la visite d'Eugène Préval. C'est qu'il ne vint pas son article à la main, comme vous vous l'imaginez ; il entra porteur de ses six francs qu'il déposa noblement sur la table, en disant ces paroles si éloquentes dans leur simplicité : « Messieurs, je viens pour m'abonner ! » Sitôt qu'il eut les talons tournés, la rédaction se leva comme un seul homme et courut immédiatement convertir les six livres d'Eugène en marrons et en vin blanc, que l'on s'empressa de consommer à la santé de la gent abonnable.

Or voici le raisonnement profond que notre héros s'était tenu à lui-même : « Il est impossible que *le Chérubin* refuse les articles de son unique abonné. » En effet, lorsque, une semaine après, il apporta sa prose, on l'accueillit avec un véritable enthousiasme ; et, à dater de ce jour, Eugène fut admis à l'honneur insigne de venir battre la semelle et échiner quiconque dans les bureaux du *Chérubin*, honneur dont il abusa quatorze heures par jour. Nous devons ajouter que durant les trois mois que ladite feuille survécut à son premier abonnement, Eugène n'eut pas occasion de voir apparaître le moindre marron, ni la plus mince bouteille.

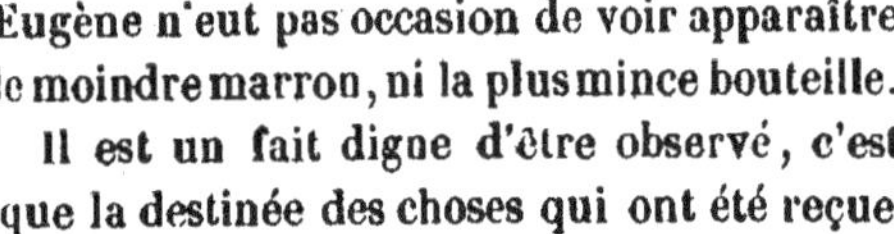

Il est un fait digne d'être observé, c'est que la destinée des choses qui ont été reçues dans l'origine avec enthousiasme finit presque toujours d'une façon lamentable. Sans parler ici des quinze cents tragédies, toutes reçues avec enthousiasme au Théâtre-Français, et qui toutes sont appelées à une moisissure éternelle, nous citerons l'article d'Eugène. Savez-vous l'époque où il vint au monde? Juste le jour où *le Chérubin* lui disait un éternel adieu. Quoi qu'il en soit, mieux vaut tard que jamais, et notre débutant, qui n'avait pas fermé l'œil de la nuit, dut être, ce jour-là, rangé dans la catégorie des hommes vertueux, car il aima à voir lever l'aurore. Enfin, il était donc homme de lettres! Comme les autres, il avait donc aussi son œuvre imprimée! par malheur, ce qu'il avait de plus que les autres, c'était une myriade de fautes qui parsemaient son œuvre, résultat inévitable de son peu d'expérience en matière de corrections typographiques, témoin un passage où il avait cité madame de *Staël* et où les compositeurs avaient imprimé obstinément *de Staal*. Après deux corrections demeurées sans résultat, il crut devoir ajouter, en marge de l'épreuve, *n'oubliez pas mon* É, *s. v. p.;* aussi eut-il l'ineffable satisfaction de voir qu'enfin il était compris. En corrigeant son article, on avait bien laissé de *Staal*, mais du moins on avait eu le soin d'ajouter entre parenthèses : (*N'oubliez pas mon* NEZ, s'il vous plaît).— A part cette petite contrariété, Eugène fut exactement *le plus heureux des hommes*. Il porta à la poste trente exemplaires du *Chérubin*; il y en avait pour toutes les autorités civiles et administratives de Château-Chinon ; puis il entra dans les cafés de sa connaissance, dans les cabinets de lecture qu'il put découvrir, partout demandant le *Chérubin* et n'en sortant qu'après avoir savouré lentement sa prose. — Le soir, avant de se coucher, il s'écrivit à lui-même plusieurs lettres portant la suscription suivante: « A monsieur Eugène Préval, journaliste et homme de lettres, » afin de bien constater son identité aux yeux de la portière.

Le Chérubin mort, ses rédacteurs très-ordinaires sentirent un vide immense dans leur existence d'hommes. Les uns regrettaient fort de ne plus avoir à leur disposition cette bénévole tribune où ils s'installaient tout à leur aise pour haranguer la foule qui ne les écoutait pas; ce que les autres déploraient davantage, c'était d'avoir perdu un asile et un lit de sangle assurés; bref, il fut résolu à l'unanimité qu'une nouvelle feuille serait fondée; et, pour solidifier son existence, on décréta en outre que le journal serait créé par actions. C'est alors que naquit la *Revue de France*, soutenue par une société d'actionnaires-rédacteurs, s'engageant à payer une cotisation mensuelle de quinze francs, dix francs ou cinq francs, suivant l'étendue de leurs moyens pécuniaires. Ceux qui donnaient quinze francs avaient droit à faire insérer deux et trois fois plus d'articles que les autres. Il était enjoint à tous les rédacteurs, sous peine d'exclusion formelle, de n'entrer jamais dans aucun lieu public sans demander à grands cris la *Revue de France*. Que si, par impossible, un butor de garçon répondait : *Connais pas!* le rédacteur devait sortir sur-le-champ, sans consommer autre chose qu'un verre d'eau (sans sucre) et un cure-dent.

Eugène prit part, en qualité d'actionnaire à cinq francs, à la fondation de cette *Revue* qui devait être, suivant la manière de voir du prospectus, une *pyramide littéraire*, et qui ne fut rien moins qu'une sœur jumelle du *Chérubin*, à une exception près cependant : le registre des abonnements décéda vierge et martyr.

Encouragé par deux succès d'un si bon augure, notre héros passa d'emblée à la rédaction de plusieurs feuilles anonymes, et ayant ouï dire que tous les gens de lettres un peu bien situés étaient plus ou moins admis dans le boudoir d'une actrice célèbre, il songea à faire son choix. En conséquence, il écrivit treize lettres passionnées à la piquante Frétillon du Palais-Royal, la prévenant qu'il l'attendrait dans la grande allée du Luxembourg, sur le dix-neuvième banc de gauche, en face de la guérite du factionnaire; mais l'actrice ne fit aucune réponse, et nous ne savons pas ce qui serait advenu de notre débutant, si, à la même époque, et comme cataplasme, un des journaux dont il était l'assidu, mais peu rétribué collaborateur, ne l'avait convié tout à coup à de célestes béatitudes.

Du jour où il avait mis le pied dans la vie littéraire, Eugène s'était senti dévoré par un fougueux désir qui ne cessait de l'envelopper de ses replis ardents, comme la robe du Centaure. Il aurait donné dix années de sa vie, disait-il, pour avoir ses entrées à un théâtre! et chaque fois qu'il passait devant un spectacle, lorgnant d'un œil d'envie la porte spéciale des artistes, il murmurait *in petto* : « Sésame, ouvre-toi! » Or, le journal dont il a été question ci-dessus lui donna, un beau matin, une lettre de créance auprès des Folies-Dramatiques, en le chargeant de rendre compte des premières représentations. Eugène habitait alors la rue des Mathurins-Saint-Jacques, située à trois quarts de lieue du boulevard du Temple, ce qui ne l'empêcha pas de se rendre à son poste pendant quarante jours consécutifs; on jouait je ne sais plus quel indigeste mélodrame; Eugène l'apprit par cœur et ne tarda pas à devenir d'une force extraordinaire à l'endroit des appréciations critiques de la troupe des Folies; chacun de ses feuilletons regorgeait d'interpellations consciencieuses adressées à mademoiselle Alphonsine pour qu'elle prît un peu plus exemple sur mademoiselle Anastasie, et à M. Auguste pour qu'il copiât un peu moins M. Adolphe.

Un soir, par faveur spéciale, il fut admis dans les coulisses. Il ne se sentait pas d'aise; ses joues étaient enflammées, son œil étincelait, son cœur battait à tout rompre, non de peur, mais d'une sainte émotion; on eût dit un jeune sous-lieutenant à sa première bataille; il rêvait des voluptés inouïes; lesdites voluptés se réduisirent à recevoir sur la tête un nuage qui lui défonça son chapeau; dans les jambes, une chaumière qui lui ravagea les tibias, plus une lune huileuse au milieu du dos, sans compter les bourrades du machiniste et les ruades du pompier de service. Au moment de quitter ce lieu de délices, il perdit pied et s'abîma subitement par la trappe du crime, la même qui venait d'engloutir *le traître* de la pièce.....

Eugène, dans cette soirée, perdit une illusion et gagna une entorse qui le força à garder la chambre pendant une quinzaine de jours. Il employa le temps de sa convalescence à fabriquer un vaudeville comme, de jugement de directeur, on n'en verra jamais; la mise en scène du premier acte, entre autres, était écrite d'une façon prodigieuse. On y lisait cette phrase textuelle: « Le théâtre représente des paveurs; à gauche, une demoiselle. » Les directeurs de Paris eurent tous, je n'en excepte aucun, l'indélicatesse de se priver de cette œuvre remarquable, y compris celui du Théâtre-Français, à qui elle fut adressée sous le pseudonyme de comédie. La recette, à cet égard, est des plus simples: d'un habit veut-on faire une veste? on en coupe les pans. Eugène supprima les couplets peu rimés de son vaudeville, et le tour fut joué, mais non la comédie.

Cet échec fut cause que notre héros dit un éternel adieu au théâtre et rentra dans la voie feuilletonisante, où l'attendaient de nouveaux et brillants succès.

Ce fut à cette époque qu'Eugène eut l'envie de se faire lithographier des cartes de visite. Ayant manifesté devant un ami l'embarras où il était de ne pas avoir une qualité distinctive à se donner en épithète; ayant ajouté, en outre, qu'il n'était pas ambitieux et qu'il se contenterait de la moindre chose, fût-ce même du titre de chevalier de la Légion-d'Honneur, l'ami lui conseilla de se faire présenter à l'Institut historique, et, moyennant six pièces de cent sous, Eugène fut mis dedans. De ce moment, il eut le droit de ne pas assister à des séances mensuelles de littérature et de géographie, réunions pleines de charmes, où une trentaine de gens qui n'ont rien à faire se donnent rendez-vous dans le but spécial de se réciter les uns aux autres de petits apologues naïfs et des fables innocentes.

Non content de ces titres à l'admiration de ses contemporains, Eugène, que les honneurs commençaient à enivrer de leurs vapeurs odorantes, résolut un matin de se faire le séide d'une illustration avouée. Jugeant le Parnasse trop haut placé pour ses petites jambes, et la gloire un fruit trop élevé pour ses petits bras, il prit la résolution de se cramponner à la célébrité, dont les jambes lui semblèrent assez vigoureuses, et les bras assez longs, pour atteindre l'un et cueillir l'autre. Son choix fait, il écrivit la lettre suivante, empreinte de toute la franchise et de tout le laisser-aller dont il fut susceptible:

« Monsieur,

« La lecture de vos charmants ouvrages m'a depuis longtemps inspiré le dé-

« sir de vous témoigner de vive voix toute l'admiration que je ressens pour vous.

« Agréez, etc.

« Eugène PRÉVAL, homme de lettres. »

Deux jours après, il reçut une réponse ainsi conçue :

« A M. EUGÈNE PRÉVAL, HOMME DE LETTRES.

« Venez. — Je suis tout à vous. — Vous presserez la main d'un camarade qui vous offre son amitié et d'excellents cigares. »

Un fait à observer, c'est que la plupart de nos grands hommes fument. Serait-ce donc pour cela qu'ils rendent si souvent la pareille à leurs lecteurs et à leurs libraires?

Il y a déjà quatre ans que se sont passées toutes ces choses et beaucoup d'autres encore; et d'ailleurs, comme le prétend la sagesse des nations, à force de forger on devient forgeron. Vous ne serez donc pas surpris quand je vous dirai que notre débutant, après avoir successivement passé de journaux payant mal à journaux payant mieux, et de journaux payant mieux à feuilles payant bien, en est venu maintenant à jouir, tout comme un autre, d'une petite individualité suffisamment flatteuse. Il n'est guère d'imprimerie parisienne qui ne connaisse la forme de *sa copie*, de publications honnêtes qui ne le comptent parmi leurs collaborateurs. M. Curmer lui fera demander probablement un article pour ses *Français peints par eux-mêmes*, et nul doute que Dantan ne s'empresse de lui ouvrir bientôt son Panthéon grotesque.

ALBÉRIC SECOND.

LES FEMMES POLITIQUES.

Parmi tous les livres dont se compose la bibliothèque de l'enfance, au nombre de tous les auteurs qui étalent complaisamment leurs noms illustres sur ses rayons dorés, il n'est pas un livre plus populaire peut-être que *Numa Pompilius*, il ne se trouve pas un auteur plus connu que son auteur, le chevalier de Florian; c'est à lui et à son livre que la nymphe Égérie, cet immortel conseiller privé d'un des premiers rois des Romains, doit l'immense réputation dont elle jouit. C'est à lui que revient l'honneur d'avoir donné une signification proverbiale au nom de cette nymphe, et de l'avoir, pour ainsi dire, arraché aux oublis ingrats de l'histoire, en le plaçant comme un glorieux symbole dans l'alphabet vulgaire des figures poétiques. Grâce au chevalier de Florian, ce berger musqué des bosquets de Sceaux-Penthièvre, Agnès Sorel et madame de Maintenon se sont vues transformées en nymphes aquatiques, et Charles VII et Louis XIV en Numas de seconde édition, par manière de poétisation historique.

Mais aujourd'hui qu'il est à peu près décidé qu'un roi constitutionnel règne et ne gouverne pas, aujourd'hui, en France, une Égérie royale mourrait d'abstinence dans sa grotte humide; quelque désintéressée que soit ou que puisse être une Égérie, elle ne s'attache point aux fictions plus ou moins couronnées : l'Égérie moderne ne veut être l'*adjectif* féminin que d'une réalité; elle n'habite plus une grotte meublée de quelques cailloux, de mousses verdâtres et d'un ruisseau d'eau limpide; elle ne se dérobe plus aux hommages de la foule, pour se repaître d'ardeurs platoniques; non, l'Égérie du dix-neuvième siècle est moins impalpable, elle a compris qu'il lui fallait être femme, et femme *du monde*. L'Égérie, ou les Égéries que nous connaissons

6

naissent et meurent comme les plus simples d'entre les mortels; elles se marient, elles ont des amants, elles montent à cheval, vont au bal, et laissent l'empreinte de leurs pas sur le sable de nos promenades.

L'Égérie créée par le chevalier de Florian est aujourd'hui nommée femme politique; le bon La Fontaine la peindrait de nos jours comme la mouche du coche, et nous croyons que La Fontaine aurait grandement raison. Seulement nous dirons que, le coche de l'état n'étant pas ce dont on s'occupe le plus, et que chaque parti politique, chaque coterie, ayant son coche particulier, nous sommes obligés de reconnaître l'existence d'autant de mouches que l'on compte de coches en France.

Deux grandes divisions se présentent : d'abord, la mouche gouvernementale, et la mouche des oppositions; elles appartiennent cependant au même genre, ressortissent du même principe moral, et se touchent par tant de points, que la couleur seule peut les faire reconnaître.

Généralement la femme politique n'est plus une toute jeune femme; son âge ne se dit plus et ne se devine même pas, et jusqu'au jour de sa mort elle saura se maintenir dans cette position douteuse qui laisse les hommes dont elle s'entoure incertains entre le respect et cette galante impertinence que quelques femmes font entrer dans la catégorie des hommages. Mais pour soutenir cette prétention au titre de femme politique, pour voir se transformer son salon, soit en conseil quasi-ministériel, soit en club, il faut réunir deux conditions essentielles, qui sont comme la clef de voûte de toutes les autres conditions nécessaires.

La femme politique, gouvernementale ou opposante, doit appartenir à la meilleure compagnie et posséder une grande fortune; sans la réunion de ces deux qualités premières, la femme politique risque fort d'être peu considérée, et de passer auprès de beaucoup de gens pour une sorte d'intrigante.

Si elle n'est pas veuve, ce qui serait un avantage immense, elle doit être munie d'un de ces maris, fonctionnaires subalternes et inaperçus, modestes et discrets, occupant sans ambition auprès de leurs femmes une sorte de haute charge de domesticité. Au jour de l'an, ce mari recevra des cartes de tous les amis politiques de sa femme, mais il ne les connaîtra point; il s'occupera de la conduite des affaires domestiques qu'il ne décidera pas, et attendra la permission de donner le bras à sa fille, sur l'éducation de laquelle il ne devra avoir aucune influence. En un mot, ce mari ne sera qu'un nom, qu'une raison sociale, dont la signature appartiendra à la femme.

La littérature a peu d'attraits pour la femme politique; elle s'interdit les lectures frivoles, et jamais un roman n'aura l'entrée de son salon ou de son boudoir; mais sur les tables, sur les canapés, sur les fauteuils et sur la cheminée, les journaux se *prélasseront* en maîtres, les brochures politiques, les documents diplomatiques et jusqu'aux opinions des députés, imprimées à part sur papier vélin, orneront les planches de sa bibliothèque. La marquise de ...., une des femmes politiques le plus en réputation de notre époque, lit régulièrement tous les ans les énormes in-folios renfermant les différents chapitres du budget de l'état.

A certains jours, les femmes politiques remplissent la loge diplomatique, à la chambre des députés; elles murmurent, elles approuvent à demi-voix. Dans les entr'actes des séances parlementaires, elles soutiennent de chaudes discussions contre les jeunes et vieux diplomates qui leur servent de seconde ligne. Quelques-unes, plus prétentieuses, affectent le langage d'une incompréhensibilité savante, d'une métaphysique inintelligible à l'esprit nu. Celles-là s'endorment le soir en lisant le cours philosophique de Cousin, et se promènent au bois de Boulogne, avec un volume de la Philosophie de l'histoire, par M. Guizot.

La comtesse de ...., *bas bleu* politique de la plus haute distinction, disait dernièrement devant le plus spirituel des auteurs de mémoires apocryphes :

« J'aime Guizot et Cousin d'une affection presque égale, ou plutôt tous deux com-
« plètent en moi une affection psychique et instinctive; la dualité de ces grands
« hommes se confond en une unité complexe, et m'amène pour ainsi dire à com-
« prendre l'infini : le premier en a la profondeur, et le second l'étendue.

« — Ne pourrait-on pas plutôt, répondit l'auteur de mémoires, prétendre avec
« plus de raison, et sans rien leur ôter de leur ressemblance avec l'infini, qu'ils sont
« aussi inexplicables? »

La femme politique dont les pensées s'expriment en paroles métaphysiques est une de ces infortunées créatures fortement éprouvées par les orages des passions, et qui se survit à elle-même, si l'on peut s'exprimer ainsi, dans un besoin de sensations et d'expressions mélancoliques; la politique est pour elle comme une affaire d'amour : elle y porte le reflet de ses anciennes ardeurs; elle s'enthousiasme; elle hait, elle adore tel ou tel homme politique, telle ou telle cause, suivant un instinct secret que la raison ne conduit pas toujours et que la constance n'accompagne presque jamais.

Cette femme-là est la femme poétiquement politique.

La femme sérieusement politique s'appuie, au contraire, beaucoup sur le libre arbitre de sa raison, et se vante de la constance de ses sympathies.

La politique est la continuation de son dernier amant. Pour quelques-unes, comme pour ces vieilles joueuses que l'on voit pâlir, avec la lumière des bougies qui s'éteignent, autour d'un tapis vert, la politique est tout à fait un dernier amant, et peut-être le plus chéri de tous.

J'ai connu deux types remarquables de la femme politique : le premier de ces types résumait en une seule nature toutes les Égéries gouvernementales; le second offrait à mon investigation les Égéries opposantes. Ces deux Égéries, femmes de bonne compagnie, riches, élégantes, en réputation d'esprit, exerçaient, chacune dans le cercle de leurs opinions, une certaine influence, une sorte de souveraineté politique et morale. La première, la comtesse de Régnacourt, avait été ce que l'on nomme vulgairement une femme légère, c'est-à-dire qu'elle avait eu beaucoup d'amants, et par conséquent fort peu de constance; mais, par un singulier caprice du sort, ou plutôt par une merveilleuse prévision de l'avenir, la comtesse de Régnacourt avait eu l'art ou le bonheur de prendre ses amants dans une certaine catégorie où le pouvoir, après elle, était venu répandre ses grâces, s'était établi comme à poste fixe pour choisir ses plus intimes favoris. Peu à peu la liste des amants de madame de Régnacourt devint une liste de ministres, de conseillers d'état, de députés, de pairs et d'ambassadeurs; ses affranchis gouvernèrent la France, comme autrefois les affranchis des empereurs romains gouvernaient le monde. Mais les fers de ces esclaves libérés n'étaient pas tellement rompus, qu'un bout de chaîne ne les retînt encore et ne les ramenât sans cesse vers leur ancienne maîtresse, non plus rampants et tremblants, mais tout disposés à subir, moyennant le retour de certaines privautés, un retour d'influence dont ils n'appréciaient pas toute l'importance. Madame de Régnacourt tenait en une honorable laisse deux ou trois affranchis dans chaque combinaison ministérielle du jeu politique constitutionnel, et pour chacune de ces combinaisons elle avait tout prêts des ambassadeurs accommodés au nouveau système, qu'elles devaient faire monter sur le trône du pouvoir.

Madame de Régnacourt prévoyait avec une sagacité merveilleuse les changements de ministres, les revirements dans les alliances étrangères; et alors, avec une adresse et un tact non moins merveilleux que sa sagacité, elle changeait en quelques jours tout l'ameublement humain de son salon : aux doctrinaires succédaient les *tiers-partistes*, comme aux *tiers-partistes* les dynastiques, et tous ces changements s'opéraient sans difficulté, sans aigreur, sans étonnement.

Les gens qui ne veulent se mettre en route qu'après s'être assurés du temps à venir consultaient le salon de madame de Régnacourt, thermomètre politique assez juste.

Je n'ai jamais connu le mari de madame de Régnacourt, je ne l'ai jamais aperçu; tout ce que je sais de lui, c'est qu'il occupait j'ignore quel emploi dans je ne sais plus quel lieu de la terre. Personne ne parlait jamais de M. de Régnacourt à sa femme, et elle n'en parlait jamais à personne, si ce n'est peut-être à moi, *son confident*, parce que j'étais le seul de tous les hommes qu'elle recevait qui n'eût jamais songé à lui faire la cour.

« Monsieur de Régnacourt, me dit-elle un soir, est un fort bon homme, doux et facile à vivre; mais il est habitué à une vie calme; ses idées, quoique saines et droites, sont peu développées : notre tracas politique le tuerait de fatigue et d'ennui. — Avouez, madame, lui répondis-je, que M. de Régnacourt est la perle des maris. — Pourquoi voulez-vous que j'avoue cela? reprit-elle en me regardant fixement. — Pourquoi, madame? mais c'est tout bonnement qu'un mari tel que M. de Régnacourt est comme ces canonicats des chapitres allemands, qui donnent le titre de madame sans les embarras du mariage. — Vous plaisantez toujours, mais je vous assure sérieusement que M. de Régnacourt a de très-bonnes qualités. — Oui, madame, j'en suis convaincu; il a d'abord celle d'être toujours absent. »

Et je crois encore en effet que, de toutes les qualités que la nature, accompagnée de l'art, pouvait avoir accordées à M. de Régnacourt, la plus précieuse pour sa femme était sa qualité d'absent. Un mari par sa présence dépare souvent sa femme : on n'aime point à voir de trop près la moitié vulgaire de la divinité que l'on a posée sur un piédestal; et la femme politique, l'Égérie du dix-neuvième siècle, est du nombre de ces divinités qui ont besoin de toutes les illusions dont elles s'entourent et dont on les entoure.

Madame de Régnacourt recevait peu de femmes, et faisait rarement des visites; sa porte n'était ouverte le soir qu'à certains initiés, et quelquefois même son portier répondait avec un imperturbable sang-froid aux visiteurs habituels : « Madame est sortie, » quoique des voitures alignées dans la cour de son hôtel vinssent lui donner un démenti formel. Mais c'est que ces soirs-là il se tenait chez madame de Régnacourt un de ces conseils secrets de ministres voulant s'entendre entre eux et sans éclat sur quelque mesure importante, hors de la présence d'un collègue trop puissant. Quelques mauvais plaisants, ennemis de madame de Régnacourt, nommaient ses salons les *Vendanges de Bourgogne* des ministères. Elle apparaissait rarement aux Tuileries pendant les réceptions publiques, mais trois ou quatre fois par an les journaux enregistraient avec une mystérieuse importance que le roi l'avait reçue en audience particulière. Quand quelque événement heureux ou malheureux survenait dans sa famille, un officier du château accourait vers elle, chargé par une auguste bienveillance de lui transmettre des compliments de condoléance, ou des félicitations empressées. Enfin madame de Régnacourt était une puissance sourde et secrète, une sorte d'influence sans nom, attachée à l'ordre de choses actuel, mais plus forte que tous les pouvoirs, indépendante des différentes factions qui se les partageaient : Égérie de tous les ministres, marchant avec eux tant qu'ils étaient couronnés, et leur survivant à tous.

Rarement elle accordait sa protection à ceux qui la sollicitaient; elle aimait à choisir elle-même ses créatures, et à les élever promptement vers le but auquel elle les destinait. Les ambassades et le conseil d'état se trouvaient peuplés de ses élus; mais les ambassades surtout lui devaient leurs secrétaires les plus actifs, les plus jeunes, les plus impatients d'avancement : par eux elle avait des nouvelles politiques de tous les pays du monde, car elle avait l'art de les rendre tous honorablement indiscrets, sans qu'ils s'aperçussent de leur indiscrétion, sans qu'ils eussent à en rougir ou à en conserver des remords.

Chacun de ses protégés s'était compromis vis-à-vis d'elle par une déclaration d'amour qu'elle avait eu l'art de lui arracher. Le nombre des *appelés* était considérable; nul ne savait le nombre des *élus*.

S'il arrivait que madame de Régnacourt assistât à quelque grande discussion de la chambre des députés, les orateurs les plus influents venaient la saluer pendant un des repos de la séance, et le lendemain les journaux *politiques* apprenaient à la France et au monde que « l'on remarquait la comtesse de Régnacourt dans la tribune diplomatique. »

Pour se créer ainsi une sorte de royauté politique, une spécialité qui la faisait se considérer comme un quatrième pouvoir dans l'état, la comtesse de Régnacourt avait dû renoncer à presque toutes les jouissances ordinaires de la vie du monde; elle avait dû se séquestrer, s'enfermer hermétiquement dans une importance digne et froide, répulsive de l'amitié et des affections douces. Les femmes ne l'aimaient pas; les hommes la craignaient, la ménageaient, et cherchaient à se faire distinguer par elle.

Pour le vulgaire des salons, elle représentait une femme supérieure ; les ministres la considéraient comme une sorte de protocole vivant, une tradition animée, un dépôt d'archives secrètes, un nœud d'alliance du passé avec le présent, et de tous les deux avec l'avenir.

Quand je vis pour la première fois la comtesse de Régnacourt, elle me parut sèche, raide, assez impertinente, bouffie de son importance et moins spirituelle que prétentieuse ; sa conversation, que j'écoutais attentivement, me sembla un pâle écho des conversations qui avaient dû avoir lieu devant elle, un reflet de sa lecture de journaux du matin ; en un mot, elle ne me plut pas. En la connaissant mieux, je lui découvris plus d'esprit, moins d'impertinence, moins de raideur. Je dois dire que l'observation de son caractère fut un amusement chaque jour nouveau pour moi ; et quand je voulus porter un jugement définitif sur son compte, j'arrivai à conclure :

« Que dans cette femme *transsubstantialisée* ne se trouvaient plus ni le cœur, ni « les vertus, ni les autres qualités de la femme, et que ne s'y rencontraient pas ce- « pendant l'énergie, la volonté, le caractère et toutes les puissances de l'homme. « D'où il résultait que l'Egérie gouvernementale, femme usée, homme incomplet « de toutes manières, sans cœur, sans réalité, espèce de gnome politique, martyre « de sa suffisance, ressemblait fort, à mon avis, à ce chien du bon La Fontaine qui « lâche la proie qu'il tient pour courir après son ombre que lui présente le cristal « d'un ruisseau. »

Cette conclusion n'était pas juste ; un de mes vieux amis, meilleur observateur et meilleur jugeur que je ne puis me vanter de l'être, me la fit rectifier. « Madame de Régnacourt, me dit-il, a d'abord très-bien mangé sa proie ; je dois même vous faire remarquer que, pendant toute sa jeunesse, elle a plutôt dévoré la proie des autres qu'elle ne s'est montrée satisfaite de celle qui lui avait été départie. Aujourd'hui elle cherche à transformer en réalités les ombres qu'elle peut saisir, et, du moins en apparence, elle n'y réussit pas trop mal. Elle n'est plus belle, et elle a encore des amants ; son mari n'est ni ministre ni ambassadeur, et l'on voit autour d'elle s'empresser une cour assidue de puissances politiques. C'est donc pour le moins une femme très-habile. » Un jeune étourdi qui écoutait la rectification de mon vieil ami l'interrompit pour dire en pirouettant sur la pointe des pieds : « Madame de Régnacourt !... mais c'est la mère Gigogne du gouvernement actuel : fouillez-la, vous trouverez dans les plis de ses cotillons tous nos hommes d'état. »

L'Egérie opposante m'est apparue, bien différente de madame de Régnacourt, sous les traits d'une femme encore presque jeune, réjouie, sentimentale, vive, romanesque à force d'avoir bâti et débâti des romans. On la nommait la marquise de Divindroit. Elle avait beaucoup d'amis ; rien en elle ne repoussait, n'inspirait de crainte ; elle aimait les plaisirs, le mouvement, et dix fois elle s'était compromise aux yeux du monde par des amants qu'elle se croyait sûre d'aimer toujours, mais qu'elle s'apercevait bientôt n'avoir pris qu'à bail. Depuis la révolution de 1830, la marquise de Divindroit s'était transformée en femme politique ; la royauté de la branche aînée avait conservé toutes ses sympathies, et, par conséquent, une guerre à mort avait été déclarée par la marquise à la royauté de la branche cadette.

Madame de Divindroit partageait son temps à peu près également entre les plaisirs de Paris et une très-belle habitation, une magnifique terre qu'elle possédait sur les confins de la Picardie et de l'Artois. A Paris, madame de Divindroit recevait toutes les notabilités politiques dont elle partageait les croyances ; elle les réunissait à certains jours, dans des dîners que la police, disait-elle, surveillait d'un œil inquiet et vigilant. Au dessert, elle renvoyait les domestiques; alors elle cherchait à transformer ses espérances en réalités d'un avenir peu éloigné. Elle parlait de la forme de gouvernement qu'il faudrait adopter le jour où ses espérances seraient réalisées; elle se lançait dans des dissertations de haute politique et d'intérêts européens, pour lesquels elle inventait une nouvelle balance, dissertations qu'elle animait de sa seule parole et dont elle faisait tous les frais. A ses amis les plus intimes, elle montrait des lettres d'Allemagne, des boucles de cheveux précieux, des écritures chéries. Elle avait des actions de l'emprunt de don Carlos et de celui de don Miguel, et célébrait religieusement toutes les fêtes politiques que le calendrier de la nouvelle royauté n'avait pas conservées. Quand le roi des Français prenait le deuil, elle se mettait en rose, et se revêtait de noir pour tous les deuils que la nouvelle cour de France jugeait à propos de méconnaître. Dans son salon de Paris étaient rassemblés tous les journaux et toutes les brochures les plus opposés à l'ordre de choses établi; elle recevait ses ennemis les plus farouches, ceux qui se font condamner à la prison pour leur polémique mordante, et ceux qui se refusent aux honneurs de la garde nationale. Des bustes proscrits décoraient sa cheminée, et dans une petite bourse en soie verte et argent elle gardait soigneusement des pièces de monnaie à l'empreinte séditieuse.

Tel est le rôle, telle est la conduite de l'Egérie opposante pendant son séjour à Paris; elle a des amants politiques dont elle surveille la manière de penser; elle s'occupe de leur salut, elle les envoie aux sermons et aux offices : c'est une femme qui moralise la démoralisation.

Quand l'été arrive, madame de Divindroit quitte Paris, et vient se fixer pour six mois dans son château. Là, maîtresse et souveraine, elle tracasse le maire de sa commune, inquiète le préfet de son département, met des entraves dans les roues du char électoral, et se fait bénir des paysans de son canton, dont elle soulage la misère et les maux, et auxquels elle apprend à se défier du gouvernement. Les parterres de son parc sont remplis de lis ; elle entend la messe dans la chapelle de son château, et chante elle-même d'une voix retentissante un *Domine salvum* qui ferait frémir le lieutenant de gendarmerie de son arrondissement s'il l'entendait. Elle donne deux fêtes dans l'année aux populations qui entourent ses domaines, l'une à la Saint-Henri, l'autre à la Saint-Louis. Ces jours-là, les gentilshommes du voisinage sont invités à dîner, et Dieu sait quels *toasts* effrayants de légitimité font voler les verres des convives, quelles chansons séditieuses font retentir les échos de la salle à manger.

La marquise de Divindroit a été compromise dans deux conspirations : pour l'une, elle avait brodé un drapeau ; pour l'autre, elle avait donné des cocardes fabriquées avec ses propres vêtements. Elle va toujours de Paris à son château et de son château à Paris sans passe-port, pour ne pas se trouver dans l'obligation de voyager sous la protection du roi Louis-Philippe.

Comme madame de Régnacourt et madame de Divindroit ont toutes deux une assez jolie collection d'amants, il va sans dire que les femmes politiques ne sont pas moins que leurs sœurs exemptes de ce travers.

Son mari, le marquis de Divindroit, est un bon homme, peu spirituel, peu gênant : toujours en admiration devant sa femme, se pavanant fièrement de l'indépendance et de la fière opposition de ses opinions politiques, il ne voit que par elle, n'entend que par elle, et ne croit qu'en elle seule et en ce qu'elle croit. La marquise de Divindroit a des égards pour lui ; elle veut à toute force lui faire jouer un rôle, et, placée derrière lui, elle passe ses bras sous les siens, qu'il dissimule, et alors elle prononce des paroles et fait des gestes dont il est la figure, l'éditeur responsable.

Deux fois le marquis de Divindroit a subi quelques jours de prison pour l'opposition par trop factieuse de sa chère moitié, et je crois qu'elle a trouvé le moyen de se faire remercier par lui de ces quelques jours de prison. Enfin le marquis de Divindroit est membre du club *Agricole*, et fait des rapports, rédigés par sa femme, sur les progrès de l'esprit public en France à l'endroit de la branche aînée.

Madame de Divindroit est très-bien reçue à Paris et dans sa province par les plus *purs* de son opinion : c'est une femme politique en grande vénération, ses soirées sont recherchées ; on croit à l'importance qu'elle se donne, et on la proclame très-raisonnable, parce qu'elle a fermé sa porte à tous les *ducs de Normandie* qui se sont succédé depuis dix ans.

Tels sont les deux types de femmes politiques que j'ai connus dans le monde, et, plus que jamais, je demeure convaincu que Dieu n'a point créé la femme pour besogner un ouvrage aussi rude que la politique ; et, plus que jamais, je demeure convaincu qu'une femme qui veut s'immiscer dans ce labeur d'homme perd toutes ses qualités, toutes ses grâces, tous ses avantages féminins, sans aucun profit qui puisse la dédommager de tant de pertes. Très-peu de carrières sont ouvertes aux femmes, très-rarement Dieu remet à quelque Jeanne d'Arc inspirée l'épée des combats, très-rarement il charge quelque sanglante Élisabeth, ou quelque sanglante Catherine, de la destinée des empires humains.

Sans imposer à toutes les femmes l'épitaphe de la matrone romaine,

Domum mansit, lanam fecit,

j'aimerais encore mieux lire sur leur pierre funéraire :

Elle aimait trop le bal, c'est ce qui l'a tuée,

que de rencontrer beaucoup de tombeaux comme celui de la maîtresse de Monaldeschi.

Comte HORACE DE VIEL-CASTEL.

LE RAPIN.

Si j'avais le malheur d'être académicien, je ne me permettrais pas, certes, de dessiner le présent portrait, car je serais arrêté court par le titre même de mon sujet. Le mot *rapin,* en effet, ne se trouve pas dans le Dictionnaire rédigé par les quarante. Pourquoi? c'est ce que je ne me charge pas d'expliquer d'une façon satisfaisante, n'ayant pas pris la peine d'étudier la question. Tant est-il que, profitant de mon indépendance, je saute à pieds joints par-dessus l'interdiction tacite de l'Académie française. Qui sait? Peut-être l'Académie, encouragée par mon exemple, reconnaîtra-t-elle un jour l'existence grammaticale du mot rapin, et lui donnera-t-elle enfin droit de cité!

En attendant, et pour abréger les travaux auxquels seront obligés de se livrer messieurs les quarante quand il s'agira de trouver au mot rapin une origine, je crois devoir, comme préambule naturel au sujet que je traite, proposer d'avance trois étymologies possibles, entre lesquelles il ne restera plus qu'à choisir. La première m'a été donnée dans l'atelier d'un de nos sculpteurs les plus célèbres, par un modèle qui posait pour un centaure. Comme j'interrogeais tous les artistes présents, demandant avec anxiété où le mot rapin pouvait prendre sa source :

« Eh! parbleu, dit le centaure, qui n'avait pas encore ouvert la bouche depuis une heure, rapin vient de *rat.* »

Un éclat de rire général accueillant cette explication étrange, le centaure ajouta avec un sang-froid imperturbable :

« Ma foi, si ce n'est pas ça, qu'est-ce? »

L'argumentation était positive, et il n'y avait rien à répondre. Personne de nous n'étant en état de proposer une explication plus satisfaisante, l'hilarité n'avait pas d'excuse. Aussi, pour sortir d'embarras, me hâtai-je d'ajouter :

« Mais, mon cher, *pin,* que faites-vous de *pin,* dans cette affaire? »

Ce fut le centaure, cette fois, qui partit d'un éclat de rire.

« *Pin?* dit-il, c'est là ce qui vous embarrasse? Comment! *rat qui peint, rapin,* vous ne comprenez pas? »

Et il reprit aussitôt sa position, qu'il n'avait quittée un instant que pour nous faire plus en face sa réponse dédaigneuse, ne se doutant pas de l'énormité de son calembour.

Plusieurs témoins de la scène que je raconte, après quelques minutes de réflexion, déclarèrent se ranger à l'opinion du centaure. Et au fait, pourquoi pas? Combien d'expressions, passées aujourd'hui dans la langue, sont fondées sur des jeux de mots beaucoup moins raisonnables que celui-là!

La seconde explication du mot rapin, qui m'a été donnée également par un homme dont la compétence est fort respectable, consiste à faire du mot un dérivé du verbe *rapiner.* Voilà une étymologie qui ne ressemble guère à l'autre, mais qui, à tout prendre, n'est pas plus flatteuse que l'autre pour la classe qu'elle désigne, ni plus improbable, analogiquement parlant. — Quant à la troisième, je la donne comme l'expression de mon opinion personnelle ; opinion, du reste, assez généralement partagée : je crois que rapin vient de *râpé.* Mais dans rapin, me dira-t-on, où est l'accent circonflexe? C'est là, je l'avoue, une objection sérieuse, qui cependant ne m'arrête pas; car, jusqu'à ce que l'Académie ait prononcé, chacun demeure libre d'écrire rapin avec un accent circonflexe.

Donc j'arrive enfin, après cette digression que me pardonneront certainement les grammairiens et les étymologistes, à dire que le rapin a de douze à dix-huit ans. Sa position sociale est des plus honorables, sinon des plus brillantes. Il est fils d'un portier ordinairement, ou d'un artisan quelconque; il peut même, à la rigueur, être fils d'un bourgeois, rentier honnête et paisible; mais ce qui est certain, c'est qu'il n'est jamais fils d'un millionnaire. Il se peut bien faire, par hasard, que le rapin ait un oncle en Amérique, et qu'un beau jour il devienne riche; toutefois le cas ne se présente pas souvent.

Bref, pour commencer la peinture de mon personnage, je parlerai de sa figure, et j'avouerai tout d'abord que le rapin n'est ni beau ni laid. Il a des yeux, un nez, une bouche, c'est tout ce que l'on en peut dire. Quant à la taille de cette bouche, quant à la grosseur de ce nez, quant à l'éclat de ces yeux, ce sont là autant de problèmes, attendu le peu d'estime que le rapin professe pour l'eau. — Non que le rapin soit ivrogne, ce n'est point là ce que je veux donner à entendre : le rapin, au contraire, et sans doute par système hygiénique, fait de l'eau l'usage le plus immodéré, à ses repas; seulement, hors de ses repas, l'eau n'est plus pour lui qu'un liquide inutile et insipide : d'où il résulte que l'on ne sait au juste à quoi s'en tenir sur la finesse de ses traits ou sur la couleur de son teint. — Mais, au fait, comme il y a exception à toute règle, et que je craindrais d'exposer les rapins exceptionnels au blâme des jeunes gens à la mode et des petites-maîtresses, j'arrive du général au particulier. Je connais un rapin, nommé Théodore, qui a la figure aussi mal lavée que le puissent indiquer les quelques lignes précédentes, et qui, de plus, est rapin dans la véritable acception du terme, au moral comme au physique : c'est donc de lui que je vais parler.

Théodore, sur la tête que je viens de dire, a d'abord un chapeau des plus extraordinaires que l'on puisse imaginer, aussi large des bords que possible, et il ne se peut plus pointu. Ce chapeau fut noir autrefois, cela est incontestable ; mais, hélas! pour le croire, il faut l'avoir vu. Aujourd'hui, l'infortuné chapeau, soit effet de l'usage, soit la quantité de poussière qui le recouvre, tourne au gris d'une façon déplorable. Des bords de ce chapeau sort à flots farouches une chevelure comme on n'en vit jamais la pareille : longue, embrouillée, sèche, tout à la fois. Est-ce par économie que Théodore laisse prendre à ses cheveux une taille si extraordinaire? mon Dieu non! Par fatuité? pas davantage. Théodore n'est peut-être pas bien sûr de la couleur précise de ses cheveux. Il a vu des portraits de peintres célèbres où ces maîtres étaient représentés les cheveux flottants sur les épaules; voilà toute sa raison. Il s'est demandé pourquoi lui aussi, qui deviendra un grand peintre, il ne prendrait point par anticipation le costume des maîtres. D'autres choses l'embarrassent, il est vrai : la cravate, par exemple, qu'il jetterait volontiers au diable pour montrer son cou, qu'il croit tout aussi agréable que celui de Raphaël; par malheur, ô funeste résultat d'une mauvaise habitude! l'absence de cravate lui cause de violents maux de dents. Il voudrait bien encore se vêtir d'un façon originale et fantasque, toujours à l'exemple des peintres du seizième siècle; mais c'est tout au plus s'il a de quoi payer le simple et infâme costume, comme il l'appelle, dans lequel il est emprisonné. Donc, de tous les souhaits que forme Théodore pour sa toilette, le seul qu'il puisse réaliser à son aise, c'est de porter de longs cheveux; aussi en use-t-il largement et sans scrupule. Quant à son habit, boutonné jusqu'au menton, il reste couvert de cendre, de couleurs et de taches d'huile, en signe d'affliction. Et au fait, il faut être juste : la vie que mène Théodore n'est pas fort divertissante; elle ne saurait guère pousser le cœur et le visage à l'épanouissement.

Levé à sept heures du matin, Théodore est à sept heures et quelques minutes chez son seigneur et maître, monsieur le peintre un tel ou un tel. On vient de voir que ce ne sont point les soins à apporter à sa toilette qui pourraient ici compromettre l'exactitude de Théodore. Arrivé chez son maître, Théodore met l'atelier en ordre, y introduit de l'air, si l'on est en été; si l'on est en hiver, il allume le poêle et l'enfourche avec les bras et avec les jambes. Midi sonnant, Théodore, en quelque saison que l'on soit, s'en va au Musée faire des copies pour son maître. C'est là qu'il faut le voir, se promenant avec dédain devant les toiles qui ne rentrent pas dans le système de son maître, et s'extasiant, au contraire, devant celles que son maître lui a commandé d'étudier. Théodore, en ces moments, prend un air capable ; il regarde du coin de l'œil, et en haussant les épaules, et en imprimant à ses lèvres un sourire de compassion, ceux qui font mine d'admirer ce qu'il dédaigne, ou de dédaigner ce qu'il admire. C'est alors, surtout, que Théodore regrette de n'avoir pas de moustache à retrousser avec un geste de supériorité cavalière. — Sa petite visite des tableaux les plus importants une fois faite, il s'installe devant la toile qu'il doit copier.

Tout en ouvrant sa boite, ou en essayant ses crayons, ou en préparant ses couleurs, il jette de nouveaux coups d'œil à droite et à gauche, pour voir si quelque étranger ne le regarderait point, d'aventure, comme un personnage d'importance. Cela fait, il se met à l'œuvre, prenant le plus qu'il peut l'air inspiré. Chaque coup de crayon qu'il donne est indiqué par un mouvement de sa tête en sens contraire. Il sue sang et eau. Ceux qui passent près de lui sont tentés de lui proposer l'usage immédiat d'une boisson calmante. Et cependant, malgré tout ce mal et toute cette fatigue, malgré ces oscillations de tête et ces déplacements de cheveux, Théodore, quand sonne l'heure du départ, n'a presque pas avancé la besogne; ce qui ne l'empêche pas de jeter un regard satisfait sur son œuvre avant de l'enfermer pour vingt-quatre heures, et de s'en aller dîner d'un aussi bon appétit que s'il venait de faire un pendant à la *Madeleine* du Corrége. Puis, son dîner fini, il se rend à l'école des Beaux-Arts, où il travaille quelques heures avant de se livrer au sommeil. Tel est le cercle invariable dans lequel tournent les jours du rapin Théodore.

Hélas! si là cependant se bornaient ses peines, il ne serait pas trop à plaindre, le malheureux! Mais il ne passe point sa vie dans un isolement aussi doux et aussi complet que le récit précédent le pourrait donner à croire. A l'atelier, il se trouve en compagnie de jeune Raphaëls en herbe, qui, passés de l'état de rapin à l'état d'élèves, le rendent victime de mille vexations. Théodore est, à peu de chose près, l'esclave des élèves. S'il plaît à ces messieurs de se procurer du tabac frais, ou d'envoyer quelque part une lettre, Théodore doit leur épargner la dépense qu'occasionnerait l'emploi d'un commissionnaire. Qu'il s'agisse d'aller d'un bout à l'autre de Paris, peu importe! Théodore a des jambes pour s'en servir; trop heureux encore que chacun n'ait pas un ordre particulier à lui donner.

Au moins, en échange du service qu'on lui fait faire, Théodore jouit-il de quelques priviléges? est-il admis à présenter, par hasard, quelques timides objections? Pas le moins du monde! il doit à messieurs les élèves toute obéissance et tout respect; c'est pourquoi la parole ne lui est accordée en aucune circonstance. Se permettre de parler! Dieu l'en préserve! Quand cela lui arrive, il sait trop comment on s'y prend pour lui imposer silence. On se moque de lui, d'abord; on paraphrase le plus petit mot sorti de sa bouche; on le tourne en ridicule; puis, l'affaire s'échauffant, les *charges* commencent. *Charge,* en langage d'atelier, signifie grosse plaisanterie en action. Tirer brusquement sa chaise à un rapin qui travaille, de façon à le faire tomber à terre; ou bien lui couvrir la figure de couleur et d'huile, ou encore lui barbouiller si bien un dessin quasi achevé qu'il soit obligé de recommencer complétement son ouvrage; telles sont, entre mille autres, les charges qui se pratiquent dans les ateliers.

Donc, si Théodore a la moindre chose à objecter quand on dispose de lui pour quelque course, ou s'il se permet de prendre part à une conversation qui lui est étrangère, il peut s'attendre à tout. Et s'il n'oppose pas aux tracasseries dont il est victime la douceur la plus inaltérable, la plus parfaite résignation; s'il fait mine de se fâcher, s'il se gendarme, malheur à lui! Alors l'affaire devient plus sérieuse; on ne se borne pas aux divers genres de plaisanteries ci-dessus mentionnés. Cette fois, on le saisit de vive force par le milieu du corps; on se met trois ou quatre pour l'opération, selon la résistance qu'il oppose; et l'infortuné est attaché de son long sur une échelle, attaché les pieds en l'air et la tête en bas, s'il vous plaît! Après quoi l'échelle est replacée contre la muraille, jusqu'au moment fixé pour la complète expiation du délit.

Un autre châtiment, infligé à Théodore quand il se mutine, consiste à placer un pot d'eau, par exemple, au-dessus de la porte de l'atelier, à l'instant où Théodore va entrer. Inutile de dire que le pot à l'eau est toujours disposé de manière à ce que Théodore ne puisse faire moins que d'être inondé.

Ceci me rappelle une histoire authentique arrivée chez M. Gros, et qui trouve naturellement ici sa place. — Un jour, M. Gros avait invité deux Anglais à visiter ses tableaux, ne se doutant pas qu'un sien rapin était en disgrâce auprès de ses élèves. M. Gros entre donc dans son atelier, précédé des deux Anglais qui marchaient du pas le plus grave du monde, quand tout à coup, la porte étant tout à fait ouverte, le bruit d'un objet qui tombe se fait entendre, et les deux Anglais sont couverts à la fois d'eau fraîche et de contusions. Grande fut la peine de M. Gros pour faire comprendre, et surtout pour faire accepter la plaisanterie à ses hôtes. M. Gros tira sans doute de l'aventure cette moralité, que l'on gagne toujours quelque chose à pratiquer la politesse. Lui seul, en effet, eût été victime, s'il eût eu la fantaisie de passer le premier.

Mais cependant, pour tant de déboires, quels sont les plaisirs de Théodore? quelles sont ses consolations? qu'a-t-il qui lui fasse prendre en patience son martyre? Hélas! minces sont les plaisirs de l'infortuné, minces ses consolations. Quand il est las de servir de jouet aux élèves, ou plutôt quand les élèves sont las de se jouer de lui; quand un moment de répit lui est accordé pour reprendre haleine, il allume une pipe et essaie de fumer. S'il a quelques sous dans sa poche, il va même jusqu'au cigare à bout de paille. Triste divertissement pour lui, je vous assure! Car, comme il n'est pas encore passé maître dans cet exercice, il ne manque jamais d'être malade avant la fin de son plaisir. Mais qu'importe! il a oublié au moins le présent durant quelques minutes. — Durant quelques minutes, avant que le mal de cœur ne lui vienne, il laisse envoler son âme avec la fumée de sa pipe vers un avenir doré. Il se voit sorti de la caverne où il souffre, il est peintre à son tour; à son tour, il a des élèves et des rapins sous ses ordres; il fait des tableaux que l'on expose, et qui sont salués avec admiration par la foule, et que l'on couvre d'or et d'argent. — Courte est la chimère, cependant! Le tabac n'est pas à demi consumé encore, que le malheureux Théodore sent sa tête tourner et son cœur fondre; ses jambes défaillent; sa pipe tombe et se brise; et, pour surcroît, les élèves, charmés de l'aventure, et satisfaits de la longueur de l'entr'acte, recommencent à le tourmenter.

On imagine bien qu'au milieu de tous ces ennuis, de toutes ces tribulations, le moral de Théodore ne peut guère se développer d'une façon convenable; aussi, sous le rapport de l'indépendance et de la hauteur des idées, ne faut-il pas s'occuper de lui. Où prendrait-il le temps de penser, le pauvre diable! écartelé qu'il est, on vient de le voir, entre des travaux de commande et un isolement plein de déboires sans cesse renaissants? Il ne faut donc pas lui demander son opinion, même en matière de peinture, car il n'a pour ainsi dire pas d'opinion : celle de son maître est la sienne; du moins il le dit, et il le croit. Son maître est coloriste, et il affirme que la couleur est, sans contredit, de toutes les qualités d'un peintre, la plus importante et la plus précieuse. Fi de Léonard de Vinci et de Raphaël! fi de l'école florentine et de l'école romaine! Vive l'école vénitienne, au contraire! vivent le Titien et Paul Véronèse! voilà de vrais peintres! — Et si Théodore avait un maître dont les idées fussent complétement différentes de celles que nous venons de dire, son opinion aussi serait complétement différente. Il n'y a que le dessin, dirait-il, il n'y a que la ligne; tout comme il disait tout à l'heure : Il n'y a que la couleur!

En toute autre espèce de matière, les idées de Théodore sont moins remarquables encore, s'il est possible, car il n'a positivement pas d'idées. Tirez-le de la peinture, et il sait à peine de quoi vous lui voulez parler. La littérature? qu'est cela? il l'ignore. Il sait bien qu'il existe des livres, mais il sait à peine le nom des plus élémentaires de ces livres, et il ne conçoit pas leur utilité. Entre la poésie et la prose, je ne suis pas bien sûr qu'il établisse une différence, sinon la différence qui se trouve dans la longueur des lignes. Du reste, vers ou prose, cela lui est bien égal. Il a trouvé une fois, sur le poêle de l'atelier, un volume des *Orientales*, dont il n'a pu lire deux strophes de suite; une autre fois, *la Salamandre* lui étant tombée sous la main, il s'est senti pris de bâillement avant d'être arrivé au bas de la première page. Ce qui explique très-bien son dédain de la littérature en général. Cependant, pour être juste, je dois dire qu'il ne professe pas un trop grand mépris pour le drame moderne : *la Tour de Nesle* et *Lucrèce Borgia* ont particulièrement mérité son approbation. Il m'a dit, le lendemain du jour où il avait vu par hasard ces deux pièces, *qu'il trouvait de beaux sujets de tableaux là-dedans.*

Et en politique, me demandera-t-on, quelles sont les opinions de Théodore? Ma foi! je n'en sais rien. De ma vie je ne l'ai entendu prononcer un seul mot qui eût trait à la politique; et je crois qu'on lui apprendrait des choses fort nouvelles, en l'instruisant de la révolution de juillet, de l'avénement de Louis-Philippe et de la lutte entre les prérogatives de la cour et celles de la chambre des députés. Si l'on tirait des coups de fusil dans la rue, Théodore quitterait peut-être son pinceau pour se mettre à la fenêtre, mais il n'aurait certes pas la curiosité de demander pour qui ou pourquoi l'on fait tant de bruit. En affaire de religion, c'est la même chose. Fouriéristes, saint-simoniens, père Enfantin et abbé Châtel, sont comme n'existant pas pour Théodore. Il a bien vu, sur l'étalage d'un coiffeur, un buste en cire du père Enfantin; mais comme ce buste ne portait pas d'étiquette, il a cru que c'était le portrait du maître de la maison, tout simplement; et il a blâmé beaucoup le dessin et la couleur de cette figure.

Et l'amour?...

Ah! nous touchons ici une corde qui devrait résonner, sans doute, et qui cependant ne rend que de sourds accords. L'amour, dans le sens mystérieux et platonique du mot, est tout à fait étranger à Théodore. Comment l'amour lui aurait-il été révélé, en effet, à lui qui n'a jamais entendu que des paroles amères ou ironiques, et qui n'a jamais pu encore déposer ses peines dans un cœur ami?

Parmi les femmes, jeunes filles ou jeunes mères, qu'il a vues déjà dans l'atelier de son maître, plus d'une, il est vrai, sans qu'il sût trop s'expliquer l'énigme, a fait battre violemment son cœur. Mais, comme ce n'est point le costume (au contraire) que l'on demande à un modèle, il est arrivé que Théodore s'est laissé prendre, en ces diverses circonstances, moins par l'élégance de la toilette, ou par la grâce du langage, que par des appâts plus positifs; — nous voilà bien loin, comme je disais, du platonisme — pauvre Théodore! timide comme il l'est, habitué aux humiliations de toute nature, maltraité souvent par les élèves devant les objets mêmes qui l'enflamment, on se doute qu'il n'a guère le courage de confesser les sentiments qu'il éprouve; aussi supporte-t-il en silence cet autre tourment. Par moments, l'envie lui vient bien de triompher de sa faiblesse, de ne plus cacher ce qui se passe dans son âme, dussent toutes les échelles et tous les pots à l'eau de l'atelier être mis en réquisition pour le punir de son insolence! mais il est arrêté court, à peine a-t-il ouvert la bouche, par un ironique éclat de rire que lui jette à la face l'objet de ses feux. Il se résigne alors tristement.

Il se résigne, car il sait que son supplice aura un terme. Et en effet, si cette vie dont je viens d'esquisser quelques détails, si cette vie, tourmentée sans compensations aucunes, devait durer toujours, autant vaudrait en finir tout de suite par un bon suicide. Quelle existence, celle du rapin! N'avoir rien à soi, ne rien faire pour soi, n'être aimé de personne, pas même d'un chien, puisqu'il faudrait le nourrir, et que c'est tout au plus si le rapin a une pâture suffisante pour lui-même; être esclave, et n'avoir pas les priviléges d'un esclave, c'est-à-dire être sans salaire et sans droits; vivre toujours seul, n'ayant même pas la permission de se parler à soi-même, si quelqu'un est présent; croupir dans une abrutissante ignorance de tout homme et de toute chose qui ne tiennent pas à l'art de la peinture; ne rien pouvoir, ne rien savoir, ne recevoir que des coups et n'entendre que des injures : triste condition!

Mais ce qui console un peu le rapin, je le répète, c'est la certitude où il est que tout cela aura un terme, quelque jour. Le rôle de rapin, dans un atelier, appartient toujours au dernier venu; donc, le jour où un remplaçant lui arrivera, Théodore passera immédiatement au rang des élèves, et dès lors son sort sera bien différent. Lui qui, la veille, était ce que nous venons de le voir, un pauvre garçon hué et conspué par tout son entourage, il deviendra tout à coup, dans la hiérarchie artiste, quelque chose d'assez important; il aura à son tour un rapin à faire trotter par les rues comme un groom d'Afrique; il pourra engager des conversations avec les modèles qui viendront chez son maître; la fumée du tabac ne lui fera plus mal au cœur; il connaîtra les œuvres littéraires de nos plus grands écrivains, pour les leur entendre réciter à eux-mêmes avec complaisance. Bien plus...

Mais j'oublie que c'est de Théodore dans le présent, et non de Théodore dans l'avenir, qu'il s'agit ici.

Que si l'on tient à s'assurer de l'exactitude de mes renseignements sur la vie du rapin, on peut aller dans un atelier quelconque, et l'on en sortira convaincu de mon impartialité. J'ai la conscience de n'avoir ni enlaidi ni flatté le personnage. Tout le monde (car tout le monde prétend aujourd'hui être connaisseur en matière de peinture) a pu voir le rapin aux expositions annuelles du Louvre. C'est surtout le jour de l'ouverture que le rapin se montre le plus volontiers. Il est à la porte du Louvre dès le matin, et il faut presque le chasser si l'on veut qu'il sorte. Là donc, on peut vérifier ce que j'ai avancé de sa toilette, et de l'importance qu'il se donne, et de l'assurance qu'il affecte, et de la nature de ses opinions sur l'art.

Au reste, je ne veux pas terminer sans dire que le rapin suit involontairement le mouvement de régénération qui emporte le siècle vers des destinées meilleures. Le rapin se civilise. A l'heure qu'il est, le rapin n'est déjà plus aussi mal peigné, ni aussi barbouillé de couleurs et d'huile qu'il l'était hier; et le successeur de Théodore, j'en ai l'assurance, sera encore, sous ce rapport comme sous beaucoup d'autres, en progrès sur lui.

J. Chaudes-Aigues.

UNE FEMME A LA MODE.

EST-CE possible? qui l'aurait pensé? et que faut-il faire maintenant? disait presqu'à voix basse et à elle-même une belle jeune femme plongée dans une inquiétude nonchalante; puis ses grands yeux bleus se levaient sans que sa personne gracieuse et paisible fît aucun mouvement, et ses regards s'attachaient sur une glace si bien placée, qu'elle réfléchissait des pieds jusqu'à la tête la belle rêveuse, qui ne pouvait éviter de s'y retrouver tout entière.

Elle resta quelques instants silencieuse et attentive, examinant ce visage régulier, ces traits délicats, ces nobles contours, dont rien n'avait encore altéré la fraîcheur; des boucles blondes, soyeuses et abondantes s'échappaient d'un léger bonnet du matin jeté sur sa jolie tête, moins pour la couvrir que pour l'orner; les rubans restés flottants au hasard n'étaient là que pour attester la négligence qui avait présidé à l'arrangement matinal; négligence habile qui doit toujours rendre assez belle pour qu'il semble impossible que la plus brillante toilette puisse ajouter quelque chose à la beauté.

Pourquoi donc y a-t-il aujourd'hui dans toute cette jeune femme d'ordinaire si fière, si imposante, si maitresse d'elle-même, de ses paroles, de ses mouvements et de ses regards, un mol abandon plein de découragement et de soucis? est-ce une coquetterie nouvelle? étudie-t-elle une plus gracieuse et plus ravissante expression? Non: cette suave indolence, cette vague rêverie sont sans apprêt; aucun art n'a présidé à cette pose pleine de charme, et cette puissance de séduction que la jeune femme possède en ce moment à son insu vient de ce qu'elle l'ignore, de ce qu'elle a oublié cette fois de penser à elle-même, et que ses mouvements comme son immobilité, tout est naturel, tant son âme agitée par le plus grand intérêt de sa vie est entièrement concentrée sur l'objet de son inquiétude secrète; oui, toute la personne d'Emma, de cette vive et brillante comtesse de Marcilly, dont la mode avait fait sa divinité favorite, est en ce moment triste, distraite, découragée, à demi couchée dans une causeuse de velours bleu, d'où ses cheveux, d'un blond doré et son teint si délicat, si blanc et si doux, se détachent admirablement; et sa tête est légèrement inclinée comme si le poids de graves et profondes pensées, trop lourd à porter pour sa faiblesse, l'entraînait malgré elle; une de ses mains, blanches, longues et flexibles, est tombée mollement à ses côtés, et se perd dans les plis multipliés du long peignoir de cachemire blanc qui l'enveloppe jusqu'aux pieds, et qu'une torsade blanche, nouée au bas de sa taille svelte, retient seulement pour attester la délicatesse de cette taille élégante dont les contours se devinent à peine dans l'immense ampleur de sa robe: si l'autre main n'a pas suivi cette pente naturelle, c'est qu'involontairement elle s'est trouvée arrêtée par une imperceptible chaîne d'or que la belle rêveuse avait passée à son cou quelques instants auparavant, par un mouvement machinal, sans doute, car elle n'a pas jeté les yeux sur la petite montre que supporte cette chaîne et que ses doigts ont retenue et tiennent encore sans but et sans projet. Le cadran de la montre, celui des pendules, eussent vainement frappé les regards de la comtesse, elle n'eût rien vu. Que lui importait l'heure? Elle ne peut rappeler ni un souvenir ni une espérance qui fasse battre son cœur. Emma n'a jamais aimé qu'elle seule au monde, et dans ce moment, absorbée par une idée, il n'y a plus de jours, plus d'heures, plus rien qui marque le temps pour elle, la vie est tout entière dans ce qui l'occupe. L'emporter, triompher, tout est là, le reste n'existe plus.

Elle est toujours immobile, mais sa pensée s'échappe encore malgré elle de ses lèvres; ses paroles trahissent le secret qui l'agite, et ses yeux interrogent avec anxiété le miroir, confident involontaire de ses craintes cachées.—Ai-je donc, dit-elle, perdu quelque chose de cette beauté qu'on admirait? Un changement inaperçu par mes regards troublés a-t-il enlevé la puissance à ce visage qui charmait? Ai-je oublié dans ma toilette cet art d'être élégante avec assez de bizarrerie pour attirer les yeux, sans approcher de cette singularité qui peut toucher au ridicule? Il ne s'agit pas pour moi d'être bien, mais d'être mieux; d'être jolie, mais d'être la plus jolie; d'être remarquée, mais d'être seule remarquable, car il vaudrait mieux être au premier rang dans un village qu'au second dans Paris. Emma ne put s'empêcher de sourire en parodiant ainsi un célèbre bon mot, et d'ajouter :—Oui, César avait raison... il fut le plus grand parce qu'il fut le plus ambitieux, et l'ambition c'est la coquetterie des hommes; voilà tout. Et le regard de la belle ambitieuse avait l'air orgueilleux d'un conquérant sûr de reprendre à main armée la puissance qu'on a osé lui disputer. Puis, pour accroître sans doute son courage en se rappelant ses droits incontestables au pouvoir qu'elle veut ressaisir, Emma continua :

—Que de sacrifices n'ai-je pas faits? que de soins n'ai-je pas pris pour assurer mes succès et conserver ma place de femme à la mode, dans un temps où la gloire est si capricieuse et les places si difficiles à garder? Il m'a fallu autant d'habileté que de bonheur, autant d'adresse que de beauté, autant de calculs que de chances favorables! Si j'avais écouté parfois mon plaisir, mon caprice, mon cœur, je risquais tout.

Cette puissance est comme les autres, enviée, disputée, attaquée chaque jour, car la réputation et le pouvoir d'une femme à la mode, sont, comme la réputation et le pouvoir d'un homme d'état, à tout moment remise en question et en danger.

— Madame de Mérinville n'a-t-elle pas, l'année dernière, occupé les salons pendant toute une semaine par son imposante beauté? Heureusement elle était si peu spirituelle, qu'à la première réunion assez intime pour permettre la conversation, j'ai pu sans peine mettre en relief sa bêtise et détruire ainsi son empire, car nulle part on ne règne longtemps sans esprit.

— La délicate figure de lady Morton aurait bien pu captiver aussi la capricieuse attention du monde, mais ses toilettes étaient si bizarres, que leur singularité approchait trop du mauvais goût; elles étaient *excentriques*, il est vrai, mais sans grâces; la simplicité de ma parure auprès d'elle fit ressortir le ridicule de la sienne. En France on ne plaît qu'un moment avec le mauvais goût.

— Quant à la brillante duchesse de Romillac, c'était vraiment une redoutable rivale. Son rang, sa fortune, son éclat dans ce pays des vanités, auraient pu triompher. Ils occupèrent d'elle pendant un mois, mais elle eut l'imprudence de se compromettre avec le bel Édouard d'Arcy, et pour une femme à la mode qui doit mettre au nombre de ses armes les plus dangereuses des espérances adroitement exploitées dans l'intérêt de sa puissance, aimer réellement, c'est abdiquer.

— Mon pouvoir s'augmenta de tout l'éclat de mes rivales détrônées. Je croyais avoir échappé à tous les dangers, et, continua Emma avec une expression de tristesse et d'amertume, c'est elle! c'est Alix de Verneuil, une femme de province, une parente que j'accueille, que j'installe chez moi, quand après deux ans de veuvage elle veut visiter Paris; — elle, moins jolie que moi pourtant, moins élégante, moins occupée surtout du soin de plaire, c'est elle qui fixe maintenant les regards de tous!

La belle comtesse retombe après ces mots dans un morne abattement. Pour la première fois elle craint sérieusement de perdre sa puissance; elle sent enfin qu'il peut arriver un moment où elle existera sans être la femme à la mode. Jusque-là elle avait cru ce titre tellement identifié à sa personne, que la mort seule devait le lui ravir. N'être plus la première, est-ce que c'est vivre? Car, depuis le jour où Emma s'était emparée de cette faveur inexplicable, capricieuse, frivole et puissante en même temps qui donne le sceptre de *la mode*, sa vie avait été changée! Plus d'amitié!... Les femmes ne furent plus à ses yeux que des rivales; le monde, qu'un théâtre où elle jouait constamment un rôle, et les plaisirs une occasion de se montrer! Sa toilette ne fut plus ni le chaste vêtement de la femme modeste, ni la gracieuse parure d'une femme aimée, encore moins la négligence pleine de charme de celle qui s'oublie pour penser à un autre! Ce fut d'abord et à tout prix le luxe, la variété, la magnificence et l'éclat; puis des idées bizarres, des recherches piquantes pour ranimer constamment l'attention fugitive; enfin toutes les facultés de son intelligence, toutes les heures de sa journée furent consacrées à fixer cette insaisissable puissance, aussi impossible peut-être à définir qu'à conserver!

Qui pourrait dire en effet comment et pourquoi l'on devient une femme à la mode, quels sont les moyens, quel est le but : est-ce avec l'éclat de la beauté, ce seul pouvoir incontesté de la femme? Non, car souvent la plus belle passe inaperçue. Est-ce avec l'esprit, cette force invisible qui soumet toutes les autres? Non, car souvent il manque à la reine que la mode a choisie. Est-ce le rang, cette supériorité que l'orgueil n'admet plus, qui attire la divinité moqueuse? Non, car elle n'a jamais reconnu cette supériorité, et on la vit déserter les palais pour le boudoir de Ninon. Est-ce l'opulence qui l'attache? Non, car la mode capricieuse jette parfois sans respect le ridicule jusque sur cet or brillant qu'étale à plaisir la vanité. Il n'est donc point de moyen certain pour l'atteindre, point de règle pour la fixer.

Si c'est particulièrement en France, ce n'est pas exclusivement à Paris et dans le grand monde que naît cette plante curieuse et variée : chaque société, chaque province, chaque ville grande ou petite, voit régner quelque brillante *Célimène* exerçant un despotique empire sur la toilette des femmes qui l'approchent ou le cœur des hommes qui l'entourent. Là comme à Paris, les unes ont reçu ce rôle d'un caprice du sort; les autres ont eu le caprice de s'en emparer, soit pour échapper à l'ennui et pour user une activité toujours sans emploi dans la vie d'une femme, soit pour tromper peut-être par l'apparence de l'amour leur cœur effrayé de la réalité; soit aussi parfois pour venger leurs belles années de jeune fille que la pauvreté livra au dédain de ces hommes dont la vanité cherche la jeune femme, qui prend alors sa revanche!

A côté de toutes ces favorites de la mode, il y a aussi ses victimes, femmes malhabiles ou malheureuses, courant les chances des usurpateurs maladroits qui visent à la puissance sans l'atteindre, et ne recueillent de leur folle entreprise qu'un ridicule; car nul n'a pu fixer les règles de ce jeu dangereux où avec tant de chances de perdre l'on en a si peu pour gagner!

Aussi tout fut-il employé par Emma pour réussir, et faute de certitude sur les moyens de conserver la faveur de la mode, elle n'en voulut omettre aucun : parents, amis, fortune, tout fut sacrifié à cet insatiable désir de briller. La vanité, l'orgueil, l'égoïsme, étouffèrent la sensibilité, la tendresse et la bonté. Si Emma eût perdu son titre de femme à la mode, il ne lui serait donc plus rien resté.

Et sa pensée s'égarait dans des réflexions infinies. Jamais ministère voyant une majorité douteuse mettre son pouvoir en péril ne se jeta dans de plus vastes et plus nombreuses conjectures sur les causes de la défaite qu'il craint ou du triomphe qu'il espère; jamais des images plus diverses ne vinrent lui présenter un plus grand nombre de moyens de séduction à exercer sur les rebelles, de coups d'état à frapper sur les esprits avides d'événements, ou de faveurs légères à répandre avec adresse sur les plus récalcitrants, sans cependant compromettre sa dignité.

— A la promenade le matin, au bal le soir, comme ils l'entourent maintenant tous! poursuit Emma. C'est qu'aussi le comte de Prades ne voit qu'elle, lui si dédaigneux, que toutes les femmes ont essayé vainement de le captiver! lui qui portait partout cet air ennuyé et indifférent qui excite toujours la coquetterie et la curiosité : comment ne pas tenter de réussir où toutes ont échoué; ne pas essayer de se faire aimer de qui n'aime que soi; ne pas s'efforcer de distraire d'une préoccupation qui distrait de tout? C'est une tâche digne des plus audacieuses; car enlever un homme à l'amour d'une autre femme n'est rien : mais l'enlever à l'amour de lui-même ou bien à un souvenir inconnu, triompher d'une rivalité dont on ne peut dire aucun mal, faire une chose impossible enfin, à la bonne heure, on peut s'en donner la peine. C'est un but digne de tenter, et ce but, Alix l'avait atteint sans y penser. Tout le monde remarquait l'attention que lui donnait le comte, elle seule semblait ne pas le remarquer, et paraissait même le fuir, ce qui donnait à tous l'envie de la chercher.

Emma restait plongée dans ce labyrinthe de conjectures, car de l'hommage de deux ou trois héros de salon dépend la place que le monde assigne à une femme, et elle avait attiré près d'elle tous ceux qui disposent ainsi de la faveur de la mode, jusqu'au moment où Alix de Verneuil, en obtenant toute l'attention de M. de Prades, avait vu se fixer sur elle l'admiration générale.

La jeune rêveuse ne bougeait plus, elle était immobile et tellement préoccupée, que ce fut comme réveillée d'un sommeil profond qu'elle s'écria avec un vif mouvement de surprise :

— Alix! vous ici!

C'était en effet madame de Verneuil, brune piquante, à la figure expressive et animée, qui répondit en riant :

— Eh bien! ne m'attendiez-vous pas pour la promenade? et ses regards surpris examinaient le négligé d'Emma, qui annonçait l'oubli ou le changement de leur projet.

— Et vous comptiez que j'irais, et vous comptiez sans doute aussi que nous y rencontrerions M. de Prades?

Il y avait un dédain plein d'amertume dans l'expression de la comtesse. Alix ne répondit pas. Emma vit alors madame de Verneuil s'asseoir tranquillement comme quelqu'un renonçant à sortir, il lui prit une violente envie de disputer.

— Puisque vous aimez le monde et les endroits où il se réunit, dit-elle, pourquoi donc avez-vous pris un prétexte hier pour vous dispenser de paraître à la soirée qui avait attiré chez moi ce que Paris offre de plus brillant?

Alix sourit.

Après un moment de silence la comtesse ajouta avec impatience : — Dédaignerez-vous donc aussi de me répondre?

Madame de Verneuil resta encore quelques instants avant de parler, mais les yeux de la comtesse l'interrogeaient si vivement, qu'elle finit par dire en riant :

— J'étais souffrante, réellement souffrante, puis...

— Puis!... reprit la comtesse presqu'avec colère.

— Vous le voulez, Emma, mais ne vous fâchez pas répondit Alix toujours riante et maligne, je dirai tout. Moi je ne comprends pas vos salons à la mode; le plaisir y ressemble tant à l'ennui, que j'ai peur de m'y tromper. La dame du logis réunit, il est vrai, les femmes les plus aimables et les plus jolies, mais pour les placer bien parées et bien ennuyées autour d'un salon comme des portraits de famille. Là elles écoutent plus ou moins bien de la musique plus ou moins bonne dont elles ne se soucient guère. Pendant ce temps, les hommes de leur connaissance, relégués loin d'elles, dans les pièces voisines ou dans des places où ils ne peuvent les aborder, ne parlent qu'entre eux ou à la maîtresse de la maison, car l'obligation de faire les honneurs de chez elle, d'accueillir chacun avec quelques paroles de politesse, la met seule parmi les femmes en rapport avec toutes les personnes qui remplissent l'appartement. Elle seule s'amuse, montre de l'esprit, de la gaieté, de la grâce, pendant que les autres femmes, immobiles, ne sont là que pour servir de décoration à la pièce qu'elle joue toute seule au profit de sa vanité; et cette brillante fête où elle les invite ressemble plutôt à un piége qu'elle leur tend qu'à un plaisir qu'elle leur procure. Quant à moi, je fuis les amusements à la mode parce que j'aime à m'amuser.

Emma leva sur Alix des yeux malins; les deux jeunes femmes se regardèrent alors en riant, comme ces augures romains qui ne croyaient plus qu'à deux choses : leur adresse et la sottise des autres. Puis la comtesse dit gaiment, avec cette confiance qu'amène la certitude d'être comprise :

— N'ai-je pas raison, puisque le monde n'admire que ceux qui se moquent de lui? Mais, continua-t-elle, que fais-je de plus que les autres? On s'est toujours disputé la place partout. Dès qu'il y a eu deux hommes sur la terre, l'un tua l'autre pour rester le premier. Depuis ce temps, il n'y a pas eu de triomphe sans victimes. Et quand j'immolerais quelques vanités à la mienne..... le grand mal! Au reste, il y a des femmes qui, en voulant plaire à tous, cherchent encore à régner sans partage sur un seul; et si Alix n'a point paru à ma soirée, c'est peut-être parce qu'un autre n'y devait point paraître, ajouta la comtesse d'un petit air railleur qui fit dire étourdiment à madame de Verneuil impatientée :

— Si je l'avais su, je me serais sans doute décidée à venir.

Il y eut un moment de silence. Alix rougit, embarrassée et inquiète de son étourderie; Emma comprit alors qu'un secret existait, et devina en même temps la possibilité d'en tirer parti.

— Je n'ai nommé personne, s'écria-t-elle en riant; mais il paraît que le comte de Prades est tellement présent à votre pensée, que son nom répond toujours à la question qu'on fait à votre cœur!

— Quelle folie! dit Alix en éclatant de rire. Moi qui le fuis...

La comtesse reprit : — On ne fuit que ceux qu'on craint... On ne craint quelqu'un que par haine ou par amour... Alix n'écoutait plus, elle s'était levée et cherchait autour de la chambre quelque chose impossible à trouver.

Alors Emma, après s'être placée si adroitement devant la glace de sa toilette, que ses regards pouvaient suivre tous les mouvements d'Alix, d'un air plein d'insouciance malicieuse continua ainsi en jouant avec les nœuds de sa ceinture :

— Le comte de Prades est beau, spirituel même; ce qui est rare de notre temps pour un homme à la mode. Les gens d'esprit maintenant, au lieu de s'en prendre aux femmes, s'en prennent aux gouvernements. La société y perd beaucoup d'un côté, et n'y gagne pas grand'chose de l'autre; mais enfin c'est comme cela. Aussi, quand il nous reste un homme d'esprit d'une figure agréable, Dieu sait comme nous le gâtons; et M. de Prades est bien le plus gâté de tous! N'est-il pas vrai?

Alix ne répondit pas : la comtesse reprit sans s'inquiéter de son silence :

— Accoutumé dès l'enfance à l'admiration, il a l'air de la mépriser; habitué aux coquetteries, il prétend qu'il les dédaigne; gâté peut-être par de plus tendres affections, il assure qu'il y est insensible... Les hommes à la mode ont tant de prétentions mal fondées, et lui...

Alix était toujours dans le fond de la chambre ; le ton dédaigneux d'Emma la blessa sans doute, car elle l'interrompit vivement.

— On ne reprochera certainement pas l'affectation au comte de Prades ; sa franchise... la loyauté de son caractère... la vérité de ses discours...

Elle s'arrêta, car elle sentit qu'elle le louait beaucoup pour un homme qu'on fuit. Son amie continua sans faire aucune remarque :

— Lui... d'ailleurs, a prouvé qu'il était capable d'un vif et durable attachement ; et son indifférence pour ce qui l'entoure vient de ses regrets pour ce qu'il a perdu... Je le sais... moi... il a aimé... il aime encore une femme belle et digne d'amour.

En ce moment tous les efforts d'Emma étaient vains ; elle ne pouvait apercevoir le visage d'Alix, qui tournait le dos à la glace, et se penchait sur une petite table où se trouvaient quelques gravures éparses.

Alors Emma continua à parler de cet amour inconnu et exclusif... s'arrêtant quelquefois, puis interrogeant Alix, qui répondait quelques mots rares et insignifiants... Dans un moment de silence, la comtesse se leva, marcha légèrement sur le moelleux tapis sans être entendue d'Alix ; et quand celle-ci, toujours baissée sur les gravures qu'elle avait l'air de regarder, disait machinalement :

— Quoi ! vous pensez ?... elle se sentit prise vivement par la taille. C'était Emma qui disait en riant : — Je pense... Alix... je pense... que vous aimez le comte de Prades.

Alix, se tournant subitement vers le jour par un mouvement involontaire de surprise, laissa voir sa jolie figure toute rouge et troublée, où brillaient quelques larmes, et fit un cri de frayeur et d'étonnement, pendant qu'Emma faisait un cri de joie ; car ce n'était plus une rivale pour une coquette, cette femme qu'un regret d'amour faisait pleurer !

Elle entraîna son amie sur la petite causeuse bleue, la fit asseoir près d'elle, attira sa confiance par des paroles caressantes ; et après ces mots inutiles, ces phrases inachevées et ces demi-confidences qui précèdent un aveu réel, Alix dit enfin :

— Avant mon mariage, il y a quatre ans... aux eaux de Baden avec ma tante, je connus le comte de Prades. Pendant six semaines, il ne nous quitta pas... Près de lui je me trouvais si heureuse, que je me croyais aimée.

Ma tante reçut ma confidence à la veille du départ ; et le jour même, le soir, elle parla devant moi, devant lui, de tendresse, de liens éternels d'attachement. . Que sais-je ? ma tante voulait connaître les idées du comte. Comme elles répondirent peu à son attente et à la mienne !... Il se moqua des affections sérieuses, des sentiments vrais, prétendit impossible pour lui d'en jamais éprouver, se montra tel qu'il était... indifférent, curieux, moqueur.

Glacée par ses railleries, je n'eus pas l'idée de lui apprendre notre départ. Le lendemain nous quittâmes Baden, ma tante et moi. Mon père m'attendait à Paris avec un mariage arrangé et convenable ; il m'était impossible d'aimer personne, mais j'obéis à mon père, et quinze jours après j'épousai de M. de Verneuil. Je partis pour la campagne alors, et ne voulus plus revenir à Paris. Je craignais de le revoir, *lui,* car il était trop habile pour n'avoir pas deviné que je l'aimais. Le ciel ne bénit pas mon mariage, je fus malheureuse; et la mort de M. de Verneuil me laissa libre, mais sans espoir de bonheur.

J'hésitai [illegible] années avant de revoir Paris, mes parents et mes anciens amis; j'avais raison, Emma!

Je repartirai demain pour n'y plus revenir.

Emma la regarda avec attention; la touchante figure d'Alix avait une délicieuse expression de tendresse; elle envia presque un sentiment qui, même dans ses chagrins, peut rendre aussi jolie.

Puis elle dit, pensive et comme à elle-même : — Quatre ans! — un voyage à Baden, il revint triste, — n'y retourna jamais, — se troubla même un jour que je parlais de cette époque. — Quand Alix arriva, — qu'il la revit, — il pâlit, — et ses yeux ne la quittèrent plus.

S'adressant alors à madame de Verneuil, Emma continua : — Vous a-t-il parlé de votre séjour à Baden... de votre mariage?

— Jamais, répondit celle-ci; je ne l'ai vu que dans le monde... Il m'y cherchait parfois, mais semblait avoir oublié le passé.

Emma se leva vivement, sonna et demanda au domestique qui entra s'il était venu quelqu'un.

— M. de Prades demande si madame la comtesse peut le recevoir.

— Qu'il entre. Et au moment où le comte saluait, Emma s'excusa d'être obligée de s'occuper de sa toilette, et chargeant son amie de la remplacer, elle passa dans la pièce voisine.

— Ah! répétait-elle en s'habillant toute joyeuse, ils sont seuls, et l'amour est encore plus habile que moi!

Quand elle rentra, ils ne l'entendirent point. Alix était assise dans une bergère, près du feu; le comte, debout, appuyé contre la cheminée. Quoique seuls, ils parlaient si bas, qu'il fallait s'aimer pour s'entendre ainsi.

Un mois après, Emma donnait une de ces fêtes dont Alix avait parlé. Son appartement resplendissait du brillant éclat de tentures et de décorations nouvelles, en même temps que des plus riches toilettes; jamais la réunion ne fut plus nombreuse en célébrités et en *illustrations* de tout genre; jamais la maîtresse de la maison n'y brilla d'une façon plus éclatante et plus exclusive; personne n'y parla de madame de Verneuil. Mariée la veille au comte de Prades, elle était partie avec lui pour l'Italie. Heureux, ils oubliaient le monde, qui le leur rendait.

La comtesse Emma de Marcilly, rassurée pour quelque temps sur son empire, continua pourtant d'y veiller comme doit le faire tout souverain qui veut garder sa couronne, qu'elle soit d'or ou de fleurs. Régner était sa vie; aussi n'avons-nous parlé ni de son mari, ni de sa famille, ni de ses amis. Est-ce qu'on a quelque chose qui ressemble à tout cela quand on est *une femme à la mode?*

MADAME ANCELOT.

LA COUR D'ASSISES.

I.

Il me plaît aujourd'hui de bourdonner aux oreilles de la magistrature : j'ai assez piqué les orateurs et les rois.

Comment ! nous aurons fait passer par les armes les *qui* et les *que* et les autres constructions baroques des discours de la couronne ! comment ! nous épiloguerons les sublimes oraisons des députés ! comment ! nous appréhenderons au discours le président électif du premier corps de l'état ! comment ! les prédicateurs pourront, du haut de la chaire évangélique, tonner contre les grands de la terre et souffler sur la poussière dorée de leurs vices, et la magistrature seule trônerait dans un sanctuaire inaccessible au fouet du pamphlétaire !

Non, cela n'est pas juste, cela n'est pas bon pour la magistrature elle-même.

Si un autre Corneille faisait représenter *Agésilas*, on lui crierait : *Solve señescentem !*

Si l'harmonieux Rossini venait à déchirer notre tympan par de faux accords, on lui répartirait par un accompagnement de clefs forées.

Si la sylphide de l'Opéra, si la divine Taglioni, au lieu de voltiger dans l'air, ne descendait sur le plancher du théâtre que pour y boiter et y faire des faux pas, on aurait l'impertinence de lui jeter des pommes cuites.

Si les marquis et les vicomtes de l'inimitable Poquelin s'avisaient de cracher dans un puits pour y faire des ronds, le parterre rirait, d'un fou rire, des vicomtes et des marquis.

On persifle les rois, on siffle le génie, la gloire, l'éloquence, les compositeurs.

les vicomtes et les danseuses, et je ne vois pas pourquoi l'on ne sifflerait pas les magistrats sifflables.

Ne parlons pas des mercuriales de rentrée, ces boursouflures de rhétorique qu'il faudrait supprimer pour l'honneur du goût.

Je l'ai dit et n'en démords : hors des barrières de la grand'ville, on ne sait point tenir une plume. Il y a des orateurs en province, il n'y a pas d'écrivains. Il n'y en a pas un seul aujourd'hui, un seul sur trente-deux millions d'hommes. S'il y en a, où est ce météore? où est-il? Qu'il apparaisse sur l'horizon et qu'on le voie!

Art de l'écrivain, art sublime, il te faut notre soleil intellectuel, notre soleil de Paris, pour éclore et pour fleurir!

Il n'importe au surplus, j'en conviens, que la magistrature soit peu lettrée, pourvu qu'elle soit respectable par sa science, ses vertus, son intégrité et son désintéressement, et la magistrature française est la plus respectable de toutes les magistratures de l'Europe.

Mais y a-t-il de lumière sans ombre et de règle sans exception? A la règle une louange, à l'exception une mercuriale, pour qu'elle ne devienne pas règle.

Il est deux sortes de magistratures : l'amovible et l'inamovible; celle qui est assise et celle qui est debout, celle qui pérore et celle qui juge, celle qui requiert et celle qui condamne.

II.

Quel beau rôle que celui du Ministère public dans le drame des assises! Organe de la société, que n'est-il toujours impassible comme elle? La société ne se venge pas, elle se défend; elle ne poursuit pas le coupable, elle le cherche, et après l'avoir trouvé, elle le désigne aux exécuteurs de la loi. Elle présume innocent le prévenu, et elle plaint le criminel en le condamnant. Elle n'aime d'autre éloquence que l'éloquence de la vérité; elle ne veut d'autre force que la force de la justice. Quand un homme est pris, traîné par deux soldats, attaché sur un banc vis-à-vis de douze citoyens qui vont le juger, d'un tribunal qui l'interroge, d'un accusateur qui l'incrimine, et d'un public curieux qui le regarde, cet homme, eût-il porté la pourpre et le sceptre, n'est plus maintenant qu'un objet digne de pitié. Sa fortune, sa liberté, sa vie, son honneur plus cher que sa vie, sont entre vos mains. Gens du parquet, ne vous sentez-vous pas émus?

Ils ne comprennent pas leur mission, ils ne la savent pas, ceux qui de magistrats se font hommes, hommes de parti, hommes de théâtre.

Alors ils ne requièrent plus, ils plaident, ils s'emportent, ils se contournent, ils se tordent en cent façons.

Tantôt le feu de la colère leur sort par les yeux et l'écume par la bouche;

Tantôt ils se drapent dans les plis de leur tartan noir pour accuser avec élégance, comme les gladiateurs romains se drapaient pour tomber sous le fer et mourir avec grâce.

Tantôt ils imitent gauchement la pose, la voix, les gestes des tyrans de mélodrame, et ils s'imaginent qu'ils font de l'effet, tandis qu'ils ne font que du tapage.

Debout sur leur parquet, la face haute et enluminée, ils dominent le jury assis à leurs pieds et ils l'enveloppent de leurs contorsions et des éclats de leur voix. J'ai vu des jurés fermer l'œil et se boucher les oreilles à l'approche de ces tempêtes de rhéteurs. Pitié, pitié pour messieurs les jurés, si ce n'est pour l'accusé!

Les jurés ne sont pas venus en cour d'assises pour assister aux péripéties d'un drame fictif. Quand ils vont au théâtre, oh! c'est différent, c'est pour y prendre le plaisir des émotions scéniques. Ils veulent qu'on leur fasse bien peur, ou qu'on les attendrisse; ils n'apportent leur mouchoir que pour le remporter trempé de larmes. Ils savent que les criminels et les traîtres tyrans de mélodrame qui débitent leurs réquisitoires en prose tourmentée sont, au demeurant, de fort bonnes gens, et que les innocents qu'on tue dans la coulisse se portent le mieux du monde et vont continuer avec leurs assassins, au café d'en bas, leur partie de domino interrompue par le spectacle. Et puis, quand l'acteur s'en tire mal, ils ont la ressource de le siffler, sans préjudice de l'auteur.

Mais lorsque la réalité remplace la fiction, lorsque ces mêmes spectateurs, devenus jurés, siégent au Palais-de-Justice, lorsque leur verdict va tuer ou absoudre, ils se recueillent en eux-mêmes. Ils chassent de leur présence, avec une sorte d'effroi, l'imagination, cette folle du logis. Ils n'écoutent que la froide raison; ils n'examinent que le fait; ils scrutent les pensées de l'accusé; ils interrogent son visage; ils étudient avec anxiété ses réponses, ses contractions, ses exclamations, ses émotions et ses joies, sa pâleur et ses frissons; ils sont là en face de Dieu, en face des hommes, en face de la sainte vérité qu'ils pressent des mains, qu'ils cherchent du regard, qu'ils appellent, qu'ils implorent. Ah! ne les détournez point de cette méditation religieuse! Toute l'éloquence des rhéteurs ne vaut pas la conscience d'un homme de bien.

Non, ils ne comprennent pas leur métier, les gens du parquet qui se battent les flancs et qui distendent les attaches de leurs deux mâchoires, pour échafauder un grand crime sur les épaules d'un petit délit.

Ils ne comprennent pas leur métier, ceux qui rhabillent de clinquant et de poésie les lieux communs de leur morale, et qui menacent la société si sa vengeance ne s'appesantit pas sur une bagatelle.

Ils ne comprennent pas leur métier, ceux qui apostrophent les accusés, invectivent les avocats et rudoient les témoins.

Ils ne comprennent pas leur métier, ceux qui, convaincus par les débats de l'innocence des accusés, n'abandonnent pas franchement l'accusation, mais qui la laissent subsister, sauf les circonstances atténuantes.

Ils ne comprennent pas leur métier, ceux qui passionnent la cause, qui, par des figures saisissantes, des appels d'énergumène aux excitations politiques, des roulements d'yeux et des menaces de gestes, remuent et soulèvent le jury, le tribunal et l'auditoire, afin de se donner la malheureuse satisfaction qu'on dise d'eux : Qu'il a été beau ! qu'il a été éloquent !

Je ne suis pas Garde des sceaux et n'ai certes guère envie de l'être, mais si je l'étais, je destituerais tel avocat général, pour avoir été, au rebours, éloquent, et j'imiterais ces généraux romains qui cassaient leurs officiers pour avoir tué hors ligne un ennemi, en combat singulier. Il faut que chaque chose paraisse en sa place, l'éloquence de même que le courage, de même que la vertu.

Il y a, en matière ordinaire, tel avocat général qui fera absoudre un coupable pour avoir exagéré sa culpabilité.

Il y a, en matière politique, tel avocat général qui, par l'imprudence enthousiaste ou servile de son zèle, fait plus de mal à la cause du pouvoir que les emportements les plus violents de l'article incriminé.

En règle, et sauf de rares exceptions, on ne devrait pas être membre du parquet avant trente-six ans ; car, si les membres du parquet sont les organes de la société, on ne saurait s'exprimer au nom de la société avec trop de mesure, de dignité, de maturité, de science et de bon goût. Comme personne ne peut, parole courante, interrompre, critiquer et retenir en audience un avocat général, il faut qu'il sache se guider lui-même. S'il y a pénurie de magistrats, pour en avoir de bons, ne lésinez pas et doublez les appointements ; ne lésinez pas, et songez qu'il s'agit ici de plus que d'une question d'argent, qu'il s'agit de la liberté, de l'honneur, de la vie des citoyens !

III.

La magistrature assise a, comme la magistrature debout, des devoirs à remplir.

Je ne connais pas de fonctions plus solennelles, plus augustes et plus saintes que celles d'un président d'assises. Il représente dans l'ensemble de ses fonctions la force, la religion et la justice. Il réunit la triple autorité du roi, du prêtre et du juge?

Quelle idée un magistrat placé dans un poste si éminent, le premier de la société peut-être, ne doit-il pas avoir de lui-même, c'est-à-dire de ses devoirs, pour les remplir dignement ?

Avec quelle sagacité ne doit-il pas renouer le fil des débats cent fois rompu dans les détours tortueux de la défense? Faire surgir la vérité de la contradiction des témoins; opposer les oppositions orales aux dépositions écrites ; expliquer les ambiguités, grouper les analogies ; trancher les doutes ; presser les questions ; relever une circonstance, un fait, une lettre, un aveu, un cri, un mot, un geste, un regard, un accent pour en faire jaillir la lumière ; interroger l'accusé avec une douce fermeté ; ouvrir par des exhortations son âme à la confession et au repentir ; rehausser ses esprits abattus; l'avertir quand il se fourvoie, le diriger quand il se remet en route; retenir dans les bornes de la décence la défense et l'accusation, sans gêner leur liberté.

Tels sont les devoirs du président. Heureux celui qui sait les comprendre et les pratiquer!

Mais où trop de magistrats s'égarent, c'est dans le résumé des débats.

Qu'est-ce donc que résumer un débat? c'est exposer le fait avec clarté, rappeler sommairement les témoignages à charge et a décharge, analyser ce qui a été dit à l'appui de l'accusation et à l'appui de la défense, et rien de ce qui a été dit, et poser, dans un ordre simple et logique, les questions à résoudre par le jury. Tout résumé doit être net, ferme, plein, impartial et court.

Mais il y a des présidents qui se carrent dans leur fauteuil, comme pour y prendre du bon temps; il y en a qui dessinent à la plume les caricatures du prétoire; il y en a qui passent négligemment les doigts dans les boucles de leur chevelure; il y en a qui promènent leur lorgnette sur les jolies femmes de l'audience; il y en a qui intimident l'accusé par la brièveté impérieuse et dure de leurs interrogations, qui brusquent et déroutent les témoins, morigènent les avocats et indisposent le jury. Les uns sont ridicules, les autres sont impertinents.

Il y en a qui font pis encore, qui s'abandonnent sans frein à l'aveugle impétuosité de leurs passions d'homme ou de parti. Ils se jettent à corps perdu dans la bataille politique; s'arment d'un fusil et font le coup de feu. Ils découvrent aux yeux du jury toutes les batteries de l'accusation et mettent dans l'ombre la défense. Ils ressassent lourdement les faits au lieu de les nettoyer. Il se perdent dans des divagations de lieux, de temps, de personnes, de caractères, d'opinions, tout à fait étrangères à la cause. Ils veulent plaire au pouvoir, à une coterie, à une personne. Ils insinuent que ce qui pour le jury est encore à l'état de prévention est déjà complétement passé pour eux à l'état de crime. Ils en font complaisamment ressortir l'évidence, l'imminence et le péril. Ils dissertent de droit, ils s'étourdissent de rhétorique. Ils suppléent, par de nouveaux moyens qu'ils inventent, aux moyens que l'avocat général a omis, et ils croient s'excuser en s'écriant : Voilà ce que dit l'accusation! qui n'en a pourtant rien dit, et ils ajoutent ainsi le mensonge au scandale.

Figurez-vous maintenant la position de l'accusé rafraîchi, relevé par la parole courageuse et persuasive de son défenseur, et qui se penche de nouveau et s'affaisse sous la terreur de ce résumé! peignez-vous ses transes, sa rougeur, et les frissonnements convulsifs de son corps et de son âme! Et le jury! il a pu se mettre en garde contre la véhémence de l'accusateur qui remplit son métier, et du défenseur qui plaide pour son client, parce qu'il sait qu'il y a à prendre et à laisser dans leurs paroles. Mais comment se défier du président qui tient dans ses mains la balance impartiale de la justice? du président qui n'est que le rapporteur de la cause? du président qui ne doit jamais laisser transpirer son opinion, jamais laisser paraître l'homme sous la toge du magistrat?

Les jurés n'ont pas une mémoire vaste et exercée qui puisse retenir à la fois tous les arguments d'une cause lancés dans des sens contraires, et qui sache les disposer, les comparer et les juger. Ils cèdent, comme tous les hommes simples, dans le trouble de leurs émotions et dans la fatigue de l'audience, aux dernières impressions que leur cerveau reçoit. Si ces impressions sont celles d'une accusation redoublée, quel poids sur la conscience du jury! quel péril pour l'accusé!

On frémit en songeant que, dans la province surtout, avec un jury campagnard, un jury simple, illettré, effrayable, le résumé artificieux et passionné d'un président d'assises peut déterminer seul, tout seul, un verdict de la mort!

La loi a voulu que la parole demeurât toujours la dernière à l'accusé dont, par une humaine fiction, elle présume l'innocence. Or, n'est-ce pas le renversement de l'humanité et du droit, si, au lieu de faire un résumé, le président fulmine un réquisitoire? l'accusé aura-t-il devant lui, contre lui, deux adversaires au lieu d'un, l'avocat général et le président? S'il lève ses regards suppliants sur le tribunal, s'il s'y réfugie comme dans un asile sacré, rencontrera-t-il un glaive tourné contre sa poitrine, au lieu d'un bouclier pour le protéger! S'il hasarde timidement une observation, il indispose, en cas de verdict affirmatif, le redoutable applicateur de la peine. Si le défenseur s'exclame, on lui ferme la bouche; si les journaux révèlent les faits et gestes du président, on leur intente un procès, sans jury, sous prétexte d'infidélité de compte-rendu.

Comment sortir de là? Se pourvoir en cassation! mais est-ce là un moyen de cassation, un moyen légal, j'entends? Par où constater qu'il y a eu réquisitoire et non résumé? où retrouver les témoins, et l'on n'admet pas de preuve orale? où serait la preuve écrite? La cour d'assises donnerait-elle acte de la protestation contre la partialité de son président et par son organe!

Supprimer l'usage des résumés en matière simple, en matière peu chargée, en matière politique et de presse, je n'y verrais obstacle. C'est là même, il faut le dire, où le résumé prend le plus facilement, dans la bouche d'un magistrat prévenu, la forme hardie et décisive d'un réquisitoire.

Mais s'il y a plusieurs accusés, de nombreux complices et des crimes de différents degrés, si la matière du délit est abstraite et confuse; si les témoignages sont contradictoires; s'il y a variété et complication dans la position des questions; si la cause a duré quelques jours et que l'attention des jurés soit fatiguée ou perdue, comment se passer de résumé? Sans résumé, dans ce cas, il est impossible de voir clair en l'affaire. Autant presque vaudrait jouer aux dés la vie et l'honneur des accusés.

Mais par quel moyen contraindre les présidents résumeurs à l'impartialité, si les prescriptions de la loi, si la voix plus impérieuse encore du devoir ne suffisent pas.

Ce moyen, le voici : les débats sont publics, et le résumé est une partie essentielle des débats. La sténographie est l'instrument de publicité le plus ample et le plus fidèle. Il faut que le sténographe reproduise mot à mot les paroles du président, et le public les jugera.

Il faut aussi que le garde des sceaux dépêche instructions sur instructions pour réprimer un abus qui éclate de toutes parts et dont les ravages auraient dû déjà être arrêtés.

Le président n'a pas seulement la direction des débats, il a la police souveraine de l'audience, et ici je ne crois pas sortir de mon sujet, en traçant l'esquisse des assistants habituels de nos cours d'assises.

IV.

La cour d'assises a sa sorte de public qui ne ressemble à aucun autre. Quelques ouvriers sans ouvrage, des femmes de mauvaise vie, des piliers de cabarets, des souteneurs de filles, des voleurs émérites ou apprentis, des échappés du bagne, des vauriens, des désœuvrés, des habitués, se pressent aux rampes de l'escalier qui mène à la salle des assises. A peine ouverte, ils l'inondent, se tiennent debout, se serrent, se pressent, se coudoient, se lèvent sur la pointe du pied, s'agitent dans tous les sens, et présentent de loin comme une masse noire et mouvante d'où s'échappent des gestes brusques, des plaintes étouffées, des contractions énergiques et des bruits confus de pudeur, de jurements, de langue et d'argot. Tel filou, ou tel assassin vient y apprendre comment on doit dérouter un témoin, éluder une question, inventer un alibi, masquer un fait; interpréter une pénalité. Tel n'y va que par curiosité, qui en sort avec la tentation d'un crime, avec un germe formé et tout près d'éclore. La manie de l'imitation fait plus de criminels que l'appareil du jugement et la crainte des supplices n'en épouvante. La cour d'assises est une détestable école d'immoralité.

Voilà le premier plan, le plan du fond, l'auditoire. Le peuple (ne profanons pas ce beau nom), la populace est debout au parterre. Les dames occupent les banquettes réservées ou l'orchestre. Parées, attifées, coiffées de plumes et de fleurs, elles viennent se poser pour voir ou pour être vues.

La femme du monde n'est pas méchante; mais elle est la plus curieuse de toutes les créatures de la création ; elle vit à chaque pas d'émotions : elle se meurt d'émotions à chaque minute. Elle a un amant à cause de ses vapeurs ; elle a des vapeurs à cause de son amant. Il faut qu'elle souffre pour mieux jouir, il faut qu'elle jouisse pour mieux souffrir. Elle ne redoute rien tant que les heures réglées, que la somnolence de la vie, que les molles tiédeurs du boudoir et de l'édredon. Elle est perpétuellement en quête, à midi et à minuit, au spectacle, à la chambre, au sermon, au bois, au bal, de tout ce qui peut troubler, divertir, ébranler, ravager, désordonner sa pauvre âme et son pauvre corps. Elle se multiplie dans chaque objet qu'elle touche. Elle se porte avec toute sa vie, avec tout son être, dans chaque sensation nerveuse qu'elle éprouve, et l'on dirait qu'elle n'existe plus pour le reste. Rien ne lui est obstacle. Dès qu'elle a résolu de voir quelqu'un ou quelque chose, elle le verra. Elle écrira dix petits billets ambrés au président des assises, pour obtenir la faveur d'une entrée, un fauteuil, une chaise, un bout d'escabeau. Elle s'échappe dès la pointe du jour de son lit chaud et reposé, et va faire queue à la porte du Palais. Elle y restera le front au vent de bise et les pieds dans la boue, s'il le faut. Elle s'enveloppe de sa mantille. Elle grelotte et frémit dans ses membres délicats. La porte s'ouvre, et la voilà qui se faufile, se presse, se foule, se pousse, se baisse, entre et pénètre à travers les gendarmes, les huissiers, et les robes noires des stagiaires. Elle se pend et s'accroche aux basques du sergent de ville, lui parle à l'oreille, le supplie d'une voix douce, et ne le lâche pas qu'elle ne soit casée, assise, les coudées franches, le binocle à l'œil, et à bonne portée de l'accusé et des juges.

Voyez comme elle suit pas à pas le drame vivant qui se déroule et comme elle marche, la poitrine haletante, d'émotion en émotion ! Si le criminel a la barbe hérissée et les yeux hagards, elle éprouve en le regardant un plaisir de peur. Émotion. S'il a les joues rosées et les cheveux artistement bouclés, le beau garçon, se dit-elle tout bas, et quel dommage ! Émotion. Si les témoins arrivent, les bras pendants, ou débitent des phrases prétentieuses et entortillées, elle rit sous son mouchoir. Émotion. Si l'accusé sanglote, elle pleure chaudement par sympathie. Émotion. Si quelque jeune fille s'évanouit, elle court, vole, délace son corset et lui fait respirer des sels. Autre genre d'émotion. Mais à moins que la salle d'audience ne craque sous ses lourds piliers, cette intrépide audiencière ne quittera pas la place. Les heures coulent, la nuit s'avance, les jurés délibèrent, elle attend. Il faut que ses yeux se collent avidement sur les yeux du criminel, qu'elle se suspende à ses lèvres tremblantes, et qu'elle repaisse son âme des terreurs indéfinissables d'une autre âme. Il faut qu'elle recueille les convulsions de cette conscience bourrelée. Il faut qu'elle entende et le coup de sonnette du dernier jugement, et la sentence de mort, et le râle de cet homme dont la face se décompose, et dont la vie intérieure se brise et se déchire en lambeaux. Comme elle se penche vers lui ! comme elle prête l'oreille à ses cris inarticulés, à ses soupirs qu'il étouffe ! Comme elle le suit d'un long regard jusqu'à ce que les portes du cachot se referment avec l'espérance ! Alors elle retombe sur sa chaise, anéantie, absorbée dans la contemplation de son drame ; l'huissier de service est obligé de l'avertir que la salle se vide et de la pousser par les épaules. Elle sort enfin, et se traîne le long des sombres corridors du Palais, rentre au logis épuisée, rompu de fatigue, les nerfs crispés et l'âme en pleurs, et se jette sur son lit, sans songer que son vieux père n'a pas dîné, et que depuis le matin sa jeune fille s'inquiète et l'appelle. Cependant elle pâlit, elle rougit, elle frissonne, et son imagination fait asseoir à son chevet le condamné qui lui apporte sa tête. Elle voit la prison, les chaînes de fer, les juges, l'accusateur, le bourreau et ses aides, et le panier gorgé de chairs et de sang, et elle pousse un cri d'horreur. Digne femme!

Que font ces agrafes d'or, ces bandeaux de perles, ces fleurs, ces gazes, ces plumes légères, parmi le lugubre appareil des cours d'assises? Est-ce en spectacle que l'accusé vient se donner, et le prétoire n'est-il donc qu'un théâtre? Qui me dira qu'à l'aspect de ce raout curieux et brillant, l'accusé, revêtu de l'habit grossier des prisons, ne se troublera pas, que quelque témoin ne perdra point la mémoire, et que quelque juré ne sera pas plus occupé de l'émotion rougissante d'une jolie femme que des angoisses du prévenu?

Si j'avais l'honneur d'être président de la cour, je n'admettrais dans son enceinte que les parentes de l'accusé, et je dirais aux autres : « Mesdames, tant assises que « debout, écoutez ce que je vais vous dire : Vous, allez tricoter les chausses de « messieurs vos fils, ou mettre au bleu les collerettes de mesdemoiselles vos filles ; « vous, ayez soin que le rôt ne brûle point; vous, que vos parquets soient cirés « proprement; vous, que l'huile ne manque pas dans vos lampes, ni le sel dans « votre soupe; vous, nuancez de fleurs vives les paysages de vos tapis à la main ; « vous, déployez sur le théâtre l'éventail des grandes coquettes; vous, faites des « gammes, et vous, des entrechats. Allez, mesdames, allez, la jugerie n'a rien à « voir avec les Grâces, et la cour d'assises n'est point la place de la plus belle moitié « du genre humain.

« Huissier, exécutez les ordres de la cour! »

Voilà en effet les ordres que je donnerais, et je serais, je crois, approuvé de tous les honnêtes gens.

V.

Le président a, en outre, quelques autres devoirs secondaires à remplir.

Laisser aux témoins étonnés, troublés du spectacle solennel et nouveau d'une assise, de leur isolement au milieu des juges et du jury, du témoignage qu'ils vont rendre et des conséquences de leur serment, le temps de reprendre leurs esprits, de se recueillir en eux-mêmes et d'assurer leur mémoire et leur voix. Il doit parler aux témoins avec accentuation, égard et bonté, poser nettement les questions qu'il leur adresse, et, s'il le faut, les répéter.

Disposer les bancs de manière que l'accusé puisse voir les jurés, aussi bien qu'il doit en être vu ; car les jurés sont les juges. Un froncement de sourcil, un mouvement de lèvres, un regard, peuvent avertir l'accusé qu'il va trop loin, qu'il s'égare, qu'il se nuit à lui-même.

Faire ouvrir de temps en temps les fenêtres de l'audience : ces précautions hygiéniques sont trop négligées. Qu'on se figure l'accusé sortant de l'humidité d'un cachot, exténué de veilles, amaigri, faible, souffrant et ayant peine à retrouver ses esprits plongés dans l'air épais et méphitique de l'audience ! L'accusateur et le défenseur qui, au demeurant, font tous deux beaucoup trop de contorsions de bras et de corps, et qui lancent leur voix comme une cloche à tour de branle, sont en nage sous leur toge ; les têtes des juges, des jurés et des spectateurs s'affaissent, et la sueur ruisselle de leurs fronts : toute l'audience est enrouée. Il faut avoir pitié de l'accusé, mais il faut avoir aussi pitié du public, et c'est à quoi l'on songe le moins.

Je m'arrête : on ne peut pas tout dire.

Législation pénale, instruction criminelle, jurisprudence, procédure, police de l'audience, composition du jury, droits et devoirs des avocats généraux et des présidents, hygiène des assises, tout cela reste un peu en arrière du progrès qui pousse en avant toutes choses.

La publicité, cette reine des pays libres, veille sur la France avec ses cent yeux sans cesse ouverts, pendant le repos des nuits et la fatigue du jour : elle fait, non moins au moral qu'au matériel, plus de la moitié de la police du royaume. Rien ne lui échappe, ni ministres, ni rois, ni députés, ces autres façons de rois. Elle se pose à leurs côtés, et de quelque part qu'ils se tournent, elle les tient en haleine, son aiguillon à la main. Il n'est pas bon non plus pour eux ni pour nous que les magistrats dorment sur leur siége.

Je suis mouche, je bourdonne et j'importune, mais je réveille.

TIMON.

HENRI MONNIER
LAVIEILLE

LA MÈRE D'ACTRICE.

La mère d'actrice s'appelle assez généralement madame de Saint-Robert. Elle a cinquante ans, les restes d'un cœur sensible et une fille sur la tête de laquelle reposent toutes ses espérances. — Madame de Saint-Robert est — ou une ancienne soubrette de comédie qui a longtemps fait les délices de Vitry-le-Français, de Quimper-Corentin, d'Oudenarde et autres villes de cette importance ; — ou une coquette émérite qui avait obtenu un bureau de loterie, sous la branche aînée, par la protection d'un vieux chevalier de Saint-Louis, et qu'un vote de la chambre des députés a chassée de son antre aléatoire ; — ou enfin une ex-portière de la rue Coquenard, qui *s'est saignée des quatre veines* pour faire entrer sa chère enfant dans les classes du Conservatoire et lui assurer une position brillante. Mais madame de Saint-Robert n'avoue aucune de ces origines ; depuis que sa fille Aurélie a débuté avec quelque succès sur un théâtre, elle les trouve de trop bas étage. Il lui faut des antécédents de meilleur aloi. Or voici l'histoire qu'elle a fait rédiger par un écrivain public, qu'elle a apprise par cœur, et qu'elle raconte à tout propos :

« M. de Saint-Robert était, du temps *de l'autre,* officier supérieur dans un régiment de la *vieille.* Son physique était si avantageux, qu'on ne l'appelait que le beau Saint-Robert. Plusieurs fois le petit caporal, en passant la revue de ses grognards, lui donna de petites tapes sur la joue. Ces différentes circonstances me déterminèrent à lui accorder ma main, malgré l'opposition de ma famille, qui revenait de l'émigration et qui était infectée de préjugés. Aurélie naquit de cette union. Pauvre enfant ! le ciel ne devait pas longtemps lui laisser son père ! »

Ici la Saint-Robert tire de son sac un grand mouchoir à carreaux bleus, et essuie deux larmes complaisantes qui coulent le long de ses joues ridées. Puis elle continue :

« La fatale expédition de Russie fut résolue par le grand homme. M. de Saint-Robert, qui faisait partie de l'avant-garde, entra des premiers dans Moscou ; il en sortit le dernier. Dieu avait marqué son tombeau dans les neiges de la Russie ! Au passage de la Bérésina, la surface glacée du fleuve craque autour de lui ; mais il touche presque le bord opposé... il n'a qu'un pas à faire pour être sauvé... Tout à coup il entend derrière lui un cri poussé par un de ses camarades... il veut voler à son secours : héroïsme inutile ! il disparaît avec lui dans le gouffre ! »

Ici la Saint-Robert tire encore de son sac son grand mouchoir à carreaux bleus, et essuie deux nouvelles larmes. Puis elle continue :

« Restée veuve, je me consacrai à l'éducation d'Aurélie. Je l'élevai dans la pratique de toutes les vertus et dans l'amour des arts. Et comme elle montrait les plus belles dispositions pour le théâtre, je n'hésitai pas, sans égard pour ma toute-puissante famille, à la destiner à la carrière dramatique. A peine le nom d'Aurélie de Saint-Robert eut-il paru sur une affiche, que je reçus de Saint-Pétersbourg une lettre menaçante de ma cousine Paméla, qui a épousé un prince russe, M. de Trombollinoï : j'allai immédiatement en parler à mon commissaire de police, qui m'engagea à vivre calme et tranquille sous la protection des lois. »

Ici la Saint-Robert, après avoir pris une prise de tabac et s'être mouchée fort bruyamment, ajoute en guise de péroraison :

« Et *voilllà* la chose !... »

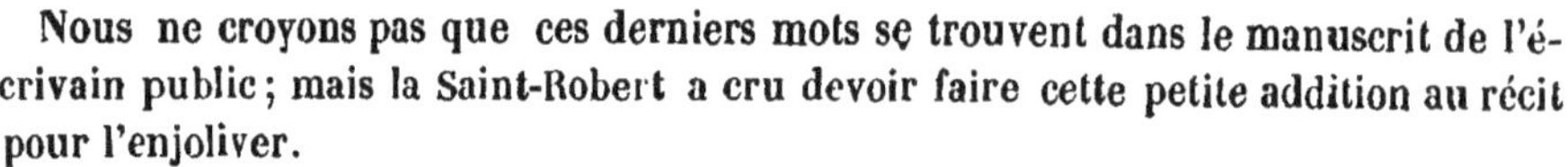

Nous ne croyons pas que ces derniers mots se trouvent dans le manuscrit de l'écrivain public ; mais la Saint-Robert a cru devoir faire cette petite addition au récit pour l'enjoliver.

Pour jouir d'un curieux spectacle, il aurait fallu voir la Saint-Robert le lendemain de l'heureux début d'Aurélie. Quelle joie dans ses yeux ! Quel air de triomphe répandu sur sa physionomie ! Quelle vivacité dans sa démarche ! — Ce jour-là, elle se leva à cinq heures du matin, réveilla la portière, réveilla l'épicier, réveilla le marchand de vin, réveilla le boucher, réveilla le commissionnaire du coin, et à tous elle disait : « Ah ! mes agneaux, quel début soigné ! Des applaudissements... des applaudissements... que ça n'en finissait plus ! Jamais on n'a vu une actrice claquée comme ça ! Le brave homme de directeur a dit lui-même qu'il n'avait point encore entendu un tonnerre pareil dans c'te salle de l'Ambégu ! Et puis, des fleurs ! et puis, des compliments ! L'auteur de la pièce en était rouge comme le feu, quoi ! Et il a embrassé Aurélie sur les deux joues, et il l'a appelée *son ange sauveur !* Hein !... son ange... quel honneur ! Nous allons signer un engagement de cinquante francs par mois, les costumes fournis et la chaussure payée ! J'espère que me voilà joliment récompensée de tous mes sacrifices ! Ah, dame ! c'est qu'Aurélie a dansé comme un Amour et chanté comme un rossignol ! Quelle jambe ! quel gosier ! J'en étais dans l'admiration, et au troisième acte, j'ai perdu mes sens entre les bras d'un pompier ! Et *voillà* la chose. »

Et *voillà la chose* est devenu le refrain ordinaire de la Saint-Robert.

Si le premier jour est donné à la joie, le second appartient à l'orgueil. — D'abord, la mère d'actrice, qui s'est appelée jusque-là madame Robert tout court, commence à trouver ce nom un peu vulgaire ; dès ce moment elle aristocratise son nom et s'intitule madame de Saint-Robert, veuve de M. de Saint-Robert, qui, *du temps de l'autre*, etc., etc. (Voir plus haut.) Ce changement de nom implique nécessairement un changement de domicile. En effet, la mère d'actrice ne peut forcer toutes les commères du quartier, qui ont l'habitude de l'appeler *mame Robert*, à l'appeler *madame de Saint-Robert* gros comme le bras. — Et puis, comment faire à son aise tous ses embarras, comment marcher la tête levée, comment se rengorger d'importance dans ce quartier où on l'a vue passablement malheureuse, où elle a eu des obligations à tout le monde, où elle a semé des dettes criardes chez les fruitières, les épiciers, les marchands de vin, tous ces grands fournisseurs des petites existences ?

La Saint-Robert quitte donc la rue du Grand-Hurleur pour aller s'établir rue de Lancry.

Dès lors, — changement complet de manière de vivre. La Saint-Robert dépose l'aiguille de ravaudeuse ou le cordon de portière, qui l'ont fait vivre jusque-là. Elle se drape majestueusement dans son tartan couleur Robin des bois, et accompagne sa fille aux répétitions et au spectacle. Elle veille jour et nuit sur ce précieux trésor, tant elle craint qu'il ne lui soit enlevé. Elle redoute surtout les inclinations et les *bêtises de cœur ;* car elle a rêvé pour Aurélie le plus magnifique avenir. Dans ses fièvres d'ambition maternelle elle la marie sans façon à un *milord* anglais, ou à un jeune boyard très-blond et très-bien corsé. Elle la couvre de diamants, elle la fait monter dans un brillant équipage, elle l'appelle *madame la duchesse, madame la princesse.* — Aussi combien ne craint-elle pas que quelque muguet, à force de paroles mielleuses et d'œillades assassines, ne vienne à bout de renverser tout ce magnifique échafaudage de douces illusions ! Elle suit pas à pas Aurélie au foyer, dans sa loge, dans le cabinet du directeur, sur le théâtre. Elle ne la quitte qu'au moment où elle paraît devant le public ; elle ne s'arrête que sur l'extrême limite qui sépare la scène de la coulisse. Elle redoute surtout les auteurs, les journalistes, les habitués. Aussitôt qu'elle voit Aurélie causer d'un peu près avec l'un de ces messieurs, elle s'interpose brusquement et mêle son petit mot à la conversation. Mais le diable est bien fin, et Aurélie est actrice et femme : elle se laisse prendre ordinairement par le cœur ou par l'amour-propre. Et, au moment où la Saint-Robert honore de sa surveillance toute particulière M. Alfred Ressigeac, jeune rédacteur du *Vert-Vert,* qu'elle a vu fort assidu auprès de sa fille, et dont elle se défie à cause de ses poses penchées et de ses réclames louangeuses, Aurélie tombe dans les filets de M. Charles Lousteau, auteur à la crinière noire et aux drames excentriques.

C'est un rôle qui a servi d'appât. — Tout se sait au théâtre. — Le lendemain, la défaite de l'attrayante et cruelle Aurélie est le bruit du foyer, des coulisses, des avant-scènes. Comme il y a de bonnes langues et des âmes charitables partout, et surtout derrière un manteau d'arlequin, la Saint-Robert ne tarde pas à apprendre la fâcheuse nouvelle. Elle ne laisse pas tomber ses longs cheveux sur ses épaules en signe de deuil, comme une mère de l'antiquité; elle ne couvre pas sa tête de cendres, elle ne cherche point à se faire mourir par la faim, elle ne maudit point, elle ne gémit point, elle ne verse point de larmes abondantes.... Elle se contente de s'écrier : « Le polisson!... » Pas un mot à Aurélie; — il faut bien vouloir ce qu'on n'a pu empêcher, comme dit le proverbe. — Seulement les yeux de la Saint-Robert sont maintenant tournés vers un autre but. Elle dispose sa vie, elle arrange son avenir suivant les circonstances. Elle ne rêve plus mariage, mais protection. Et, comme désormais son amour maternel, dépouillé de sa pureté première, se trouve un peu battu en brèche par l'égoïsme, comme désormais ses intérêts propres doivent tenir autant de place dans sa pensée que ceux de sa fille, elle ne voit plus dans ses songes un jeune boyard très-blond et très-bien corsé, mais bien un banquier hollandais ou francfortois, excessivement chauve et d'une corpulence énorme. Mais pour faire place à ce tonneau d'or, il faut éloigner l'heureux du moment, M. Charles Lousteau, l'auteur à la crinière noire et aux drames excentriques. Pour en arriver là, la Saint-Robert met en œuvre toute la malice que le ciel lui a donnée en partage. Elle envoie M. Charles se promener au Luxembourg, quand Aurélie est aux Tuileries; elle lui demande son bras pour aller voir l'obélisque de Luxor, ou l'*Arche-de-Thiomphe de l'Étoile;* elle lui parle, avec de grands *hélas,* des nombreuses dettes criardes de sa fille; elle lui ferme la porte au nez, et lui dit le lendemain qu'elle l'a pris pour un créancier... Si bien que M. Charles Lousteau, effrayé de ces fréquents appels à sa bourse vide, fatigué de ses promenades sentimentales avec la Saint-Robert, irrité de l'accueil froid d'Aurélie, que sa mère a indisposée contre lui en la trompant adroitement, quitte *subito* la partie, et quelques jours après on peut voir, à la place même qu'il occupait ordinairement sur le modeste divan de calicot jaune, un ventre très-proéminent, surmonté d'une espèce de figure humaine mal dessinée, et finissant par deux petites jambes très-courtes. C'est un banquier! —

Les créanciers sont payés, le mobilier est renouvelé, le cachemire de l'Inde remplace le Ternaux, et la Saint-Robert triomphe !

Il faut que je m'arrête un instant pour bien fixer mon point de départ. — En cet endroit du récit, une confusion inévitable s'établit entre deux grandes variétés de l'espèce des mères d'actrice :—la mère véritable, la mère pur sang, la mère-mère, si je puis m'exprimer ainsi, — et la mère d'emprunt.

Je vais vous dire ce que c'est que la mère d'emprunt. — Il y a sur le pavé de Paris une race de vieilles femmes, au nez bourgeonné et au menton en galoche, qui forment une légion passablement nombreuse. Elles n'ont ni famille ni entourage. On ne leur connaît pas d'antécédents ; personne ne se souvient de les avoir vues jeunes. Et je crois, Dieu me pardonne, qu'un beau jour elles sont tombées du ciel, toutes cassées et toutes ridées, comme une pluie de crapauds ; ou plutôt je pencherais à penser qu'elles sont sorties, par une sombre nuit d'hiver, d'un soupirail de l'enfer, à cheval sur un immense manche à balai. Elles portent toutes un chapeau rose fané, une robe de soie puce mangée aux vers, des socques imperméables, un parapluie tricolore et des lunettes. On les rencontre, pendant le jour, au Palais-Royal ou sur les boulevards, réchauffant leurs rhumatismes au soleil. Ces mégères aiment assez à vivre dans la société des reines de théâtre. — Lorsqu'une jeune fille au joli minois, au pied leste, au gentil corsage, a paru avec agrément sur la scène et subi à son avantage l'agrément des binocles de l'avant-scène et des stalles, elle voit arriver chez elle, le lendemain matin, une vieille femme exactement semblable à celles que nous venons de dépeindre. Cette vieille femme la regarde avec compassion, et lui dit d'une voix caressante :

— Ma chère enfant, vous êtes lancée bien jeune sur une mer fertile en naufrages. Vous avez besoin d'un guide ; je suis ce qu'il vous faut. Je vous servirai de mère...

Cela dit, elle embrasse, la larme à l'œil, sa fille improvisée, et va veiller au pot-au-feu. — Et comptez sur elle... si la sémillante actrice n'est point encore coupable, elle ne tardera pas à le devenir.

Une mère d'emprunt se paie ordinairement cent francs par mois, plus les petits profits, le café le matin, et des égards. Un air décent et une toilette convenable sont de rigueur.

Au point où Aurélie en est arrivée, et après les sacrifices que se sont laissé tout doucement imposer les scrupules vertueux de la Saint-Robert, il n'y a plus aucune différence entre elle et la mère d'emprunt. Même moralité, même genre d'existence. Les nuances ont disparu. Il ne reste plus que la mère d'actrice.

Je continue :

Il est dix heures du matin. — La Saint-Robert se réveille : le madras en tête et le corps enveloppé d'un peignoir fort gras, elle descend à la cuisine, où elle surveille les apprêts du déjeuner. Quand elle a donné la pâture à son perroquet, à ses serins, à son chat, à son vilain petit chien noir, elle songe à Aurélie ; elle s'informe auprès de la domestique si *monsieur est parti* (monsieur ne peut pas la voir en face), et s'empresse de porter à sa fille une tasse de chocolat dans son lit. Ce sont alors des amours à n'en plus finir. Elle regarde sa fille, elle l'examine, elle l'admire, elle la dévore des yeux! « Quels cheveux! quelle bouche! quel teint! Et dire qu'elle ressemble comme deux gouttes d'eau à son grand chenapan de père! »—Puis elle lui saute au cou, elle la baise aux deux joues, elle la serre dans ses bras, en l'appelant: Mon mignon, mon chou, mon loulou chéri, mon trésor. — Si bien qu'Aurélie, fatiguée de ces démonstrations qui se reproduisent tous les matins aussi vives et aussi sincères, lui dit avec le plus grand respect du monde :

— Maman, va donc voir dans le salon si s'y suis!

Aurélie a la plus grande confiance dans sa femme de chambre, mademoiselle Félicité. C'est elle qui l'aide à cacher, aux yeux de sa mère et de son protecteur, toutes les petites intrigues, tous les petits bonheurs qui accidentent son existence. Sa préférence pour elle se trahit à tout moment : aussi la Saint-Robert est-elle fort jalouse de cette favorite. Elle la gronde et la rudoie sans cesse; elle trouve toujours à reprendre dans son service. Toutes les fois que sa fille est sur le point d'entrer en scène, elle ne manque pas de lui dire : « Comme c'te Félicité te fagote mal! Voilà un pli à gauche, en voilà un autre à droite. Et ce bouillon dans le dos!... Si ce n'est pas une horreur! Vraiment on ne tirera jamais rien de cette péronnelle-là. » Mais Aurélie fait la sourde oreille, et elle a de bonnes raisons pour cela. Quant à Félicité, sûre de son empire, forte des secrets qu'elle a entre les mains, elle tient audacieusement tête à la Saint-Robert; elle lui répond avec insolence, elle n'exécute aucun de ses ordres, elle affecte de jeter sur elle des regards de bravade et de mépris; et, au milieu de toutes ces immoralités, ce n'est pas la chose la moins immorale que cette guerre de tous les jours engagée entre une servante et une mère, et se terminant habituellement à l'avantage de la première : mais c'est là une des conséquences inévitables de la position respective de ces trois personnages. Quand on a foulé aux pieds l'une des lois de la société, c'est en vain que l'on voudrait jouir du bénéfice des autres. Une maille rompue, plus de filet. Vous avez dédaigné l'opinion du monde, il se venge. Vous êtes un paria en dehors de toutes les conditions ordinaires de la vie. Arrière le respect humain... arrière les rangs, les distances, les inégalités d'éducation, de position et de fortune... Oh! le vice est un impitoyable niveleur!

Midi :—voici le moment d'aller au théâtre. On doit répéter généralement un grand ouvrage nouveau, dans lequel Aurélie a un rôle très-important. La Saint-Robert accompagne toujours sa fille; c'est plus décent. Et puis elle aime à être vue avec Aurélie; son orgueil maternel est doucement flatté lorsqu'elle s'aperçoit que les regards curieux des passants se fixent sur sa chère progéniture. Alors elle se redresse, elle rayonne, elle marche d'un pas grave et triomphal; elle voudrait pouvoir dire à tous les passants, elle voudrait pouvoir crier dans la rue : : « Oui... c'est bien là Aurélie de Saint-Ro-

bert, artiste du théâtre de .... qui a joué avec tant de succès dans le drame de .... dans le vaudeville de .... dans l'opéra comique de .... Et je suis sa mère! »

On arrive. — La Saint-Robert fait en passant un petit salut fort sec à la concierge des coulisses, cette puissance dramatique, avec laquelle elle est fort mal depuis longtemps. Du reste, il est difficile de citer dans tout le théâtre une personne avec laquelle elle vive en bonne intelligence; son caractère acariâtre la constitue en état d'hostilité ouverte vis-à-vis du genre humain tout entier. Elle s'est disputée avec les ouvreuses de loges, avec le souffleur, avec les machinistes, avec le chef d'orchestre, avec le chef d'accessoires, avec tous les comparses. Aussi, quand elle paraît au théâtre, une grimace fort expressive se dessine-t-elle sur toutes les physionomies.

Aurélie rencontre dans les escaliers le régisseur, qui paraît tout effaré.

« Ah! vous voilà enfin, mademoiselle Aurélie! s'écrie-t-il. J'allais envoyer chez vous. Vous êtes en retard de plus d'un quart d'heure!

— Voyez-vous le grand malheur! se hâte de répliquer la Saint-Robert. Comme il est échauffé, le cher amour! Ne dirait-on pas que tout est perdu? Il faut bien donner le temps aux gens! Nous ne sommes pas, Dieu merci! comme votre pie-grièche de première danseuse, qui déjeune avec une botte de radis pour avoir de quoi placer à la caisse d'épargne, et qui ne met pas son corset le matin, parce que ça pourrait l'user!

— Ce n'est pas à vous que je parle, madame, mais à mademoiselle votre fille.

— Eh bien... c'est moi qui te réponds, mon cher... Quoiqu'à présent tout soit bien en désordre, une mère est toujours une mère...

— Mademoiselle Aurélie, je me verrai forcé de vous mettre à l'amende.

— C'est bon... c'est bon... reprend la Saint-Robert; on vous la paiera, votre amende... Ma parole d'honneur, ici tous les appointements s'en vont en amendes... Avec ça qu'ils sont frais leurs appointements!... C'est égal... on n'en sera pas encore réduit à manger des coquilles de noix!... Fait-il des embarras celui-là! Ma parole d'honneur s'il ne ressemble pas comme deux gouttes d'eau à la grenouille qui veut se faire aussi grosse qu'un œuf! Ça fait pitié, ma parole d'honneur! »

Le régisseur hausse les épaules, et Aurélie rit comme une folle.

Le directeur et l'auteur, qui sont déjà depuis longtemps sur la scène, donnent de fréquentes marques d'impatience. Un *ah!* fort expressif leur échappe lorsqu'ils aperçoivent Aurélie; mais le directeur ne paraît pas fort satisfait en voyant sa mère à ses côtés. Les mères d'actrice en général, et la Saint-Robert en particulier, sont l'une de ses antipathies. Il sait qu'elle porte partout le bruit, le désordre, la division; il sait qu'elle ne peut retenir sa langue, et qu'elle trouble souvent les répétitions et les lectures; il sait enfin qu'Aurélie serait une excellente pensionnaire, si sa mère ne lui montait pas la tête et ne l'indisposait pas quelquefois contre l'administration. Pour toutes ces raisons, il souhaiterait bien vivement que la Saint-Robert n'eût point son entrée dans le théâtre ; mais il ne peut la lui interdire : Aurélie a stipulé dans son engagement que sa mère pourrait l'accompagner. Presque toutes les actrices à mœurs faciles exigent qu'on permette l'accès des coulisses à leur mère et à leur amant. Il nous semble que l'un des deux est de trop.

« Allons... voyons... commençons... s'écrie le directeur.

— Monsieur, lui dit la Saint-Robert, qui ne lâche pas facilement prise, recommandez donc à votre régisseur d'être un peu plus galant avec les dames... Il nous a parlé si durement, à ma fille et à moi, que la pauvre chatte en a presque eu un saisissement.

— C'est bien... c'est bien... madame...

— Quant à votre amende... on vous la paiera, votre amende... On n'en est pas encore réduit à manger des coquilles de noix... »

La Saint-Robert va se placer dans la salle pour admirer sa fille, et voir la pièce tout à son aise. Mais elle ne peut pas rester seule dans son coin. A qui communiquerait-elle ses impressions? à quelle oreille complaisante confierait-elle ses observations malicieuses? Elle aperçoit de l'autre côté de l'orchestre madame de Saint-Jullien, mère de l'une des camarades de sa fille, et qui bégaie au point de ne pouvoir dire deux mots de suite. C'est son affaire; elle aura tous les avantages de la conversation. Elle court s'asseoir auprès de madame de Saint-Jullien.

L'ouverture va commencer... l'orchestre prélude...

« Bon, dit la Saint-Robert, j'arrive à point... éh! éh! éh!

— Silence! » s'écrie le régisseur.

Un énorme coup de tam-tam annonce le commencement de l'ouverture.

« Tiens, dit la Saint-Robert, c'est absolument comme dans *Burg* ou *les Javanais*.

— Silence! » s'écrie le régisseur.

La toile se lève. Un décor nouveau étale dans le fond du théâtre toutes ses magnificences. Les spectateurs privilégiés qui garnissent quelques parties de la salle, le saluent de deux ou trois bordées d'applaudissements. Le directeur et l'auteur félicitent à haute voix le peintre, et vont lui serrer cordialement la main.

« Oui... il est propre votre décor... dit la Saint-Robert. J'ai vu mieux que ça dans mon temps au *Panorama-Dramatique*.

— Silence! » s'écrie le régisseur.

La pièce marche.

Aurélie, qui a un très-beau rôle, prodigue, pour faire plaisir à l'auteur, les gestes et surtout les éclats de voix. Son organe s'enroue un peu... Tout à coup, la Saint-Robert l'interrompt au milieu d'une tirade longue et passionnée pour lui crier :

« Avale un morceau de jujube, ma pauvre fille... J't'en ai fourré dans ton sac... Avale... ça te fera du bien...

— Silence! s'écrie le régisseur.

— Mais silence donc! reprend le directeur; silence, madame de Saint-Robert... on ne peut pas répéter ainsi...

— C'est bon... c'est bon... on se tait... Ne voilà-t-il pas un grand crime que de vouloir faire un peu de bien à son enfant! »

L'action du drame s'engage.

Au moment où l'un des personnages est frappé d'un coup de poignard par le traître, madame de Saint-Robert dit tout haut :

« Tiens... c'est comme dans *Cardillac*... Ah! ben... excusez!...

— Silence! s'écrie le régisseur.

— C'est insupportable! reprend l'auteur.

— Oui!... c'est vraiment insupportable!... s'écrie à son tour le directeur. Mais, pour l'amour de Dieu, taisez-vous donc, madame de Saint-Robert!

— On se tait, on se tait... »

Le directeur est furieux, et, s'il ne craignait de contrarier Aurélie, qui porte en grande partie le poids du drame, et de lui enlever ainsi quelque chose de ses moyens, il inviterait madame de Saint-Robert à sortir de la salle.

La pièce continue.

Au moment où l'héroïne se jette au cou du héros, et lui jure de mourir avec lui plutôt que d'épouser un infâme qu'elle hait et méprise, la Saint-Robert dit encore tout haut :

« Ah! ben... c'est bon... v'là du neuf! On a vu ça dans *Fitz-Henri*... on a vu ça dans *Tekéli*... on a vu ça dans *les Ruines de Babylone*... on a vu ça dans *le Pauvre Berger*... Et on a le front d'appeler cela *une* ouvrage bien *écrite!*... Merci!

— Silence! s'écrie le régisseur.

— C'est à n'y pas tenir! reprend l'auteur.

— Non... vraiment... c'est à n'y pas tenir! s'écrie à son tour le directeur. Madame de Saint-Robert, je vous le dis à regret... je serai forcé de vous prier de sortir... »

A ces mots, la Saint-Robert se lève; elle a des éclairs dans les yeux.

« Me prier de sortir... en v'là une sévère!... Pas plus d'égards que ça pour mon sexe et mes cheveux blancs... me traiter comme un chien... Apprenez que ma fille sortirait avec moi, et qu'elle ne remettrait plus les pieds dans votre barraque... Ah! mais... ah! mais... »

Aurélie fait signe à sa mère de s'apaiser. La Saint-Robert se rasseoit en grommelant; l'auteur et le directeur rongent leur frein.

Malgré les avertissements sévères et réitérés qu'elle a reçus, la Saint-Robert, piquée au jeu, ne peut tempérer le feu de ses critiques. Tel acteur gesticule comme un télégraphe, telle actrice est froide comme *une carafe d'orgeat*, telle situation est pillée dans le répertoire de M. de Pixérécourt, telle décoration serait sifflée par le public habituel du théâtre des Funambules. Enfin le directeur, poussé à bout, supplie Aurélie d'éloigner la Saint-Robert. Aurélie va trouver sa mère dans la salle, et la décide à aller attendre au foyer la fin de la répétition. La Saint-Robert se retire en criant de toutes ses forces :

« Oui... oui... je m'en vais... mais c'est à ma fille que je cède, et non pas à vous, malhonnêtes que vous êtes... S'en prendre à une femme!... Et ça s'appelle Français... allons donc! »

Arrivée au foyer, la Saint-Robert piétine et gronde quelque temps. Mais elle ne peut rester seule; il faut absolument qu'elle verse dans le sein de quelqu'un les confidences de sa colère : elle cherche un être vivant dans tous les coins et recoins du théâtre; enfin, elle avise un allumeur qui est tranquillement occupé à arranger ses quinquets pour la représentation du soir. Cela suffit; — elle s'approche de lui, et sans prendre le temps de respirer :

« Il est gentil, votre grigou de directeur! Poli comme un cosaque... C'est sans doute depuis qu'il est avec mademoiselle Léonide qu'il a pris ces manières-là... Au fait... il est à bonne école... La mère de cette créature vendait des quatre-saisons sur le carreau des Halles... Bon chien chasse de race... Et puis, l'un ne vaut pas mieux que l'autre... Qui se ressemble s'assemble... A bon entendeur... »

La Saint-Robert pa[illegible]it pendant trois heures sur ce ton à l'allumeur ébahi, si le signal de la fin de la répétit[illegible] venait pas retentir à ses oreilles. Elle s'empresse de courir vers la scène. Elle rencontre dans un corridor le groom du protecteur de sa fille, qui lui annonce que la voiture de monsieur est en bas; le temps est beau, ces dames sont invitées à aller faire un tour au Bois. A cette nouvelle, la Saint-Robert hâte le pas; suivie du groom, elle arrive triomphalement sur le théâtre, jette un regard de dédain au régisseur, à l'auteur, au directeur, coudoie avec insolence toutes les femmes qui sont là, et dit à Aurélie d'un air narquois :

« Viens, mon enfant, notre calèche nous attend... »

Elle entraîne sa fille avec fracas, monte lestement dans le brillant équipage, en adressant un geste d'adieu protecteur à tout le personnel du théâtre qui est aux fenêtres de l'établissement comique, et jette au cocher ces mots :

« Au Bois.... par la rue de Lancry. »

Le cocher hésite un instant.... car la rue de Lancry n'est pas le chemin le plus direct pour aller du boulevard Saint-Martin au Bois. Mais la Saint-Robert lui crie avec colère :

« Par la rue de Lancry.... que je vous dis... »

Alors il n'hésite plus.... il irait au bois de Boulogne par la barrière du Trône, si on le lui ordonnait. Ce sont les chevaux qui ont toute la fatigue... Il les lance donc du côté de la rue de Lancry... En passant devant la maison qu'elle habite, la Saint-

Robert fait tout ce qu'elle peut pour être remarquée des voisins et des voisines ; elle savoure avec délices les témoignages d'admiration de tous les boutiquiers qu'elle honore de sa pratique et de tous les petits locataires qui demeurent au-dessus d'elle. Mais elle enrage de ne pas voir à son balcon la dame du premier étage, qui est si fière de son mari, le receveur des contributions du sixième arrondissement, et qui n'a jamais daigné répondre à ses avances.

Au Bois, la Saint-Robert s'ennuie beaucoup. Que lui fait tout ce monde d'élite qu'elle ne connaît pas, au milieu duquel elle n'a jamais vécu? Elle se sent mal à son aise en présence de ces grandes manières aristocratiques, de ces toilettes simplement élégantes et si noblement portées! Elle a beau avoir un chapeau jaune à panaches flottants, un châle indien à grandes palmes d'or, une robe rose lamée d'argent, elle a beau afficher un luxe de toilette éblouissant, luxe dont elle a été chercher les éléments un peu fanés dans la vieille défroque de ville et de théâtre de sa fille, elle ne peut ressaisir son assurance habituelle ; elle comprend qu'elle n'est point à sa place. Oh! qu'elle aimerait mieux promener son éclat de fraîche date à Belleville, dans la rue du Grand-Hurleur, dans la rue des enfants-Rouges, sur le boulevard de la Galiote, localités où elle a exercé les professions les plus humbles, où l'on ne doit pas encore avoir perdu le souvenir de ses misères.

On rentre. On dîne avec volupté ; car la Saint-Robert joint à toutes ses autres qualités, un fonds assez remarquable de gourmandise. On prend le café, le pousse-café, les trois petits verres obligés de liqueurs des îles (tout ce qu'il y a de plus fort) ; enfin, on se rend au théâtre pour le spectacle du soir.

La Saint-Robert, qui a la tête un peu montée, est encore plus insupportable que le matin. Assise dans un coin de la loge de sa fille, elle surveille sa toilette ; elle ne laisse pas un moment de repos à la femme de chambre et à l'habilleuse ; elle les harcèle sans cesse, elle leur cherche querelle à brûle pourpoint : tantôt c'est une manche qui va mal ; tantôt c'est la jupe qui est trop relevée ; tantôt c'est la coiffure qui est trop basse ; tantôt c'est le rouge qui est mal mis. Heureusement qu'on a pris depuis longtemps l'habitude de la laisser grommeler toute seule dans son coin, et de ne pas plus faire attention à elle que si elle n'existait pas.

Drelin.... drelin.... drelindindin : c'est la sonnette du sous-régisseur. Il crie du bas de l'escalier :

« Êtes-vous prêtes, mesdames? »

La Saint-Robert se précipite vers l'escalier et répond d'une voix criarde, qui contraste assez drôlement avec la voix de Stentor du sous-régisseur :

« Pas encore.... ma fille n'est pas prête... C'est bon pour celles qui n'ont rien à se mettre sur le dos, d'être prêtes au bout d'une heure.... A-t-on jamais vu presser le monde comme ça? »

Enfin, Aurélie descend. La Saint-Robert la suit, prend une chaise dans le foyer, et va, malgré la défense de l'administration, se placer, pour bien saisir l'effet de la pièce, dans une coulisse d'avant-scène. Là, elle trouve déjà installées trois ou quatre commères, et entre autres la Saint-Jullien. Le régisseur découvre ce nid de vieilles femmes et les force à déguerpir ; elles en sont quittes pour transporter leurs pénates de l'autre côté du théâtre : le régisseur les y poursuit encore, et leur dit d'un ton colère :

« Mesdames, vous savez bien qu'il est défendu de s'asseoir dans les coulisses.... Reportez ces chaises au foyer.

— C'est bon, répond la Saint-Robert, c'est bon, mossieur Baguenaudet... On ne vous les mangera pas vos chaises et vos coulisses.... »

Les commères fuient encore une fois devant le régisseur, et vont reprendre la place qu'elles occupaient d'abord. Le directeur fait demander M. Baguenaudet dans son cabinet. Les voilà tranquilles... pour un acte au moins. Le cercle est formé : on dirait une réunion de sorcières. La conversation s'engage ; les paroles succèdent rapidement aux paroles, ou plutôt s'enchevêtrent les unes dans les autres ; toutes ces bavardes veulent se faire entendre à la fois. La Saint-Jullien ne peut pas finir une phrase ; tandis qu'elle en est encore à bégayer le premier mot, sa voisine en a déjà débité une quarantaine; ce qui fait qu'elle en reste toujours à son exorde : que n'est-elle souvent imitée par bien des orateurs que je connais et pourrais nommer.

Chacune de ces dames raconte, pour la cinquantième fois au moins, l'histoire de ses antécédents. L'une est veuve d'un banquier qui a eu des malheurs dans les fonds d'Espagne ; l'autre est fille d'une grande dame qui n'a jamais voulu dire son nom, qui l'a mise en pension, jusqu'à l'âge de vingt ans, chez une boulangère de Courbevoie, et qui a tout à coup cessé de donner de ses nouvelles (mouvement d'indignation mêlé de surprise) ; une troisième soutient qu'elle serait riche à millions, si, en 1815, les cosaques n'avaient pas découvert l'endroit où elle avait enterré les trésors qu'elle avait gagnés à la loterie. Quant à la Saint-Robert, elle répète le récit de sa liaison douloureuse avec M. de Saint-Robert, le plus bel homme de la vieille garde et le favori de l'empereur Napoléon.

Quand on a bien épuisé toutes ces banalités, comme la pièce ne commence pas encore, on se rejette sur d'autres sujets de conversation :

« Dites-donc, mame Saint-Jullien, dit la Saint-Phar,... où donc que vous avez acheté cette robe?...

— Aux Trois Ma... Ma... Ma... Ma...

— C'est ça.... aux *Trois Magots*, se hâte de dire la Saint-Phar. Ça vous coûte au moins cinquante sous l'aune....

— Qua... qua... qua... qua...

— C'est ça.... quarante sous l'aune.... Eh ben?... ils n'sont pas mal voleurs !... Comme on écorche le pauvre monde à présent.... Et c'est de couleur claire encore !... la mort au savon !... Tenez... v'là une étoffe foncée qui ne me revient qu'à trente-cinq sous.... Et comme c'est gentil !... on en a plein la main....

— Je n'sais vraiment pas comment vous faites, mame Saint-Phar, reprend la

Saint-Robert, mais vous avez toujours tout meilleur marché que les autres.

— C'est que je sais chercher, ma bonne.... J'ai le nez à la marchandise....»

Chut! — Le sous-régisseur a frappé les trois coups obligés. Le nouvel ouvrage, sur lequel l'administration fonde les plus grandes espérances, se produit devant le public.

La Saint-Robert et la Saint-Phar ne manquent pas de donner carrière à leur langue pendant le cours de la représentation.

« Regardez donc c'te Léonide!... est-elle faite!... elle croit p't-être avoir des z'anches, tandis qu'elle n'a que deux coins de rue qui font bomber sa robe des deux côtés.... Ah! ah! ah!

— Et Francine.... reprend la Saint-Phar, voyez donc comme elle minaude, comme elle joue de l'œil avec les gants jaunes de l'avant-scène.... C'est indécent, foi d'honnête femme.... Ah! si j'étais tant seulement quelque chose ici, elle n'y ferait pas de vieux os....

— Dites donc.... mame Saint-Phar, il me semble qu'on *appelle Azor* [1]?

— Déjà.... nous n'en sommes encore qu'au second acte....

— Aussi.... je leur disais bien ce matin que leur ouvrage était *mal écrite*.

— Bon! voilà Alfred qui *fait four* [2] dans sa grande tirade.... Au vrai.... j'n'en suis pas fâchée.... Depuis que c'garçon-là s'est un peu lancé dans le moyen âge, on n'peut plus en approcher... il est fier comme *un pont*!

— Dites donc.... dites donc.... mame Saint-Phar, mais voilà qu'on appelle encore Azor.... Ça va mal.... Ah! si ma fille n'était pas là pour soutenir la chose....

— Votre fille!... mame Saint-Robert.... je n'ai pas voulu en faire la remarque tout à l'heure.... mais il me semble qu'elle a été un peu *travaillée* [3].

— Travaillée!... ma fille!... s'écrie la Saint-Robert. Ah çà! vous êtes donc sourde? on l'applaudissait à faire crouler la salle...

— Oui... les Romains [4]... mais le vrai public... Ah! ce n'est pas comme ma fille, mon Eugénie!... Quel succès elle a eu hier!... ses claqueurs, à elle, étaient partout.... dans les loges, aux stalles d'orchestre, à l'avant-scène.... à la bonne heure....

— La Saint-Phar, vous me faites pitié!... Comme si on ne connaissait pas le talent de votre fille.... elle ne sait pas seulement marcher....

— Ce n'est pas votre grosse Aurélie qui le lui apprendra, toujours.. Elle ne marche pas celle-là.... elle roule depuis la coulisse jusqu'à la rampe....

— Ça vaut mieux que d'être maigre à écorcher ceux qui sont en scène avec vous...

— Aurélie n'a des rôles que parce qu'elle fait la cour aux auteurs....

— Eugénie ne jouerait pas si elle n'était pas au mieux avec le régisseur....

— Vôtre fille n'est qu'un bouche-trou.

[1] Terme d'argot dramatique: *appeler azor* veut dire *siffler*.

[2] *Ne pas produire d'effet.*

[3] *Chutée, mal reçue par le public.*

[4] Les claqueurs.

— Et la vôtre *une panade*.

— Vieille folle....

— Vieille mendiante....

Les mains sont levées, et le duel de paroles deviendrait un duel sérieux, si un pompier, en véritable chevalier français, ne se hâtait de séparer les deux combattantes.

On en est arrivé au dernier entr'acte. La Saint-Robert jette un coup d'œil dans la salle par le trou du rideau, et dit à sa fille, qui, assise dans un large fauteuil gothique, souffle tout à son aise et rassemble toutes ses forces pour arriver jusqu'au dénoûment :

« Aurélie.... as-tu vu ton gros qui est là aux stalles des premières?... Fais-lui donc de temps en temps une petite mine gentille.... Il n'y a rien qui flatte un homme comme ça.... Tu as toujours l'air de ne pas le connaître.... Tu verras qu'avec ses minauderies, la Francine finira par te l'enlever.... Et c'est un bon.... »

Pendant tout cet entr'acte, la Saint-Robert veille sur sa fille, comme une poule sur son poussin. Il n'y a moyen d'aborder Aurélie d'aucun côté; à peine cherche-t-on à faire un pas vers elle, que l'on se trouve tout à coup face à face avec sa mère; et alors il faut bien reculer. C'est que la Saint-Robert n'ignore pas que, les jours de première représentation, les coulisses sont pleines d'auteurs, de journalistes, d'artistes, tous gens fort aimables, fort séduisants, fort spirituels, mais fort peu capables de faire le bonheur d'une femme, à la manière dont l'entend madame de Saint-Robert. Aussi a-t-elle coutume de dire à son Aurélie :

« Ma chère enfant, défie-toi toujours des écrivassiers, des barbouilleurs, des saltimbanques et autre mauvaise graine; ce n'est pas ce peuple-là qui mettra du beurre dans tes épinards. »

Au cinquième acte le drame se relève.... grâce aux claqueurs; le dénoûment bien chauffé ne rencontre aucun obstacle, et Aurélie est rappelée après la chute du rideau. La Saint-Robert la reçoit palpitante d'émotion dans ses bras maternels, et crie à la Saint-Phar qui n'a pas quitté son coin :

« Plus souvent que votre Eugénie aura jamais des triomphes comme ça! »

Rentrée au logis, la Saint-Robert fait un punch au rhum pour célébrer le double succès de la soirée. A trois heures du matin elle regagne sa chambre à pas douteux, et se couche, non toutefois sans remercier Dieu, qui lui a donné une fille si honnête et si méritante.

Maintenant que vous connaissez le caractère et les habitudes de la Saint-Robert, je vais vous dire sa fin.

Aurélie est une nature molle, paresseuse, insouciante, qui se laisse aller au courant de la vie, tantôt obéissant à ses caprices, tantôt aux volontés de ceux qui l'entourent, — mais toujours sans réflexion. A vingt-huit ans, au moment où elle devrait commencer à être raisonnable, elle tombe dans le piége que sa mère redoutait tant pour elle; elle se prend de belle passion pour M. Victor Rousseau, homme de lettres d'une quarantaine d'années, très-farceur, très-mauvais sujet, très-boute-en-train, qui, chaque fois qu'il lui parle, la fait rire aux larmes. Après une jeunesse orageuse,

M. Victor Rousseau a pour tout bagage cinq ou six vaudevilles, quelques articles de petits journaux et beaucoup de créanciers; ce n'est point assez pour marcher à son aise par les chemins poudreux de la vie. Aurélie paie les dettes de son Adonis, et l'épouse. La Saint-Robert, qui voit s'en aller tous les jours les économies de la maison, ne peut vivre d'accord avec son gendre. Alors on lui fait une pension de six cents livres par an, à condition qu'elle ira les manger rue Copeau, faubourg Saint-Marcel, dans une pension bourgeoise des deux sexes, et qu'elle ne passera jamais les ponts. Le premier moment de rage exhalé, la Saint-Robert s'habitue parfaitement à son exil. Elle devient dévote, entend tous les matins la messe à sa paroisse, se confesse deux fois par semaine au premier vicaire, fait maigre depuis le mercredi jusqu'au dimanche, et meurt de saisissement le jour où on lui annonce qu'Aurélie a un amant.

L. Couailhac.

L'HORTICULTEUR.

C'est surtout quand on voit certains goûts qui remplissent et rendent heureuse la vie d'un homme, que l'on comprend bien que chacun a besoin d'avoir sa madone de plâtre ou de bois qu'il puisse parer à sa fantaisie.

C'est ce qui explique comment des hommes souvent très-supérieurs consacrent toute leur vie à quelques fleurs, à quelques insectes, quelquefois à un seul insecte, à une seule fleur; tant un instinct admirable, ou quelquefois peut-être une sage philosophie leur enseigne à présenter le moins de surface possible à la fortune, à vivre tout bas, et à se contenter d'un bonheur facile à cacher aux yeux du monde.

Il ne faut pas croire que l'intensité et la violence d'une passion puisse se mesurer à la petitesse de son objet. Les horticulteurs, qui vivent dans les fleurs comme les abeilles, ont comme elles un aiguillon dangereux. Les passions douces s'entourent de férocité comme on entoure une plante précieuse de ronces et d'épines pour la préserver de la dent des troupeaux.

Cela me rappelle comment me fut un jour dévoilé l'atroce caractère des moutons, que j'avais toujours regardés comme l'emblème de la mansuétude et de la bienveillance. — Monsieur, me disait un berger avec lequel je venais de voyager sur la route d'Épernay, il n'y a rien de si méchant que les moutons; ils n'aiment pas plus l'herbe de ce champ qui est ensemencé, que celle de celui d'à côté qui ne l'est pas; eh bien! ils sont tous dans le champ ensemencé... Brrrr... brrr... Mords là, Médor, brrr... C'est donc pour me faire prendre par le garde et me faire mettre à l'amende. Tenez, en voilà un là-bas... un noir... qui agace mon chien. Ici, Médor...

Il l'irrite à plaisir... Médor, veux-tu venir ici?.. allez derrière... Il espère se faire étrangler, parce qu'il sait bien que quand un chien étrangle un mouton, c'est le pauvre berger qui le paie. »

Celui qui écrit ces lignes a failli perdre la vie pour s'être permis de dire un jour, à propos d'une giroflée annoncée comme bleue, et qui avait produit des fleurs du plus beau jaune : — A quoi sert-il d'avoir une giroflée bleue si elle fleurit toujours jaune? Mais voici une histoire dont nous avons été témoin.

On se rappelle la fureur avec laquelle on a, il y a une trentaine d'années, cultivé les tulipes dans toute l'Europe, et surtout en France, et plus encore en Hollande.

Un ognon, *semper augustus,* fut vendu 12,000 francs.

Une *couronne jaune,* 1,125 francs et une calèche attelée de deux chevaux bais.

Une tulipe médiocre, *le vice-roi,* fut vendue pour les objets suivants :

Quatre tonneaux de froment, huit de seigle, quatre bœufs, huit cochons, douze moutons, deux tonneaux de vin, quatre de bière, deux de beurre, mille livres de fromage, un lit complet, un paquet d'habits et un gobelet d'argent.

A cette époque, on voyait dans les gazettes, aux *Nouvelles étrangères* :

AMSTERDAM. — L'amiral Liefhens a parfaitement fleuri chez M. Berghem.

Mais passons à notre histoire.

Un jour on avisa que les tulipes à fond jaune n'étaient plus belles, que c'était à tort qu'on les admirait depuis si longtemps; que les seules tulipes que l'on dût avoir et cultiver étaient les tulipes à fond blanc; que toute tulipe jaune serait mise à la porte des plates-bandes qui se respectaient, et que leur graine serait maudite et jetée au vent. Les amateurs se divisèrent, on écrivit des lettres, des brochures, des chansons, des pamphlets, des gros livres.

Les amateurs des tulipes jaunes furent traités d'obstinés, de gens enveloppés des langes des préjugés, d'illibéraux, de rétrogrades, de ganaches, d'ennemis des lumières, et de jésuites.

Les partisans des tulipes blanches furent déclarés audacieux, novateurs, révolutionnaires, démocrates, tapageurs, sans-culottes, jeunes gens.

Des amis se brouillèrent, des ménages furent désunis, des familles divisées.

Un soir que M. Muller jouait aux dominos avec un de ses camarades d'enfance, horticulteur comme lui, on parla des tulipes, — des tulipes jaunes et blanches. M. Muller tenait aux jaunes; son ami était pour les idées nouvelles. Mehul, du reste amateur très-distingué, venait alors de passer aux blanches.

M. Muller et son ami, tous deux hommes de bon goût et de savoir-vivre, mettaient la plus grande modération dans leurs paroles, et évitaient avec un soin extrême d'en venir jusqu'à la discussion.

— Certes, disait M. Muller, la nature n'a rien fait de trop ; il n'est pas une pierrerie de son riche écrin qui ne charme la vue ; il est triste de voir des personnes procéder par exclusion. Il est certainement quelques tulipes à fond blanc que j'admettrais volontiers dans ma collection, si mon jardin était plus grand.

— De même, reprit l'ami, désirant de ne pas rester en arrière en fait de politesse et de concessions, j'avouerai que *Erymanthe* [1], toute jaune qu'elle est, est une fleur fort présentable.

— Je ne méprise pas *l'unique de Delphes* [2], malgré son fond blanc, reprit M. Muller.

— Elle n'est pas très-blanche, reprit l'ami ; ce n'est qu'au bout de trois ou quatre jours qu'elle se débarrasse d'une teinte jaune qu'elle a en ouvrant ses pétales ; aussi n'en *faisons-nous* pas grand cas.

— C'est cependant de votre collection celle que je préférerais.

Les deux amis étaient dans ces excellents termes quand madame Muller sortit pour faire le thé.

Il est difficile de bien dire par quelles imperceptibles transitions ils en vinrent à l'aigreur, à l'injure, à l'insulte ; mais toujours est-il que lorsque madame Muller rentra, cinq minutes après, elle les trouva sous la table, se tenant aux cheveux et se gourmant de tout cœur. M. Muller avait jeté les dominos au visage de son ami, et la lutte s'était engagée.

On comprend de quelle honte furent saisis les deux antagonistes après que la première effervescence fut passée.

Aussi, dès le lendemain, M. Muller écrivait à son ami :

« Je suis une bête féroce et un homme mal élevé, recevez mes excuses. Notre « ancienne amitié effacera ce moment d'égarement. Ma femme vous prie de dîner « avec nous aujourd'hui. Il y aura de ces petits choux de Bruxelles que vous « aimez.

« Votre ami,

« MULLER. »

« *P. S.* Vous m'obligerez, mon cher ami, de me mettre de côté quelques-unes « de vos belles tulipes blanches, auxquelles j'ai réservé pour l'année prochaine

[1] Érymanthe feuille morte, rouge et jaune.

[2] Violet, pourpre et blanc.

« une de mes meilleures plates-bandes. Je tiens surtout à *palamède* [1] et à l'*agate* « *royale* [2]. »

Il reçut immédiatement la réponse suivante :

« Je serai chez vous à cinq heures moins un quart. Vous me permettrez, mon « excellent ami, de vous présenter un horticulteur qui désire admirer vos magni- « fiques tulipes.

« Il désire surtout voir votre *ténébreuse* [3], votre *julvécourt* [4] et votre délicieuse « *lisa* [5]. »

Par une délicatesse que tous deux comprirent, M. Muller faisait porter son admiration sur les plus blanches d'entre les tulipes blanches, et son ami n'était pas moins poli à l'égard des fonds jaunes.

Cependant le mouvement de générosité de M. Muller ne pouvait se maintenir toujours à la même hauteur; M. Walter, lui, n'avait fait qu'une concession aussi durable que le sentiment et l'impulsion qui l'avaient causée : celle de M. Muller devait survivre à l'élan.

La terre dans laquelle on mit les tulipes blanches ne fut ni soignée, ni amendée, ni tamisée comme celle destinée aux fonds jaunes.

La seconde année, M. Muller s'aperçut qu'elles encombraient le jardin; la troisième année, elles furent placées sous une gouttière, elles fleurirent mal; et M. Muller, après avoir montré ses tulipes jaunes dans tout leur éclat, disait aux visiteurs : Voici ce qu'il y a de mieux en tulipes blanches; elles m'ont été données par mon ami Walter, et j'y tiens infiniment. Et quand, dix minutes après, il disait : « Je ne comprends pas que l'on puisse cultiver des tulipes blanches, » on se trouvait naturellement de son avis.

On ne connaissait que quatre roses sous le règne de Louis XIV; aujourd'hui, les horticulteurs modestes, ceux qui ne donnent pas quatre ou cinq noms différents à la même rose, ceux qui ne se laissent pas aveugler par l'amour du nouveau et l'orgueil des découvertes, comptent quarante espèces et plus de dix-huit cents variétés.

Certains amateurs, entraînés par l'ambition de posséder seuls une variété quelconque, recherchent dans les roses les défauts avec autant d'empressement que d'autres y cherchent les qualités. Pourvu qu'une rose soit rare, elle est assez belle et elle l'emporte à leurs yeux sur les plus riches de forme et de couleur, ainsi que sur les

[1] Colombin, rouge et blanc.

[2] Pourpre pâle, rouge et blanc.

[3] Panachée, rouge et jaune.

[4] Couleur de tuile, jaune et rouge.

[5] Rouge, orangé et jaune, par menus panaches.

plus odorantes. Ces amateurs cherchent depuis cinquante ans la rose verte, la rose bleue, la rose noire, et la rose capucine double.

Madame de Genlis, qui dit avoir inventé la rose mousseuse, donne, dans un de ses ouvrages, un procédé pour avoir la rose noire et la rose verte. Le procédé est très-simple : il ne s'agit que de greffer une rose sur un cassis ou sur un houx. Nous l'avons essayé, et le houx n'a donné que ses feuilles vertes et piquantes et ses baies de corail, et le cassis a produit d'excellent cassis.

Tous les ans, vers la fin de mai, un bruit se répand qu'on a trouvé la rose capucine double; nous avons fait de longs trajets pour la voir, jusqu'ici nous ne l'avons jamais vue ni double ni capucine. Quant à la rose bleue, c'est en vain jusqu'ici que plusieurs amateurs remplissent leurs jardins du très-petit nombre de fleurs bleues que produit la nature, dans l'espoir que les abeilles portant le pollen d'une de ces plantes sur un rosier, il le fécondera et fera naître une rose bleue. Nous avons à ce sujet des idées qui nous appartiennent et dont nous ferons l'essai quelqu'un de ces jours. Les roses décorées des noms les plus noirs, *la nigritienne, ourika*, etc., sont des roses violettes.

Les amateurs sont à l'affût des moindres différences. Ce rosier est remarquable par son bois, celui-ci, par ses aiguillons; cet autre est précieux par l'absence de telle beauté; celui-ci tire tout son prix de ce qu'il n'a pas d'odeur; celui-là vaudrait bien moins s'il ne sentait pas légèrement la punaise.

Plus *un sujet* s'écarte de la rose ordinaire, de la rose que tout le monde peut avoir, plus il acquiert de valeur pour les amateurs passionnés.

Heureux celui qui posséderait un rosier qui serait une vigne, et qui boirait le vin de ses roses! Nous avons vu un rosier dont le possesseur explique que, depuis *cinq ans* qu'il l'a OBTENU de semence, il n'a jamais fleuri. Homme fortuné! plus fortuné encore si son rosier pouvait, l'année prochaine, n'avoir plus de feuilles!

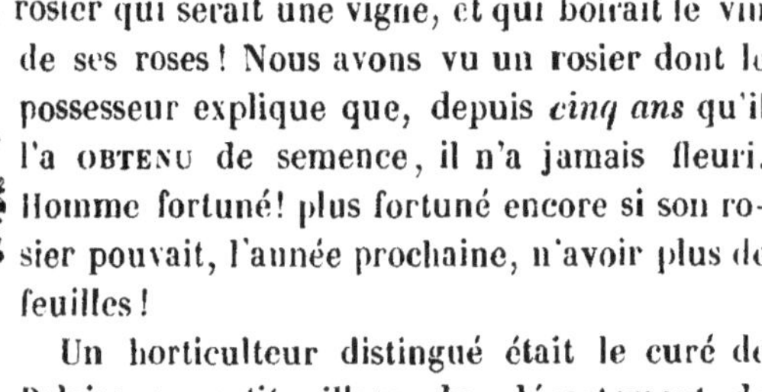

Un horticulteur distingué était le curé de Palaiseau, petit village du département de Seine-et-Oise, là où mon ami Victor Bohain avait un rosier de haute futaie, grand comme un prunier, un rosier qui est mort dans l'hiver de 1838.

Le curé de Palaiseau a vécu jusqu'à l'âge de quatre-vingt-deux ans, au commencement du printemps, au moment où il allait pour la soixantième fois voir fleurir une précieuse collection qu'il s'était occupé toute sa vie d'enrichir.

Il y a quelques années, ce respectable prêtre céda à un mouvement de curiosité, et alla voir une *collection* appartenant à un Anglais.

Cette collection était une vraie rose mystérieuse (*rosa mystica*), comme disent les Litanies. Le jardin de l'Anglais était un *harem* environné de hautes murailles, dans lequel personne n'était jamais admis, sous quelque prétexte que ce fût. Il était frénétiquement jaloux de ses roses. C'était pour lui seul que ses fleurs devaient étaler leurs riches couleurs, depuis le pourpre jusqu'au rose le plus pâle, depuis le violet sombre jusqu'au thé jaune, jusqu'au blanc; c'était pour lui seul qu'elles devaient exhaler et confondre leurs suaves odeurs. Un écrivain allemand a dit : « Les gens heureux sont d'un difficile accès. » Notre Anglais était à ce compte le plus heureux des hommes. Personne n'avait jamais vu ses roses. Il était jaloux d'un petit vent d'est qui le soir en emportait le parfum par-dessus les murailles. Et pour compléter les rigueurs du harem, il pensait souvent à faire garder ses roses, ses odalisques, par des eunuques d'un nouveau genre, par des gens sinon aveugles, du moins sans odorat.

Le bon curé néanmoins se mit en route une nuit; il fit cinq longues lieues dans une voiture non suspendue : il avait alors près de quatre-vingts ans. Il arriva avant le jour, il s'adressa à un jardinier, et, il faut le dire, on l'accusa d'avoir employé jusqu'à la corruption pour engager l'eunuque à l'introduire dans cet asile mystérieux des plaisirs de son maître.

Le jardinier se laissa séduire ou corrompre; et, aux premières lueurs du jour, il ouvrit doucement, avec une clef graissée, la porte, où l'attendait le bon curé, respirant à peine, haletant, oppressé. La porte s'est ouverte sans bruit, les deux complices marchent à pas lents et silencieux. Le jour est si faible, qu'on ne distingue rien encore, mais il semble que l'on respire un air embaumé. On va voir les roses... Tout à coup une voix sort d'une persienne :

« Williams! ohé Williams, conduisez monsieur hors du jardin. »

Il n'y avait rien à répliquer : il fallut sortir, remonter dans la carriole, et revenir, après dix lieues dans les plus mauvais chemins, sans avoir rempli le but du voyage. Pour consoler le curé, un voisin soutint le paradoxe que l'Anglais ne tenait son jardin si fermé que parce qu'il ne possédait pas une seule rose.

Qui sait?

En général, les amateurs n'admettent pas tout le monde dans leurs jardins : ils ont surtout horreur de certaines espèces qu'ils désignent sous le nom de *fleurichons* et de *curiolets*.

La corruption, l'escalade, la fausse clef, l'abus de confiance, n'ont rien qui effraie certains amateurs pour se procurer une *greffe*, un *œil* d'un rosier qu'ils ne possèdent pas.

En 1828, la duchesse de Berri *obtint*, des *semis* de roses qu'elle faisait tous les ans à Rosni, douze fleurs qui lui parurent d'une beauté remarquable; cependant, comme il ne s'agissait pas seulement d'avoir de belles roses, mais des roses nouvelles et inconnues, elle chargea madame de Larochejacquelein de les faire voir à un célèbre jardinier. Le jardinier, après avoir examiné les fleurs pendant dix minutes, en déclara trois NOUVELLES. L'une surtout lui parut mériter la préférence sur ses deux rivales, et elle fut appelée *hybride de Rosni*.

Deux ans après, au mois de mai ou de juin 1830 c'était la dernière fois que la duchesse de Berri devait voir fleurir ses roses, elle avisa qu'il y avait deux ans qu'elle jouissait du plaisir de posséder seule l'hybrydes de Rosni, et qu'il était temps de renouveler ce plaisir en le partageant. Elle pensa que ce serait pour le célèbre jardinier un présent de quelque valeur, et elle chargea de nouveau madame de Larochejacquelein de le lui offrir de sa part.

Madame de Larochejacquelein trouva l'horticulteur lisant à l'ombre de deux hauts églantiers chargés de fleurs magnifiques. Il reçut l'offre avec les témoignages de reconnaissance que méritait cette honorable et délicate attention. Mais le bienfait arrivait tard ; il avait eu soin, dans le peu de temps qu'il avait eu les roses dans les mains, deux ans auparavant, de couper à la dérobée deux *yeux* de la plus belle variété ; il les avait greffés avec le plus grand succès, et il avait reçu la messagère de la duchesse à l'ombre des deux hybrides de Rosni, sujets plus beaux sans contredit qu'aucun de ceux que possédait Madame.

La plupart des gens qui s'occupent de fleurs, le font plus par vanité que par amour, plus pour les montrer que pour les voir. Les horticulteurs, j'en excepte bien peu, n'aiment pas les fleurs. Quelques-uns plantent dans les cailloux un dalhia (l'incomparable, bordée de blanc) pour *assurer* ses panachures ; d'autres ôtent toutes les feuilles à un *camelia*. M. P***, à la rentrée des Bourbons, guillotina les impériales de son jardin ; les violettes, mêlées aussi à la politique, ont été exilées par Louis XVIII, et plus tard amnistiées. M. de Castres, commandant du château des Tuileries, a fait une consigne contre les œillets rouges. Pendant plusieurs années, après la révolution de juillet, les lis ont disparu des jardins royaux. Nous respectons par dessus tout les passions et les bonheurs, mais la passion des horticulteurs n'est pas réelle.

ALPHONSE KARR.

LES DUCHESSES.

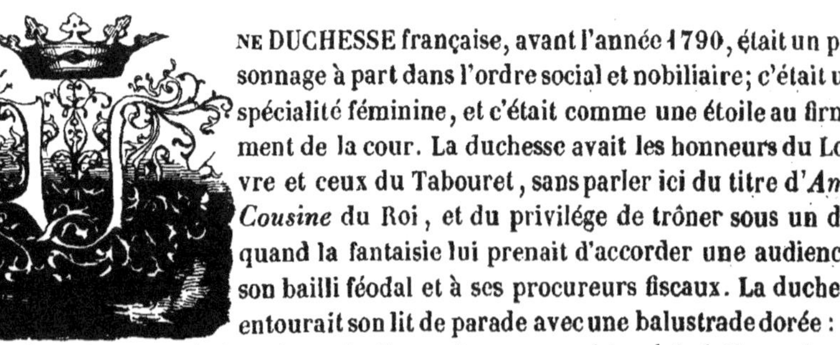

NE DUCHESSE française, avant l'année 1790, était un personnage à part dans l'ordre social et nobiliaire; c'était une spécialité féminine, et c'était comme une étoile au firmament de la cour. La duchesse avait les honneurs du Louvre et ceux du Tabouret, sans parler ici du titre d'*Amée Cousine* du Roi, et du privilége de trôner sous un dais quand la fantaisie lui prenait d'accorder une audience à son bailli féodal et à ses procureurs fiscaux. La duchesse entourait son lit de parade avec une balustrade dorée : les carrosses de la duchesse étaient *houssés* d'un velours cramoisi crépiné d'or qui couvrait leur impériale et qui retombait à ses quatre coins avec des glands de la plus riche facture. Mme la Duchesse de Leuxignem (c'est abusivement qu'on prononce et qu'on écrit Lusignan) était tout aussi souvent citée pour la splendeur de ses impériales que pour la raideur de sa longue taille, la gravité de sa physionomie seigneuriale et la sécheresse de toute sa personne. Enfin les duchesses arboraient pour insigne au sommet de leurs armoiries une couronne de neuf feuilles d'acanthe avec neuf pierreries de couleurs variées dans le diadème ou bandeau de ladite couronne, ce qui ne manquait pas d'éblouir les passants quand les panneaux du carrosse avaient été blasonnés par le sieur Ouvray, lequel excellait aussi dans l'ajustement des manteaux héraldiques, ainsi qu'il appert des principaux écrits de ce temps-là. Les hermines étaient réservées pour les personnes ducales; car il est bon d'avertir que si les présidents à mortier se donnaient les airs d'étaler un manteau sous leurs armoiries, c'était une usurpation criante; et du reste ils n'étaient jamais doublés *d'hermine mouchetée,* ces manteaux de robe rouge; et c'était pour la corporation des duchesses une fiche de consolation. Il n'était pas encore question de Mlle Rondot, qui a fait recouvrir le parquet de son cabinet le plus intime avec un tapis d'hermine mouchetée. — C'est un véritable manteau ducal, à ce que disent les jeunes messieurs de ce temps-ci.

Depuis Molière, il y a toujours eu plusieurs variétés parmi les fagots; mais aujourd'hui, la diversité qui se fait remarquer entre les duchesses est bien autrement tranchée que celle qu'on pourrait trouver entre des fagots, des bourrées et des cotrets. Afin de parler sur un pareil article avec toute l'exactitude qu'il réclame, il faudrait peut-être commencer par diviser et subdiviser les duchesses, ainsi que toutes les substances organisées et tous les autres sujets d'histoire naturelle, c'est-à-dire au moyen de la *classe*, du *genre,* de *l'espèce* et des *variétés* dans chacune de ces divisions. La duchesse de première classe ou d'un genre primitif est évidemment celle de l'ancien régime, et la duchesse de rang secondaire est celle de la restauration. La duchesse de l'empire est sur la troisième ligne, à ce qu'il nous semble.

Parmi les vingt-sept ou vingt-huit duchesses de la haute noblesse, il n'y en a qu'une ou deux qui prennent des loges aux Italiens; il y en a deux ou trois qui vont au spectacle une ou deux fois pendant le carnaval; il y en a dix ou douze qui ne sortent presque jamais de leur noble quartier, de ce paisible, aristocratique et vertueux carré qui se trouve inclus entre les rues des Saints-Pères et de Vaugirard, entre l'esplanade des Invalides et le quai d'Orsay, sans parler ici du quai des Théatins, que plusieurs personnes appellent aujourd'hui le quai Voltaire. Quand il est question d'aller, à la fin de janvier, faire une tournée de visites au faubourg Saint-Honoré, on dirait qu'on se trouve à Bayonne et qu'on entend parler d'un voyage à Terre-Neuve.

Il y avait une fois une pauvre duchesse à qui M. Trousseau, médecin-laryngipharmaque, avait ordonné de transporter ses pénates à la Chaussée-d'Antin, parce qu'elle était menacée d'une laryngite, et pour être préservée du vent du nord, à l'abri de la butte Montmartre. Elle avait l'avantage et l'agrément d'être logée dans le voisinage de ce docteur; mais on n'a jamais vu femme de qualité plus dépaysée, plus mortifiée, ni plus abîmée dans les douleurs de l'ostracisme. Elle en est morte au bout de la semaine, épuisée par ses lamentations.

On connaît une duchesse de la restauration qui s'arrange très-bien de la révolution de juillet, parce qu'elle est à la tête d'une laiterie; mais tout le quartier du Luxembourg en est dans la jubilation, parce que le produit de ses vaches est toujours de très-bon aloi. C'est un point de fait incontestable, une chose avérée : nous

nous empressons de le reconnaître, attendu qu'il faut être juste pour tout le monde, et surtout pour les commerçants honnêtes et les débitants consciencieux. La seule duchesse qui ait été promulguée depuis la révolution de juillet est une petite femme qui n'est à la tête de rien. Nous parlerons des dames de l'empire à la fin de l'article.

Grâce à la loi des 5 p. 100 d'indemnité, la Duchesse de Gastinais pourrait jouir de quatre à cinq cent mille livres de rente, mais elle n'en fait pas moins de grandes économies sur le papier à lettre et la cire à cacheter. Elle ne veut jamais payer son thé plus de 6 francs la livre : — c'est du thé de la rue des Lombards, et du meilleur thé possible ; on n'obtiendra pas qu'elle en démorde, et si vous n'en voulez pas, n'en prenez point.

La duchesse de l'ancien régime est naturellement crédule : elle hésite encore entre la somnambule de la Croix-Rouge et l'Esculape de la rue Taranne, c'est à-dire entre le magnétisme et l'homœopatie ; mais elle attend bien impatiemment l'année prochaine, et quand on connaît la prophétie de *Saint Randgaire*, on n'a pas besoin de s'informer pourquoi [1].

Madame la duchesse en est restée pour les idées politiques à l'année 1788, et ses opinions littéraires sont à peu près celles de la régence. Ses deux écrivains favoris sont toujours MM. d'Arnaud-Baculard et de Tressan : elle a donné pour étrennes à l'aîné de ses petits-fils, âgé de vingt-neuf ans, l'année dernière, un charmant exemplaire des *Épreuves du sentiment*, suivi des *Délassements de l'homme sensible*, avec des cartouches de Mayer et des reliures en veau écaillé. Comme elle est persuadée que la baronne de Staël et la comtesse de Genlis étaient plus ou moins démocrates, elle n'a jamais voulu lire une seule ligne de leurs ouvrages; elle vous dirait même à l'occasion qu'*elle n'est point faite pour cela.*

Les questions de généalogie, d'héraldique et de cérémonial sont à peu près les seules choses qui ne lui paraissent pas indignes de son attention, et vous pensez bien que lorsqu'on est dévote on ne répète jamais des *anecdotes*..... Cette bonne dame en est réduite à parler de quartiers chapitraux, de retraits linéagers et de fourches patibulaires. Elle est bien prévenue de l'importance et de la signification de la brisure en barre, ainsi que de la *diffamation* pour un aigle dépourvu de bec, et pour un lion qui n'a pas d'ongles, ce qui est toujours provenu, comme tout le monde sait, par la *dérogeance* ou la *forfaiture*. Elle a disserté pendant longtemps sur l'aigle impérial de Bonaparte, à qui les héraldistes révolutionnaires avaient tourné le *col à senestre*, ce qui faisait de ce malheureux aigle *un oiseau contourné ;* et ce qui signifie toujours bâtardise. Elle en triomphait (on est forcé d'en convenir) avec un air de malice infernale et de joie satanique.

C'était, il me semble, à la fin de l'année 1816 : la Duchesse douairière de Castel-Morard ayant eu la contrariété de se rencontrer chez un ministre du roi légitime avec je ne sais combien de sabreurs que cet autre soldat avait affublés du titre de duc, il lui prit une assez vilaine fantaisie, disait-elle, et c'était la curiosité de sa-

[1] X ann. post XXX ante festa nativ. Domini, prostratum viderat perversum et ultimum usurpatorem Lilia florescerunt in Gallia.

voir enfin quels étaient les noms de ces titrés plébéiens qui venaient d'être autorisés par la Charte, hélas ! à porter la même qualification que celle dont sa famille avait été décorée par le roi Louis-le-Juste. On accède respectueusement à sa requête, on se rassemble autour d'elle, et l'Almanach impérial aidant à l'ignorance de certaines choses, on finit par appliquer assez exactement chacun de ces duchés forains sur son titulaire impérial. Après une dissertation qui ne dura pas moins d'une heure et demie : « C'est bien entendu, nous dit-elle, et me voilà tout aussi bien apprise que « messieurs de Montesquiou. — Mortier, c'est Masséna ; Mme Ney, c'est Élisabeth de « Frioul ou de Carinthie, comme on dirait Éléonore d'Aquitaine et Blanche de Cas« tille ; enfin le général Suchet, c'est Montébello : je ne me souviens pas des autres « et je ne vous en demande pas plus. — En vous remerciant de votre complaisance « et pour votre érudition. »

Parmi les duchesses de l'ancien régime, il est bon de mentionner la duchesse héréditaire. Cette variété de la duchesse en expectative est nécessairement progressive, le plus souvent anglomane, et presque toujours *blue-stocking*. Tous ses valets sont poudrés comme des postillons de Longjumeau, et celui qui sert de valet de chambre est un véritable *groom of bedchamber*. Vous pensez bien que mesdemoiselles ses filles ont des gouvernantes anglaises? Elle ne veut parler qu'anglais, quoique sa mère et son mari n'en sachent pas un mot. Elle ne peut manger avec plaisir que de la *gibelotte-soup* ou de la *bread-sauce*, et son mari, qui est un bon Français, serait pourtant bien aise de lui voir manger des pigeons à la crapaudine ou des poulets en fricassée, de temps en temps ; mais il ne saurait obtenir qu'on lui serve du melon qu'au dessert ; et pour avoir la paix du ménage, il est obligé de le manger avec de la rhubarbe. On lui fait journellement, à cet excellent mari, du potage à l'anglaise, c'est-à-dire avec de l'eau, du poivre et du thym : il en gémit toujours et ne s'en irrite jamais. C'est bien la meilleure pâte de duc qui ait jamais été confectionnée sur une estrade et sous un ciel de lit empanaché.

Aussitôt que cette belle dame entend résonner les trois coups de cloche qui lui annoncent une visite, elle se met à lire un journal anglais, une gazette immense, et la conversation roule infailliblement sur le dernier bal d'Almaks et les *copieux* dîners du prince Louis Napoléon ; ensuite on s'entretient agréablement, et l'on disserte avec intérêt sur les paris de M. le comte d'Orsay pour la course au clocher de Sittingburn, ou pour les joutes de coqs au bois d'Epping. Quand vous n'êtes pas obligé d'écouter la lecture d'un article biographique ou littéraire de lady Blessington, vous êtes bien heureux d'en être quitte à si bon marché ; ne vous plaignez donc pas, et surtout n'accusez jamais qui que ce soit d'*anglomanie*. C'est une indigne expression qui vous ferait un tort affreux. On assimilerait cette accusation barbare à tous les actes de la méchanceté la plus noire et de la brutalité la plus odieuse. Apprenez qu'un jeune homme est *disréputable* et presque déshonoré quand il n'est pas membre du Jokey-Club de Paris, où il est formellement prescrit de ne *jamais parler que de filles et de chevaux*. Ne prenez pas ceci pour une moquerie ; c'est un des principaux règlements de cette agréable et spirituelle agrégation. Cette charte prohibitive est toujours affichée dans le *great groom*, ou grande salle du club. Si vous voulez parler politique ou discuter sur la littérature, allez dans la rue. On n'a pas besoin d'être établi si confortablement et si fashionablement pour s'occuper de ces choses-là !

Il est sous-entendu que dans les salons de la duchesse, qui sont toujours pleins d'*english ladies*, il y a force commérages, et n'était que je suis la trente-trois millionnième particule homœopatique de la nation *la plus polie de l'univers*, je pourrais faire observer que dans une maison qui est remplie d'Anglaises il y a toujours des tripotages à n'en pas finir.

Lorsque la duchesse en question veut aller prendre l'air au bois de Boulogne, sa voiture est soigneusement garnie d'un pupitre avec un encrier, des *Perry-penn's*, un buvard et du papier à larges vignettes. Elle est toujours encombrée de brochures et de livres cartonnés, de Keepsakes, de Landscapes, et surtout de *Quartely-Review's*. Vous savez que c'est l'abonnement à cette revue qui témoigne évidemment la *fashionability* la plus exquise, et la *right-honourable* lady Blessington a dit, je ne sais plus où, que *le Quaterly-Review* était l'*idéal de la civilisation progressive*.

Lorsque la même duchesse entre dans un autre salon que le sien, il arrive parfois que certains dandis profèrent sourdement *blue-stocking*, bas bleu, *blue-stocking*... et leur physionomie nébuleuse a l'air de s'animer par une expression de malice un peu discourtoise. Nous devons ajouter que cette dame, à qui l'on applique avec plus ou moins de convenance et d'équité l'épithète de *blue-stocking*, n'en porte pas moins des bas blancs. Voilà le seul rapport qu'il y ait entre cette femme supérieure et les femmes vulgaires, entre une duchesse qui étudie le chinois, et des bourgeoises de Paris qui lisent Paul de Kock.

Nous avons à signaler la Duchesse de Blancimiers, la femme politique et belliqueuse; la royaliste enthousiaste, impétueuse, incandescente; une femme de lignage héroïque, et dont la septimaïeule assistait au combat des XXX Bretons sous les châtaigniers de Ploërmel, en 1351. Je ne vous dirai pas si c'était en qualité de bonne amie, de bonne d'enfant, de sœur de lait, de nourrice ou d'institutrice du jeune Beaumanoir, car c'est un détail de biographie qui n'a jamais pu s'éclaircir à ma satisfaction. Je ne conteste pas qu'elle fût sa parente ou sa marraine; il est vrai que les historiens bretons n'en disent rien du tout, mais je n'ai pas l'envie d'avoir une affaire avec sa petite-fille au huitième degré, qui est Baronne de Kergumadec-en-Penthièvre, et laquelle est toujours *Maréchale héréditaire* du pays de Cornouailles, au mépris de cette foule d'injonctions révolutionnaires appelées *décrets de l'assemblée constituante*, et en attendant le retour de qui vous savez?... Vous voyez que je me soumets aux lois de septembre avec une docilité parfaite.

La duchesse de Blancimiers a pris—BEAUMANOIR, BOIS TON SANG, pour son cri de guerre : elle ne s'embarrasse aucunement de la vie des autres et n'attache pas la moindre importance à la mort d'un homme. Je vous assure qu'elle accable de son mépris et qu'elle abreuve de son aversion tous ceux qui la laissent dire et qui ne veulent pas aller se faire tuer sans savoir pourquoi? La duchesse de Blancimiers est légitimiste à la façon des temps gothiques : c'est tout à fait *la Syrène-aux-meurtrières* et *la fée Machicoulis* dans Palmérin d'Olive ou Lancelot du Lac. Quelquefois elle établit résolument de jeunes Vendéens dans sa vieille tour d'Auvents, sa châtellenie du Mazuret et autres Pénissières, avec des cocardes blanches et quelques fusils détraqués. Un autre jour, elle envoie tous ses jeunes-France dans la rue des Prouvaires, avec autant de prévoyance et d'habileté que de charité. On les assomme, on les fusille, on les mitraille, on les hache en pièces; mais quand il en est réchappé quelques-uns, de ces braves garçons, et lorsqu'ils ont été condamnés à mort par contumace, ou qu'ils sont enchaînés au fond d'un bagne en réalité, savez-vous ce que fait cette généreuse personne? — Elle fait parvenir à chacun de ces pauvres bannis et ces honnêtes galériens une bague de cuivre jaune avec une estampe représentant l'Archange saint Michel qui tient le pied sur le ventre au coq gaulois, ce qui doit être un fameux dédommagement pour eux? Il est pourtant bon d'observer que ces anneaux florentins ont été ciselés par Mademoiselle Félicie de F..... et que chacune de ces bagues de cuivre est un véritable chef-d'œuvre en style de la renaissance.

Nous avons aussi la duchesse-artiste, qui se croit peintre en paysages, et qui ne fait que des tremblements de terre à l'aqua-tinta. Elle est censée bonapartiste, libérale, et même elle se croit obligée d'être un peu philippiste, attendu que son père était chambellan de madame Élisa Bacchiochi. *Abyssus abyssum invocat,* avait dit le Roi prophète. Voici la liste et le catalogue raisonné de plusieurs dessins que cette femme à talents a fait soumettre au jury pour l'exposition de cette année. On y reconnaîtra le beau style et l'estimable rédaction qui distinguent toujours les livrets élaborés et débités par la direction du Musée royal.

N° 1. — Une vue prise au bois de Boulogne, du côté de la mare d'Auteuil, ainsi qu'on s'en aperçoit aisément à la vigueur des plantes et la beauté du paysage.

N° 2. — Étude ayant pour objet la nouvelle maison des Singes au Jardin-des-Plantes. *Croquis à la mine de plomb.*

N° 3. — Perspective de la Grande-Rue, à Vaugirard. *Lavis à l'encre de Chine, au bistre et à la sépia suivant la méthode anglaise. Aquarelle non terminée.*

N° 4. Esquisse de l'obélisque de Louqsor, autrefois Luxor. (Le fond de monolithe est au crayon rouge, et les hiéroglyphes y sont indiqués à la gouache, avec de l'orpin.)

N° 5. — L'intéressante et innocente famille du général M..., trouvant dans un bosquet un oiseau mort sur un banc. (Les figures sont de M. Tancrède Mitron.)

N° 6. — Une vue du canal de l'Ourcq, au soleil couchant. (L'édifice à gauche est la grande et superbe factorerie de MM. Prestel et Napoléon Godard, fabricants d'oignons glacés pour colorer les bouillons à l'usage des petits ménages.)

D'après les ébauches et les croquis dont le jury d'exposition nous accorde la jouissance, on devait nécessairement accorder les honneurs du Louvre à ceux de la duchesse; mais ils n'ont pas été placés dans leur jour, assez favorablement. Elle en veut terriblement à M. Cayeux, le malheureux homme! et c'est toujours à lui que tout le monde s'en prend dans les déconvenues, les mécomptes et les accidents qui suivent naturellement une exposition. Eh! mon Dieu, je ne dis pas qu'il ait été bien appris, M. Cayeux; je veux bien accorder qu'il ait besoin d'acquérir du savoir et de la politesse; mais il ne s'ensuit pas que ce soit un fléau du ciel, un ours hydrophobe, un Gilles de Raiz qu'il faudrait étouffer entre deux matelas, et d'ailleurs je ne puis pas supposer qu'il ait assez de crédit pour opérér tous les maux dont on l'accuse; enfin je ne suis pas de ces gens qui crient contre M. Cayeux; il est immédiatement au-dessous du comte de Forbin, dans la direction du Musée, et je maintiens qu'il est parfaitement bien à sa place. Je reparlerai des aristarques du Louvre dans un article *ad homines*. On voudra bien prendre garde à la duchesse de Sang-Mêlé... Mais en voilà bien long sur les dames de l'ancien régime, et nous avons à parler de celles qu'on appelle habituellement les duchesses de Bonaparte.

Il y a de ces notabilités de la république et de l'usurpation qui s'empoisonnent en mangeant, non pas des croûtes aux champignons comme la princesse des Ursins, mais de la soupe aux haricots, tout uniment. Il y en a qui s'embarquent avec tous leurs enfants pour aller faire une visite à lady Stanhope, à deux pas d'ici, du côté des ruines de Palmyre; il y en avait qui faisaient de la contrebande sur le tabac à fumer et sur l'eau-de-vie de pommes de terre; il y en avait aussi qui faisaient des livres en dépit du sens commun; mais nous n'écrivons pas sur des exceptions, et nous allons rentrer dans les généralités de l'espèce.

Le type des illustrations révolutionnaires, c'est-à-dire la véritable *duchesse de l'empire*, est une bourgeoise qui dit continuellement *la Reine ma Tante*, et qui pourrait dire *mon grand-père le marchand de bas*. On l'appelle ordinairement la duchesse de Gertrudembergh, princesse du Danube, et comme le Danube est une principauté qui n'a pas moins de cinq cents lieues de long sur vingt toises de large, il y a plusieurs souverains qui ne veulent pas admettre la titulature de cette princesse. La diète de Francfort et le gouvernement prussien lui contestent, primo, son titre ducal et territorial. M. de Munch-Billinghausen, président de la diète germanique, a déclaré que ce serait un protocole exotique, anarchique, inadmissible; et M. le prince de Metternich, Wynebourgh et Rudolstadt, a semé par là-dessus force plaisanteries allemandes; c'est-à-dire les plus jolies choses du monde. La Russie, l'Autriche et la république de Cracovie ne veulent pas reconnaître son titre fluviatile, en disant que c'est une qualification ridicule; enfin, parmi les riverains du Danube, il n'y a que le grand-turc qui ne lui refuse pas sa récognition; ce qui est encore une preuve de la résignation du sultan. — *Allah-Akbâr!* a dit le Père des Croyants, — *le fleuve Danousbi n'en afflue pas moins dans les mers Sultanes.*

Vous pensez bien que la duchesse de Gertrudembergh ne saurait aller à Paris chez les ambassadeurs de Prusse ou d'Autriche, et c'est la même raison qui l'empêche de voyager en Allemagne et en Italie, où du reste il est absolument ainsi pour ses deux amies, les duchesses d'Orviette et de Bergamasco. Vous me direz qu'elles pourraient esquiver bien aisément une pareille interdiction diplomatique en prenant leurs passeports; mais c'est qu'elles ne veulent pas condescendre à voyager *incognito* sous leur nom de famille ou celui de leurs maris : — Pourquoi voudriez-vous donc qu'on se fasse nommer *Couture* (*de la Manche*), ou *Pholoé Colin née Tampon,* quand on est duchesse d'Orviette! l'Empereur y avait mis bon ordre; mais patience! et quand son neveu sera Président de la république, vous verrez comme on s'en revanchera sur les Autrichiens!

Vous pensez bien aussi que la duchesse de Gertrudembergh, née Tautin, n'a pas eu le bonheur de conserver son majorat de cinquante mille écus de rente, majorat que S. M. l'empereur des Français avait institué pour son mari dans la Prusse rhénane, et qu'il avait établi sur les domaines du roi de Prusse, *à perpétuité,* bien entendu. — Comprenez-vous, de la part du roi de Prusse, un pareil déni de justice, un pareil mépris du droit aristocratique et des décrets napoléoniens? Si l'on en croit le jugement désintéressé de cette illustre veuve, le roi de Prusse est un scélérat comme on n'en vit jamais! Quoiqu'elle ait perdu son majorat en Westphalie, elle n'en a pas moins conservé cinq à six millions de fortune acquise en dotations gratuites, et tout le monde a pu remarquer qu'elle n'en brille pas moins par les illuminations de sa porte cochère au jour de la Saint-Philippe et autres bouts de l'an du juste-milieu. La duchesse de l'empire est essentiellement amie de tous les ordres de choses qui ne rappellent rien de l'ancien régime. Elle se décide toujours en politique au moyen d'un calcul infiniment simple ; la seule règle de sa conduite est d'approuver et d'adopter tout ce qui doit affliger les légitimistes et tout ce qui peut contrarier le faubourg Saint-Germain.

La duchesse du nouveau régime est merveilleusement ignorante, mais en récompense elle a beaucoup de morgue et peu d'esprit. — Lorsque nous disons que les duchesses de l'empire ignorent beaucoup de choses, il est bon d'appuyer cette observation sur un document irrécusable. — Une de ces dames se croyait en droit de reprocher à Napoléon d'avoir compromis ses partisans par son opiniâtreté belliqueuse. « Il a si bien fait, disait-elle, que nous voilà complétement ruinés, déchus, abîmés « et comme anéantis par suite de son entêtement et de sa manie guerroyante. Et « pourtant nous savons très-bien qu'il aurait pu se tirer d'affaire et nous aussi ; car « enfin, tout en perdant sa couronne avec son titre d'empereur, il aurait obtenu des « conditions superbes; et les Bourbons avaient si grand'peur de lui, qu'il aurait été, « s'il avait voulu, CONNÉTABLE DE MONTMORENCY. »

En regard de ces notabilités singulières, étranges, on a presque dit de ces illustrations grotesques, on pourrait opposer la monographie d'une jeune et charmante duchesse, une élégante et brillante personne à qui son beau titre sied à ravir, on en conviendra sans difficulté dans tous les salons de Paris. Cette jeune femme a tout l'éclat d'un joyau gothique avec la grâce et la simplicité d'une fleur des champs ; mais vous voudriez peut-être savoir si c'est une duchesse de l'ancienne noblesse ou de la nouvelle aristocratie, et voilà ce que je ne saurais vous dire, attendu que je ne m'en suis pas informé. Vous savez bien qu'en présence de certaines personnes il ne vient jamais aucune idée de cette nature, ou pour bien dire de cet ordre conventionnel. La beauté, l'intelligence et la dignité modeste, l'aménité bienveillante et la douce vertu priment naturellement sur tout le reste. — *Est-il plus avantageux d'avoir de la naissance, ou d'être tellement distingué que personne ne songe à demander si vous en avez?* C'est une question que se faisait La Bruyère ; et je ne vois pas que la doctrine humanitaire ait fait dans la société française un immense progrès depuis l'année 1690?

M. DE COURCHAMPS.

LAVIELLE

LE MÉDECIN.

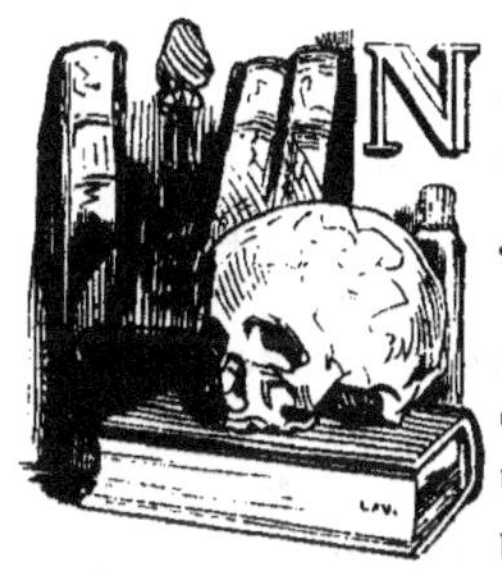

Ne pas croire au médecin, cela est permis ; douter de la médecine, c'est marcher sur les traces de don Juan, mais dans un siècle aussi positif que le nôtre, le scepticisme ne saurait aller jusque-là.

Il y a pour le médecin une époque problème : muni du diplôme, il n'existe qu'à demi, la médecine est sa première croyance, mais il ne suffit pas d'avoir un titre pour se croire une position. Le client étant un mythe, le genre humain paraissant se porter à merveille, on serait tenté de se faire astronome en attendant; quoi qu'il en soit, on débute.

Le médecin qui débute va voir le député de son département ; soigner les débuts d'un jeune médecin et se faire traiter par lui est pour l'homme du Palais-Bourbon une clause tacite de son mandat, la Chambre des pairs reçoit les médecins tout formés avec les projets de loi des mains de sa cadette. Puissamment recommandé, en outre, à un confrère fort en clientèle, le médecin qui débute lui rend une visite, il en reçoit un malade à titre d'encouragement, bien entendu qu'il doit le guérir dans l'intérêt de l'espèce; il n'a garde d'y manquer dans celui de sa réputation. C'est la route battue, l'idée qui vient à tout le monde, ces précautions parlementaires tiennent au début ; le succès tient à autre chose. Il suffit d'user des procédés reçus pour être médecin, mais pour être célèbre, il faut avoir une méthode à soi.

Faire son chemin à pied quand on a la renommée pour but, c'est vouloir arriver tard, ou plutôt n'arriver jamais ; on prend donc une voiture. On avait un habit neuf, on s'adjoint un paletot ; on habitait un troisième, on monte au premier. C'est une avance sur la clientèle à venir; les malades ne vous prennent qu'à moitié chemin. On fait meubler un appartement splendide et l'on accroche dans son cabinet la gravure d'*Hippocrate refusant les présents d'Artaxerces* afin de pouvoir dire avec conscience : Il y a chez moi du désintéressement.

Vous n'êtes pas connu; c'est un avantage : on a tout à gagner du moment que l'on n'a rien à perdre; les malades attendent la santé de même que vous attendez... la maladie. Ce que d'autres oseraient à peine tenter de peur de compromettre une réputation, on l'exécute de sang-froid pour faire la sienne. A-t-on peu de malades; c'est le moment de concentrer tous ses soins sur un seul, de suivre son idéal, si on en a un en médecine, de se montrer le médecin modèle. Celui-ci arrive à heure fixe; il reste près d'un quart d'heure chez ses clients, s'informe de la qualité des remèdes, se fait exhiber les déjections plus ou moins louables, passe les nuits, au besoin pose les sangsues, suit une maladie à la campagne, et donne des consultations gratuites aux gens de la maison. Le médecin qui débute ne connaît aucune saignée qui lui répugne; parfois il se saigne lui-même, pécuniairement parlant. On vend une propriété pour avoir une clientèle; la clientèle est une propriété. On l'achète souvent toute faite. Un bon moyen de s'en créer une, c'est de supposer qu'elle existe; beaucoup de médecins commencent par être célèbres afin d'arriver à être connus. Faites réveiller vos voisins, que l'on vienne vous chercher à toute heure de la nuit au nom de telle duchesse qu'il vous plaira, prise dans le nobiliaire de d'Hozier; que la santé du faubourg Saint-Germain tienne, s'il se peut, à une de vos minutes; qu'une file de voitures armoriées stationnent devant votre porte; alerte! valets de pieds, chasseurs, livrées de toutes sortes; que l'on fasse queue devant chez vous, que l'on s'y égorge comme aux mélodrames : vous tenez déjà l'ombre, la réalité est à deux pas.

Le médecin affectionne la presse périodique, comme moyen de publicité et de diffusion. S'il parvient à fonder un journal de sciences médicales, chirurgicales, médico-chirurgicales ou chirurgico-médicales, c'en est fait, il a posé les fondements d'une renommée sans bornes, c'est pour lui le levier d'Archimède et la science ne saurait faire un pas sans sa permission; il n'existe pas de maladie qui n'ait paru dans sa gazette; les jeunes médecins recherchent son appui, les vieux le ménagent; tous le craignent; il est capable de donner la fièvre même à la Faculté.

Pensez-vous que le Dictionnaire des sciences médicales renferme tous les secrets de l'art? Un médecin homme d'esprit, fatigué d'attendre la clientèle, disons mieux, la fortune, se mit à planter des tulipes, elles réussirent à merveille; il eut bientôt une clientèle en pleine fleur, tout le monde voulut voir sa collection de tulipes; tout le monde sut qu'en fait d'horticulture M *** était un grand médecin.

Un autre doit sa renommée à une galerie de tableaux apocryphes, *authentiqués* par le complaisant témoignage de tous les hommes en réputation dans les quatre parties du globe, bienveillants et inoffensifs compères qui ont plus de génie qu'on ne pourrait le croire, ils font un Titien, un Raphaël à volonté. Un autre a collecté les médailles curieuses de l'antiquité, on le cite pour le goût et la pureté de ses objets précieux; rien n'est plus complet que sa collection. Aussi l'on ne peut parler de médailles antiques sans nommer le baron ***, docteur en médecine.

C'est surtout lorsqu'on a le plus de temps à soi, qu'il est le moins permis d'en perdre. Il est des cas où un médecin doit être ubiquiste ; le matin c'est à son hôpital, le jour chez les malades de la campagne, le soir c'est à une réunion de médecins qu'il doit être retenu. Sa consultation a dû retarder ses visites; il arrive tard dans son cabinet; la clientèle a ses exigences. Il ne prend rien aux pauvres pour commencer; il se contente de traiter des malades, afin d'avoir plus tard des clients.

La renommée marche d'abord au petit pas; survienne une épidémie, elle prendra la poste. Le choléra a fait quelques victimes, il est vrai, mais aussi que de médecins n'a-t-il pas créés! Beaucoup se sont improvisés médecins attendu l'urgence du fléau, l'humanité ignorait la veille qu'ils eussent un diplôme, tout Paris savait le lendemain qu'ils avaient une clientèle; il y eut à Paris quelques médecins de plus et quelques hommes de moins.

Ce sont les circonstances qui font les médecins, a-t-on dit souvent; il y a des maladies obscures, des sciatiques que l'on guérit *incognito*; groupées, elles représentent à peine un rhume d'élite. Lier une artère, fût-ce l'artère iliaque, à un pauvre dans un carrefour, c'est avoir fait beaucoup pour l'humanité, pour sa réputation peu de chose; mais une angine que l'on réussit chez une comtesse rétablit l'équilibre; tout se compense. Le médecin voit d'abord des sujets dans les hôpitaux; puis il fait des visites n'importe où; il examine la maladie quand il débute, il examine le malade quand il a débuté. Dans la première époque, « il n'y a guère à ses yeux que des réputations usurpées; les grands médecins sont des charlatans, le savoir est méconnu; la conscience est un empêchement; il se reproche d'avoir des scrupules; » a-t-il pris position : «Défiez-vous, dit-il incessamment, de ces jeunes gens systématiques, à qui la saignée ne coûte rien, qui vont tranchant à droite et à gauche toutes les questions et tous les membres qui leur tombent sous la main. L'expérience a prévalu, le grand médecin est seul digne d'être appelé. »

La consultation réunit d'ordinaire les deux rivaux : la jeune et la vieille école, c'est une position délicate, le jeune médecin a seulement voix consultative; le consultant jouit au contraire du double vote, et résout les questions que l'autre n'a fait que poser; l'accessoire l'emporte sur le principal. Le jeune médecin mandé le premier prend moins cher et guérit quelquefois. On a vu de grands médecins enterrer à grands frais leur client. Dernièrement un jeune médecin se trouva en face d'un professeur chez un riche malade, leurs méthodes étaient opposées, le jeune médecin était celui de la maison, l'autre avait pour lui l'autorité d'un grand nom. Le consultant blâma ouvertement le système suivi par son confrère, il fut écouté; le jeune médecin, éconduit; on lui demanda son mémoire le même jour. Le malade jouissait encore d'une apparence de santé. « Sachez bien une chose, dit le jeune médecin en remettant son mémoire : c'est que, tout professeur qu'est monsieur, son malade mourra cette nuit. » Le médecin fut repris par la famille : qu'avait donc fait son malade ? Il était mort. L'art proprement dit consiste à ne prédire qu'à coup sûr, à faire craindre bien plus qu'à faire espérer. Les malades qui viennent de loin mènent toujours loin leur médecin, croire beaucoup aux remèdes est un moyen d'imposer le savoir, des fièvres quartes ont été guéries par des pains à cacheter. Il n'y a que la médecine qui nous sauve.

Les philosophes et les médecins eux-mêmes affirment que la médecine use l'âme au profit du corps. Avant même d'être une sommité, un médecin est devenu profondément sensualiste; l'étude et la vue des souffrances, en lui donnant le moyen de les éviter, lui en ont rendu plus précieuse la jouissance; aussi excelle-t-il à user, tempérer ou développer tout ce qu'il est donné à l'homme d'en éprouver. C'est le médecin qui brûle lui-même son moka, qui choisit ses perdreaux truffés chez Chevet; c'est lui qui a inventé la salade d'ananas, la plupart des raffinements culinaires dérivent de la médecine. Quand l'humanité est au plus mal, le médecin nage dans les jouissances sociales. Sur le premier degré de l'échelle médicale est placé le médecin de cour, personnage multiple.—La cour a plusieurs médecins, l'habit à la française est placé en première ligne dans sa thérapeutique, il ne le quitte point tant que sa clientèle le retient dans le faubourg Saint-Honoré ou dans les riches hôtels de la Chaussée-d'Antin. Tout ce qui peut payer noblement veut être traité de même. Grâce au médecin de cour, l'anecdote de salon pénètre jusqu'au château, il ne dit jamais que la moitié de ce qu'il sait. Sa clientèle de Paris est toujours malade autre part, et on le consulte moins sur les maladies que l'on a que sur celles qu'il a dû guérir ailleurs; un mot de lui contient le bulletin des affections que l'on doit se permettre, ses ordonnances sont des ordres du jour. Quiconque n'est pas médecin de cour l'a été du premier consul, ou espère l'être tôt ou tard d'un dictateur.

Cette distinction se confond fréquemment avec celle du médecin professeur. Aucune existence que nous sachions n'est plus variée, plus complète, que celle du médecin professeur. Faire marcher de front les intérêts de la science et ceux de sa fortune, avoir une clientèle et un auditoire, être obligé de révéler mille secrets au nom de l'art, n'en laisser échapper aucun par égard pour ses clients, avoir sa popularité de professeur et sa renommée de médecin à faire fleurir l'une par l'autre, être profond à la Faculté, léger et superficiel dans un salon, tel est son rôle de tous les jours. Le médecin professeur possède, outre sa chaire, une clinique dans un hôpital; il est au moins chef de service. La douleur lui apparaît sous toutes les faces, hideuse et agonisante sur un grabat, coquette et parée dans le boudoir d'une femme élégante. D'un hôpital, ce purgatoire de la souffrance physique et morale, il passe dans un somptueux hôtel, Eden de la maladie. Cette vie si contrastée de Paris, il l'a sait tout entière, les tableaux les plus sombres de Ribeira sont à ses yeux une réalité, il connaît également les touches religieuses et mélancoliques de Murillo. Un palais et une léproserie, voilà le monde pour lui. Il est médecin dans son hôpital, sec, dur, brutal par nécessité; il est médecin de bonne compagnie près du lit d'une grande dame. Dans ses salles, le matin, il est roi; dans ses visites du soir, c'est une royauté constitutionnelle tout au plus.

Le grand monde possède encore dans le médecin des eaux une garantie pour ceux qui s'aventurent sur la foi des sites et des douches sulfureuses jusque dans le sein des Pyrénées. Le médecin des eaux part avec ses malades dès les premiers jours du mois de juin, il est chargé de procurer des eaux à ses malades, et des malades à ses eaux. Moitié administrateur, moitié savant, il a plus à faire que Moïse au sein du désert. La parole de celui-ci était commode; pourvu que les Hébreux eussent un puits, ils ne s'informaient pas si l'eau était plus ou moins carbonatée. Pour le médecin des eaux, l'analyse chimique le regarde; il est en outre chargé de l'hygiène du local. Les petites brochures se succèdent entre ses mains; il s'agit de prouver que sa fontaine est une piscine, et qu'elle l'emporte sur tous les filtres connus. Des gens ont la témérité de prétendre que cette place est une sinécure. Il est vrai que le gouvernement qui en octroie le brevet donne rarement les connaissances requises pour en faire usage, mais trouver un homme qui soit à la fois physicien, botaniste, géologue, chimiste et voyageur, n'est pas chose facile; on prend un homme politique, et tout est dit.

Quand on a le malheur de n'être rien par ses emplois ou par ses titres, on peut encore s'établir homœopathe, phrénologue, somnambule et magnétiseur. Le magnétisme a fait fureur dans ces derniers temps. Il suffit de quelques passes et de quatre feuilletons pour endormir son public. Quels prodiges n'a-t-on pas vus s'opérer par ce procédé? Un médecin s'improvisant, en famille, une réputation immense, il avait une fille qui lisait les yeux ouverts dans un livre ouvert. Sublime du magnétisme!

Le médecin des nourrices s'est voué à l'allaitement dès l'âge le plus tendre. Il prend la nature en flagrant délit de sophistication. Aucun lait n'arrive à l'enfant qui vient de naître sans avoir passé à son éprouvette, il répudie les nourrices suspectes, Amalthée elle-même n'échapperait pas à ses réactifs, les enfants au berceau lui doivent un médaillon d'encouragement.

Un médecin très-connu par des feuilletons de littérature sur la médecine et les sciences accessoires voulait absolument devenir médecin en chef d'un hôpital. La science était la seule chose qui lui manquait pour se présenter au concours. Il se mit à examiner au microscope le lait des nourrices; à l'aide d'un microscope on peut tout voir, disent les savants, même des emplois inaccessibles aux simples mortels. Notre alchimiste se flattait d'être au moins trouvé compétent pour les enfants en bas âge, n'ayant pas encore assez étudié pour traiter les grandes personnes; il lorgnait une place à la Maternité, battu sur ce premier point, il ne renonça pas à faire son chemin sur l'onde des infusoires qu'il avait aperçus. Il persuada au gouvernement de fonder une place d'inspecteur des nourrices. Le gouvernement se trouva n'avoir nullement besoin d'être éclairé sur l'allaitement, les *animalcules* restèrent pour le compte de leur inventeur; il cherche à les placer.

Dans quelle classe rangerons-nous celui qui se complaît dans les phénomènes de la nature anormale? Sa maison est un musée assez semblable au musée Dupuytren. La Vénus hottentote y donne la main à l'Apollon de Paris; un squelette type, un Quasimodo chevillé en laiton; l'embryon acéphale et le fœtus à trois têtes, Rita et Christina, une deuxième édition des frères Siamois se rencontrent dans son répertoire. L'espèce humaine est sublime et ridicule sous le scalpel de l'anatomiste. Il réunit les deux extrêmes et il occupe lui-même la région moyenne dans son muséum.

Laissons cet amateur passionné de la nature morte s'ensevelir prématurément dans son ossuaire, occupons-nous du médecin des pauvres. On n'est encore mort qu'à demi quand on a recours au médecin du dispensaire, il donne des soins à ceux qui n'en peuvent attendre que de l'humanité. La philanthropie a ses apôtres pour ne pas dire ses martyrs, escalader des maisons de tous étages, pénétrer dans des bouges quelconques, prescrire de la limonade citrique à ceux que des pains de quatre livres rétabliraient infailliblement, telle est l'ingrate mission du médecin philanthrope. L'administration doit les choisir jeunes pour les avoir sensibles, à force de s'attendrir, le cœur se pétrifie, le médecin se forme aux dépens de l'être sensitif; l'âme sympathique s'évanouit. Le corps n'apparaît plus que comme une matière plus ou moins organique que l'on traite indifféremment selon telle ou telle méthode; on fait de la médecine, la philanthropie n'est plus qu'une tradition.

De là naît le médecin qui est simplement médecin. L'égoïsme est le fond de son caractère, la demi-science qu'il possède l'a rendu matérialiste. Il ne croit que ce qu'il voit; sa haute raison ne lui permet pas d'en franchir les limites, sous peine de passer pour un homme crédule, d'une intelligence inférieure; cet amour du positif se formule en idolâtrie pour l'argent. Suivez un médecin depuis son entrée dans la carrière pratique, souple d'abord et insinuant, il prendra insensiblement le ton sec, tranchant, d'un homme dont la réputation s'augmente et dont la caisse s'emplit. Bientôt maître de sa clientèle et de son entourage, sa parole sera celle d'un maître; elle coûtera aussi cher que celle d'un procureur; la vie et la mort s'échapperont de ses lèvres selon son bon vouloir: mais il fera plus de cas d'un écu que d'un homme, l'argent sera le point de mire de toutes ses actions.

A cette époque, s'il n'a pas la croix, — et ceci est une grande question pour le médecin, si ses relations ne lui permettent pas de se faire décerner cette prétendue marque de mérite acquis, il l'achète ou la fait acheter; si le grand chancelier de la Légion-d'Honneur le rejette de son Eldorado, il a recours à quelque ordre équivoque qui se rapproche par la couleur de ses insignes du ruban si désiré, non qu'il y tienne comme à une distinction, mais parce qu'il voit un supplément de clientèle au bout d'un ruban.

Il y a des médecins dont la fortune est basée d'avance sur l'ignorance, l'aveuglement, la honte, que le vice inspire à ceux mêmes qui en sont atteints. La prostitution ouvre une plaie, ils l'élargissent. Vous croiriez qu'ils se cachent, que les antres ténébreux où ils attendent leurs victimes échappent aux yeux clairvoyants de la police. Ces entrepreneurs de cures secrètes escomptent au contraire la publicité; ils existent de compte à demi avec les afficheurs, les distributeurs d'adresses sur la voie publique, qui accostent les passants dans les carrefours, et toute cette nation fauve et avinée dont Robert Macaire est le patriarche. La publicité n'a pas pour le médecin-affiche de formes dégoûtantes: les piéges les plus grossiers sont ceux qui prennent le plus de monde. Il spécule sur un procès; quand la publicité l'emporte sur l'amende, c'est autant de gagné; le réquisitoire est une réclame pour lui. Il aurait fait sa fortune si tout le monde était informé qu'il a été condamné à quelques mois de prison, sans préjudice de ses mérites et qualités individuelles. Il sait ce que la condamnation rend chaque année et combien il gagne par jour à être en prison. Son exploitation ne se borne point aux limites d'une rue de Paris. Pour peu que son industrie ait prospéré, son hygiène se répand bientôt sur tous les continents. Ses correspondants reçoivent de sa main des spécifiques meurtriers, revêtus de sa signature anonyme. Le baume exotique revient quelquefois à sa source manipulé par lui. Un remède prohibé à Paris se vend en Amérique à l'insu des arrêts de la cour royale. L'homme-affiche est cosmopolite, il prend de l'argent de toutes mains et dans toutes les poches. Le Nouveau-Monde reçoit ses remèdes de l'ancien en échange du présent que celui-ci est censé avoir reçu de lui. Le médecin-affiche est logé avec un faste aristocratique. Comment croire qu'une société civilisée permette à un homme de s'enrichir à un métier infâme? Ce qui séduit est la richesse qu'il affiche; et l'on ne reçoit ses consultations qu'en comptant sur les lumières d'une police qui tolère sa coupable industrie.

Il y a dans toutes les professions le *fas* et le *nefas* qui distingue l'honnête homme du fripon. L'affiche est pour le médecin ce que le faux poids est pour le marchand. La loi n'atteint l'un et l'autre qu'imparfaitement; la morale doit faire le reste.

Veut-on concilier une médiocre fortune avec de légitimes scrupules et d'hyperboliques difficultés, — tout le monde n'a pas le moyen de se ruiner pour faire sa fortune, — on cherche un emploi; il y en a même en médecine.

On peut être médecin d'un théâtre sans cesser d'être médecin. Là, on doit constater jusqu'à quel point une toux peut être légale. Le médecin d'un théâtre est le juge officiel des inflammations plus ou moins aiguës, toujours instantanées, qui surviennent aux actrices privilégiées même le jour d'une première représentation. Il est à peu près impossible de lui donner le change sur une gastrite ou sur une entorse; les premiers sujets y perdent leurs séductions. Le médecin du théâtre est un lynx pour les maladies imaginaires. La prima donna déteste le médecin, qui l'oblige de temps à autre à se bien porter. Aussi a-t-elle toujours dans ses bonnes grâces un jeune docteur choisi par elle pour plaider la migraine contradictoire. Hors de ses fonctions, le médecin du théâtre est parfaitement galant; il est rare pourtant que ses prévenances dépassent pour les simples choristes la pâte de Regnault.

Le médecin d'une compagnie d'assurance est chargé de constater l'entité physique, la parfaite intégrité corporelle des remplaçants soumis à son examen. Il doit se montrer plus sévère que la loi-même, le gouvernement étant plus méticuleux pour un remplaçant que pour un simple soldat. Qu'est-ce que l'homme, physiquement parlant? Demandez à ce médecin : ceux qu'il accepte peuvent dire avec vérité : « Je suis un homme ». Saint Pierre n'est pas plus difficile sur le choix des âmes que le médecin de recrutement sur l'admission des maréchaux de France. Le médecin des vivants a son antipode dans son confrère le médecin des morts. Celui-ci n'est appelé que pour s'assurer de la non-existence de ses clients. On éprouve le besoin de vivre pour ne pas recevoir sa visite, car il donne des visas pour l'autre monde, le moindre symptôme d'existence rend son ministère inutile. Les décès, les inhumations se font par son ordre. Enfin on ne meurt pas sans sa permission. Le médecin des morts est gai comme un catafalque, vêtu de noir des pieds à la tête, il existe comme garantie pour les vivants et les morts, les collatéraux lui doivent des remerciements.

Parmi ceux que la Providence veut affliger, elle envoie aux uns une maladie, aux autres un médecin. Ayez un médecin pour ami, sinon un ami pour médecin : il aura le courage de vous mettre tout de suite au courant des secrets de l'art, et de ne vous point trouver malade si vous n'êtes qu'indisposé.

De nos jours, le médecin doit être ambidextre. Il a perdu de ses préjugés aristocratiques, qui ne lui permettaient pas d'être confondu avec un chirurgien, ou plutôt le chirurgien a acquis ces connaissances internes qui l'élèvent au rang de son confrère, il pratique la percussion ; en Angleterre, un médecin laisse mourir un de ses amis frappé d'apoplexie à ses côtés, pour ne pas se déshonorer... en le saignant.

Depuis que les croyances sont affaiblies, le médecin et le notaire semblent avoir hérité de la société. Ce que l'on n'avoue plus au prêtre, la souffrance oblige de le confier au médecin, ou l'intérêt le fait dévoiler au notaire ; le médecin est le dépositaire forcé des mystères de l'alcôve, du boudoir et des affections intimes, confident obligé de toutes les faiblesses, il élève sa profession en sauvant l'honneur des familles, le secret de la confession est devenu celui de la médecine. Le médecin assiste à la naissance ; pendant la vie est-on jamais sûr de pouvoir s'en passer? Aussi, après celui de se bien porter, il n'est pas de plus grand bonheur au monde que d'avoir un bon médecin.

L. Roux.

LA FIGURANTE.

On sait que de tout temps en France le soleil de la rampe a ébloui bien des grands yeux noirs et bleus, et fait tourner bien des jolies têtes. Quand même Watteau, le peintre des amours mignards, ne nous aurait pas laissé quelques silhouettes des nymphes d'Opéra d'autrefois, gracieux lutins qui abandonnaient la solitude de leurs comptoirs pour aller se mêler aux magies de la scène, personne cependant n'ignorerait que, dès 1770, peu de jeunes filles de la classe ouvrière savaient résister au désir, allumé en elles comme une fièvre, de se produire en public, au milieu des pompes d'un chœur ou des splendeurs d'un ballet.

Loin de s'éteindre avec le temps, ce délire enthousiaste n'a fait que prendre de jour en jour plus de développement. On comprend que cela devait être, à Paris surtout, où l'art dramatique accapare presque à lui seul l'empire de la vie sociale. En effet, tant de séductions, tant de ressources, tant d'attraits d'un charme tout-puissant ressortent du théâtre moderne, que rien n'est facile à concevoir comme cet éveil donné à toutes ces petites et folles ambitions.

Ainsi il est un rêve rose et doré qui poursuit sans cesse une classe nombreuse de jeunes filles du monde parisien. Je veux parler ici de celles qui naissent dans la soupente du portier aussi bien que de ces groupes d'oisillons jaseurs, jolies recluses des magasins de modes, qui, penchées matin et soir, comme Pénélope, sur un métier de gaze et de rubans, sont pour ainsi dire condamnées à un travail sans fin. Lorsqu'après les longs labeurs de la semaine, elles rentrent le dimanche dans leurs mansardes, en proie aux émotions d'un drame à grand fracas ou d'un vaudeville lugubre, c'est ce rêve qui les endort; il voltige, en se jouant, autour de leurs paupières; il les enchante et les fascine. Les riches vêtements, le manteau de reine tout étoilé de paillettes, les chlamydes grecques à la queue traînante, les robes lamées d'argent, les perles dans les cheveux, les pendants d'oreilles, les colliers de diamants, les anneaux de topaze, cette blancheur si nette de la peau que ne se refuse aucune actrice, les babouches de soie et de velours, tout cet appareil féerique brille à leurs yeux comme un mirage. On dirait qu'à ces heures-là la reine Mab de Shakspere leur apparaît toute souriante, sur son char étincelant de pierreries.

Les pauvres petites! elles se voient applaudies, couvertes de fleurs, comblées de caresses, redemandées avec transport ; elles jouissent des désirs qu'elles inspirent, elles sont fières de la beauté dont on les loue. Encore si ces songes décevants devaient s'arrêter là !

Mais tout en accomplissant leur tâche, quand, l'aiguille et les ciseaux à la main, elles causent en brodant à la manière des filles de Minée, chacune d'elles répète les couplets qu'elle a entendu chanter. Toutes jouent un rôle dans cette comédie pour rire; on essaie sa voix, on se façonne peu à peu aux allures de la scène; on récite les tirades qu'on a vu applaudir avec le plus de frénésie. C'est une parodie sans fin, une sorte de lutte en même temps. De là à formuler des désirs, la transition, comme on pense, ne saurait se faire longtemps attendre. D'ailleurs, comme si ce n'était pas encore assez de toutes ces aspirations jetées aux vents, on se conte à l'oreille les mille fables séduisantes qui circulent dans la foule sur l'avancement inouï de toutes les déesses théâtrales du jour. On n'oublie jamais de se dire qu'avant ses triomphes de l'Académie royale de musique, où ses beaux yeux seuls l'ont conduite, mademoiselle *** a été couturière. Pour mademoiselle ***, elle a été modiste tout uniment; mademoiselle ***, pis que cela, et mademoiselle *** encore pis.

Voyez maintenant combien le sentier des illusions devient glissant une fois qu'on est engagé sur cette pente rapide. Il n'est alors aucune prétention, si exagérée qu'elle soit, que les pauvres enfants ne se croient en droit de former. Après ces préliminaires obligés, quelques jours se passent pendant lesquels on prend en dégoût le travail du magasin. Les fanfreluches sont négligées, on n'est déjà plus au fait des modes. Bientôt tous les ustensiles du métier sont jetés de côté avec abjection; puis, tous les dimanches, l'oiseau parvient à s'échapper de sa volière pour s'enrôler, de dix heures du matin à trois de l'après-dînée, parmi les élèves dramatiques de M. Saint-Aulaire. Il n'y a plus moyen de se dédire : on a un théâtre, un genre, un répertoire à soi; on joue devant un public qui applaudit plus souvent qu'il ne blâme. Rien n'empêche de croire qu'on est de première force dans les confidentes de la tragédie voltairienne, ou dans les Madelon délurées de la comédie de Molière. A présent, on est de taille à oser bien des choses, à tenter bien des essais, dont le moindre sera de solliciter auprès d'un directeur la faveur d'un prochain début. Inutile d'ajouter que, dès la première vue, on sera engagée avec empressement à faire partie.... des figurantes.

Figurante! C'était sur toute autre chose qu'on avait compté. Figurante! c'est-à-dire dame de chœurs, condamnée à d'obscures pirouettes ou à des monosyllabes fugitifs dans les chants, quelle coupe d'absinthe à vider jusqu'à la lie! N'importe. Il faut bien commencer par quelque chose. On est figurante ce soir, demain on sera peut-être prima-donna. Mon Dieu ! on a vu cent fois de ces miracles-là.

Pauvre fille! elle ne cesse jamais d'espérer. Qu'on se garde de croire qu'elle fera désormais le moindre effort pour avancer d'un pas. Tout humble qu'il soit, ce rôle de comparse satisfera longtemps tous ses désirs.

Afin d'obéir autant qu'il est en elle à la tradition, la figurante n'oublie jamais d'avoir un nom doux comme le miel, blanc comme le lait. On sait que par les baptêmes qui courent aujourd'hui au théâtre, c'est une chose de la plus haute importance que de bien se nommer. En ceci, les choses ont été portées à un tel point que les nomenclatures du calendrier sont devenues insuffisantes. Avant donc de faire son choix, la figurante met à contribution toutes les héroïnes de romans à sa connaissance. Elle cherche, elle s'informe, elle fouille dans tous ses souvenirs, elle s'interroge longtemps. Cela fait, elle conclut à s'appeler au choix Paméla, Maria, Cœlina, Flora, Indiana, Emma, Lélia, Lucy, Héloïse, ou même tout cela à la fois. Plus tard, dans quelque soirée solennelle, au milieu des causeries d'un entr'acte ou d'un triomphe de foyer, elle recevra de ses camarades un sobriquet caractéristique comme *Bel-OEil, Bouche-Rose* ou *Fine-Oreille,* petit appendice qui, pour n'être pas son appellation réelle, n'en deviendra pas moins le nom auquel on l'habituera à répondre.

Au jour de son début, la figurante a dix-sept ans, quelquefois plus, rarement moins. La première fois qu'elle se produit en scène, bien des jumelles d'habitués se lèvent à son approche pour s'assurer si elle est blonde ou brune, pour voir si elle a de grands yeux, voilés de longs cils. Le plus souvent la friponne a bien d'autres trésors vraiment à étaler devant les sultans de l'orchestre : c'est une bouche mutine, un petit bras rond, une petite main, un petit pied et bien d'autres richesses encore!

On la trouve jolie; c'est déjà bien, mais ce n'est pas encore assez. Tous ces avantages ne lui serviraient pas à grand'chose, s'il ne lui était pas loisible de les mettre en évidence. Être belle, voilà sans doute une excellente raison de succès; être intelligente, c'est-à-dire vive, enjouée, sautillante, mobile, avoir l'œil en coulisses, la taille bien dégagée, la jambe tendue, voilà mieux que l'espoir du succès, voilà le succès certain. On sait qu'il consiste pour la figurante à s'avancer toujours la première, soit qu'il s'agisse d'une ronde villageoise, soit qu'il faille simuler au naturel un cercle de bourgeoises endimanchées. Pour se conquérir cette place au premier rang, il n'est pas de petites luttes qui lui fassent peur. Tous les artifices de la coquetterie, un châle plus frais, une bouche plus souriante, ces souliers si petits, ces bras arrondis sur les hanches, comme les anses d'un vase étrusque, les œillades assassines au régisseur, les coups de langue sur le compte des beautés rivales, un baiser par-ci, une complaisance par-là; rien ne lui coûte pour obtenir le droit de marcher en tête. S'il le fallait, elle provoquerait, au besoin, une nouvelle épreuve du jugement de Pâris; de même encore rien ne lui semble aussi cruel que de se voir reléguer, de chutes en dégringolades, jusqu'aux derniers anneaux de la queue : on sait, en effet, qu'à ce point, la tête, si jolie qu'elle soit, devient imperceptible aux yeux du public.

Une chose qui n'est pas moins digne de remarque, c'est l'humilité de la figurante vis-à-vis des chefs d'emploi. On dirait de la soumission, si ce n'était mieux que cela, de la crainte. Une reine, une grande coquette, un tyran, la robe à queue, le sceptre de carton peint, la couronne d'or, exercent sur elle un pouvoir souverain : ils peuvent s'en servir pour un mouvement inattendu, rejeter quelquefois même sur elle, selon leur caprice, la mauvaise humeur que leur a causée la sévérité du public. La figurante est leur hochet. Qu'ils s'en amusent comme une pensionnaire de sa poupée, si cela leur fait plaisir : c'est un tonton d'une docilité extrême. Au lieu de se plaindre, elle regardera chacune des agressions dont elle sera l'objet comme un honneur insigne. On n'a pas oublié ce mot d'une figurante au bon temps de la Comédie-Française. C'était à la fin d'un entr'acte. En rentrant dans la coulisse, elle manifestait au milieu de ses camarades une joie inaccoutumée.

« D'où te vient donc tant de gaieté? lui demanda l'une d'elles.

— Ah! s'empressa-t-elle de répondre, c'est bien naturel : M. Saint-Prix vient de me marcher sur le pied! »

Bien que la figurante soit née dans les couches inférieures de la société, il arrive parfois, je ne vous dirai pas comment, mais cela arrive, qu'elle se trouve tout à coup posséder toutes les délicatesses du comfort. En ce cas, rien de ce qui fait, à Paris, la vie douce et heureuse pour les jolies femmes, ne manque à ses désirs. Cachemires, boas, riches écrins, cristaux, tapis, calèches, livrée, groom, tout ce qui séduit, tout ce qui enivre, elle accepte tout cela, sauf à se voir forcée d'y renoncer dans un temps prochain. D'habitude, ses bonnes fortunes sont rapides comme l'éclair; c'est tout au plus si elle a eu le loisir d'oublier un instant sa petite toilette d'autrefois : ce tartan rouge rayé avec lequel elle mourra, ses brodequins noirs, une robe d'indienne, un chapeau de satin passé et une chaîne en similor. Redevenir pauvre ne lui coûte pas beaucoup. Alors adieu au protecteur qui la combla de cadeaux. L'oiseau revient à son premier nid. Vive la joie que personne n'achète! Vive l'amour pour tout de bon, avec un flacon de Pomard ou une bouteille de blond Châblis! Fi des grandes parures qui asservissent! Tombent ces marabouts qu'il faut payer avec de menteuses caresses! Voilà le lit de plume, un peu dur, mais où l'on dort si bien! Voilà l'étroite mansarde d'où l'on avoisine les astres!

Pour la figurante qui reconquiert son indépendance, c'est toute une révolution à accomplir. Du premier étage elle grimpe au cinquième au-dessus de l'entre-sol, à deux cents pieds au-dessus du niveau de la Seine. C'est un peu haut. Bah! la coquette passe devant. Sa jambe est si fine! Que le ciel la protége!

Ce n'est pas qu'il faille tant la plaindre de cette libre misère. Une fois de retour dans sa cellule si proprette à la fois et si modeste, elle n'est pas en peine de se trouver du bonheur pour longtemps. Avec un oiseau chanteur, on trouve dans un coin de sa demeure une colonie de vers à soie qu'elle prend plaisir à élever de ses propres mains, et puis sous sa fenêtre s'épanouissent les plantes et les fleurs les plus aimables. Il y a là une petite forêt de roses qui la regardent d'un air amoureux; un pot de réséda jette ses aromes au vent. On y voit encore de rouges œillets aux parfums humbles et suppliants, et des clématites qui montent le long du mur jusqu'à elle, et font presque irruption dans sa chambre, comme une idylle qui la poursuit. En regardant bien, vis-à-vis un petit fichu de Baréges suspendu à la croisée en guise de rideau, on trouve encore une guitare castillane, à l'aide de laquelle la pauvre recluse module les cantilènes de Mlle Loïsa Puget, ou les romances échevelées d'Hippolyte Monpou.

Cependant, comme, à son gré, il n'est rien au monde d'aussi ennuyeux qu'une existence solitaire, il arrive une heure où elle s'arrange de façon que son monologue soit toujours interrompu. L'ange aux formes humaines qui doit lui donner la réplique est commis marchand dans un magasin de nouveautés, et passe immanquablement pour son cousin, comme cela se pratique dans les vaudevilles du jour.

Là ne se bornent pas les relations de la figurante. Indépendamment de l'habilleuse et de la fleuriste du théâtre, elle compose encore sa société des Taglioni en herbe des Funambules et des Dorval en espérance, qui s'exercent tous les quinze jours à hurler le mélodrame à la salle Chantereine. Au reste, elle est au mieux avec sa portière, à qui elle donne presque quotidiennement une foule de billets de spectacle sans droit. Elle n'a pas de cartes de visite, mais elle écrit sur sa porte avec de la craie :

*Mademoiselle ***, artiste dramatique,*
demeure ici.

On sait combien est mince la rétribution que la figurante reçoit de la caisse du théâtre : ce prix varie toujours de quinze sous à deux francs, mais il ne va jamais au delà. La figurante trouve que ce n'est pas assez pour les besoins les plus usuels de la vie. Aussi, pendant tout le jour, aux heures où elle est dispensée de s'ajuster le jupon de villageoise ou le béguin de la nonne, elle cherche de nouvelles ressources dans le travail. Abeille intelligente, elle picore partout. Malgré le levain de paresse native qui fait la base de son caractère, elle se plie à toutes les petites exigences de l'ouvrière à la journée. Tantôt elle lave, plisse, blanchit et ourle des cravates ; tantôt elle brode des bretelles et des calottes grecques pour les marchands de pacotille.

Généralement, c'est avec les économies qui proviennent de ce travail qu'elle va le dimanche dîner, monsieur son cousin sous le bras, dans les cabinets particuliers de l'Ermitage. Le festin de Balthazar n'est rien, comparé au luxe de ce banquet à deux têtes. Souvent, dans les transports d'une double ivresse, les deux amants s'oublient jusqu'à demander une omelette au rhum, suivie de l'indispensable bouteille de champagne. Qu'on s'imagine à quelles joyeuses extravagances elle s'abandonne alors. Il n'y a pas d'aimables folies dont on ne s'ingère : toutes les atrocités y passent ; on casse des piles d'assiettes, on chante des cavatines avec accompagnement de couteaux, et si aucune solennité de rigueur n'appelle au théâtre, on va terminer la soirée dans les mystérieux bosquets de l'Ile-d'Amour.

Mais aussitôt qu'elle remet les pieds dans ce sanctuaire qu'on appelle les coulisses, la figurante se révèle prude, affectant une petite moue vertueuse chaque fois qu'un galant s'approche trop de sa taille de guêpe. Il faut bien dire toutefois qu'elle ne garde pas la même rigueur envers tout le monde. Par exemple, bien loin de témoigner tant de rudesse aux faiseurs à succès, elle tourne au contraire tout autour d'eux, les suit sans cesse, les entoure d'agaceries, et leur dit souvent avec une adorable naïveté, tout en leur faisant un collier de ses deux bras :

« Mon amour d'auteur, ne me ferez-vous pas un tout petit bout de rôle? »

Alors, pour peu que l'auteur paraisse hésiter, elle le serre de près, le cajole, minaude, darde sur lui d'amoureuses œillades, et finit par mettre en jeu toute l'artillerie des séductions.

« Ne me refusez pas, grand homme, s'écrie-t-elle avec des larmes dans la voix ; j'en mourrais, d'abord. Chaque jour que Dieu amène, vous sacrifiez tout plein de belles choses à des mijaurées qui ne me valent pas. Tenez, je serai tout ce qu'il vous plaira. Commandez : c'est vous qui êtes le maître, moi, l'esclave. Voulez-vous une bacchante? Me voilà. Est-ce un vampire que vous désirez? Je suis prête. Si par hasard c'est une grande dame qu'il vous faut, voyez comme je remue l'éventail. Croyez-moi, les grisettes et les impératrices ne me sont pas moins familières. Allons! dites que vous finirez par me faire un petit rôle de rien du tout. »

Le dragon du jardin des Hespérides était plus facile à séduire qu'un auteur à succès. Dès longtemps blasé sur ces sortes d'émotions, le grand homme donne une petite tape sur la joue de la suppliante, et s'éloigne en disant : « Eh, mais, divine! je ne dis pas non, mais je ne dis pas oui non plus : nous verrons ça. »

Or, cette parole d'indifférence, la figurante la ramasse comme une pierre précieuse qu'on aurait par mégarde laissé tomber à ses pieds. C'est une promesse qu'elle réchauffe dans son sein comme une trompeuse espérance.

C'est qu'elle comprend combien il est avantageux de ne pas être confondue dans la foule et de paraître au premier plan. D'ailleurs, à mesure qu'elle avance en âge, l'incertitude de sa vie l'inquiète ; toute son ambition serait d'avoir au moins quelques jolis costumes à mettre, et assez de paroles pour être remarquée des loges d'avant-scène ; c'est là, en effet, que se tiennent les vieux généraux de l'empire, les banquiers célibataires, les Ulysses cosmopolites de l'hôtel des Princes, tous armés d'indiscrètes jumelles. Pour nous servir d'une expression consacrée dans le langage des coulisses, c'est en *faisant bien l'œil* de ce côté-là que la figurante parviendrait à retrouver toute l'existence dorée qu'elle a perdue après les beaux jours de sa jeunesse. Mais ce sont là autant de soupirs jetés dans les nuages. Auteurs et spectateurs, personne ne songe plus à elle.

C'est ici qu'il convient de laver la figurante d'un reproche injuste : on n'a pas craint de l'accuser d'ingratitude. La figurante ingrate! la figurante *mauvais cœur!* Voilà bien notre siècle qui ne respecte rien! « Aussitôt qu'un peu de bonheur vient luire pour elle, a-t-on dit, elle oublie ses parents, elle les méconnaît, elle les abandonne. » C'est une calomnie, pour ne rien dire de plus. Il est constant, au contraire, que le pauvre ange dépasse Antigone pour la piété filiale. Son père fait ses commissions, et elle le paie; sa mère cire ses brodequins, elle la paie ; elle porte ses billets en ville, elle la paie; elle fait sentinelle autour de sa vertu, et elle la paie plus que jamais. Personne n'ignore que ce n'est pas là une charge gratuite. Tant que la fille est belle, il y a de bons profits à recueillir. Outre que chacune de ses courses est payée, la mère trouve continuellement à glaner dans le ménage.

Elle reçoit de plus, comme une redevance naturelle, les gants fripés qu'elle saura bientôt remettre à neuf, les robes passées de mode qu'elle rajustera, le vieux tulle qu'elle rafraîchira, les vieux rubans auxquels elle rendra leur lustre, les vieilles pantoufles dont elle fera de ravissantes babouches. Et encore dans cette nomenclature ne sont point comprises bien des petites inutilités qui ne laissent pas que d'avoir une valeur : les épingles, les broches, les colliers, modeste joaillerie d'or apocryphe, les petits flacons, la porcelaine de Sèvres, la parfumerie, tous ces outils enfin dont on se sert pour entretenir la beauté fugitive et la jeunesse qui s'en va : précieux débris dont la mère remplit toujours une corbeille de revendeuse à la toilette.

Non, la figurante n'est pas ingrate. Celui-là s'en serait convaincu qui aurait vu ce qui se passait l'hiver dernier dans l'un des couloirs de l'Opéra. On donnait, je crois, *le Diable boiteux*. Une demi-heure environ avant que le rideau ne se levât pour le premier acte, une querelle des plus vives s'était élevée entre une ouvreuse et une petite comparse brune, charmant lutin appelé, autant qu'il nous en souvienne, *jambe-d'oiseau*, sans doute à cause de la finesse de son pied. Selon l'habitude consacrée parmi ces dames, on ne s'épargnait pas les vérités de part et d'autre.

« *Jambe-d'oiseau*, tu finiras mal, c'est moi qui te le prédis, s'écria à la fin le Cerbère en jupon : le moins qu'il puisse t'arriver, ma petite, c'est de monter un jour sur l'échafaud. Eh quoi? n'as-tu donc pas de honte? Tu as une lutécienne à tes ordres, et tu laisses dans la crotte ceux qui t'ont donné l'être! Tu vis grassement, ils manquent de tout. Ton respectable père, que fait-il, je te prie? Il vend des contremarques dans la rue. Quant à celle qui t'a nourrie de son lait, j'en rougis pour toi, elle en est réduite à faire des ménages!

— Halte-là, la vieille! interrompit tout à coup *jambe-d'oiseau*; pour le coup, c'est trop fort! Où prenez-vous qu'on ne soit pas *utile à ses parents* suivant ses moyens? Mon père ne peut pas souffler mot; le vieillard est heureux comme un poisson rouge dans un bocal; il a du tabac à discrétion et je l'habille en nègre chaque fois que je vais au bois avec mon petit vicomte. A preuve, qu'il vous fasse voir sa livrée de ratine jaune. Pour ma mère, c'est différent : j'en ai fait ma dame de compagnie. Digne femme! je m'arracherais le pain de gruau de la bouche pour le lui donner. Dites ensuite tant que vous voudrez qu'elle a soin de mon intérieur, je ne le nie pas; mais enfin qu'y faire, puisqu'elle le veut absolument, ce trésor? »

Revenons à la figurante que nous avons vue délaissée, pauvre, ou, ce qui n'est pas plus consolant, riche seulement des restes d'une beauté caduque. A cette heure néfaste, bon gré mal gré, il lui faut se résigner à vivre obscure et oubliée; il n'y a pas d'exemple qu'elle se fasse applaudir alors une fois au plus toutes les années bissextiles. L'apparition d'une comète présage qu'elle créera peut-être un rôle muet ou quelqu'un de ces accessoires connus sous la dénomination de grandes utilités. Au fond il lui serait à peu près impossible de faire autre chose que figurer.

Voilà les mauvais jours qui arrivent à grands pas.

Tandis que l'insoucieuse fée donne étourdiment tête baissée dans toutes les joies, son septième lustre sonne tout à coup à l'horloge du temps. Voici les années qui arrivent avec leur cortége d'outrages irréparables. Une soudaine transformation s'opère alors en elle. De pétulante que vous l'avez connue, elle devient bientôt triste, morose, taciturne, rêveuse. Pour elle, hélas! toutes les belles choses du passé se sont effeuillées à la fois. Elle, si svelte naguère, si déliée dans sa taille, elle prend de l'embonpoint; c'est maintenant une femme carrée par la base, sur le poids spécifique de laquelle on n'est pas d'accord. Comment se hasarder désormais sur les planches? elle les ferait craquer sous ses pas. D'ailleurs son larynx n'aurait plus de voix pour les douces modulations, et si ses lèvres essayaient de s'épanouir, ce ne serait pas un sourire, mais bien une grimace qui en résulterait. Elle a trente-cinq ans!

Elle a trente-cinq ans, c'est-à-dire ses dents ont jauni, ses ongles sont devenus bleus. Qu'on regarde maintenant combien sa jolie fossette disparaît sous le triple étage d'un menton légèrement barbu! C'en est fait, les roses de ses joues ont pâli. En même temps, un réseau de rides impitoyables sillonne tous les contours de son visage. On peut hardiment la placer parmi les anges dont M. de Balzac s'est fait le consolateur : elle a trente-cinq ans!

Trente-cinq ans, c'est l'heure de la retraite pour la figurante. Un matin elle sort du théâtre comme elle y est entrée, sans éclat, sans bruit, sans apparat.

Voilà comment, après avoir passé les plus belles années de sa vie à espérer la fortune et le talent, après avoir gaspillé en vraie folle toutes les occasions qui s'offraient à elle d'assurer son avenir, elle dit adieu à ces coulisses où, malgré tous ses efforts, elle a jeté si peu d'ombre. Elle devient alors concierge d'une actrice en vogue, à moins qu'elle ne préfère concourir pour être ouvreuse de loges dans un petit théâtre du boulevard.

Philibert Audebrand.

LAVIEILLE.

LES COLLECTIONNEURS.

A côté du grand palais de la Bourse, admirable monument façonné par nos architectes d'aujourd'hui, au moyen d'un patron grec, de papier à calquer et de beaucoup de maçons et de tailleurs de pierres, se trouve un plus petit palais, que l'on prendrait volontiers pour une laide maison si des affiches ne vous annonçaient que cette maison est le palais des ventes opérées par messieurs les commissaires-priseurs. Or, dans ce palais de messieurs les commissaires-priseurs, tout se met à l'enchère, tout se vend, depuis des berlines de voyage jusqu'à des lettres autographes de Ninon de Lenclos. Le matin et le soir, l'entrée du palais des commissaires-priseurs est accordée au public, tout le monde peut aller voir les expositions qui précèdent les ventes, tout le monde peut aller se ranger autour du bureau des adjudicateurs, et se donner le plaisir d'augmenter de quelques francs ou seulement de quelques centimes la valeur des plus grands comme des plus minimes réputations d'artistes, d'hommes d'État et même de simples ouvriers.

C'est au palais des commissaires-priseurs que se rencontrent les seuls caractères, les seuls hommes vraiment remarquables de notre époque, les seuls qui possèdent une originalité particulière, les seuls qui marchent hors du troupeau commun, pour suivre des sentiers dont les hautes herbes ne sont jamais froissées par les pieds de la foule. Ces hommes remarquables sont les *collectionneurs*, et j'entends par collectionneurs tous ceux que l'amour de la collection, le désir d'amener à l'état de collection un rassemblement plus ou moins considérable de choses ouvrées par l'industrie humaine, ou créées par l'industrie surhumaine du grand Créateur, a lancés dans l'arène où combattent les martyrs d'une idée fixe.

Maintes fois je me suis trouvé tenté du désir de la collection, et, sans avoir entièrement succombé à cette tentation, je dois dire cependant que j'ai assez approché de mes lèvres la coupe de ses enivrements pour en connaître les voluptés, pour être initié à ses plus secrets mystères.

J'ai connu, j'ai vu de près messieurs les collectionneurs, j'ai surpris leurs mœurs et leurs habitudes en flagrant délit d'originalité, et ma mémoire est pleine de souvenirs que je vais faire passer à l'état de révélations.

Comme en toutes choses il faut procéder méthodiquement, je dirai d'abord que l'on distingue trois sortes, trois espèces de collectionneurs :

La première est celle du collectionneur inculte et sauvage, sale et débraillé des pieds à la tête, aux ongles noirs, à la barbe râpeuse, aux cheveux hérissés, au chapeau entièrement défoncé, aux poches énormes et toujours pleines. Cette espèce est celle du collectionneur *pur-sang*, du collectionneur par amour de la collection.

La seconde comprend tous ces négociants de bonne compagnie, tous ces trafiquants en curiosités, ces marchands d'habits galons à équipages armoriés ou non armoriés, qui se donnent les manières, le langage, les habitudes du véritable collectionneur, et qui cependant ne font que placer leur argent plus ou moins avantageusement, suivant le gain de leur revente, suivant la balance de leur compte de banque.

La troisième espèce de collectionneurs est celle du collectionneur fashionable, de celui qui s'est fait collectionneur, pour obéir à la mode, pour avoir comme *tout le monde,* un salon *Louis XV,* un boudoir *Renaissance,* et une salle à manger *quatorzième siècle,* avec quelques lames de Tolède, quelques targes, deux ou trois hallebardes, un casque de ligueur, un hanap dans lequel il boit lorsqu'il se trouve en présence de ses amis, quelques cruches flamandes en grès bleu et gris, et trois vitraux interceptant le soleil, et ne laissant passer à travers la fenêtre qu'une lumière jaune, rouge ou bleue, qui lui prête la mine d'un homme atteint par la jaunisse, la fièvre scarlatine ou le choléra-morbus, pour peu qu'il se trouve sur le passage d'un des rayons du soleil déguisé, qu'il laisse parvenir jusqu'à son fauteuil.

Tout collectionneur rentre nécessairement dans une des trois classes que je viens d'indiquer : le collectionneur fou, le collectionneur brocanteur, et le collectionneur par mode.

Parmi les collectionneurs fous, les poëtes du genre, le plus renommé est un petit vieillard sec, ridé, râpé, retapé, enveloppé d'une sorte de grande redingote brunâtre, la tête recouverte d'une *clémentine* de soie noire, par-dessus laquelle se prélasse un énorme chapeau de couleur douteuse, gras des bords, gras de la forme, gras du galon, gras de la coiffe, gras de partout, et qui, depuis trente ans, assiste régulièrement avec son maître à toutes les ventes, se promène avec lui, quelque temps qu'il fasse, sur les quais et chez tous les marchands de bric-à-brac. Ce chapeau et cet homme sont connus sous le nom de M. de Menussard. Eh bien! ce chapeau et cet homme, ce M. de Menussard, en un mot, possède une très-magnifique collection de porcelaines de Sèvres, *pâte tendre;* chez lui, dans ses armoires, dans ses coffres, dans ses étuis, sont enfermés, comme dans un tombeau, des *services entiers*, des *cabarets*, des vases en *pâte tendre* de Sèvres, à fonds ou à bordures gros-bleu, bleu-turquoise, vert-émeraude et rose-tendre. Après deux ans de recherche, de poursuites et d'inquiétude, il s'est fait adjuger, à la place de la Bourse, en vente publique, une moitié du *service* de table des princes de Rohan, et il l'a payé 30,000 francs. Un petit *cabaret* gros-bleu, composé de cinq pièces, portant le chiffre et l'écusson du roi Louis XV, ne lui est pas revenu à moins de 12,000 francs; il est vrai de dire que chacune des pièces de ce cabaret précieux est ornée de médaillons où sont peintes quelques-unes des maîtresses du Sardanapale français. Deux vases à fleurs ayant appartenu à madame Du Barry ont été l'objet de ses soins les plus persévérants, de ses inquiétudes les plus mortelles et les plus poignantes. Ces deux vases, rose-tendre, à cartouches entourées de volutes et de rinceaux, artistement dorés en or de deux couleurs, parsemés d'Amours vainqueurs peints d'après le célèbre Boucher, appartenaient à un vieux marquis toulousain, auquel ils étaient arrivés par je ne sais plus quelle voie; peut-être étaient-ils un agréable souvenir, je l'ignore ; mais enfin le marquis toulousain ne voulait pas s'en défaire, et M. de Menussard voulait les posséder; il en offrit un prix exorbitant, et il fut refusé; il voulut les faire voler, et il échoua dans sa tentative. Pendant deux ans, il y eut entre le marquis et M. de Menussard une guerre sourde, mais active, offensive d'un côté, défensive de l'autre. Enfin il y a six mois le marquis vint à mourir, et M. de Menussard est devenu propriétaire des vases rose-tendre, que personne depuis ce temps-là n'a aperçus.

M. de Menussard est riche, instruit, bien élevé, et il vit seul, enfermé avec ses porcelaines; il n'a pas de voitures, pas de domestiques : une vieille servante fait son ménage. Sa toilette, sa nourriture, son logement lui coûtent peu de chose. Jamais il ne va au spectacle : il n'a aucun ami; on ne lui a jamais connu de maîtresse; il n'a jamais voyagé, si ce n'est jusqu'à Sèvres, encore n'y a-t-il été qu'une fois, et en est-il revenu à pied, fatigué, crotté, mouillé par la pluie jusqu'aux os, furieux contre la manufacture de Sèvres, contre le siècle tout entier, et s'écriant avec indignation : « Il n'y a plus ni croyances ni quoi que ce soit ici-bas, tout est détruit... Décadence... « décadence complète... Dire qu'une des gloires de la France... ils l'ont laissé per- « dre... Les barbares! les Goths! les triples Wisigoths! ne plus fabriquer de *pâte* « *tendre!* de la pâte dure, rien que de la pâte dure!... Mais c'est que c'est à faire « dresser les cheveux sur la tête! » Depuis ce jour, il ne faut plus lui parler *du Sèvres* moderne, il hausse les épaules; et un sourire amer vient errer sur ses lèvres; la pâte tendre est tout pour lui. Quand il ne peut sortir de son appartement, que les marchands de curiosités ont leurs boutiques fermées, et que nulle vente n'a lieu dans toute l'étendue de Paris, alors que M. de Menussard s'enferme dans la pièce la plus reculée de son appartement; une à une, il tire de leurs coffres, de leurs étuis, toutes ses belles porcelaines, ses assiettes, ses plats, ses tasses bleues, roses, vertes, à bouquets, à médaillons, à fonds blancs ou de couleur; il les contemple avec adoration, avec amour; armé d'une flanelle douce et fine, il les essuie, les polit, les caresse; puis, quand leur toilette est ainsi faite, il leur adresse la parole, il cause avec elles, il les interroge.

« Vous voilà bien belles, dit-il, en s'adressant à ses tasses bleues, vous voilà bien « fières; oui, vous portez sur vos flancs les charmants portraits des plus agréables « femmes de votre jeunesse; le roi Louis XV a voulu que l'on vous décorât des « figures de ses maîtresses les plus chères; il n'eût certes pas confié de si adorables « images à de la pâte dure. Oh! non; il fallait toute la finesse, tout l'onctueux, tout « le moelleux de votre pâte tendre, ô mes chères petites coquettes, pour recevoir « dignement le visage délicieux de madame de Châteauroux, celui non moins gra- « cieux de la marquise de Pompadour, et les traits fins, spirituels et agaçants de la « marquise Du Barry. »

Ainsi enfermé, ainsi causant, jouant avec ses belles porcelaines de pâte tendre, M. de Menussard est le plus heureux des hommes. Il se met à genoux devant elles, Il les adore, il les aime d'un amour profond, et, plus enthousiaste, plus poëte que Pygmalion, il ne voudrait point animer sa Galathée; il ne lui trouve point une imperfection : l'animer serait la décompléter, lui ôter son charme. Sa Galathée, à lui, ne vieillira jamais : les femmes peintes sur ses tasses seront toujours jeunes; les bouquets fixés sur ses vases et ses assiettes seront toujours frais et verdoyants; rien de tout cela n'aura de décrépitude : l'avenir sera comme le présent. Pygmalion, insensé dans ses désirs, créa la vieillesse, les rides, les cheveux blancs et la mort pour l'objet de son culte d'amour, en demandant aux dieux de lui donner la vie. M. de Menussard se complaît dans l'insensibilité de sa maîtresse, dans la matérialité de son idéalisation. Il lui prête toutes les grâces qu'il veut lui trouver; il lui témoigne un amour passionné, qu'il sait emplir de sacrifices. Il jette en holocauste devant la pâte tendre de Sèvres, d'abord cela va sans qu'il soit besoin de le dire, la pâte dure, sa sœur, et la porcelaine à la reine, sa cousine; mais encore le vieux Japon, le vieux Chine, le vieux Saxe, et jusqu'à l'admirable terre de Bernard de Palissy, jusqu'à la terre italienne de Faënza, aux riches peintures, aux décorations raphaélesques, jusqu'aux bas-reliefs de faïence de Lucas della Robbia.

Il ne connaît qu'une seule chose, n'aime, n'adore, ne chérit, ne vénère qu'une seule chose, c'est la pâte tendre de Sèvres; le reste du monde peut s'écrouler, s'abîmer, il n'y fera pas attention. Jamais il ne lit un journal; il n'est point éligible, ni électeur, ni garde national, ni quoi que ce soit; il est l'amant de la pâte tendre de Sèvres. Cette passion de la collection, cette folie, cette idolâtrie pour la pâte tendre de Sèvres, ont pour ainsi dire exilé de l'espèce humaine, de sa confraternité et des sentiments humains M. de Menussard, l'ont rendu égoïste, dur et inflexible dans ses résolutions, avare pour tout ce qui n'est pas pâte tendre de Sèvres. Il n'a aucune pitié des pauvres; le récit d'une grande infortune ne tirera pas une larme de ses yeux; il verrait brûler tout un quartier de la ville qu'il ne bougerait pas de chez lui et qu'il n'en prendrait aucune émotion; mais si une de ses tasses, un de ses vases, une de ses assiettes, venait à se briser, ses paupières se baigneraient de larmes; des sanglots, des plaintes, sortiraient de sa poitrine; il trouverait en son cœur des trésors de poésie pour déplorer la perte de sa tasse, de son vase ou de son assiette, et s'étonnerait que le monde entier restât indifférent à ce malheur; il serait capable de tuer un homme qui détruirait la moindre de ses richesses de pâte tendre.

Enfin, il traverserait tous les incendies, tous les purgatoires, tous les enfers, pour sauver la plus petite soucoupe de pâte tendre, en danger de destruction, et il ne mettrait par ses jambes dans l'eau pour sauver un enfant qui se noierait. L'amour est une passion qui rend féroces ceux qui la ressentent : M. de Menussard, avec sa clémentine de soie noire, son chapeau gras, sa redingote râpée, ses cheveux hérissés et ternes, sa barbe paresseusement soignée, ses mains glacées de tons terreux, ses souliers ternis, est peut-être de tous les amoureux, de tous les amants de ce siècle, le plus fervent, le plus sincère, le plus vrai, le plus enthousiaste et le plus excusable par conséquent dans son égoïsme et sa férocité.

A côté de M. de Menussard, on rencontre souvent au palais de la Bourse un célèbre collectionneur d'autographes, qui possède de l'écriture de toutes les personnes célèbres, mais depuis six mois il est atteint d'une affection mortelle, dix lignes de l'écriture de Molière lui ont échappé et sont devenues la propriété d'un célèbre amateur anglais. Aussi n'en reviendra-t-il pas, ses jours s'éteignent, il ne voit plus, n'entend plus, marche comme un malheureux sur qui pèserait quelque implacable fatalité, il se considère comme un homme déshonoré ; sa collection d'autographes était réputée la plus belle de toutes les collections connues, maintenant elle n'est plus qu'en seconde ligne.

M. de Menussard hausse les épaules en voyant passer l'amateur d'autographes, il dit même que c'est un fou.

Et en effet, l'amateur d'autographes, comme l'amateur de pâte tendre, comme l'amateur de tableaux et tous les amateurs qui poussent leur amour d'une seule chose jusqu'à la passion de la collection, peuvent être classés parmi les fous, section des monomanes ; car ils se sont attelés à une seule idée, car ils ne voient rien au delà ; car tout l'univers, toute l'existence se résume pour eux dans l'idée qu'ils poursuivent et dont ils sont poursuivis.

Des monomanes collecteurs, il y en a de toute sorte, de toute espèce. Tout Paris se rappelle ce vicomte de....., qui faisait collection de cheveux roux célèbres et qui prétendait avoir en sa possession de ceux de Jésus-Christ.

Un autre monomane collectionneur dont tout le monde a ri, rassemblait une collection complète des plus petits souliers de femme qu'il lui fût possible de se procurer, on les voyait chez lui rangés sur des tablettes et étiquetés comme des livres dans une bibliothèque ; il connaissait tous les pieds vivants et tous les pieds morts ; un joli pied bien chaussé le transportait d'admiration, il s'en considérait comme le curateur obligé ; s'il ne connaissait pas la femme qui en était possesseur, il prenait sur elle cinquante informations, lui écrivait pour lui indiquer la manière de soigner son charmant pied, la suppliait de ne point se chausser de souliers trop étroits, lui nommait les cuirs dont elle devait recommander l'emploi à son cordonnier, et finissait en sollicitant pour seule récompense de tant de soins une paire de souliers destinée à son dépôt, à son musée, à son trésor.

Lord D.... n'aime que les tabatières : il en a de toutes sortes et des plus magnifiques, qu'il divise en trois classes : les tabatières d'hommes célèbres, les tabatières ornées d'émaux ou de peintures, et les tabatières d'une matière ou d'un travail précieux ; lord D. a sacrifié des sommes considérables à cette collection vraiment remarquable. Aussi se vante-t-il avec orgueil de pouvoir montrer aux curieux six *Blarembergs* de plus que n'en possédait le feu roi d'Angleterre Georges IV, grand amateur de tabatières et de *Blarembergs*. La collection de *Petitots* de lord D. est presque aussi belle que celle du cabinet du roi de France, et tous ses Petitots ont conservé leurs montures de la fin de Louis XIV, époque à laquelle ils furent incrustés sur des tabatières pour servir de présents royaux. Feu M. de B., grand collectionneur d'émaux, a longtemps cherché à se faire céder par lord D.... deux petits émaux de Limoges, du meilleur temps, et du dessin le plus correct, qui ornent une tabatière que l'on dit avoir appartenu à M. Abel Poisson, frère de la belle marquise de Pompadour et surintendant des bâtiments sous le règne du roi Louis XV ; mais lord D.... ne cède, ni n'échange jamais rien ; toute sa collection de tabatières est contenue dans un coffre qui voyage, habite et couche, si ce n'est avec lui, du moins près de lui. Lord D.... a fait deux voyages à Saint-Pétersbourg pour se procurer la tabatière de la grande Catherine, cette tabatière sert d'encadrement au portrait de Potemkin. Lord D.... a substitué toutes ses tabatières à un petit neveu, à la seule condition qu'elles ne seront pas vendues, et qu'elles jouiront de tous les soins et de tous les honneurs qui leur sont dus. Une rente de 1,000 livres sterling a été attachée à cette substitution.

Il faudrait, non pas un volume, mais des centaines de volumes pour décrire et analyser les différentes passions des collectionneurs, pour peindre avec des couleurs vraies, pour dessiner d'un trait fidèle ces hommes excentriques, ces espèces de Diogènes enfermés dans leurs tonneaux et ne demandant au monde que de leur laisser la libre jouissance de leur soleil, de leur goût, de leur *Dada*, de leur monomanie. Un de ces heureux, de ces fous, de ces martyrs d'une idée, a vécu vingt-cinq ans, enfermé avec des momies ; il ne voyait que des momies, et il avait fini par les regarder comme un peuple animé, vivant, comme des concitoyens, des voisins ; à chacune de ces momies il avait donné un nom, sous lequel il la connaissait, la choyait et la courtisait ; enfin, il avait fini par s'éprendre d'un hideux cadavre entouré de bandelettes, grimaçant une horrible expression, avec des lèvres et un visage noirs, retirés, flétris, séchés ; il prétendait que ce cadavre ignoble n'était autre que celui de la fille du second des Pharaons, que la boîte qui la renfermait racontait en peintures hiéroglyphiques sa royale origine et sa mort ; une assemblée de savants eut lieu, et d'après un avis unanime, cette momie fut élevée au rang de momie royale, de momie sacrée ; dès ce moment le collectionneur son maître, lui porta un intérêt plus grand qu'à toutes les autres momies ses sœurs : il rêva de cette jeune princesse, il l'entrevit dans ses songes puisant de l'eau aux sources du Nil, se faisant suivre aux accents de sa douce voix par les crocodiles verts du fleuve ; et, jamais amant n'aima sa maîtresse comme le collectionneur aimait sa momie : on ne le voyait presque plus, il s'enfermait avec la fille du second des Pharaons et s'épuisait en adorations respectueuses devant cette muette altesse royale. Un matin, après une nuit froide et humide, le collectionneur trouva sa momie renversée ; les bandages sacrés s'étaient défaits ; le corps de sa beauté lui apparut tout entier, pour la première fois ; mais brisé, rompu : la chute qu'il avait faite l'avait broyé. En essayant de rajuster l'un sur l'autre ses restes infortunés, ô douleur ! le collectionneur se convainquit que sa princesse pharaonienne n'était qu'un homme ; ce fut pour lui un coup mortel, un désespoir sans nom ; il languit quelque temps, puis il mourut et fut enterré dans une caisse de la plus belle de ses momies.

Maintenant, après cet examen fidèle des collectionneurs véritables, il ne sera pas inutile d'arriver aux collectionneurs brocanteurs qui sont les calculateurs de l'espèce, la honte du genre, une énormité comme de la poésie soumise à des idées mathématiques.

Le collectionneur brocanteur a souvent au premier abord, à la première vue, le même extérieur que le véritable collectionneur; on trouvera chez le brocranteur le même enthousiasme de la chose *collectionnée*, le même mépris pour tout ce qui n'est pas cette chose, la même indifférence pour le reste de la création ; le brocanteur se montrera plus ardent, plus entier, plus incisif dans son langage; son costume sera celui du savant le plus orgueilleux de sa crasse classique ; il ne prendra aucun soin de sa personne, il semblera s'oublier lui-même pour ne songer qu'à l'objet de sa passion, et contrefera l'amoureux ; il rugira pour sa belle, et cependant cet homme ne sera qu'un habile comédien, qu'un jongleur adroit; son amour pour la chose *collectionnée* ne sera qu'un moyen.

Ainsi tel homme collectionne pendant dix ans de vieux bouquins, les fait relier, les annote, les illustre de gravures prises à droite et à gauche, et d'autographes pris Dieu sait où ; il trace sur quelques pages blanches laissées par le relieur au commencement du volume, la biographie de l'auteur ; il signe cet exemplaire de son nom de baptême et de son nom de famille, auxquels il ajoute le titre de membre de plusieurs académies ; il a un timbre pour timbrer les raretés qui passent par ses mains, et dit le nombre d'éditions qu'a eues tel ou tel ouvrage ; il cite leurs dates et le nom de leurs imprimeurs. Peu à peu les libraires et les bouquinistes le réputent célèbre bibliographe ; car le journal de la librairie a publié une dissertation de lui sur les Aldes ou les Elzévirs, la société des bibliophiles le reçoit dans son sein avec acclamation; les revues retentissent de son nom, l'étranger le consulte avec respect, et le ministère de l'intérieur le nomme bibliothécaire d'une des bibliothèques publiques ; quelques années plus tard, il arrive à l'Institut et l'on ne parle plus du bibliographe qu'en ajoutant à son nom, comme phrase obligée :

Ce savant dont la France s'honore....

Une fois parvenu à ce point, la comédie est jouée, la collection n'est plus bonne à rien, il faut procéder avec charlatanisme à sa vente; c'est alors que paraîtront des catalogues raisonnés, sur lesquels il sera fait mention de toutes les annotations que *le savant dont la France s'honore* a prodiguées à ses bouquins décrassés et reliés. La collection sera vendue vingt, trente et quelquefois quarante fois sa valeur, et le collectionneur passera aux yeux de la foule pour un érudit dont les veilles sont consacrées aux travaux scientifiques.

Un autre brocranteur dépouillera les églises de leurs reliquaires et de leurs verrières, les bibliothèques de leurs manuscrits et les arsenaux de leurs armes; il pillera sans pitié toutes les collections publiques; il achèvera de jeter à terre de vénérables ruines pour en emporter quelques clous, quelques chapiteaux; partout où il pourra prendre, il prendra dans l'intérêt de sa collection. Il prodiguera ses conseils aux artistes, il se fera citer dans vingt journaux comme un antiquaire distingué, qui sacrifie tout à son goût pour le moyen âge, qui entame sa fortune, qui la dilapide, qui la gaspille; quelques âmes charitables parleront de faire interdire cet honnête fou; on plaindra sa femme, sa fille et la fille de sa fille, et les petits-enfants de ses petits enfants. Puis, tout à coup, un beau jour, le collectionneur brocanteur, après avoir préparé ce qu'il nomme, dans son argot de brocanteur, *la place*, après avoir par une marche habile fait monter le prix de la *curiosité* à son plus haut point, se décidera à vendre sa chère *collection*, le sang de ses veines, la moelle de ses os, la chair de sa chair, son âme......

Mon brocanteur s'était fait collectionneur avec six mille livres de rente pour toute fortune; il se retirera de son commerce avec plus de quarante, la réputation d'ami des arts, et le titre de membre de la société des antiquaires.

Après avoir ainsi décrit le collectionneur poëte, fou, monomane, il me resterait à parler du collectionneur fashionable; mais peu de mots feront juger ce personnage qui n'a ni caractère, ni passion, ni quoi que ce soit, et qui n'est qu'un produit de la mode. Le comte de Brevailles, le plus élégant des collectionneurs fashionables, me montrait dernièrement dans son *armeria* l'épée de Jeanne d'Arc ciselée par Benvenuto Cellini, et quelques pièces d'un *service* de faïence de l'admirable Bernard de Palissy, portant le millésime de 1508 et le chiffre de Louis XII.

En résumé, si le collectionneur est de bonne foi dans son amour, dans sa passion, il s'avance plus ou moins vite vers la folie; s'il est brocanteur, c'est un intrigant, et s'il est fashionable, ce n'est rien. Je voudrais être député un seul jour pour proposer à mes collègues une loi ainsi conçue :

Considérant que, depuis quelques années surtout, la France monumentale et artistique est de tous côtés, et pour le bon plaisir des collectionneurs et de leurs collections, dépecée par morceaux :

ARTICLE UNIQUE.

Tout collectionneur est soumis à perpétuité à la surveillance de la haute police.

Comte HORACE DE VIEL-CASTEL.

LAVIEILLE

LA GARDE.

Il existe à Paris pour les femmes un état extrêmement lucratif, qui, bien que fatigant sous plusieurs rapports, n'en convient pas moins parfaitement aux paresseuses, car la paresse n'est point précisément le désir ou le besoin de ne rien faire; elle est bien plutôt l'antipathie d'un travail uniforme et journalier. Tel paresseux consentira volontiers, pour gagner sa vie, à courir la ville depuis sept heures du matin jusqu'à cinq heures du soir, qui ne voudra jamais s'astreindre à tenir la plume pendant trois heures de la matinée dans une étude ou dans un bureau. Ce qui lui coûte, ce qui répugne surtout à sa nature, c'est de *se mettre à l'ouvrage* : témoins ces hommes qui n'ont conservé de place dans aucune classe de la société, et qui préfèrent le métier de faiseur de tours, d'acteur dans les parades, etc., métier que, malades ou bien portants, ils exercent en plein air, exposés à toutes les intempéries des saisons, et souvent même au péril de leur vie, quand ils auraient pu devenir d'honorables et bons ouvriers. Pour donner le change à la paresse, il suffit de variété dans le labeur, et l'état dont je parle ici fait mener à celles qui le choisissent la vie la plus variée dans ses accessoires que l'on puisse imaginer.

Tous les mois à peu près madame Jacquemart change de domicile, de lit (quand la circonstance permet qu'elle dorme dans un lit), fait connaissance avec de nouveaux visages, et se voit forcée d'étudier de nouveaux caractères, avec lesquels il faut qu'elle sympathise si elle veut s'assurer de bons traitements dans les diverses maisons qu'elle habite. Heureusement, un long exercice de sa profession lui a appris à démêler au premier coup d'œil les personnes qui jouissent de quelque importance dans le logis où elle vient d'entrer pour la première fois de sa vie : parmi les domestiques, comme parmi les maîtres, elle voit aussitôt quelle est celle ou celui qu'elle doit s'attacher à gagner par la flatterie, ou par des complaisances dont le désir du bien-être l'a rendue prodigue. De même, grâce à cette mobilité d'existence qui la transporte sans cesse du faubourg Saint-Germain dans le Marais, et de la Chaussée-d'Antin dans le faubourg Saint-Marceau, elle a appris à mesurer son ton, ses discours, et jusqu'à ses gestes, sur les degrés de l'échelle sociale que lui font parcourir ses nombreuses pratiques ; elle devient tour à tour taciturne ou babillarde, importante ou câline, respectueuse ou familière, selon le rang, l'âge et la fortune des personnes auxquelles elle donne ses soins ; et tel la verrait en fonctions dans des appartements situés à différents étages, qui aurait peine à la reconnaître pour la même personne.

Que madame Jacquemart ait ou non une famille, des enfants, peu importe, puisqu'elle ne pourrait jamais ni les aller voir, ni les recevoir chez elle. C'est tout au plus si trois ou quatre fois par an elle passe quarante-huit heures de suite avec monsieur Jacquemart ; car madame Jacquemart est soumise comme toute autre femme au lien conjugal : devenue veuve, elle s'est même hâtée de se remarier, attendu que non-seulement elle désire trouver quelqu'un chez elle, lorsqu'un hasard fort rare l'y fait retourner pour quelques heures, mais aussi parce qu'elle ne veut confier qu'à une personne sûre le soin de tenir proprement sa chambre et son cabinet, et d'entretenir les meubles assez élégants que ces deux pièces renferment. Elle a donc choisi trois jours entre une fluxion de poitrine et un rhumatisme aigu qui réclamaient ses soins, pour épouser monsieur Jacquemart, lequel monsieur Jacquemart, garçon de bureau depuis trente-trois ans au ministère de l'intérieur, s'est établi dans le petit manoir, et vient tous les huit jours à l'adresse qu'elle lui indique, lui apporter du linge, lui donner des nouvelles de sa petite chienne et de son serin, et recevoir le produit de ses journées[1], les profits du baptême, etc. ; somme qu'il est chargé de placer en rentes sur l'état, et qu'elle lui donne toujours intacte, attendu qu'elle n'a jamais occasion de dépenser six liards. Ces entrevues, qui souvent sont interrompues par un coup de sonnette, ne durent que dix minutes au plus, ont lieu dans l'antichambre, et ne permettent pas un mot superflu ; elles sont loin, comme on voit, de pouvoir amener un divorce pour incompatibilité d'humeur.

Madame Jacquemart est naturellement privée de tous les plaisirs dont jouissent beaucoup de gens de sa classe. Les promenades, les bals, les spectacles, sont choses dont elle se souvient d'avoir entendu parler dans sa grande jeunesse, mais dont l'entrée lui est interdite. Si le hasard lui accorde quelques moments de loisir, elle se garde bien de les perdre en courses inutiles; elle va visiter ce qu'elle appelle *ses femmes*, s'informer de leur état, gourmander les paresseuses qui laissent passer l'année sans

[1] Les journées d'une garde, la nuit comprise, sont habituellement payées 6 francs.

réclamer ses soins, et savoir au juste à quelle époque telle ou telle de ses clientes l'enverra chercher. A l'exception de ces sorties, madame Jacquemart se passe habituellement du plaisir de respirer un air pur, puisque fût-ce au mois de juillet, elle ne pourrait ouvrir une fenêtre que dans le cas extrême où la femme qu'elle soigne étoufferait au point de se trouver mal.

Ajoutez à tant de privations, la privation du sommeil pendant une grande moitié de l'année, le devoir qui l'assujettit à mille soins dégoûtants, et chacun se dira : Madame Jacquemart est la plus infortunée créature qui soit au monde. Eh bien ! il n'en est rien, surtout si, grâce à la protection de quelque célèbre accoucheur, elle est parvenue à ne plus garder que des femmes en couche.

Il est bien certain que pendant plusieurs nuits, il lui est interdit de s'étendre sur des matelas, ainsi que nous le faisons tous; mais elle a contracté l'habitude, le soleil couché ou non, de dormir à merveille dans une bergère, dans un fauteuil, sur une chaise; au besoin même elle dormirait debout. Seulement Morphée lui donne sa part en petite monnaie au lieu de la lui payer en grosses pièces, et elle en souffre si peu, que, dès qu'on la réveille pour réclamer d'elle quelque service, on la voit se dresser sur ses jambes d'un air tout aussi jovial, tout aussi dispos que si elle s'éveillait naturellement après sept heures d'un sommeil suivi.

L'heure du déjeuner venue, on donne à madame Jacquemart une énorme tasse de café à la crème. Ce moment est un des plus doux moments de sa journée; car un sort bienfaisant a voulu que madame Jacquemart fût gourmande : de bons repas sont pour elle une immense compensation à ce que son existence semble avoir de peu agréable. Vivant toujours chez des personnes riches, ou pour le moins chez des personnes qui sont dans l'aisance, chaque jour, avec délices, elle prend sa part de différents mets succulents dont elle ne pourrait se régaler dans son petit ménage. On la soigne; elle se ferait soigner d'ailleurs, et parle sans cesse de la bonne maison dont elle sort, afin de piquer d'amour-propre les gens chez qui elle se trouve. A son dîner, à son repas du soir, et quelquefois même dans la journée, un verre de bon vin vient égayer son esprit et réparer ses forces. Elle a de plus sa tabatière, dans laquelle elle puise toutes les cinq minutes une distraction qui lui plaît infiniment, et qui a l'avantage de la tenir éveillée; sans compter enfin la douce satisfaction de ne point travailler de l'aiguille du matin au soir, ainsi que le fait une pauvre ouvrière pour gagner vingt sous dans sa journée.

Mais, dira-t-on, je ne vois pas dans tout cela une seule jouissance intellectuelle? Patience : madame Jacquemart n'en est pas plus dépourvue que toute autre créature raisonnable; seulement il faut qu'elle les puise dans le cercle rétréci de ses habitudes et de ses pensées. D'abord madame Jacquemart est bavarde, et madame Jacquemart n'est jamais seule; raconter, pour peu qu'on lui prête attention, est un de ses plaisirs les plus vifs, aussi fait-elle subir à ceux qui l'entourent des récits plus ou moins circonstanciés de son passé personnel et des événements romanesques qui ont eu lieu dans les familles au milieu desquelles elle a vécu. Elle ne recule point devant l'exagération, et même devant le mensonge, pourvu qu'elle parvienne à exciter l'intérêt; en sorte que le plus souvent se joint à la satisfaction de parler, qui pour elle est déjà grande, celle qu'éprouve un auteur habile lorsqu'il exerce son génie sur des fables. Quelquefois ses jeunes années se perdent dans un mystère qui autorise les conjectures les plus diverses et permet les histoires les plus fantastiques : mariée de bonne heure à un jeune étourdi, elle est restée veuve, sans fortune, avec quatre enfants en bas âge ; de là, série d'aventures à remplir l'existence de cinq générations. Elle a inévitablement à la suite de sa première couche essuyé toutes les vicissitudes que Lucine dans ses jours de mauvaise humeur envoie à ses patientes. Est-elle lasse de radoter sur la séduction de sa jeunesse, elle se transporte alors dans un hospice où elle est censée avoir passé les plus belles années de sa vie ; toutes ces transmigrations mentales ne laissent pas que de jeter une certaine variété sur son existence ; elle n'hésite donc pas à se forger un passé à sa guise et s'identifie si complétement à ses mensonges qu'elle croit avoir éprouvé réellement ce qu'elle raconte. Comme une jeune femme qui ne souffre pas et qui se voit obligée de garder le lit ne s'amuse guère, il arrive parfois que le babil de madame Jacquemart obtient du succès près de son accouchée ; s'il en est autrement, elle se rabat sur les domestiques de la maison et trouve bien le temps d'établir de longs entretiens avec eux, soit dans l'antichambre, soit dans la cuisine, soit même dans la chambre de madame où elle cause à voix basse avec la femme de chambre.

Par suite de son goût pour la narration, madame Jacquemart est fort curieuse ; elle sait qu'un grand poëte a dit : *quiconque ne voit guère n'a guère à dire aussi.* En sorte que le jour où l'on peut laiser entrer quelques visites est attendu par elle avec une extrême impatience et lui procure une foule de distractions agréables. Dès que l'on annonce une femme, elle s'établit à la fenêtre avec le bas qu'elle tricote (le tricot ayant cet avantage qu'on peut le quitter à la minute sans inconvénient), là, ses yeux et ses oreilles la servent d'une manière si merveilleuse, qu'elle pourrait au bout d'un instant dessiner la figure, la toilette de celle qui vient d'entrer, et que pas un mot de la conversation ne lui échappe. Elle fait ses petites réflexions tout bas, approuve ou critique ce qui se dit, et s'amuse des médisances, si son bonheur veut qu'il s'en glisse quelques-unes dans l'entretien. De plus, il est fort rare qu'elle reste simple observatrice de la scène ; outre que la plus légère question qu'on lui adresse lui fournit l'occasion de répondre avec sa loquacité habituelle, il faut montrer l'enfant : c'est elle qui va le chercher et qui l'apporte, qui fait remarquer combien ce petit amour ressemble à son père, quoiqu'il annonce déjà qu'il aura « les beaux yeux de madame : » et mille autres propos qu'elle répète depuis vingt-cinq ans pour chaque individu de la génération future qu'elle a vu naître au jour, l'enfant, le père et la mère fussent-ils d'une laideur à faire reculer.

Une autre jouissance de madame Jacquemart, et la plus vive sans doute, si l'on en juge par le penchant presque général de l'esprit humain, c'est le plaisir que donne la domination. Si l'on excepte les dix minutes que dure la visite du docteur, pendant lesquelles madame Jacquemart dépose son sceptre et s'incline respectueusement en recevant les ordres pour la journée, c'est elle qui règne sans partage dans la chambre de son accouchée. On ne peut entr'ouvrir une porte, essuyer la poussière sur un meuble, allumer une bougie ou mettre une bûche au feu qu'elle ne l'ait trouvé bon dans sa sagesse. Si l'on gratte doucement contre la serrure, ce serait monsieur lui-même qu'il a frappé trop fort. Elle ne laisse pas entrer une visite sans s'être bien assurée que la personne qui se présente n'a sur elle aucune senteur, et sans vous recommander de parler très-bas. Un léger bruit se fait-il entendre dans la pièce de l'appartement la plus reculée, elle sort en fureur « pour aller faire taire ces gens-là qui vont donner un mal de tête à madame. » Les soins qu'elle prodigue à la mère n'empêchent point madame Jacquemart de veiller sans relâche sur l'enfant. C'est elle qui indique la place où l'on doit poser le berceau du nouveau-né, qui prescrit la dose du sucre qu'il faut mettre dans le verre d'eau dont il va boire quelques gouttes, qui préside à tout ce qui concerne sa toilette, son sommeil, etc. Enfin, du matin au soir, elle dirige, elle ordonne, elle exerce un empire absolu; aussi parle-t-elle en souveraine à la plupart des gens de la maison; autant elle se montre gracieuse avec une femme de chambre qui paraît posséder la confiance de madame et celui qu'elle sait être chargé du soin de la cave, autant on la voit traiter impérieusement les autres domestiques quand ils ne se conforment pas à tous les petits soins qu'elle leur recommande sans cesse pour faire croire à l'utilité de sa présence, et son étonnement serait grand si quelqu'un le trouvait mauvais quand il s'agit « de la vie d'une accouchée. »

Madame Jacquemart ne courbe pas seulement la domesticité sous son joug de fer, car ce joug s'étend aussi sur la maîtresse de la maison. Armée des ordonnances prescrites par le docteur, elle ne s'approche pas du lit sans dire : « il faut que madame boive, il faut que madame mange sa soupe, » ou toute autre chose qu'il lui semble ordonner à son tour. Bienheureux, si, peu satisfaite de cette douce illusion, elle n'entreprend point dans certains cas d'indiquer quelque remède de bonne femme qu'elle assure avoir fait employer souvent avec le plus grand succès. Ces mots : « Si ça ne fait pas de bien à madame, ça ne peut pas lui faire de mal, » sont ordinairement l'exorde de ses propositions dans ce genre. Si la pauvre jeune femme a le malheur de s'y laisser prendre, madame Jacquemart joint à l'importance de ses fonctions toute l'importance d'un véritable docteur, ce qui double les moyens de gouverner ceux qui l'entourent. Sans compter qu'elle aime de passion à exercer la médecine. Gardez-vous de parler devant madame Jacquemart de quelque douleur que ce soit : elle les a toutes éprouvées. Sur ce sujet, son savoir est inépuisable. Non-seulement elle vous entretiendra des diverses maladies de la femme, mais aussi des maladies des hommes, car elle les connaît par ouï dire au moins, lorsqu'il ne lui plaît pas de les mettre sur le compte de monsieur Jacquemart; par suite, il n'en existe pas une dont elle ignore le traitement, elle serait en état de soigner les plus graves comme les plus légères : aussi dans une maison qu'elle habite on ne s'est jamais donné une entorse, elle n'a pas entendu tousser sans prescrire aussitôt le bain de pied qu'il faut préparer ou la tisane qu'il faut boire, et sa mémoire est pleine d'une telle quantité d'anecdotes, d'histoires extraordinaires dont le fond roule sur le chiendent, les sangsues et la bourrache, qu'on la prendrait volontiers pour un journal de thérapeutique ambulant.

Le désir de madame Jacquemart est que la mère nourrisse son enfant, parce qu'alors elle devient tout à fait nécessaire jusqu'au moment où elle est parvenue à former la bonne, et Dieu sait avec quelle arrogance elle donne ses conseils à la malheureuse novice, qui se garde bien de lui déplaire en la moindre chose, tant elle croit sa place attachée à l'approbation de la garde. C'est donc toujours à son grand regret (même à part le tort qui peut en résulter pour elle le jour du baptême), que madame Jacquemart en arrivant trouve une nourrice établie, aussi cette pauvre femme devient-elle habituellement l'objet de son antipathie, et se fait-elle une étude de la critiquer et de la vexer tant que la journée dure; si l'enfant crie : « Ce pauvre amour meurt de faim. » S'il tette : « On le fait teter trop souvent, il faut savoir gouverner un enfant pour la nourriture, et cela ne s'apprend pas en un jour. » Il en est de même du talent d'emmaillotter, talent que madame Jacquemart possède par excellence, en sorte qu'elle n'épargne pas ses avis à la nourrice. « Prenez garde, prenez garde, vous le serrez trop, il devient tout rouge. »

« Otez donc cette grande épingle que vous avez placée si près de son petit cœur, il n'en faut pas tant pour tuer un enfant. » Et la jeune mère de frémir, de crier à la nourrice du fond de son alcôve : « Écoutez madame Jacquemart, je vous prie, ma chère! faites ce qu'elle vous dit de faire! » et madame Jacquemart de jouir au fond de son âme, et de relever la tête avec autant d'orgueil qu'un général d'armée qui vient de gagner une bataille.

Le sentiment de son importance n'abandonne jamais madame Jacquemart; mais il ne s'oppose point à ce que, selon la circonstance, elle ne se dépouille d'une certaine roideur respectueuse pour montrer beaucoup de bonhomie. Cette métamorphose s'opère pendant le trajet qu'il lui faut parcourir pour se transporter de l'hôtel d'une duchesse dans une arrière-boutique. Elle arrive chez M. Leroux, gros boucher de la rue St-Jacques, dont pour la troisième ou quatrième fois la femme vient de réclamer ses soins. Elle entre d'un air jovial et sans façon, saluant les garçons bouchers d'un sourire de connaissance, fait un signe de tête amical à la petite bonne. — Eh bien, monsieur Leroux, dit-elle, avec un gros rire, vous m'avez donc encore taillé de la besogne? Tant mieux, tant mieux : cette chère madame Leroux! J'espère que nous nous tirerons aussi bien de cette affaire-ci que nous nous sommes tirées des autres. »

Ici, tout est fait simplement, rondement, sans phrases. La causerie avec l'accouchée ne tarit pas, car madame Leroux s'amuse des récits qui lui donnent un aperçu du grand monde, qui lui peignent des femmes élégantes, des hôtels somptueux, mille détails de la vie des riches qu'elle ne connaîtrait pas sans sa garde, et madame Jacquemart épuise tout à son aise son recueil d'histoires tragiques et bouffonnes. Elle se montre d'ailleurs tout à fait bonne femme, n'exige jamais rien, ne gêne personne, est toujours prête à rendre quelque service de ménage et va soigner elle-même son café dans la petite cuisine; « car il ne faut pas croire qu'elle prenne jamais des airs de princesse parce qu'elle garde de grandes dames. » Il résulte de cela que madame Jacquemart est traitée chez monsieur Leroux comme une amie de la maison. Elle prend ses repas avec la famille et les garçons, sans en excepter le dîner du baptême, et quand pour le dessert arrive le fromage, M. Leroux va chercher une bouteille d'ancienne eau-de-vie de Cognac, qu'il appelle la vieille amie de madame Jacquemart. Alors, tout le monde de rire, de causer, ou plutôt de laisser causer madame Jacquemart qui en raconte de toutes les couleurs, et de prolonger le temps que l'on reste à table, afin d'avancer un peu la bouteille. Ce n'est certes pas madame Jacquemart qui se lèvera la première ; elle s'est hâtée de dire qu'elle a laissé Nanette près de madame Leroux pour lui donner tout ce qu'il faut.

Il ne s'agit plus, comme on voit, des mille petits soins que l'on doit prodiguer à une femme en couche. Non-seulement dans cette maison on frappe les portes avec violence de tous les côtés, mais il monte jusqu'à l'entresol habité par l'accouchée une forte odeur de fumée de tabac, vu que M. Leroux et les garçons fument souvent dans la boutique. Madame Jacquemart ne fait pas plus d'attention à tout cela que madame Leroux elle-même, et pense aussi « qu'il faut laisser ces mignardises aux petites mijaurées dont les nerfs ne supportent rien. »

Le fait est que la mère et l'enfant se portent à merveille, que madame Leroux se lève le quatrième jour, descend à son comptoir le dixième, et que cette décade écoulée, madame Jacquemart se trouve libre d'aller porter ses soins précieux dans d'autres parages.

La tenue de madame Jacquemart est toujours très-soignée, et pourtant, comme elle dit, sa toilette est faite en un clin d'œil. Elle a soin d'ajouter assez souvent qu'il en était de même quand elle était jeune et jolie, ce qui fait remarquer qu'un certain embonpoint lui maintient un reste de fraîcheur qui autorise ses prétentions à la beauté ; s'il arrive alors qu'une personne obligeante lui dit que dans sa jeunesse elle devait être fort séduisante, madame Jacquemart s'incline d'un air tout à fait coquet, et bien que ce compliment porte sur le passé, il ne lui en fait pas moins éprouver une petite émotion agréable.

Le travail d'esprit le plus réjouissant pour madame Jacquemart, c'est de calculer de tête à quel total la somme qu'elle a placée dans le mois, et celle qu'elle placera dans le mois suivant, portera son avoir, en y joignant l'intérêt du tout pendant une, deux ou trois années, selon qu'elle a de temps pour suivre son opération arithmétique. Ce calcul a le double avantage de l'occuper dans ses heures de désœuvrement, et de porter sa pensée sur le temps heureux où elle pourra jouir enfin du fruit de ses longues veilles. Elle se voit alors, possédant un honnête revenu, vivre chez elle en dame et maîtresse, dans la douce société de M. Jacquemart, servis tous deux par une bonne dont elle saura bientôt perfectionner les talents pour la cuisine ; se mettant à table à l'heure qui lui conviendra, se couchant, se levant selon sa fantaisie, en un mot, dans la situation prospère d'une femme qui a fait sa fortune. Ce rêve de son avenir l'aide à supporter tout ce que son état présent peut avoir de pénible, au point qu'un grand nombre d'années se passent avant qu'elle se décide à le réaliser : des engagements sans fin qui se succèdent, le désir d'augmenter encore ce revenu qu'elle doit à ses peines, et peut-être le goût de l'étrange manière de vivre dont elle a contracté l'habitude, tout fait qu'elle atteint un âge fort avancé sans goûter ce repos qu'elle croit ambitionner, et qu'elle n'a jamais connu qu'en perspective. Enfin, un jour elle quitte le logis d'autrui pour entrer dans le sien.

La pauvre femme va se reposer, hélas! car elle arrive malade, pour mourir le surlendemain dans les bras de ce bon monsieur Jacquemart, qui n'a pas vécu près d'elle la valeur de trois mois depuis qu'ils sont mariés. Elle meurt doucement, sans avoir prévu sa fin, sans grandes souffrances, ayant joui dans sa vie, après tout, d'une dose de bonheur égale au moins à celle dont jouissent l'homme de génie ou le millionnaire.

Madame DE BAWR.

L'AVOUÉ.

Il semblerait, au premier coup d'œil, que l'avoué exerce une de ces industries patentes où tout est percé à jour, où il suffit de regarder pour tout voir, et d'écouter pour tout entendre. Cela même serait d'autant plus naturel que cette industrie est créée et réglée par la loi, que tout citoyen est censé connaître. Il n'en est rien pourtant, du moins à Paris. L'avoué de Paris n'est pas l'esclave du texte légal, il en est plutôt le propriétaire avec droit d'user et d'abuser..... je devrais même dire le bourreau, vu l'acharnement avec lequel il le torture. — Là où l'avoué de province n'a qu'à formuler servilement, l'avoué de Paris invente et imagine. Aussi les mystères de son étude et de son cabinet particulier, qui sont pourtant des lieux en quelque sorte publics, ne restent-ils pas moins inconnus à tous que les arcanes des coulisses au béotien qui bâille au parterre. Je dis *à tous,* sans même en excepter les plaideurs.

L'avoué de Paris a de vingt-huit à quarante-cinq ans. C'est un premier clerc qui, d'ordinaire, après s'être élevé successivement de l'état de petit clerc aux fonctions de président du conseil de l'étude, achète enfin une charge pour son propre compte. Or on ne peut guère arriver à cette position avant vingt-huit ans, un noviciat de dix à quinze ans étant nécessaire pour passer des chaises dépaillées de l'étude sur le fauteuil maroquiné du cabinet particulier. C'est pourquoi l'avoué de Paris qui ne fait ses premières armes, c'est-à-dire ses premières plumes, qu'à seize ou dix-sept ans, en compte au moins vingt-huit à l'heure de sa prestation de serment.

Être avoué n'est pas un état viager à Paris, mais seulement une profession transitoire. C'est en province seulement qu'on meurt avoué. A Paris, une étude est une sorte de parc réservé, bien distribué, bien giboyeux, ou l'on achète le droit d'aller à la chasse de la fortune. Quand on a bien rempli sa gibecière, on cède ses filets et sa clef au premier venu. Or cette chasse dure à peu près douze ans. En d'autres termes, l'avoué, après douze ans d'exercice, commence à sentir le besoin de goûter le charme d'une oisiveté dorée, et bien dorée, je vous assure... C'est pourquoi l'avoué de Paris n'a presque jamais plus de quarante à quarante-cinq ans.

Quelques-uns s'obstinent encore à regarder l'avoué contemporain comme une émanation fidèle de l'ex-procureur; c'est une erreur grave. Rien ne ressemble moins à l'ex-procureur que l'avoué de nos jours. — D'autres, abusés par les vaudevilles de M. Scribe, s'imaginent que l'avoué de Paris est un fashionable qui, du haut de son tilbury, éclabousse ses clients dans la rue, pose le soir au balcon des Bouffes et de l'Opéra, joue cinq cents francs à l'écarté, et danse le galop avec une gracieuse frénésie. C'est encore une erreur : l'avoué de Paris ne tient pas plus du Chicaneau de l'ancien régime que des lions du Jokey-club ou des jeunes premiers du Gymnase.

Il y a deux phases bien distinctes dans la vie de l'avoué de Paris, et ses habitudes extérieures se modifient selon qu'il gravite dans l'une ou l'autre de ces phases, garçon ou mari.

Nous avons vu qu'après avoir croupi plus ou moins longtemps sur la chaise de premier clerc, le néophyte achète toujours une charge. Or, lorsqu'il signe la vente, il est ordinairement sans un sou; ou s'il a quelques économies à sa disposition, elles sont tout juste suffisantes pour un premier à-compte. Qui se chargera de compléter la somme! Eh! pardieu, c'est tout simple : un bon mariage.

Le premier clerc achète une charge pour se marier, et une fois possesseur du titre, l'avoué se marie pour payer la charge.

C'est alors que l'avoué est frisé, musqué, pincé, pommadé; c'est alors qu'il porte des bottes de Sakoski, et des habits d'Humann; c'est alors qu'il pirouette agréablement dans un salon, qu'il fait la cour aux mères de famille, caresse les petits chiens, pince de la guitare, et se rend utile aux demoiselles par son empressement à figurer dans un quadrille, ou à lire des vers nouveaux, tâche dont le verre d'eau sucrée ne suffit pas toujours à déguiser l'amertume. En un mot, il ne néglige aucune des mille recettes à l'usage des chercheurs de femmes.

Mais cet état exceptionnel dure quelque mois à peine : l'avoué trouve bien vite à s'assortir; car, l'avoué, même avec cinq cents francs dans son tiroir, est toujours un excellent parti.

Quand le mariage est consommé et la charge payée, l'avoué de Paris fait peau neuve et devient un autre homme. Il a des cravates sans nœud prétentieux; il commande ses bottes chez le bottier du coin; il s'approvisionne d'habits et de pantalons chez un tailleur, son client, qui lui fait trente pour cent de remise sur les prix des tailleurs à la mode : à l'élégant, en un mot, succède le solide. Du reste, tout est noir sur l'avoué, l'habit autant que les bottes. Il n'y a que la cravate qui se permette encore d'être blanche.

Adieu le bois de Boulogne et le café Anglais! L'avoué marié ne se promène plus, il va; il ne déjeune, ne dîne, ne soupe plus; il mange chez lui.

De tout son luxe d'autrefois, il ne conserve que sa robe de chambre et ses pantoufles ; car les pantoufles et la robe de chambre sont deux accessoires indispensables à la mise en scène d'une étude d'avoué à Paris. La robe de chambre et les pantoufles sont, en quelque sorte, l'uniforme de l'avoué trônant dans son cabinet et dans l'exercice de ses fonctions. Il en a le monopole; on ne voit point de clerc, pas même le maître-clerc, se permettre la robe de chambre, fût-elle de simple indienne, ou les pantoufles, fût-ce de celles qu'on débite à vingt-neuf sous sur le boulevard. C'est la prérogative de l'avoué ; or, nous vivons dans un temps où le moindre des pouvoirs est tenacement jaloux de sa prérogative, jaloux même jusqu'au ridicule, qui du reste est leur prérogative à tous.

Mais si l'avoué marié est plutôt négligé que coquet dans sa mise, en revanche son cabinet de réception est décoré avec une richesse et une élégance remarquables. Ce n'est pas pour se rendre le travail plus facile ou plus agréable; c'est uniquement un nouveau calcul de sa part. Le luxe du cabinet sert à l'avoué de Paris, à l'encontre de ses clients, comme le luxe des vêtements lui a servi à l'encontre de sa femme.

Ce sybaritisme du cabinet devient plus saillant encore par l'humble simplicité, on pourrait même dire sans calomnie par la malpropreté enfumée de l'école. Aussi, pour que l'effet du contraste ne soit pas perdu, l'avoué emploie le procédé en usage dans les Panoramas, où l'on fait traverser au spectateur de sombres couloirs, pour que son œil se repose avec complaisance sur le jour bien ménagé du tableau. Dans ce but, l'appartement de l'avoué est toujours disposé de manière à ce que le client ait besoin de passer par l'étude pour pénétrer dons le cabinet. C'est un talent de mise en scène dont la tradition se perpétue dans toutes les charges.

L'avoué de Paris est matinal. Il se lève ordinairement à huit heures, et s'installe dans son cabinet à dix heures au plus tard. En été, il couche à la campagne, car presque toujours l'avoué possède ou loue une campagne, où il séjourne depuis le samedi soir jusqu'au mardi matin, les avoués de Paris ayant l'habitude de faire le lundi comme les ouvriers.

En hiver, il passe de sa chambre à coucher dans son cabinet. A dix heures les portes en sont ouvertes, et les clients qui font antichambre dans l'étude depuis neuf heures, peuvent enfin pénétrer dans le sanctuaire. Dans le tête-à-tête, l'avoué parle au client de son affaire; c'est naturel, puisque tel est le but de la visite du client. Mais ce n'est là, pour ainsi dire, qu'un prétexte pour l'avoué. Après avoir aligné quelques mots techniques relativement au procès qu'il ne connaît pas et dont il a seulement appris le résumé par cœur, l'avoué généralise la conversation. Il possède un talent merveilleux pour captiver l'attention de son interlocuteur ; il l'amuse, l'intéresse, l'amorce, le circonvient. Bref, lorsque l'avoué a noué des relations avec un plaideur qui peut devenir une bonne pratique, il ne s'en fait pas seulement un client productif, mais bien aussi une connaissance, un habitué de la maison ou plutôt de l'étude. Il y a, dans chaque étude de Paris, un assortiment de flâneurs qui vont chez leur avoué comme on va à la bibliothèque ou au Jardin-des-Plantes. La visite a l'avoué se classe dans la répartition de leur temps. Ils ont un avoué avec qui il vont causer, de même qu'ils ont un café où ils prennent leur demi-tasse ; c'est pour eux une seconde nature. On sent bien que ces honnêtes gens se feraient scrupule de déranger leur avoué gratis, sans lui offrir aucune autre compensation que le charme de leur société. Le procès qui les a mis en rapport avec l'officier ministériel trouve enfin son terme; mais les relations créées par ce procès ne manquent jamais de lui survivre. Alors le client habitué se fait un cas de conscience de se ménager un autre procès qui justifie en quelque sorte ses assiduités. Il a cherché d'abord un avoué pour suivre son procès; il cherche maintenant un procès pour suivre son avoué. Cette immobilisation du client est le plus beau triomphe d'un titulaire.

Mais l'avoué ne se borne pas toujours à s'assurer l'exploitation viagère et quelquefois même héréditaire de tous les procès généralement quelconques de son client habitué. Il sait en outre verbalement provoquer ses confidences ; inité forcément à une partie de ses affaires, il ne tarde pas à les connaître toutes. Alors il donne des conseils officieux, offre ses services en dehors de ses fonctions spéciales. Le client a-t-il des fonds à placer? l'avoué se charge de trouver un placement avantageux. A-t-il besoin, au contraire, d'emprunter? l'avoué lui procurera la somme nécessaire. Bref, de proche en proche, l'avoué devient véritablement un homme de confiance, un directeur des intérêts temporels. Je n'ai pas besoin de dire qu'il prélève tant pour cent, à titre de prime ; cela va de soi, toute peine mérite salaire. L'avoué de Paris se donne en général beaucoup de peine.

Voilà comment le cabinet recrute à la fois pour l'avoué et pour l'étude. Ces merveilleux résultats sont dus à la faconde moelleuse de l'officier ministériel. On voit que le don de la parole est une des qualités essentielles de l'avoué de Paris, et que le talent de la causerie ne lui est pas moins nécessaire qu'au coiffeur qui travaille en ville.

Du reste, une ou deux heures pour la réception des clients, un quart d'heure pour les signatures, une demi-heure de conférence avec le maître-clerc, telle est la journée officielle de l'avoué. Je ne sais pas s'il faut y compter trois quarts d'heure pour la lecture des journaux. L'avoué de Paris est abonné au *Siècle* ou à *la Presse*, selon sa nuance, à cause du rabais ; au *Droit* ou à la *Gazette des Tribunaux*, à cause de la spécialité, et aux *Petites Affiches*, à cause des annonces ; il reçoit l'*Estafette* et les *Affiches Parisiennes* en sa qualité d'actionnaire.

Tout sombre et anti-épicurien qu'il paraisse, l'avoué de Paris n'est cependant pas un ennemi systématique des divertissements du monde ; il donne quelquefois l'hospitalité aux raoûts dans ses appartements, et installe le quadrille et la valse sous les girandoles de son salon. Mais l'ongle de l'homme du palais perce toujours sous le gant blanc de l'amphytrion : chez l'avoué, le plaisir calcule, et le bal est encore un hameçon. C'est un prétexte de politesses à faire mensuellement, sous forme d'invitation, aux avocats dont on exploite la confraternité, et aux magistrats dont on choie la connaissance ; l'avoué invite même à ses réunions ses principaux clients, qui s'empressent de venir y tremper leurs lèvres dans le verre d'eau dont ils ont eux-mêmes fourni le sucre, et tournoyer au son de l'orchestre dont ils paient les violons.

Ces bals, le croira-t-on, sont l'effroi des clercs de l'étude, qui voient arriver cette nuit de délices avec plus de terreur encore qu'une nuit de garde civique. C'est que pour eux la corvée de l'étude passe alors pour quelques heures dans le salon ! L'avoué les a chargés de recruter le plus de danseurs possible, et c'est à ces danseurs étrangers qu'appartiennent de droit les belles et aimables danseuses. Quant aux clercs de l'étude, le patron, en vertu des droits qu'il a sur eux, les commet d'office pour servir de cavaliers aux vieilles présidentes, aux avocates sur le retour, aux clientes à leur automne, en un mot à toutes les prétentions surannées qui convoitent l'agitation du quadrille, et que la charité chrétienne peut seule exempter du désagrément de faire tapisserie. Les infortunés clercs traînent toute la nuit le boulet de ces rigaudons forcés. Galériens du bal, ils ne sont jamais libérés avant cinq heures du matin.

On voit, par tout ce qui vient d'être dit sur la distribution de sa journée, que l'avoué joue le rôle d'un agent d'affaires plutôt que celui d'un véritable avoué. L'étude n'est qu'un accessoire, sinon dans son budget, du moins dans la distribution de son travail personnel. Voici comment cette étude est gérée à côté, ou plutôt en dehors du patron.

La direction appartient au premier clerc qui est plus avoué que l'avoué lui-même. Le second clerc fait la procédure d'après les instructions de son supérieur immédiat. Le troisième clerc fait ce qu'on appelle *le palais*. C'est lui qui fait viser les dossiers au greffe, qui fait inscrire les causes au rôle, qui répond à l'appel de l'audience, sollicite des remises, etc. Il est aussi l'intermédiaire obligé entre l'étude et les avocats. C'est, en un mot, l'ambassadeur de l'avoué près le Palais-de-Justice.

Au quatrième rang viennent un ou plusieurs étudiants en droit, à qui leurs parents ont bien recommandé de travailler chez un avoué, tant pour occuper leurs courts loisirs que pour se fortifier dans le droit et la procédure. Ces clercs amateurs ne sont pas payés, et ils en donnent à l'avoué pour son argent. Leur travail à l'étude consiste à faire des vaudevilles qui seront refusés aux Folies-Dramatiques, ou des lettres d'amour qui souvent obtiennent le même succès auprès des modistes du coin.

Reste le dernier clerc, qu'on appelle dans le monde profane *saute-ruisseau*, et que, dans la langue technique, on nomme le *petit-clerc*. Celui-là est chargé des courses de l'étude. C'est ordinairement un enfant de quinze à dix-huit ans ; mais quelquefois il est grand garçon, bien qu'il s'appelle *petit-clerc*. J'ai connu un petit-clerc qui n'avait pas moins de trente ans.

Une étude d'avoué rapporte à Paris de vingt-cinq mille à quatre-vingt mille fr. ; la moyenne du produit net serait à peu près de cinquante mille francs.

Or, il est reconnu que si telle étude dont le titulaire tire cinquante mille francs était gérée comme presque toutes les études dans les départements, elle rapporterait, même d'après le tarif de Paris, vingt mille francs tout au plus.

D'où vient cette énorme différence ?

C'est que l'avoué de province (j'entends l'avoué simple et candide) ne compte dans ses déboursés que les sommes réellement sorties de sa bourse. Quant à ses émoluments, c'est-à-dire au prix des actes faits dans son étude, ils ne s'élèvent jamais au delà du chiffre strict auquel les besoins de l'affaire devaient nécessairement le porter,

Chez l'avoué de Paris, c'est bien différent. D'une part, il n'y a pas que des déboursés dans ses *déboursés;* et d'autre part, dans ses émoluments figurent des articles dont le simple énoncé frapperait de stupéfaction l'avoué de province (j'entends toujours l'avoué simple et candide).

En résumé, l'avoué de Paris complique la procédure autant que possible; tandis que l'avoué de province cherche généralement à la simplifier; pour arriver au but, l'avoué de province prend le plus court chemin, pendant que l'avoué de Paris suit le plus long détour, sachant bien que la route n'est pas semée pour lui de ronces et de pierres. Il introduit le plus d'incidents qu'il peut dans la même cause; il entasse instances sur instances, il ente procès sur procès. Il ne fait pas seulement les actes nécessaires au procès, il commet tous ceux que la loi autorise directement ou indirectement. Bref, son talent consiste à *faire suer* (c'est le mot) à une cause tout ce qu'il est légalement possible d'en extraire en la pressurant.

Il me serait aisé d'énumérer une foule d'espèces où se révèlent le génie le plus profond et l'adresse la plus incontestable. La *requête,* comme pièce de presque tous les procès, et la *licitation,* comme sujet de procédure spéciale, jouant le plus fort rôle dans la caisse de l'avoué, s'offrent de prime-abord à mon choix.

— La *requête* est une plaidoirie anticipée, un mémoire où sont relatés les moyens de la défense. L'avoué défendeur en signifie une copie à chacun de ses adversaires. C'est un des actes les plus productifs de la procédure; car l'avoué se fait payer fort cher la rédaction de l'original, et la loi taxe assez haut les droits de copie.

Toutefois, il est divers moyens d'augmenter encore le produit de la requête. Je ne veux point parler de la méthode qui consiste à ne mettre dans les copies que dix-huit lignes à la page, et sept ou huit syllabes à la ligne, quoique les règlements exigent vingt-cinq lignes à la page, et quinze syllabes à la ligne : c'est un péché d'habitude dont l'avoué de province n'est pas plus exempt que l'avoué de Paris, et cela ne vaut pas la peine d'être relevée. Mais il arrive parfois que l'avoué ou ses clercs ont négligé de fabriquer la requête en temps utile, et que la veille de l'audience survient à l'improviste sans qu'on ait songé à cette partie essentielle. On ne peut cependant perdre ainsi l'occasion d'une requête... Voici le moyen auquel on a recours.

Comme on n'aurait pas le temps de transcrire une requête entière, l'avoué se contente de signifier à l'avoué de son adversaire une fin de requête; puis, lorsque vient le moment de la taxe, si elle est requise, la pièce est fictivement rétablie après coup, et soufflée de manière à produire un chiffre de rôles proportionné à l'importance de l'affaire. C'est ce qui s'appelle en argot d'étude, *signifier en queue.*

Quelques avoués ont adopté le moyen non moins adroit de signifier, entre un commencement et une fin de requête véritable, un vieux cahier de papier timbré, que leur collègue leur renvoie et qui sert ainsi une seconde fois, puis une troisième, puis une quatrième, jusqu'à ce que les feuillets ou le fil soient tout à fait usés. Je sais une étude où le même cahier a subi un service de plus d'un lustre, et a rapporté à lui seul près de six mille francs.

— La *licitation* est la vente judiciaire d'un immeuble qui n'est pas susceptible d'être partagé en nature.

Supposons deux frères qui reçoivent, à titre d'héritage, une maison à Paris. Dans l'impossibilité de la diviser en deux lots, ils s'adressent au même avoué pour la faire liciter.

L'avoué devrait suivre une marche bien simple. Les deux partis étant d'accord, il lui suffirait de faire agréer par le tribunal un jugement rédigé dans l'étude, et ordonnant la licitation, après l'accomplissement des formalités légales.

Mais ce n'est point ainsi que l'entend l'avoué de Paris. Une procédure aussi simplement conduite ne produirait pas un état de frais assez bien fourni. Voici comment l'avoué de Paris procède. Chargé du mandat des deux frères, qui n'ont qu'un même désir, une même volonté, à savoir de vendre le plus tôt possible pour se partager le prix, l'avoué rédige la demande en licitation à la requête de Pierre; Paul ne s'oppose pas, loin de là? N'importe! l'avoué lui choisit fictivement un autre avoué, et, sous le nom de ce collègue qui prête complaisamment sa signature (c'est d'usage), il se signifie à lui-même, avoué de Pierre, au nom de Paul, une requête à l'effet d'empêcher la licitation.

Les motifs de cette requête ne peuvent être qu'illusoires, car une licitation est toujours de droit; aussi n'est-ce qu'une affaire de forme, à laquelle on n'attache pas grande importance. Le second clerc a, pour cette feinte procédure contradictoire, des phrases consacrées.

Dans cette requête qu'il rédige au nom de Paul opposant, il dira, par exemple : « Vous le savez, et malheureusement c'est une observation trop bien confirmée, en ce moment tout est stagnant, par suite de la crise commerciale qui se fait sentir. Paris a surtout à se plaindre des tristes effets qu'elle produit. Autrefois, le capitaliste recherchait avec avidité les placements en immeubles; mais aujourd'hui que la fièvre de la commandite s'est emparée de tous les esprits, un discrédit complet a frappé tout ce qui n'offre pas une chance à l'agiotage et à la spéculation; aussi les enchères sont-elles désertes, et les bâtiments ainsi que les terrains ne peuvent-ils être adjugés même au plus vil prix, etc., etc. »

Maintenant c'est au tour de Pierre. Pierre riposte à la requête de Paul par une seconde requête; et le même clerc, après avoir manufacturé la demande, se charge de la réponse. Il fait parler Pierre à peu près en ces termes :

« Notre adversaire est dans l'erreur et s'abuse sur la situation actuelle des affaires. La commandite est en discrédit; les fonds refluent vers les placements solides et exempts de chances de l'industrie et du commerce; la confiance règne partout. On ne saurait trouver de moment plus propice pour vendre avantageusement les maisons et les terrains, etc., etc. »

Je n'ai pas besoin de dire qu'on peut varier ce thème à volonté, et que, sous la plume du clerc-rédacteur, ces phrases s'allongent indéfiniment, de manière à produire une requête volumineuse. On a des formules de tel ou tel nombre de pages, selon l'importance de la licitation. Si l'immeuble est de peu de valeur, le style des requêtes est rapide et concis comme du Tacite ou du Paul-Louis-Courrier; si au contraire le prix est considérable, le requêtes sont abondantes et soufflées comme du Victor Ducange ou du Salvandy.

Alors un échange supposé d'exploits s'établit entre Pierre et Paul, qui se trouvent, au bout d'un certain temps, avoir soutenu un procès en règle sans s'en douter aucunement. Singuliers plaideurs, qui, sans cesser d'être d'accord, ont lutté dans l'arène judiciaire jusqu'à l'épuisement complet de leurs forces, c'est-à-dire des combinaisons procédurières!

Enfin, lorsqu'il ne manque plus que le jugement, l'avoué, qui se garderait bien de soumettre ces ridicules moyens à l'appréciation du tribunal, rédige et fait accepter un jugement de forme ordonnant que la maison sera vendue ; après quoi il touche le prix des deux procédures, non sans *modérer* ses honoraires. *Modérer* est un mot usité. L'avoué a toujours *modéré*, même lorsqu'il vous présente le mémoire le plus exorbitant. C'est un autre enragé de modération.

Voilà par quels ingénieux procédés l'avoué de Paris, tout en *modérant* ses honoraires, marche à la fortune d'un pas aussi sûr que rapide. Et notez bien que j'en ai seulement choisi quelques-uns entre mille, presque au hasard.

Après douze années d'exercice, d'agence d'affaires et de vente judiciaires qui lui suffisent communément pour se créer trois ou quatre cent mille francs d'économies, l'avoué cède sa charge à un maître-clerc, qui lui paie à peu près autant pour avoir le droit de recommencer, pour son propre compte, la même exploitation.

L'avoué se retire ainsi, riche de trente à quarante mille francs de rente. Il continue d'habiter Paris pendant l'hiver, et la campagne pendant l'été. Alors il ne sait plus que manger, boire, digérer et dormir; c'est désormais un homme de loisir. Il s'abonne au *Journal des Débats*.

Il est électeur, membre d'une société philanthropique, quelquefois adjoint à la mairie, et le plus souvent juge de paix ou suppléant; il convoite particulièrement ces dernières fonctions, parce qu'il les considère comme un marchepied pour la magistrature. Il a toujours la croix d'honneur, et rate périodiquement la députation.

Cette vie inerte et placide, ou plutôt cette végétation de l'avoué retiré n'est agitée que par deux crises accidentelles. Tous les deux mois (lorsqu'il n'est pas capitaine rapporteur, titre auquel ses antécédents judiciaires lui font une sorte de candidature), son sergent-major l'appelle, en qualité d'officier élu, au corps de garde, où il déclame éloquemment contre les ambitieux affamés d'or et les factieux altérés de pillage ; — tous les deux ans un huissier le convoque, en qualité de juré, à la cour d'assises, où, après avoir compendieusement manifesté l'homme de palais en adressant mille questions aux témoins dans le prétoire, et une harangue argumentassée à ses confrères dans la salle des délibérations, il condamne le malheureux qui, poussé par la misère, a brisé le volet d'une boutique de boulanger pour prendre une livre de pain.

ALTAROCHE.

LE RAMONEUR.

OMMENT oublier dans cette nomenclature de tous les types anciens et nouveaux, de toutes les figures françaises ou naturalisées parisiennes, ces petits Bohémiens à la face barbouillée de suie, aux joues rebondies et enfumées, aux dents de nacre, aux lèvres fraîches et amaranthes comme des fraises, ces petits enfants, moitié chats, moitié chiens, moitié cabris, moitié singes qui s'en vont sans cesse gambadant, grimpant, chantant, frétillant ; la plus jeune de toutes les industries françaises, la seule peut-être dont le monopole modeste puisse appartenir exclusivement à l'enfance, le ramoneur enfin, ce petit être dont le cri est devenu une des mélodies proverbiales de l'âtre, comme le chant du grillon ou la plainte de l'hirondelle, la parasite des cheminées. Le cri du ramoneur annonce l'hiver et cependant on ne le maudit pas, on aime au contraire à entendre du fond du foyer bien chaud, du coin de la cheminée qui flambe cette bonne grosse voix d'enfant, qui vient apporter au citadin paisible, au propriétaire toujours craintif, le salut de cet âtre, la paix de cet intérieur, préserver l'un et l'autre d'un fléau terrible quand il n'est pas la plus incommode et la plus coûteuse des révolutions domestiques, l'incendie.

Mais d'abord avant de crayonner le profil du ramoneur, débarrassons-le de tous ses indignes collègues, de ces classes vagabondes et plagiaires désignées assez fréquemment et par une extension injuste sous le titre de *ramoneurs* ou de *savoyards*. Nous voulons parler de ces myriades d'enfants nombreux et importuns comme les moustiques, qui couvrent par essaims les trottoirs des villes, pullulent aux barrières et dans la banlieue, assaillent à chaque relai les portières des diligences; interminable caravane de joueurs de vielles, de petits chanteurs, de montreurs de chiens, de singes apprivoisés, de renards, de tortues, de souris, de mulots, de belettes, de marmottes. Cette classe d'enfants qui appartient exclusivement au vagabondage n'a rien ou presque rien de commun avec le ramoneur proprement dit; elle représente les frelons de cette colonie travailleuse. Par ses habitudes de fainéantise, sa misère comédienne, son lazzaronisme incarné, elle revient de plein droit à la plume chargée de retracer dans cette galerie les masques rusés et les manœuvres si curieuses de la mendicité parisienne.

On s'est beaucoup appitoyé sur le destin du ramoneur, mais c'est principalement sur les ramoneurs qui ne ramonent pas qu'est tombée la sensibilité des faiseurs de romances, de tableaux de genre, d'aquarelles, d'élégies et d'opéras comiques. On a beaucoup trop plaint ces demandeurs de petits sous, de petits liards, de morceaux de pain, ces petits vagabonds qui passent leur journée à se chauffer au soleil, et quand le soleil est caché, à apostropher chaque passant qu'ils appellent indifféremment *mon lieutenant* ou *mon général*. On ne s'est pas assez occupé, ce me semble, du ramoneur authentique, avéré, pris dans l'exercice de ses fonctions, de l'enfant de huit ou dix ans qu'on lance dans l'intérieur d'une cheminée à un âge où son cœur n'est pas encore aguerri contre la peur des ténèbres, à une heure où ses yeux ne sont toujours pas bien ouverts même au grand soleil. — Allons, courage, petit, figure-toi que tu escalades la plus jolie colline du Piémont ou de la Savoie. — Et il faut qu'il se résigne à devenir pendant une heure ou deux, muet, aveugle, et presque assourdi par la suie, à s'ensevelir tout vivant dans une espèce de bière; il faut qu'il grimpe, gratte, se hisse et se cramponne, jusqu'à ce que le garçon fumiste qui l'attend sur le toit, ait aperçu le bout de son petit museau barbouillé. Alors son expédition est finie; on lui donne à peine le temps de se dégourdir, d'éternuer et de se secouer comme un caniche qui sort de l'eau, puis, on lui fait recommencer dans une cheminée voisine une manœuvre du même genre. Ces ascensions ténébreuses ne sont pas toujours sans péril, car il est plus d'une cheminée moderne construite sur de telles proportions que la fumée y passe avec peine, y séjourne même le plus souvent et y regimbe opiniâtrément au nez du locataire. Moins récalcitrant que la fumée du propriétaire, le ramoneur, lui, passe et s'insinue par les défilés les plus étroits, mais souvent aussi il y reste, il s'y trouve emprisonné comme dans un traquenard; alors, il appelle, il crie : Au secours! et il n'y a souvent pas d'autre ressource pour l'extraire de cet étau que de démolir la cheminée. Quelquefois aussi, et cela est bien triste à dire, il arrive qu'il n'a même pas le temps de crier, sa poitrine s'embarrasse, ses poumons jeunes et délicats demandent en vain le grand air, l'air libre, ses forces s'épuisent, il va mourir asphyxié. Les enfants devraient tous mourir sur le sein ou contre la joue de leur mère; lui, est mort seul, sans soleil, sans un dernier baiser du grand jour. Voyez-le : son bonnet de laine est à jamais incliné sur son épaule, vous diriez un oiseau qu'on a trouvé mort dans son nid, sa main est déjà tiède et fermée, sa bouche est entr'ouverte, mais la petite chanson du pays n'en sortira plus. Faiseurs d'aquarelles, préparez cette fois votre douce palette, car voilà une touchante esquisse, et qui tient à la destinée même et aux vraies infortunes du ramoneur.

J'ai remarqué cependant qu'en s'apitoyant trop ou en s'apitoyant mal à propos sur telle ou telle condition, on la gâte presque toujours et on finit par lui aliéner la charité publique. Après tout, la condition du ramoneur est dure, pénible, elle exige de la persévérance et même une certaine résolution, mais elle a bien aussi ses avantages. Elle est d'abord lucrative: un enfant de douze ans gagne quarante sous par jour, c'est presque la journée d'un homme; ensuite, il fait ainsi l'apprentissage d'un bon métier qui le mettra à même de s'enrichir un jour et de faire à son tour ramoner les autres.

Paris et même la plupart des provinces ne produisent guère de ramoneurs. L'artisan ou le petit négociant parisien surtout, chargé de famille, contraint de bonne heure d'aviser aux ressources, choisira de préférence pour ses enfants des professions qui flatteront sa gloriole. Il fera de ses fils des apprentis épiciers, apprentis perruquiers, enfants de chœur, enfants de troupe, ou même pères nobles du théâtre Comte, mais ramoneurs, fi donc! Cela est bon pour les montagnards, les hommes de landes et de labour : permis à eux d'enfumer leur progéniture, de laisser l'effigie paternelle s'altérer et disparaître sous un masque de charbon et de fumée; il vaut bien mieux qu'elle aille s'enfariner dans un coûteux apprentissage chez le pâtissier-traiteur, ou s'huiler et s'ensoufrer chez l'épicier du coin.

La Savoie calcule en cela mieux que Paris et le Piémont encore mieux que toute la France. Le Piémont, que les dictons français accusent bien à tort de nonchalance et de fainéantise endémiques, joint au contraire à l'activité et à la dureté de travail des peuples de montagnes l'adroite souplesse et l'insinuante subtilité du caractère italien. Avec son baragouin, ses allures pliantes, son regard furtif et câlin, le Piémontais s'est progressivement emparé de l'une des branches de l'industrie française les plus proches des nécessités de la vie et par conséquent les plus productives, celle de poêlier-fumiste.

Observez en effet les enseignes de toutes ces boutiques, où le cuivre rayonne de tout l'éclat d'un réflecteur, où s'élèvent en pyramides et en étages tous les systèmes de cheminées connus, cheminées à la prussienne, à la russe, à foyers mobiles, immobiles, à doubles, triples courants d'air : quels noms lisez-vous sur les factures de ces brillants magasins? partout des noms en *i* ou en *o* comme sur un programme des Bouffes. Le Piémont fournit à la France la plus grande partie de ses fumistes et par conséquent de ses ramoneurs, car tout bon ramoneur piémontais s'établit tôt ou tard à Paris poêlier-fumiste; la patente et le brevet de ce haut établissement existent d'avance dans le havre-sac du ramoneur, mais avec bien plus de logique et de certitude que le bâton de maréchal de France dans celui de conscrit. En effet, tout bon fumiste doit avoir ramoné, sondé, tâté par lui-même l'intérieur d'une cheminée, ce terrain plus capricieux peut-être et plus chanceux qu'un champ de bataille. Tout bon général doit, dit-on, avoir manié le mousquet, mais que sera-ce donc du poêlier-fumiste? il faut qu'il commande à la fois le feu et la fumée.

Les fumistes français eux-mêmes emploient de préférence les ramoneurs piémontais : ils les trouvent plus robustes, plus intelligents, plus actifs que ceux des autres pays : ils les ont même presque tous chez eux à titre d'apprentis, qu'ils logent, habillent, nourrissent, et transforment par la suite en garçons fumistes. Ils ont pour règle, une fois la race piémontaise introduite dans leurs ateliers, de ne point en admettre d'autre, car le mélange des pays allumerait infailliblement la guerre civile ; les ramoneurs piémontais, accommodants et aimables sur presque tous les points, sont intraitables sur celui de la nationalité, ils forment entre eux une confrérie des plus serrées, une sorte d'oligarchie patriotique. Ils naissent au sein des sublimes horreurs du Simplon, au milieu des plus beaux rochers du monde, des sapins, des mélèzes, des voûtes de granit et des torrents fougueux et argentés ; ils croissent presque tous dans les environs d'une jolie petite ville qu'on appelle *Domo-d'Ossola*, qui possède le privilége exclusif de la production du ramoneur, comme Bergame celui des ténors, et Bologne celui des *mortadelles*. De Domo-d'Ossola, on arrive à un village appelé *Villa*, frais et verdoyant comme le nom qu'il porte, puis, par des festons de vignes, des anneaux de verdure, des prairies sans cesse humides et mouillées comme des pieds de Nymphes, on se trouve sur le lac majeur et de là à Milan la bonne ville. C'est à Milan que le ramoneur piémontais fait ses débuts ; il commence par s'essayer dans les vastes cheminées des immenses *palais* lombards, avant de se confier aux gorges si souvent étroites, inclinées et inaccessibles des cheminées parisiennes.

Ainsi, dans tous les genres d'industrie, de travaux et d'applications, Paris est le centre général vers lequel tout vient aboutir, arts ou métiers, chacun y apporte le tribut de ses progrès, la théorie de ses nouveaux talents : ainsi du ramoneur. Du reste, la vie de ce jeune industriel est marquée d'avance dans les grands ateliers de fumistes des environs des barrières : là il retrouve une colonie, un échantillon du peuple qu'il vient de quitter, il s'aguerrit au français en entendant encore résonner à ses oreilles les terminaisons de l'idiôme natif; il trouve dans les ouvriers supérieurs, à la fois des guides, des instituteurs, des patrons qui lui rendent la tâche plus légère, lui adoucissent les premiers écueils de l'apprentissage. Un ramoneur Piémontais, grâce au patronage patriotique, a des chances d'avancement et de bien-être que les ramoneurs des autres pays ne sauraient avoir. On peut les considérer comme les enfants gâtés du métier. Il est à remarquer aussi qu'ils apprennent la langue française avec une vitesse excessive; trois mois leur suffisent quelquefois pour se faire comprendre parfaitement ; cette intelligence naturelle, jointe aux garanties qu'ils présentent par les recommandations de leurs compatriotes, explique suffisamment la préférence et la confiante prédilection que les entrepreneurs leur témoignent dans la plupart des ateliers.

Mais il est temps de laisser de côté le Piémontais pour nous occuper du type du ramoneur le plus populaire, le plus répandu, et disons-le aussi, le moins utile, le Savoyard.

On s'est plus d'une fois élevé avec raison contre le métier injuste et souvent barbare que viennent exercer à Paris ces malheureux enfants qui nous arrivent par milliers, au commencement de chaque année, à l'époque où les hirondelles nous quittent, presque tous sous la conduite de maîtres qui les exploitent sans pitié, les entassent la nuit dans des taudis malsains, les forcent à mendier, si l'ouvrage leur manque, les maltraitent, les nourrissent à peine, les rendent enfin martyrs d'une sorte de *traite* plus blâmable que celle des nègres, puisqu'elle s'exerce sur des enfants sans défense et dans le centre d'un pays civilisé.

Les maîtres des jeunes Savoyards se composent en grand nombre de chaudronniers ambulants ou de marchands de peaux de lapin, assez mauvais garnements pour la plupart, ou tout au moins, gens grossiers, inhumains, qui considèrent les ramoneurs qu'ils enrôlent comme une matière exploitable, dont il s'agit de tirer le meilleur parti possible. Ils exigent que chacun d'eux leur remette le salaire de la journée, sans en détourner une obole, sous peine d'une impitoyable flagellation. Il est prouvé que sur trente ou quarante sous qu'un ramoneur peut gagner par jour, son patron ne lui en laisse guère plus de six. Ce fait seul explique la supériorité des Piémontais sur les Savoyards : ces derniers avec un si chétif salaire ne peuvent guère se nourrir ; ils ne mangent presque jamais ni soupe, ni viande, seulement quelques légumes, de mauvais fruits. Il en résulte des corps amaigris, rachitiques, incapables de supporter la fatigue, des cœurs et des membres d'esclaves.

Les abus de la maîtrise savoyarde ont plus d'une fois excité les justes récriminations des philanthropes et même des économistes, mais on n'a pas songé que ces plaintes devaient s'adresser bien plutôt à la Savoie qu'à la France. En effet, empêchez les pères et mères savoyards de louer ou de vendre leurs enfants comme des bêtes de somme pour un an, pour deux, pour trois ans souvent, et vous aurez amélioré le sort de ces derniers. Mais avant tout, enrichissez la pauvre Savoie, donnez-lui un sol moins dur et moins ingrat qui ne la mette pas dans la nécessité cruelle de perdre ses enfants, faute de pouvoir les nourrir ; donnez-lui comme aux autres pays d'heureuses moissons, de beaux et grands fleuves, de gais vignobles, la ressource du commerce et de l'industrie, moins de nature, mais plus de culture; alors, vous ne la verrez plus confier ses agneaux à ces pasteurs infidèles qui les tondent et vendent leur jeune toison, avant même qu'elle n'ait eu le temps de pousser. Donnez aux ramoneurs savoyards eux-mêmes un autre caractère, un sang plus vif, plus de sève, plus d'esprit naturel, détruisez en eux ces penchants invincibles à la fainéantise et même à la mendicité, car il n'est que trop vrai qu'il y a du levain mendiant chez tout ramoneur savoyard, qu'il est sujet à grelotter et à gémir, autant par habitude que par besoin, et ce penchant n'est que trop bien entretenu en lui par le traitement que son maître lui fait subir. Mais il faut songer aussi que c'est là une colonie déjà pauvre et souffreteuse qui nous est envoyée, et que cette misère est une exploitation savoyarde et non française; et voilà pourquoi les fondations d'établissements publics réclamées en faveur des jeunes Savoyards n'ont jamais eu d'effet; cela était conforme aux vœux de l'humanité, mais non aux lois de l'économie nationale. Ce n'est pas lorsque nos maisons d'orphelins, nos salles d'asile et même nos maisons de détention du genre de la prison de la Roquette, sont encombrées d'enfants français, que l'on peut réclamer opportunément une nouvelle fondation en faveur d'enfants étrangers. Tout en reconnaissant et flétrissant l'odieusé exploitation de la maîtrise, on n'a pu et dû peut-être se borner jusqu'à présent envers les jeunes Savoyards qu'à des actes de charité partielle.

Quand l'hiver est fini, que les papillons et les parfums de violettes, recommencent à voltiger dans le ciel, qu'il n'y a plus par conséquent de cheminées à ramoner, les ramoneurs s'en retournent au pays sous la conduite de leurs maîtres, mais on en voit beaucoup rester à Paris, abandonnés à eux-mêmes, sans direction, sans moyen d'existence, et de là tant de mendiants et de vagabonds.

Cependant, à propos de ces départs de ramoneurs savoyards, nous aurions voulu trouver dans les bourgs et les villages qui environnent Salanches, car c'est de là qu'ils viennent presque tous, quelque fête, une solennité naïve, une messe, un gala, des danses avec un triangle et la cornemuse, que sais-je? quelque chose dans le genre des bourrées d'Auvergne, pour célébrer le départ en masse du printemps et de l'aurore de la Savoie représenté par ces jeunes bannis, puis dans le lointain, je ne sais quoi de patriotique, un souvenir du ciel et des montagnes, comme un ranz de vaches, qui semblerait leur dire : — Adieu, petits enfants, grandissez, enrichissez-vous, soyez sages, prudents et revenez-nous bien vite. Puis les mères pleureraient à chaudes larmes, en embrassant leur dernier né, les vaches mugiraient parce qu'elles ont perdu leurs petits bouviers, les brebis bêleraient pour dire adieu à leurs pâtres. Quelques personnes croient qu'à l'époque du départ des jeunes Savoyards, le curé du pays, saint Vincent de Paule campagnard, ou le pendant du vicaire savoyard de Rousseau, monte en chaire et adresse à ses jeunes ouailles une exhortation relative aux écueils de Paris, aux devoirs qui les y attendent, à la conduite qu'ils y devront mener; nous voudrions que tout cela fût vrai dans l'intérêt même de cette peinture.

Mais on nous a demandé le portrait véridique, et non l'églogue du ramoneur; or, nous devons dire que les fêtes villageoises, ces danses et rondes savoyardes, ces adieux aux cimetières, aux croix des pères, à l'écho des montagnes, même ce prêche du curé, tous ces usages, s'ils ont jamais existé, sont aujourd'hui tombés en désuétude, ou du moins dans le domaine de la romance, comme, du reste, la plupart des pratiques caractéristiques de nos provinces. Les fumistes savoyards qui séjournent aujourd'hui à Paris déclarent être sortis de leur pays, muets et silencieux comme des marmottes; pour la plupart fort heureux de le quitter, et par la suite, non moins heureux de n'avoir plus à y revenir.

De même, en donnant le costume et le signalement extérieur du ramoneur, nous devons chercher plutôt la vérité que la flatterie; car s'il est vrai qu'un peintre doive rendre ses portraits toujours un peu plus beaux que nature, ce devoir ne s'étend pas sans doute jusqu'à celui du ramoneur.

Nous dirons donc, en thèse générale, que le ramoneur est ordinairement plutôt laid que beau, d'abord parce que le type savoyard, piémontais ou auvergnat, est fort éloigné du type grec ou romain, et qu'ensuite, avec un nez toujours barbouillé, un bonnet de laine enfoncé sur les oreilles, et de la suie jusqu'aux prunelles, il se voit nécessairement privé de la coquetterie qui est un des plus puissants accessoires de la beauté.

Mais disons aussi que lorsque le ramoneur est réellement gracieux et joli, il est peut-être plus charmant à voir que tout autre enfant; rien ne lui va mieux alors que ses gros sabots, son bonnet brun, sa veste de bure, où son corps flotte et se joue à l'aise. Quand il saute et vous fait une révérence en souriant et en faisant le gros dos, il est parfois irrésistible de gentillesse; on dirait un petit caniche sorti récemment du ventre de sa mère et qui commence à gambader, ou mieux, un de ces petits amours en porcelaine de vieux Saxe, affublés de grands justaucorps et de perruques à marteaux, avec des ailes aux épaules. Si Boucher ou Vanloo eût peint Vénus commandant à Vulcain les armes d'Énée, nul doute qu'il n'eût placé autour de la divine enclume des Amours armés de soufflets et déguisés en ramoneurs.

C'est ordinairement à la porte Saint-Denis, ou à la rue Basse-du-Rempart, qu'ils se réunissent quand ils sont sans ouvrage; on y voit, outre les savoyards, des francs-comtois, des dauphinois et surtout des auvergnats. Ils attendent là qu'on vienne les louer, comme les vignerons sur les places de certaines villes de Bourgogne. Leurs outils sont les *genouillères* et la *raclette*, l'étymologie de ces instruments en indique assez l'usage. Ils logent ordinairement dans la rue Guérin-Boisseau, et dans celles qui avoisinent la place Maubert.

On sait pourtant qu'à Paris, la plupart des métiers ont leur patron et célèbrent entre eux leur fête annuelle; les fruitiers, les jardiniers, les cordonniers, les maraîchers, les blanchisseuses ont leur fête, je m'étonne que les ramoneurs n'aient pas aussi la leur; on peut dire que généralement ils l'auraient bien gagnée.

Ce serait aux maîtres à en faire les frais; ne serait-il pas juste que ces pauvres enfants eussent au moins dans l'année un jour de bon temps et de relâche? Pour ce grand jour, on les débarbouillerait, et dès la veille, s'il le fallait; on leur mettrait des habits blancs, des bouquets à la boutonnière mêlés de rubans, on dérouillerait de cette sale et épaisse fumée ces cheveux qui sont peut-être blonds et bouclés sous la suie, ces cols d'ivoire, ces peaux encore blanches, comme le lait de leurs mères; on les ferait dîner à table ce jour-là et comme des rois, dans des couverts où ils n'auraient pas honte cette fois de se mirer; puis après le dîner, on les ferait danser comme on danse, ou plutôt comme on dansait dans leurs montagnes; et on parlerait de cette fête toute l'année, le matin et le soir, à la chambrée; on n'en ramonerait que mieux, on y rêverait même dans le fond de la cheminée, et on ne manquerait pas de grimper jusqu'en haut à chaque expédition, pour voir si le temps sera beau pour le jour de la fête.

Mais où allons-nous? Voici que nous chantons la gloire, la fête, la joie du ramoneur, et nous ne pensons pas que bientôt, il faudra peut-être porter son deuil. Oui, l'industrie, cette géante qui nivelle et simplifie tout, supprimera, avant qu'il soit peu, le ramoneur, comme elle a supprimé tant d'autres machines vivantes, le garçon boulanger, le garçon imprimeur, le garçon chocolatier, le filateur, le roulier, le palefrenier, le maquignon, le cocher. Le ramoneur périra tôt ou tard par la vapeur; en peut-il être autrement? La vapeur et la fumée ne sont-elles pas sœurs du même lit? Vous verrez que les cheminées trouveront un jour le secret de se ramoner elles-mêmes.

ARNOULD FREMY.

LOISEAU

L'INFIRMIER.

Ubi non est mulier, ingemiscit æger.

C'est le cœur de la femme qui approche de plus près le mortel aux prises avec la douleur ; c'est sa main qui le touche avec plus de douceur.

PERCY ET LAURENT.

VOYEZ-VOUS là-bas, au fond d'une salle étroite, longue, bordée de lits de fer aux rideaux peu étoffés, mais blancs, et que surmonte une croix de bois ; voyez-vous ce petit homme qui glisse bien plus qu'il ne marche, avec ses savates, sur le carreau ciré, luisant comme le parquet d'un salon? Il paraît et disparaît : le voilà! ne le voilà plus! C'est qu'il va de ruelle en ruelle demandant des nouvelles et donnant le bonjour... savez-vous *à quoi?* A des numéros; car l'homme dont il s'agit n'a pas de semblables dans le lieu où nous le trouvons : il y a *lui*, et puis *un*, *deux*, *trois*, *quatre*, *cinq*, *six*, etc.

Où sommes-nous donc? Nous sommes où vont les artisans infirmes, les commerçants honnêtes, les rentiers confiants, les serviteurs fidèles d'une dynastie déchue, les dévouements désintéressés, les vertus intègres et les talents modestes; nous sommes où n'arrivent jamais les philanthropes brevetés... à l'hôpital!

Et maintenant parlez-nous de cet homme que nous avons aperçu tout à l'heure. Est-ce par goût, par vocation, par pénitence, qu'il s'est consacré à vivre au sein des maladies et de l'infection? Aurions-nous devant les yeux quelque disciple généreux de la sensible mère Agnès, ou de Gérard de Provence; quelque *chevalier* hospitalier de Saint-Jean, du Sépulcre, du Mont-Carmel ou de Saint-Lazare? Non; car il n'est pas équipé à la fois pour secourir et pour combattre, pour assister les malades dans les hospices et pour protéger le transport des blessés sur les champs de bataille. Si adoucies que soient de nos jours les mœurs et les coutumes militaires, l'aspect et l'attitude de ce personnage ne peuvent rien simuler d'héroïque à nos yeux; et puis enfin, à l'époque où nous sommes, on ne connaît presque plus, en fait de *chevaliers*, que ceux d'industrie.

Serait-ce plutôt un de ces frères de Jean-de-Dieu, originaires d'Italie, et que Catherine de Médicis a tenté de naturaliser en France? Pas davantage. En effet, écoutez-le répondre à ce pauvre malade qui, mettant tout ce qui lui reste de force à s'impatienter, l'appelle avec trop d'instance... *il jure.*

Examinez-le de près : où pourrait-on rencontrer un air plus triomphant sous un bonnet de coton jauni, si ce n'est chez un restaurateur *prix fixe*, ou dans une cuisine d'hôtel garni? — Il porte sous son bras une serviette quasi blanche, et jamais ministre n'a porté son portefeuille avec autant de dignité et de conviction.—Au-dessous de sa veste de bure, sa taille est prise par les cordons d'un tablier relevé aux coins, orné de taches marbrées et veinées de sang : avons-nous donc affaire à un boucher? Mais comment prendre pour un coutelas l'instrument si peu tranchant qu'il manie avec une dextérité remarquable, instrument doucereux qui n'a jamais blessé la partie adverse en face; instrument vieilli du reste, et que remplace déjà, dans la confiance de beaucoup de gens et ailleurs, un objet dont le nom rime avec entonnoir? J'y suis, je le tiens... Quoi? l'instrument?... Eh! non, notre homme; vous ne devinez pas? puisqu'il n'y a plus d'apothicaires, c'est nécessairement un infirmier.

L'infirmier s'appelle toujours Jean; c'est bientôt dit : Jean! C'est à la portée même du phthisique à qui il reste encore quelques parcelles du poumon droit ou gauche, et des moyens pécuniaires pour demander qu'on vide son crachoir ou pour faire remplir son pot de tisane. Jean! — Quatre lettres, comme dans les exclamations *Holà! Houp! oheh!* mais avec cette circonstance favorable de plus qu'il y a un *h* de moins, c'est-à-dire une consonne très-pénible à aspirer et très-fatigante à faire sentir. Jean! véritable nom de prédestiné qu'un gouvernement tant soit peu humain devrait imposer à tous les nouveaux nés que leurs pères et mères destinent à l'état de commissionnaire, de concierge, etc. Nous ne parlons pas des grooms : leurs maîtres ont toujours la ressource de les nommer *Tom.*

Jean tient sa vocation de sa misère, de son ignorance ou de sa gourmandise. Ne vous étonnez pas trop vite à ce dernier mot, si peu fait pour s'accorder avec hôpital, selon les idées communes. Les passions s'exercent où elles peuvent, comme elles peuvent. Diète et hospice ne sont d'ailleurs pas inévitablement synonymes. Demandez à l'infirmier si la portion, la demi-portion, le quart, les œufs frais matin et soir, ne sont une réalité que sur le cahier de service, et si même cette réalité accumulée ne pèse pas quelquefois très-lourdement sur son estomac, à la décharge de celui des malades qui lui sont confiés; et puis on n'administre pas seulement de la rhubarbe et de l'huile de ricin à l'hôpital; les sirops n'y sont pas liqueurs absolument fantastiques, ni l'alcool un *pur esprit* : l'alcool existe si bien que les vieux règlements des hôpitaux prescrivaient d'altérer le goût, la couleur de l'eau-de-vie destinée aux blessés, et d'y mêler de l'émétique, afin d'empêcher les infirmiers, sinon d'en voler, au moins d'en boire. Calomnie! s'écrieront les honorables de la profession. Calomnie soit; mais on est convenu qu'il en reste toujours quelque chose, et ce quelque chose pourrait bien approcher de la vérité. Après cela, comme disent les hommes incorrigibles et certains grands criminels : on n'est pas parfait!

Jean a quelquefois aussi conquis son grade à l'amphithéâtre, sous le scalpel du chirurgien. L'infirmier est alors un échantillon d'opération difficile et *réussie*, de dissection bien faite sur *le vivant*, et que, dans l'intérêt et pour l'honneur de la science, on ne veut pas perdre de vue. On garde l'infirmier, on le conserve à l'hospice par le même motif qui fait mettre les veaux à deux têtes en bocal, et les *tœnia* dans l'esprit-de-vin. Hélas! ce même alcool est précisément ce qui détruit l'infirmier; car tous les rôles sont intervertis, et c'est Jean qui se fait bocal.

L'infirmier parle volontiers, *mais* longtemps. Appuyé sur son balai, l'un des attributs classiques de la profession, il vous racontera, si vous n'y tenez pas le moins du monde, tout ce qu'il sait; or de tout, il *n'en* ignore rien. Il cause monarchie d'après les récits d'un ex-serviteur de S. M. Louis XVI, qui est venu mourir dans le lit numéroté précisément 93; — république, selon les souvenirs du portier d'un girondin; — empire, conformément à la tradition que lui ont transmise plusieurs légionnaires qui ont passé par l'hôpital pour *arriver au champ du repos* (couleur locale),... et peut-être aussi d'après les feuilletons du journal *le Siècle;* — poésie, à la suite de jeunes fous morts entre dix-huit et vingt-cinq ans, en récitant à leurs voisins, affectés de surdité chronique, des pensées qu'aucun ami n'a voulu entendre et des vers incompris du public; — littérature, d'après des éditeurs ruinés; — médecine, suivant tous les médecins qui se sont succédé ou exclus depuis son entrée à l'hôpital; — philosophie, enfin, d'après tous les pauvres.

Chacun subit les défauts de ses propres qualités. Jean est bavard : il doit encore être politique. En effet, Jean peut se donner aujourd'hui comme l'homme le plus fort de France sur les faits Paris d'hier. Jean lit en cachette tous les journaux de la veille : or je fais appel à vos souvenirs de collége, les lectures ainsi faites ne profitent-elles pas infiniment mieux que les autres? — Jean est donc abonné *gratis* au *Journal des Débats* de l'administration, au *Temps* du médecin, à *la Quotidienne* de la supérieure, et au *National* de l'élève interne. La foi de Jean aux feuilles les plus diverses, mais imprimées, a été une foi modèle jusqu'au jour où il a dû constater une grave altération de la vérité, commise par l'une d'elles et fidèlement copiée par toutes les autres. Voici le fait : un homme ayant reçu trois coups de couteau de la main chérie de sa maîtresse, la victime fut transportée à l'hôpital. Jean vit sonder et panser ses blessures; elles n'étaient pas mortelles, mais elles entraînaient une opération qui l'était à leur place, ce qui est bien différent. L'homme fut opéré, et mourut. On imprima le lendemain qu'il avait succombé aux coups de l'assassin; Jean maintint que la victime était morte de l'opération, et depuis ce jour-là il se défie un peu du mal et du bien qui se publient touchant les ministères.

Jean flâne avec volupté dans les salles, comme tant d'autres flânent sur les quais et au soleil; il va d'une pleurésie à une gastrite, colportant les nouvelles; il flâne d'un tiphus à un rhumatisme, d'un vésicatoire à un ulcère, ainsi que le papillon voltige du thym à la rose, de la rose à l'œillet. Son butin à lui, c'est une compresse qui traînait et qu'il serre, un emplâtre tombé qu'il ramasse, des pois à cautère dont il fait collection.

L'édifice, ordinairement peu gigantesque, de maître Jean se termine, nous l'avons déjà dit, par un bonnet de coton. Jean a le bon goût de ne pas s'en coiffer sur l'oreille, mais d'aplomb et sur les yeux. Sans être peureux, Jean n'est pas *crâne*, et, en homme de tact, il fuit les airs *tambour*, au milieu des malades. Il y a du *gâte-sauce* et du pâtissier dans sa façon de porter le bonnet classique; au fait, Jean n'est pas totalement étranger à l'art de restaurer les autres : Jean restaure quelquefois les malades que le médecin a mis à la diète, et moyennant certaine rétribution qui s'élève en proportion de la sévérité du régime auquel le client devrait être soumis. Le *numéro* qui est à la *demie* et qui veut acheter les deux tiers est taxé à un prix raisonnable, c'est-à-dire qu'il paie comme de chrétien à juif, et de fils de famille à usurier; mais le prix s'élève tout à coup et dans une proportion incommensurable pour le *numéro* qui veut, de la diète absolue, passer simplement *au quart;* pour celui-là, l'os de poulet qui n'a été qu'effleuré déjà par des lèvres mourantes ou par des dents ébranlées se paie comme s'il était acheté tout neuf chez le marchand. Mais la sagesse plutôt que l'avarice a présidé à la rédaction de ces tarifs : il est tout naturel que celui qui veut compromettre ses jours paie son imprudence un peu cher.

Arrière! place encore! découvrez-vous donc! voici le héros, le modèle des infirmiers qui s'avance. Ses égaux lui obéissent, ses supérieurs l'estiment : c'est l'infirmier type, l'infirmier hors de prix. Vous avez peut-être été voir quelquefois l'homme qui se jette à l'eau sans se mouiller, l'homme qui traverse les flammes sans se brûler, l'imperméable et l'incombustible; l'homme que nous vous présentons en ce moment fait encore plus fort que tout cela..... Il traverse toutes les maladies connues sans en attraper aucune; il faut le voir. Or savez-vous comment il s'y est pris pour arriver à ce grand résultat? Le moyen est à la portée de tout le monde : pour s'en préserver il a commencé par en *jouir;* il a eu la fièvre d'hôpital, c'est-à-dire celle qui contient tout, la fièvre des fièvres, la reine-mère des fièvres, celle qui guérit de toutes les autres en vous tuant du premier coup infailliblement, ou bien en vous donnant l'impunité. La fièvre d'hôpital est le Waterloo des infirmiers, leur tour du monde. On n'en revient guère, mais on n'y retourne plus. — Aussi cette espèce de *Jean*-là est-elle la plus rare, la plus recherchée. Elle meurt, mais ne se rend pas... aux fléaux; typhus et choléra ne sont pour elle que zéphyrs légers qui passent sans même lui affecter le visage; elle meurt, mais uniquement parce qu'il faut bien, un beau jour, se faire une raison et une fin.

La sœur et l'infirmier sont les deux puissances de l'hôpital ; ils se partagent l'empire, mais comme ces choses-là se partagent, c'est-à-dire fort inégalement. La sœur est reine, l'infirmier n'est qu'un seigneur de sa cour, et qui tire sa plus grande autorité de la faveur dont il jouit auprès de la souveraine. Aussi l'infirmier dévot peut le plus.... après l'infirmier hypocrite, bien entendu.

Ce sont, nous l'avons dit, deux grandes puissances. Cette expression prend un nouveau degré de justesse quand on connaît leurs rapports et les petits présents diplomatiques dont s'entretient leur harmonieuse et parfaite intelligence.

Les grandes négociations qu'elles poursuivent entre elles sont ordinairement relatives à des objets de consommation, tels que les œufs, le lait, le vin, toutes matières fort délicates, comme vous voyez, très-susceptibles d'altération, et qui demandent des ménagements. Le problème que les deux puissances ont souvent à résoudre en commun est celui-ci : « Sans rien changer à la qualité, à la quantité prescrites, faire la part de tous les ayants droit *et de quelques autres encore.* » Quant au vin, on peut sans fanatisme admettre que Jésus a transmis une petite partie du secret des noces de Cana à ses chastes épouses ; cette supposition n'est point, en tout cas, la moins chrétienne. Enfin croyez-en ce qu'il vous plaira et *honni soit qui mal y pense,* mais le problème se trouve résolu tous les jours, à la satisfaction générale.

La sœur représente la religion ; l'infirmier, la philosophie ; elle, la résignation ; lui, l'insouciance. Qu'est-ce qu'une plaie aux yeux de l'infirmier? Un quart, une demi-livre de chair avariée. — Le sang qui coule est moins précieux que le vin qui fuit. — Un cadavre, c'est ce qui fait place dans le lit à un nouveau malade, ce qui rend un numéro vacant, ce qu'on couvre d'un drap, et ce qu'on descend à l'amphithéâtre. — Voilà.

Les poëtes s'écrient fastueusement et sans vérité :

Que j'en ai vu mourir !.......

Jean, lorsqu'il se trouve en sensibilité, se contente d'ajouter, mais sans aucune prétention littéraire : *Eh bien, et moi donc?* — Jean et la mort sont en effet de très-vieilles connaissances, à l'égoïsme près, car elles ne passent jamais un seul jour sans faire quelque chose l'une pour l'autre. Jean, par une stupide complaisance, ou par inattention, laisse envoler une âme qu'il était possible de retenir un moment encore ici-bas ; la mort ajoute par un arrêt capital quelque défroque, une tabatière en écorce de bouleau, par exemple, une pipe *culottée*, à la garderobe de l'infirmier. Touchant échange ! Effroyable réciprocité !

Il y a des jours où les fonctions de Jean prennent un imposant caractère de solennité : c'est lorsqu'il est chargé de conduire à l'amphithéâtre le pauvre blessé qu'attend le fer du chirurgien. Tous les malades, assis sur leur séant, ou debout avec leurs capotes grisâtres, représentent la foule et forment la haie ; Jean va et vient du lit du patient à l'amphithéâtre, préparant l'un et l'autre, et l'un pour l'autre. — Les voilà qui passent ; l'infirmier soutient la victime pâle et tremblante. Jean lui démontre, en souriant, comme quoi on ne souffre pas, et va même, dans son huma-

nité, jusqu'à lui en donner sa parole d'honneur, *à preuve*. Ceux d'entre les spectateurs qui ont déjà suivi le même chemin et qui en sont revenus heureusement, *rari nantes*, jettent aussi leurs exhortations au passant. — Numéro tant, s'écrie celui-ci, n'aie pas peur, on m'a bien coupé la jambe. — Numéro tant, dit l'autre, du courage; on m'a amputé le bras, à moi. — Chacun offre ce qu'il a perdu au malheureux qui doit laisser où on le mène une partie de lui-même. Jean assiste à l'opération; il prend note des cris, des gémissements poussés, et classe ensuite, suivant leur nombre, l'opéré sur sa liste et dans son estime. Jean remarque, s'étonne et s'indigne que les femmes supportent généralement les opérations les plus terribles sans laisser échapper un seul mot. — Elles qui parlent si volontiers à propos de rien! ajoute-t-il. Jean ne veut voir là qu'un esprit de contrariété de leur part. En cette circonstance, Jean ne se montre ni juste ni galant.

Combien de fois Jean a-t-il servi de notaire à l'amant qui n'avait qu'une bague en crins et une mèche de cheveux à léguer, en mourant, à la femme pour laquelle, dans le délire de sa jeunesse, de son amour et de sa fièvre, le malheureux avait rêvé des fleurs, des diamants, et la fortune! — Que de douces confidences il a reçues! que de terribles secrets il a dû surprendre! — Confidences d'une âme d'élite exilée dans un corps et dans une condition misérables pour expier peut-être les profanations et les raffinements d'une vie antérieure, et qui, entrevoyant sa délivrance, racontait son espoir... et son espoir était réputé folie! A l'hôpital, ne faut-il pas que tout rentre dans la nomenclature des maladies ou des infirmités humaines—secrets de la misère et du génie, discrets jusque-là, mais qui au dernier moment ne pouvaient se refuser un peu de luxe, et versaient quelques aveux et quelques larmes? — Secrets du pauvre qui a laissé quelques liards dans le coin de la paillasse de son grabat, et qui connaît trop bien le prix de l'argent pour ne pas vouloir qu'ils profitent à quelqu'un. — Secrets du brave ouvrier qui s'éteint et regrette amèrement la femme rachitique et les six enfants qui sont restés à la maison sans feu et sans pain! — Quels trésors de tendresse et de mélancolie lui ont été confiés! — Dévouements célestes, crimes exécrables, pleurs de religieuse espérance, grincements de dents.

Mon Dieu! combien l'homme qui nous occupe sait-il plus de l'homme que tous les philosophes ensemble! combien a-t-il plus vu, de ses propres yeux vu, d'horreurs, de drames et d'élégies que l'imagination de tous les poëtes réunis n'en a jamais rêvé! O sublime de la science, Jean sait tout cela sans pédantisme.

Jean regarde les malades se succéder comme les courtisans assistent aux révolutions politiques; c'est la même sécheresse supérieure et incurable; c'est la même insouciance profonde. — Ses fonctions se perpétuent auprès de tous, quels qu'ils soient; voilà la seule idée qu'il ait de la constance et qu'il se fasse de l'éternité. Quand vous avez été (quand vous *n'étes plus* implique une idée d'existence négative et de présent), Jean se dérange encore à votre intention et fait quelque chose pour vous; il vous descend à la salle des morts, vous couche sur la dalle, allume une veilleuse funéraire, et vous attache au bras gauche, le cordon d'une sonnette, pour le cas prévu, et non impossible, de léthargie et de réveil. Jean ne demande pas mieux que de vous croire vivant; mais prenez la peine de l'en avertir et sonnez fort, s'il vous plaît. Sans cette précaution, Jean vous remettra demain à son camarade, le garçon d'amphithéâtre, lequel viendra, le fouet en main et la pipe à la bouche, réclamer *ses sujets;* car, le lendemain vous ne serez déjà plus un mort, vous serez *un sujet;* c'est ainsi qu'on appelle ceux des hommes qui, utiles encore après leur vie, servent aux recherches anatomiques. — Ses sujets!

Quelle royauté!

Royauté difficile et tourmentée plus qu'on ne pense. — Les jambes, les bras, les têtes sont quelquefois d'une grande turbulence, et sans que le galvanisme s'en mêle, l'anatomiste ne les retrouve pas toujours le lendemain à la place où il les a laissés la veille. Ce phénomène s'explique très-naturellement, c'est que les travailleurs se pillent les sujets, dans les pavillons, absolument comme le font les auteurs dramatiques, au théâtre.

L'infirmier, pour y revenir, n'est jamais marié. — Il n'a pas, en général, une assez haute idée de l'espèce humaine, pour s'occuper de la perpétuer. — Jean ne fait pas vœu de célibat; il ne s'engage à rien, et il y tient. — Cependant, comme il y a partout des anomalies, Jean se trouve quelquefois pourvu d'une famille : voici alors de quelle manière elle est distribuée.

Sa mère est aux *Incurables-Femmes.*

Son épouse fait ses couches à *la Maternité.*

Son premier est à l'*Enfant-Jésus.*

Il a enfin un oncle concierge, dans un hôpital de province. Cet oncle fait l'orgueil et l'espoir de toute la famille.

L'infirmier n'est pas, comme on pourrait le croire au premier abord, le mâle de la garde-malade. Ils appartiennent l'un et l'autre à une race très-différente. Celle-ci affiche des prétentions; elle est toujours une veuve qu'a *zété* dans l'aisance, *sous son premier,* pauvre défunt, *qu'était* un fort bel homme, bien *induqué; elle a z'héu des malheurs.*

Celui-là, et sauf les exceptions que nous avons indiquées tout à l'heure, descend sans honte comme sans vanité d'un père inconnu et d'une mère dont il a perdu la trace. Les souvenirs de son enfance ne lui rappellent communément que des jeux de bouchon, de *pigoche,* et des escalades de lanternes et de parapets, pour bien voir des guillotinés; il croit être né en Bourgogne; il s'est élevé..... comme s'élèvent les champignons et les orties. — La garde-malade est ronde et grasse; elle roule plutôt qu'elle ne *va-t-en* ville; l'infirmier est maigre et sec. Les malades doivent toujours être tentés de lui répondre : guéris-toi toi-même. — La voracité de la garde-malade se contient toujours dans les limites des choses succulentes et sucrées. — L'infirmier, quand il lui plaît de déployer sa puissance digestive, s'attaque à toutes les substances. Nous avons parlé plus haut de sa gourmandise ; ce n'est là qu'un défaut du caractère ; mais, hélas ! les organes eux-mêmes de Jean se mêlent parfois de se dépraver, et alors cette gourmandise prend un développement surhumain. On a vu des infirmiers engloutir la portion d'une salle presque entière, et leur voracité dépasser les bornes de l'honnête et du possible : appétit bien digne des miasmes qui l'irritaient !

Nous nous apercevons à regret que jusqu'ici nous avons dit beaucoup de mal de l'infirmier; il ne faut pas qu'il nous en veuille : médire est aussi une maladie. Nous nous empressons de convenir que l'infirmier rend souvent des services signalés à l'humanité souffrante, et que, lorsqu'il lui prend fantaisie de se montrer sobre, intelligent et soigneux, il peut beaucoup pour l'adoucissement, voire même pour la guérison de certains malades. — En réfléchissant même, je serais presque tenté de rétracter une partie du mal que j'ai dit de mon héros.

A propos de héros, je dois vous avertir que l'infirmier militaire diffère du civil ; d'abord le premier est revêtu d'un uniforme, et tout le monde sait les graves modifications que cette simple circonstance apporte d'elle-même à un individu. On pourrait recueillir aux Invalides les éléments de son histoire intéressante ; on découvrirait peut-être un triste revers à la médaille d'Iéna, d'Austerlitz et de Friedland.

L'infirmier vous représente l'homme du monde le mieux fixé sur le genre de maladie dont il doit mourir ; là-dessus, on ne saurait le tromper : c'est le résultat de son expérience et le couronnement de tous ses travaux. Une fois qu'il a bien reconnu son mal, ne croyez pas qu'il s'occupe de le guérir, pas si simple ; il met son orgueil à le caresser, à lui donner toutes les facilités imaginables, et meurt ordinairement par où il a le plus vécu, par l'estomac et les entrailles. — En mourant, il lègue sa pipe au *numéro* qu'il affectionne le plus, et son corps à l'amphithéâtre ; le cimetière lui paraît un abus. — Les tombes un obstacle à la circulation. — La sépulture une recherche et une faiblesse de petit-maître ; le *Père-Lachaise*,... il en trouve l'emplacement délicieux pour un *Tivoli* d'été.— Jean recommande seulement à l'interne qu'il croit le plus habile de se charger de son autopsie ; il invite d'ailleurs tous les externes et tous les *roupious*[1] *à manger un morceau;* cela signifie, en style d'amphithéâtre, qu'il les invite à prendre, celui-ci un bras, celui-là une jambe, qui un pied, qui la main, qui la tête. — Quant à ses dents, s'il lui en reste, il ne peut pas en disposer plus que de ses cheveux :

C'est l'inévitable part *des garçons.*

Et son âme?

On ne peut penser à tout : l'infirmier a coutume de ne pas s'en préoccuper ; les bonnes sœurs s'empressent de prier pour elle. — Mais nous croyons que la malheureuse a pris les devants, et qu'elle est déjà allée au diable, — où nous conjurons nos lecteurs de ne pas nous l'envoyer chercher ou rejoindre. Nous leur en témoignerons notre reconnaissance en leur souhaitant de n'avoir jamais que leur mère, leur sœur, leur femme ou leur maîtresse pour infirmier.

[1] Aspirants à l'externat

P. BERNARD.

LA GRANDE DAME DE 1850.

> Voyez-vous cette madame la marquise qui fait tant la glorieuse, c'est la fille de M. Jourdain.
> MOLIÈRE.

SATISFAISONS en tous points votre curiosité d'étranger, disait le comte de Surville au jeune duc d'Olburn, nouvellement arrivé à Paris. Je me suis fait votre *cicerone* pour vous guider dans cette Babel qu'on appelle aujourd'hui les salons de la haute société, et que vous désirez connaître. Commençons donc le cours de vos observations par la grande dame. Je vais vous présenter à madame de Marne ; son mari est ministre depuis hier, et ce soir elle reçoit pour la dernière fois dans son hôtel particulier. Il n'est pas dix heures, c'est un peu tôt pour partir déjà ; mais nous arriverons avant la foule, ce qui nous permettra de mieux voir. — Et l'équipage emportant le duc et le comte roulait vers la Nouvelle-Athènes. Un pêle-mêle de voitures particulières et de remise, de cabriolets et de fiacres, commençait à s'y étendre en *file*. Deux municipaux, armés de pied en cap, gardaient les abords de l'hôtel de madame de Marne. Quatre lampions illuminaient l'extérieur. Le vestibule, paré pour la fête, était entouré d'arbres verts comme la porte d'un café, ou un terrain concédé à perpétuité au cimetière du père La Chaise. L'escalier, tourmenté dans son étroite cage, était brillamment éclairé, il est vrai, mais par l'infect gaz de houille. De chaque côté des petits battants de la petite antichambre se tenaient deux domestiques en livrée de fantaisie, faite d'hier, couleur café au lait, galonnée d'argent et à boutons portant la lettre D. M. Pour arriver à la reine du lieu, le comte et son compagnon devaient traverser deux ou trois salons qui commençaient à se remplir. Madame de Marne était assise au fond du dernier, sur un fauteuil doré, et, comme une reine présidant sa cour, à la tête d'une ellipse de femmes couvertes de gaze, de fleurs et de diamants, elle se tenait aussi raide que possible, et ne laissait que lentement tomber de sa bouche quelques rares paroles déjà empreintes de la réserve diplomatique du ministère des affaires étrangères, où le lendemain elle allait faire son entrée. Ne promenant autour d'elle que des regards protecteurs ou dédaigneux, madame de Marne essayait de faire de la dignité; elle se posait dans sa nouvelle qualité d'astre au firmament du pouvoir. Petite, mais parfaitement faite; blanche, rose et jolie malgré l'irrégularité de ses traits, elle eût été une très-gracieuse femme sans le ridicule de ses prétentions aux grands airs. A la vue du comte, son visage resplendit d'un indicible redoublement de satisfaction orgueilleuse, et elle cadença sa voix d'une façon nouvelle.

« Toutes les personnes présentées par vous, monsieur le comte, dit-elle en lui jetant un de ses plus aimables sourires, seront toujours bien reçues chez moi. »

Puis s'assouplissant un peu :

« J'espère que monsieur le duc me fera l'honneur de venir au ministère où je recevrai maintenant régulièrement tous les mercredis. »

A peine le duc a-t-il le temps de répondre à la gracieuse invitation, qu'un flot de nouveaux survenants vient s'incliner devant madame de Marne. Au retentissement de leurs noms bien plébéiens, elle a repris sa raideur, changé de voix, et regardé le duc d'une façon qui signifie : — Pardon, mais c'est une obligation imposée au pouvoir; l'épidémie de l'égalité a confondu tous les rangs, il faut recevoir tout le monde.

— A quelle famille appartient madame de Marne? demande le duc au comte en se retirant avec lui dans un angle du salon.

— Ma foi, je le sais à peine. Les grandes dames d'aujourd'hui viennent de partout, sortent de toute greffe. Celle-ci, je crois, est fille d'un forgeron du Berri, devenu grand industriel, comme on appelle maintenant tous les rustres enrichis.

— Ce que c'est que d'être étranger, fit en rougissant la fierté allemande du duc; je m'étais complétement trompé sur la valeur du mot *grande dame;* je croyais qu'il fallait être de grande naissance pour être grande dame.

— C'est-à-dire que vous le preniez dans son ancienne et véritable acception. Mais tenez, la foule augmente, on étouffe ici; c'est un vrai *raout* dans toutes ses splendeurs; cinq cents personnes là où trois cents seraient déjà les unes sur les autres; nous ne pouvons plus nous rapprocher de madame de Marne, et il n'y a moyen de rien observer dans une cohue pareille. Venez, voici la porte du boudoir ouverte. Nous y serons seuls, je vais vous expliquer ce que signifie maintenant le mot grande dame.

Sachez d'abord que la vraie grande dame, celle d'autrefois, ne peut plus exister en France dans notre époque qu'on veut appeler de *fusion*, et qui n'est qu'un temps de déplorable ou grotesque confusion. Emportée par la terrible tourmente de 93, broyée sous les ruines de la vieille monarchie, elle a dû aller achever de mourir sur le sol de l'émigration, n'y pouvant transmettre à ses filles que quelques-uns des débris tronqués du magnifique héritage qu'elle avait reçu de ses aïeux; les autres, épars, divisés, subdivisés, sont devenus le patrimoine de la fortune qui seule les dispense maintenant à ses favoris d'un jour. Celle qui se décore aujourd'hui du titre de grande dame n'est qu'une caricature ou l'antithèse de la vraie grande dame du passé, majestueux morceau d'ensemble dont toutes les parties parfaitement à l'unisson étaient marquées d'un ineffaçable sceau de grandeur. Voyez les portraits de la grande dame d'autrefois : comme les traits, l'air de tête, l'attitude générale du corps s'harmonisent admirablement, et concourent, ainsi que dans les statues des grandes divinités grecques, à indiquer la supériorité native. Ce sont toutes les grâces unies à la grandeur, mais à une grandeur qui, comme la force au repos de l'Hercule Farnèse, sent qu'elle n'a besoin d'écraser personne pour se faire connaître ou apprécier. Assemblage des plus nobles éléments d'une nature choisie, polie et repolie par le temps; brillante transfiguration d'une masse de gloire accumulée par les siècles, inscrite par cent générations sur toutes les pages de notre histoire, la grande dame d'autrefois, c'était le sang de tous ces hauts barons de France dont pendant dix siècles les bannières s'étaient montrées dans toutes les batailles à côté et presque à l'égal de l'oriflamme. A sa naissance elle avait pris rang à la suite d'une filiation de preux, sur un arbre généalogique tout blasonné. Elle s'appelait Crillon ou Montmorency.

Sans le secours des pompes du luxe, sous l'habit d'une femme des champs aussi bien que sous son riche costume de cour, dans tout et partout se reconnaissait la grande dame, en qui respirait la fierté du sang, la beauté d'une noble race. Dépouillez celle d'aujourd'hui de la magie de sa fortune, ôtez-lui ses cachemires et ses diamants, et il n'en restera rien. En voyant cette grande dame actuelle, le vieux conte de *la Petite Cendrillon* revient en mémoire; on est tenté de le lui appliquer, sauf la mignonne pantoufle, dans laquelle son pied ne pourrait entrer. Mais la baguette enchantée de la marraine n'est-elle pas la saisissante allégorie de la puissance de la fortune? Le potiron changé en équipage, la robe de bure en robe lamée d'or, ne sont-ils pas les prodiges par lesquels la capricieuse déesse produit la grande dame du jour? »

Le comte était un vieillard à l'esprit mordant; c'est-à-dire qu'il était causeur et caustique. Il avait entamé le chapitre favori de ses filials souvenirs, le duc l'écoutait sans l'interrompre.

— La grande dame d'aujourd'hui n'a ni traits arrêtés, ni formes exclusives, ni type particulier : elle est quelquefois jolie, rarement belle, ordinairement riche, car dans notre siècle tout métallique, sa dot a été le plus communément le piédestal de sa grandeur. En scène, c'est une actrice pleine de raideur et jouant faux; derrière la coulisse, ce serait souvent une charmante et gracieuse femme si presque toujours l'orgueil, l'enivrement de la prospérité, n'empoisonnaient ses qualités natives. Produit d'un coup de bourse, d'un remaniement ministériel, d'une dissolution de la chambre des députés, d'une augmentation de la chambre des pairs, sans passé, sans lendemain, la grande dame de notre époque n'est qu'une étoile filante sur l'horizon des révolutions, une improvisation plus ou moins heureuse de la fortune, le dernier mot d'une intrigue politique. Petite bourgeoise montée sur les hautes échasses de son orgueil, de là elle croit tout dominer, et s'imagine être réellement ce qu'elle affecte de paraître, en changeant quelque peu son nom, en y glissant la particule aristocratique s'il ne sonne pas trop mal avec elle, en le faisant suivre de celui du lieu de sa naissance; ou bien en le supprimant tout à fait, sans autorisation du garde des sceaux, pour prendre uniquement celui du village voisin de sa maison de campagne. Il faut avoir connu la grande dame d'autrefois pour comprendre l'excès du ridicule de celle qui affecte aujourd'hui de la remplacer. Tout ce que vous voyez ici en toilette, en luxe, ces petits salons dont les plafonds effleurent presque votre tête, et où s'étouffent trois cents personnes; tous ces hommes vêtus comme pour aller à un enterrement; ces cinq ou six domestiques dans l'antichambre, ces fiacres à la porte, tout cela peut-il offrir le moindre rapport avec le cortége princier qui entourait la grande dame d'autrefois? Les nombreux laquais, les grandes livrées, les carrosses tout armoriés, la foule titrée, pailletée, parfumée; ces hôtels si vastes, si resplendissants de richesses héréditaires; ces salons immenses où se déroulaient majestueusement les flots soyeux et dorés des grands habits de cour, les proportions des habits, comme celles des hôtels et des fortunes, ont complétement changé. La richesse et la grandeur ont disparu du costume; la forme de celui de la grande dame d'autrefois n'appartenait qu'à elle, n'allait qu'à elle; l'étoffe n'en avait été tissée que pour elle. La robe de la grande dame d'aujourd'hui n'est pas d'une coupe différente de celles des autres femmes; elle peut aller à toutes les tailles; ce n'est que la grâce et le goût individuels qui sachent lui donner une certaine distinction.

Pour être juste, il faut convenir que la grande dame d'aujourd'hui a l'esprit plus cultivé que celle d'autrefois, dont l'éducation devait généralement encercler la pensée dans le frivole et spirituel parlage des grands appartements de Versailles. Parfois même il lui arrive de viser à la science. Mais devenant alors ce que les Anglais appellent *a blue-stocking*, et ne voulant paraître étrangère à aucune de ses spéculations les plus diverses, les plus élevées, elle disserte sur tout: elle parle de physique et de politique, de géologie et de chimie, de médecine et d'astronomie avec plus d'aplomb que les Franklin et les Montesquieu, les Cuvier et les Lavoisier, les Broussais et les Arago, et de façon à en imposer quelquefois sur la valeur réelle de son érudition, si le plus souvent on ne retrouvait, dans les revues ou les journaux qu'elle a lus le matin, tout le bagage scientifique dont elle se décore le soir. La grande dame de la vieille monarchie voyait les beaux-arts travailler à l'embellissement de sa vie dorée, sans être à même d'apprécier leur création autrement que par le sentiment instinctif qui généralement avertit chacun de la présence du beau. Celle d'aujourd'hui ajoute au sentiment la compréhension; elle admire avec discernement, elle donne souvent une partie de son temps à la poésie, à la musique, à la peinture; quelquefois même elle aurait droit au titre d'artiste.

L'orgueil de la fortune remplace dans la grande dame d'aujourd'hui la fierté d'une origine illustre, l'apanage de la grande dame d'autrefois.

« Est-il de noble race? dans quelles circonstances ses aïeux se sont-ils distingués? » demandait-elle d'abord à qui sollicitait l'honneur de lui présenter un inconnu.

« Est-il riche? » est la première question que fait en pareil cas la grande dame d'aujourd'hui.

L'or est le seul dieu du jour, l'or fait tout passer, l'or est le diapason du mérite; la grande dame de nos jours lui doit ses plus gracieux sourires, ses attentions les plus polies. C'est à peu près par lui seul qu'elle est au premier rang; aussi doit-elle proportionner à la fortune de ceux qu'elle voit la considération qu'elle leur accorde.

Comme vous avez pu en juger lorsque nous sommes entrés ici, sa vanité éprouve un haut degré de satisfaction quand des noms historiques viennent orner ses salons; mais généralement, soyez-en sûr, ses plus profondes sympathies resteront toujours acquises aux millionnaires. Dans sa conversation, vous entendrez souvent revenir des chiffres; c'est un effet de la force du sang. « Il a *tant* de mille livres de rentes, des propriétés qui valent *tant*, des usines *tant*, des manufactures *tant ;* c'est un homme dont le crédit est illimité, c'est une excellente maison, ce qu'il y a de mieux à voir dans Paris. » Son admiration s'attache-t-elle à un meuble nouveau, à un riche bijou, à un élégant équipage, elle ne manquera pas de compter parmi les motifs qui la justifient le haut prix de l'objet admiré. La grande dame d'autrefois ne songeait jamais à la valeur numérique de chaque chose, elle ne savait pas *calculer;* l'argent lui était étranger, elle n'en salissait pas ses mains : c'était la tâche de ses intendants, d'estimer et de payer toutes les créations que le luxe n'enfantait que pour elle. Si quelques inconvénients étaient attachés à cette insouciante ignorance de la valeur monétaire, ils étaient rachetés par d'incontestables avantages : ses libéralités enrichissaient ceux qui l'approchaient, donnaient à tous ses actes, même à ses plus folles dépenses, un caractère de grandiose qui n'a rien non plus d'analogue maintenant. Mesquine en tout, la grande dame actuelle, si elle est prodigue, ne sait qu'épuiser sa bourse sans grandeur, dans le renouvellement incessant des mille riens que la mode produit quotidiennement. Si au contraire un esprit d'ordre la caractérise, elle ne sait mettre, la plupart du temps, dans la tenue de sa maison que la parcimonie de ses bourgeoises traditions de famille. Petitesse, orgueil et vanité, voilà la grande dame d'aujourd'hui; voilà l'époque. Chaque temps semble avoir la sienne, dans laquelle il se résume. Entre celle d'aujourd'hui et celle d'autrefois, la France en vit deux autres sur lesquelles je ne m'étendrai pas : l'une, celle du directoire et du consulat, rappela Aspasie et Phryné; elle en eut les grâces, la beauté, l'esprit, le cœur, les mœurs; elle fit cesser la terreur, arracha la France aux saturnales révolutionnaires, y substitua les voluptueuses et brillantes fêtes dont le Raincy fut un des théâtres, et où allèrent se préparer à leur métamorphose les Brutus de la veille, qui le lendemain devaient se réveiller courtisans d'un despote; l'autre, dans laquelle sa devancière vint naturellement se transformer et se fondre, fut la grande dame de l'empire, morte avec le soleil dont elle était un rayon. Celle-là aussi se montra un assemblage de contraires; mais, fille de la victoire, elle en recevait jusqu'à un certain point les fascinantes proportions; et si parfois perçait en elle quelque chose des manières et du langage des camps, du moins son titre, l'hermine de son manteau d'altesse, étaient-ils le prix mérité de mille actions d'éclat sur tous les champs de bataille où l'aigle impériale avait abattu son vol triomphant.

La grande dame d'aujourd'hui a plusieurs voix dans la voix, comme vous avez pu le remarquer en entendant madame de Marne. Elle en enfle ou diminue le volume selon la qualité des personnes auxquelles elle s'adresse. Dans les prétentions de son orgueil, elle est toujours à côté du ton juste, et fait l'effet d'un instrument discord. Elle manque de naturel, ou l'étouffe sous l'empesage de sa politesse maniérée, opposé de la politesse vraie, simple et de bon goût qui distinguait la grande dame d'autrefois. Rarement elle sait être familière sans tomber dans le commun. Arrogante et dédaigneuse avec ses inférieurs, presque toujours elle pèse sur eux de tout le poids de son orgueil. Ses susceptibilités sont excessives; un rien l'alarme, et, comme le soldat en faction devant une place nouvellement conquise, sans cesse elle est sur le qui-vive; préoccupée de la crainte qu'on ne veuille lui contester la sienne, ou qu'on ait la pensée de lui dénier sa supériorité, elle s'apprête à soutenir l'une et à défendre l'autre par un redoublement de hauteur dans le ton et de raideur dans les manières.

Avec la grande dame d'autrefois ont disparu les immenses domaines, les vastes châteaux, dont les hautes et antiques tours avaient puissance de protéger les hameaux qui en relevaient. Avec elle sont morts tous les droits seigneuriaux, conquête de ses ancêtres, prix de leur sang, fleurons de sa couronne ducale. Dans ses petites maisons de campagne bâties d'hier, et où tout est mesuré à sa petite grandeur, la grande dame du jour essaie de ressusciter la noble châtelaine. Elle se pavane prétentieusement dans l'exercice de son étroite et bourgeoise hospitalité, sorte de contre-partie de l'hospitalité princière qu'on trouvait chez la vraie grande dame. Elle veut se donner avec le maire du village des airs de suzeraine avec son bailli; elle se fait rendre des honneurs par le garde-champêtre. En parlant des cultivateurs ses fermiers, quelquefois plus riches qu'elle, et par conséquent plus indépendants, puisque la fortune seule maintenant donne l'indépendance, elle dit arrogamment : *Mes paysans.*

Le jour de sa fête, elle daigne quelquefois faire danser les habitants du village voisin de sa maison de campagne, devant la grille de son parc; et, dans l'excès de sa munificence, elle ajoute à cette faveur celle d'une distribution de deux ou trois pièces de petit vin, coupé souvent à l'avance, et par précaution hygiénique sans doute, de moitié eau. Où la grande dame d'autrefois faisait sans éclat d'abondantes aumônes, celle d'aujourd'hui répand avec faste ses parcimonieuses largesses, qui n'adoucissent qu'une heure la misère de l'indigent. Mais en revanche, et on lui doit la justice de le proclamer, si dans ses charités elle est trop économe de sa bourse, du moins faut-il reconnaître qu'elle s'y montre prodigue de sa personne. Infatigable à danser pour les uns, à chanter pour les autres, on la voit dame patronesse de toutes les fêtes, bals, concerts organisés au profit des réfugiés, des pauvres, des veuves, des orphelins, que de généreuses sympathies et la pitié publique sentent le besoin de secourir. Poussant le dévouement plus loin encore, et voilà le sublime! à certaines époques de paroxysme pour l'indigence, afin de lui mieux venir en aide, la grande dame se fait marchande en son nom dans des bazars improvisés, oui, marchande! et, avec le courage du Rédempteur accomplissant sa passion, elle poursuit toutes ses connaissances, riches ou non, les force à lui payer au poids de l'or les mille bagatelles étalées devant elle, les contraint à compléter la sorte de taxe des pauvres que les âmes compatissantes doivent, dit-elle, s'imposer, et dans laquelle personnellement elle ne figure guère cependant que par de petits ouvrages, travail de ses mains : manchettes, pelotes, écrans, essuie-plumes, dont Harpagon, si elle eût été sa fille, lui aurait permis de grand cœur de faire les frais. Néanmoins, et probablement parce qu'elle se pose devant un simulacre de comptoir, au milieu d'un appartement bien chaud, bien confortable, cette grande dame se persuade donner au monde un édifiant exemple d'immense bienfaisance. Qui pourrait même affirmer, car le champ du fol orgueil est aussi incommensurable que les plaines de l'éther, si en ces moments elle ne va pas jusqu'à s'imaginer faire admirer sur son front l'auréole de divine charité dont resplendissait celui de saint Vincent de Paul alors qu'ayant donné son unique manteau, sa dernière obole aux pauvres, volontairement, et pour racheter le captif de sa chaîne, il se condamnait aux rudes et abjects travaux des galériens?

La fibre de la foi est morte au cœur du siècle; c'est le scepticisme de l'école voltairienne qui l'a tuée; car, telle que le simoûn, ce terrible vent du désert dont le souffle mortel flétrit, dessèche, anéantit tout ce qu'il peut atteindre, cette audacieuse école n'a rien respecté, a tout détruit. Sous le prétexte de ne vouloir que flageller l'ignorance, la superstition, le fanatisme et l'hypocrisie, elle a étouffé dans les âmes le sentiment religieux, source unique et pure des plus sublimes inspirations, et ne l'a remplacé que par le doute qui torture, ou le froid matérialisme qui tue l'homme dans sa plus divine essence. Néanmoins, par ton, par mode, pour se donner un air de femme *née*, la grande dame affecte d'observer certains commandements de l'Église. Elle a un livre d'heures enrichi d'agrafes d'or; sa place, réservée à l'Assomption ou à Notre-Dame-de-Lorette. Elle est quêteuse et marraine de cloches. Dans la magnificence de sa dévote ardeur, elle donne une Vierge de plâtre, un devant d'autel en tulle brodé, un ciboire de *maillechore* à l'église du village voisin de sa maison de campagne, et un dîner de temps à autre à monsieur le curé.

Généralement la grande dame se parfume, autant que possible, d'opinions aristocratiques. Nul plus que l'ingrate ne fulmine d'anathèmes contre les révolutions qui l'ont faite ce qu'elle est. Si vous avez bien saisi la pensée de madame de Marne, quand des noms plébéiens dont la fortune ne dorait pas l'obscurité sont venus résonner à ses oreilles, vous aurez compris combien la nouvelle grande dame souffrait de la confusion des rangs, combien elle gémissait de la nécessité où se trouve aujourd'hui le pouvoir de ne faire de ses salons qu'une sorte de macédoine sociale.

La grande dame actuelle est à peu près aussi libre de son temps que toutes les autres femmes; sa vie est la même sur une échelle un peu plus dorée. Pour elle pas de charge de cour, pas de tabouret, pas de jeu de la reine; mais en revanche la royauté citoyenne lui donne quelques bals qu'elle embellit de tous les attraits d'une fête de famille, en ayant soin d'y convier les cinq ou six mille notabilités de l'*Almanach du commerce*.

Amour, galanterie, tout est mort en France. Les femmes n'y ont même pas maintenant le privilége de venir, pour les hommes, en première ligne après leurs affaires; elles ne sont plus qu'une sorte d'entr'acte à leurs plaisirs, un temps d'arrêt entre une course à cheval au Bois et un souper au café de Paris. Entourée de moins de séductions que la grande dame du passé, celle qui a pris son nom est-elle plus fidèle à la foi conjugale? J'en doute fortement; mais le siècle n'a rien à lui dire, elle demeure vertueuse à sa façon, elle observe ses préceptes, elle sauve les apparences. Au surplus, le mystère dans ses intrigues, dans ses amours, est pour cette grande dame une nécessité de position, une condition d'existence. Plante apportée d'hier sur le sol où elle se couvre de passagères fleurs, elle sent qu'elle n'aurait pas puissance de résister au vent du scandale si elle avait l'imprudence de lui donner prise, et qu'il la briserait et la rejetterait dans le néant.

Comme le comte achevait ces derniers mots, un grand jeune homme à la longue figure, pâle, et au menton couvert d'une barbe moyen âge, parut venir se glisser mystérieusement dans le boudoir; mais à la vue du comte et de son compagnon, il recula précipitamment.

— Je ne doute plus, dit le comte avec un sourire malin : oui, la grande dame a ses heures de réception à huis clos. L'orchestre en effet chante ses dernières contredanses, la foule est diminuée, hâtons-nous de nous rapprocher de madame de Marne, si vous voulez saisir encore un trait de la grande dame actuelle.

— Quel est cet homme qui se balance sur lui-même au milieu de ce salon, comme un cygne dans son bassin de marbre, et qu'écoute avec une si respectueuse attention le groupe qui l'environne?

— C'est le fils d'un ancien maître d'école de village; c'était avant 1830 un petit journaliste, répondit le comte de Surville au duc d'Olburn; c'est aujourd'hui le représentant et le défenseur des intérêts de la France dans toutes les cours de l'Europe, dans tous les pays du monde. C'est le mari de la grande dame, M. de Marne, le ministre d'hier.

MADAME STÉPHANIE DE LONGUEVILLE.

LE MÉLOMANE.

> Omnibus hoc vitium est cantoribus...
> Ut nunquam inducant animum cantare rogati,
> Injussi nunquam desistant.
>
> HORAT.

La révolution (nous parlons de la première) a eu des conséquences immenses, incalculables. Non-seulement elle a opéré des changements complets dans l'ordre politique, moral et social, mais encore, s'il faut en croire ses détracteurs, elle a bouleversé l'ordre physique et naturel. Écoutez quelques-uns de ceux que M. de Chateaubriand appelle les hommes des *anciens jours* ; si l'atmosphère est aujourd'hui déplorablement dérangée, si le parapluie est devenu comme l'amour « de toutes les saisons, » si le printemps s'en va, si les petits pois au mois de mai sont rentrés dans le domaine du fantastique, c'est au mouvement de 89 qu'il faut s'en prendre.

Sans nous laisser entraîner dans de semblables exagérations, nous croyons être fondé à dire que la révolution a exercé en France une influence notable sur la mélomanie. Sous l'ancien régime, on chantait... pour chanter, comme les oiseaux, par un instinct naturel. La preuve que nos pères n'y mettaient, en général, aucun but, aucune préméditation, est dans la profusion de *tra de ri de ra*, de *tra la la*, de *la fari don daine*, *la fari don don*, de *ton taine ton ton*, etc., qui composaient le fond de la plupart des chansons d'alors. Ces refrains ne sont-ils pas, sous le rapport significatif, comparables au gazouillement du merle ou du sansonnet?

A cette époque, ce qu'on a appelé depuis le *beau chanteur* de société était complétement inconnu. Chacun chantait, sans apprêt, sans façon, *le vin, l'amour et les belles,* pour sa jubilation personnelle. C'était une affaire d'épanouissement de rate plutôt que de gosier.

On entonnait de joyeux refrains à la suite des repas, et cela tout naturellement, de même que les canaris roucoulent au sortir de la mangeoire. Afin de prolonger le plaisir, la moyenne des couplets était de quinze à vingt, sans compter les chorus obligés. On peut dire qu'alors « tout finissait par des chansons » qui n'en finissaient pas.

Sous la république et sous l'empire, *la Marseillaise,* le *Chant du départ,* etc., imprimèrent aux refrains nationaux une direction patriotique et guerrière. Après l'invasion et dans les premiers temps de la restauration, alors que le *chauvinisme* avait tout envahi, y compris les mouchoirs de poche et la vaisselle, alors qu'on s'essuyait le front avec un peloton de la vieille garde ou avec la jambe d'un cosaque, que l'on mangeait une crème aux pistaches sur le champ de bataille d'Eylau et de la Moskowa, le chant, lui aussi, fut voué à *la colonne,* au *grognard,* à *la gloire,* à *la victoire* et aux *succès* des *Français.* Plus tard, grâce à Béranger, il se transforma en moyen d'opposition politique. Aujourd'hui le chant est devenu généralement une prétention, nous dirions presque un calcul.

Il est bien entendu que nos précédentes appréciations, de même que celles qui vont suivre, ne s'appliquent point aux véritables artistes, lesquels ont toujours formé une classe à part, mais seulement aux amateurs. Maintenant on ne chante plus pour chanter, mais dans le but de briller, de se faire remarquer. C'est à peine si dans les repas de province on a conservé l'usage d'adresser à la ronde aux convives l'invitation de chanter *quelque chose.* Et même encore la prétention dilettante a fait abandonner comme trop vulgaire ce qu'on appelait jadis les chansons *de* table. Il n'y a plus que des chansons *à* table.

En guise de

> ..... joyeux refrain
> Qui mette tout le monde en train,
> Tout en vidant les verres
> Comme faisaient nos pères,

on entonne de langoureuses et plaintives romances, parfois même la cavatine funèbre chantée par Rachel *la Juive,* ou par Ninette de la *Pie voleuse,* avant de marcher au supplice. C'est très-réjouissant.

Dans un dîner départemental auquel nous assistions dernièrement, un Duprez de l'endroit jugea à propos de chanter au dessert le grand air d'*Asile héréditaire.* Il *enleva* la belliqueuse strette *Suivez-moi!* en brandissant sa fourchette au lieu d'épée.

C'est seulement dans les repas de petites villes, lorsqu'arrive le moment de chanter à la ronde, qu'on voit se renouveler ces excellentes scènes de comédie, dont le proverbe de Henri Monnier, intitulé *un Dîner bourgeois,* nous a offert une peinture si plaisante et si vraie : — le chanteur faussement modeste, ayant l'air de se défendre tandis qu'il grille de se faire entendre dans ce qu'il considère comme *son triomphe ;* — un autre se faisant supplier pendant une demi-heure, pour finir par détonner un chétif couplet ; — puis, les demoiselles contraintes à chanter par autorité maternelle ou paternelle, ce qui, à quelques variantes près, s'exécute de la manière suivante :

LA MAMAN.

« Allons, ma fille, chante-nous *un morceau*.

LA DEMOISELLE.

Mais, maman, je n'ose pas.

LA MAMAN.

Allons donc... mademoiselle... ne faites pas la sotte. Allons, levez-vous... tenez-vous droite. Allez, son père, soufflez-la... vous savez :

Je n'aimais plus...

LE PAPA, *soufflant.*

Tu n'aimais plus...

LA DEMOISELLE, *se levant et chantant.*

Je n'aimais plus.....

LA MAMAN.

Tenez-vous droite, mademoiselle; vous avez l'air d'une contrefaite.

LA DEMOISELLE.

Je n'aimais plus.

LE PAPA.

Tu étais triste et rêveur.

LA DEMOISELLE.

Je n'aimais plus.....
J'étais triste et rêveur.

LE PAPA.

Ne touchant plus à ton luth sonore.

LA DEMOISELLE.

Je n'aimais plus, j'étais triste et rêveur,
Ne touchant plus à mon luth sonore.
Avec pitié l'Amour vit ma douleur.

LE PAPA.

Tu n'aimes plus, tu veux chanter encore.

LA DEMOISELLE.

Je n'aime plus, je veux chanter encore.

LA MAMAN, *aigrement.*

Asseyez-vous, mademoiselle; on a assez de vos chansons. (*La demoiselle pleure.*) Je vais envoyer les *pleurnicheuses* tout à l'heure à la porte. »

Touchant effet de l'harmonie dans les familles!

A Paris, de semblables scènes ne se présentent que rarement. Ici, les délits musicaux se commettent avec préméditation. Les dilettanti amateurs, de tout âge et de tout sexe, ne se présentent en société qu'après avoir longuement et laborieusement préparé *leurs morceaux*. Ils ont soin également de choisir leurs victimes. Méfiez-vous des billets d'invitation se terminant par cette formule : *On fera un peu de musique*. Ce sont de véritables guet-apens.

A tout prendre, nous préférons encore l'ancien usage des chants entre la poire et le fromage aux modernes réunions dans un salon tout exprès pour y subir de la musique de famille ou de voisinage. A table, du moins, on avait mille moyens polis d'éluder les approbations de rigueur et de dissimuler son ennui. Un verre porté à propos aux lèvres servait à masquer le sourire et le bâillement. On pouvait se donner une contenance à l'aide de l'épluchement d'un fruit ou d'une transposition de couteaux et de fourchettes. Dans une soirée musicale, au contraire, sur un fauteuil à découvert, on reste exposé sans défense, sans refuge, au martyre auriculaire, aux regards ombrageux des parents et des amis. Pas moyen de se soustraire à l'*exécution*.

Nous en dirons autant des prétendus concerts d'amateurs, aujourd'hui multipliés d'une manière effrayante, et qui constituent un véritable fléau, que nous appellerons le *musica-morbus*.

Tous ces fâcheux abus prennent leur source dans la manie prétentieuse qui s'est généralement emparée du dilettantisme bourgeois. Il n'est si mince fredonneur ou ménétrier de salon qui ne veuille briller; il lui faut donc un auditoire et des claqueurs *ad hoc*. Ce travers ne s'est pas seulement emparé de la jeunesse et de l'âge mûr, il a gagné jusqu'à l'enfance. Depuis quelques années, chaque famille met son amour-propre à posséder dans son sein un ou plusieurs petits virtuoses. Le piano, le violon, la flûte, voire même la clarinette, ont remplacé, comme amusements du jeune âge, la poupée, le cerceau et le ballon. L'étude du solfége a été substituée à la lecture des contes de la Mère-l'Oie. On distribue aux enfants des tartines de musique au lieu de tartines de confitures.

C'est ce qui fait que nous rencontrons à chaque pas des Malibran, des Grisi de dix ans et au-dessous; des Hertz en bourrelet et des Paganini en jaquette. On appelle ces artistes prématurés de *petits prodiges*... de ridicule, soit.

Les classes populaires, elles aussi, ont été atteintes de la prétention mélomane. Elles dédaignent la grosse gaieté des chansonnettes du vieux temps; elles font fi des recueils imprimés sur papier brut avec couvertures rougeâtres, et contenant les inspirations peu musquées des ménestrels de carrefour. On veut chanter des *morceaux* à la Râpée, à la Courtille et sous les piliers du marché aux légumes. Il n'est pas rare d'entendre un robuste fort de la halle roucouler la romance langoureuse et poitrinaire; un inculte gamin du boulevard du Temple, chanter « le noble fils des preux, » ou « le beau page, brillant d'or et de soie. » Témoin encore la romance de *la Sultane:*

Verse sur moi les parfums d'Arabie,

qui fait les délices des marchandes de harengs et de friture.

L'ambitieux désir de se signaler, de se singulariser musicalement, a fait de plus éclore de nos jours une foule de soi-disant réformateurs et novateurs lyriques. A une époque éloignée de quelque cinq mille ans, Salomon s'écriait : « Il n'y a rien de nouveau sous le soleil : » à plus forte raison pouvait-on croire qu'après les Haydn, les Mozart, les Beethoven, les Rossini, il n'y avait plus rien de nouveau sous les sept notes de la gamme. Erreur; nous avons vu récemment surgir des Mahomet, des Calvin qui affichent la prétention de changer complétement les anciennes croyances musicales, de même que Sganarelle se flattait d'avoir changé *le cœur à gauche.*

Parmi ces nouveaux sectaires, nous citerons les Jacotots lyriques, qui, s'appuyant sur l'axiome : « Tout est dans tout, » prétendent que la musique est susceptible d'exprimer quoi que ce soit, fût-ce même un raisonnement théologique, philosophique, politique, didactique, esthétique, éclectique, etc.; un fait d'histoire, une discussion parlementaire, une variation d'un demi-centime dans le cours de la Bourse, ou une dépêche télégraphique interrompue par le brouillard.

Pour qu'on ne nous accuse pas d'exagérer, il nous suffira de rappeler ces programmes de concerts, dans lesquels on annonce des *fantaisies* morales ou humanitaires, des *symphonies* fantastiques, poétiques et dramatiques. Les auteurs de ces compositions ne prétendent-ils pas exprimer non-seulement tous les effets de la nature physique, mais encore les émotions les plus intimes du cœur, les vicissitudes les plus romanesques de la destinée humaine; et cela au moyen de croches, de bécares et de cadences? Ainsi un compositeur a rédigé naguère une notice biographique en symphonie, sous ce titre : *Une vie d'artiste.* Entre autres *chapitres,* le livret explicatif indiquait la description d'une *Promenade dans la plaine.* Or la musique consacrée à ce sujet aurait tout aussi exactement dépeint une promenade sur les tours de Saint-Sulpice.

Ainsi encore un jeune pianiste, aussi connu par la grandeur de son talent que par la longueur de ses cheveux, a proclamé hautement l'intention de transformer son piano à queue en chaire d'enseignement humanitaire. Il n'est pas une de ses notes bémolisées ou diatoniques, qui, d'après son système, ne tende à rendre les hommes meilleurs. Et si parfois il frappe sur les touches au point de les briser, c'est afin d'inculquer avec plus de force ses préceptes moralisateurs.

Nous avons enfin une troisième petite église musicale, de création toute moderne, avec son pontife, et qui se compose de Jérémies partisans exclusifs de la musique gémissante, souffrante et attendrissante. Leur répertoire est formé uniquement de lamentations notées et intitulées *un soupir, une larme, un sanglot, un désespoir,* etc. Lorsqu'ils se font entendre dans une société ou dans un concert, on devrait avoir la précaution de distribuer des mouchoirs à la porte.

En vérité, il est des moments où tout ce fatras de chants bizarres, prétentieux et ennuyeux vous forcerait presque à regretter les beaux temps lyriques de *la Boulangère,* du *Clair de la lune* et de la *Pipe de tabac.*

Nous avons dit qu'aujourd'hui le dilettantisme était aussi parfois un calcul. Combien de parents, en effet, spéculent sur le piano et la cavatine brillante, comme moyens d'établissements économiques pour leurs filles! Combien de Duprez amateurs, qui se fiant à cet axiome d'opéra-comique : « L'oreille ravie est bien près du cœur, » s'efforcent d'atteindre à *l'ut* de poitrine dans l'unique but de charmer quelque riche héritière! O culte platonique de l'art pour l'art, qu'êtes-vous devenu?

Il nous reste à signaler une classe de mélomanes qui unit le double caractère de la prétention et du calcul ; c'est celle des chanteurs de romances. Le métier de chanteur de romances a remplacé, comme moyen d'existence parasite, les anciens poëtes de famille, les diseurs de bons mots, les conteurs de société, etc. Aujourd'hui le chanteur de romances est le *lion* obligé de toutes les réunions bourgeoises. Il a son couvert mis à une foule de tables; il jouit du privilége des grandes et petites entrées dans les salons et même dans les boudoirs. On le traite comme un être neutre et sans conséquence. L'état de chanteur de romances n'exige d'autre mise de fonds qu'un habit noir à peu près neuf et une voix râpée.

Le chanteur de romances est ordinairement un petit homme, trapu, courtaud, aux épaules largement cambrées, aux joues rubicondes, ornées de favoris noirs et buissonneux, à l'abdomen proéminent comme celui d'un caporal de voltigeurs de la garde nationale. La nature l'avait créé pour être l'Atlas d'un commerce d'épicerie en gros, ou d'une maison de roulage, et c'est pitié que de voir employer un si puissant appareil de forces musculaires à soutenir de simples notes de musique.

Rien de plaisant comme les efforts de l'obèse ménestrel afin d'imprimer à sa face réjouie une expression mignarde, langoureuse ou mélancolique, en harmonie avec les chants de son répertoire. Impossible de réprimer un sourire lorsqu'on l'entend se plaindre de son *malheur*, de sa *langueur*, de son *acheminement vers la tombe*, de *sa frêle existence*, etc. Hercule filant des sons n'est guère moins bouffon qu'Hercule filant une quenouille.

Le chanteur de romances a l'avantage d'exercer une industrie qui ne connaît pas de morte-saison. Il *travaille* en tout temps. Il détache la barcarole au plus juste prix, fournit la tyrolienne avec ou sans gestes, pleure le nocturne, gazouille l'ariette, et expédie non-seulement pour la ville et la province, mais encore pour l'étranger. Au printemps, lorsqu'arrive la saison des eaux, il exporte son bagage troubadour à Spa, à Aix, à Baden-Baden, à Vichy, à Dieppe, au Mont-d'Or, à Néris, à Plombières.

On voit revenir le chanteur de romances vers les premiers jours d'automne. Il reparaît dans tous les concerts que le vent du nord refoule sur Paris.

Cependant, à force de se couronner de roses, le troubadour arrive à l'hiver de la vie. Il perd presque en même temps son *sol* et ses cheveux. Alors il songe à *revoir sa Normandie*, ou tout autre pays qui lui a donné le jour. Là, il convertit le produit de son *travail* en bons biens au soleil; il devient notable de village, conseiller municipal et marguillier de paroisse. Chaque dimanche il s'installe sur les bancs du lutrin, et consacre à chanter les louanges du Seigneur et du patron de l'endroit les restes d'une voix jadis vouée à célébrer les Zelmire, les Elvire, les Jeux, les Ris et les Amours.

Ainsi passent les gloires et les romances de ce monde.

En cherchant à conclure d'une manière grave, nous sommes arrivé à découvrir que le chant peut être employé comme moyen accessoire d'atteindre ce but qu'on prétend le plus important de la vie, la connaissance de soi-même et des autres. A la suite d'une foule de déductions et de raisonnements, nous croyons pouvoir poser ce nouvel axiome : que chez la gent humaine, comme chez la gent volatile, *le ramage répond au plumage*, et qu'on peut dire en entendant chanter un homme : « C'est un brave, un sournois ou un sot ; » comme à la simple audition de leur chant, on dit : « c'est un coq, un corbeau ou un serin. »

Nous nous empressons d'ajouter que l'honneur de l'invention ne nous appartient pas tout entier. Avant nous, deux grands génies, Shakespere et Chateaubriand, avaient déjà appliqué la musique à la connaissance du cœur humain. Le poëte anglais s'est borné, il est vrai, à l'indiquer comme un moyen de jugement négatif, lorsqu'il a dit : « Celui qui n'a pas de musique dans l'âme est capable de toute espèce de noirceurs. » D'où il suit que si l'auteur d'*Hamlet* eût été chargé de la rédaction du Code pénal, il aurait placé tous les gens qui n'aiment pas la musique sous la surveillance de la haute police.

L'illustre Chateaubriand est allé plus loin : il a remarqué que les villageois, les bergers, tous ceux enfin qui ne chantent que d'instinct, préludent toujours en mineur, et que l'air de toutes les complaintes villageoises est modulé sur ce ton plaintif. Le chantre d'*Atala* a vu dans ce fait la preuve « que la corde de la douleur est la corde naturelle à l'homme. » Ainsi, en supposant que le grand poëte fût tombé inopinément des régions éthérées sur notre globe terrestre, il aurait deviné tout de suite que nous sommes sujets à la mort, à la douleur, aux rages de dents, aux drames adultères, aux romans échevelés, à l'asphalte, au bitume, aux sociétés en commandite, aux patrouilles de la garde nationale, et tout cela rien qu'en entendant un villageois chanter en *mi-bémol*. C'est une bien belle chose que le génie.

Nous nous sommes permis de glaner après ces deux grands hommes dans l'observation du chant, et voici quelques-uns des rapports que nous avons cru saisir entre le moral de l'homme et ses habitudes vocales et instrumentales.

Toutes les fois que vous entendrez un de vos concitoyens préluder invariablement, en commençant par les notes médium et en s'arrêtant avec complaisance sur les notes basses, de cette manière :

(ces derniers sons murmurés *tremolo* dans la cravate), vous pouvez dire hardiment : c'est un Prudhomme, un Béotien.

Celui qui, dans la société, va jusqu'à trois couplets de romance, doit être considéré comme ayant des dispositions à se rendre indiscret, importun. Quant au malheureux qui dépasse ce nombre et qui ne craint pas de se permettre les six couplets, jugez-le comme un être de l'espèce la plus dangereuse pour la paix de votre foyer domestique, comme un personnage essentiellement rabâcheur, ennuyeux, assommant.

Celui qui attend pour fredonner un air qu'il soit depuis longtemps tombé dans le tuyau de l'orgue de Barbarie, qui aujourd'hui, par exemple, vous chante *ma Normandie*, ou *le Postillon de Lonjumeau* : — perruque, rococo, idées toujours en retard, comme une mauvaise pendule.

Celui qui psalmodie tous les chants tristes ou gais sur un seul et même air de sa façon, lequel ne varie jamais : — être monotone, fastidieux.

Dans certains cas, l'observation doit être prise à l'inverse; car quelquefois on peut dire que le chant comme la parole « a été donné à l'homme pour déguiser sa pensée. » Ainsi tel qui cultive de préférence l'air de bravoure : *En avant, marchons contre les canons*, ou *la marche des Tartares;* celui qui, dans chaque couplet, pourfend les ennemis de la France et meurt pour son pays, celui-là, disons-nous, peut n'être qu'un bravache et un poltron. Et, pour citer un exemple pris dans un autre genre, on se rappelle que la romance : *Il pleut, il pleut, bergère,* fut composée par le *vieux cordelier* Camille Desmoulins, qui, certes, était loin d'être pastoral.

Passons maintenant au choix des instruments, comme indice de caractère.

La trompette, le trombone, le cor et la trombe de chasse : —jeune homme bruyant, étourdi, tapageur; caractère *coquin de neveu* ou *officier de hussards* d'opéra-comique.

Celui qui cultive les instruments de remplissage, lesquels jouent dans un orchestre les rôles qu'on appelle au théâtre *grande utilité,* tels que le triangle, la grosse caisse, le chapeau chinois; celui-là doit être un bon et simple garçon, sans prétention aucune, toujours disposé à rendre service à son prochain.

Le basson : — caractère concentré.

La clarinette : — esprit peu poétique, tournant à l'épicerie.

La contre-basse : — indice de maturité ou plutôt de décrépitude. Regardez en effet dans un orchestre : il est très-rare que l'on n'aperçoive pas au-dessus du long manche de cet instrument une perruque à frimas, et un nez qui, comme celui du père Aubry, aspire à la tombe.

Le choix de la harpe indique une femme jolie et coquette, attendu qu'elle fournit l'occasion de déployer un bras bien fait, une taille élégante, et que les pédales mettent en évidence un pied mignon. Aujourd'hui cet instrument est presque généralement abandonné. Nous sommes trop galants pour y voir une preuve que les types de perfection féminine sont devenus plus rares; de même que la renonciation à la mode des culottes courtes a été citée comme un aveu tacite de la décadence des mollets contemporains.

La femme qui empiète sur les instruments spécialement réservés aux hommes, et qui, par exemple, joue du violon, de la flûte ou de la contre-basse, a, pour l'ordinaire, une allure de caractère masculin et un soupçon de moustaches. Si elle est mariée, elle intervertira le fameux article 215 du code civil, relativement à l'obéissance conjugale.

Vice versâ, l'homme qui pince de la harpe ou de la guitare doit, au besoin, faire de la tapisserie et ourler des cravates.

Si l'on adoptait généralement notre système d'observation mélomane, il faudrait dire à un de ses semblables non pas : « Dis-moi qui tu hantes, » mais « dis-moi ce que tu chantes, et je te dirai qui tu es. »

ALBERT CLER.

LA SAGE-FEMME.

Si vous avez rencontré, dans une des rues les plus fréquentées de Paris, une jeune personne ornée d'un tartan vert, d'un bonnet de tulle à rubans orangés, et d'une imposante dignité de dix-huit printemps, vous l'avez suivie par instinct : la vie parisienne a de ces entraînements. Croyant toucher, sur ses traces, aux portes du Conservatoire, vous vous êtes livré à mille rêves décevants : la jambe permet d'espérer une danseuse, le visage n'exclut point l'idée d'une cantatrice. Son itinéraire n'est pas ce qui vous préoccupe : vous avez fait un pas sans penser, vous en faites deux sans avoir réfléchi, pour vous trouver en face de...... l'École pratique. Votre sylphide est une sage-femme, l'adjectif est *ad libitum*. Rien ne ressemblant à un étudiant comme un flâneur, vous êtes reçu sans autre carte que votre mine évaporée dans le prétoire de Lucine, le cours de M. Hatin va commencer. Il y a eu des demi-mots à l'adresse de la jeune élève, et dont elle a dû rougir, la galanterie n'étant point dans le programme. Elle court se placer sous l'égide de la science au premier banc de l'amphithéâtre. Quand le professeur arrive, la fine plaisanterie n'est plus permise : l'élève est toute au professeur ; elle écoute par les yeux, et il y aurait conscience à la distraire le moins du monde. Elle est plus que séparée de l'étudiant en médecine, elle en est distincte ; cependant, la sagesse des deux Écoles ne suffisant pas à mettre la sage-femme qui prenait leçon avec les étudiants à l'abri des agaceries, la Faculté a reconnu récemment qu'il y avait urgence à ce que les sages-femmes suivissent les cours isolément, sauf pour celles-ci à être moins instruites que lorsque les étudiants eux-mêmes assistaient à ces leçons. De son auditoire, le professeur s'étant résigné à ne conserver que la plus belle moitié, la morale a gagné tout ce que la science a pu perdre à cet arrangement. L'art procède par des initiations lentes. Le noviciat de la sage-femme a ses difficultés : il s'agit de comparaître devant un jury de médecins; il y a un prix pour les élèves sages-femmes comme il y en avait un autrefois pour les rosières. Les femmes n'ayant d'ordinaire d'autre distinction que celle du mérite, il est juste de tenir compte des exceptions.

La profession de sage-femme n'est ni artistique ni poétique, mais bien médicale et éminemment utile. Peut-on être sage-femme à moins de s'appeler madame La Chapelle ou madame Boivin? Là est la question. Les médecins de tout temps s'emparent des grands accouchements, et c'est pour cela même que les sages-femmes ont si peu d'occasions de montrer une supériorité marquée. Le préjugé les condamne, à d'honorables exceptions près, à n'être que des diminutifs des médecins.

Généralement dévouée à la petite bourgeoisie, la sage-femme habite les quartiers marchands et même populeux ; le troisième étage est de son ressort; elle s'élève aussi, dans l'intérêt de sa clientèle, jusqu'aux mansardes les plus idéales; elle-même a fixé ses pénates à un quatrième. La sage-femme paie son terme quand la nature daigne en fixer un pour quelque enfant à naître, et la nature n'est pas moins ponctuelle à son égard que son propriétaire.

Il y a des sages-femmes grands-cordons de l'ordre, sans compter celles qui, à l'aide d'une hyperbole plus ou moins forte, s'intitulent ainsi. Une sage-femme qui compte des antécédents n'a qu'à trouver une pratique crédule; à l'aide d'une mnémotechnie qui lui appartient, elle rappellera les divers personnages qui lui ont dû le jour : à l'entendre, elle n'aurait pas été sans influence sur l'arrivée du roi de Rome; on l'aurait consultée sur la naissance du duc de Bordeaux; le nombre des comtes, — si l'on nous passe l'équivoque, — qu'elle a faits en sa vie tient vraiment du prodige. En réalité, l'importance de la sage-femme est problématique; ses prétentions, les médecins disent ses connaissances, sont médiocres. On appelle une accoucheuse afin de pouvoir se passer d'un médecin. Il est des susceptibilités, des fortunes surtout, que le savoir titré, en frac et en habit de docteur, effraie et intimide; on craint de ne pouvoir payer l'accouchement : la sage-femme se présente alors même qu'elle est sûre de ne pas être payée. Elle passe pour être de meilleure composition qu'un accoucheur à diplôme, peut-être parce qu'elle reçoit de plusieurs mains. C'est elle qui, concurremment avec la marraine, fait de cette cérémonie bourgeoise nommée vulgairement un baptême, la plus onéreuse des invitations de famille. La sage-femme accepte des cadeaux; le médecin ne compte que sur ses honoraires, quand il y compte. Ces petits présents autorisés par l'usage finissent par lui composer une somme assez ronde, un revenu solide. On se dispense plus aisément de payer une dette que de faire ses honneurs; la coutume est plus despotique que la loi.

Une enseigne que chacun connaît et dont les nouveau-nés supposent l'existence avant même d'avoir vu le jour, fait partie intégrante de la sage-femme, disons toutefois que son portrait diffère souvent de son tableau. On se tromperait en faisant ici l'application de l'axiome *ut pictura poesis* : d'abord la broderie au blanc de céruse ne perd rien par l'action de l'air et du temps de sa virginale blancheur; en second lieu, une sage-femme qui apparaît sur le tableau dans tout l'éclat de la jeunesse et du talent cultive souvent la clientèle depuis un temps immémorial. On peut, sans la moindre injustice, lui assigner, en toute occurrence, une place dans le panthéon des femmes Balzac, l'enseigne ne vieillit pas. Il peut arriver aussi qu'un tableau de rencontre façonné à l'effigie d'une blonde s'adapte sans difficulté à une brune piquante. Les enfants n'y regardent pas de si près pour venir au monde. La sage-femme est toujours élève de la Maternité sur son tableau.

Chaque rue offre une de ces enseignes, où le sourire est stéréotypé sur les lèvres du nouveau-né et de la sage-femme. Avoir un tableau est le privilége des accoucheuses; malheureusement ce que ce mode de publication a d'avantageux est en partie perdu par la concurrence.

Aurait-on la curiosité de se demander quelle est la cause qui jette dans une voie excentrique et savante tant de femmes nées pour être l'ornement d'une société bourgeoise; quelle puissance occulte et irrésistible les arrache à leur vocation de modistes, de dames de compagnie, de confiance ou d'intimité, pour en faire des sages-femmes? Cela tient aux plus profonds mystères de la vie d'outre-Seine. On n'a pu se défendre d'une séduction opérée par un étudiant en médecine : on aime le médecin d'abord; on en vient ensuite à se passionner pour son art. A la Faculté de droit, les choses ne se passent pas autrement; beaucoup de femmes connaissent le Code; Héloïse était très-forte sur la scolastique. La sage-femme, c'est la grisette émancipée; c'est elle qui, pendant que M. Ernest était au cours, lisait Boërrhaave avec entraînement, se passionnait pour un chapitre de Lisfranc comme d'autres pour un roman de Ch. Gosselin. Cette solidité dans le jugement a déterminé M. Ernest à faire des sacrifices. Doué d'une médiocre ambition et d'une fortune plus médiocre, il a consenti à s'établir de compte à demi avec une élève formée de sa main; ils ont pris leurs grades le même jour à la Faculté, et les ont fait légitimer à la mairie. C'est ainsi que naissent les petites fortunes médicales, et que l'art des accouchements fait chaque jour de nouveaux progrès. L'inverse a cependant lieu quelquefois. La sage-femme, essentiellement vouée à la parturition, fait éclore, le cas échéant, des célébrités médicales. Un membre de la Faculté ne se faisait remarquer que par ses habits râpés et un immense pressentiment de ses hautes destinées. Il fut distingué par une sage-femme possédant une recette qu'il prôna depuis à plusieurs millions d'annonces; s'emparer du cœur de la sage-femme et de sa recette fut le premier coup de maître du docteur. Paracelse avait substitué l'astrologie à toutes les sciences, l'annonce fut la panacée universelle du nouvel alchimiste. Parvenu à l'apogée de la fortune et de la célébrité, il oublia la femme qui l'avait révélé. Outrée de ce manque d'égards, celle-ci prit la plume, et nous eûmes les *Mémoires d'une sage-femme*. La *Biographie des sages-femmes*, autre ouvrage de même portée, contient, nous aimons à le croire, bon nombre de noms justement célèbres; il s'en faut cependant que toutes celles qui se distinguent dans cette profession puissent être regardées comme irréprochables, et dire toute la vérité en ce qui en concerne quelques-unes serait faire plutôt une satire qu'un tableau de mœurs.

Cette profession a ses Locustes. Des femmes sans aveu, quoique accoucheuses jurées, ayant vécu longtemps dans un état problématique, plus près de l'indigence que d'une aisance modeste, parviennent à la fortune par une route directement opposée à celle du bien. Leur métier était de mettre des enfants au monde ; elles font leur possible pour que l'humanité ignore l'arrivée de ceux qu'elle avait inscrits d'avance sur son catalogue. Voulez-vous, sur les données de Parent-Duchâtelet, vous faire le chroniqueur patient et résigné de tous les vices de Paris ; la sage-femme vous en apprendra à ce sujet plus qu'aucune autre. La sage-femme d'une moralité douteuse, celle qui tient de La Voisin et qui, dans les cas urgents, a recours aux dérivatifs, donne fréquemment sa main à un herboriste : c'est un mariage de raison, un moyen d'avoir des simples à sa portée, on use des spécifiques, on en abuse même. A Paris surtout, les sollicitations sont souvent pressantes ; la tentation se présente armée d'une bourse et d'un sophisme : on commet un infanticide pour parer à un déshonneur. Les physiologistes écrivent en vain que tout breuvage de ce genre est un poison ; beaucoup de sages-femmes en savent là-dessus autant que les médecins eux-mêmes. C'est pourquoi elles continuent d'exercer leur profession. Il suffit qu'elles possèdent le remède pour l'appliquer. On calcule la somme reçue ou à recevoir bien plus que les conséquences d'une atrocité. La victime craint le déshonneur plus que la mort ; sa complice aime l'argent plus que l'honnêteté. Il y a, selon nous, trois coupables quand un crime de ce genre se produit : la sage-femme qui affronte un procès; la femme enceinte qui affronte la mort et la reçoit des suites plus ou moins immédiates de sa faiblesse ; enfin la société toujours armée pour la vengeance, et qui punit trop par l'opinion une femme séduite, et la pousse ainsi fréquemment à un double suicide. Nous voyons au reste, à toutes les époques d'une civilisation très-avancée, les mêmes crimes naître des mêmes causes. Si l'on en croit les historiens, les mœurs d'Athènes n'auraient pas été exemptes de ces pratiques secrètes. Les femmes grecques étaient très-versées dans la médecine de leur sexe, et les matrones étaient appelées presque exclusivement pour les accouchements. Laïs et Aspasie accrurent la méchante réputation qu'elles s'étaient acquise par leurs galanteries, en pratiquant l'art occulte d'en faire disparaître les traces chez les femmes livrées aux mêmes déréglements.

Si ces immoralités étaient chez nous une exception, il aurait fallu s'en taire ; si elles sont au contraire une des plaies endémiques de la société actuelle, il faut y chercher un remède. Nous livrons cette réflexion aux moralistes. La sage-femme qui tient pension est à la fois l'Harpocrate[1] et l'Hippocrate femelle de son art, sa discrétion est passée en proverbe. On ne mettrait jamais les pieds chez elle si l'on savait y être vu. Elle est utile au célibat renté qui pense pouvoir conserver sa considération en récusant la plus noble partie des devoirs qui pèsent sur le citoyen aisé ; beaucoup de propriétaires ont plus de confiance en une sage-femme d'un quartier autre que le leur que dans le maire de leur arrondissement, et aiment mieux avoir une honte à dissimuler qu'un ménage à gouverner en chefs de famille. La société qui flétrit tant de choses moins dignes de blâme les a-t-elle jamais mis à son ban? il est vrai

[1] Dieu du silence.

que la sage-femme est si discrète, et qu'en tout état de cause un homme riche est toujours un homme à ménager.

Mais il ne suffit pas qu'une sage-femme jouisse d'une confiance illimitée et soit avantageusement connue de toutes celles qui désirent ne lui confier que ce qu'elles veulent céler à d'autres, il faut encore prévenir les confidences, entretenir des relations avec les scandales qui n'en sont pas encore. Paris est un asile précieux pour la province, de même que la campagne est un séjour discret pour les accidents de la vie parisienne. Ce refuge de l'innocence ne mérite ce nom qu'autant qu'il la procure aux personnes qui d'aventure l'auraient perdue par imprudence. La sage-femme qui tient pension jette ses filets dans les *Petites-Affiches*, sous forme de réclames modestes. On ne demande rien aux personnes en état de domesticité que leurs services à terme; il n'est pas inutile de se présenter, toutefois, sans avoir quelques économies. Il suffit que la sage-femme ait donné son adresse sous une formule philanthropique pour que les intéressées viennent d'elles-mêmes faire appel à ses connaissances pratiques. On ne se connaît pas dans son établissement. Les femmes ont un nom quelconque; les roturières sont vicomtesses; les femmes titrées s'appellent Louise ou Séraphine; celles qui viennent des confins les plus reculés des départements ont une position dans la *capitale;* les autres sont destinées à s'éloigner de Paris. Presque toutes ont leurs époux dans quelque île de la mer du Sud. Elles feignent d'ajouter foi aux paroles les unes des autres, afin de n'être pas interrogées. Sa maison est, au reste, une Thébaïde; elle loge au fond d'une vaste cour, elle a pour portier un sourd et muet; toutes ses fenêtres ont des abat-jour. Il faut montrer patte blanche pour être reçu dans son gynécée. La recherche de la maternité y est sévèrement interdite; l'homme en est banni à perpétuité.

S'il est une profession où la considération soit toute personnelle, c'est surtout celle de sage-femme. La sage-femme qui, outre les vertus de son sexe, possède les connaissances de sa profession, ne tarde pas à jouir dans son quartier même d'une réputation irréprochable et d'un honnête revenu. Sa clientèle lui a coûté quelques sacrifices d'amour-propre; il a fallu se mettre bien avec les portières, ne pas s'aliéner par une dignité compromettante les bonnes grâces des gardes-malades, satisfaire par des visites réitérées aux exigences de la petite propriété. Il y a telle de ses clientes qui accouche vingt fois avant de mettre un enfant au monde. Pour peu qu'elle devienne en vogue, la sage-femme n'a plus un instant à elle. Les enfants font exprès de voir le jour à minuit. Elle allait se mettre à table, on vient la chercher pour une grosse marchande; heureusement elle a des garanties et la commère en est à son quinzième: ils sont tous venus de la même manière; en fait d'accouchements, il n'y a que le premier pas qui coûte.

Tout cela est plus ou moins vulgaire, mais tout cela existe et compose les scènes les plus intéressantes de la vie privée. Beaucoup d'enfants attachent une grande importance à venir au monde. Des hommes de génie peuvent passer par les mains de la sage-femme sans qu'elle s'en aperçoive. Sa profession est une loterie.

Ce n'est pas tout pourtant de procéder à un accouchement, il faut encore savoir quand un enfant existe, le prophétiser, si l'on ne peut faire plus, interpréter son sexe, favoriser son développement par une saignée en temps opportun, connaître quels breuvages lui conviennent d'abord. On pourrait faire des poëmes sur cette donnée, et il y a des sages-femmes qui en ont fait. La sage-femme est un argument pour les personnes de son sexe qui rêvent la femme libre. Serait-ce abuser de notre position que de dire un mot des folles hypothèses prônées récemment sur l'individualité de la femme? L'expérience des siècles et sa nature même la fixent dans le sanctuaire du foyer domestique. Elle est reine au sein de sa famille, elle a droit à nos adorations quand elle est mère: éloignez-la de ce centre de ses affections et des nôtres, de ce cercle modeste et précieux de la vie privée, vous la déplacez; donnez-lui un rôle autre que le sien, qui est d'aimer et d'élever ses enfants, vous ne produisez que scandale, désordre et anarchie.

La sage-femme ne sort pas de ses attributions de la famille; elle y entre au contraire plus complétement qu'aucune autre individualité de son sexe.

C'est souvent une mère qui en aide d'autres à le devenir.

Au point de vue philosophique, qu'y a-t-il de plus noble et de plus relevé que la profession de sage-femme? Mais elle est trop près de la nature pour être bien appréciée par la civilisation.

Socrate avait tracé autour de sa maison une ligne où il enfermait sa femme. Est-ce pour cela que Socrate faisait mauvais ménage?

Ajoutons que le plus sage des hommes était fils d'une sage-femme.

On a vu des femmes, comme lady Sthanope, être inspirées d'en haut, confier leurs rêves poético-religieux aux sables brûlants du désert; d'autres, s'improviser un apostolat qui n'embrasse pas moins des quatre parties du globe, et promener leurs pérégrinations phalanstériennes d'un continent à l'autre, faire emprisonner leurs maris, ne pouvoir supporter aucune espèce de servitude, et s'imposer le mandat d'affranchir la femme du joug de fer du mariage; d'autres, entrer par des in-octavo dans la classe privilégiée des célébrités de toutes les époques. On en a vu rivaliser de verve et d'enthousiasme avec les poëtes contemporains, improviser des opéras, et dans la romance même on a vu la musique s'allier à la poésie sous l'inspiration d'une seule muse féminine. On a vu le sceptre de la comédie tomber en quenouille; le mémoire, jusqu'alors du domaine exclusif des hommes d'état, devenir le partage de duchesses et de femmes de chambre, et servir de prologue à des divorces éclatants. Tout cela est beau sans doute; mais le type de la femme *humanitaire* se révèle autre part, et paraît d'autant plus noble que son rôle, si utile à une classe d'enfants parias de naissance, ne peut être apprécié dignement que par un petit nombre de témoins. Il faut le proclamer hautement, dût-on ne le dire qu'une fois, celle que son savoir a mise à la tête d'un établissement comme la Maternité est toujours une femme vraiment grande et digne de respect. Cette maison, qui ne peut être peinte d'un seul trait, se résume en elle. Que de soins! que de propreté! Quelle vocation sociale n'a-t-il pas fallu pour être au niveau de cet emploi! Quelle constance pour ne pas s'y habituer et faire corps avec lui, comme cela arrive aux anciens juges, aux anciens médecins et aux diplomates consommés! L'ordre de la maison est admirable; l'incessante charité qui le maintient, plus merveilleuse encore. Il faut s'élever jusqu'aux classes les plus aisées de la bourgeoisie pour trouver autant de luxe et de raffinements hygiéniques qu'il y en a dans une simple salle de l'hospice des Enfants-Trouvés. Rien n'est bizarre et contrasté comme les premiers moments de ces victimes privilégiées de la misère qui décime les classes pauvres de la population de Paris. Sortis d'une main quelconque, les enfants trouvés sont accueillis dans un asile où tout semble merveilleusement disposé pour l'allaitement. Légués ensuite, à raison de 16 centimes par jour, à une mercenaire de la campagne, ils survivent peu à un régime meurtrier ; ils meurent entre les mains des nourrices, c'est une conséquence : mais pourquoi meurent-ils en aussi grand nombre, au moins, à l'hospice où ils sont bien soignés? Qui le sait, bon Dieu! D'après les calculs statistiques, un enfant trouvé qui arrive à la position d'homme marié est une exception infiniment rare, à peu près comme un sur dix mille, et l'état dépense des millions pour arriver à ce mortuaire résultat!

Honnêtes philanthropes, toujours disposés à appliquer le remède à côté du mal, que vous importe qu'il y ait des enfants trouvés, pourvu qu'ils soient bien traités ou paraissent l'être? Eh bien! la question est résolue, ils ne le sont point, ou du moins c'est en pure perte qu'ils le sont. Ceux qui échappent à la mortalité peuplent les maisons de correction, perpétuent la misère et l'opprobre au dehors et au dedans de la société. Il n'y a qu'un moyen de remédier à ce mal, c'est de le supprimer; c'est de permettre aux liens du sang à peine formés de se raffermir, en procédant à l'amélioration du sort des classes indigentes d'où proviennent la plupart des enfants trouvés, car l'exception ne doit pas nous occuper. Un fait demeure établi, c'est qu'un enfant *trouvé* est aujourd'hui un enfant *perdu*. Ce jeu de mots, cruellement sérieux, nous le conservons, il n'y avait aucun moyen de l'éviter.

Honneur encore une fois à la sage-femme qui, sans aucune des compensations flatteuses dont le monde entoure celles qui se vouent à une des célébrités d'un autre genre, accomplit chaque jour une œuvre utile, et composée d'un million de petites choses, qui la rendent grande et respectable aux yeux de tous.

La sage-femme ordinaire s'efface complétement, quand on a vu de quoi se compose le rôle de la sage-femme en chef à la Maternité.

L'hospice de la Maternité admettait autrefois de rares visiteurs; maintenant on n'y pénètre plus. Il arriva, un jour, qu'un de ces curieux qui avait obtenu une permission pour visiter l'hospice, y reconnut.... sa sœur.

Comment parler dignement de la sage-femme qui a inventé le biberon-tétine et le bout-de-sein en gomme plus ou moins élastique, le biberon à calorifère; qui tient une pension et crée chaque année un nouveau procédé d'enfantement?

Or, de même qu'un état, un biberon ne s'improvise pas en un jour : il faut au préalable que la philanthropie l'ait adopté, qu'il ait été jugé digne d'un brevet d'invention, ou tout au moins de plusieurs médailles; les principaux médecins sont consultés sur l'influence humanitaire du biberon, sur l'importance sociale du bout-de-sein, et accordent leur sanction, pour peu que la sage-femme ait mis quelque talent à prouver l'utilité de sa découverte. Munie des attestations les plus honorables, la sage-femme démontre chimiquement que toutes les inventions qui se rapprochent de la sienne à l'aide d'une imitation plus ou moins ingénieuse sont la perte des nourrices et l'écueil de l'allaitement. Parvenue à l'état de professeur, elle donne la main aux célébrités médicales de son époque ; son auditoire n'est composé que de femmes, comme jadis les mystères de la bonne déesse. Elle n'en est pas moins placée à l'apogée de la science ; son nom fait autorité. Elle a un éditeur, mais un éditeur scientifique. Elle applique le forceps avec autant de sang-froid que d'autres en mettent à broder une écharpe ou à donner le jour à une paire de bas. On sait que la Faculté a refusé récemment un diplôme de médecin à une femme qui en était digne sous tous les rapports. Le docte corps a craint peut-être les rivalités, et l'influence d'un si noble exemple sur les destinées de la médecine. Ce fait paraît bizarre, il est simplement, selon l'expression vulgaire, renouvelé des Grecs. L'aréopage, ayant remarqué que les connaissances médicales se répandaient beaucoup trop parmi les femmes, proscrivit les accoucheuses. Le préjugé de la sage-femme était tellement enraciné chez les dames d'Athènes qu'elles aimaient mieux mourir que d'être accouchées par des hommes. Agnodice porta l'amour de son art jusqu'à se déguiser en homme et à venir en aide à son sexe sous le costume d'un Athénien. L'androgyne naquit d'un arrêt draconien de l'aréopage. Agnodice, convaincue d'avoir pratiqué l'accouchement en dépit de l'aréopage, fut condamnée à mort. Elle obtint sa grâce à la prière des Athéniennes les plus distinguées. Le tribunal eût mieux fait peut-être, en matière d'accouchements, de se déclarer incompétent.

On permet à la sage-femme d'être professeur dans sa spécialité, et même d'envoyer des élèves dans les départements ; celles qui ont exercé sous ses yeux et sous sa main n'oublient pas de le mentionner sur leur enseigne.

Le rôle de la sage-femme, nous l'avons dit, n'est point borné aux pratiques vulgaires de l'accouchement : l'hygiène de son sexe la regarde spécialement ; nommer la sage-femme, c'est nommer le médecin de toutes les maladies et de toutes les faiblesses de son sexe.

Quand un enfant a vu le jour et qu'il est exempt de *meconium*, la sage-femme n'est pas au bout de ses épreuves : il faut encore qu'elle le pare, qu'elle le festonne, qu'elle l'illustre ; heureusement les langes sont prêts ; elle a même sous la main les vêtements de celui qui, d'après Fitche, est le roi de la création. Le petit béret de velours orné de rubans, la chemise de batiste, les fines broderies, tout cela passe par les mains de la sage-femme ; elle serait au désespoir qu'une autre qu'elle inaugurât le nouveau-né. Ainsi emmaillotté, ajusté et adonisé comme un Amour de Watteau, elle le présente à la famille, qui est forcée d'avouer qu'après ce Cupidon lui-même, ce qu'il y a de plus admirable au monde, c'est la sage-femme.

L. Roux.

LE DÉPUTÉ.

Électeurs de ma province,
Il faut que vous sachiez tous
Ce que j'ai fait pour le prince,
Pour la patrie et pour vous.

BÉRANGER.

HEUREUSEMENT il ne s'agit pas d'un portrait politique!

J'ai été élevé avec Auguste de ***; mais pour tous deux les phases de la vie ont été bien différentes. Pendant que je me trouvais jeté presque violemment dans une lutte quotidienne, soldat de la presse, sans autre arme, sans autre appui et sans autre fortune que ma plume, sa vie s'écoulait exempte de vicissitudes au fond de sa province natale et dans la demeure de ses pères. Après les années consacrées à ses études, il eut tout le loisir et tout le calme nécessaires pour examiner par quelle porte il lui convenait le mieux d'entrer dans le monde; il prit son temps, il ne mit aucune hâte, et ce fut avec une tranquillité parfaite qu'un beau matin il se dit à lui-même : « Je voudrais être député. » Il avait trente-six ans lorsque cela lui arriva.

Averti de cette résolution, j'en fus surpris d'abord, inquiet ensuite; mais lorsqu'Auguste m'eût appris qu'au moyen de ses grands biens il avait acquis dans la contrée une influence toujours disponible qui le plaçait en quelque sorte, sinon au-dessus, du moins en dehors des rivalités électorales, je fus plus rassuré, et j'attendis le résultat du scrutin.

Auguste fut proclamé député de l'arrondissement de.... Il y a de cela deux ans.

Lorsqu'il vint à Paris, sa première visite fut pour moi. Il était presque effrayé de ce qu'il avait osé faire; le redoutable honneur qu'il avait brigué et obtenu l'épouvantait. Il me demandait des conseils ; il était éperdu et troublé ; la tête lui tournait, et il avait des vertiges, comme s'il se fût trouvé transporté tout à coup au sommet d'un édifice élevé. Je le rassurai de mon mieux, n'osant pas trop rire de ses frayeurs ; car, dans ses craintes, on voyait percer de singuliers mouvements de vanité secrète et même d'orgueil pour le titre dont il était revêtu.

Dans les premiers moments, il rechercha mes avis ; plus tard, peu de temps après, il m'offrit sa protection.

Il s'opéra dans la personne d'Auguste une métamorphose, sinon subite, prompte du moins et presque totale. La première chose dont il se débarrassa fut sa timidité naturelle, j'allais dire sa modestie. Et j'avoue qu'il ne tint qu'à moi de prendre une bien haute idée du mandat électif, en voyant avec quelle rapidité il avait développé en lui les facultés intellectuelles, le don de voir, celui de prévoir, et, par-dessus toute chose, l'aptitude à diriger. A la fin du premier mois, je cherchais sans le retrouver l'homme que j'avais vu si tremblant devant les obligations qui lui étaient imposées, et si justement jaloux d'être à même de les remplir. Auguste ne doutait plus de rien. Je l'avais entendu parler avec un humble dévouement de ce qu'il désirait obtenir pour notre arrondissement ; bientôt il avait annoncé des projets d'amélioration départementale ; maintenant il ne songeait plus qu'au bonheur, au salut même de la France, quelquefois même, il arrangeait les affaires des deux mondes. Il est vrai que ces importantes pensées ne lui permettaient plus de se rappeler ce qu'il avait promis à ses commettants ; c'est le nom qu'il donnait aux électeurs.

Le voyant avancer ainsi à pas de géant dans la carrière, je crus qu'un travail opiniâtre et l'examen assidu des plus importantes questions remplissaient tout le temps qu'il passait hors de l'assemblée, et qu'il se préparait ainsi à d'éclatantes destinées, l'objet caché de ses rêves parlementaires. Et de fait, son petit logis, l'appartement garni qu'il occupait dans un des plus paisibles hôtels de la rue de Beaune, était studieusement encombré de papiers, d'imprimés, de volumes et de brochures, de tous les formats et de toutes les couleurs, à ne les juger que sur la couverture. Je m'extasiais et j'admirais ; j'osais à peine porter une main profane sur cet amas de science et de lumières qui devait tant faire pour la prospérité nationale. Je me hasardai cependant à prendre une brochure : les feuillets n'en étaient pas coupés ; je pris un volume : il était intact ; je saisis une liasse d'imprimés : ils étaient vierges de toute lecture. J'interrogeai Auguste sur ce qu'il comptait faire de ces trésors d'érudition politique ; il me répondit, en mettant sa cravate, que c'étaient les imprimés qu'on lui distribuait à la séance et qu'on envoyait à son adresse ; qu'il avait voulu les examiner, qu'il s'y croyait consciencieusement engagé ; mais que, dans l'impossibilité de les lire tous, il avait pris le parti de n'en lire aucun. « Au reste, ajouta-t-il, nous causons beaucoup, et c'est en causant qu'on s'instruit. La conversation vaut mieux que les livres ; l'entretien d'un homme instruit et d'un homme supérieur est un livre vivant. C'est ainsi que Casimir Périer s'est formé. » Je restai stupéfait. Les gentilshommes de l'ancien régime, ces fils de bonne mère, qui savaient tout, sans avoir rien appris, ne se piquaient point de lecture ; mais pour s'excuser ils n'avaient assurément rien trouvé d'aussi ingénieux que ce que je venais d'entendre.

Il me prit fantaisie de savoir quels pouvaient être les doctes entretiens qui avaient si bien formé mon ancien camarade. Je le suivis au Palais-Bourbon, et pendant qu'i se rendait à la salle des conférences, je montai dans une tribune publique. La séance devait être intéressante, il y avait foule partout.

Ce qui surprend le plus à la vue de l'assemblée législative, c'est la confusion et le pêle-mêle; on ne peut distinguer aucun des traits de cette physionomie mouvante et sans cesse agitée. Avant 1830, il était possible de désigner quelques-uns des caractères particuliers au député. L'âge de quarante ans formait celui de son extrême jeunesse; le paiement de 1,000 francs de contributions indiquait une certaine position sociale; et à l'aide de cette double indication on retrouvait sur la figure du député une partie du signalement qui désigne à tous les regards un riche propriétaire, d'âge mûr, poussé par un grain d'ambition hors de son fief départemental et transplanté sur le sol parisien. A ces notions il était facile d'ajouter celles qui découlaient naturellement d'habitudes, de mœurs, d'un langage, d'idées et même d'une attitude, qu appartenaient à une autre époque. On devinait l'empire chez les uns, on retrouvait l'émigration chez les autres; là on reconnaissait les traces d'une longue retraite, ici on voyait les regrets, ailleurs on apercevait les désirs. Ceux qu'un aspect nouveau séparait de ces indices étaient les représentants du temps présent: chacun avait des signes distinctifs; le costume ajoutait encore à la certitude de l'observation, et on pouvait alors dessiner le portrait d'un député. Il n'en est plus de même: aujourd'hui, pour la députation, l'échelle des années est celle de la vie commune, elle s'étend depuis trente ans jusqu'à l'âge le plus avancé; l'échelle de la fortune n'embrasse peut-être pas la plus grande généralité de la vie sociale, mais elle est assez considérable pour que toute la classe qui forme l'ordre intermédiaire y soit comprise; toutes les intelligences, toutes les professions et toutes les positions s'empressent de se présenter à l'élection. Enfin trop d'années nous séparent des temps qui ont laissé sur les choses et sur les hommes d'impérissables souvenirs, pour que ceux qu'ils ont marqués par des signes particuliers soient autre chose que des exceptions. Il n'y a plus de costume, rien ne révèle le député, rien ne le manifeste au regard, rien ne le signale à la curiosité. Et cependant, à de certains indices cachés, l'observation doit le découvrir. Les personnages graves étaient en petit nombre dans la foule que les deux portes latérales vomissaient dans l'enceinte des séances. On ne peut assurément pas se fâcher de voir un député ressembler à tout le monde, et ne pas trop se séparer de ceux qu'il doit représenter; et pourtant je ne sais comment il se fait qu'on éprouve presque du dépit à le voir trop rentrer dans une catégorie vulgaire: il y a en nous bien plus d'instinct aristocratique et d'esprit de caste que nous ne le pensons nous-mêmes.

Le député de l'opposition ne diffère point du député qui s'est fait le défenseur des opinions contraires. Voyez cet homme jeune encore et dont la mise est d'une élégance recherchée: son visage est froid et sérieux, sa démarche a quelque chose de superbe, son air est dédaigneux, son geste est sec, et tout témoigne en lui d'une disposition qu'on pourrait aisément prendre pour de l'orgueil. C'est un des plus vigoureux athlètes du dogme d'égalité. Regardez ce personnage dont la mise est si simple, la figure franche et ouverte, les manières affables et empressées, le geste prévenant et la parole bienveillante : c'est le grand orateur des distinctions sociales. Vous plaît-il de contempler le plus influent de nos hommes d'état? C'est cet homme petit et vif dont les saillies mettent en gaieté ce groupe du couloir de droite, au pied de la tribune; il a toute la majesté d'un écolier en vacances. Jetez les yeux sur cet homme dont le costume est si solennel, le pas mesuré, le visage méditatif, et sur lequel on dirait que repose le destin des empires : c'est l'homme le plus heureusement désœuvré de l'assemblée; il est sans exemple qu'il ait pris part à une délibération quelconque. L'histoire de sa nomination est à elle seule une des plus amusantes anecdotes de la vie parlementaire. Ce flegme dont il est couvert de pied en cap faisait le désespoir de son intérieur; il se posait chez lui en censeur incommode et inamovible, contrôlant tout avec une insupportable pesanteur et avec une imperturbable sévérité. Sa femme imagina qu'elle pouvait le recommander aux électeurs de l'arrondissement dans lequel étaient situés les biens considérables qu'elle lui avait apportés en dot; elle a réussi dans cette candidature, et la chambre est actuellement dotée de cette figure glaciale qui désolait le ménage. Il n'est qu'une seule espèce de personnes qui, par leur nombre, se fassent remarquer dans l'assemblée : ce sont les avocats; et veuillez être persuadés que ce n'est pas parce que d'avocats ils sont devenus députés, mais parce qu'étant députés ils sont restés avocats.

J'aperçus Auguste, il était effectivement engagé dans une conversation des plus animées; mais on riait si haut et si fort, on paraissait si follement enjoué, que les matières politiques n'étaient sans doute pas le sujet principal de cet entretien. D'ailleurs, les interlocuteurs, armés de lorgnons, promenaient leurs regards sur les dames des tribunes; leurs observations étaient évidemment la matière de la conversation; il y avait même de leur part quelque jactance à bien faire voir qu'il en était ainsi et à se donner des airs étourdis. En vérité, ces messieurs n'avaient pas besoin de prendre tant de peine pour qu'on ne les confondît pas avec des hommes politiques. A la sortie de la séance, j'allai chercher Auguste, auquel j'avais quelques éclaircissements à demander. Dans les couloirs de la chambre, on arrangeait les parties de dîner; dans la salle des conférences, on parlait de quelques tableaux du Musée; à la bibliothèque, on lisait des journaux; on riait aux éclats dans la buvette; dans la salle des Pas-Perdus, il y avait une discussion fort animée sur une jeune cantatrice. Comme il advint que je m'obstinais à croire qu'Auguste était étranger à ces brillantes futilités, je ne le rencontrai nulle part. Le soir, j'allai à l'Opéra : la première personne que je vis au foyer, c'était Auguste. Le matin, à la chambre, il était en costume de jeune dandy; à l'Opéra, il était vêtu comme un magistrat. Il y avait là un petit rassemblement, Auguste me fit signe d'approcher sans bruit, sans troubler ni déranger personne; on discutait un des points les plus intéressants de la politique actuelle.

Un moment terrible menaçait Auguste : je le voyais sombre et soucieux, et tout trahissait en lui de secrètes et rudes angoisses. On lui avait écrit du chef-lieu de son arrondissement, on s'étonnait de son silence, on en était mécontent : les uns s'en servaient pour mettre en doute sa capacité personnelle, les autres le faisaient tourner contre la sincérité de ses opinions politiques. Il fallait parler. Malgré tout son étalage d'économie politique, de dévouement aux intérêts généraux, à la cause du progrès et à mille utopies généreuses et resplendissantes de lumière, Auguste n'avait vu dans la députation qu'un moyen de bien se présenter à Paris. Au moyen de ce titre de député, il était tout de suite en bonne posture dans les salons, il était admis de plein pied et naturalisé sans enquête préalable; il avait une valeur, une signification personnelle, une position même, car un suffrage et une voix sont des choses toujours recherchées et dont il disposait. Il se souvenait que le comte de....., jeune diplomate, qui s'était mis sur les rangs dans l'arrondissement voisin de celui qu'il représentait, lui répétait souvent: « A Paris, on ne fait plus attention qu'aux députés. » Cette considération, et en second lieu l'amour du bien public, l'avaient déterminé à se présenter aux électeurs. Il était donc un peu désappointé en se trouvant aux prises avec une obligation qui dérangeait la charmante existence qu'il s'était si doucement créée. La chambre allait discuter une loi qui intéressait au plus haut point la localité qui l'avait élu: rien ne pouvait justifier son silence. Il se prépara à prendre la parole.

Je ne comprenais rien à la peur qui l'agitait. Ce retour de modestie poussée jusqu'à la frayeur, au delà même de sa timidité d'autrefois, me surprenait. Qu'étaient donc devenues cette assurance en lui-même, cette confiance dans ses propres forces, et cette satisfaction du fruit qu'il avait retiré de tant d'illustres entretiens? Comment s'étaient évanouis tout à coup les motifs de sécurité qui lui donnaient presque de l'arrogance il y a quelques jours encore? C'est qu'au milieu de ses plus vives préoccupations Auguste avait un sens droit que la vanité avait égaré un instant sans le fausser. En ce moment il se rappela les jeunes orateurs qui, dès leur entrée dans la chambre, s'étaient élancés à la tribune, et s'y étaient brûlés comme d'imprudents papillons qui viennent se griller à la flamme d'une bougie. Il récapitula les noms de toutes les célébrités de province, de toutes les gloires départementales, de toutes les sommités de clocher et de tous les phénix d'arrondissement qui étaient venus tomber sous les huées de l'amphithéâtre et de la presse; il se souvint de toutes les ardeurs de réforme, de tous les zèles de perfectionnement, de toutes les ferveurs patriotiques et de tous les rêves merveilleux qu'il avait vus échouer et réduits à se cacher dans l'ombre. Voilà pourquoi il tremblait à la veille d'une épreuve qui allait lui assigner un rang parmi ses collègues et aux yeux de ses concitoyens. Dans cette grande perturbation, que de vanité il y avait encore!

Trois jours entiers furent consacrés à improviser le discours d'Auguste; pour être bien sûr de son éloquence, il le répéta plusieurs fois, avec et sans le manuscrit. J'avais pour moi une longue expérience des débats parlementaires, je savais comment les orateurs les plus renommés se disposaient à la parole. J'avais vu un d'entre eux corriger sur pièces écrites la harangue qu'il avait *improvisée;* j'avais suivi sur le manuscrit le discours d'un orateur qui l'avait appris comme un prédicateur apprend un sermon; j'avais dit, dans une session précédente, « *** parlera prochainement, car, depuis deux mois, il enregistre tous les bons mots qu'il entend; » j'avais pris plaisir à épier dans les longues promenades d'un homme, dont la parole avait un poids considérable, le pénible enfantement d'un discours. Tous les secrets de la parturition oratoire m'étaient connus: il en est de l'improvisation à la chambre des députés et dans toutes les assemblées délibérantes, comme de l'amitié dans le monde, rien n'est plus commun que le nom, rien n'est plus rare que la chose. Quelques organisations puissantes, les unes vivifiées par la force inspiratrice, les autres par un esprit toujours prompt et toujours présent, plusieurs par des convictions profondes et aussi par l'érudition la plus variée, échappent seules à cette loi commune qui rend si difficile à l'homme l'usage de la parole qui lui a été donné, ou pour exprimer, ou pour déguiser sa pensée. Une dernière répétition générale eut lieu dans la chambre d'Auguste. Je représentais l'assemblée, je fis de mon mieux pour imiter le tumulte dans toutes ses périodes de naissance et de développement, depuis le murmure des conversations particulières, jusqu'aux vagues des interruptions et jusqu'à la tempête et au soulèvement général. Je le dressai à tenir son manuscrit toujours à sa portée, de manière à ne pas s'exposer à être averti par le président, comme cet orateur novice qui cherchait ses idées et ses mots, et auquel M. Dupin cria si impitoyablement : « Regardez vos feuillets. » Le triste hère, honteux et confus, descendit de la tribune.

Le lendemain, Auguste, aguerri contre tous les accidents, même contre la chute du verre d'eau sucrée, monta à la tribune et prononça son discours, sans faute, sans encombre et le plus correctement du monde. Personne n'y fit attention : les députés étaient peu nombreux, la séance était à peine commencée, et il ne fut écouté que par quelques dames qu'il avait galamment placées dans une tribune, au moyen de billets obtenus la veille de MM. les questeurs pour cette grande et redoutable solennité, dont nous étions les seuls confidents. Présentement un député fait hommage de son premier discours, comme Thomas Diafoirus offrait la thèse qu'il devait soutenir sur une femme morte avec son embryon.

J'étais avide de connaître les sensations de l'orateur ; je m'attendais à quelque fanfaronnade et à quelque acte de forfanterie : contre toute attente, il fut modeste. Il confessa que la tribune lui avait paru être à une hauteur extraordinaire ; il avait ressenti des étourdissements ; sa langue s'était collée à son palais ; sa bouche était devenue sèche, et sans le secours du verre d'eau sucrée, il n'eût pu prononcer une seule parole ; ses jambes avaient fléchi, et il avait éprouvé une émotion semblable à celle que Charlet prête à Jean-Jean, lors du premier coup de feu. Je le consolai de mon mieux. « M. de Pradt, lui disais-je, n'a jamais pu aborder la tribune ; il n'y retrouvait pas un seul des arguments qu'il avait préparés et savamment élaborés, pour terrasser ses adversaires. Un jour il s'écriait douloureusement : « Je donnerais dix ans d'expérience pour six mois de tribune. » Plusieurs orateurs vieillis dans nos assemblées politiques m'ont déclaré que jamais ils n'étaient montés à la tribune sans un sentiment de souffrance ; pour prendre la parole, un violent effort sur eux-mêmes leur était toujours nécessaire.

Je présumais bien que le discours d'Auguste, prononcé dans des circonstances aussi peu favorables que celles qui l'entouraient, était de ceux pour lesquels les journaux ont fait stéréotyper cette phrase : « *La voix de l'orateur ne parvient pas jusqu'à nous.* » J'avais tout prévu : nous avions quatre copies du discours improvisé ; je les portai à différentes feuilles, et le soir, Auguste et moi nous allâmes corriger nous-mêmes les épreuves, jeter au bas des paragraphes quelques parenthèses : (*Bien.*) (*Très-Bien.*) (*Vive sensation.*) (*Assentiment général.*)..... Nous changeâmes quelques mots échappés *à la chaleur de l'improvisation;* quelques passages ajoutés après la discussion achevèrent de rehausser la harangue, et moyennant ces petites précautions qu'un député intelligent et soigneux de sa réputation ne néglige jamais, Auguste put s'attendre à recevoir de ses commettants de légitimes félicitations.

Elles arrivèrent nombreuses et empressées : il était le protecteur de son arrondissement, le sauveur de son pays, la gloire de sa patrie. Chaque lettre de congratulation contenait en même temps une demande, une prière, une pétition, un placet, une sollicitation ou une commission. Chaque commettant émettait un désir, un vœu, un souhait, une envie : le député était proclamé par tous la providence de son arrondissement; mais on ne voulait pas que ce fût là une sinécure. On le chargeait des emplettes pour toutes les dames : livres, modes, fantaisies, ustensiles, porcelaines et mobilier; il devait être l'avocat de toutes les prétentions, faire valoir tous les droits anciens nouveaux, passés, présents et futurs, être l'écho de tous les mécontents, le patron de toutes les ambitions et de toutes les exigences; on lui confiait le sort de deux ou trois écoliers, qu'il devait aller visiter souvent, faire sortir, et amuser et régaler les jours de congé; on le rendait responsable des fautes de quatre ou cinq étudiants en droit ou en médecine, dont il devait surveiller la conduite. L'arrondissement avait aussi ses vues sur la fortune de l'État; il fallait s'y consacrer sans réserve, obtenir des secours et des faveurs en argent, en volumes, en tableaux ou en statues; faire construire des ponts, tracer des chemins, exhausser des vallées, aplanir des montagnes, disposer des régiments de l'armée et détourner des fleuves. Auguste succombait; il pliait sous le fardeau des ports de lettres; des avances continuelles dévoraient sa fortune.

Il n'était pas au bout de son rôle de providence. Les solliciteurs assiégeaient sa porte dès le matin : il s'épuisait en apostilles; les petites audiences absorbaient tout son temps. Toutes les infortunes départementales accouraient à lui; sa bourse se tarissait en prêts et en aumônes, deux mots plus synonymes qu'on ne paraît le croire. A son arrivée à la chambre, il était assailli par de nouvelles importunités; on venait exprès de province pour le voir et pour l'entendre : il ne pouvait refuser des billets de séance, une lettre de recommandation pour voir les monuments publics, quelques heures de son temps pour faire les honneurs de Paris et une présentation au ministre.

Les honneurs vinrent le consoler de ces tribulations : il fut invité à la cour. Pour le coup, il se regarda comme un personnage : il songea aux emplois, et après avoir tant demandé pour les autres, il crut pouvoir penser à ses propres désirs. Sans être exalté dans ses opinions politiques, sans avoir d'injustes préventions, sans prétendre jouer le personnage du paysan du Danube, Auguste avait pris la sage résolution de s'éloigner de tout ce qui risquait de porter quelque atteinte à son indépendance. Je ne sais s'il a changé d'idée à ce sujet, mais dernièrement il m'a dit que si tous ceux qui blâment le pouvoir s'en approchaient un peu plus, ils seraient peut-être moins sévères pour lui. Il est vrai qu'Auguste est décoré; il m'a affirmé aussi que la décoration était un objet indispensable à un député. Selon moi, ce signe, bien loin de le distinguer, le rejette dans le domaine commun.

Le député suit la loi des âges divers, celle que les poëtes ont tracée.

Jeune, il est ardent aux innovations, prompt à recevoir les impressions du dehors.

Dans l'âge mûr, il est ambitieux, et, quelle que soit la route qu'il suive, il ne l'a prise que pour arriver au pouvoir et à la renommée, les deux objets constants de toutes ses prédilections.

Vieux, il y a un passé qu'il loue, qu'il vante et qu'il aime; il feint de croire lui-même, et il voudrait persuader aux autres qu'il pleure le temps de ses convictions, tandis qu'il ne regrette que le temps de sa vigueur physique et de sa supériorité intellectuelle.

Le député se reconnaît généralement à une certaine gourme de principes qu'il expose avec une emphatique complaisance, quel que soit le camp dans lequel il combat. Son allure provinciale contracte de sa position nouvelle une assurance souvent comique : à force de traiter les grands sur le pied de l'égalité, il croit avoir le droit d'agir très-cavalièrement avec les autres. Il aime à parler souvent de ce qu'il fera, de ce qu'il empêchera, de ce qu'il défendra et de ce qu'il permettra ; il y a du grotesque dans l'idée qu'il a de sa force politique : la gravité de nos institutions n'est pas suffisante pour retenir le rire que menace d'exciter cette prodigieuse outrecuidance.

Il y a une chose que la raideur de quelques députés nous a apprise et qui n'existait pas dans nos mœurs : c'est le pédantisme en matière politique.

Je finirai par un dernier trait, et qui résume toute ma pensée à ce sujet.

Après une joyeuse nuit, quelques jeunes gens montés sur des ânes parcouraient le bois de Boulogne; les grilles étaient fermées, et les gardiens refusaient de les ouvrir avant la pointe du jour. Dans la troupe libertine se trouvait un député: à toutes les objections du concierge, il répondait sérieusement et du haut de son âne : « Ouvrez, je suis membre de la chambre des députés. »

Les hommes simples et dévoués à leur mandat, étrangers aux séductions de la cour et de la ville; les hommes laborieux et qui se consacrent à d'utiles et obscures études avec patience et avec désintéressement, les nobles organisations, les hommes à vues élevées, les talents éclatants et supérieurs quoi qu'ils fassent, les hommes droits et intègres, ceux qui apportent humblement l'amour du pays et la science de ses besoins, et enfin les hommes de courage et de conviction ne manquent pas à nos assemblées. On les trouve assis à côté des dandy, des nuls, des serviles et des mouches qui bourdonnent sans relâche autour du coche de l'État. Il y a vingt types dans la chambre des députés; il n'y a pas un caractère que l'observation puisse saisir et présenter comme forme générique.

C'est peut-être parce qu'il n'y a de sérieux que la réalité. Dans nos mœurs sociales, en politique, nous n'avons plus d'aristocratie, nous n'avons pas encore de démocratie ; entre ces deux extrêmes, tout se meut et s'agite; le daguerrotype lui-même ne saurait fixer sur le papier ces images mobiles et incertaines.

EUGÈNE BRIFFAULT.

LAVIEILLE

LA CHANOINESSE.

Le faubourg Saint-Germain, type incarné du dix-huitième siècle, est attaché à ses souvenirs comme une coquette surannée, opiniâtre dans ses idées comme un vieillard, hyperbolique dans ses illusions comme un adolescent. Le lendemain d'une défaite, il parle de ses prochains triomphes; et jamais les mécomptes n'ont lassé son espoir. Fier et railleur, il méprise la puissance des faits : pour lui, Napoléon a toujours été Bonaparte, et Louis-Philippe, le duc d'Orléans. Ennemi irréconciliable de la Chaussée-d'Antin qui représente le dix-neuvième siècle, il lui fait une guerre de cruelles moqueries, le poursuit de ses sarcasmes, et désole par ses dédains les bourgeois opulents, qui ont la manie de le singer après l'avoir vaincu. Confiant dans l'avenir, malgré les déceptions du présent, il a toute l'assurance d'une beauté qui fut long-temps sans rivale, toute la malice d'une vieille dévote qui vit de foi et d'espérance, mais fort peu de charité.

Toutefois dans son opposition le faubourg Saint-Germain montre toujours une habile logique. Il ne va pas, ainsi que les héros parlementaires, se placer sur le terrain de ses ennemis, et lutter avec eux sur des questions qu'ils ont eux-mêmes posées. Discuter une opinion, c'est la reconnaître. Le faubourg Saint-Germain se garde bien de cette maladresse : son opposition est toute négative. Sous l'empire, on proclamait la gloire des batailles ; le faubourg Saint-Germain vantait les douceurs de la paix. Sous la restauration, la Chaussée-d'Antin était libérale, le faubourg Saint-Germain absolutiste. Aujourd'hui, la Chaussée-d'Antin est sceptique et presque impie, le faubourg Saint-Germain s'est fait dévot, en cela seul infidèle au dix-huitième siècle. Aussi est-il religieux, non pas précisément parce qu'il croit, mais parce que ses adversaires ne croient pas. Pour lui, la vertu consiste à se placer à l'antipode des régions ennemies.

Une fois ce rôle accepté, le faubourg Saint-Germain ne recule devant aucune des conséquences. Il augmente le personnel de ses couvents, stimule le zèle de ses missionnaires, et voit bientôt accourir la milice des moines de tout sexe et de toute couleur, pénitents blancs, noirs, gris, frères de Saint-Joseph, sœurs de la Miséricorde, franciscains, dominicains et bernardins. Le faubourg est devenu un microcosme du catholicisme. La métropole est à Saint-Thomas-d'Aquin, le siége des conciles à l'Abbaye-aux-Bois, la retraite des néophytes au Sacré-Cœur, et celle des vétérans hors de combat à Sainte-Valère.

Cette résolution de prendre le contre-pied de son siècle a bien quelque chose d'énergique; mais elle a dû produire d'étranges anomalies. Une des plus curieuses, sans contredit, est cette variété de l'espèce monacale, qu'on appelle CHANOINESSE.

La chanoinesse est une demoiselle d'un âge mûr, qui est religieuse sans être cloîtrée, dame sans être mariée, comtesse sans être noble.

Pour acquérir ces précieux droits, il suffit de s'adresser à quelqu'un des petits princes catholiques de l'Allemagne, et moyennant trois ou quatre mille francs expédiés, soit en Saxe, soit en Bavière, soit dans une des provinces Rhénanes, on fait partie d'un chapitre tudesque, dont l'existence est toute nominale, et n'a de réalité que comme annexe de l'un des soixante budgets qui alimentent l'une des soixante constitutions de la bienheureuse Allemagne. C'est là tout ce qui reste des empiétements de la féodalité sur les domaines de l'église; c'est le dernier débris de la puissance spirituelle de l'empire après la longue et sanglante querelle des investitures.

Il y a dans le genre *chanoinesse* plusieurs espèces. L'une se compose des demoiselles nobles et pauvres, qui sacrifient une faible dot pour obtenir l'heureux droit de s'appeler madame, sans se mésallier. Celles-là mènent une vie pâle et décolorée, et remplacent les douceurs de la famille par les joies des œuvres pieuses.

L'autre est aussi de haut rang, et comprend les demoiselles déjà émancipées de fait, qui veulent l'être de droit. C'est une race hautaine et tant soit peu philosophique, qui se rit des préjugés de caste et surtout des préjugés de femmes. Sans avoir de fortune, elles savent par leurs séduisantes allures se créer un rôle brillant. Elles exploitent surtout avec un rare bonheur la vanité des étrangers opulents, tout fiers d'être reçus, à leur débarquement, par une descendante en ligne directe d'Anne de Bretagne ou du roi René.

La troisième espèce et la plus digne d'étude est celle des riches roturières qui veulent effacer leur origine sous le titre de comtesse, et voiler des malheurs de jeunesse sous un nom matrimonial. Voilà celle que nous nous proposons de peindre.

Une fois en possession de son diplôme, la chanoinesse s'établit au faubourg Saint-Germain; c'est là seulement qu'elle peut être prise au sérieux. Dès lors commence pour elle une nouvelle existence; elle forme une classe à part dans la société : elle n'est ni fille, ni femme, ni veuve. Il y a des sophistes qui prétendent qu'elle est tout cela à la fois.

Elle n'est pas noble, car elle n'a pas d'aïeux; elle n'est pas roturière, car elle est comtesse.

Elle n'appartient pas au monde temporel, car elle est devenue l'épouse de Jésus-

Christ; elle n'appartient pas au monde spirituel, car elle conserve toute sa liberté, tous ses plaisirs, toutes ses joies.

Elle a pris le voile et ne le met pas; elle a un oratoire, et ne prie pas; elle a un confesseur, et ne se repent pas; elle a un amant, et n'y renonce pas.

Tout chez elle est fiction, et son titre, et son célibat, et son couvent. C'est une existence sans harmonie et sans liens; et comme, après tout, même un défaut d'harmonie doit avoir sa logique, tout chez elle se ressent de cette révolte sociale: ses manières sont équivoques, son allure empruntée, et sa vie remplie de gênes. Elle n'est pas admise chez les femmes qui se piquent d'être vertueuses, parce que ses mœurs sont trop libres; elle est repoussée par les femmes faciles, parce qu'elle est trop prude. Chez les dévots on la compare à un prêtre défroqué; chez les incrédules on lui reproche de s'être affublée du froc. Les uns ne veulent pas d'elle, *quoique* religieuse, les autre *parce que* religieuse. Partout elle souffre des péchés de sa double nature.

C'est en voyant les tribulations de la chanoinesse que j'ai appris combien l'hermaphrodite, s'il existait, serait un être malheureux. Dédaigné par les hommes, parce qu'il est homme, haï par les femmes, parce qu'il est femme, il n'aurait les bénéfices ni de la figure mâle de l'un, ni des formes délicates de l'autre. Il ne demanderait que la moitié du bonheur qu'il peut donner ou recevoir, et il ne lui serait même pas permis de se partager. Amant et amante à la fois, il ne trouverait pas qui aimer, ni par qui être aimé. Avec ses doubles facultés qui ne peuvent ni être satisfaites, ni se satisfaire elles-mêmes, il s'épuiserait en vains désirs, se débattrait impuissant sous sa trop grande puissance, et maudirait le ciel qui, en faisant pour lui plus que pour tout autre, lui interdit en même temps d'user de ses trésors.

La chanoinesse a perdu sa mère de bonne heure; c'est ce qui explique sa position excentrique et son célibat, et bien d'autres choses qui ont précédé et peut-être motivé son entrée dans les ordres. Son père, homme simple et débonnaire, dont toute une vie de labeurs a été consacrée à gagner les richesses qu'elle gouverne, fuit le monde qu'elle recherche, et se retranche dans la solitude contre les réceptions brillantes qu'elle affectionne. Sur sa figure septuagénaire se lisent quelquefois des reproches; mais jamais sa bouche ne les fait entendre, soit qu'il les dédaigne, soit qu'il les ait épuisés. Ainsi privée de sa mère par la mort, séparée de son père par sa vie, la chanoinesse n'a pas de famille. Toutefois pour compléter les illusions de son titre matrimonial, elle se dévoue habituellement à l'éducation de quelque produit collatéral, choyé, fêté, gâté au delà du possible, qui l'appelle *ma tante;* et qui pour elle est si adorable, et pour tout ce qui l'environne si insupportable, qu'on s'égare à expliquer l'aveugle tendresse qu'elle lui prodigue. Jamais, au surplus, on ne parle de la mère; il n'en reste dans la maison aucun souvenir. Quant au père, on est moins discret; mais l'indiscrétion n'est alors que de la diplomatie. Dans un de ces moments de feinte indifférence où les femmes semblent laisser tomber des paroles au hasard, la chanoinesse vous dira que cet enfant est fils de quelque prince exotique; elle se garde bien de donner à cet aveu l'air d'une confidence; non, elle s'y arrête d'autant moins qu'elle y attache une importance plus grande. Elle se soucie peu, en effet, que dans votre esprit vous lui attribuiez les honneurs de la maternité, pourvu que cette maternité vienne de haut. Avec un prince, il n'y a pas de chute ; il n'y a que des conquêtes. N'ayant d'autres principes de vertu que des principes de vanité, elle craindrait peu de jouer avec Jupiter le rôle d'Europe, d'Alcmène, ou de Danaé ; mais elle n'accepterait pas d'être Vénus, s'il lui fallait épouser le serrurier Vulcain.

Le costume de la chanoinesse est en harmonie avec toute sa manière d'être, c'est-à-dire qu'il est sans harmonie avec le milieu social qu'elle recherche. Dans l'ensemble de sa toilette, elle est toujours en arrière sur la mode ; dans les détails, elle vise à ce qu'il y a de plus nouveau. Ses bonnets seront de la veille, son fichu, sa collerette, sa guimpe seront du dernier genre, et sa robe aura une coupe surannée. Elle a résisté avec entêtement aux manches à gigot, et elle a été des premières à porter *une fiorella;* elle a combattu avec ardeur le retour des manches plates, et elle s'est coiffée avec enthousiasme du bonnet à la paysanne : aujourd'hui, elle ne porte pas encore de volants, et déjà elle a épuisé le bonnet à barbes. Au reste, comme, à part ce qu'elle appelle les chiffons, elle affecte une grande sévérité de mise, elle a adopté, comme type de cette sévérité, la robe de satin noir : c'est la seule chose qui n'ait pas lassé sa fidélité. Même depuis que la robe de satin est descendue dans la rue, la chanoinesse ne l'a pas abandonnée. Le reste de sa personne la garantit contre les méprises.

Entrez maintenant dans le boudoir de la chanoinesse : vous trouverez comme partout les mêmes contrastes. Sur la cheminée, l'agneau sans tache sculpté en albâtre blanc est couché entre deux vases étrusques ornés de faunes et de satyres. Un prie-Dieu gothique fait pendant à une chiffonnière en palissandre ; des statuettes de Pradier figurent à côté de chérubins du moyen âge. Dans le fond d'une alcôve à demi-close par les plis ondoyants d'une draperie soyeuse, s'élève un vaste crucifix : à l'un des angles est suspendu un bénitier de la renaissance, à l'autre se voit une statue de la Vierge immaculée, et au pied de ces saintes images, un voluptueux divan semble inviter à des pensées qui n'ont rien de virginal. De chaque côté de la cheminée sont placées deux élégantes petites bibliothèques en citronnier, fermées par des panneaux dont les glaces sont doublées en taffetas bleu de ciel. L'une reste toujours entr'ouverte, et laisse apercevoir des livres de piété, dont les riches dorures et les reliures éclatantes sont encore dans toute leur fraîcheur ; l'autre, soigneusement fermée, semble avare de ses mystérieux trésors. Les initiés prétendent qu'elle renferme les œuvres complètes de George Sand et de Balzac. De méchantes gens parlent de Crébillon fils.

Depuis qu'elle a été affranchie par son entrée dans les ordres, la chanoinesse reçoit beaucoup, reçoit avec faste, et n'ignore pas qu'un puissant moyen d'attraction est un bon cuisinier. Aussi ne manque-t-il rien à la partie matérielle des repas ; mais ce que l'on peut appeler la partie intellectuelle, c'est-à-dire le vin, y est détestable. Pour la constitution d'une bonne cave, il faut un maître de maison. Or, le père de la chanoinesse a depuis longtemps abdiqué ; il ne figure à table que comme un comparse obligé. Au surplus, les repas y sont gais, les hommes assez aimables, et les femmes assorties pour satisfaire les goûts modestes ; car la maîtresse de la maison redoute avant tout les supériorités féminines.

Aussi le personnel des femmes se renouvelle-t-il souvent : en effet, même la plus médiocre n'accepte pas longtemps un rôle secondaire, et celle qui par nature a besoin d'être dominée préfère devenir l'esclave d'un homme, parce que l'esclavage a ses profits. Si par hasard une coquette de quelque mérite se montre chez la chanoinesse, elle disparaît promptement, même sans avoir besoin d'être éconduite. Deux coquettes se devinent si bien, qu'il n'y a pas entre elles de liaison possible : l'une ne saurait duper l'autre ; et pour une coquette, il faut qu'une amie soit une dupe.

Sous ce rapport la chanoinesse a fort heureusement rencontré : elle a une amie. Cette amie est jeune ; elle pourrait même être belle, si ses traits réguliers étaient animés par la pensée. Mais jamais cet œil terne n'a brillé d'amour ou de haine ; jamais ce front lisse n'a été contracté par la passion ; jamais ces lèvres vermeilles ne se sont ouvertes que pour laisser échapper d'insignifiantes paroles, ou un sourire sans expression. Amélie est une de ces grandes adolescentes qui servent d'auxiliaires aux coquettes, sans jamais devenir des rivales. Aussi la chanoinesse s'en sert-elle à merveille. C'est avec Amélie qu'elle fait ses courses aventureuses ; c'est avec Amélie qu'elle va au bal masqué ; c'est avec Amélie qu'elle va à la messe. Si elle fait circuler une médisance, c'est par la bouche d'Amélie ; si elle veut risquer un propos glissant, c'est Amélie qui le débite avec toute l'innocence de *Vert-Vert;* si elle médite une conquête, c'est Amélie qui commence l'attaque. Ce que la chanoinesse pense, Amélie le dit ; ce qu'Amélie dit, la chanoinesse le fait. Il y a chez Amélie une si forte dose d'enfantillage, qu'elle folâtre toujours avec les positions les plus équivoques : elle écarte en riant les soupirants malheureux ; elle pousse avec naïveté le préféré dans le boudoir. Enfin, c'est Amélie qui est le grand ressort de toutes les intrigues, et comme un ressort machinal, elle suit sans conscience l'impulsion donnée.

A côté de l'amie figure, comme habitué constant et inamovible, un petit homme bruyant, empressé, affairé, qui à chaque interpellation de la dame du logis ne manque jamais de lui donner avec emphase le titre qu'elle a acheté. « Plaît-il, madame la comtesse ? Oui, madame la comtesse ; non, madame la comtesse ; oh ! madame la comtesse. » Infatigable porte-voix de sa dignité, il semble avoir pour mission de rappeler sans cesse les hommages que l'on doit à la divinité du lieu. En le voyant bourdonner autour d'elle, affecter de lui parler à l'oreille, gronder les domestiques et faire avec tapage les honneurs du salon, vous demandez quel est ce personnage, et vous apprenez que c'est le porteur complaisant des lettres intimes, l'intermédiaire officieux des négociations mystérieuses, le secrétaire d'ambassade de la diplomatie canonicale.

En dépit des airs de grandeur que se donnent les parvenus, toujours quelque maladresse trahit le péché originel. Un marchand a beau acheter un château, un titre, des amis complaisants, des prôneurs empressés, au moment même où il se drape en prince, un faux mouvement met à nu ses infirmités natives. Le roi bourgeois est toujours plus bourgeois que roi. L'étude constante de la chanoinesse est de combattre ses souvenirs, de triompher de son passé. Pour tout ce qui est de surface, elle y réussit assez bien ; mais il reste dans les replis du cœur quelques impressions qu'elle ne peut effacer ; il y a toujours sous son front quelque lobe cérébral qu'elle tient de son père. Le vice bourgeois de la chanoinesse, c'est de jouer à la bourse. Tous les jours son agent de change vient secrètement s'enfermer avec elle, et, dans de longs tête-à-tête, étudier les mouvements de la hausse et de la baisse. On a longtemps cru que ces conférences voilaient autre chose que des reports et des jeux de bourse. La coquette laissait dire, parce qu'elle trouvait son compte à ces médisances : un amant de plus est un hommage de plus ; et la passion de cœur qu'on lui prêtait dissimulait d'autant mieux la passion d'argent qui la dévorait. Néanmoins des gens qui se disent bien instruits affirment que toutes ses relations avec l'agent de change n'étaient autre chose que des relations financières.

Aux premiers jours de sa dignité, la chanoinesse avait voulu se montrer difficile, et n'admettre chez elle que des noms emblasonnés ; mais les nobles du faubourg s'étaient montrés aussi difficiles qu'elle, en repoussant ses invitations. Son parti fut bientôt pris ; car les coquettes ont toujours une certaine fierté qui les protége contre l'insulte ; et il lui fut aisé de remplacer les nobles dédaigneux par des artistes, des littérateurs et d'aimables oisifs, qui reconnaissaient sa généreuse hospitalité par leurs complaisances et leurs hommages. Environnée de ce cercle joyeux de convives indépendants, la chanoinesse trône avec assez de grâce pour les maintenir, avec assez d'abandon pour donner toute liberté à leur esprit. C'est à table qu'elle déploie le luxe de sa coquetterie : elle stimule les appétits gourmands, fait du sentiment avec les poëtes, parle de progrès aux humanitaires, trouve un mot aimable pour chacun de ses adorateurs, et ne néglige pas quelque homélie religieuse, qui va à l'adresse de son aumônier et passe inaperçue pour les sceptiques, occupés au culte de la matière représentée par les œuvres culinaires d'un habile Vatel.

Jamais, au reste, coquette ne chercha à dissimuler avec plus d'habileté les grossiers besoins de la nature humaine. Une crème, une gelée d'orange, un biscuit à la cuiller forment la carte de son repas, et encore ces mets passent en fragments si imperceptibles et à des moments si bien choisis que, pour la plupart des convives, elle ne mange rien. Aussi ses adorateurs lui trouvent quelque chose d'aérien ; son aumônier assure qu'elle vit de la parole de Dieu, et les indifférents lui savent gré des privations qu'elle s'impose, pour leur donner quelques illusions. Il est vrai que le soir, retirée dans sa chambre, la chanoinesse compense par un souper substantiel les abstinences de sa coquetterie; mais ceux qui se plaisent à environner une femme de poésie trouvent que cette dissimulation est plutôt un hommage pour eux, qu'un ridicule pour elle.

Parmi les hommes qui l'entourent, la chanoinesse, comme on le pense bien, doit avoir des préférences intimes. Elle est trop bonne chrétienne pour oublier ce précepte : « Il sera beaucoup pardonné à ceux qui auront beaucoup aimé ; » elle est trop instruite des prérogatives féminines, pour ne pas avoir, au moins en apparence, plusieurs adorateurs. D'habitude pourtant ils se réduisent à trois : l'un, qu'elle a par goût ; c'est un homme médiocre, qu'elle aime et qui la rudoie : l'autre, qu'elle a par vanité ; c'est un poëte, qui l'adore et qu'elle tyrannise : le troisième, qu'elle a par mode ; c'est un homme de bon ton, qu'elle cajole et qui s'en amuse. Avec le premier elle est tendre, avec le second, prude, avec le troisième, coquette. Mais ce n'est pas pour elle plusieurs cultes à la fois, c'est un seul amour.

Cependant ce n'est guère qu'aux premières années de son noviciat que la chanoinesse conserve cette franchise d'allure et cette verdeur d'indépendance. Plus tard, elle prend le rôle de sa robe et se transforme en dévote; mais ce n'est pas tout à coup et sans transition que s'opère cette métamorphose. Un mécompte qu'elle subit lui fait d'abord lever les yeux au ciel; les dédains d'un amant la jettent dans la prière; l'affaiblissement de ses charmes lui rappelle son salut. Chaque jour elle consulte son miroir, pour savoir s'il faut se conserver au monde ou s'abandonner à Dieu. Une ride imperceptible au front la fait gémir sur ses péchés; une ligne équivoque sur la joue ranime sa ferveur; un cheveu blanc la ferait prosterner la face contre terre. La grâce commence à opérer.

Il se fait alors des modifications dans le personnel des habitués et dans la physionomie générale de la maison. Les jeunes fous s'aperçoivent que leur verve bruyante n'est plus de saison, et s'éclipsent l'un après l'autre. Amélie dit et fait moins de naïvetés; le maître d'hôtel prend un air grave; la femme de chambre, un air réservé.

Souvent le matin, lorsque la chanoinesse enfermée dans son boudoir fait des frais de dévotion et de toilette, on voit furtivement se glisser à travers les salons une sœur quêteuse, qui vient, au nom de son couvent, profiter des heureuses dispositions de cette sœur convertie; car, dans le monde dévot, les nouvelles circulent vite.

Cependant le démon triomphe encore : avec ses douces joies et ses aimables séductions, il est toujours maître du cœur : l'extérieur seul appartient au ciel. Il y a partage, il y a balance de pouvoirs.

Cette espèce de compromis entre Dieu et le monde ajoute encore à l'équivoque de sa position. Un matin (c'était le lundi gras), la chanoinesse, nonchalamment étendue sur son lit, discutait avec Amélie les préparatifs d'un bal masqué, où les deux amies devaient furtivement se rendre le soir même. « Eh, mon Dieu! ma chère, s'écrie la chanoinesse, voilà onze heures qui sonnent, et madame Leroy qui m'avait promis de m'apporter ma robe avant dix heures! Prenez vite la plume, il n'y a pas de temps à perdre. » Amélie s'installe dans la ruelle pour écrire l'importante dépêche d'où dépendent les plaisirs de la soirée. Au même instant la porte s'ouvre, et une voix nasillarde fait entendre ces mots : « Que Dieu conserve madame la comtesse! »

LA CHANOINESSE. — Ah! c'est vous, sœur Thérèse; comment vont nos bonnes ursulines, et notre digne abbesse? (*Bas à Amélie.*) Écrivez, ma chère, écrivez.

LA SŒUR. — Madame la comtesse nous fait trop d'honneur; toutes nos chères brebis vont à merveille. Il n'y a qu'une chose qui nous chagrine.....

LA CHANOINESSE. — Oui, je comprends; le monde est aujourd'hui si corrompu, que la charité, cette première des vertus chrétiennes, s'éteint dans tous les cœurs. (*Bas à Amélie.*) Recommandez-lui bien le point de Bruxelles qui doit garnir la gorgerette. — Ma sœur, le nombre toujours décroissant des âmes charitables rend bien difficile la tâche des vrais fidèles.

LA SŒUR. — Ah, madame la comtesse! l'on semble oublier partout les saints préceptes de l'Évangile : nous avons beau frapper, l'on ne nous ouvre pas, nous cherchons et nous ne trouvons pas.

LA CHANOINESSE. — Ma sœur, nous vivons dans un temps de cruelles épreuves. (*Bas à Amélie.*) C'est un costume de châtelaine. — Courbons la tête devant les décrets de la Providence! — Corsage de drap d'or en pointe. — Des jours meilleurs luiront : la vérité l'emportera. — C'est une robe à queue. — Et notre mère, la sainte Église, se relèvera triomphante. — Dites-lui surtout qu'elle soit bien décolletée.

LA SŒUR. — Que le Seigneur accomplisse vos vœux!

LA CHANOINESSE. — (*Bas à Amélie.*) Il faut que Gustave soit de la partie. — Je ne veux pas, ma sœur, me borner à de stériles vœux. — Vous vous chargerez, ma chère, de nous l'amener. — Il faut pourtant que je consulte mes forces. — Cela fera bien enrager la marquise. — Je ne puis donner que peu. — Surtout, que cela n'ait pas l'air d'un rendez-vous. — Mais je le donne de tout cœur.

La chanoinesse se lève, chausse de fines pantoufles et donne une bourse modestement garnie à sœur Thérèse qui se retire après force révérences, et les deux amies achèvent leur épître.

Quelques mois se sont écoulés depuis cette scène, et voilà que, pour la première fois de sa vie, la chanoinesse se prend d'une passion sérieuse, et voilà qu'une rivale plus belle, plus jeune et plus riche lui ravit insolemment sa proie. Oh! alors le dépit se traduit en dévotion outrée. Elle prend un aumônier plus jeune, et ne le quitte plus. Elle le consulte à toute heure, apprend de lui les douceurs du repentir, et verse dans son cœur les soupirs de la pénitence. Enfermés ensemble pendant de longues journées, ils se livrent à d'ascétiques contemplations, confondent leurs prières et leurs vœux, et la chanoinesse convertie ne reconnaît plus qu'un seul culte, une seule foi, un seul Dieu.

Dès lors, plus de réunions, plus de festins. L'agent de change ne se montre plus; Amélie même est congédiée; l'aumônier seul reste, maître désormais des affaires spirituelles et temporelles.

C'est un dieu jaloux qui écarte les profanes, c'est un pasteur plein d'amour qui enferme la brebis au bercail, afin qu'elle ne puisse plus s'égarer. Oh! qui pourrait dire les saintes douleurs de ce cœur attristé? Qui pourrait dépeindre les pieuses extases, les larmes brûlantes, les cruelles macérations de cette Samaritaine? Qui pourrait pénétrer les mystères de cet oratoire où deux âmes se confondent, l'une offrant, l'autre acceptant de ravissantes consolations?

Mais les tentations sont encore à craindre pour la pécheresse repentie : les éclats de ce monde qu'elle a tant aimé peuvent arriver jusqu'à elle. L'aumônier lui commande une retraite plus austère, elle parcourt les couvents, édifie les sœurs par les élans de sa contrition et baigne de pleurs la couche solitaire des cellules. Sans doute elle ira renfermer sa vie agitée dans un de ces ports de salut; à moins que par hasard elle ne rencontre quelque malheureux prince allemand, quelque Cobourg égaré, qui lui offre un nom illustre en échange de sa fortune. Alors elle finira par où elle aurait voulu commencer.

ÉLIAS REGNAULT.

LE JOUEUR D'ÉCHECS.

Le monde est la patrie du joueur d'échecs; c'est une profession ou un amusement cosmopolite. L'échiquier est un alphabet universel à la portée de toutes les nations.

Le bonze joue aux échecs dans la pagode de Jagrenat; l'esclave, porteur de palanquins, médite un *mat* contre un roi de caillou, sur un échiquier tracé dans le sable de la presqu'île du Gange; l'évêque d'Islande charme le semestre nocturne de son hiver polaire avec les combinaisons du *gambit* du roi, et le début du capitaine Évans; sous toutes les zones, les soixante-quatre cases du noble jeu consolent les ennuis du genre humain.

Dans le moyen âge, le joueur d'échecs courait le monde, comme un chevalier provocateur, jetant les défis aux empereurs, aux rois, aux princes de l'église, et recueillant de l'or et des ovations. Le plus célèbre de ces guerriers pacifiques fut Boy, le Syracusain. Il combattit, le *pion* à la main, avec Charles-Quint et le vainquit; il lutta, *pièce à pièce,* avec don Juan d'Autriche, et ce prince se prit d'une si belle passion pour le joueur et pour le jeu, qu'il fit construire dans une salle de son palais, un immense échiquier, avec soixante-quatre cases de marbre noir et blanc, dont les pièces étaient vivantes, et se mouvaient à l'ordre des deux chefs. A la bataille de Lépante, Boy fit une partie d'échecs avec don Juan d'Autriche, et vainquit le vainqueur des Ottomans.

De nos jours, le jeu d'échecs n'a rien perdu de sa haute valeur; mais l'homme qui tient le sceptre de ce royaume d'ivoire n'a plus rien à démêler avec les souverains et les papes. A Paris, à Londres, à Vienne, à Berlin, à Saint-Pétersbourg, la gloire des plus forts se contente d'une admiration de famille, et souvent elle ne franchit pas l'enceinte d'un club. Deux grands noms seuls ont passé les mers, et l'Indien même les connaît et les cite : hâtons-nous de dire que ces deux noms appartiennent à l'échiquier français, M. Deschapelles et M. de Labourdonnais; les cercles d'Allemagne et les clubs d'Angleterre ne leur opposent aucun rival.

Il été donné à M. Deschapelles de rappeler dans quelques circonstances de sa vie militaire, les exploits de Boy le Syracusain : après la bataille d'Iéna, il entra à Berlin avec notre armée victorieuse, et se rendit au cercle des amateurs d'échecs, où il défia le plus fort, en lui proposant l'avantage du *pion et deux traits.* Ce fut un supplément à la bataille d'Iéna. Le cercle de Berlin fut battu en masse et en détail. M. Deschapelles finit par offrir la *tour.* La gravité méditative et l'organisation exacte et mathématique des Allemands furent vaincues par le calcul vif et spontané de l'amateur parisien.

Depuis une quinzaine d'années, M. Deschapelles, l'homme des hautes combinaisons par excellence, a abandonné le champ-clos de l'échiquier. C'est aujourd'hui M. de Labourdonnais qui tient le sceptre, et qui règne et gouverne en roi absolu. M. de Labourdonnais est âgé de quarante-cinq ans environ; tout, chez lui, annonce le maître du mat : le développement de son front est vraiment extraordinaire ; ses yeux, dominés par de fortes protubérances, semblent toujours se fermer aux distractions extérieures, en se mettant en rapport continuel avec les méditations de l'esprit. Petit-fils de l'illustre gouverneur des Indes immortalisé dans *Paul et Virginie,* doué d'une intelligence supérieure, et d'une persévérance d'application incroyable, il n'a jamais ambitionné que le titre de premier joueur d'échecs du monde; et son but a été atteint. L'Europe sait que M. de Labourdonnais demeure rue Ménars, n. 1, à Paris, dans le bel hôtel du Cercle des échecs, et que c'est là qu'il attend les défis, et qu'il donne des leçons. Chaque jour, les étrangers arrivent de tous les points de la carte, les uns avec la noble présomption de combattre M. de Labourdonnais, à armes égales; les autres, avec la soumission modeste des inférieurs qui demandent avantage, tous heureux de connaître le maître célèbre, et de croiser le pion avec lui. M. de Labourdonnais ne refuse aucune proposition, aucun duel, il est prêt à tout et à tous. A midi, les batailles particulières commencent dans le vaste salon du club Ménars, chauffé à vingt degrés en hiver, et plein de fraîcheur en été. Là, figure l'état-major de M. de Labourdonnais, c'est-à-dire cette élite d'amateurs qui peut battre tous les joueurs anglais du club de Westminster, sans le secours et sans l'œil du maître. Dès que M. de Labourdonnais s'asseoit pour faire la partie de quelque visiteur inconnu, arrivé de Saint-Pétersbourg, de Vienne, de La Haye, de Londres, toute autre partie est interrompue ; la foule se porte au quartier-général ; elle s'étage autour du chef, et tous les yeux sont cloués sur le doigt infaillible qui pousse en avant la *pièce* ou le *pion* victorieux. Il est inépuisable l'intérêt qui s'attache à ces amusantes scènes, et quoique les profanes ne comprennent pas trop ce genre d'émotion, il suffit de dire que les plus grands hommes en ont fait leur passion favorite pour justifier cet intérêt auprès de ceux qui ne sont pas organisés pour le comprendre.

Plus heureux que Napoléon, M. de Labourdonnais a fait sa descente en Angleterre, et il a triomphé d'Albion, qui pour lui, n'a pas été perfide, car l'échiquier anglais n'a point de case pour la mauvaise foi. A cette époque, on parlait beaucoup en France de M. Macdonnell, qui, disait-on, avait un jeu supérieur au jeu de M. de Labourdonnais. Tous les Nababs arrivés de Pondichéry et de Calcutta, tous les envoyés de Sir William Bentinck, gouverneur des Indes, tous les explorateurs de la presqu'île du Gange, tous les Anglais enfin de l'*Est* et de l'*West India,* tous attestaient que sir Macdonnell d'Édimbourg était plus fort que le brame Flé-hi, natif de Jagrenat, et que, par conséquent, il battrait aisément M. Deschapelles, ou M. de Labourdonnais, ces Français frivoles et légers comme tous les Français, traduits en anglais dans les vaudevilles d'*Adelphi-theatre.* Un jour, M. de Labourdonnais passa la Manche, incognito, et descendit à Londres. Dès qu'on apprit à *Westminster-club* que le célèbre joueur de Paris était arrivé à Joney's-Hotel, *Leicester-Square,* une invitation poliment formulée lui fut envoyée, et la bataille ne tarda pas de s'engager entre les deux ennemis amis. Cette fois, M. de Labourdonnais trouva un adversaire digne de lui; les Anglais n'avaient pas trop présumé de la force de leur champion. Ce fut une lutte vive, acharnée, intelligente, comme Londres n'en verra plus. La victoire pourtant devait rester à la France; elle fut claire pour tous les yeux, et triomphalement établie par une série incontestable de coups décisifs. Il faut le dire à l'honneur de l'Angleterre, les clubistes de Westminster se comportèrent dignement, à la suite de cette mémorable bataille; ils donnèrent à M. de Labourdonnais un dîner splendide à *Blabe-hall,* sur la rive gauche de la Tamise, vis-à-vis Greenwich : les toasts furent portés avec des vins de France, le Champagne et le Claret.

La mort de Macdonnell laisse depuis quelques années l'échiquier britannique dans un degré fort remarquable d'infériorité. La dernière partie, engagée par correspondance avec le club de Londres, a duré deux ans, et a été signalée du côté de l'Angleterre par des erreurs déplorables. En 1838, un article inséré dans le *Palamède,* et relevé à Londres, par le *Bell's-life,* blessa les susceptibilités d'un pays qui compte le chancelier de l'Échiquier parmi ses hauts dignitaires. Cet article rappelait le supplément à la bataille d'Iéna, que M. Deschapelles donna au club de Berlin, et dont nous parlions plus haut. Au bruit de la levée de boucliers qui partait de Westminster, M. Deschapelles sortit de sa retraite, et jeta le gant à l'Angleterre. Alors les protocoles commencèrent, en attendant les hostilités. Des députés du club britannique arrivèrent au club Ménars, à Paris, et furent reçus avec une urbanité toute chevaleresque; il fut convenu que les notes diplomatiques seraient échangées à l'issue d'un grand dîner chez Grignon. Toutes les notabilités du jeu furent convoquées chez le restaurateur du passage Vivienne : là se réunirent des artistes, des banquiers, des pairs, des députés, des gens de lettres, des magistrats, des généraux, des industriels, des médecins, des avocats, des rentiers, tout le personnel du club Ménars, enfin, sous la présidence de M. de Jouy. Le dîner fut très-amical; les Anglais burent à la France, les Français à l'Angleterre; au dessert, les physionomies se rembrunirent, et le cartel fut mis sur la nappe, pour dernier mets. On discuta jusqu'à deux heures du matin pour jeter les bases d'un traité de guerre convenable entre les deux nations. L'habileté du cabinet de Saint-James perça notoirement dans ces débats : à l'aurore, la question n'avait pas fait un pas. Il fut impossible de s'accorder, on ne conclut rien. M. Deschapelles, qui se préparait à faire aussi sa petite descente en Angleterre, rentra sous sa tente, et il ne resta de tout ce bruit que le souvenir d'un excellent dîner chez Grignon.

Les soirées du club Ménars ont été fort animées en ces derniers temps, et elles ont eu, au dehors, un retentissement prodigieux, à cause des merveilleuses parties qu'a jouées M. de Labourdonnais, le dos tourné à l'échiquier. Philidor, ce célèbre musicien et joueur d'échecs, avait le premier mis en vogue ces incroyables tours de force, et personne après lui n'avait songé à les renouveler. M. de Labourdonnais avait toujours été vivement préoccupé de cette tradition, et ce laurier de Philidor l'empêchait quelquefois de dormir. Un jour, il essaya une de ces parties de combinaisons intuitives, et il réussit complétement : le lendemain il en joua deux et ne fut pas moins heureux. Le bruit de ces parties courut la ville, et il émut vivement le monde de l'échiquier. On ouvrit alors les portes du club Ménars aux amateurs et aux curieux, et ce qui n'avait eu jusqu'alors qu'un nombre fort restreint de témoins adeptes éclata au grand jour d'une publicité solennelle. Ces deux parties se jouaient au club, dans la grande salle du billard. M. de Labourdonnais s'asseyait dans un angle, le dos tourné aux deux échiquiers, le front sur le mur, le visage dans ses mains. Un amateur indiquait à haute voix le mouvement stratégique de la *pièce* ou du *pion* avancés. Aussitôt M. de Labourdonnais ripostait comme s'il avait eu l'échiquier sous les yeux. A mesure que les parties allaient à leur fin, et que la double fosse se jonchait de pièces tombées, le croisement de ces milliers de combinaisons, opéré par les coups antérieurs, les coups présents et futurs, et embrouillé à l'infini dans la mémoire du joueur aveugle, devenait si effrayant à l'imagination des spectateurs, qu'une solution heureuse semblait bien difficile et une double victoire impossible. Qu'on ajoute ensuite aux inextricables difficultés inhérentes au jeu l'assaut continuel des distractions qui arrivaient de toutes les salles, le murmure des voix étouffées, le grincement des portes, l'agitation des pieds, les exclamations involontaires de surprise, les gammes prolongées des rhumes d'hiver, les salutations éclatantes et joyeuses des gens qui entraient sans se douter de rien, tous ces incidents enfin dont un seul peut dérouter l'attention, et couper dans la mémoire le fil des combinaisons, et l'on se fera à peine une idée de ce miracle de l'esprit. L'analyse physiologique de ce travail intérieur est révoltante. On constate le fait; on ne l'explique pas.

Le joueur d'échecs qui s'est voué à son art avec passion mène une vie pleine d'émotion et de charme : c'est un général qui livre cinq ou six batailles par jour, et ne fait du mal à personne : il a toute l'exaltation du triomphe, toute la philosophie de la défaite, toute la volupté de la vengeance, comme dans la vie militaire; seulement il ne verse point de sang humain. Le joueur d'échecs a adopté les formules des professions héroïques ; il dit : Hier j'ai battu le général Haxo, et il sourit avec ovation ; ou bien : ce matin, le général Duchaffaut m'a battu, et il baisse les yeux modestement. Il est ordinaire au club d'entendre des phrases comme celles-ci : — Vous aviez une mauvaise position. — Votre attaque a été faible sur la droite. — Vous avez engagé bien imprudemment vos cavaliers. — Le général a bien manœuvré pour sauver sa tour, etc., etc. — On croit toujours être au bivouac, le soir d'une bataille. Et ce qu'il y a de mieux au fond de cette passion innocente, c'est que le dégoût et la satiété n'arrivent point ; c'est que les illusions enivrantes de la veille recommencent le lendemain; c'est que, pour le joueur d'échecs, tout est vanité, hormis le *mat*. A la suite de ces batailles il n'y a jamais de Cincinnatus désenchanté qui court à sa charrue; jamais de Charles-Quint philosophe s'acheminant vers l'ermitage de Saint-Just, par dédain de la gloire et des hommes : vainqueur, on reste sur le champ de bataille; vaincu, on ressuscite ses morts, et on recommence le combat; un peuple de spectateurs vous complimente, ou vous console, selon la chance; six fois par jour, on passe sous des arcs triomphaux ou sous les fourches caudines; et l'heure qui sonne à la pendule du champ-clos vous retrouve toujours, là, sur le même terrain, aujourd'hui contre des Anglais, demain contre des Russes, après-demain contre la sainte-alliance, ou en pleine guerre civile contre des Français, contre un parent, contre le meilleur ami. Gloire, émotion, intérêt, chagrin, joie de tous les moments et de tous les jours ! La vieillesse même ne vous arrache pas aux molles fatigues de ces campagnes. Il n'y a point d'hôtel des Invalides pour le héros de l'échiquier. Voyez au club Ménars ce noble et frais chevalier de Barneville ! c'est le contemporain de Philidor et de J.-J. Rousseau ; il a joué avec Émile et Saint-Preux au café Procope ; il a reçu la *pièce* du grand Philidor. Louis XV régnant, il commençait sa partie, par le *coup du berger classique,* à deux heures après midi avec quelque encyclopédiste du faubourg Saint-Germain ; aujourd'hui, à la même heure, il débute par le *gambit* du capitaine Évans, avec M. de Jouy, avec M. de Lacretelle, avec M. Jay; et cette figure de vieillard si fraîche, si calme, si bonne, a gardé les mêmes expressions de joie après une victoire, le même rayonnement de bonheur, qui éclataient devant J.-J. Rousseau ou d'Alembert. Quel magnifique et vivant plaidoyer en faveur des échecs! et aussi quelle hygiène puissante oubliée par la médecine! Cette bienfaisante activité de l'esprit, mise en jeu aux mêmes heures, et appliquée au même but, régularise admirablement toutes les fonctions du corps, et donne aux organes une routine d'existence facile que rien ne peut interrompre. Un joueur d'échecs n'a pas le temps d'être malade, ni de mourir aujourd'hui, parce qu'il faut qu'il fasse sa partie demain.

A l'époque où les rois n'avaient autre chose à faire que de régner, l'échiquier était en haute vénération dans les cours ; aujourd'hui le peuple, en affectant quelques-uns des pouvoirs de la royauté, a compris le jeu des échecs dans les conquêtes qu'il a faites sur les trônes. Aussi le noble jeu, devenu populaire d'aristocrate qu'il était, a fait des progrès immenses. Les Anglais, qui publient sur tout des volumes qu'on lit peu en Angleterre et beaucoup ailleurs, ont imprimé quelques centaines d'ouvrages sur les échecs, et ils ont rendu service à l'art. Autrefois Lolli et le Calabrais faisaient autorité dans le jeu : ces auteurs, nés trop tôt, malheureusement, comme tous les écrivains qui n'ont pas le bonheur de vivre avec nous, ont perdu à peu près tout leur crédit, et conservent encore dans une bibliothèque une place honorable quand ils sont proprement reliés. On a inventé depuis une foule de débuts de partie qui remontent, de fond en comble, l'économie classique de l'ancien jeu : chaque pièce a son *gambit* qui porte son nom ; de sorte que Palamède, Tamerlan, Alexandre de Macédoine, Parménion, Sésostris, Confucius, Mahomet, Sélim II, Lusignan, Charlemagne, Renaud de Montauban, Lancelot, François Ier, Charles-Quint, tous ces grands hommes qui avaient de si hautes prétentions à la science de l'échiquier, tomberaient morts de surprise aujourd'hui s'ils ressuscitaient seulement devant le *gambit* du capitaine Évans. Il est vraiment bien singulier que Palamède qui a joué aux échecs, dix ans consécutifs, devant les murailles de Troie, avec Agamemnon, Achille, Diomède, les deux Ajax, tous jeunes gens pleins de verve et d'imagination, n'ait pas deviné le moindre *gambit*. Ce fut Pâris, berger sur le mont Ida, qui inventa le *coup du berger;* et Sinon, qui donna l'échec du cheval de bois au roi Priam, n'a pu créer le *gambit* du cavalier. Pourtant quelles occasions ils avaient tous alors, pour mettre le noble jeu en progrès ! Achille ne bougeait pas de sa tente, et jouait aux échecs avec Patrocle nuit et jour. Agamemnon, qui se battait peu, jouait avec le vieux Nestor. Ménélas, le front courbé et appesanti par ses infortunes conjugales, jouait avec Ulysse, l'inventeur. Sur mille vaisseaux à l'ancre à l'embouchure du Simoïs, il y avait deux mille capitaines grecs qui cultivaient l'échiquier. On se battait une fois par trimestre, on se gardait bien de prendre Troie, et le lendemain les parties recommençaient sur les hautes poupes, *celsis puppibus,* ou sur le sable de la mer. C'était un immense club d'échecs qui avait pour limites le Scamandre, les portes Scées, le cap Sigée et Ténédos. On conçoit que les nombreux chefs et rois qui bloquaient Ilium, et qui périssaient d'ennui, aient appelé à leur secours un jeu inventé ou du moins perfectionné par leur camarade Palamède et que, maîtrisés par l'inépuisable attrait des combinaisons, ils aient laissé couler les heures brûlantes du jour, à l'ombre sous un sapin de l'Ida, sous une tente, dans un entrepont, et devant un échiquier. La longueur de ce siége qui déconcertait Voltaire et le Vénitien Pococurante s'explique ainsi naturellement. Avec la donnée que nous hasardons ici, on conçoit très-bien cette longue retraite de sept ou huit ans qu'Achille s'imposa sous sa tente, et qui, sans la puissante diversion des échecs, eût été impossible avec un caractère de jeune héros fort enclin aux vives locomotions de la guerre. Supprimez la tradition homérique des échecs, et vous ne vous rendrez pas compte de la conduite du fils de Thétis, anachorète sous un morceau de toile de six pieds carrés. Pareil raisonnement s'applique aux lenteurs jusqu'alors énigmatiques du siége. Tous ces rois joueurs et passionnés oubliaient Ilium, et les désagréments de Ménélas : il fallait que l'infortuné mari d'Hélène leur peignît souvent et avec vivacité tout le tort qui résultait contre lui de ce long siége qui laissait vieillir sa femme enlevée, pour arracher les rois fainéants de l'armée aux douceurs de l'*échec et mat*. Ménélas voyait au bout de dix ans Ilium en ruines et sa femme aussi. Le noble jeu avait donc fait le mal, et il le guérit, ce fut donc l'échiquier qui fut la véritable lance d'Achille. Vous allez voir. Conseillé par Ménélas, le constructeur Épeus, *fabricator Epeus*, tailla une pièce d'échecs, grande comme une montagne, *instar montis;* Sinon la fit manœuvrer par des détours obliques, comme un cheval du jeu, et il *mata* le roi Priam : *mactat ad aras,* selon l'expression virgilienne. Il est fâcheux que l'*Iliade* et l'*Énéide* n'aient pas consacré cinquante vers à cette explication tardive : elle satisfera, j'espère, les savants et les commentateurs.

Les rois de l'Orient ont, de temps immémorial, l'habitude de passer leur vie nonchalante entre les échecs et le sérail. L'histoire cite un assez grand nombre de sultanes et d'obscures odalisques qui jouaient aussi bien que J.-J. Rousseau, lequel n'était pas très-fort, il est vrai, quoi qu'il en dise, l'orgueilleux! Aux époques heureuses, où la Russie et l'Angleterre laissaient vivre en paix les monarques de l'Asie, où la question d'Orient n'existait pas, ces brillants monarques, fils du Soleil, et amis de l'ombre, méditaient à fond la science de l'échiquier, et engageaient avec leurs voisins de paisibles guerres, dont l'enjeu était une belle esclave ou un bel éléphant. On lit, dans un poëme inconnu, ces vers :

Le grand roi Kosroës perdit sur une case
La rose d'Ispahan, la perle du Caucase,
La belle Dilara, sérénité du cœur
Qu'un MAT livra soumise au pouvoir du vainqueur.

Nos roués de la Régence qui jouaient leurs maîtresses au lansquenet n'étaient que les plagiaires des mœurs antiques de l'Orient. On raconte qu'un des petits-fils de Mahomet, le vieux Orchan, chef de la race ottomane, en 1359, faillit perdre aux échecs sa favorite Zalouë, *rayon du ciel,* en jouant avec son visir. Au moment où le doigt sacré du fils de Mahomet allait pousser une *pièce* sur une case fatale, et subir un *mat* foudroyant, Zalouë, qui suivait la marche de la partie, derrière un rideau, poussa un cri sourd de désespoir qui arrêta le doigt mal inspiré. Orchan évita le *mat* et garda sa favorite. On rencontre ainsi souvent dans l'histoire plusieurs femmes mêlées aux anecdotes de l'échiquier. De l'Orient à Venise, il n'y a qu'un pas. Le sénateur Flamine Barberigo, riche Vénitien, jouait avec la belle *Erminia,* sa pupille adorée, et ne lui donnait jamais d'autre distraction, car il était horriblement jaloux. Le palais Barberigo était la prison d'Erminia. A cette époque, Boy le Syracusain, qui courait le monde, battant les papes et les rois, arriva à Venise. La renommée du Syracusain était chère à Venise, comme partout. L'illustre joueur fut appelé au palais Grimani, au palais Manfrini, au palais Pisani-Moreta, où les nobles seigneurs de la république s'étaient si souvent entretenus de l'illustre maître de don Juan d'Autriche et de Charles-Quint, de ce grand Boy, auquel le pape Paul III avait offert le chapeau de cardinal, après avoir été glorieusement maté en plein Vatican. Le sénateur Barberigo, le plus fort amateur de Venise, ouvrit aussi son palais au Labourdonnais de Syracuse. Boy ne fit défaut à aucun, mais il se complut surtout dans la résidence Barberigo, à cause de la pupille Erminia. C'était une demoiselle de haute intelligence, qui ne s'était jamais promenée que sur les soixante-quatre cases de l'échiquier et qui rêvait un avenir meilleur : elle prit d'excellentes leçons de Boy, et à la dernière, elle disparut avec Boy le Syracusain. La maison Barberigo ne s'est pas relevée de cet échec.

Arrivons maintenant à la partie morale du jeu : il serait à désirer que la science de l'échiquier fût cultivée dans les colléges, où nous apprenons tant de choses fastidieuses qui ennuient l'enfant et ne servent pas à l'homme. Il y a au fond du jeu d'échecs une philosophie pratique merveilleuse. Notre vie est un duel perpétuel entre nous et le sort. Le globe est un échiquier sur lequel nous poussons nos pièces, souvent au hasard, contre un destin plus intelligent que nous, qui nous *mate* à chaque pas. De là tant de fautes, tant de gauches combinaisons, tant de coups faux! Celui qui, de bonne heure, a façonné son esprit aux calculs matériels de l'échiquier, a contracté à son insu des habitudes de prudence qui dépasseront l'horizon des cases. A force de se tenir en garde contre des piéges innocents tendus par des simulacres de bois, on continue dans le monde cette tactique de bon sens et de perspicacité défensive. La vie devient alors une grande partie d'échecs, où l'on ne voit, à tous les lointains, que des fous qui méditent des pointes contre votre sécurité. Tout homme qui vous aborde est une *pièce* ou un *pion*; alors, on le sonde, on le devine, et on manœuvre en conséquence. Il ne faut point craindre toutefois, que cette tension continuelle d'esprit ne dégénère en manie et ne préoccupe les facultés, au point d'altérer la sérénité de l'âme. Les joueurs d'échecs sont des gens fort aimables et fort gais; M. de Labourdonnais, homme d'esprit charmant, fait sa partie en semant autour de lui les bons mots et les joyeuses saillies, ce qui ne le détourne jamais d'un coup de mat. Ainsi, grâce à l'habitude, l'homme se fait une seconde nature de la combinaison perpétuelle : il ne sent même pas fonctionner en lui ce mécanisme d'intelligence qui ne s'arrête jamais; les ressorts mis en jeu par une première impulsion le servent à son insu et sans l'ordre de sa volonté. Combien de joueurs d'échecs se sont tirés dans le monde d'une mauvaise position, par d'habiles calculs, sans se douter qu'ils dussent leur science de conduite au culte de la combinaison! Puissent nos réflexions augmenter la congrégation déjà si nombreuse des fidèles de l'échiquier! Il y aura moins d'ennuis dans les cercles, et moins de fautes dans l'univers.

MÉRY.

LA MAITRESSE DE TABLE D'HOTE.

> O vous dont la santé robuste, florissante,
> Des plus riches festins peut sortir triomphante,
> Approchez !
>
> BERCHOUX.

Vous êtes étranger, vous avez vingt-cinq ans et vous venez pleurer à Paris la perte d'un oncle millionnaire. Après avoir essayé de toutes les distractions, admiré convenablement toutes les merveilles de la capitale du monde civilisé, le superbe damier de la place Louis XV, avec ses cavaliers de marbre, ses rois et ses reines de pierre et ses pions dorés ; les pirouettes à angle droit des demoiselles Essler, la ménagerie royale, la chambre des députés et les concerts Musard ; — un soir, en sortant d'un restaurant renommé où vous avez fort mal dîné pour 10 francs, vous vous étonnez tout à coup d'avoir oublié, dans vos importantes explorations, une des plus intéressantes curiosités de Paris, — une chose qui a sa physionomie particulière, piquante, mobile et toujours originale ; une chose qui vous attire et que vous redoutez peut-être comme un bonheur longtemps rêvé, — une chose évidemment bonne en elle-même, et que vous avez bien le droit de trouver détestable, — ce qui fait le sujet de cet article.

Donc, le lendemain, quelques minutes avant six heures, vous vous acheminez, sous la conduite d'un *cicerone* de vos amis, vers le boulevard Italien ou l'une des principales rues qui l'avoisinent, et vous montez ensemble au premier ou au second étage d'une maison de belle apparence. Là on vous introduit dans un magnifique salon, occupé déjà par un cercle nombreux et brillant. Votre protecteur vous présente, sans trop de cérémonies, à la maîtresse de la maison, qui vous accueille comme un ancien ami, et bientôt toute la société passe dans la salle à manger. Le coup d'œil est ravissant. La table étincelle; il n'y a pas moins de cinquante couverts, et les convives paraissent tous gens de bonne compagnie. Les femmes sont généralement jeunes, jolies, mises avec recherche, gracieuses, avenantes et abusant plus ou moins de leurs yeux noirs ou bleus, de la candeur touchante de leur beauté anglaise ou de la provocante vivacité de leur physionomie parisienne. La maîtresse de maison a quarante ans; elle est grande, un peu fatiguée, vise à l'effet et s'exprime facilement. Elle parle volontiers de ses relations avec le beau monde, de ses amitiés aristocratiques et de ses malheurs..... Car la femme qui préside à une table d'hôte à 6 francs par tête a toujours été belle, riche et noble. Les larmes, à la vérité, ont légèrement flétri sa beauté. Le tyran à qui on avait confié son innocence et sa dot a également abusé de l'une et de l'autre, et bien que la victime ne vous apparaisse plus aujourd'hui que sous l'humble nom de madame veuve Martin, ce n'est là, vous pouvez l'en croire, qu'une précaution dictée par une honorable fierté. Son véritable nom est illustre et sa famille très-haut placée. — Il est rare que ce roman, flûté en *si mineur* à l'oreille de quelque céladon en perruque, n'arrache pas un gros soupir à l'heureux confident. Sans doute le fonds de l'histoire n'est pas neuf, et c'est là précisément ce qui fait son mérite et son succès. On se prémunit contre les surprises, on repousse tout d'abord ce qui est extraordinaire; on est sans défiance contre les choses vulgaires. Mais c'est dans les détails que brille particulièrement le talent de madame Martin. Quelle habileté à varier les épisodes de son récit selon la qualité et le goût présumé de l'auditeur! Que de fines broderies sur ce canevas usé! Avec quelle merveilleuse légèreté elle sait glisser sur ce qui peut déplaire, tourner les difficultés et raccommoder les contradictions! C'est, au point de vue de l'art, à tomber à genoux d'admiration devant cette profonde diplomatie, cette savante rhétorique de la coquetterie.

Il faut une grande expérience ou une perspicacité surnaturelle pour voir clair à travers ces nuages éblouissants et tirer, du fond de son puits, une vérité qui ne gagne pas toujours à se montrer toute nue. Dans le fait, madame Martin n'est pas aussi infortunée qu'elle veut le paraître, et sa douleur ne s'enveloppe pas de voiles tellement épais qu'ils repoussent toutes les consolations. Si vous la surprenez pleurant quelquefois, ce n'est ni sur sa fortune perdue, ni même sur sa réputation endommagée. Les regrets de madame Martin ont un fondement plus solide, et se traduiraient assez fidèlement par le refrain peu sentimental d'une célèbre *Grand-Mère*.

Madame Martin n'a pas vu le jour sous des lambris dorés, mais dans la modeste soupente d'un portier, poétique berceau, nid fécond d'où s'envole incessamment cet essaim de jolies femmes qui font tour à tour le désespoir et la joie des amoureux incompris et des galants à la réforme. C'est de là que madame Martin s'est élancée, un beau matin, de son pied léger sur la scène du monde, comme tant d'autres charmantes créatures de son espèce s'élancent chaque jour sur la scène du Grand-Opéra, la corde raide de madame Saqui ou l'humble fauteuil de la modiste. Depuis, elle a parcouru l'Europe de toutes les manières et dans tous les équipages, à pied, à cheval, en voiture, en poste, en diligence, sur l'impériale ou dans le coupé, selon les phases diverses de son inconstante fortune. Madame Martin a beaucoup observé et beaucoup appris; elle possède plusieurs langues, a étudié à fond les mœurs de plusieurs peuples, et connaît le cœur humain comme un livre longtemps feuilleté. Sa vertu a été soumise à bien des épreuves et sa destinée unie à bien des destinées. Elle a descendu une grande partie du fleuve de la vie en compagnie d'un nombre infini de passagers compatissants et de pilotes généreux. Après avoir vu, à l'âge de 17 ans, s'éteindre dans ses bras une des plus vieilles gloires de l'empire, elle s'attacha à la fortune d'un jeune lord qui l'emmena successivement à Londres, à Florence, à Vienne, en Russie, où il la laissa, sur les bords de la mer Noire, ainsi que ses chevaux et ses équipages, entre les mains d'une bande de cosaques irréguliers. Ceux-ci la vendirent à un juif qui la revendit à un Turc, lequel la céda au dey d'Alger, qui l'amena avec lui à Paris en 1831. C'est alors qu'elle établit, dans le plus beau quartier de la capitale, plusieurs riches magasins avec les châles, les étoffes damassées, les parfums et les bijoux que le dey ne lui avait pas donnés. Un jeune commis, à qui elle avait livré son cœur et ses marchandises, trahit l'un et vendit les autres, sous prétexte de venger le dey qui n'en sut jamais rien. Madame Martin entra alors en relation d'amitié avec une société de femmes aimables qui l'engagèrent à fonder une table d'hôte, sur un bon pied, avec les débris sauvés de ce grand naufrage, en lui offrant, comme mise de fonds à l'usage des consommateurs émérites, leur habileté éprouvée et leurs agréments incontestables.

Madame Martin n'est pas seulement une femme habile, c'est encore une respectable dame parée, à la manière de la vertueuse Cornélie, d'une charmante fille discrètement élevée hors du toit maternel dont elle ne peut franchir le seuil qu'aux jours et aux heures indiqués par la prévoyance et la sagesse de sa mère. Ces jours-là, le salon de madame Martin réunit l'élite des consommateurs; les femmes sont, à la vérité, rares, presque laides et mal mises, mais les hommes accomplis sous le rapport de l'âge et de la fortune. Mademoiselle Martin, grande brune de 17 ans, qui danse la cachucha à sa pension et rédige la correspondance secrète de ses petites amies, fait ici une véritable entrée de pensionnaire; elle a les yeux baissés, l'air candide. Les compliments et les exclamations un peu vives, qui saluent son apparition toujours inattendue, lui causent un charmant embarras, et elle court se cacher dans les bras de sa mère avec un sentiment de pudeur virginale qui ravit d'admiration les spectateurs les plus expérimentés.

Parmi eux se trouve toujours un homme d'une cinquantaine d'années, cité pour sa fortune et sa libéralité. Ce monsieur est généralement désigné parmi les habitués sous le nom de *protecteur*. C'est à lui que madame Martin se hâte de présenter sa fille. La jeune personne, paternellement baisée au front, après avoir convenablement rougi et fort gentiment joué le premier acte de son rôle, prélude au second sur son piano et chante, d'une voix de contralto adoucie, la romance du *Saule* ou *Fleur des champs*. Ensuite vient la scène des espiègleries enfantines, des agaceries innocentes, des bouderies charmantes, des naïvetés délicieuses..... Après quoi la débutante salue la compagnie et retourne au couvent, en attendant que son protecteur juge à propos de l'en faire sortir définitivement.

Il y a bien aussi, près de la respectable mère, un monsieur qui pourrait, au besoin, passer pour son mari. — Homme de magnifique structure, orné d'un riche collier de favoris noirs, de brillants à plusieurs doigts, et d'une chaîne d'or où pend un lorgnon. Ce personnage est chargé de faire, conjointement avec madame Martin, les honneurs de la maison ; son administration embrasse deux départements, et son génie s'exerce tour à tour dans la salle à manger et dans le salon. — Il découpe à table et corrige au jeu, avec une égale dextérité, les torts de la fortune envers lui-même ou les personnes dont il épouse les intérêts.

Quant aux convives, ce sont, pour la plupart, de vieux garçons, rentiers de l'état, anciens agents de change, financiers retirés, fonctionnaires et généraux à la retraite. Les jeunes gens se montrent rarement dans ces sortes d'établissements, et n'y sont jamais accueillis avec l'empressement qu'on leur témoigne ailleurs. Pour être admis ici, l'âge mûr est de rigueur. Au reste, le dîner est excellent, élégamment servi, et les vins ne laissent rien à désirer. Au dire de plus d'un connaisseur, le repas que vous venez de faire, et qui coûte 6 fr. par tête, en vaut 10. Que devient dès lors la spéculation de l'intéressante veuve? Voici le mot de l'énigme.

Après le dîner, vous rentrez dans le salon, où des tables de jeu ont été préparées. Vous prenez place à l'une d'elles, sur l'invitation de la maîtresse de maison... et vous perdez vingt-cinq louis en un quart d'heure. Si la chance est pour vous, malgré la prestigieuse habileté de mains de votre adversaire, la jolie voisine qui a paru prendre un si vif intérêt à vos succès vous demandera infailliblement, à la fin de la soirée, une place dans votre voiture, et vous ne tarderez pas à vous convaincre que vous en avez une autre dans son cœur.

Maintenant, si vous voulez m'en croire, nous laisserons là ces maisons modèles, et nous irons visiter à leur tour les établissements fréquentés par la bourgeoisie des consommateurs à prix fixe, la table d'hôte à 50 sous ou 5 francs. Ici, point ou très-peu de figures féminines ; mais en revanche les hommes sont nombreux et généralement jeunes. L'étranger modeste qui veut passer l'hiver à Paris, le journaliste du petit format, le provincial qui vient d'hériter, le négociant célibataire, l'employé bureaucrate du second degré, composent le personnel payant. Au contraire des grands établissements de ce genre, les consommateurs de passage y sont rares, les femmes beaucoup moins fringantes, les hommes d'une galanterie moins surannée. La conversation y est générale, facile, souvent intéressante, et finit presque toujours, au dessert, par quelque discussion bruyante sur la politique, la littérature, les arts et les fluctuations de la Bourse. Quelquefois toutes ces questions s'agitent à la fois d'un bout de la table à l'autre ; alors c'est un brouhaha à se croire au paradis des Funambules, ou à la chambre des députés un jour où la milice du centre exécute, avec sa merveilleuse intelligence, la savante manœuvre des couteaux d'ivoire avec accompagnement du hourra parlementaire. Il n'y a pas de salon de jeu ; le café est servi bourgeoisement dans la salle à manger, après le gruyère de fondation et le pruneau quotidien. Quelquefois seulement, deux des plus vieux commensaux engagent sans façon, dans un coin de la salle, une silencieuse et innocente partie d'*écarté*. Les femmes, s'il y en a, ne prennent aucune espèce d'intérêt à cette lutte sans conséquences, et chacun se retire pour vaquer à ses plaisirs ou à ses affaires.

Quant au dîner en lui-même, il est, comme le personnel, honnête et convenable, ni magnifique, ni mesquin, tel à peu près que peut le désirer pour ses vieux jours l'artiste que la gloire n'a point enivré, ou le respectable bourgeois arrivé directement de Quimper ou de Lons-le-Saulnier.

Ordinairement, ces établissements du second degré ont une double physionomie : on y mange et on y loge. Moyennant un supplément de 2 francs par jour, chaque convive peut être en même temps locataire d'une ou deux chambres (selon leur dimension et le luxe de l'ameublement) dont la maîtresse du logis s'efforce de leur rendre le séjour agréable et commode. Celle-ci est une petite femme vive, accorte, qui ne s'effarouche ni d'un compliment hasardé, ni d'un mot à double entente. Sa condition est d'être aimable avec ses hôtes depuis six heures du matin jusqu'à minuit exclusivement ; l'habileté consiste à ne l'être jamais au-delà. Le bon ordre et la prospérité de l'établissement dépendent de l'observation rigoureuse de ce principe. Le premier devoir de sa profession est d'entendre *le mot pour rire*, de promettre incessamment, d'entretenir les rivalités sans haine et de maintenir constamment sa vertu entre ces deux écueils, le trop et le trop peu. Pour cela, toute directrice de table d'hôte à 3 francs par tête doit avoir trente ans, les cheveux bruns, la taille souple, l'œil exercé, la langue déliée, et avoir joué pendant cinq ans au moins les *grandes coquettes* en province ou à l'étranger. Si elle joint à toutes ces qualités l'amour de l'ordre et de l'économie, et un cœur inflexible à l'endroit des paiements, comme aux déclarations de ses locataires, sa fortune est assurée : à quarante-cinq ans elle vend son fonds, unit irrévocablement sa destinée à celle d'un séduisant commis-voyageur, et tous deux s'en vont en province couler des jours tissus de joies conjugales, jusqu'à l'entière consommation des 5,000 livres de rente de la belle hôtesse.

Immédiatement au-dessous de ces établissements intermédiaires se présente la table d'hôte à 25 sous, qui mérite une étude toute particulière. Elle est toujours située par delà les barrières, ce qui explique la modestie de ses prétentions. Sa physionomie est d'une mobilité à défier la plume la plus exercée. Point de traits distinctifs, point de lignes arrêtées, point d'ensemble, de généralités; mais des individualités saisissantes, des rapprochements heurtés, un pêle-mêle de figures, de langages et de costumes les plus disparates. Le réfugié italien et l'intrépide Polonais y représentent quotidiennement le héros sur la terre d'exil, vivant de l'amour de la liberté et des 30 francs de secours mensuel inscrits au budget de la France. L'homme de lettres incompris, l'artiste ignoré, le spéculateur malheureux, le sous-lieutenant en demi-solde, le surnuméraire, le négociant en plein vent, la femme qui cherche à toute heure ce que Diogène cherchait au milieu du jour avec une lanterne, le Don Quichotte des carrefours, l'industriel de contrebande, l'homme qui écoute aux portes et dîne des fonds secrets, tout cela, pressé, côte à côte, mange, boit, rit, parle, crie et jure moyennant 25 sous par tête, y compris le café. — Les cure-dents se paient à part. — Il y a aussi des cigares au rabais pour les amateurs des deux sexes ; car ici, la plus belle moitié du genre humain, pour mieux plaire à l'autre, ne craint pas d'adopter les goûts et les habitudes les plus antipathiques à la délicatesse féminine.

Rassurez-vous cependant : il existe partout d'heureuses exceptions et des contrastes consolants. Des figures honnêtes et des maintiens décents se montrent souvent, de distance en distance, entre les profils plus ou moins rudes qui dressent, tout autour de la longue table, leurs deux lignes parallèles et mouvantes. Çà et là des conversations élégantes et des paroles polies s'échangent entre deux voisins étonnés. Cette confraternité de l'éducation se reconnaît d'abord : on se cherche d'instinct, des rapports s'établissent; ces différentes liaisons particulières s'agglomèrent, se centralisent, et il en résulte bientôt un noyau qui va grossissant, et une petite société à part au milieu de laquelle les excentricités du lieu n'aiment point à s'aventurer.

Un trait caractéristique de la table d'hôte, c'est la présence d'une ou deux jolies femmes (selon l'importance de l'établissement) qui s'affranchissent régulièrement chaque jour des prosaïques tribulations du quart d'heure de Rabelais. Ces dames sont placées au centre de la table ; elles ne doivent pas avoir plus de vingt-cinq ans, être à peu près jolies, mais surtout excessivement aimables. On ne tient pas précisément à la couleur des cheveux, cependant on préfère les brunes : c'est plus piquant et d'un effet plus sûr et plus général. A ces conditions, ces dames sont traitées avec toutes sortes d'égards, exposées à toutes sortes d'hommages, et dînent tous les jours pour l'amour de Dieu et du prochain. Ces parasites femelles, qu'on désigne généralement sous le nom de *mouches* (soit à cause de la légèreté de leur allure, soit plutôt par analogie avec le rôle qu'elles jouent dans cette circonstance), ne se trouvent néanmoins que dans les tables d'hôte du premier et du dernier degré. Elles ne se montrent point à la table d'hôte à 3 francs ; la maîtresse de la maison les en éloigne avec une vigilance qui tourne au profit de la morale et de sa coquetterie, — deux incompatibilités qu'elle seule a trouvé le moyen de concilier.

Si jamais, dans un de ces accès d'humeur vagabonde auxquels tout vrai Parisien est périodiquement soumis chaque année au retour du printemps, il vous prend fantaisie de franchir la barrière pour aller voir, du haut des buttes Montmartre, se coucher l'astre aimé auquel vous avez l'obligation de porter aujourd'hui un pantalon d'une entière blancheur et des brodequins d'un lustre irréprochable, permettez-moi de me joindre à vous et de diriger votre excursion poétique. D'abord, des raisons particulières et que vous allez connaître, m'engagent à vous faire sortir de préférence par la barrière Pigale. Au lieu de commencer immédiatement notre ascension par la rue en face, tournons, je vous prie, à gauche, et traversons le boulevard. Il n'est que cinq heures et demie ; le soleil ne se couchera pas avant deux heures d'ici. Vous n'avez peut-être pas encore dîné ; dans ce cas permettez-moi de vous offrir... un dîner à la barrière. Bah ! un peu de honte est bientôt passé, et je vous promets de ne pas vous trahir auprès de vos amis du café de Paris. Nous voici précisément en face de la célèbre table d'hôte de M. Simon. Levez la tête et lisez, là, à côté de cette petite porte verte grillée, sur une affiche collée à la muraille : *Table d'hôte à 1 franc 25 centimes, servie tous les jours à cinq heures et demie.* Allons... personne ne vous voit... entrez.

Déjà les tables sont dressées dans le jardin, sous un berceau de vignes et de chèvre-feuilles recouvert d'une toile en forme de tente. Prenons place, et ne vous impatientez pas. Il est 6 heures, à la vérité, et le dîner est annoncé pour 5 heures et demie... à la montre du maître de céans. Or, règle générale, la montre d'un directeur de table d'hôte retarde toujours d'une demi-heure.—Avec le quart d'heure de grâce, cela fait près d'une heure entière; pendant ce temps, le potage peut se refroidir et le gigot brûler; mais les consommateurs arrivent, la table se garnit, et la recette est sauvée!

Ce monsieur placé au centre de la table, carrément posé sur sa base, coiffé d'un bonnet grec légèrement incliné sur l'oreille gauche, couvert d'une veste ronde, c'est M. Simon, le maître du logis. Son œil plane avec autorité sur cette foule de têtes inclinées, tandis qu'il distribue à droite et à gauche le potage encore fumant. M. Simon ne parle guère que pour donner des ordres; sa parole est grave et son ton assuré. Sa figure exprime le sentiment de la dignité personnelle et de la haute responsabilité qui pèse sur lui. Dans les intervalles du service, il se mêle quelquefois à la conversation de ses voisins, tout en suivant de l'œil les différents mouvements des consommateurs. Il apaise les mécontents par un sourire, calme leur ardeur impatiente, et gourmande du geste et de la voix la lenteur de la cuisinière. M. Simon possède évidemment l'usage du commandement; il y a un sang-froid imposant dans toute sa personne, et une précision admirable dans ses moindres mouvements. M. Simon a été infailliblement sous-lieutenant, chef d'orchestre ou conducteur de diligences.

Mme Simon est cette petite femme vive, maigre et alerte, que vous voyez voltiger incessamment autour de la table et de la table à la cuisine. Ses cheveux gris ont pu être, il y a vingt-cinq ans, d'un blond charmant; sa taille a peut-être été ronde et souple; rien n'empêche de croire qu'il y eût des roses sur ses joues, et je ne parierais pas que ses petits yeux n'aient excité plus d'un incendie.....

Quoi qu'il en soit, madame Simon semble marcher incessamment sur des charbons ardents: ses mouvements sont saccadés, ses gestes pointus, et ses formes se dessinent à angles aigus sous sa robe étroite et courte. L'impatience et la contrainte se révèlent dans l'obliquité habituelle de son regard; il y a de l'amertume dans son sourire et une colère étouffée sous la cornée jaunâtre de ses yeux ronds. Elle répond d'une voix aigre-douce aux diverses réclamations qu'on lui adresse, et semble vouloir ressaisir avec ses doigts crispés les suppléments gratuits qu'elle se voit forcée d'apporter aux estomacs récalcitrants. Il y a de la vieille demoiselle dans toute sa personne, et la matière d'un procès en séparation dans les regards tristes et langoureux qu'elle adresse à son mari. Au point de vue physiologique, madame Simon est un sujet éminemment bilioso-nerveux. — Je ne comprends pas M. Simon.

Considérée sous le rapport de sa position industrielle, madame Simon est une femme précieuse. Elle ordonne l'invariable menu, surveille la disposition du couvert, la confection du pot-au-feu, et recueille, entre le gigot et la salade, le tribut accoutumé des convives. Elle a, pour cette dernière opération, une formule qui fait beaucoup d'honneur à sa politesse, sinon à son imaginative. A mesure qu'elle va décrivant autour de la table son ellipse journalière, elle frappe successivement et légèrement sur l'épaule de chaque convive inattentif, et lui dit, tendant la main et adoucissant sa voix: *Monsieur, je commence par vous.* — Et, à chaque station, comme une quêteuse bien apprise, elle sourit de la même manière, et répète avec la même inflexion caressante, l'éternel et fatal: *Monsieur, je commence par vous.*

J'ai vu des organisations d'artistes tressaillir au son de cette voix criarde et frissonner au contact de cette main osseuse.

Ce monsieur que vous examinez avec une curiosité inquiète, comme une personne dont on a vu la figure dans un lieu quelconque, est un de ces industriels nomades qui vont transportant, selon les exigences de la police, de boutique en boutique, leurs marchandises au rabais, et leurs foulards à 25 sous. Cette grosse dame, à la figure épanouie, à la large poitrine, qui boit son vin pur, met du poivre dans ses épinards et ses coudes sur la table, c'est la compagne du négociant de contrebande. C'est elle qui se tient en permanence à l'entrée du magasin, comme une séduction vivante. Elle représente tour à tour l'étrangère attirée par la curiosité, ou la bourgeoise séduite par le bon marché et l'éclat des couleurs. Elle est chargée de se récrier incessamment sur l'excellente qualité des étoffes et de feindre d'acheter, afin de pousser à la vente. C'est une variété de la famille des *mouches*.

Le grotesque personnage que vous semblez écouter avec un certain intérêt est un *type* particulier aux tables d'hôtes, et qui mérite d'être signalé. La monomanie funeste dont il est atteint n'a pas encore de nom dans la science. Chaque jour cet homme dévore, avant son dîner, tout ce qui s'imprime de feuilles publiques, quotidiennes, hebdomadaires, artistiques, politiques, scientifiques et littéraires, à Paris et en province, sans en passer une seule ligne, depuis le *premier Paris,* jusqu'à la *pommade mélaïnocome* inclusivement. Ce Gargantua de la presse périodique éprouve naturellement le besoin de soulager sa mémoire de cette indigeste et prodigieuse consommation. — Avis aux voisins malencontreux. — Il vous prend à partie sur un mot et vous fait avaler, en manière de miroton, toutes les banalités et bribes de journaux déguisées et préparées à sa façon. Il est, d'ailleurs, emphatique et déclamateur, comme un régent de collége communal. Sa phrase filandreuse et lourde tombe, mot à mot, dans votre oreille, comme le plomb fondu, goutte à goutte, sur l'occiput d'un condamné. — Signalement : cinquante ans ; grand, sec, teint bilieux ; habit râpé, boutonné jusqu'à la cravate, pantalon sans sous-pieds, perruque rousse.

Ce gros homme qui trône à l'une des extrémités de la table, rappelle, d'une manière assez heureuse, l'enseigne du *Gourmand.* C'est le même type de sensualité, la même figure large, bouffie, luisante et colorée, avec le triple menton, les petits yeux enfoncés et brillants, le front déprimé, l'air inquiet. C'est la gloutonnerie aux prises avec l'avarice, le gourmand qui dîne à 25 sous.

Je n'en finirais pas avec le portrait, si je voulais seulement esquisser les plus saillantes de toutes les originalités dont la table d'hôte à 25 sous nous offre une si riche collection. A madame Simon seule appartient la faculté de les saisir d'abord et de les bien comprendre, en les faisant concourir merveilleusement à l'harmonie générale et à la prospérité de l'établissement. Rapprocher les distances, vaincre les antipathies physiques et morales, veiller, à la fois, sur l'ensemble et sur les détails, dominer et faire mouvoir, pour ainsi dire, comme un seul homme, toute cette foule de prétentions rivales et de mâchoires en concurrence, — voilà le grand art de la maîtresse de la table d'hôte, le triomphe et la gloire de madame Simon.

AUGUSTE DE LACROIX.

LE CHASSEUR.

La révolution de 1789 a totalement changé le chasseur en France ; il ne ressemble pas plus à celui d'autrefois qu'un épicier millionnaire ne ressemble au duc de Buckingham ou au maréchal de Richelieu. Cela se comprend fort bien : avant cette époque, la chasse était le plaisir d'un petit nombre de privilégiés : la même terre appartenant toujours à la même famille, les fils chassaient dans les bois témoins des exploits de leur père, les bonnes traditions se perpétuaient, la chasse avait sa langue, ses doctrines, ses usages ; tout le monde s'y conformait sous peine de s'entendre siffler par les professeurs. L'arme du ridicule, toujours suspendue sur la tête des novices, les faisait trembler, car dans notre bon pays de France ses coups donnent la mort. La chasse alors se présentait aux yeux des profanes comme une science hérissée de secrets : c'était une espèce de franc-maçonnerie où l'on ne passait maître qu'après un long noviciat.

De même qu'aujourd'hui tous nos régiments manœuvrent de la même manière, les chasseurs d'autrefois avaient une méthode uniforme de s'habiller, de courir la bête et de parler métier. Aussi rien ne serait plus facile que de faire le portrait d'un chasseur de ce temps-là. C'était un gentilhomme campagnard en habit galonné, comme on en voit encore dans les bosquets de l'Opéra-Comique, la tête couverte d'une barrette unicorne ; il parlait en termes choisis de Malplaquet ou de Fontenoi, de cerfs dix-cors et de sangliers tiers-an, de perdreaux, de lapins et d'aventures galantes. D'un bout de la France à l'autre, dans les rendez-vous de chasse, dans les assemblées au bois on respirait un parfum de vénerie orthodoxe, tout se faisait suivant les règles de l'art, et jamais un mot sentant quelque peu l'hérésie ne venait effaroucher les idées reçues en se glissant dans la conversation. Ces habitudes contractées aux champs ou dans les forêts se conservaient au salon, à la cour, aux ruelles. Sedaine a fort bien caractérisé cette époque en faisant parler ainsi le marquis de Clainville. « Ah ! madame, des tours perfides ! Nous débusquions les bois de « Salveux : voilà nos chiens en défaut. Je soupçonne une traversée ; enfin nous ra- « menons. Je crie à Brevaut que nous en revoyons, il me soutient le contraire ; « mais je lui dis : Vois donc, la sole pleine, les côtés gros, les pinces rondes et le « talon large, il me soutient que c'est une biche bréhaigne, cerf dix-cors s'il en fut. » Voilà le chasseur d'autrefois, la tête pleine de son dictionnaire de vénerie et parlant toujours en termes techniques, même alors qu'il s'adresse aux dames.

Mais comment peindre le chasseur d'aujourd'hui? Il se présente à nous sous tant de formes diverses, suivant le pays qu'il habite, la fortune qu'il possède, le rang qu'il occupe, que, nouveau Protée, il échappe au dessinateur. C'est un kaléidoscope vivant : il nous offre des figures rustiques, élégantes, bizarres, sévères, grotesques, fantastiques; une fois brouillées, vous ne les revoyez plus sans qu'elles aient subi des modifications. Autrefois pour chasser il fallait être grand seigneur ; aujourd'hui, qu'il n'existe plus de grands seigneurs, tout le monde chasse. Pour cela il s'agit de pouvoir jeter chaque année la modique somme de 15 francs dans l'océan du budget. Que dis-je? parmi ceux qui courent les plaines un fusil sur l'épaule, on compterait peut-être autant de chasseurs rebelles à la loi du port d'armes que de ceux qui s'y sont soumis.

Vous concevez que ce privilége, réservé jadis à une seule classe, étant envahi aujourd'hui par tous les étages de notre ordre social, a dû changer la physionomie du chasseur. Cet homme n'a plus de caractère qui lui soit propre, il a perdu son unité. Pour le peindre, il faut d'abord le diviser en trois grandes catégories : celle des vrais chasseurs; viennent ensuite les chasseurs épiciers qui tuent tout, et puis les chasseurs fashionables qui ne tuent rien. Chacune de ces divisions se subdivise en plusieurs fractions qui souvent tiennent de l'une et de l'autre, et quelquefois de toutes ensemble.

Dans notre siècle d'argent, l'aristocratie des écus remplace l'aristocratie à créneaux. Les fortunes s'élèvent d'un côté, elles s'abaissent de l'autre, car rien dans ce monde ne restant stationnaire, celles qui n'augmentent pas diminuent. Les uns travaillent et acquièrent, ils achètent des chiens et chassent ; les autres restent les bras croisés et ils perdent; voulant se maintenir en équilibre, ils suppriment leurs équipages, et tirant d'un sac deux moutures, ils louent aux épiciers de la ville le droit de chasser. Combien de nobles hommes ne pourrais-je pas citer qui, vivant dans des châteaux à tourelles, ont vendu à leur maçon, à leur couvreur, la permission de tuer des lièvres et des perdreaux. Ceux-ci, ne voulant pas supporter seuls une grande dépense, ont mis la chasse en actions comme une entreprise industrielle; ils se sont adjoint le boulanger, le tailleur, le rentier, le marchand du coin; et une population nouvelle vient, à jour fixe, se ruer sur les terres seigneuriales, étonnées de se voir envahies par des chasseurs roturiers.

Ces associations se forment aujourd'hui dans toutes les classes : les hauts financiers louent des parcs royaux, et se persuadent que leurs chasses ressemblent à celles de Louis XIV ; elles n'en sont que l'ignoble caricature. Mais qu'importe? cela donne l'occasion de parler de sa meute en faisant des reports, de mêler ses piqueurs dans les ventes à prime, ses limiers dans celles au comptant, d'avoir toujours en bouche les cerfs, les loups et les sangliers, langage éminemment aristocratique admiré de tous ceux qui l'écoutent. Les boutiquiers louent une ferme et, tranchant du gentilhomme campagnard, ils acquièrent ainsi le droit de dire : « Ma chasse, mon garde, mes perdreaux. » Voyez le progrès des lumières : autrefois on réunissait des capitaux pour faire une opération commerciale, aujourd'hui on s'associe pour dépenser l'argent qu'on a gagné. La permission de courir la plaine et les bois est mise en actions comme une houillère, comme une exploitation de bitume. Ces actions se divisent quelquefois en coupons pour un jour, et peut-être plus tard seront-elles subdivisées en un certain nombre de coups de fusil. Un grand propriétaire, voyant la manie cynégétique de ses contemporains, a eu l'heureuse idée de permettre la chasse, chez lui, moyennant une contribution graduée qui se combine fort bien avec ses intérêts. On paie 5 francs pour courir dans sa plaine, et 10 francs pour entrer dans son parc, ensuite la bagatelle de 20 sous pour chaque coup de fusil que l'on tire. Si la pièce est tuée, on demande au chasseur 50 centimes de plus, que dans l'ivresse du succès il ne peut pas décemment refuser; et puis, s'il veut emporter son gibier, le garde exhibe un nouveau tarif : 10 francs pour un faisan, 5 francs pour un lièvre, 40 sous pour un perdreau, etc. Ce digne homme entend fort bien la spéculation. Cela me rappelle l'histoire d'un usurier qui dit à sa femme : « Un tel va venir, je lui prête 1000 francs; mais, comme je prélève les intérêts composés, voilà 500 francs que tu lui remettras en échange de son billet payable dans deux ans. — Imbécile, répondit-elle, et pourquoi ne les lui prêtes-tu pas pour quatre ans, tu n'aurais rien à débourser? »

Ces actions de chasse changent souvent de maître. Aujourd'hui on est chasseur, demain on ne l'est plus. Pourquoi? direz-vous. Parce que les combinaisons de la banque, le jeu de la bourse ou le commerce des pruneaux ont amené certaines phases imprévues; il faut diminuer les dépenses pour établir une juste compensation : les actions à vendre sont annoncées dans les journaux, cotées comme celles des chemins de fer, on les colporte, elles subissent la hausse et la baisse; à la fin du mois, quand vient le jour fatal de la liquidation, ceux qui perdent les cèdent aux heureux vainqueurs, cela sert à faire l'appoint d'un paiement. L'incertitude où l'on est de conserver longtemps cette chasse louée cause la mort de bien des lièvres. Chacun tue toujours tout ce qu'il peut tuer. « Pourquoi laisserais-je quelque chose à mon successeur? » Voilà ce qu'on se dit, et on imite les commis voyageurs mangeant à table d'hôte : ils se donnent des indigestions pour que le dîner leur coûte moins cher.

Outre les chasseurs propriétaires et les chasseurs locataires, il existe la classe des chasseurs permissionnaires. Ceux-là connaissent beaucoup de monde, ils ont des amis partout, ils se font inviter, et, sans bourse délier, ils prennent leur part d'un plaisir que les autres paient. Ce sont les parasites de la chasse. Ordinairement ils tirent bien, tuent beaucoup, et dînent énormément.

Après ceux-là vient la foule des chasseurs flibustiers, pirates des bois, écumeurs de la plaine ; ils rougiraient d'acheter le droit de tuer un perdreau. Ils partent sans savoir où ils iront ; connaissant le pays à dix lieues à la ronde, ils évitent les gardes autant qu'ils peuvent le faire. Si par hasard ils sont pris en flagrant délit, cela ne les inquiète point : doués d'un jarret de fer, ils marchent, ils marchent, et défient leurs ennemis de les suivre. Proposez à ces messieurs de prendre une action dans votre chasse, ils vous riront au nez. Un d'eux me disait : « Si je chassais sur mes terres, je n'aurais pas la moitié du plaisir que j'éprouve chez le voisin. La crainte du garde me fouette le sang, il me faut des émotions, et pour en avoir davantage, il est probable que l'année prochaine je ne prendrai point de port d'armes ; alors il faudra que j'évite le garde particulier, le garde champêtre et la gendarmerie. Ce sera beaucoup plus amusant. »

Pain qu'on dérobe et qu'on mange en cachette
Vaut mieux que pain qu'on cuit ou qu'on achète.

Ces chasseurs flibustiers ont assez beau jeu les jours d'ouverture. Dans chaque village il existe une certaine quantité de pièces de terre appartenant à des paysans qui permettent au premier venu d'y chasser. Pendant que les actionnaires de la chasse voisine font feu de tribord et de bâbord, le gibier épouvanté se réfugie dans les luzernes, dans les betteraves, situées près des habitations, et la récolte des flibustiers est quelquefois assez bonne. Si le garde et ses maîtres s'éloignent, eux se rapprochent, ils accourent dans les champs qu'on vient de quitter, et souvent leur glanage vaut mieux que la moisson des autres. J'en connais qui ont un gamin en sentinelle avancée pour les prévenir du retour du garde ; j'en connais d'autres qui portent une lunette dans leur carnassière, et de temps en temps ils s'assurent que l'ennemi ne vient pas les surprendre. J'en ai vu qui portaient une blouse blanche en dedans, bleue en dehors ; le garde poursuit un chasseur bleu, celui-ci marche vers le bois, là, comme derrière une coulisse, il change de costume en retournant sa blouse, et quand le garde arrive il paraît vêtu de blanc avec son fusil en bandoulière, désarmé, dans une position inoffensive. « Ah parbleu ! dit-il, si vous courez après ce chasseur bleu qui vient de passer, vous l'attraperez bientôt ; il a l'air fatigué : doublez le pas, il sera pris. » Ces flibustiers savent le nombre et le signalement des actionnaires, le lieu et l'heure de leur déjeuner, et comme tous les gardes possibles sont d'une exactitude remarquable à se trouver là où l'on mange, ils ont, pendant une heure, la facilité de tailler en plein drap. Quelquefois ils tirent au sort à qui fera marcher le garde ; pendant que l'un d'eux opère une utile diversion en se laissant poursuivre, les autres attaquant du côté opposé tuent tout ce qu'ils rencontrent. Voilà de la stratégie cynégétique.

Dans les environs de Paris, toutes les propriétés sont gardées, quant à la chasse ; du moment que vous êtes sorti d'un rayon de vingt lieues, vous rencontrez des plaines que tout le monde peut traverser le fusil à la main. Elles sont exploitées par les chasseurs voyageurs. Pendant le mois de septembre, montez le samedi dans une diligence de Chartres, d'Orléans, de Sens, etc., vous vous trouverez avec quinze chasseurs; l'impériale sera remplie par quinze chiens qui se battront, ou qui du moins grogneront pendant le voyage. Ces chasseurs nomades, qui partent de Paris le soir, arriveront dans une plaine quelconque le dimanche matin, ils tireront des coups de fusil toute la journée, et puis ils repartiront pour être de retour le lundi à l'ouverture de leur bureau. Les employés des ministères, les clercs d'avoué, de notaire, d'huissier, sont essentiellement chasseurs nomades. Quelque temps qu'il fasse, ils ont besoin de partir le samedi, et ils partent. La chasse est une passion qu'il faut satisfaire à tout prix. Florent Chrestien, précepteur de Henri IV, dans sa traduction d'Oppien, exprime cette pensée dans ces deux vers aussi harmonieux qu'élégants :

> Car la chasse est coquine, en sorte que quiconques
> L'a goustée une fois ne s'en lassera oncques.

Il est certain que le fashionable du jokey's-club, l'honnête rentier du Marais, l'entrepreneur de charpente, le bottier de la rue Vivienne, l'avocat stagiaire, le commis, le clerc d'avoué, ne peuvent pas avoir les mêmes mœurs, le même costume, le même langage. Tous ils sont chasseurs, c'est vrai; mais, chez eux, désirs, habitudes, projets, discours, costume, tout est différent. Le fashionable veut qu'on le croie bon chasseur, et ne s'occupe nullement de le devenir. C'est tout le contraire d'Aristide, dont je ne sais plus quel Grec disait : « Il veut être juste et non le paraître. » Ce beau monsieur ne va point à la chasse pour s'amuser, mais pour pouvoir dire demain : « Je reviens de la chasse. » Si chemin faisant il rencontre une belle dame, il la suivra; qu'a-t-il besoin de courir après les perdreaux, n'est-il pas sûr d'en trouver au retour chez Chevet? L'essentiel pour lui est de partir pour la chasse ; dès lors il a conquis le droit de faire des histoires à son retour, et d'envoyer des bourriches de gibier dans vingt maisons différentes.

Le fashionable n'a point le temps de devenir chasseur : si Diane est ennemie de l'amour, l'amour est ennemi de Diane. Ce monsieur-là étant toujours amoureux ne peut pas gaspiller son intelligence à méditer sur les ruses du gibier, il préfère vaincre celles des dames. Mais, comme la chasse est un plaisir où il faut déployer de l'adresse, de la force, et quelquefois du courage, le fashionable veut passer pour chasseur, car il désire que les dames le croient brave, adroit et fort. S'il est riche, il ne manque pas d'acheter un nouveau fusil chaque fois qu'un armurier découvre un nouveau système ; et comme ces prétendues découvertes arrivent souvent, notre homme est à la tête d'un arsenal formidable. Il espère qu'enfin il trouvera une arme dont les coups seront certains. Tous ces fusils divers sont là pour deux choses : d'abord ils prouvent la richesse de l'homme, et à Paris c'est une grande affaire, ensuite ils servent à sauver l'amour-propre du chasseur. Lorsqu'il manque, ce qui se voit très-souvent, il a son excuse prête : « C'est un fusil nouveau, je n'en ai pas l'habitude. Si j'avais su, je ne l'aurais point apporté. »

Le fashionable se couche fort tard, et le 1er septembre il ne peut parvenir à se lever matin ; il est neuf heures sonnées lorsqu'il sort tout frais des mains de son valet de chambre. Notre dandy, brossé, ciré, pincé, luisant, les mains couvertes de gants beurre frais, s'élance dans son tilbury attelé d'un superbe cheval qui brûle de fendre l'air. Il lâche les guides, on part : à peine si le groom, aussi bizarrement accoutré que le maître, a eu le temps de grimper sans être broyé par la roue. Qu'importe un groom de plus ou de moins? Il fallait partir au galop; on avait aperçu deux dames aux fenêtres, il était nécessaire de se poser, de se faire voir emporté par un cheval indomptable. Qui sait? peut-être cette émotion produite aujourd'hui rapportera-t-elle demain quelque chose?

Il arrive, et déjà la chasse du matin est terminée; de toutes parts on se dirige vers l'auberge isolée où le déjeuner se prépare. Le fashionable trouve l'idée ingénieuse; il a faim, il chassera plus tard. Quel est cet homme déguenillé qu'il rencontre en mettant pied à terre? Ses guêtres rapiécetées sont retenues par des ficelles en guise de boucles; son pantalon, sa blouse, ont perdu leur couleur primitive; il est armé d'un vieux fusil lourd, sa carnassière semble tomber en lambeaux, et le baudrier qui la retient paraît être fait avec de l'amadou. Cet homme est un chasseur. En le voyant côte à côte avec le fashionable, on dirait qu'il s'est placé là pour faire antithèse. Tous les deux sont contents de leur rôle. « J'en paraîtrai plus beau par l'effet du contraste, dit l'un. — J'aurai l'air meilleur chasseur à côté de ce freluquet, » dit l'autre.

Si vous alliez croire que cet homme déguenillé, ce mendiant armé d'un fusil est un pauvre diable ainsi vêtu parce que son tailleur refuse de lui faire crédit, vous seriez dans une erreur grave. Ce chasseur est le propriétaire du château que vous apercevez au bout de la plaine, il a des mines de charbon, des filatures de laine, des hauts fourneaux, et même il galvanise le fer. Il a lu *le Chasseur au chien d'arrêt*, *le Chasseur au chien courant*, *l'Almanach des chasseurs*, et comme dans ces trois ouvrages l'auteur tombe à bras raccourci sur les fashionables, qui mettent le même luxe à leur costume de chasse qu'à leurs habits de bal, il a donné dans l'excès contraire. Il professe le plus souverain mépris pour un homme armé d'un fusil brillant, vêtu d'une blouse propre. Une carnassière neuve lui fait horreur; celle qu'il acheta il l'a changée contre la vieille qu'il porte; pendant vingt ans elle a voyagé sur les épaules d'un garde, et de nobles traces indiquent le gibier de toute espèce qu'elle a contenu. Ceux qui ne connaissent point ce vieux chasseur novice disent en le voyant passer : « Voilà un gaillard qui en tue plus lui seul que tous les autres ensemble. » Ces propos l'amusent, le rendent fier, et lui réjouissent l'âme. Sa manie est qu'on le croie chasseur adroit, chasseur expérimenté, dur à la fatigue; il veut se donner un air braconnier comme tel jeune homme de votre connaissance espère qu'on va le prendre pour un mauvais sujet dès qu'il porte des moustaches, et du moment qu'il parvient à fumer un cigare sans avoir mal au cœur.

Ces deux chasseurs tiennent le haut et le bas de l'échelle : opposés quant au costume, ils se ressemblent par leur maladresse et par leur ignorance. Autour d'eux viennent se grouper une infinité d'amateurs ne différant les uns des autres que par de légères demi-teintes. Peu à peu, en abandonnant les extrémités de chaque bout, vous arrivez au centre, et c'est là que vous trouvez le vrai chasseur. Dans une réunion de vingt personnes portant le fusil ou la trompe, à peine si vous rencontrerez un homme méritant ce titre glorieux ; presque tous tiendront plus ou moins du chasseur fashionable ou du chasseur épicier ; presque tous auront une tendance vers le dandysme ou vers le braconnage. Vous reconnaîtrez facilement le vrai chasseur à sa figure basanée, à son costume classique, à sa manière aisée de porter le fusil, à l'obéissance de son chien. Il est bien vêtu, proprement mais sans élégance : la blouse en toile bleue, les bonnes guêtres de peau, remplacent chez lui l'habit-veste à boutons d'or et les bottes vernies ou les guenilles grisâtres recousues avec du fil blanc. Il ne change pas d'arme chaque année, il n'essaie point tous les perfectionnements nouveaux. Content de son fusil, pourquoi donc en prendrait-il un autre?

« Qui n'a jouissance qu'en la jouissance, qui ne gaigne que du hault poinct, qui n'aime la chasse qu'en la prinse, il ne luy appartient pas de se mesler à nostre eschole, » dit Montaigne. Le vrai chasseur chasse pour le plaisir de chasser, pour combattre des ruses par d'autres ruses. Il jouit en voyant manœuvrer ses chiens; plus il rencontre de difficultés, plus il est satisfait. S'il chasse en plaine, il n'apprécie que les coups tirés de loin ; s'il chasse au bois, il revient content lorsque le lièvre a tenu toute une journée devant sa meute. Il aime le combat plus pour le combat que pour la victoire et le butin; il ne veut pas tuer dix lièvres; mais un lièvre : il rougirait de passer pour un boucher.

Le Roy Modus, Gaston Phœbus et tous les anciens auteurs cynégétiques ont recommandé la chasse comme un excellent moyen d'éviter l'oisiveté, qu'ils nomment *le péchié d'oyseuse ;* ils veulent qu'on marche, qu'on se fatigue pour gagner de l'appétit et pour conserver la santé; mais ils traitent d'infâmes les destructeurs de gibier. Un vrai chasseur ressemble au gastronome professeur, qui goûte tous les mets, et se lève de table avec une légère envie de continuer. S'il chasse, c'est pour déployer l'activité de ses jambes, les ressources de son génie, l'adresse de ses bras, la justesse de son coup d'œil ; non qu'il dédaigne le perdreau rôti, le civet de lièvre, la caille au gratin, la gigue de chevreuil, le salmis de bécassines; bien au contraire, il s'honore du titre de gastronome, car le vrai chasseur est un homme d'esprit; s'il n'était pas gourmand, ce serait une anomalie, comme c'est une exception de rencontrer un gourmand qui soit un sot. Appréciant les choses à leur valeur, une fois le gibier tué, il le mange, mais ce n'est pas pour manger qu'il chasse. Arioste dit : « Le chasseur n'estime plus le lièvre qu'il vient de prendre. » Il se trompe évidemment. On pourrait lui répéter ce que lui dit un jour le cardinal Hippolyte d'Est : « Maître Louis, où donc avez-vous pris tant de... niaiseries? »

Le chasseur épicier chasse bien un peu pour le plaisir de chasser, mais il faut que la valeur des pièces tuées vienne établir une espèce de compensation pour le temps qu'il perd, la poudre qu'il brûle et les souliers qu'il use. Un lièvre galopant dans les bois, n'est autre chose pour lui qu'une pièce de cent sous marchant sur quatre pattes. N'espérez de lui aucun ménagement; s'il pouvait tuer mille perdreaux, certainement il les enverrait à la halle. Si vous lui parlez de conserver, de penser à l'année prochaine, au lendemain, il ne vous comprendra pas, ou bien il vous répondra comme Figaro : « Qui sait si le monde durera encore trois semaines. » S'il est chasseur épicier flibustier, sa dépense n'étant pas bien grande, il se contentera de peu de chose ; mais s'il change ce dernier titre en celui d'actionnaire, s'il a payé pour s'amuser, oh ! alors, le démon de l'avarice, le démon de la cupidité se joignant au démon de la chasse, vont tellement bouleverser le cœur et la tête de ce pauvre diable, qu'il sera toute la journée dans le plus violent état d'exaltation fébrile, de surexcitation nerveuse.

Le jour de l'ouverture, le gibier subit une hausse de cent pour cent : plus on en tue, plus on en vend. L'homme qui, dès le matin, a quitté sa maison avant l'aurore, rentrant le soir éreinté, affamé, ne peut pas décemment revenir les mains vides ; on lui dirait en ricanant : « Il valait bien la peine de se lever si matin ! » Or, tout chasseur qui ce jour-là possède 5 francs rapporte dans son ménage au moins deux perdreaux ; il a tué quelques moineaux sur les ormes des boulevards extérieurs, il les présente comme accessoire ; il a tué deux pigeons bisets, il les décore du titre de ramiers. Oh ! s'il avait rencontré quelque petit cochon noir, avec quel plaisir il offrirait à son épouse un beau marcassin ! Il faut bien des perdreaux pour lester les carnassières de tous ces braves gens : aussi les aubergistes des barrières qui font le commerce du gibier gagnent autant sur les lièvres et les perdreaux que sur l'eau transformée en vin. Ils sont les entreposeurs des braconniers ; lorsque le beau monsieur en tilbury se présentera, un petit gamin ira lui dire à l'oreille : « J'ai deux lièvres, trois faisans, dix perdreaux à vous offrir ; c'est ça qui figurerait bien sur le garde-crotte. » Soyez certain que les cordons de la bourse ne tiendront pas contre une si belle proposition ; car Chevet est excellent pour le lendemain, quand il s'agira de faire des envois aux dames ; mais en arrivant il est essentiel de pouvoir montrer quelque chose.

J'oubliais le chasseur théoricien. C'est une espèce à part ; celui-là ne fait point de mal au gibier, car il ne chasse jamais. Cependant il a chassé jadis et se propose de chasser un jour ; en attendant, il parle chasse toute la journée. Médecin, avocat, notaire, courtier de commerce, commissaire-priseur, il préfère Du Fouilloux à Hippocrate, Salnove à Barthole, D'Yauville à Barême. Si vous entamez le chapitre des armes à feu, il vous détaillera tous les systèmes ; chaque année, en voyant les perfectionnements nouveaux, il se félicite de n'avoir point encore acheté de fusil. Le chasseur théoricien vous dira le jour fixe où commence le passage des cailles, des canards, des bécassines ; si vous tuez un de ces oiseaux avant l'heure prédite, gardez le secret, vous lui feriez un notable chagrin. Mais c'est surtout en fait de législation qu'il brille ; pour empêcher le braconnage il a trente projets de loi dans sa poche ; méfiez-vous de lui s'il aborde cette matière, il va vous lire tout son répertoire. J'y fus pris un jour, moi qui vous parle ; mais après avoir essuyé la première bordée, j'interrompis mon homme. « Tous les chasseurs sont jaloux, lui dis-je ; la pièce de gibier qu'ils ne tuent pas est un vol qu'on leur fait : demandez-leur une loi, ils l'auront bientôt rédigée, la voici :

« Article unique. La chasse est défendue à tout le monde, excepté à..... (mettre ici le nom du législateur). »

Élzéar Blaze.

LAVIELLE

LA FEMME DE CHAMBRE.

i, par métier, ou par goût, vous recherchez avant tout les histoires d'amour; si vous affectionnez le roman intime, le drame du coin du feu, les scènes de la vie privée; si vous allez, feuilletoniste ou romancier (pardon de la supposition), flairant l'anecdote et dénichant l'intrigue; ou si, conteur par nature et bavard désintéressé, vous cultivez le scandale par vocation et recueillez généreusement pour le seul plaisir de donner ensuite; — si vous avez de l'ambition et que vous désiriez monter par l'échelle des femmes; si vous êtes amoureux, adroit et bien tourné, — croyez-moi, avant d'entrer au salon, donnez un coup d'œil à l'antichambre; — l'antichambre mène au salon, et le salon au boudoir; — avant de saluer madame, souriez à la femme de chambre.

La femme de chambre!..... Il y a dans ce mot je ne sais quoi d'intime, de mystérieux, qui saisit d'abord l'esprit le plus obtus et ranime la curiosité la mieux endormie. A ce nom seul se révèle tout à coup un monde de faits inédits, de pensées et de sentiments enfouis au fond de l'âme, d'histoires toutes parfumées d'amour, imprégnées de sang, touchantes et bouffonnes. — Othello, Géronte, Scapin, Desdémone et Célimène s'y donnent la main. — Mais de toutes ces physionomies la plus jeune, la plus gaie et la plus ravissante; de tous ces types le plus vrai encore aujourd'hui et le plus gracieux, c'est Dorine, la piquante soubrette que vous savez; Dorine avec sa taille cambrée, son pied aventureux, sa main si leste et son œil si malin; Dorine, qui porte et reçoit les bouquets emblématiques et les poulets odorants, qui protége, bonne fille, les amours de Marianne, tend la main aux galants et sa joue à Frontin! C'est bien elle encore, la jolie perruche du logis, qui s'en va sautillant de l'office à l'antichambre, de l'antichambre à l'escalier, perchant et caquetant tour à tour au premier, au second, au troisième étage, le matin dans la loge du portier, et le soir dans la cage aérienne où elle grimpe pour dormir et rêver. C'est toujours elle; seulement elle a changé de nom, de langage et de costume.

Elle ne s'appelle plus Dorine, elle répond au nom d'Angélique, Rose, Adèle ou Célestine; elle ne dit plus Frontin, Mascarille ou Crispin, elle dit Martin, François ou Germain. Conservons-lui cependant pour un instant, et pour mieux la faire connaître, son joli nom d'autrefois, son nom patronymique.

La femme de chambre, comme le chef de cuisine, est, par le fait même de sa position, en dehors, sinon au-dessus de la domesticité. Ce sont deux puissances dont l'une ne règne que deux heures sur douze; et l'autre toute la journée. Chacun, dans la maison, sait cela et le reconnaît sans conteste. Et qui oserait nier la supériorité de la femme de chambre? Qui pourrait lutter avec elle d'autorité et de pouvoir? Serait-ce le valet de chambre lui-même? Fût-il Scapin en personne, Dorine le mettrait dans le sac, le pauvre garçon, plus vite qu'il n'y met son maître. N'a-t-elle pas pour elle, avec la même position, l'avantage incontestable de la finesse naturelle à son sexe. Le valet de chambre peut être changé sans que l'économie d'une maison en soit troublée. Ses rapports avec monsieur n'ont ni la même importance, ni la même intimité (l'expression convenable m'échappe); les hommes sont moins expansifs; le maître a généralement moins besoin de raconter, et le valet d'intérêt à recueillir. Son ministère a quelque chose de plus général, et ses attributions, même dans les meilleures maisons, ne sont pas toujours définies d'une manière assez rigoureuse; le cercle s'étend ou se resserre autour de lui, selon les circonstances et les besoins du moment; débordé quelquefois, il empiète souvent sur le domaine des autres, sans en devenir plus riche ou plus heureux. Il appartient dans l'occasion à madame, qui peut réclamer ses jambes ou ses bras pour un service quelconque. On a vu des valets de chambre métamorphosés momentanément en grooms, en cochers, en laquais; il n'y a pas d'exemple d'une femme de chambre changée tout-à-coup en nourrice ou en bonne d'enfants! L'incompatibilité est évidente : la femme de chambre appartient exclusivement à la maîtresse de la maison; c'est sa propriété particulière, on ne peut y toucher sans sa permission; son bien-être, sa vie intérieure, son bonheur (et plus que cela peut-être), en dépendent. Cette fille, en effet, sait les secrets de son cœur comme ceux de sa toilette; elle a surpris les uns et elle confectionne les autres. Sa maîtresse, à son tour, lui appartient corps et âme. Voyez donc!... elle sait de qui est la lettre reçue ce matin, pourquoi madame sort seule et à pied aujourd'hui, et pourquoi elle a eu sa migraine avant-hier, au moment où monsieur voulut la conduire au bal. Elle sait, au juste, le compte de la tailleuse et de la modiste. Elle sait la quantité d'ouate qui entre dans la doublure du corsage d'une jolie femme, et la quantité de larmes que peut contenir l'œil d'une femme sensible. Elle sait (que ne sait-elle pas?) qu'il n'y a pas plus de femme irréprochable pour sa femme de chambre, que de grand homme pour son valet.

Aussi voyez comme tout, dans la maison, s'incline devant elle, Frontin le premier! C'est à peine s'il ose lui prendre la taille à deux mains, et il ne l'embrasse pour ainsi dire qu'en tremblant, tant cette petite majesté lui impose! C'est qu'elle est reine, en vérité, Dorine; reine dans le boudoir comme dans l'office, reine de sa maîtresse, dont elle possède les secrets, et reine de ses égaux, dont elle tient le sort entre ses mains. Dorine a la confiance de madame, et madame est toute-puissante auprès de monsieur; que Dorine dise un mot à madame, et madame à monsieur, c'en est fait du rival maladroit ou du camarade insolent! Dorine est le commencement et la fin, le bras qui frappe dans l'ombre, l'esprit qui inspire et dirige.

Que Dorine soit blonde ou brune, grande ou petite, laide même (si vous le voulez), qu'importe? elle n'en sera pas moins fêtée, recherchée et adorée, comme toutes les femmes qui ont vingt-cinq ans, beaucoup d'esprit, la désinvolture facile et le regard mutin. S'il n'y a pas autour d'elle quelque beau chasseur bien droit et bien doré, ou quelque petit valet mince et futé qui la courtise et l'appelle mademoiselle Dorine, elle jette presque toujours alors les yeux sur un séduisant commis de magasin, ou sixième clerc d'avoué, qu'elle a rencontré, *un jour de sortie,* à la Chaumière ou à l'Ermitage. M. Oscar, Alfred ou Ernest est un jeune homme *très-comme il faut,* qui porte de petites moustaches, des gants jaunes, le dimanche, et ne cultive que les danses autorisées par M. le préfet. Il est fort poli, ôte son chapeau en invitant sa dame, ne se livre que médiocrement à l'enivrement du galop et à la pantomime expressive du balancé. Pendant la contredanse, le galant cavalier a relevé trois fois le mouchoir de sa *divinité,* et trois fois elle lui a souri et ils se sont pressé la main. C'en est fait; Dorine est vaincue, Oscar triomphe et tous deux s'en vont, sous des bosquets très-peu mystérieux, se jurer un amour éternel, qui durera autant que la saison des bals champêtres.

La femme de chambre, comme toutes les personnes douées d'un sens très-fin, observe beaucoup : c'est à la fois un plaisir de son esprit et une nécessité de sa position. On sait que, sous ce rapport, la gent domestique a cent yeux, cent oreilles, et souvent deux cents langues. Ces trois éminentes facultés, multipliées et perfectionnées par l'habitude, le domestique semble s'en être réservé tacitement la jouissance pour son utilité personnelle, et, en somme, il ne les exerce guère qu'au détriment de ses maîtres. Il les espionne et les trahit à toute heure; il les étudie pour les contrefaire. Il vous regarde dans le cœur avec une loupe, y recherche minutieusement vos joies, vos chagrins les plus intimes, exploite vos plus secrets penchants, s'empare traîtreusement de tout votre être, et coule en bronze, dans une frappante caricature, vos plus innocentes faiblesses et vos plus imperceptibles travers. Les Mascarilles et les Frontins sont certainement les inventeurs de la caricature parlante, le crayon et le modelage ne sont venus qu'après; les meilleures charges se font à l'office. — J'excepte la femme de chambre. Elle est généralement plus indulgente : elle imite et ne parodie pas; c'est une *doublure,* si vous voulez, qui copie servilement, mais avec conscience, les jeunes premières et les grandes coquettes. Elle grasseie, il est vrai, comme le chef d'emploi, marche de même, affectionne les mêmes gestes, les mêmes expressions, les mêmes airs de tête. Comme madame, elle a ses jours d'abattement et dit aussi, en adressant à la glace un regard caressant et un languissant sourire. « *Je suis affreusement laide aujourd'hui.* » Quand elle est seule, elle s'étudie à saluer et à rire comme madame; elle feuillette quelquefois, à la dérobée, les livres laissés sur le somno, et lit le soir dans sa mansarde, ceux que l'amour lui fait passer en contrebande. Elle confond, dans ses citations littéraires, MM. de Lamartine et Paul de Kock, MM. de Balzac et Pigault-Lebrun; elles sait les noms des plus grands artistes; accompagne quelquefois sa maîtresse à Saint-Roch ou à l'Exposition; parle musique et peinture, et estropie d'un petit air pédant, devant l'office ébahi, les phrases à la mode et les expressions techniques. Elle pousse quelquefois la manie de l'imitation jusqu'à s'ajuster, *rien que pour voir,* les parures de sa maîtresse. Celle-ci, rentrant à l'improviste dans sa chambre à coucher, surprend sa femme de chambre minaudant devant la glace, à la grande satisfaction du beau chasseur, qui, de son côté, marche, se penche sur elle d'un air galant et reproduit assez heureusement la pose, les gestes et la démarche de son maître. Grand est le scandale, et peu s'en faut que la dame de contrefaçon ne s'en aille coqueter tout à son aise, hors de la maison, avec l'Antinoüs de la livrée. Mais enfin Dorine pleure; Dorineest si dévouée, si discrète! et Antinoüs, qui n'a pas moins de cinq pieds huit pouces, est un de ces hommes qu'on ne remplace pas.

La femme de chambre est éminemment sensible et aimante. Cette disposition tient encore aux circonstances et aux objets dont elle est habituellement entourée. Placée continuellement entre les licences de la livrée et les délicatesses du langage des maîtres, respirant tour à tour l'enivrement du boudoir et les miasmes de l'office, son imagination s'exalte, ses sens stimulés se révoltent et souvent la sagesse lui fait défaut. — Et le moyen, s'il vous plaît, qu'il en soit autrement, quand on a vingt ans, beaucoup d'intelligence, l'oreille fine et l'œil bien fendu? On a trop calomnié la femme de chambre; beaucoup en ont médit; très-peu lui ont rendu justice. Méchanceté et ingratitude!... oui, ingratitude. Reportez-vous seulement pour un instant aux plus beaux jours de votre enfance; choisissez entre vos plus délicieux souvenirs et dites, ingrat, si parmi toute cette poésie du passé, au milieu de tout ce luxe de tendresses, de gâteries et de baisers accumulés sur votre blonde tête et vos joues rosées, vous avez pu oublier cette gracieuse fille dont les caresses étaient plus douces que celles de votre bonne, qui savait mieux vous aimer, vous endormir dans ses bras et baisait plus tendrement vos petites mains blanches et vos grands yeux bleus? Et plus tard... oui, plus tard... pourquoi rougir? enfant que vous êtes! l'amour ennoblit tout. Et dites-moi, je vous prie, si vous avez jamais rencontré depuis un amour aussi vrai, aussi délicat et aussi désintéressé? Qui se montra plus dévouée à vos caprices? Qui vous servait constamment sans en être priée? Qui plaidait votre cause en votre absence et prenait courageusement la responsabilité des fautes que vous n'aviez pu cacher? Qui entrait dans votre chambre à toute heure, sous le moindre prétexte, vous demandant pardon d'avance des services qu'elle venait vous rendre, vous souriant à tout propos, vous regardant à la dérobée, passant et repassant près de vous, effleurant votre main de sa main et votre visage de ses longues tresses, arrangeant et dérangeant tout autour de vous, plaçant ceci, déplaçant cela, inquiète, troublée et heureuse, pourtant, oh! bien heureuse d'un de ces regards qu'elle aurait demandé à genoux, d'une simple marque de reconnaissance dont vous étiez si avare! —Naïfs artifices d'une langue dont vous apprîtes un jour le premier mot sur les lèvres de Dorine! Ah! ce fut un moment unique dans votre vie à tous deux, tout rempli pour vous de célestes révélations et, pour elle, d'inexprimables angoisses ! — Et vous avez vécu ainsi dans cette chambre dont l'amour vous avait fait un nid si douillet et si chaud, vous, pauvre petit qui n'aviez pas encore vos ailes, heureux, choyé et béqueté à petit bruit et elle presque toujours absente, et posant à peine au bord de votre cachette ses deux pieds mignons et mal assurés ! — Il ne vous appartient pas, croyez-moi, de répudier un pareil souvenir. Bien peu (et ce ne sont pas les plus heureux) parmi les jeunes hommes élevés sous le toit paternel, ont reçu d'autre part cette première et douce initiation. Oui, n'en déplaise à nos grandes dames et à nos maîtresses musquées, dans l'histoire de nos amours, le premier chapitre, le plus intéressant, le plus coloré et le plus riche de jeunes et enivrantes émotions, appartient toujours à la femme de chambre. — Les Dorines ont le pas sur les Cidalises.

Excellente nature et touchante destinée ! La femme de chambre est tout amour. Après avoir aidé, avec un infatigable dévouement, au bonheur de madame et suffi, seule, aussi longtemps que possible, à celui de son jeune maître, elle voit cet amour, qui est son ouvrage, lui échapper insensiblement et s'envoler tout doucement vers de plus hautes régions. Elle le voit, elle en gémit ; mais elle ne pleure pas, ne pousse pas un sanglot ; la plainte lui est interdite. — Tel est le sort de la femme de chambre ; au dedans comme au dehors d'elle-même, tout est mystère, son cœur est plein des secrets des autres et des siens. — Qui a osé dire que la femme de chambre était indiscrète ? Quel est l'amoureux éconduit, ou l'artiste malintentionné qui s'est permis de traduire en action cette injurieuse pensée ? La femme de chambre indiscrète ! Mais l'indiscret est celui qui désire savoir. Or, la femme de chambre sait tout. Cette lettre que vous lui faites entr'ouvrir, c'est elle qui l'a reçue, elle qui portera la réponse, et il faudra bien, pour le moins, acheter sa discrétion et son habileté par une demi-confidence.

Non content d'attaquer sa moralité et les qualités qu'elle déploie au service de sa maîtresse, on a été jusqu'à en souiller le principe. Des écrivains qui se croient des penseurs, des auteurs dramatiques et des comédiens, tous gens d'esprit sceptique, se sont avisés de douter de son désintéressement et ont trouvé plaisant de la représenter donnant d'une main une lettre, et recevant de l'autre... une bourse pleine ! Fi donc ! passe pour Figaro et Scapin, valets et fripons effrontés, gens de sac et de corde ! Sachez, messieurs, que Dorine ne vend pas plus son talent précieux que sa jolie figure : elle donne l'un à sa maîtresse et prête l'autre aux jolis garçons. Un sourire de reconnaissance, une caresse sous le menton, un baiser peut-être, un seul baiser au charmant porteur de ce billet-moins frais à voir et moins doux à toucher que la main qui le donne, voilà tout ce qu'elle ambitionne et vous demande en son âme.

Après cela, commandez, disposez d'elle à votre gré ; ne craignez rien, elle est à vous, elle veillera pour vous à toute heure, marchera devant vous, aplanira les difficultés, écartera les dangers, vous ouvrira toutes les voies, toutes les portes... la sienne même s'il le faut. — Aimable fille ! puissent tous les valets présents et futurs, puissent les plus beaux chasseurs, les commis les plus merveilleux et les clercs les plus fringants, te payer en amour, en bonheur, en dîners sur l'herbe, en loges des funambules, en foulards à vingt-cinq sous, en bagues de cheveux, en tabliers de soie, en montres d'argent, en chaînes de chrysocale, en cidre, en marrons, en chansons, tout le bien que tu fais et les services que tu rends ! — Va, mon beau messager d'amour, laisse dire les méchantes langues qui te dénigrent quand tu passes, et les honnêtes femmes qui te blâment tout haut et t'approuvent tout bas. Va, pars, accomplis ta douce mission, porte ici la joie et là l'espérance; cours, glisse, mais prends garde en marchant à tes souliers si bien cirés, à tes bas si blancs et si bien tendus; retrousse-toi bien, ma fille, et montre ta jambe fine et ronde, pour ne pas gâter l'ourlet de ta robe de jaconas. Baisse les yeux pour mieux voir et pour être mieux vue. Les jeunes gens s'arrêtent ou te suivent pour t'examiner à leur aise, et parmi les belles dames qui te regardent passer, il y en a plus d'une qui donnerait volontiers sa robe de velours pour ta tournure leste et gracieuse, et sa mantille bordée de maline pour les trésors que laisse deviner le simple fichu bleu qui recouvre ton sein et tes épaules. Il n'y a pas jusqu'à ton tablier si joyeux et si bien posé qui ne soit appétissant, coquet et fripon, comme toi, ma charmante soubrette.

D'où vient la femme de chambre, et où va-t-elle? Quelle est son origine, sa destinée et sa fin? Est-elle un mythe, une personnification de la première et la plus touchante vertu chrétienne, de celle qui fit dire cette belle parole : *Il lui sera beaucoup pardonné...* Et cette autre : *Si vous donnez seulement un verre d'eau...?* — La femme de chambre en a donné plus de mille, elle en donne au moins un tous les soirs. Que n'a-t-elle pas donné? Elle a donné (ou à peu près) ses plus belles années, ses soins, son industrie, son bon goût, son adresse et son zèle à sa maîtresse, ses loisirs, ses pensées, ses rêves, ses blanches épaules et ses lèvres vermeilles au plaisir, à l'amour... à des ingrats! — Encore une fois, d'où vient-elle? *ou du couchant ou de l'aurore?* de la Lorraine, ou du pays Cauchois? Est-elle née sous le chaume, dans la sous-pente d'un portier, dans la rue Quincampoix ou la Chaussée-d'Antin! — Grave question, que j'ai vainement sondée et retournée longtemps en moi-même, et qui peut se résoudre indistinctement en faveur de chacun des quatre-vingt-six départements de la France et des quatorze arrondissements de la Seine. — Quels sont ses projets et ses vœux? Où va-t-elle ainsi dans sa vie si remplie et si vide, si préoccupée des autres, et si oublieuse d'elle-même? hélas! elle va

. . . ou va toute chose,
Ou va la feuille de rose,
Et la feuille de laurier.

où vont les deux plus belles fleurs de la vie, l'amour et la jeunesse, où vont les grandes dames et les soubrettes!

A vingt-cinq ans la femme de chambre est à son apogée ; il doit durer cinq années, après lesquelles commencera la période du décroissement. La femme de chambre ne sera plus alors que l'ombre d'elle-même, jusqu'au moment où elle disparaîtra, totalement éclipsée, derrière la quarantaine. Cette dernière période de dix ans, n'est qu'une longue nuit qui ne compte pas dans la vie de la véritable femme de chambre.

Quel changement à cette époque brillante de son existence! Ce n'est plus cette petite fille, gauche, timide, qu'un regard déconcertait, qu'un mot faisait pâlir, qui ne savait ni parler, ni se taire à propos, ni mentir et s'accuser pour sa maîtresse; qui l'habillait mal et la fatiguait de ses assiduités. Dorine n'est pas moins bonne qu'autrefois, l'habitude n'a fait que développer son attachement; mais son zèle est plus utile, parce qu'il est plus éclairé. A force d'observer et de réfléchir, l'esprit lui est venu, comme il vient à toutes les filles. Aussi, voyez combien elle a gagné! comme elle porte maintenant avec grâce son galant uniforme! Une fine chaussure a remplacé l'ignoble soulier large et grimaçant qui déshonorait son pied. Comme il est aujourd'hui fièrement posé ce charmant petit pied de duchesse et bien attaché à cette jambe de danseuse! Dorine ne fait plus, comme autrefois, gémir le parquet sous ses pas et crisper tout le système nerveux de sa maîtresse. Dorine ne marche plus, elle glisse! — Dernier perfectionnement de la femme de chambre! Ce mot contient tout un poëme : c'est l'*oméga* de la science; il résume toutes les autres facultés. Si vous voulez juger du mérite d'une femme de chambre, faites-la marcher devant vous : l'épreuve est infaillible; vous devinerez à son allure ce qu'elle est et d'où elle vient; vous reconnaîtrez le cachet de la femme comme il faut, dans sa tournure élégante et factice; la bourgeoise reparaîtra dans la naïve prétention de sa démarche, et soyez persuadé que le vernis de la femme *comme il en faut* n'aura pas moins déteint sur la désinvolture que sur les manières et le langage de la soubrette. On écrirait un livre sur ce sujet. — Glisser n'est pas seulement une grâce dans la femme de chambre, c'est aussi un talent précieux, inestimable pour sa maîtresse et pour elle-même; c'est toujours une qualité; c'est souvent une vertu.

Dorine a maintenant un petit port de reine. A la voir traverser légèrement le salon, à son maintien gracieux et son air tout aimable quand elle est assise, vous la prendriez pour la maîtresse de la maison, n'était l'inévitable tablier et l'indispensable bonnet. Le tablier blanc est particulièrement l'abomination de la femme de chambre : c'est sa robe de Nisus; elle le regarde avec colère et ne le touche qu'avec horreur : c'est l'ennemi intime, implacable, qui l'accompagne partout, qui la signale, la trahit et la déshonore! Sans lui, hélas! combien de jeunes hommes charmants et de riches barbons l'auraient aimée, courtisée, adorée et honorée! Qui la délivrera de la fatale percaline? Oscar, Alfred, commis ingrats, vous acceptez son cœur et rejetez sa main! Prenez y garde! plutôt que de rester toute sa vie vouée au blanc, comme les vierges dont elle a la figure et non l'insensibilité, Dorine fera une fin tragique : elle épousera Frontin qui promet de l'affranchir du tablier, ou le petit Figaro qui lui remet chaque matin des billets doux sous la forme de papillottes; elle épouserait, au besoin, le plus épais des garçons de caisse ou le plus crotté des *saute-ruisseaux*. Le tablier est la ligne de démarcation, la seule barrière qui sépare la femme de chambre de la femme libre (je parle sans épigramme); barrière, si mince, si légère et pourtant infranchissable! La femme de chambre, forcée d'exister avec son tablier, s'en sépare sous le moindre prétexte; c'est la première chose dont elle se débarrasse en entrant dans sa chambre; elle le quitte à table; elle le quitte à l'office, à la cuisine, dans l'antichambre, en traversant le salon, dès que madame est absente ou ne la regarde pas. J'ai vu plus d'esprit, plus de ruse féminine dépensés pour cette petite cause, qu'il n'en faudrait pour dénouer l'intrigue la plus embrouillée et dérouter le plus jaloux des maris. — Des maîtresses inflexibles ont pris pour devise : je maintiendrai, et elles ont maintenu le tablier. J'ai vu des résistances opiniâtres d'une part, et de l'autre de nobles sacrifices; j'ai vu de généreuses femmes de chambre, après des efforts désespérés, résigner noblement leurs fonctions et se retirer vaincues, mais non humiliées!

Qui pourrait compter les mérites de la femme de chambre parvenue à son entier développement? Elle a mesuré l'étendue de ses devoirs et compris les difficultés de sa position. Elle appelle à son aide et met au service de sa maîtresse tout ce que la nature lui a donné, tout ce que l'expérience lui a appris. Elle connaît sa maîtresse jusque dans les plus petits recoins de son âme; elle l'a vue et observée dans toutes les circonstances; elle sait ce qui lui plaît, ce qu'elle désire, ce qui l'attriste, comment on la console et comment on la touche; elle sait son passé, son présent, presque son avenir; elle sait ce qu'elle a aimé, ce qu'elle aime et (peut-être même) ce qu'elle aimera. Elle la sait par cœur, elle l'étudie depuis si longtemps! Comment voulez-vous qu'elle se trompe dans les demandes qu'elle lui adresse, dans les projets qu'elle forme, dans ce qu'elle espère comme dans ce qu'elle craint? — Je prévois ici une objection: «Votre femme de chambre, me dit-on, est une confidente; or, nous ne reconnaissons pas l'identité. Toutes les dames ont une femme de chambre assurément, mais toutes nos femmes, Dieu merci, n'ont pas besoin de *confidente.* — Pardon, messieurs, il y a entre nous un malentendu. J'honore infiniment les femmes, en général, et les vôtres en particulier. Mais je sais aussi que le chef-d'œuvre de la création est un être fragile autant que nous, et beaucoup plus délié et subtil. La ruse est sa force, le mystère son élément. J'admets les degrés et les nuances en toutes choses; mais vous m'accorderez en revanche que la femme même la plus irréprochable a ses *petits* secrets et ses *innocentes* cachotteries. Dès lors nous ne différons évidemment que du plus au moins. Adoucissez ou foncez les nuances à votre gré, le trait subsistera toujours, et le portrait n'en sera pas moins vrai.

Et maintenant, Dorine, que tu as ainsi fourni ta carrière uniforme et si bien remplie, glanant furtivement pour toi quelques bonheurs fugitifs dans ce vaste champ où tu semas pour les autres tant de joies secrètes et de billets doux! maintenant que les beaux messieurs ne s'arrêtent plus pour te voir passer; maintenant que l'amour s'est enfui et que le temps a, du bout de son aile, enlevé le noir brillant de tes yeux et le vermillon de ta bouche mignonne; maintenant que tu caches tes cheveux et que tu n'oses plus sourire; maintenant que tu as tout perdu, jusqu'à ton joli nom de Dorine, viens, ma bonne Marguerite; nous avons bien vieilli tous les deux depuis ce jour... Hélas! le temps a détruit notre nid et nous n'avons plus d'ailes. De ceux que tu aimas, plusieurs t'ont délaissée, beaucoup t'ont oubliée, moi, je me suis toujours souvenu... Viens, prends soin du vieillard comme tu pris soin de l'enfant, pauvre femme qui prodigues aujourd'hui tes derniers jours comme tu donnais autrefois tes jeunes années! Je ne te défends pas de m'aimer encore, Marguerite, mais si tu veux que je t'aime, délivre-moi de mon rhumatisme... Apporte mes pantoufles, ma bonne vieille gouvernante; bassine bien mon lit, et ferme avec soin la porte en t'en allant. Adieu, Dorine. Bonsoir, Marguerite.

AUGUSTE DE LACROIX.

HENRI MONNIER
LAVIELLE

L'AMI DES ARTISTES.

Quand nous étions tous deux petits écoliers au collége de Poligny, mon ami Badoulot était d'une paresse admirable ; cependant les professeurs ne le punissaient guère, car il savait leur rendre une foule de petits services, tels que rapporter un mouchoir ou une tabatière oubliés, mettre du bois au poêle, et tendre au maître, à l'heure des classes, chaque livre ouvert à l'endroit de la leçon. Sans cesse au dernier rang, aux jeux comme aux études, il jasait fort bien sur toute chose et n'en pratiquait aucune.

Les deux élèves pourvus de la dignité d'enfants de chœur étaient pour lui l'objet d'une attention spéciale, et quand ils étaient revêtus de la robe et du surplis, il ne les pouvait quitter. S'il passait un régiment par la ville, il était curieux de le voir défiler. Mais ce spectacle produisait sur lui un autre effet que sur nous. Un bataillon de la garde traversant un jeudi la rue du collége causait dans nos goûts, dans nos plaisirs, une révolution qui durait plusieurs semaines; l'allure de la maison était tout à fait modifiée, et cette secousse était appréciable sur les murailles même où des sabres en croix, des guerriers à moustaches charbonnés çà et là remplaçaient les abbés joufflus coiffés de bonnets coniques, que nous y esquissions auparavant, semblables à des potirons surmontés d'un cornet de trictrac; parfois même quelque main timide ébauchait d'un fusin séditieux *la figure du chapeau de l'usurpateur*.

On usait alors aussi beaucoup de papier à construire des chapeaux à trois cornes, et une forêt de manches à balais pour en faire des sabres. Toute une division s'enrégimentait, elle nommait ses capitaines, son général, et l'esprit d'imitation transformait la pension en caserne. Badoulot ne s'enrôlait jamais, ou bien il restait soldat *à la suite*. Contemplant les soldats du lycée avec autant de curiosité que ceux du roi Louis, il n'avait point le désir d'en faire partie. Bientôt pourtant il se rapprochait du général, causait avec lui de matières guerrières, et devenait son inséparable compagnon, presque son esclave. Là-dessus, comme sur tout le reste, il en savait dire beaucoup; mais à la pratique ses moyens s'aplatissaient, sa volonté tombait en défaillance. Il aimait la lecture, et il s'y livrait sans méthode, sans suite, sans discernement; son esprit était orné à la manière de l'habit d'arlequin. Bientôt nous entrâmes ensemble à l'école de dessin, où Badoulot passa trois ans sans faire le moindre progrès, commençant à copier cent objets divers et n'en terminant aucun. Tous les nez de Raphaël, de David et de Gérard ont passé par ses mains, mais il se bornait là. Notre camarade employait le reste du temps à donner des conseils au plus fort de la division, lequel dessinait d'après la bosse, à lui tailler ses crayons et à lui pétrir des boulettes de mie de pain. Badoulot avait un genre de mérite assez singulier : si l'on raisonnait sur le dessin, sur les peintres, il désarçonnait sans peine les plus habiles, le maître lui-même pâlissait devant sa logique et notre condisciple montrait tant de savoir, tant d'idées, des notions si parfaites sur toutes choses, que chacun disait : — Hum, Badoulot est paresseux, mais s'il voulait... Et Badoulot redisait tout bas : — Si je voulais... Hélas! jamais il n'a voulu.

On ne saurait croire les efforts que l'on fit pour lui inspirer l'émulation. Peine perdue! Notre ami avait l'amour des belles choses et de ceux qui les accomplissaient, sans le désir de les imiter. Il avait des sympathies très-vives et aucune vocation.

Ce qui ne l'empêcha point de terminer sa rhétorique. A cette époque, il savait plus de noms d'auteurs illustres, de peintres célèbres, que nous tous à la fois. Il connaissait aussi le titre, le format d'une multitude de livres; il parlait beaucoup et avec véhémence. Nous nous fîmes de tendres adieux sur le seuil du collége avant de franchir le portique de la vie.

Une année s'écoula. Comme je passais par Dijon, lieu natal de mon ancien camarade, je le rencontrai. Il m'expliqua comme quoi l'atmosphère de la province était indigeste, comme quoi il manquait d'air, comme quoi il étouffait entre ces murailles (nous étions sur une grande place), comme quoi la ville était exclusivement ornée de crétins hors d'état de le comprendre (il n'exceptait point monsieur son père), comme quoi enfin il se disposait à mourir au plus tôt. Je prononçai le mot *Paris*, et de grosses larmes roulèrent dans ses yeux. Il m'avoua qu'il attendait l'heure de sa majorité pour se poser. — A *nous autres* il faut de l'indépendance... Ce *nous autres* me troubla; il me vint à l'esprit que mon ami Badoulot pouvait bien être l'affidé de quelque société franc-maçonique non moins ténébreuse que culinaire. Son *nous autres* me rappela en outre le *nous autres* de ce vilain, tranchant du gentilhomme, à qui le marquis de Créqui répondait : Ce que je trouve en vous de plus singulier, c'est votre pluriel.

Comme nous parlions tous deux avec emphase et mélancolie, je lui vis prendre tout à coup un visage bienveillant et respectueux avec curiosité; il baissa la voix, appuya sa main sur mon bras, et d'un coup d'œil de confidence dirigea mes regards sur un passant.

C'était un grand diable engaîné dans une redingote macaron beaucoup trop large, colletée en velours d'un noir verdoyant, lequel était chaussé de bottes tragiquement lézardées. Ce monsieur roulait de sombres prunelles sous les bords ondulés de son feutre gris, et les notes lugubres d'un chant caverneux serpentaient hors de sa gorge par le tuyau d'un cure-dent qu'il mâchait.

Badoulot avait pris un air d'humilité pieuse. — Ceci est ton maître d'armes? — Non, répliqua-t-il, c'est MONSIEUR Saint-Eugène, la première basse-taille de notre théâtre; un homme étonnant qu'ils n'ont pas su comprendre à Paris, ni à Quimper, ni à Montargis, ni à Épinal, ni à Romorantin, ni à Pezenas.....; il donne le *contre-ut* grave plein, et le *si-bémol* avant déjeuner!

Là-dessus, Badoulot tira son chapeau jusqu'à terre; mais la basse-taille ne l'avait pas reconnu, et comme mon camarade s'était glorifié de l'intimité du personnage, il se hâta de dire: — Saint-Eugène a la vue très-courte. Mais il rougit jusqu'aux oreilles. Chemin faisant, il me donna sur la vie privée des comédiens de Dijon les détails les plus minutieux, en me faisant prendre, comme sans intention, une petite ruelle à gauche, et d'après la direction suivie par la basse-taille, j'eus lieu de conjecturer que le but de notre ami avait été de couper le chemin de l'artiste, afin de le voir repasser. — Allons, me dit-il avec enthousiasme en me quittant à la cour des diligences, tu vas là-bas le premier; mais dans huit mois... majeur!... et alors... on verra ce que je puis faire!

Je pensai qu'il méditait quelque mauvais coup. — Jean, mon ami, sois prudent. Quel est ton dessein? — Que sais-je?... répliqua-t-il; le temps nous l'apprendra. Il y a là quelque chose qui me tue (il frappa un énorme coup de poing sur son front, qui sonna comme un baril vide); il faut que cela jaillisse. Qu'est-ce? je l'ignore; le monde le saura quand ma tête aura enfanté.

Je lui souhaitai une heureuse délivrance, et me félicitant d'avoir un camarade de collége qui promettait de semblables énormités, je partis pour la capitale, où je passai six ans sans ouïr le nom de l'ami Jean.

Ce laps écoulé, mon portier me remit une carte de visite sur laquelle, en superbe gothique, étaient ces deux mots non moins gothiques: Jehans Badoulot.

Il me fut à l'instant démontré que mon ami était devenu un génie, et dès le soir même je courus à sa demeure. Il était absent, et j'allai le rejoindre chez le baron de ***, notre commun ami.

Au milieu d'une dizaine de célébrités plus ou moins célèbres, mon ami Badoulot, couché dans un vaste fauteuil à la Henri II, les jambes plus élevées que le chef, et les bras pendants, parlait, discutait, répliquait, développait, expliquait, professait, discourait d'un ton de pacha, avec une nonchalance et une abondance admirables. Il s'agissait d'arts, de poésie, de musique, le tout en infusion. Trois poëtes, autant de peintres et de compositeurs connus se trouvaient là, écoutant Badoulot avec une déférence remarquable, et ce dernier avait raison contre eux tous. On n'aurait pu mieux manier la question d'art, et ces grands praticiens ne lui allaient pas à la cheville. Un spectateur peu exercé l'aurait pris pour un critique de canapé; mais à la chaleur qui l'animait, au farouche de ses yeux, à l'échevelé de sa phrase et de sa crinière, à la sueur qui ruisselait sur sa barbe taillée en quinconce, sur son gilet à la Barnave, et sur son habit en velours noir d'une coupe fabuleuse, on reconnaissait un artiste, et même un grand artiste.

Dès qu'il m'aperçut, il me secoua rudement la main, me cria un bonjour sonore, tel qu'un homme à large poitrine qui marche dans sa force, puis il reprit son gargarisme. Son texte était en ce moment la sculpture, et il y avait lieu de penser qu'il était devenu un grand statuaire. Je perdis cette opinion dès qu'il parla de la poésie; il en posait les lois avec un tel aplomb que je me dis: Il est devenu poëte. Mais cinq minutes après il était facile de voir que Badoulot était un admirable compositeur. C'était le prodige de Pic de la Mirandole. Et partout l'argot spécial du métier: fugues, contrepoints, streetes, canons, etc.... Un ciel bleu n'était qu'un fonds de cobalt plus ou moins *laqué*, et pour admirer un terrain broussu couvert d'ombre il s'écriait: — Ces bitumes, comme c'est tripoté, comme c'est fouillé, comme c'est chauffé! Et ces herbes, comme c'est fricoté dans la pâte!

On ne s'entretint toute la soirée que d'arts, que d'artistes; le reste du monde n'existait pas, et quand nous eûmes pris congé, Badoulot s'était montré si généralement spécial, que ne devinant point laquelle de ces sciences il pratiquait, et n'osant lui adresser à ce sujet une question qui eût trahi une ignorance impertinente, je le quittai sans être éclairci.

Un monsieur nous avait accompagnés jusqu'à la porte, qui durant toute la soirée n'avait pas articulé deux paroles brillantes; ce terne personnage continua la route avec moi, et je cherchai à repaître en lui ma curiosité à l'endroit de Badoulot. — Les gens de la nature de votre ami, répliqua mon compagnon, ont besoin de naître riches. Gens de parole et d'inaction, de théories sans pratique, incapacités sonores, ils vivent cramponnés aux artistes, comme les moucherons aux chevaux. Doués d'un certain sentiment, pourvus de sympathies ardentes, et privés de fécondité, amateurs sans vocation, ces ombres nombreuses rendent par les lèvres ce qui leur est entré par les yeux. Mais rien ne se passe au delà. Sont-ils pauvres? de tels gens se font broyeurs de couleurs, souffleurs de comédie, figurants d'opéra; sont-ils riches à milliards, princes, ministres; ce sont des jugeurs, des protecteurs, des Colberts au petit pied, des Mécènes en miniature, des Léons X de chevalet. Si, comme votre ami, ils ont en partage une honnête aisance, ils accouplent leur génie muet au talent d'un praticien qu'ils ne quittent plus; l'art est leur seule occupation, le monde entier n'est pour eux peuplé que de grands hommes, et grands hommes eux-mêmes, par frottement, par incubation, ces fétiches manient la question d'art à merveille, talent où excellent d'ordinaire ceux qui jamais n'ont rien fait et qui ne feront jamais rien. Au demeurant, que sont-ils?... *Amis des artistes,* courtiers marrons du talent; ils n'ont pas d'autre position sociale.

«Quand l'ami des artistes a senti le poids des ans, quand, à force de répéter la même chose, il est demeuré en arrière du mouvement général, sa verve diminue, la rigueur de ses principes devient tempérée, son audace s'intimide, ses ailes se déplument, ses serres perdent leurs ongles, il tombe en fusion et passe à une tendresse universelle. Au seul mot d'art, au seul nom d'artiste, il vous embrasse, et il pleure à l'aspect du premier *nez* de son petit-neveu. En un mot, une fois usé, et dès qu'il ne vaut plus rien, l'ami des artistes, devenu excellent homme, tourne au sigisbé des actrices quinquagénaires et au brocanteur de tableaux. S'il lui reste des rentes, il tire des amis de sa cave et de sa cuisine. Voilà, monsieur, l'avenir de votre camarade, enluminé le mieux possible. Au revoir, et bonne nuit.»

Depuis ce jour, j'ai souvent rencontré mon ami Badoulot, et j'ai suivi avec attention ses transformations, admirant ses nombreuses spécialités. Il est triste de penser que ce travers, produit par une série d'avortements, se multiplie d'une effayante manière, depuis que l'aristocratie de la pensée a détrôné les autres.

Mon ami Badoulot est en effet devenu un être multiple; tantôt il tourne au critique et rampe sous le fût des journaux, tout infecté de peintres échoués ou de musiciens *in partibus*. Ces lettrés d'une espèce nouvelle se sont fait un déplorable argot; ils se sont créé un vocabulaire spécial dont l'horrible mot *artistique* est la base. L'ami des artistes est tranchant, loquace. Loin d'être le satellite des gens célèbres, il se fait planète à leurs côtés, il professe des doctrines dont les célébrités ne sont que l'exemple pratique, et c'est lui-même qu'il admire en elles. En ces temps de spéculation générale il est peu désintéressé; il sait accaparer à petit bruit une collection de dessins, d'aquarelles, de croquis, d'autographes.

Il n'est pas de peintre qui n'ait eu à subir les impertinences obséquieuses de mon ami Badoulot ou des artistes marrons ses semblables. La quantité de ces mouches bovines devient effrayante. Combien de gens se font honneur par le monde, au sortir de leur étude d'avoué ou de leur bureau de ministère, d'appeler les grands hommes par leur nom de baptême tout court, de leur crier de loin : «Comment *te* portes-*tu?*» et de raconter les menus détails de leur vie, afin de paraître leurs familiers! Et puis, ce sont des questions ridicules, des requêtes indiscrètes, des observations stupides et surtout des éloges à contre-sens, plus irritants que la critique même; des querelles à l'endroit de vos intimes convictions, et tout cela pour faire parade de leur jugement prodigieux, de leur étrange aptitude et d'une vocation incroyable. Laissez-les dire, ils vous offriront des conseils. Je sais à ce propos un sculpteur qui, durant tout un hiver, fuyait de maison en maison un ami des artistes obstiné à s'insinuer dans son intimité en se recommandant d'une foule de *noms* qu'il qualifiait de ses bons amis, de ses frères par les idées. Notre sculpteur s'était soustrait à ce fâcheux et l'avait perdu de vue, quand, partant pour un voyage, il le retrouva dans la diligence, à ses côtés. Sur-le-champ une dissertation *artistique* fut établie, et le statuaire ayant épuisé les monosyllabes, ne sachant plus que devenir, se pencha vers l'oreille de son persécuteur, et lui montrant en face d'eux, sur le revers, un gros marchand de laines qui cachait sa face ingrate sous un bonnet de coton noir, il lui dit à voix basse : « Vous voyez ce gros papa simplement vêtu? Eh bien, c'est M. de Lamartine qui voyage *incognito*. N'ayez pas l'air de le savoir.

— Bah! répond l'autre; mais oui, en vérité, je le reconnais à présent... Il a beaucoup engraissé; cependant on ne peut s'y méprendre. »

Grâce à ce subterfuge, notre sculpteur fut délivré de toute obsession, au préjudice du marchand sur qui l'ami des artistes tourna son bel esprit et le sel attique de sa conversation. Le ton inspiré de l'un contrastait d'une manière adorable avec la pesanteur de l'autre. Tout s'expliquait pour celui-là par le désir de celui-ci de demeurer inconnu, et le sculpteur, durant vingt lieues, écouta ce colloque burlesque avec un flegme germanique.

Malgré des travers quelquefois difficiles à supporter, mon ami Badoulot a son bon côté; il fuit la politique comme le feu, bien différent en cela d'une autre sorte d'amis des artistes, la plus adroite de toutes. Elle est composée de gens qui ont des relations assez étendues et qui font profession de prôner la jeunesse, de vénérer les anciens et d'admirer tout le monde avec fureur. Ils sont les plus polis, les plus humbles du monde. Ce sont des jugeurs continuels, dont la critique est toujours admise, vu qu'elle est toujours favorable. Ils encouragent les arts, non pas de leur bourse, mais de leurs conseils, et il devient avéré qu'ils sont de grands aigles et de parfaits connaisseurs. L'acquisition de quelques croûtes complète cette réputation, et les voilà investis d'un nom connu de toute la France, lequel ne représente rien.

Voici maintenant leur marche : obtenir, chose aisée, une légère mission dont l'objet touche à l'histoire, à l'architecture, que sais-je? Ils en reviennent pourvus d'un titre, et alors ils se placent très-bien entre le gouvernement (la partie payante), et les artistes dont ils sont les amis. De sorte que l'argent qui va de celui-ci à ceux-là passe entre leurs doigts, et ils les ont gluants à l'excès.

Il se fait ainsi des fortunes, on ne sait comment; des noms se produisent, s'enflent, s'enflent, deviennent européens, et quand on s'avise un beau jour d'ouvrir cette grande machine qui s'élève dans les airs, superbe et rebondie, on crève un ballon, il sort du vent et l'on n'a plus même entre les mains une billevesée. Ce genre d'*ami des artistes* est loin d'être le plus niais; on l'a jusqu'ici trop peu observé. Comme ces bonnes gens, sous leurs airs de bonté, ont des exclusions, des haines secrètes, des préjugés, des intérêts, ils sont nuisibles aux arts, enlèvent les récompenses à ceux qui les méritent pour en saturer leurs créatures ou les flatteurs de leurs caprices.

Sur une plus basse échelle, l'ami des artistes s'inféode souvent à un individu dont il développe les principes et de qui il explique la pensée. Hors d'icelui, tout est crétin, sauf les morts qui servent de point de comparaison. Le peintre, du reste, n'a pas de serviteur plus dévoué. Ce familier *fait* la palette, se charge des commissions délicates, des visites aux feuilletonnistes ; il met du bois au poêle de l'atelier, et ne sollicite d'autre récompense que celle de voir sa tête ébauchée chaque année dans le fond d'un tableau. Après une journée employée à papillonner çà et là, il s'écrie le soir : « Nous avons bien travaillé, notre ciel est descendu tout entier..., nos figures sont ébauchées, *nos dessous* finis, notre toile couverte, etc... » Il est à la fois harassé de fatigue et content de la besogne ; plus heureux que l'artiste, lequel ne jouit souvent que de la première de ces sensations.

En province, l'*ami des artistes*, c'est-à-dire de la troupe théâtrale, est lieutenant, avocat, clerc, marchand de vin, fils de négociant, cafetier ; dans tous les cas, il a bons poumons et bon bras. En de telles amitiés, le cœur palpite dans l'estomac et l'on *fraternise* beaucoup. Les cabotins idolâtrés supportent la sympathie avec des airs de matamores, et les bourgeois sont fiers d'être associés à leurs petites passions. La rivalité de la Dugazon et de la première chanteuse cause bien des rixes, à moins que le ténor n'ait sagement débuté par confisquer celle-ci, comme de droit. Au surplus, les comédiens provinciaux ont conservé je ne sais quoi de bohême, de romanesque, de vagabond, de patriarcal, qui les rend plus divertissants que ceux de Paris, lesquels deviennent plus bourgeoisement ennuyeux qu'on ne saurait le dire.

Déjà néanmoins, et depuis quelques années, un symptôme effrayant de la maladie morale qui pâlit les comédiens de la capitale se manifeste parmi ceux des départements. Ce besoin de considération prosaïque les recherche ; ils aspirent au droit de bourgeoisie, l'ami des artistes devient pour eux un objet d'utilité, un porte-respect qu'ils choisissent dans les notabilités, et qui, cajolé, salué, adulé, sert alors au comédien de marchepied, pour se hausser jusqu'aux hobereaux de l'endroit. Grâce à ce patron officieux, l'artiste pourra se glorifier, comme ses chefs de file des théâtres royaux, d'être initié aux belles manières, d'*avoir été couru* par la meilleure société et *ravagé* par les *dames du grand monde* (telles sont ses expressions) dans toutes les villes où il a *travaillé*.

Quand il n'est pas juché à la cime de l'échelle sociale, l'ami des artistes dramatiques et lyriques des départements est obligé, pour s'élever jusqu'à eux, de se créer une importance, de s'appuyer sur d'autres estimes, sur d'autres relations non moins précieuses.

S'il s'agit d'une ville de garnison, la tâche est facile. L'ami des artistes est d'ordinaire celui des officiers et sa moustache végète à l'ombre des leurs. L'ami des artistes est fier, un jour de revue, de marcher au bras d'un capitaine en pantalon garance et de marquer le pas avec lui de toute l'énergie de ses talons. Or on sait que le guerrier français est vénéré et tant soit peu craint de l'acteur provincial. L'ami commun d'Apollon et de Mars est donc chargé de rapprocher artistes et militaires ; il a ses entrées partout, il est la coqueluche de la Dugazon, fait ce qu'il veut de l'ingénue, et présenterait au besoin un officier ou deux à la première chanteuse. Un semblable crédit lui donne à l'état-major de la place et au *Grand-Café* une certaine consistance, tandis que ses familiarités avec ces messieurs du régiment, desquelles il fait parade aux foyers du théâtre durant les répétitions, le *posent* parmi les acteurs comme un jeune homme du meilleur genre. Quinze jours après les débuts de l'an théâtral, l'heure du triomphe sonne pour l'ami des artistes. Un lieutenant, un capitaine, ses protégés, véritables amis de la vigne et de l'art dramatique, sont introduits dans le sanctuaire où se prélassent, avant le lever de la toile, le duc de Guise et Zampa, Lucullus et Jeannot, Richelieu et M. Cagnard. D'un air à la fois débonnaire et chevaleresque, l'ami des artistes présente ses guerriers à ses comédiens ordinaires... On l'aime, on le remercie, on le félicite ; c'est un grand homme, il comprend et encourage les arts, et il immole glorieusement toute la soirée le grossier public, le bourgeois, l'épicier, le pékin.

Que de rapports naturels entre le militaire et l'acteur de province ! Tous deux ne courent-ils pas de ville en ville, d'année en année? ne sont-ils pas tous deux pleins d'indépendance et de servitudes, et ne volent-ils pas l'un et l'autre à la gloire trompeuse par des chemins différents ?

On reconnaît généralement l'ami des artistes à la manière dont il exagère les habitudes, les allures des objets de son affection. Son chapeau est plus pyramidal, sa cravate *plus convulsive,* son col plus rabattu, sa barbe plus moyen-âge, son gilet plus débraillé que chez l'artiste. Son mobilier a l'air d'une boutique de bric-à-brac ; il couche en un lit sculpté, tout hérissé d'arabesques horriblement pointues. S'il faisait un mouvement durant le sommeil, il ne se réveillerait pas, car il se fendrait le crâne jusqu'au sternum. Ses buffets du temps de Clodion-le-Chevelu poussent des cris de hyène quand on les veut ouvrir ; il possède l'épée à deux mains du sanglier des Ardennes, fabriquée pour six francs (il l'a payée soixante) dans la cour du Dragon, ou dans la rue du Feurre, avec un ex-barreau de la grille si indignement détruite de la place Royale. L'ami des artistes méprise son bottier, son tailleur, son valet, son épicier, et jusqu'à son marchand de vins. Il voudrait que chacun fût ami des artistes et ne fît rien autre. Hors de la question d'art, il ne doit être question de rien. Parmi les gens du métier, il n'en estime qu'un seul, celui qu'il a élu ; *le premier génie du siècle* à son avis.

L'ami des artistes procède avec uniformité dans ses débuts, les traits de son origine sont constamment les mêmes ; imagination vive, sympathies vagues, sans activité, sans esprit d'ordre et d'imitation, et notre ami Jean Badoulot peut servir d'exemple à la règle. Mais après un certain nombre d'années et d'influences en sens divers, il s'établit de notables divergences ; des spécialités se séparent. Il est des artistes de tant d'espèces !

Parfois on rencontre aux Tuileries certains vieillards à l'œil vif au milieu d'un masque usé, pâle, sillonné de rides longitudinales. Vêtus avec propreté et à la mode de demain, ces jeunes gens d'un autre siècle ont grand'peine à vivre entre les murailles de leurs redingotes pincées qui s'obstinent à faire prendre à un vieux corps des allures adolescentes, maugré des rébellions de la carcasse. Appuyés fortement, mais avec hypocrisie, sur des joncs plus robustes qu'ils n'en ont l'air, ces messieurs se dandinent le long de l'allée des Feuillants, montrant les façons agréables de gens qui marchent sur des œufs. Un binocle pend à leur cou soigneusement abrité par une cravate blanche, haute, directoriale, destinée à masquer les flasques ondulations de la peau aux régions sous-maxillaires. Sous des chapeaux irréprochables, ils rassemblent en touffes, de chaque côté du visage, à force de tirer et de rouler, certains cheveux empruntés on ne sait où. Les poils qui sont nés sur la nuque, forcés à de longs voyages, parcourent les deux tiers de la sphère occipitale et s'en viennent expirer, éparpillés et maigres, au bord des déserts frontaux. Toutes les ressources sont employées, tous les côtés faibles défendus, et chaque jour l'habile général dispose les débris de ses troupes sur la brèche ouverte.

Ainsi affûtés, apprêtés, bichonnés, ces gens d'un âge indicible, d'un sexe même problématique, tant ils se sont épilés dès leur première gelée blanche, s'en vont raides comme bâtons, poupées à ressorts, momies galvanisées, colportant çà et là un éternel sourire stéréotypé sur un double râtelier de Pernet.

Suivez un de ces originaux depuis une heure de l'après-midi; c'est l'instant de leur lever. Après une courte promenade, il se rendra au cabinet de lecture. Les feuilles du jour parcourues, seconde promenade, suivie d'une visite au *pastry-cook*, puis à un club quelconque, où il ne trouvera que le garçon de chambre. Enfin nouvel assassinat du temps jusqu'au dîner, après quoi séance énorme, et non sans dormir, dans un café. A toutes les minutes du jour, cet homme a bâillé; les signes de l'ennui le plus pesant, le plus épais, se sont traînés sur son visage; son épine dorsale fléchissait même sous le poids de l'ennui; l'ennui faisait flageoler ses jambes.

Huit heures sonnent et voilà qu'il se réveille, secoue le plomb dont il est comme appesanti, remonte jusqu'à ses oreilles ses faux-cols en talus, ramène sur l'occiput son cheveu *épars* au fond du chapeau, se sourit avec bonté, s'embrasse et se précipite, joyeux, en fredonnant *Adolphe et Clara,* hors du *Coffee house* (car il recherche les établissements anglais, on ne peut que là s'ennuyer six heures sans être interrompu).

Ce brave homme ne vit que quatre heures, non par jour, mais par nuit. Il est *l'ami* des acteurs, des actrices du vieux temps, et de ces auteurs tragiques déjà rares, espèces disparues comme les mastodontes, lesquels (lesquels auteurs) sont situés dans la tombe, quant aux pieds, et de qui la tête s'incline sous le bocal académique.

Donc, au sortir du café, notre homme se rend au foyer de la Comédie-Française, ou chez quelque acteur retiré de la scène, ou chez quelque ex-notabilité hexamétrique; et là, retrouvant quelques tronçons de colonnes grecques ou romaines, quelques ombres d'Achille ou d'Agamemnon, évoquées par le Tirésias du logis, il se livre à la poésie des souvenirs, à des expansions d'amitié dignes et contemporaines de Pylade et d'Oreste. On rappelle de grands succès oubliés, des amours déplumés depuis longtemps, et l'on parle de pièces, de rôles, de gens illustres que personne n'a jamais ouï nommer, et l'on paraphrase sur des tons lamentables le cri mélancolique du poëte, *O præteritos!...*

Au milieu de ce cercle, il est une créature à qui *l'ami* en question est spécialement fâcheux. C'est une jeune-première non moins éternelle que le printemps de l'antique Idalie. Notre homme nourrit pour elle une passion platonique et malheureuse. Il a vieilli dans cet amour routinier, la flèche de Cupidon s'est rouillée dans sa poitrine, et la plaie s'est refermée. Cet amant caduque ne trouve plus de mots pour la louer; il sait par cœur tous ses rôles, chaque succès de l'objet aimé est gravé, avec la date fatale, en traits de feu dans sa mémoire, et dès que survient un nouveau triomphe, le tendre historiographe enchanté amène à cette fête toutes les ovations du temps jadis. Alors il est question d'*OEdipe*, de *la Vestale*, du *Philinthe*, du *petit Chaperon-Rouge*, des *Visitandines;* hélas!... de *Rose et Colas*, et... du *Mariage de Figaro!...*

Quel supplice pour cette ingénue qui vient tout à l'heure d'être embrassée sur le front par une mère dont elle serait l'aïeule! Le rouge lui en déteint sur les pommettes, et ses faux cheveux se dressent d'horreur au milieu des roses qui y sont mêlées! Comme elle n'a pas vieilli, cette déesse, comme elle persiste dans l'ingénuité la plus primitive, comme elle persévère dans le trille et la roulade, *l'ami des artistes* accroche ses vieux ressouvenirs à ce buisson d'immortelles, et il prend le crépuscule du soir pour l'aurore aux doigts de rose. Quant à sa vie, à lui, il la dira sans peine.

Cet homme n'a jamais rien fait, rien. Officier en 82, au régiment de la reine, il se lia, au voyage de Cherbourg, avec l'intendant des menus, lequel, au retour, lui donna à souper chez des filles d'opéra. Il a connu Molé, mademoiselle Clairon, et encouragé les débuts de la petite D***... ici présente et toujours adorable (la petite D*** fait une grimace diabolique). Depuis lors, il n'a pas quitté les coulisses; il sait tout le vieux répertoire, c'est lui qui a enseigné à Talma son « Qu'en dis-tu? » Il croit entendre encore Le Kain s'écriant:

« Et sa tête à la main demande son salaire. »

Bien qu'il fût jeune alors, le geste du tragédien qui semblait se décapiter et manier sa tête entre ses doigts, le son de cette voix vibrante, le saisissent encore d'une poétique horreur.

Puis il se tourne vers la jeune-première qu'il idolâtre à perpétuité; il lui reproche tendrement les soupirs qu'elle lui a dérobés, cette enfant toujours belle, divine, surnaturelle, mais inhumaine. Et l'on sourit à cette constante affection. Pauvre ami!

hélas, il eut naguère quelques lueurs d'espoir. Un jour, après un souper champêtre, on avait montré quelque pitié, on devait se revoir, un rendez-vous même..... Mais les destins jaloux ont tout renversé, et... la catastrophe du 10 août...

Personne ne connaît le surplus de cette histoire, car à cet endroit critique la jeune-première, appelant à l'aide un catharre peu éloigné, tousse d'une haute façon en roulant des yeux peu langoureux; l'ami laisse la narration brisée dans sa poche, d'où il retire une bonbonnière, et tout finit par

Vous plait-il un morceau de ce jus de réglisse ?

car l'*ami des acteurs* n'omet pas une occasion de citer, et d'ordinaire la citation le conduit à l'anecdote, et l'anecdote à la biographie.

L'ami de la vieille scène lyrique et tragique a eu plusieurs passions, plusieurs amitiés admiratives : son mobilier en fait foi. Rien de plus hétérodoxe. Chacun de ses meubles est le legs d'un grand acteur ou une acquisition faite à sa vente après décès. Sur les murailles sont accrochés d'affreux petits portraits en taille douce, encadrés dans le *bois noir* de l'amitié, selon le précepte de Jean-Jacques. Bien qu'il soit riche, cet étrange mortel vit sobrement; ses revenus passent en cadeaux considérables qu'il faisait jadis à l'instar des ducs tel et tel. Or, il ne veut pas déroger. D'ailleurs, les attentions de ce genre lui rapportent des caresses douces à son cœur; et puis, *nous autres* artistes, nous jetons l'or par les fenêtres.

Quand toutes les gloires ses contemporaines ont disparu, quand il se trouve enfin seul, sans artistes à coudoyer, il se retire à son tour, *il abandonne le théâtre*. Son capital est endommagé, il a vécu plus longtemps qu'il ne comptait, et il est forcé d'aller prendre sa retraite dans certain château délabré dont il porte le nom, et qu'il n'a jamais vu. Ses habitudes s'y trouvent dérangées, le silence le glace, les regrets le minent; comme *il fut toujours vertueux, il aime à voir lever l'aurore*; ce régime le fatigue, et il meurt avec les feuilles.

C'est là l'antique *ami des artistes,* doux, poli, sensible, modeste, et d'une éducation irréprochable. Aujourd'hui ce type est rare. Les acteurs n'aimant qu'eux-mêmes sont leurs seuls amis; et leur morgue, qui dédaigne les auteurs et protége leurs lauriers, rebute l'humble lierre qui voudrait s'attacher à eux. L'ami des acteurs du jour est journaliste ou capitaliste. Dans le premier cas, on l'appelle *canaille* dès qu'il a le dos tourné; dans le second, on s'en rit comme d'une dupe. Cependant les vieux poëtes ont encore de vieux amis à qui ils lisent de vieux poëmes sur de vieux sujets, et de vieilles mains applaudissent ces chefs-d'œuvre inconnus. Ils s'accordent, auteurs et admirateurs, à déplorer le méchant goût du siècle et à excommunier, à exorciser les jeunes gens qui n'en sont pas reconnaissants, les ingrats!

Quand une fois l'ami d'un artiste a vécu trente ans à ses côtés, il est plus qu'un parent, plus que la femme et les enfants. A force de suivre son idole, de l'écouter, de l'examiner, il est parvenu à la connaître; il sait les replis de cette âme, et il ne s'isole plus de cet autre lui-même. Le vieil ami de l'artiste pense alors avoir acquis des droits sacrés.

Après la mort de mademoiselle Duchesnois, quelqu'un fit rencontre d'un vieillard qu'il avait connu chez elle. Cet homme était pâle, abattu, consterné. On s'efforça de le consoler, mais en vain. « Ce n'est pas tant, s'écriait-il, sa perte qui m'afflige, que son horrible ingratitude. Croiriez-vous, monsieur, qu'elle est morte sans me rien léguer dans son testament..... à moi! A moi qui depuis trente ans *dînais chez elle trois fois par semaine?...* »

Malgré la ferveur de ces sympathies pieuses, Dieu vous garde, artistes, des questions et de la logique de l'ami fatal! C'est le malin qui l'a suscité pour vous induire au péché d'impatience et de colère.

Un tel travers, nous l'avons dit, est le résultat d'un orgueil puéril, d'un enthousiasme immodéré et d'une impuissante ambition. La paresse y contribue souvent. Par malheur, on ne devient point habile par l'acquisition d'une teinture générale des choses de la science, et l'érudition à deux sous ne conduit qu'au bavardage, à la fausseté du jugement, la pire des qualités et la première de celles qui constituent *l'ami des artistes*.

FRANCIS WEY.

LA FEMME SANS NOM.

> Et ecce occurrit illi mulier ornatu meretricio, præparata
> ad capiendas animas, garrula et vaga,
> PROVERBIA SALOMONIS, cap, VII, vers, 10.
>
> Excepit blanda intrantes atque æra poposcit.
> JUV.

UEL nom, en effet, lui donner, à ce type si fécond et si misérable, si poétique et si abject, si moral et si repoussant; énigme vivante que n'ont pu éclairer ni les recherches de la science, ni les dévouements de la charité, ni les efforts de l'intelligence? Pendant bien longtemps encore cette femme, dans laquelle viennent se résumer tous les dévouements et toutes les bassesses, toutes les délicatesses de la passion et toutes les corruptions de l'âme, se dérobera à la triple investigation de la science, de la religion et de la morale; elle demeurera toujours comme un des plus grands mystères du cœur humain et des nécessités sociales.

Le meilleur moyen de la faire connaître, cette femme, c'est de ne pas la nommer, tant est grand le dégoût qu'elle soulève alors que l'on parle seulement d'elle; et cependant combien de motifs devraient nous conseiller l'indulgence à son égard! combien de gens la repoussent aujourd'hui, la malheureuse, après avoir été les complices de sa chute première, et les instruments de sa dégradation progressive! Disons donc quelques mots de la femme sans nom; aussi bien a-t-elle une trop grande part d'influence dans la société moderne pour échapper à cette galerie, qui a la prétention de réfléchir l'époque actuelle dans son ensemble et dans tous ses détails.

Pour le public en général, la créature dont nous parlons est corrompue, ignoble, avilie, et tout cela sans compensation, sans espoir de retour : pour les uns, c'est la débauche en robe de soie, la paresse en chapeau de satin; pour les autres, c'est la gourmandise qui sourit, l'ivrognerie qui marche; pour tout le monde, ce n'est qu'un amas de vices qui battent sous des oripeaux, et auxquels on fait bien de jeter l'éternel anathème. Sans doute tout cela est vrai; mais croit-on que cette lèpre de la débauche envahisse l'âme tout à coup et s'y maintienne sans espoir de guérison? Une pareille pensée serait impie. Dieu, qui envoie aux femmes l'ignorance et la misère qui les perdent, leur garde aussi quelquefois à leur dernière heure le repentir, comme une compensation céleste. Écoutez plutôt l'histoire de Mariette.

Dans une petite ville de province vivait une veuve qui n'avait que sa fille pour soutien. Mariette était jeune et jolie; son corps semblait fait d'une goutte de lait, et ses yeux, des rayons d'une étoile. La mère de Mariette vint à mourir. La voilà donc seule au monde, sans parents, sans amis, sans soutiens. Quand elle eut versé bien des larmes sur le corps de sa mère, et tressé bien des couronnes pour orner la croix de bois de son tombeau, un voisin se présenta chez elle : cet homme était riche; il se dit l'ami de la famille, et offrit à Mariette de la prendre chez lui : la jeune fille accepta avec reconnaissance. Le premier jour, l'ami de la famille pleura avec elle; le second, il lui prit le menton; le troisième, il essaya de l'embrasser. Le voisin avait cinquante ans.

Mariette avait un cousin qu'elle croyait aimer; poussée au désespoir, elle voulut se tuer pour rejoindre sa mère. Le voisin parvint à la calmer; il lui avoua son amour, et lui promit de l'épouser si elle voulait se rendre à ses vœux : Mariette, ignorant parfaitement ce que c'était que se rendre aux vœux d'un homme, ne vit qu'une chose dans tout cela, son mariage prochain. On lui avait dit dans maintes chansons que les jeunes gens étaient des trompeurs; le voisin était marguillier de sa paroisse, et de magnifiques cheveux blancs ornaient son front. Mariette se rassura donc, et ne songea plus à aller rejoindre sa mère. A force d'être rassurée, elle devint enceinte; au bout de neuf mois, elle mit au monde une fille. Le voisin en cheveux blancs, l'ami de la famille, le marguillier vertueux, envoya l'enfant à l'hôpital; et quand la mère fut rétablie, il lui mit un louis dans la main, la plaça dans la rotonde, et recommanda au conducteur de la faire conduire, à son arrivée à Paris, chez un de ses amis, qui était préparé à la recevoir. Comme Mariette pleurait beaucoup en quittant le voisin, tout le monde crut que c'était par reconnaissance. Le dimanche suivant, le curé cita au prône le vénérable marguillier, et quelques jours après ses concitoyens l'élevèrent à la dignité de maire. C'était à l'écharpe municipale à couronner tant de vertus.

Voilà donc Mariette à Paris. Elle est triste, car elle songe à sa pauvre fille, qui est morte, à ce que lui a dit le voisin prudent. Deux jours se sont à peine écoulés depuis son arrivée, que l'ami du voisin, autre philanthrope en cheveux blancs, la presse déjà de céder à ses vœux. Avec celui-là il n'est nullement question de mariage; mais il promet à Mariette de lui faire un sort. Mariette, curieuse de savoir ce que c'est qu'un sort, cède aux vœux du philanthrope de Paris; et elle s'aperçoit bientôt que ce que les philanthropes appellent un sort, consiste en une chambre à un troisième étage de la rue Tiquetonne, une commode, un lit, un canapé fané, et quatre lithographies coloriées représentant l'Europe, l'Asie, l'Afrique et l'Amérique.

Mariette se mit alors à pleurer; elle voulut encore aller rejoindre sa mère. Heureusement, le philanthrope avait un coquin de neveu, prédestiné, comme tous les neveux, à enlever la maîtresse de son oncle. Arthur vit Mariette; il l'aima, la conduisit rue Notre-Dame-de-Lorette, et lui meubla un appartement somptueux, le tout avec des lettres de change payables à la mort de l'oncle en question.

Mariette est enfin heureuse : son amant est jeune et passionné; elle est jeune aussi, belle, riche, et enviée; de nombreuses amies l'entourent, qui ne s'affublent plus, comme autrefois, d'une qualification nobiliaire, mais qui ont tout simplement conservé le nom de leur père, tant le métier qu'elles exercent leur semble naturel La première, Adèle Bourgeois, est pleine d'esprit et de verve folâtre; elle fait le calembour et chante la chanson grivoise à ravir; elle est au courant de tout, de la littérature, des théâtres et des arts : aussi n'est-il pas de lord spleenetique, pas de boyard désireux de se faire une idée de la gaieté française, pas d'agent de change en train de se soustraire aux ennuis des affaires, qui ne connaisse Adèle Bourgeois : c'est l'héroïne des parties de campagne, l'Hébé des soupers de carnaval, la Vénus des cabinets particuliers. Pour jouer un pareil rôle, il faut avoir reçu une excellente éducation. Aussi Adèle Bourgeois a-t-elle été élevée à Saint-Denis. Son père est un vieux militaire qui a acheté au prix de vingt blessures le droit de faire instruire sa fille aux frais de l'état; Adèle a quitté Saint-Denis à dix-neuf ans. Rentrée dans la maison paternelle, une triste réalité s'est dressée devant ses yeux; son père est pauvre, c'est un soldat grossier, un invalide grondeur, un homme qui ne comprend la vie que le sabre à la main. Adèle a pris au contact de ses compagnes des idées au-dessus de son état; elle se croyait grande dame, il faut qu'elle redevienne grisette. Trop pauvre pour se marier, trop jolie pour rester fille, en butte aux ardeurs de la jeunesse, amoureuse du luxe, avide des plaisirs qu'elle n'a fait qu'entrevoir, c'est son imagination qui la livre au vice. L'éducation perd quelquefois une femme, comme l'ignorance. Adèle est maintenant une courtisane femme d'esprit, elle fait partie de l'élite de la galanterie.

La seconde, Julie Chaumont, a une autre spécialité : dans le jour, elle promène au milieu des rues bien fréquentées une élégance pleine de richesse et de bon goût. Pendant que son costume dément toutes les suppositions fâcheuses, son regard seul trahit la vérité par d'habiles et imperceptibles invitations; le soir, elle s'étale aux concerts, aux avant-scènes des théâtres dans tout l'éclat d'une toilette princière. Vous la prendriez pour la femme d'un ambassadeur si un ami plus au fait que vous de la rouerie parisienne ne vous donnait son adresse tout bas. Julie n'a du reste, ni intelligence, ni cœur; elle sait qu'elle est belle, et elle ne comprend pas qu'il y ait un autre usage à faire de la beauté, que celui de la vendre. Julie est froide et régulière comme une statue, elle poserait dans les ateliers, si elle ne posait dans les rues. Il n'y avait dans cette femme que l'étoffe d'un modèle ou d'une femme galante.

La dernière, Arsène Drouet, un peu plus âgée que les deux autres, suit aussi une carrière bien plus épineuse. Nulle mieux qu'elle ne sait dans une table d'hôte verser à ses voisins le champagne qui mousse, ou proposer une partie au bois, ou faire allumer à propos les bougies de la bouillotte ; elle devine tout de suite l'homme qui lui prêtera un louis, ou qui lui permettra de s'intéresser gratis dans sa partie. Est-elle associée avec le propriétaire de la maison, ou bien se contente-t-elle d'exercer pour son propre compte? Il est probable qu'elle fait les deux choses à la fois. Celle-ci est encore plus joueuse que courtisane. Depuis que Frascati n'existe plus, son métier est devenu très-difficile ; Arsène fera peut-être comme les joueurs sans espoir, elle se précipitera du haut d'un quatrième étage sur le pavé. Il n'est pas encore reçu que les femmes se brûlent la cervelle.

Mariette est la compagne de ces trois femmes, elle goûte alternativement les plaisirs de leur triple spécialité; elle est bien forcée d'agir ainsi, la pauvre fille, car son amant s'est marié. Elle s'est habituée au luxe, au plaisir, à la paresse, et la voilà qui passe du cabinet particulier à la table d'hôte, de la table d'hôte à la table de jeu, de la table de jeu à son alcôve; Mariette a dix-neuf ans. C'est l'âge heureux des femmes, c'est l'époque où la vie est la plus belle, où l'ange gardien des jeunes filles répand sur leur tête les fleurs les plus fraîches des innocents désirs. C'est alors que l'inquiète curiosité du cœur prête à l'existence le charme d'un gracieux mystère ; on ne veut rien savoir, mais on veut tout deviner, et la pudeur, qui s'éveille, soulève au fond de l'âme tout un monde de rêves flottants, d'émotions vagues, d'aspirations indéfinies : frais papillons qui secouent longtemps leurs ailes avant de trouver cette fleur divine sur laquelle ils doivent se poser, et qui s'appelle l'amour ! Sainte ignorance, qui faites battre le sein des enfants, et qui faites passer sur la joue des jeunes filles tantôt l'incarnat de la rose, tantôt la blancheur des lis, Mariette vous avait perdue sans avoir goûté vos ineffables douceurs, et sans avoir compensé cette perte par la science de la vie. Elle était tout simplement une femme galante, c'est-à-dire une créature n'ayant ni la conscience de la veille, ni celle du lendemain; vivant dans cette espèce d'ivresse que donnent le luxe, les plaisirs, et par-dessus tout l'incessante flatterie de l'homme auquel la civilisation fait un devoir d'acheter la satisfaction de ses sens au prix d'un éternel mensonge.

A dix-neuf ans elle n'avait plus rien à connaître, elle avait brûlé l'éclat de ses beaux yeux aux reflets des rampes de tous les théâtres, laissé les lambeaux de sa voix aux chansons de cent orgies; elle ne comptait plus les baisers, et ignorait le nombre de ses amants, elle usait de toutes les jouissances sans les éprouver : voilà le sort de toutes ces femmes que nous voyons autour de nous et que nous aimons même quelquefois. Il y a quelque chose au monde de plus affreux que la matière brute, c'est la matière qui usurpe la grâce, c'est cette affreuse confusion de tout ce qu'il y a de plus noble avec ce qu'il y a de plus dégradé que l'on retrouve à un si haut degré dans la femme galante. Pour elles il n'y a plus non-seulement ni honneur ni vice, mais encore ni beauté ni laideur. Apollon et Ésope ne leur représentent qu'une certaine quantité d'or, et cependant elles ne sont point avares : cet or, elles le dépensent comme elles l'ont gagné, sans savoir comment. On leur pardonnerait si on pouvait leur trouver un vice : ces femmes-là ne personnifient qu'une chose, le néant !

Cependant la femme galante est belle, elle séduit à la fois l'amour-propre et les sens ; souvent elle est aimée avec ardeur, avec passion, souvent elle empoisonne l'existence d'un homme de cœur dont la vigilance s'est endormie et dont l'âme s'est laissé surprendre. Malheur à celui qu'un pareil sentiment consume ! Avenir, fortune, honneur même, il sacrifiera tout pour une créature qui ne lui donnera en échange qu'oubli et abandon, non point par cruauté, non point par méchanceté véritable, mais par ignorance, parce qu'elle aura trouvé tout naturel que son amant se ruinât pour elle, parce qu'enfin, pour comprendre qu'un homme vous a donné son honneur et son avenir, il faut connaître soi-même l'honneur et savoir ce que c'est que l'avenir. On cite quelques femmes galantes qui ont partagé leur richesse avec un amant devenu pauvre : ces exemples ne sauraient rien prouver contre l'égoïsme de la masse. Un sacrifice suppose l'amour, et la femme qui parvient à aimer cesse aussitôt d'être femme galante.

L'industrie qui s'exerce dans la rue en plein jour ou à l'éclat des réverbères nous a semblé toujours moins dangereuse pour la société et moins immorale peut-être que celle qui s étale fièrement au milieu des promenades publiques, dans les théâtres, dans les concerts, comme si le luxe pouvait sauver de l'ignominie. Dans le premier cas, si les femmes ne craignent pas de se mettre au-dessus de la pudeur, il y a dans les conditions au moyen desquelles elles achètent la tolérance qu'on leur accorde une sorte de honte officielle qu'on peut considérer comme un châtiment et comme une précaution sociale ; dans le second cas, au contraire, les inconvénients que l'on cherche à prévenir existent sans aucune espèce de garantie pour l'ordre moral. Ceci, dira-t-on, est bien plutôt la faute des mœurs que celle du législateur : on s'est habitué à séparer le vice en deux classes ; on a pitié de la première, et l'on méprise la seconde ; mais alors pourquoi les hommes ne manifestent-ils pas plus souvent et d'une façon plus énergique cette pitié et ce mépris, sentiments puissants qui pourraient éviter bien des malheurs, et faire naître bien des conversions.

Arrivés à ce degré de l'échelle des vices que nous nous sommes imposé le devoir de parcourir, nous ne pouvons nous empêcher d'insister sur le caractère fatal et incompréhensible de ce qu'on appelle une femme galante de nos jours. Autrefois une courtisane, c'étaient Marion Delorme et Ninon de l'Enclos, c'est-à-dire des femmes sages par raison, libertines par tempérament ou par faiblesse, se désolant le lendemain de la sottise de la veille, passant toute leur vie à aller du plaisir au remords, du remords au plaisir, sans que l'un parvînt à détruire l'autre, et n'échappant qu'à leurs derniers instants à ces deux grands ennemis. Aujourd'hui la galanterie n'est pas même une spéculation, c'est presque une manière de tuer le temps, une façon de mener la vie d'artiste. Beaucoup, parmi celles dont nous parlons, si elles pouvaient changer de sexe, deviendraient des rapins chevelus, des jeunes-premiers de la banlieue, ou des poëtes incompris ; d'autres, et c'est le plus grand nombre, jetées dans cet état par hasard, le continuent toute leur vie sans le comprendre. Si la destinée l'eût voulu, elles auraient pu faire des épouses irréprochables. Chez ces organisations, tout dépend de la première impression : le vice ou la vertu ne sont pour elles qu'une habitude. Ce sont des automates en chair.

Autrefois le monde des courtisanes ne s'ouvrait qu'à l'élite de la société ; aujourd'hui toutes les classes y sont admises ; il ne faut donc pas trop s'étonner de la banalité de manières, de l'insuffisance d'esprit qui caractérisent les femmes galantes à notre époque. Dans l'antiquité, Phryné, Laïs, Aspasie, si elles avaient la corruption, possédaient au moins l'intelligence ; mais Louise, mais Athénaïs, mais Laure, mais Adèle, toute la galanterie moderne, par quel côté ne touchent-elles pas à la matière, par quel point se rattachent-elles à l'humanité? est-ce par la paresse, par la gourmandise, par la luxure? Paresseuses : ont-elles le temps de l'être, leur travail n'est-il pas incessant, continu? Gourmandes : elles le sont à leurs moments perdus, et pour ainsi dire par distraction? Quant au dernier vice dont nous venons de parler, la physiologie a démontré depuis longtemps qu'il était chez les femmes une exception qui servait rarement de prétexte à leurs désordres. Est-ce Dieu qui par hasard a voulu qu'il y eût sur la terre des âmes ainsi déshéritées, afin qu'elles pussent servir d'exemple?

Non, ce n'est pas de Dieu que viennent les parias, mais des hommes. De tout temps il a fallu aux générations viriles des plaisirs faciles et des amours d'un instant. L'homme n'a plus soif des émotions pures, il ne s'attache qu'à ce qu'il pervertit, et il trouve une certaine joie à maculer les fruits auxquels il veut goûter. Notre intelligence blasée ne se contente pas de la jouissance, si elle n'a été précédée de la corruption ; il semble que depuis la chute du premier homme nos plaisirs aient besoin d'une arrière-pensée de mal pour être complets, comme l'harmonie d'un tableau a besoin de l'ombre. Si la débauche actuelle est telle que nous venons de la dépeindre, il faut s'en prendre à la vulgaire dépravation de notre siècle : ce sont les Alcibiades qui font les Aspasies.

Il y a cependant dans ce que nous venons de dire des exceptions, et des exceptions assez nombreuses. On a vu quelquefois des femmes réaliser une fortune considérable dans la galanterie, et s'en retirer à un certain âge, comme un négociant qui abandonne les affaires après une vie utilement et laborieusement employée ; d'autres, après avoir vécu pendant plusieurs années avec un homme, réussissent à s'en faire épouser. Ces femmes étaient cependant des courtisanes comme les autres ; sans doute, mais elles avaient de plus que leurs compagnes l'habileté de leur propre corruption : elles exploitaient leurs passions au lieu de se laisser exploiter par elles. Leur attention était sans cesse éveillée à se ménager une issue par laquelle il leur fût permis de rentrer de temps en temps dans la vie ordinaire. L'une devait savoir la politique, afin d'être au courant des conversations de certains vieillards chez lesquels il est de tradition d'entretenir des femmes ; l'autre devait probablement donner des leçons de piano ou de dessin en ville. De cette façon, le premier amant croyait payer des conseils et enrichir une femme d'esprit ; le second s'imaginait épouser une artiste qui lui sacrifiait son avenir. L'homme se laisse facilement imposer des illusions auxquelles il obéit en aveugle. Mais combien ce résultat est difficile à obtenir par une femme ! et la plupart de celles qui forment la classe des courtisanes savent-elles seulement ce que c'est qu'une illusion?

Mariette n'était qu'une femme galante ordinaire. Cependant, moins heureuse que ses compagnes que leur indifférence avait su préserver de ce malheur, elle appartenait à tout le monde, et à quelqu'un en même temps. Elle était la source cachée qui fournissait aux dissipations d'une de ces existences mystérieuses dont le secret se perd dans la nuit des alcôves inconnues. Son or, ses meubles, sa personne, étaient à la merci des caprices d'un de ces hommes dont nous tracerons aussi le portrait, mauvais génies qui semblent avoir reçu des mains de la Providence la mission de rendre au vice ce qui vient du vice, et qui sont sur la terre la punition de ces malheureuses auxquelles Dieu pardonnera peut-être dans les cieux. Il n'y a que les femmes bien lancées qui aient des liaisons de ce genre. Jugez maintenant ce que devait être Mariette, et elle n'avait que dix-neuf ans!

On s'use vite à ce genre de vie; la beauté s'en va, mais malheureusement les besoins restent, et pour satisfaire à ces besoins inexorables il n'est aucun effort qui paraisse trop difficile. Alors se présente un autre danger; on a été trompée par un vieillard, et l'on se trouve face à face avec une vieille femme. On ne fait que changer de corruption : le vieillard vous déshonorait dans son propre intérêt, la vieille femme n'agit que dans l'intérêt des autres. La pourvoyeuse de la débauche prend toutes les formes : elle pénètre dans les ateliers, dans les mansardes, quelquefois même sous le toit de l'épouse chaste et fidèle : c'est le Protée de l'infamie. Auprès de Mariette, la vieille femme prit le costume d'une revendeuse à la toilette; depuis longtemps elle guettait cette proie, et quand elle vit l'heure et le moment propices, elle entraîna la pauvre enfant au plus profond de l'abîme. O Mariette! hier encore on souriait quand vous passiez, pour vous saluer, aujourd'hui tout le monde va détourner la tête, et personne ne voudra vous avoir connue.

Hier, à la rigueur, Mariette s'appartenait encore, aujourd'hui elle est à tout le monde. Le matin, une femme douée d'un embonpoint extraordinaire l'a conduite dans un bureau où elle a donné son nom, son âge, le lieu de sa naissance. Sur ce registre où sont venues se faire inscrire des femmes de tous les pays, depuis la blonde Scandinave jusqu'à la Turque, hôtesse indolente des harems parfumés; sur ce registre où l'on a vu quelquefois réunis le nom de deux sœurs, et, infamie inconcevable! celui de la mère et de la fille, Mariette est pour ainsi dire écrouée à tout jamais. Elle figure sur le livre de fer de la débauche universelle; désormais elle peut exercer en paix son industrie; on lui a délivré sa patente.

Pour ce qui concerne l'existence nouvelle de Mariette, nous n'avons pas besoin de vous dire ce qu'elle est, vous la devinez tous; elle vend de l'amour à tant par heure; elle porte une robe bleu de ciel, des cheveux blonds noués en tresse et bouclés par devant; son œil fatigué brille à certains moments de quelques douces lueurs. Ceux qui l'ont vue dans ce temps-là nous ont assuré qu'elle était encore fort jolie. Pour nous qui ne l'avons connue qu'au village, nous ne savons rien de positif à cet égard.

Il y a dans Paris deux cent vingt maisons, dont quelques-unes s'étalent au grand jour et se transmettent en héritage (comment des filles peuvent-elles en accepter un pareil de leur mère?) comme une étude d'avoué ou de notaire. Dans ces maisons, de pauvres filles sont enfermées, et rien de ce qu'elles gagnent ne leur appartient; on les loge, on les nourrit, on les habille, mais voilà tout. Ce sont des esclaves dont la charité n'a pu parvenir encore à briser les fers. C'est dans un de ces établissements que vivait Mariette; le jour, elle lisait des romans, chantait des romances folles, ou se disputait avec ses compagnes; le soir, elle était à la disposition de tous les désirs. Cette existence, si horrible en elle-même, avait encore cependant ses moments de plaisir. Parfois un jeune homme candide, poussé par de mauvais conseils ou de mauvais exemples à aller apprendre les secrets de l'amour sur l'oreiller du vice, se penchait vers elle en rougissant, et, ne sachant comment la nommer, l'appelait des plus doux noms qu'on prodigue à une première amante; d'autres fois encore, c'était un homme de lettres en train de ramasser des observations pour un prochain roman, qui l'interrogeait avec bonté et lui parlait d'une vie meilleure; souvent aussi arrivait un voyageur qui, n'ayant pas le temps de songer aux amours difficiles, faisait de Mariette sa compagne momentanée et lui proposait de furtives parties de plaisir. Puis venait le jour de liberté que la spéculation accorde chaque semaine à ses pensionnaires. Ce jour-là on avait un beau chapeau comme autrefois, une robe fraîche, et un sourire endimanché; on allait faire à la Chaumière une de ces passions qui durent une contredanse, puis on rentrait avec des souvenirs dans le cœur : pendant quelques heures, cette vie pouvait paraître supportable, elle se dorait encore des derniers reflets d'un passé plus agréable; mais bientôt la réalité reprenait tout son empire : par des disputes plus longues, par des chants plus fous, par des excès plus funestes encore, il fallait essayer d'échapper au sentiment d'une position terrible. Voilà ce que faisait Mariette; elle était forcée de se croire plus heureuse, parce qu'elle était plus bruyante. Cette agitation sédentaire apportait avec elle ses moments de sombre tristesse et de mélancolique ennui. Quelquefois ce vague chagrin de l'amour inassouvi, de la jeunesse mal employée, tourmentait la jeune fille : elle pensait à son village, à son enfant, à la tombe de sa mère, dont les dernières couronnes devaient s'être flétries depuis longtemps. Elle voulut fuir et retourner au pays, mais une force nouvelle la retint clouée au pilori : cette force, c'était la maladie, plaie honteuse et éternelle qui signale le commencement de la vengeance divine.

Un matin Mariette se réveilla sur le lit d'un hôpital. Comme elle souffrit quand il lui fallut étaler ses plaies devant la foule des élèves et des médecins! Ce moment de pudeur la rendit à elle-même : les soins des religieuses, la vue du Crucifix placé au fond du dortoir, lui firent comprendre qu'elle accomplissait le premier degré de la pénitence qui lui était imposée. La solitude la fit redevenir femme : grâces à ce sentiment, elle découvrit sans en être atteinte tous ces honteux secrets que cache la couche du vice, elle échappa à ces infâmes amours qui prennent naissance à l'ombre solitaire des lits de fer; elle aurait pu sortir de l'hôpital pleine d'une pureté nouvelle, si la corruption ne l'avait pas attendue à la porte. Ces horribles industriels qui trafiquent des dépouilles de la mort, qui vendent les cheveux et les dents de ceux qu'ils ensevelissent, livrent aussi pour de l'argent le secret des convalescences brillantes. Cette même vieille qui avait tenté déjà Mariette l'attendait sous un autre costume au seuil de la *Pitié;* la jeune fille voulait rester vertueuse, mais il fallait

manger. La première fois elle pécha par ignorance, la seconde par misère. Désormais elle était perdue sans retour.

Il y a dans la Cité des lieux de débauche sortis des premières boues de Paris; lieux humides, noirs, malsains, affreux gynécées où les voleurs vont chercher leurs amantes. C'est là que la vieille conduisit Mariette. Dans ce repaire, quelle vie! Là, plus de jeune homme candide, plus de poëte consolateur, plus de voyageur épicurien; de l'élégante corruption de la ville fashionable il fallut passer tout d'un coup à la brutale corruption de la ville ignorante. Là, plus d'inoffensives criailleries, plus de romances sentimentales; mais des querelles sanglantes, des chansons obscènes, toutes les dégoûtantes misères de cette galanterie qui dit Je vous aime, en argot. Sentir sans cesse sur sa tête les bras tatoués du charpentier en goguette, du tailleur de pierre aviné, ou du soldat économe qui a réussi à ramasser aux frais de l'état le salaire de sa débauche; reconnaître quelquefois une marque plus significative, apercevoir en tremblant sur une épaule nue l'infâme stygmate du bourreau, voilà en quoi se résumait la condition nouvelle de Mariette. C'est ainsi qu'elle vécut longtemps, se laissant prendre peu à peu à la boisson, ce dernier vice des femmes, jusqu'à ce qu'un homme se présentât de nouveau pour l'aimer.

Comment raconter cette liaison entre Mariette et Alfred Crochard dit *Main-Fine*, industriel fort connu de tous les agents de police qui surveillent les passages? La pauvre femme, heureuse d'être aimée, est bientôt à la merci du voleur : plus elle le voit, plus elle l'adore. La tête remplie des idées les plus romanesques, il lui semble au milieu de son esclavage qu'elle est dans la position de ces femmes mariées qu'une surveillance impitoyable retient loin de leurs amants, et qui n'ont que de rares instants à leur accorder. La malheureuse se faisait illusion, elle était mariée avec la honte; on ne la surveillait pas, mais on l'exploitait. Un jour qu'elle fait toutes ces confidences à M. Crochard, celui-ci, qui entrevoit de plus grands bénéfices pour son amour dans la réalisation du rêve de Mariette, l'engage à abandonner la maison qu'elle habite pour demeurer avec lui. « Sans toi je ne puis vivre, lui dit-il. — Je meurs éloignée de toi, » lui répond-elle. Dès cet instant Mariette devient la maîtresse d'un voleur.

En changeant de condition, elle change aussi de domicile. Le taudis qu'elle loue s'appelle *un garni;* une chambre obscure, dans un de ces immenses phalanstères du vice que, dans un but de prévoyance, la police tolère au milieu de la Cité, abrite le couple nouveau. Mariette n'a fait que changer de tyrannie : sa liberté consiste à aller la nuit exercer la mendicité du carrefour. Elle a non-seulement un amant, mais encore un trésorier sans pitié, qui sait combien de fois le soir elle monte les marches glissantes de son escalier tortueux, et qui lui rend sa recette en coups et en mauvais traitements. Outre cette tyrannie, Mariette en subira une bien plus cruelle encore, celle de la police. A chaque instant s'appesantira sur elle la volonté d'un despote. Ce despote s'appelle le règlement. Si elle dépasse d'une minute l'heure fixée, si elle s'arrête à parler un instant avec ses compagnes si elle va trop vite, si elle marche trop lentement, le règlement, en habit bleu et en tricorne, la saisira brusquement et l'enverra à Saint-Lazare. Combien de fois la pauvre Mariette n'eut-elle pas à subir les cruelles atteintes du règlement pour toutes ces fautes que nous venons d'énumérer! On la faisait monter en voiture, on l'habillait de toile grise, et on la mettait à tisser des bretelles ou des chapeaux de paille. Courbée sur son travail, la malheureuse ne regrettait pas sa liberté, mais son amant. Son premier soin, quand on lui ouvrait les portes de la prison, était d'aller se remettre à sa disposition, et de recommencer à son profit les phases de sa pitoyable existence.

Et quel autre refuge aurait-elle trouvé, l'infortunée? Aujourd'hui il y a des gens qui soutiennent que la loi doit être athée : comment s'étonner qu'elle abandonne ceux qu'elle a frappés. Mariette dans la prison était entourée de soins pieux, d'exhortations religieuses. Une fois dehors, on la livrait à elle-même, seule, sans argent, sans ressources. Il y a des conversions qui exigent plus que des prières : celle de Mariette était de ce nombre. Elle entendait deux voix résonner dans son cœur, celle du prêtre et celle de la misère ; l'une stérile, l'autre coupable ; elle obéissait à cette dernière, n'osant choisir le fatal juste milieu qui existe entre le crime et la faim, le suicide!

Autrefois il n'en était pas ainsi ; de nombreux refuges étaient ouverts au repentir. On appelait les pénitentes *Filles du Bon Pasteur*, ou *Filles de Madeleine*, pour désigner le pardon qui les attendait. Elles ne prononçaient que des vœux simples ; on tâchait même de les marier quand elles le désiraient. Lorsqu'arrivait le jour de se donner à Dieu, on les revêtait de blanc, d'où on les nommait aussi *Filles Blanches*; on leur mettait une couronne sur la tête, et les lévites entonnaient le cantique : *Veni, sponsa Christi!*

Hélas! aujourd'hui la religion n'appelle plus l'épouse du Christ, et sa conversion est devenue une affaire de police.

Mais continuons la triste histoire de tous ces amours qui prennent naissance dans la nécessité de l'amour même. Vous croyez peut-être que l'intimité dans laquelle cette femme va vivre avec son amant, que la connaissance de ses défauts, la certitude de ses vices, vont la dégoûter de lui ; nullement. A travers toutes les humiliations, toutes les souffrances, toutes les ignominies, elle poursuivra la réalisation de sa chimère, l'amour! Pour avoir quelqu'un qui lui appartienne, elle qui appartient à tout le monde, Mariette fera tous les sacrifices, elle s'imposera toutes les privations, elle se jettera en pâture à tous les besoins de Crochard, afin de pouvoir un jour pour toute récompense aller s'ensevelir avec lui dans quelque recoin d'un théâtre du boulevard, ou bien sous l'allée de quelque guinguette des Champs-Élysées, seul endroit où les voleurs aillent de temps en temps faire un peu de poésie.

Mariette subit le sort de toutes les femmes, même de celles qui descendent dans la rue : celles-là aussi, au milieu de leurs plus grands dérèglements, sont condamnées à chercher l'amour, elles en demandent à ceux qui peuvent leur en donner. Leurs amants sont des voleurs; et qui donc serait-ce, sinon ceux que la société proscrit comme elles? Croyez-vous que le chevalier Desgrieux eût continué à aimer Manon Lescaut si, au lieu de la renfermer à l'hôpital, on lui eût donné tout d'abord la carte de la police? On s'est souvent demandé comment il se faisait que des femmes pussent aimer ceux qui les ruinaient ainsi, qui les accablaient d'invectives, qui les meurtrissaient de coups. L'amour ne meurt jamais dans le cœur d'une femme, mais il se déprave. Celles dont nous parlons sont si souvent méprisées qu'elles regrettent de n'être pas maltraitées : pour elles, la passion ne se formule plus dans un baiser, mais dans une contusion. D'ailleurs chacun aime à sa manière. Les amours du tigre ne ressemblent pas à celles de la colombe.

Pour s'expliquer jusqu'à un certain point la dégradation de Mariette, il faut envisager les progrès qu'a faits la démoralisation à notre époque. De nos jours, par exemple, le vol a pris des allures spirituelles, que disons-nous, le vol? l'assassinat lui-même s'est humanisé. Comment voulez-vous que des femmes, et surtout des femmes avilies, aient peur d'un homme qui est gai, content, sans souci; qui sait se composer un costume pittoresque avec des haillons, qui est au courant de tout, de la politique, de la littérature et des pièces nouvelles? Lacenaire, le soir même de son crime, fut se distraire un instant aux Variétés; il aurait pu tout aussi bien écrire des vers légers pour sa maîtresse. Malheureusement Lacenaire n'aimait pas les femmes.

Depuis que le remords a été destitué, la justice n'a plus qu'une pourvoyeuse active : c'est la jalousie. Une trahison qui répond à une autre trahison, c'est l'histoire ordinaire de la jalousie qui se venge. Dans ce monde impur des forçats et des prostituées, la passion exerce ses ravages comme partout ailleurs. Là on n'a qu'une seule manière de se venger : c'est d'aller révéler le secret d'une complicité terrible à la police. La prison vous débarrasse d'un rival et punit une infidèle. Sans ce contre-poids nécessaire, la sécurité publique serait gravement compromise; si les vingt-quatre mille forçats libérés, qui vivent tous d'une industrie plus ou moins coupable, n'avaient chacun une maîtresse, il serait impossible d'habiter Paris.

Mais le moment est arrivé où Mariette va être obligée de donner des preuves véritables de son amour. Crochard a été arrêté, Crochard est en prison sous le poids d'une accusation de vol; il est soumis au dur régime des détenus, il n'a que le pain noir et l'eau claire de la geôle pour toute nourriture et pour toute boisson. Le cœur de Mariette saigne : elle redouble d'activité, de travail, d'abnégation. Par ces terribles soirs d'hiver pendant lesquels on dit que les chiens même ne sortent pas, elle descend dans la rue, elle reçoit la pluie sans s'en apercevoir; le froid passe sur elle sans l'atteindre. Elle attend ainsi, pendant des heures entières, l'aumône aléatoire de la débauche. Si la soirée a été bonne, vous la verrez passer le lendemain de grand matin, dans la tenue d'une grisette qui se rend à l'ouvrage. Ne la regardez pas, cette femme, qui le soir regarde tout le monde : elle rougirait, soyez-en sûr, car elle va commettre une bonne action : elle court consacrer son gain de la veille au soulagement d'un pauvre prisonnier. Elle lui achètera une bouteille de vin, un pâté, une livre de tabac, tout ce qui peut flatter ses goûts, enfin ; et en rentrant chez elle, sa faim se contentera d'un morceau de pain. C'est ainsi que la charité se fait souvent la complice du crime.

Crochard a été acquitté. Ce succès l'encourage à méditer de plus grandes entreprises : Crochard ne tardera pas sans doute à devenir assassin ; il parle de ses projets tout haut, il cherche des complices ; une mort fatale l'attend. Mariette va-t-elle enfin comprendre toute l'atrocité de son amour ? Hélas ! cet effort est au-dessus de ses forces. Elle a commencé par aimer Crochard parce qu'elle avait besoin de s'attacher à quelqu'un ; elle a continué à l'aimer parce qu'il était malheureux ; elle lui sera fidèle parce qu'il est proscrit ! Comment voulez-vous qu'une femme résiste au triple attrait de l'amour, de la charité et du romanesque ? Il lui semble qu'elle est l'héroïne du dernier roman qu'elle a lu autrefois. Son amant ne peut la voir que dans les ténèbres ; les agents de police lui font l'effet de sicaires apostés par un tuteur barbare ; les juges ne sont pour elle que les représentants de la force ; elle envisage la guillotine comme le poignard d'un mari outragé qui frapperait dans l'ombre. Elle est heureuse et fière d'être l'unique refuge, la providence d'un homme. Un jour viendra où cet échafaudage fantastique s'écroulera ! On surprendra l'assassin chez sa maîtresse : alors Mariette oubliera tout pour le sauver ; elle offrira aux gendarmes son argent, ses bijoux ; et, poussée à bout, elle ira jusqu'à se croire vertueuse, elle perdra de vue son passé et son présent, elle offrira sa personne, comme si sa personne avait une valeur, et comme si de tout temps il n'avait pas fallu des caresses de vierge pour attendrir les bourreaux !

Ce jour-là ne vint, hélas ! que trop tôt pour Mariette ; Crochard fut condamné à mort. Arrêtée comme sa complice, ses juges l'acquittèrent. Sur la pente où elle était placée, il lui était bien difficile de s'arrêter. Le procès de son amant avait été assez célèbre pour lui permettre de trouver un asile opulent au comptoir de quelque limonadier désireux d'achalander sa boutique. Renvoyée au bout de deux mois, que serait-elle devenue ? peut-être l'espionne des galériens, la pourvoyeuse du crime, l'entremetteuse de l'assassinat !

Dieu la sauva de cette fin misérable par la mort. Épuisée par cinq années de débauche, Mariette expira sur le grabat d'une prison, entre un médecin et une sœur de charité. On l'enterra dans la fosse commune, car personne ne devait venir prier sur le tombeau de la femme sans nom !

TAXILE DELORD.

LA JEUNE FILLE.

L'ÉLÉGIE a raison; oui, la vie est amère,
La tristesse est durable et la joie éphémère.
Vainement on aspire à des destins meilleurs.
Dans les plus purs ruisseaux un limon se dépose;
Le serpent vit dans l'herbe, et le ver dans la rose,
Et le chagrin dans tous les cœurs.

Oui, dans ce siècle étroit, tout sublime courage
Étouffe et manque d'air, comme un lion en cage.
Nos yeux sont fatigués du spectacle du mal :
Personne ne comprend l'homme à haute pensée;
Il est traité de fou par la foule insensée,
Comme le Tasse à l'hôpital.

Plus d'amour éternel, plus de rêves mystiques;
Le souffle de la foi, dans les temples antiques,
Ne vient plus soulever le pieux labarum,
Et la fille du Christ, l'Égalité sacrée,
A des pharisiens sans pudeur est livrée;
L'ange est au pandémonium.

Mais pour nous consoler des misères humaines,
Pour faire que, plié sous le fardeau des peines
L'homme ne doute point de la Divinité;
Comme en un ciel obscur deux étoiles dorées
Dieu nous donna deux sœurs en ce monde adorées,
La jeunesse avec la beauté.

De nos afflictions vous êtes le remède,
O trésors fugitifs ! celle qui vous possède
A de quoi réjouir notre oreille et nos yeux.
Qui ne s'épanouit à voir la jeune fille,
Et son visage d'ange, et son œil qui pétille
A l'ombre d'un réseau soyeux ?

Que de charme en son air, en sa démarche ! il semble
Que Dieu, pour la former, ait voulu joindre ensemble
Ce qu'ont de plus suave et la terre et les eaux,
Riches teintes des fleurs, doux regard des gazelles,
Corsage gracieux comme les demoiselles
Qui voltigent sur les roseaux.

Avant qu'elle ait parlé, de sa bouche de rose
Est prête à s'échapper quelque charmante chose,
Comme sort d'un beau vase un nectar précieux.
Sa parole a du miel, et sa voix est plus douce
Que le gazouillement du bouvreuil dans la mousse,
De l'alouette dans les cieux.

Sur son pudique front se reflète son âme;
D'une charité sainte elle ressent la flamme,
Elle sait de bienfaits peupler son souvenir;
Ses mains sont pour donner ouvertes à toute heure;
Les pauvres mendiants au seuil de sa demeure
Ne passent point sans la bénir.

N'êtes-vous point touchés des soins qu'elle dispense
A l'animal qui vit comme à l'homme qui pense,
Soit qu'elle mène en laisse un agneau favori,
Soit que le passereau la suive à tire-d'ailes,
Ou que de son giron les blanches tourterelles
Recherchent le moelleux abri ?

Elle est bonne et pieuse; ardente à la prière,
On la voit à l'église, à côté de sa mère,
Tourner dévotement les feuillets d'un missel.
Elle chante, elle prie, et la bonté divine
Sans doute a distingué cette voix argentine
Dans le concert universel.

Parfois s'agenouillant au fond d'une chapelle,
Les péchés innocents que sa candeur révèle
Font monter un sourire au front du confesseur.
Elle offre à Dieu l'encens d'une âme sans reproche,
Et le recueillement l'élève et la rapproche
Des anges dont elle est la sœur.

Vienne un beau jour d'été, pur et riant comme elle,
Que de mille splendeurs le soleil étincelle,
Qu'il fasse en vagues d'or ruisseler les moissons,
Dans les champs d'alentour vous la voyez errante,
Ravir à l'églantier sa parure odorante,
Et picorer dans les buissons.

L'hiver, ce sont les bals, les fêtes, les soirées,
De lustres, de festons les salles décorées,
Et la danse, et l'orchestre aux accords enchanteurs.
Là toute radieuse, et de fleurs couronnée,
Reine par le plaisir, elle est environnée
De son cortége de flatteurs.

Oh ! que d'illusions nombreuses et pressées,
Dansent à son chevet, les mains entrelacées !
Rien de son horizon n'assombrit la couleur.
Il est de pourpre et d'or, et le sort infidèle
Dans sa coupe jamais ne versera pour elle
Le suc amer de la douleur.

Lorsque pour lui voiler les peines préparées,
L'espoir a déployé ses ailes azurées,
Voit-elle les chagrins dans l'ombre s'attrouper ?
Au détour du sentier que suit la voyageuse,
Peut-elle voir la mort, implacable faucheuse,
Embusquée et prête à frapper ?

Non ; exempt de soucis s'écoule son jeune âge ;
La vieillesse à ses yeux est un lointain rivage,
Dont sa barque toujours saura fuir les brisants.
A son appel jamais le plaisir n'est rebelle ;
Elle rit, elle joue, elle chante, elle est belle,
Elle est riche de ses quinze ans.

Même au bal, l'autre soir, un jeune homme au front pâle
Auprès d'elle est venu s'asseoir par intervalle ;
Il la magnétisait de son regard brûlant,
La crainte contraignait ses lèvres à se taire ;
L'amour habite un temple entouré de mystère
Que l'on n'aborde qu'en tremblant.

Mais d'où vient cette sombre et vague rêverie ?
D'où vient que de son front la beauté s'est flétrie,
Que ses yeux demi-clos s'ouvrent languissamment ?
Un pressentiment vague a visité ses veilles,
Et dans la solitude un sylphe à ses oreilles
A murmuré le nom d'amant.

Tu le connais à peine, et déjà, jeune fille,
Tu vois à tes côtés grandir une famille,
Au sources du bonheur tu penses t'enivrer.
Vos premières amours ne seront point troublées;
Vous êtes deux moitiés par le ciel assemblées
Qu'on brise sans les séparer !

Et ton cœur bat plus vite, et tu songes sans cesse
A ce jeune homme, objet d'une ardente tendresse;
C'est l'aube de tes jours, l'étoile de tes soirs;
Et, quand autour de toi vient peser la nuit sombre,
Ainsi qu'un feu follet, tu vois luire dans l'ombre
L'étincelle de ses yeux noirs.

Qu'il est trompeur l'espoir dont son âme se flatte !
Avec son habit noir et sa blanche cravate,
Un homme, procureur ou notaire, apparaît;
Et de fleurs d'oranger parant ta chevelure,
Tu vas te consumer, victime douce et pure,
Sur les autels de l'intérêt.

Malheur à toi, malheur, âme dépossédée,
Qui d'un bel avenir avais conçu l'idée,
Qui marchais le front haut, fière de ton printemps !
C'est ainsi que tout char dans sa course dévie;
Parmi nous, qui ne peut appliquer à la vie
L'histoire des bâtons flottants ?

Tu vas à chaque instant de ton pèlerinage
Contre quelque douleur te heurter au passage;
Pleure sur le tombeau de tes plaisirs défunts !...
L'âge te vient saisir dans l'ivresse et la joie,
Comme la nuit surprend une abeille qui ploie
Sous sa récolte de parfums.

Qu'est-ce donc que l'amour ? Un songe de poëte,
Un esclave déchu qu'on vend et qu'on achète,
Un orphelin banni du foyer paternel,
Un beau feu que le monde éteint avec colère,
Un rêve que l'on peut commencer sur la terre,
Qui n'est réalisé qu'au ciel.

Qu'est-ce que la jeunesse ? Un brillant météore,
Un jour dont le déclin est proche de l'aurore,
Dont le souffle du temps vient dissiper l'azur,
Un éclair qui s'éteint au milieu de la pluie,
Et présage au mortel embarqué sur la vie
Les tempêtes de l'âge mûr.

E. DE LABÉDOLLIERRE.

LE PAIR DE FRANCE.

Il n'est pas inutile de remarquer, avant de parler du pair de France, que la pairie a gagné à la révolution : avant 89, les ducs et pairs n'avaient aucun droit politique; ils ne faisaient point partie du gouvernement, et leurs priviléges se bornaient à la stérile prérogative de siéger au parlement; ils étaient réduits à un droit de *veto* toujours éludé par des lits de justice. C'est Louis XVIII qui a fait de la pairie un des trois pouvoirs. La révolution de juillet a confirmé l'œuvre de l'exilé d'Hartwell; cependant en 1830, le banc des évêques disparut, et un seul pair ecclésiastique vint reconnaître l'élection d'un roi par la souveraineté du peuple. Ce fut M. l'abbé de Montesquiou : nous le vîmes arriver, les cheveux poudrés, l'habit noir, le petit manteau flottant sur les épaules, le tricorne discrètement placé sous le bras gauche ; il prêta serment d'une voix éteinte, s'assit un moment non loin du banc des ministres, puis quitta la chambre sans retour, et avec lui s'évanouit pour nous le spécimen du prêtre législateur et juge.

Depuis la Charte de 1830, le cercle dans lequel le roi peut choisir des pairs s'est fort élargi : des présidents de tribunaux de commerce, des académiciens, des banquiers, des manufacturiers, des propriétaires, peuvent être nommés pairs. L'aristocratie de naissance ne siége donc pas seule à la chambre ; elle y donne la main à des hommes sortis du peuple, dont le talent ou l'habileté ont fait la fortune politique. Il y a telle de ces seigneuries qui a commencé sa carrière par être quatrième clerc d'huissier, ou qui, la serpilière autour du corps, a été le garçon d'un de ces commerçants dont la profession semble dévouée aux épigrammes des vaudevillistes ou aux malices des rapins, d'un épicier. Ces hommes nouveaux sont en petite minorité à la chambre, et ne la réconcilient ni avec une démocratie jalouse, ni même avec la nation, qui la voit d'un œil méfiant parce qu'elle imagine, à tort sans doute, que la pairie regrette l'hérédité, et parce qu'elle regarde, avec plus de raison, cette chambre comme un instrument forcé des volontés ministérielles, puisqu'un ministre peut faire des pairs par fournée quand il doute de sa majorité.

Il est difficile de savoir au juste si la pairie gagne ou perd en considération, en joignant à ses fonctions législatives des attributions judiciaires.

Cette question et beaucoup d'autres qui se rattachent à la pairie ne sont pas de notre sujet; ce n'est pas précisément de l'homme politique que nous voulons parler ici; ce n'est pas seulement revêtu de son habit bleu brodé d'or, et assis sur son siége inamovible, que nous voulons présenter un pair de France : nous entendons parler d'un type singulier qui se perd sans se reproduire, parce que nos institutions, nos mœurs, notre éducation, tout change, tout se modifie, et que l'à-propos d'une restauration, qui l'a fait revivre, ne se présentera plus. Il n'est peut-être pas indifférent de rassembler ces traits fugitifs tandis qu'ils sont encore sous nos yeux.

L'homme dont il s'agit, c'est ce gentilhomme de nom et d'armes, que la Charte de Louis XVIII rattacha avec des droits nouveaux à l'ancienne pairie de ses ancêtres, et qui remonte ainsi jusqu'à Charlemagne, aussi clairement que tout bon pair d'Angleterre doit remonter au roi Arthur, ou du moins à Guillaume-le-Conquérant. Ce noble pair porte insoucieusement un beau nom; il n'y a personne au monde à qui il soit précisément attaché, si ce n'est son agent de change, qu'il conseille bien, mais avec lequel il ne se familiarise cependant pas trop; il a le coup d'œil politique bon, sous le point de vue néanmoins de son intérêt personnel et de celui de sa caste. Il a vu facilement que le terrain de la chambre n'était pas favorable à une lutte avec le ministère : on ne gagne à cela qu'une popularité incertaine et, selon lui, inutile : sa popularité, il la place ailleurs; il vote donc avec le ministère, ou il s'abstient : mais il est l'ami des ministres, qui sont pour la plupart ses compagnons d'enfance, de plaisir, ou ses alliés : les ministres le préviennent, le saluent, l'abordent; ils lui font mille cajoleries; lui, les reçoit dignement d'un air libre et dégagé, comme un homme qui donne son vote sans rien demander en retour; il arrive néanmoins tout naturellement que ses plus proches parents sont placés, ses petits neveux bien pourvus, et que les citoyens dont il est le patron font leur fortune.

Nous sommes tous égaux devant la loi : il n'y a plus de dîmes ni de servage, plus de corvées ni de droit de main morte; comme nous ne reconnaissons, non plus, ni fiefs, ni alleux, ni haute ou basse juridiction; il y a des impôts consentis par les chambres et également répartis sur tous les citoyens, dans la proportion de leur fortune : le pair est grand propriétaire, il est donc un des plus imposés de son département, et fait partie du conseil général : c'est là qu'il brille. Dans ses terres il est seigneur suzerain; au conseil général, il est président. Si le département veut s'imposer extraordinairement, il fixe le nombre des centimes additionnels; si la commune veut un pont, un chemin vicinal; si elle désire conduire sur telle ou telle ligne le tracé d'un chemin de fer, avoir une école primaire ou secondaire, une salle d'asile, c'est lui que cela regarde; il se charge de tout, il aplanira toutes les difficultés; il parlera aux ministres durant la session. En effet, quoiqu'il paraisse peu à la tribune, il fait partie de la commission chargée de l'examen des projets de loi d'intérêts locaux : le rapport est favorable, et la chambre adopte. Il est vrai que le chemin vicinal longe ses propriétés et en augmente la valeur, que le pont conduit à son avenue, et que l'instituteur primaire est son protégé; mais le département, la commune, n'en ont pas moins vu leurs vœux s'accomplir; il a tenu sa promesse, et ce n'est pas sa faute s'il est grand propriétaire. Alors son influence s'accroît, son aristocratie devient populaire; on ne dit plus monsieur le comte, monsieur le marquis, ou monsieur le duc un tel; mais monsieur le comte, monsieur le marquis, monsieur le duc tout court: cela s'entend, on sait ce que cela veut dire. C'est ainsi que revient peu à peu l'influence seigneuriale de 1780; la forme change, le fait demeure le même; c'est un fleuve détourné qui rentre dans son lit doucement, sans arracher ses bords, et par la force des choses. Viennent les élections, il est une puissance; puissance amie qui serre affectueusement la main que lui tend le pouvoir. La session commence, et tandis qu'il va siéger à la chambre haute, son fils aîné est, par le choix des électeurs de son département, envoyé à la chambre élective. Le ministre de l'intérieur, alors, ne peut pas faire moins que de donner une sous-préfecture à son second fils, tandis que le troisième, lieutenant de cavalerie, est tout à coup distingué par le ministre de la guerre, et n'a qu'un temps de galop à faire pour passer sur le ventre de ses camarades et devenir capitaine. Un autre intriguerait pour conquérir ou pour garder cette position; il solliciterait ces faveurs, cet établissement complet de sa famille; lui ne s'en mêle pas : il a un beau nom, il est pair, il est riche; tout vient à lui, parce que tout doit y venir. Le trait distinctif de son caractère, c'est l'indifférence. Il n'est point ambitieux. Que peut-il désirer, en effet? Une préfecture? Ce serait sacrifier son repos sans augmenter sa valeur personnelle. Il ne s'est rallié d'ailleurs que pour ne pas nuire à la fortune de ses enfants, tout en gardant la liberté de ses allures; s'il acceptait un emploi, il compromettrait un avenir incertain, il est vrai, mais *possible*. Il obéit ainsi à un de ces adages : *tout est possible*. Il a l'ignorance financière d'un bon gentilhomme, une recette générale ne lui convient donc pas : reste un ministère; mais il est trop homme du monde pour s'asseoir sur ce banc de douleur qui veut des athlètes plus vigoureux; trop ennemi de la fatigue et du travail pour s'atteler à ce collier de misères; très-répandu dans les salons, il est à peu près inconnu à la chambre élective; sans connaissances positives, le commerce, l'industrie, la navigation, la guerre, rien de tout cela ne lui est précisément étranger, depuis vingt ans il en entend parler tous les jours; mais tout cela lui est inconnu; il n'en sait ni la marche, ni les écueils; enfin, il n'est pas orateur, la tribune lui inspire une répulsion native, une terreur muette; sa gorge se resserre à la vue de nos rostres de marbre ou d'acajou. Ne demandant rien, promenant sur tout un œil dédaigneux, il n'est donc un danger pour personne, tandis qu'il est un protecteur pour beaucoup, et qu'il peut être un aide pour tous.

La Bruyère dit que les courtisans sont, comme les marbres des palais, durs et polis. Nous ne pensons pas qu'un des types distincts de la figure que nous présentons ici soit la dureté; mais, à coup sûr, c'est la politesse : elle est un de ses signes particuliers, un de ses attributs. Voyez-le : il a l'œil calme et doux, le sourire bienveillant, une voix qui sympathise avec vos chagrins ou votre joie; il écoute, il promet, ou, s'il refuse, c'est avec un regret, une tristesse qui vous émeuvent vous-même : vous vous retirez satisfait. Doux avec ses gens, il salue, chez lui, jusqu'à ses servantes; Louis XIV en usait de même avec les jardinières de Versailles. Cependant cette douceur de mœurs n'est pas complète, cette aménité de caractère a ses mauvais jours; un monstre a le funeste privilége de changer son humeur et d'altérer son sang : c'est la république. A ce nom seul, ses yeux s'arment de sévérité, son front se plisse, le sourire s'efface de ses lèvres, il détourne la tête avec effroi : à son imagination irritée se peignent toutes les horreurs de 93, toutes les tueries de septembre; la Saint-Barthélemi n'est rien auprès des images sanglantes qui l'épouvantent. Il est encore à comprendre comment de 90 à 1805 la France ne s'est pas abîmée sous ses propres ruines. Il secoue alors ces souvenirs, et reporte sa pensée sur les temps antérieurs à la révolution; il fait ainsi fuir de sombres images, car il est le premier homme du monde sur la chronologie scandaleuse de l'histoire de France : depuis la mort du régent jusqu'au parlement Maupeou, il en remontrerait aux faiseurs de mémoires. Son grand-père, en effet, a vu l'aurore du règne de Louis XV; son père en a vu le déclin. Madame de Pompadour n'a pas dit un mot qu'il ne connaisse; madame Du Barry n'a pas fait une folie qui ne soit enregistrée dans sa mémoire. Il sait l'étiquette de la cour, l'ancienne et la nouvelle; il vous racontera les chasses du roi. Tout enfant, il a vu Saint-Georges. Son père était lié avec le vicomte de Barras; M. de Barras! bon gentilhomme d'une noblesse aussi ancienne que les rochers de la Provence, homme d'esprit et de courage, mais qui pensait mal. Là, il s'arrête, il trace une ligne : de Barras, il passe sans transition à Louis XVIII. Toute la gloire de l'empire le touche peu, ou, pour mieux dire, cette gloire l'importune; elle dérange ses idées de noblesse et de gentilhommerie : il éprouve un certain dépit de tous ces hauts faits contemporains, de ces fortunes militaires conquises par des hommes du peuple; il accepterait bien les batailles, mais elles ont le tort de n'avoir pas été conduites et gagnées par des gentilshommes..... C'est une faiblesse qu'il reconnaît et dont il ne peut se défendre. Il croit fermement à une aristocratie de race, à des différences physiques de castes. Selon lui, quelque chose d'exquis distingue la noblesse de la bourgeoisie et du peuple : c'est la finesse de la peau, ou la sensibilité des nerfs, ou la forme des traits; sur l'aspect de la main, il nomme la duchesse, la femme de l'avocat, ou la simple grisette. Pour soutenir cette théorie, il a ses autorités : lord Byron, Walpole et d'Aubigné. Amoureux de Voltaire, comme les marquis du dix-huitième siècle, il cite volontiers ce vers d'une de ses tragédies :

> Ceux que le ciel forma d'une race si pure...

Et ceux-là, ce sont surtout lui et les siens. Il n'échangerait pas son arbre généalogique contre un Raphaël. Conteur aimable, il a acquis dans ce genre difficile une réputation d'esprit. Les anecdotes du règne de Louis XVIII sont celles qu'il dit le mieux. Il était jeune alors; il faisait partie de la maison rouge. Sans être précisément gastronome, il sait tous les secrets culinaires de feu le duc d'Escars ; il conserve, écrites de la main du duc, les recettes des fameuses crépinettes et des succulentes grives en caisse, dont le goût exquis consolait un peu Louis XVIII des ennuis causés par le pavillon Marsan.

Deux articles de la Charte de 1830 le blessent profondément.

Le 23e, qui, dans son 28e §, déclare que le nombre des pairs est illimité, et, dans son 29e, que la pairie n'est pas héréditaire. Il est vrai que le premier de ces §§ offre aux ministres le moyen de réparer les désavantages du second. Mais l'article 28, qui attribue à la chambre des fonctions judiciaires, et décide qu'elle connaîtra des crimes de haute trahison et des attentats à la sûreté de l'état, est un poids que sa poitrine peut à peine soulever. C'est un homme doux et indifférent, comme nous l'avons dit; un procès criminel est donc un topique excitant dont la force révulsive trouble la tranquillité de ses jours et le repos de ses nuits. L'aspect des prévenus l'oppresse, les longs débats le fatiguent, les plaidoiries des avocats jettent son esprit dans une inextricable indécision : il songe, malgré lui, que cet accusé de la vie duquel il va décider est un citoyen honorable, qui à tous les torts politiques joint peut-être toutes les vertus privées; qui, s'il eût réussi dans son audacieuse entreprise, lui aurait donné des maîtres nouveaux, et devant lequel alors il lui faudrait rendre compte de sa position actuelle Qui sait si au fond du cœur il ne trouve pas, en cherchant bien, une secrète sympathie pour l'une des opinions dissidentes? La peine de mort est d'ailleurs écrite dans la loi; les boules noires lui semblent donc nager dans le sang : s'il venait à plonger sa main parfumée dans l'urne du vote, il croirait la retirer tachée et rougie!....... La fièvre le saisit, son rhumatisme oublié revient, sa goutte douloureuse et complaisante accourt : il est malade, et le président reçoit une lettre qui contient le récit de ses souffrances et l'expression de ses regrets; *Le Moniteur* relate qu'il ne peut pas partager les travaux de la cour. Il achète ainsi la tranquillité et le sommeil, avec des frictions et de la tisane. Après le jugement, il entre rapidement en convalescence, et bientôt, la conscience insoucieuse, l'esprit calme, il reprend à la chambre le vote interrompu des chemins vicinaux.

Sans être précisément religieux, ni le moins du monde dévot, il serait au désespoir s'il n'avait pas un parent évêque, s'il ne pouvait pas dire : « Mon cousin M. de Vannes, mon neveu M. de Digne. » Il redoute, comme nous l'avons vu, les fonctions de juge, mais il est ravi d'avoir dans sa famille des présidents de cour. C'est de bon goût; c'était ainsi autrefois : une grande famille doit tenir à l'épée, au clergé et à la robe.

Cet homme, de mœurs si douces et si élégantes, qui, pareil à Fontenelle, ne se laisse agiter par aucun fait, ne permet à aucun événement de le préoccuper avec vivacité, a eu cependant, dit-il, des passions violentes. Sous l'empire, quand nos armées victorieuses parcouraient l'Europe, il était alternativement à Paris ou en Italie : riche, jeune, inoccupé, ce fut le moment des orages. Si la maturité n'était pas arrivée à point, si l'empereur n'avait pas été vaincu, et que Louis XVIII ne fût pas revenu, sa fortune était compromise : il la perdait avec une danseuse; il vendait ses bois pour une comtesse italienne. Mais heureusement il a compris, à quarante ans, la nécessité de changer d'amours. Un pair de France ne doit pas aimer à l'étranger, ne peut pas décemment avoir un rival préféré à l'Opéra. Il eut alors une passion, un attachement solide; ce fut un nouveau Saint-Lambert auprès d'une autre madame d'Houdetot. C'est lui qu'on voyait tous les matins, à cheval, sur la route de Saint-Cloud, suivi d'une calèche vide et d'un groom porteur d'un énorme bouquet; il allait prendre la comtesse ou la marquise pour une promenade au bois. A défaut d'un amour jeune et ardent, il offrait alors un amour gai, un amour spirituel. Personne ne contait mieux l'anecdote de la veille, la nouvelle du jour. Assidu sans être importun, il savait dire des choses flatteuses sans être fade, et avait surtout l'art d'arriver et de partir à propos. Toujours heureux, toujours favorisé par les circonstances, au bout de quinze ans d'une constance à toute épreuve, d'une union que rien n'a altérée, il trouve un jour, dans le salon de cette femme aimée, une figure nouvelle : c'est un homme en habit noir, l'air timide, l'œil doux et distrait.

— Quel est ce monsieur? demande-t-il à la maîtresse du logis.

— Devinez.

— Je ne saurais.

— Allons donc! J'ai eu quarante ans le mois passé! Vous ne devinez pas?

— Ah! pardon... Votre confesseur, madame.

— Précisément.

Il est homme de goût, il a passé sa vie parmi les diplomates : cela lui suffit. A l'amour satisfait et éteint succède l'amitié. Ce sont toujours les mêmes soins, les mêmes empressements, la même assiduité; mais l'abbé est en tiers dans sa vie, et il le préfère. L'abbé lui a fourni un dénoûment qu'il cherchait en vain depuis longtemps; il lui a fait doubler l'écueil où allait échouer sa fidélité mourante : maintenant qu'il vieillit, qu'il n'est plus amant, et que son amie est dévote, il songe tout à fait à lui, rentre à ses heures, avoue la faiblesse de son estomac, et voit souvent son médecin.

Toujours simplement vêtu, il l'est cependant avec goût, c'est-à-dire qu'il ne suit la mode qu'avec ce tact d'un vieillard adroit qui veut avant tout éviter le ridicule; mais, comme il a toujours aimé les chevaux et les équipages, sa voiture est du meilleur faiseur, et son attelage est le plus cher qu'ait vendu Crémieux. Il loge au faubourg Saint-Germain dans un vaste hôtel à qui les souvenirs historiques ne manquent pas : c'est Vateau qui a décoré son salon; Boucher a peint le boudoir de sa femme; les fantaisies, les meubles, tout chez lui est du style Pompadour. C'est son époque. — Prenez garde, vous voilà dans un fauteuil qu'a occupé Voltaire. — Cagliostro a passé deux heures dans cette bibliothèque. — Cet *Esprit des Lois*, magnifiquement relié, fut jadis un présent de Montesquieu lui-même. — Ici Marmontel a lu ses *Contes*, et Thomas, sa *Pétréide*. — Dans cette salle à manger a dîné M. de Maurepas.

C'est cet hôtel qu'il quitte tous les ans pour aller passer l'été dans ses terres, où d'autres souvenirs l'attendent. Il part quinze jours avant la fin de la session, non pas précisément pour voir serrer ses blés et vendanger ses vignes, mais parce que juin va finir, et que juillet ne l'a jamais vu à Paris; il n'y était pas en 1830. D'autres voteront le budget. Il compte cependant mourir dans son hôtel, et le prêtre qui l'assistera sera cet abbé, ce commensal de son intime amie. Tout se tient chez lui, tout s'enchaîne, et il a si bien fait, que cet abbé confesse sa femme et prépare à leur première communion ses petits enfants.

Nous l'avons dit en commençant, les pareils de cet homme noble sont clair-semés dans la chambre : elle a aussi ses grands propriétaires sans suzeraineté, ses banquiers, ses industriels, ses savants, et jusqu'à ses prolétaires, gens fort recommandables d'ailleurs, mais qui en changeant de condition n'ont pas changé d'allure; ces hommes nouveaux sont plus instruits, plus positifs et moins polis que leurs nobles et rares confrères. La chambre présente d'ailleurs tous les contrastes; contrastes de mœurs, d'âge, de fortune et d'habileté.

A côté du pair dont l'équipage armorié ébranle le pavé de la rue de Tournon, marche à pied celui à qui sa fortune modeste ne permet, les jours d'orage, que les coussins mal rembourrés d'un fiacre, ou les banquettes banales d'un omnibus. L'omnibus de l'Odéon a souvent ainsi transporté vers le Palais-Royal les sténographes du *Moniteur*, les journalistes de la *Tribune* et un noble duc qui, après avoir commencé comme eux, avoir glorieusement servi l'empire et salué de nouveau le drapeau tricolore, vient de mourir regretté de tous les honnêtes gens et de tous les partis.

La chambre a, comme toutes les assemblées délibérantes, ses membres muets, Dieux du silence brodés d'or, Harpocrates en habits bleus, dont l'opinion part du cerveau, pour arriver à la main sans s'arrêter à la langue; ils réservent leur éloquence pour les comités secrets, pour les réunions dans les bureaux. Je ne sais quel ancien a dit qu'il est encore plus facile d'aller à Corinthe que d'affronter la tribune. On a remarqué que les amiraux qui font partie de la pairie parlent peu, ou même pas du tout; ces voix qui ont dominé les orages, fait mouvoir des escadres, fait gronder ou se taire dans leurs sabords de nombreuses batteries, sont sans puissance quand elles n'ont pas d'ordre à donner et s'il leur faut se faire entendre sans porte-voix.

Les fils du roi sont pairs de France, c'est un droit de leur naissance que la Charte a consacré; ils assistent rarement à la séance, viennent, quand elle est commencée, s'asseoir derrière le banc des ministres, et leur âge, comme leur position, les fait s'abstenir du vote.

La porte s'ouvre, la séance n'est pas ouverte. Voici *Ariste;* il s'approche des secrétaires, consulte le procès-verbal, lit l'ordre du jour et gagne sa place; son rôle est fini: ce qui le retient, c'est qu il a une boule à jeter dans l'urne et que son équipage ne doit venir le prendre qu'à cinq heures; du reste, il n'est plus rien; la génération qui agit, qui s'agite devant lui, n'est plus la sienne; c'est une de ces âmes heureuses qui peuplent l'Élysée et jettent un regard tranquille et indifférent sur les passions des hommes.

— Voyez-vous *Caliste?* Il traverse d'un pas irrégulier la salle des Pas-Perdus, il a un dossier sous le bras; on dirait qu'il se rend à l'audience. Lui-même s'étonne de ne pas voir sur sa manche les larges plis de sa robe d'avocat; il se gratte le front et tire à lui sa perruque, comme il faisait autrefois au palais, quand l'argument imprévu d'un adversaire dérangeait son plaidoyer. Il prend sa place, il classe ses papiers, et si vient son tour de parler, il monte à la tribune. *La partie adverse,* dit-il (il se reprend en souriant), *le noble préopinant auquel j'ai l'honneur de répondre.* Caliste est toujours avocat.

Celui qui s'asseoit auprès de Caliste est M. *Guillaume.* Il a le même nom que le créancier de l'avocat Patelin, et comme lui il a vendu du drap toute sa vie; il a inventé une trame nouvelle, un tondeur nouveau; il a perfectionné une machine à carder; il n'a pas inventé de couleur, il est vrai, mais mille nuances, et toujours avec son teinturier. Regardez-le: vous croyez qu'il examine le camée antique que son voisin porte à l'annulaire; non, c'est le drap de l'habit qui attire son attention. — Vous avez là, dit-il, un beau *Cunin-Gridaine.*

M. Guillaume voit la prospérité de la France dans le commerce des draps. La laine! voilà la richesse d'un pays. Il a étudié le mouton qui donne la laine, et l'assolement des prairies qui nourrissent le mouton

Voyez-vous dans un coin de la salle ce gros homme qui se meut difficilement, mais dont le teint est brillant et l'œil vif? C'est un agronome : il s'occupe d'agriculture depuis quarante ans. Il méprise la laine, la laine ne nourrit pas son homme; ce qui fait vivre le pays, c'est le navet, la carrotte, la lentille, l'épinard, et un peu la pomme de terre et le blé. Il prédit les bonnes années, les froids hâtifs. Allez chez lui et demandez-lui des grains de semence, il vous donnera les meilleurs, vous pouvez vous fier à son expérience; il ne s'est trompé qu'une fois : sa science a échoué devant le chou colossal; il a cru au chou colossal, aussi hésite-t-il aujourd'hui à employer l'engrais Jauffrey.

Il y a des pairs qui sont ministériels, parce que les ministres sont faits pour régir les affaires de ce monde, tandis qu'eux suivent le cours des astres, résolvent des problèmes mathématiques ou décomposent des sels.

Regardez dans les couloirs de la chambre cet homme âgé qui ébouriffe sur son front les cheveux gris de sa perruque et cause avec un pair de cinquante ans environ, d'une figure obséquieuse et douce : l'un est un ancien préfet, l'autre est un industriel du département qu'administrait le préfet; le vieillard a la voix brève, le regard fier, le geste impérieux; il n'a pas perdu ses habitudes de l'empire lorsqu'il était vice-roi de Napoléon; le fabricant écoute, propose timidement quelques objections, et finit par se ranger à l'avis de monsieur le préfet. Celui-ci oublie qu'il est avec un égal; celui-là, qu'un préfet en retraite ne rend plus d'arrêts. Ce sont deux hommes d'habitude.

Si de la galerie publique où vous êtes placé vous voyez la porte s'ouvrir pour un homme dont la cravate sans nœud est bien attachée, dont l'habit étroit est complétement boutonné, qui porte naturellement l'épée sur la hanche, vous devinez facilement la profession de ce pair : c'est un militaire, c'est un général. Il va s'asseoir devant cette tablette où vous apercevez une épaisse brochure bleue; c'est le budget de la guerre. Il se place non loin d'un maréchal, à la portée d'un amiral, à côté d'un ancien ministre de la guerre. Il étudie son budget, et si l'on vient à discuter

une loi sur les haras, il tressaille comme le cavalier qui entend sonner le boute-selle. Si on prononce le mot de recrutement, il prête l'oreille : il a commencé sa carrière militaire avec Dumouriez à Jemmapes ; il l'a finie aux pieds de l'empereur à Waterloo. Il porte sa tête avec fierté ; les années, qui ont courbé tant de tailles, ont respecté la sienne, ou n'ont pu la faire ployer. Grave comme une statue antique, il a un peu de dédain pour la parole, il aime mieux l'épée. Pour lui, de 1795 à 1815 il s'est écoulé un siècle, le grand siècle! et de 1815 à 1839 cent autres années se sont traînées. Or du grand siècle, il en était, il y a figuré; celui-là n'est pas fier de sa pairie, il est fier de son épée, de sa croix, de ses cicatrices de l'empire.

Auprès de lui, devant, derrière, à ses côtés, et pareils à de légers hussards voltigeant sur les ailes d'un corps d'armée, voyez-vous les jeunes pairs? L'un laisse rouler les anneaux de ses cheveux blonds sur ses tempes juvéniles, l'autre permet à sa jeune barbe d'ombrager sa joue et même son menton. Ces messieurs sont les derniers produits de l'hérédité, les derniers fruits d'un arbre coupé à sa racine; ils sont un élément politique qui ne se reproduira plus. Que d'autres, fils de généraux plus vaillants, de sénateurs plus utiles à la patrie, d'ancêtres enfin plus nobles que les leurs, ne sont pas pairs comme eux! jeunes gens confondus aujourd'hui dans la foule des citoyens, parce que leurs pères ont vécu une heure de trop pour leur avenir! Mais tout est hasard dans ce monde. Le jeune pair est l'espoir des riches héritières et l'orgueil du jockey's-club. Sa carrière est semée de roses, il a la main dans le sac du pouvoir. Jeune militaire, il est le collègue du ministre de la guerre; apprenti diplomate, il dispose d'une voix en faveur du président du conseil; il ne tient qu'à lui de devenir le camarade des princes. S'il est de l'opposition, oh! alors il devient populaire *ipso facto ;* c'est un Spartiate, c'est un puritain. Une idée généreuse double de prix, en effet, quand elle sort d'une jeune bouche et si elle paraît devoir entraver une fortune déjà commencée.

Voyez venir ce petit vieillard, une perruque blanchâtre couvre sa tête chauve, il marche d'un pas prudent et un peu oblique; regardez comme les broderies de son habit sont fanées, c'est l'homme de France qui a le plus souvent levé la main pour l'adoption ou le rejet d'un article : nul n'a laissé tomber plus de boules que lui dans l'urne du vote ; depuis l'assemblée des notables il vote, c'est le Nestor des assemblées délibérantes de l'Europe, et peut-être du monde ; s'il a quitté son moelleux fauteuil, s'il néglige son rhume, s'il se roidit contre les étreintes douloureuses de sa sciatique, c'est que la chambre va voter.

Celui qui le suit est un homme jeune encore, son habit neuf resplendit d'un or brillant que l'atmosphère de la chambre n'a pas altéré, c'est un nouveau pair ; il foule les tapis d'un pied orgueilleux, il passe devant le banc des ministres et salue d'un air reconnaissant. C'est au ministère, en effet, qu'il doit sa position nouvelle. Candidat malheureux, dans son département, ancien député trop facile, suivant ses mandataires aux suggestions du pouvoir, une ordonnance royale a vengé sa défaite, il est pair parce qu'il n'a pu être député.

Le public des tribunes a souvent souri en entendant les orateurs de la chambre des pairs se renvoyer les uns aux autres les épithètes les plus exagérées. C'est toujours le *noble*, l'*illustre*, le *savant*, ou le très-*judicieux préopinant*. Le public a tort de sourire et de s'étonner, MM. les pairs étudient les grands modèles et ils les imitent. Ouvrez Cicéron *in Catil.* : *Si fortissimo viro M. Marcello dixissem. Si j'avais à répondre à l'illustre maréchal*, dit l'orateur de la pairie. Quand Cicéron veut parler de quelque prêtre romain, *clarissimus amplissimusque pontifex-maximus*, dit-il ; à la chambre des pairs si l'on vient à prononcer le nom de l'archevêque de Paris, on dit : *cet éminent et vénérable prélat*. Jamais l'orateur romain ne prononce le nom d'un consul sans y joindre des superlatifs sonores : s'il s'adresse à un général, c'est *fortissimus vir ;* à un jurisconsulte, *doctissimus ;* enfin s'il parle à un adolescent, à un de ces jeunes hommes, chez lesquels, suivant lui-même, on ne peut louer que l'espérance, il a néanmoins l'art et le soin d'accoler à ce nom encore inconnu une qualification louangeuse, *ô adolescens optimus,* s'écrie-t-il. On en use de même à la chambre, et ce n'est sans doute par aucun orgueil aristocratique, mais tout simplement pour faire de l'éloquence cicéronienne.

Tous ces hommes, jeunes ou vieux, magistrats ou industriels, anciens préfets ou agronomes, sont des pairs, il n'y a nul doute à cela ; mais la figure qui se présente à l'esprit quand on songe à un pair de France est celle de l'homme qui porte un grand nom, a des terres, des châteaux, dont la famille est citée dans l'histoire, et qui, par son âge, sa fortune et son passé, est au-dessus de toute ambition présente et de toute position à venir.

Si on jette ensuite ses regards en dehors des traits rassemblés dans cette esquisse, on se rappelle involontairement cette maxime :

« Il n'y a de supériorité que celle du mérite, et de grandeur que celle de la « vertu. »

Cette maxime est de madame Roland. Combien de mille lieues y a-t-il de madame Roland à un pair de France ?

MARIE AYCARD.

L'ÉLÈVE DU CONSERVATOIRE.

Si quelquefois, vers les dix heures du matin, vous avez flâné du côté de la rue du Faubourg-Poissonnière (cela peut arriver à tout le monde), vous avez incontestablement rencontré, entre les rues Richer et de l'Échiquier, un bataillon de jeunes filles appartenant à la gent trotte-menu dont a parlé le bon La Fontaine. — Toutes, les coudes serrés au corps, l'air empressé, le nez au vent, toutes portant sous le bras un *solfége de Rodolphe* ou un volume dépareillé du répertoire de la Comédie-Française, elles se dirigeaient vers un édifice sans prétention, dont la porte s'ouvre presqu'au coin de la rue Bergère.

Vous vous êtes peut-être souvent demandé ce que pouvaient être ces jeunes filles; et cependant, si vous aviez été observateur par goût, ou, ce qui est un peu plus triste, par état; si vous les aviez examinées avec attention, peut-être quelque signe indicateur fût-il venu vous révéler leur position sociale.

Le voulez-vous? prenez place avec moi sur le trottoir qui fait face à l'édifice sans prétention; nous allons les étudier ensemble.

Vous les prenez pour des grisettes? A cette heure, les grisettes sont à l'atelier, où elles travaillent depuis le petit jour. Pour des demoiselles de la société riche et élégante? Celles-là sont encore dans leur lit et vont bientôt se préparer à recevoir à domicile leur professeur de grammaire. Et d'ailleurs examinez bien la toilette de toutes ces jeunes filles. Elles sont vêtues de façon à dérouter longtemps les suppositions les plus ingénieuses. Elles n'ont pas le tablier noir, le bonnet coquettement posé et la robe si propre et si gentille de la grisette; elles sont vêtues de soie et de velours, et se pavanent sous un chapeau de paille. Mais la soie est éraillée, mais le velours montre la trame, mais le chapeau de paille sert depuis bien longtemps! La pauvreté perce à travers tout cela! Pourquoi cette pauvreté ne se contente-t-elle pas du tartan et de la simple indienne? Dans quel but s'épuise-t-elle en efforts malheureux pour prendre les dehors de l'aisance?

Vous jetez votre langue aux chiens, comme dit énergiquement le proverbe populaire. Eh bien!... je vais d'un seul mot trancher la difficulté.

Toutes ces jeunes filles sont des élèves du Conservatoire, et elles vont prendre leur leçon de tous les jours dans l'établissement lyrico-comique que nous avons devant les yeux.

Vous comprenez tout maintenant... Vous comprenez cette promenade matinale; vous comprenez ces solféges et ces brochures; vous comprenez surtout cette toilette de juste-milieu entre l'élégance riche et l'élégance pauvre, cette misère de tenue, ce mauvais goût forcé d'accoutrement? Presque toutes ces jeunes filles appartiennent à ces familles intermédiaires qui ne sont pas encore bien classées dans la société : anciens comédiens, peintres, musiciens, compositeurs, sculpteurs, enfin toute la grande Bohême des artistes médiocres; tous ceux qui, sur les planches, ou l'archet, ou le ciseau à la main, ont eu juste assez de capacité pour assurer leur existence de tous les jours, mais pas assez de talent pour se conquérir un nom et une fortune. Ces parents-là, qui souvent, dans leur vie, ont, par position, coudoyé les grandes existences, sont orgueilleux comme des parvenus, et ne peuvent se décider à revenir franchement au peuple du sein duquel ils sont sortis. Ils rougiraient de faire de leurs filles d'honnêtes ouvrières; il faut absolument qu'elles soient artistes. On ne consulte ni leurs dispositions, ni leurs goûts. Il faut absolument qu'elles soient artistes. Comme si les artistes, à l'exemple des notaires, des huissiers, des apothicaires et des gardes du commerce, formaient une corporation dans laquelle il fût loisible aux pères de transmettre leur place à leurs enfants ou ayants droit. — Cela vous explique pourquoi nos théâtres sont infestés de tant de médiocrités héréditaires.

Il faudrait une langue de fer et des poumons d'airain pour faire le dénombrement de cette armée en jupons, pour en dire les variétés nombreuses, pour en signaler les individualités, pour en esquisser les physionomies. Aussi je déclare d'avance ne me dévouer qu'à une partie de cette tâche. Si je ne l'accomplis pas tout entière, vous vous en prendrez à notre honorable éditeur qui me crie, au bout d'un certain nombre de pages pleines: « *Tu n'iras pas plus loin;* » ou plutôt vous pourrez en accuser la paresse et l'inexpérience de mon pinceau.

Suivez-moi bien.

Cette demoiselle au pas majestueux et à la tête romainement portée, qui s'avance de notre côté, et que sa mère suit à trois pas de distance, se nomme Herminie Soufflot. Elle est née d'une flûte de l'orchestre de l'Opéra. Comme dès sa première enfance elle avait des airs fort dédaigneux, et traitait de haut en bas tout ce qui l'approchait, on jugea qu'elle était éminemment propre à la tragédie. Elle fut placée au Conservatoire, et changea dès lors son nom vulgaire de Jeannette pour le nom plus cornélien d'Herminie. — Herminie est toute radieuse de sa grandeur future. Elle jette sur notre pauvre monde des regards de pitié, et semble vivre avec les héros et les princesses de la Melpomène antique. Son père, la flûte, et sa mère, ancienne mercière du passage des Panoramas, et aujourd'hui buraliste de première classe au théâtre royal de l'Opéra-Comique, sont en admiration devant elle. Ils respectent comme des ordres souverains les moindres volontés d'Herminie. Il lui suffit de froncer le sourcil pour faire trembler toute la maison. — Son père, la flûte, a coutume de dire, en jouant le soir aux dominos au café *Minerve* :

« Voisin Mignot, vous avez entendu ce matin Herminie... Hein! comme elle a déclamé son monologue!... Quel œil et quel nez! Ah! si elle avait vécu du temps de ce farceur de Racine, bien sûr qu'il ne se serait pas accoquiné à la Champmeslé. »

Herminie est toujours en dehors de la vie réelle; elle affecte d'être absorbée par l'art. On vient lui dire que la table est servie, et elle répond en roulant de gros yeux :

> Seigneur, dans cet aveu dépouillé d'artifice,
> J'aime à voir que du moins vous vous rendiez justice.

« Herminie, il est deux heures, veux-tu faire un tour aux Tuileries avec ta cousine Fibochon?

Herminie s'écrie en posant une main sur son cœur et en élevant l'autre vers le ciel :

> Oui, vous l'aimez, perfide!
> Et ces mêmes fureurs que vous me dépeignez,
> Ces bras que dans le sang vous avez vus baignés,
> Ces morts, cette Lesbos, ces cendres, cette flamme,
> Sont les traits dont l'amour l'a gravé dans votre âme.

« Elle est folle! dit la cousine Fibochon.

— Mais non, cousine, reprend la mère Soufflot; vous ne voyez pas qu'elle est en plein dans l'*aspiration?* »

Herminie est ordinairement courtisée par plusieurs clercs de notaire et autant de commis-marchands en nouveautés, qu'elle tient à une respectueuse distance. Parmi tous ces Lovelaces en herbe, elle finit par en distinguer un. Il lui a plu, parce qu'il a une chevelure noire et épaisse qui rappelle celle du bouillant Achille. A celui-là elle permet de se trouver quelquefois sur son passage et de ramasser son éventail ou son bouquet lorsqu'il lui arrive de le laisser tomber; mais rien de plus. La muse tragique est une vierge forte et altière qui dédaigne les hommages des mortels.

Herminie va en soirée dans son quartier; elle est fort recherchée par la famille du bonnetier du coin et par celle de l'escompteur de papier qui demeure au premier étage de sa maison. Ce mot de *théâtre* a tant de puissance sur la population parisienne! Ce n'est plus à Paris que les comédiens seraient bien venus à se plaindre du préjugé. Il suffit que l'on tienne de près ou de loin aux coulisses pour être considéré, fêté, choyé! Les machinistes mêmes, le souffleur et les habilleuses ne sont pas exempts de la faveur publique. Le faubourg Saint-Denis et la rue du Temple les accaparent; on leur demande des détails sur ces messieurs et ces dames. A quelle heure se couche M. Francisque? combien mademoiselle Théodorine met-elle de temps à revêtir son beau costume du *Manoir de Montlouvier*? M. Saint-Ernest mange-t-il comme tout le monde? Est-il vrai que dans les entr'actes mademoiselle Georges prenne des sorbets et des glaces qui lui sont servis par trois nègres en grande livrée?

On comprend l'effet que produit mademoiselle Herminie dans ces réunions bourgeoises. Elle trône, elle règne. Lorsqu'elle veut bien lire des vers, toutes les bouches sont suspendues à la sienne; chaque fin de tirade est accueillie par plusieurs hourras, et si les enfants effrayés se mettent à pleurer, on les envoie coucher sans miséricorde. Mais lorsque mademoiselle Herminie consent à jouer une scène d'*Esther* ou de *Bajazet*, quelle joie! Les parties d'écarté sont arrêtées, on fait trève aux conversations les plus intimes, les petits chiens sont recueillis sur les genoux des grand'mamans, pour qu'il ne leur prenne plus fantaisie de se disputer avec le chat de la maison. On coupe le salon en deux... Une moitié figurera la salle, l'autre moitié le théâtre. Des chandelles placées sur des chaises remplacent la rampe. Herminie se drape dans son châle français, et son interlocuteur ordinaire, M. Michonneau, donne un coup de peigne à sa perruque blonde. M. Michonneau est un ancien employé de la caisse d'amortissement, qui a passé la moitié de sa vie à l'orchestre de la Comédie-Française. Il est fanatique d'art théâtral, et son plus grand regret est de n'avoir jamais pu, pendant sa longue carrière, faire connaissance avec un seul artiste dramatique. Il était à son bureau depuis huit heures du matin jusqu'à cinq heures du soir; puis venait le dîner. Et pendant la soirée ces messieurs de la Comédie étaient sur les planches. Donc nul moyen de rapprochement pendant la semaine. Restait le dimanche; mais M. Michonneau avait à un degré extraordinaire la faiblesse de la pêche à la ligne, et il consacrait ses loisirs hebdomadaires à parcourir, un frêle roseau à la main, les bords fleuris de la Marne depuis Saint-Maur jusqu'à Petit-Brie. — Aussi voyez comme M. Michonneau, parvenu au déclin de sa vie, est fier de pouvoir se mêler aux jeux du théâtre, et d'être appelé à donner la réplique à une jeune personne qui est l'espérance de la scène française, et qui en doit être un jour la gloire. (Style officiel de messieurs les professeurs de déclamation.)

Chut! Herminie est en place. Elle s'agite comme la pythonisse sur son trépied. M. Michonneau vient se placer en tremblant à côté d'elle; il sera l'Antiochus de cette nouvelle Bérénice. On veut lui donner une brochure; il répond fièrement qu'il sait par cœur tout le grand répertoire.

Le plus grand silence s'établit. Le maître de la maison lui-même fait trêve à la mauvaise habitude qu'il a contractée de ronfler dans un coin pendant que ses hôtes se livrent à divers genres de divertissements. Michonneau frappe trois coups sur le plancher avec le talon de sa botte, le spectacle commence.

BÉRÉNICE — HERMINIE.

Hé quoi ! seigneur, vous n'êtes point parti ?

ANTIOCHUS — MICHONNEAU.

Madame... je vois bien que vous êtes déçue,
Et que c'était César... et que c'était César...
(*Pause d'un demi-soupir*)... que cherchait votre vue.
Mais n'accusez que lui... mais n'accusez que lui...
(*Pause d'un soupir*)... si malgré mes adieux.....
De ma présence...

Ici Antiochus-Michonneau commence à perdre la mémoire ; il passe lentement la main le long de la couture de son pantalon nankin, se gratte le front, puis enfin, faisant un effort extraordinaire, retrouve à peu près le fil de son discours et poursuit :

De ma présence encor j'empoisonne vos yeux...
Peut-être en ce moment... peut-être en ce moment...
(*Avec volubilité*)... je serais dans Ostie.. ..
(*Plus lentement*)... S'il ne m'eût... s'il ne m'eût... de sa cour... de sa cour... de sa cour...
(*Très-vite*)... défendu la sortie.

BÉRÉNICE — HERMINIE.

Il vous cherche vous seul, il nous évite tous.

ANTIOCHUS — MICHONNEAU.

Il ne m'a retenu... (*Temps d'arrêt prolongé*)... il ne m'a retenu...

Ici la mémoire d'Antiochus-Michonneau le trahit tout à fait. Un murmure de désapprobation à peine comprimé circule dans l'auditoire. Herminie se pose en victime ; la maîtresse de la maison prend pitié du pauvre comédien de société et lui apporte la brochure de *Bérénice* et une bougie. Michonneau saisit avec désespoir d'une main la bougie et de l'autre la brochure, et dans cette position peu dramatique, continue :

Il ne m'a retenu que pour parler de vous.

BÉRÉNICE-HERMINIE.

De moi, prince ?

ANTIOCHUS-MICHONNEAU, *avec chaleur*.

Oui, madame.

Un cri perçant retentit dans le salon ; il est aussitôt suivi de mille cris non moins perçants. C'est que M. Michonneau, tout entier à son rôle et à l'action qu'il exige, a trop approché la bougie de ses tempes, et a mis le feu aux boucles de sa blonde perruque. L'incendie fait des progrès rapides... Madame Michonneau se précipite sur la tête de son mari et l'enveloppe d'un pan de sa robe. — Désolation générale mêlée de quelque hilarité.—Enfin Michonneau sort sain et sauf de cette dangereuse épreuve; sa perruque seule a succombé dans la lutte.

Il est impossible de continuer la scène de *Bérénice* en face du crâne chauve de M. Michonneau. On y renonce. L'assemblée, que les malheurs de l'infortuné Antiochus ont désarmée, le salue de trois bordées d'applaudissements, puis se met à jouer aux petits jeux innocents. Herminie va bouder dans un coin ; elle ne peut pardonner à Michonneau de lui avoir *coupé ses effets*, et se promet bien de ne jamais prodiguer les trésors de la poésie tragique devant des bourgeois incapables d'apprécier son talent ; ce qui ne l'empêchera pas de recommencer à la première occasion. Le jeune clerc de notaire à la chevelure ondoyante, qu'elle a distingué parmi tous les prétendants à son cœur, et qui est parvenu à s'introduire dans toutes les maisons où elle est reçue, s'approche d'elle pour lui prodiguer les compliments les plus flatteurs ; elle l'appelle *petit niais* et lui demande ses socques.

Au Conservatoire, Herminie est la favorite de son professeur ; il répète sans cesse qu'elle a un port de reine, et la donne pour modèle à ses compagnes.

Voici quel sera l'avenir d'Herminie :

Son professeur, qui joue les troisièmes rôles comiques à la Comédie-Française, lui obtiendra des débuts sur la scène de la rue de Richelieu. Elle jouera un dimanche devant quelques amis, plusieurs parents, beaucoup de claqueurs et 120 francs de recette. Elle sera fort applaudie, mais le directeur ne l'engagera pas, et il aura raison. En effet, Herminie est une de ces petites merveilles d'école qui n'ont ni cœur, ni passion, ni entrailles, mais qui chantent les vers sur une musique assez monotone, et qui savent lever le bras droit ou le bras gauche à un moment donné : machines fort bien réglées, mais fort déplaisantes pour les gens de goût.

Herminie, déboutée de ses hautes espérances, se plaindra des jugements erronés du public, accusera les grandes puissances de la Comédie d'avoir cabalé contre elle, et ira même jusqu'à mettre en doute les chastes vertus de monsieur le directeur, de monsieur le commissaire du roi et de messieurs les sociétaires les plus influents. C'est ainsi qu'elle se consolera de sa défaite ; puis, se réservant pour un avenir meilleur, elle en appellera des spectateurs de Paris aux spectateurs de la banlieue. Escortée de quelques acteurs de province en disponibilité, ou de quelques amateurs qui auront pris ces jours-là un congé à leur atelier de menuiserie ou de bijouterie, apprentis Britannicus, Pyrrhus en herbe, Agamemnon à l'état de fœtus, elle parcourra triomphalement les petites villes des environs de la capitale. Elle jouera Hermione à Saint-Germain, Iphigénie à Pontoise, Junie à Meaux, Roxane à Saint-Denis. L'affiche sera ordinairement ainsi conçue :

THÉATRE DE SAINT-GERMAIN EN LAYE.

Avec la permission de monsieur le maire et des autorités constituées,

La troupe des Enfants de Melpomène donnera aujourd'hui........ un spectacle extraordinaire.

PREMIÈRE REPRÉSENTATION.

MITHRIDATE

OU

LE PÈRE ROI ENTRE SES DEUX FILS,

Tragédie en cinq actes par feu Racine de l'Académie-Française.

Mademoiselle **HERMINIE SOUFFLOT**, ÉLÈVE DU CONSERVATOIRE ROYAL DE FRANCE, PREMIER PRIX DE LA CLASSE DE M***, *débutante à la Comédie-Française,* jouera le rôle de *Monime.*

PREMIÈRE REPRÉSENTATION.

LES PLAIDEURS

OU

CE QUE PEUT LA MANIE DES PROCÈS,

Comédie en trois actes du même feu Racine.

M. NARCISSE, du théâtre de Carpentras, remplira le rôle de Dandin.

INTERMÈDES.

Dans un entr'acte, mademoiselle Herminie Soufflot chantera *Man p'tit Pierre* et *la Folle de Grisar.*

Dans un autre entr'acte, mademoiselle Herminie Soufflot dansera la *Cachucha.*

Après la première pièce, combat au sabre entre mademoiselle Herminie Soufflot et M. Narcisse.

***Dernier intermède.* Jeux de physionomie qui feront jouir les spectateurs de la ressemblance des premiers artistes de la capitale, à savoir : M. Auguste imitera M. Alphonse ; M. Victor imitera MM. Charles et Alfred.**

Le prix des places ne sera pas augmenté. Les enfants et messieurs les dragons du 7e ne paieront que demi-place.

Savez-vous quel est ordinairement, pour les pauvres comédiens nomades, le bénéfice de ces pompeuses représentations? — Il faut donner l'entrée gratuite au maire et à ses adjoints, à leur famille, à leurs connaissances, aux membres du corps municipal, à la gendarmerie royale, au garde champêtre, au bedeau et au sonneur de la paroisse, au percepteur des contributions, au directeur des messageries, au maître de l'hôtel garni et à tous ses garçons. Restent, pour tout public payant, quelques amis des arts aux premières loges, deux ou trois muses de province aux baignoires, à l'avant-scène quatre ou cinq gants jaunes qui ont suivi les actrices depuis Paris, enfin une vingtaine de vignerons et de marins d'eau douce au parterre. A peine y a-t-il là de quoi payer les frais de voyage et de séjour.

Herminie, à mesure qu'elle prendra des années et de l'embonpoint, se fatiguera de ces rares et infructueuses représentations devant un public de banlieue. Elle commencera à songer aux intérêts de sa fortune autant qu'à ceux de son amour-propre. A vingt-cinq ans, elle se présentera chez l'un de ces correspondants dramatiques, que la gent comique a brutalement flétris du sobriquet de marchands de chair humaine; elle sera engagée pour aller représenter, à Rouen ou à Bordeaux, les reines de tragédie, les premiers rôles du drame moderne, les grandes coquettes de la comédie. Comme Molière, Corneille, Racine et Marivaux sont un peu tombés en disgrâce dans notre belle France, et que le parterre des plus grandes villes veut le ballet d'abord, puis l'opéra, puis le drame en lever de rideau, elle jouera cent fois la *Tour de Nesle*, la *Chambre Ardente*, et tous les ouvrages de M. Anicet-Bourgeois. Puis à ce rude travail ses moyens s'useront; elle passera des troupes sédentaires dans une troupe d'arrondissement, et finira, belle qu'elle est encore et vertueuse qu'elle a été toujours, par épouser un capitaine de recrutement de Carcassonne, ou un entreposeur de tabacs de Clermont en Auvergne. Et alors, au front de la nouvelle demeure champêtre qu'elle se sera choisie, on pourra écrire ces mots :

« Ici gît Herminie Soufflot, élève du Conservatoire, etc., etc. »

Gare... gare... voici Frétillon... Frétillon était fleuriste... mais à force d'avoir vu jouer Déjazet, à force d'avoir entendu chanter Achard, elle s'est sentie prise d'un goût singulier pour le théâtre... Elle fut admise au Conservatoire par la protection de la concierge de l'établissement, qui est sa propre tante... On lui trouva le minois piquant et la jambe bien faite.. On ne désespéra pas de la voir un jour,

« Un peu trop forte en gueule et trop impertinente!... »

Elle fut classée dans les *tabliers*. Elle étudie les Dorinne, les Madelon, les Lisette, les Fanchon, toutes les soubrettes de Marivaux, toutes les servantes de Molière! Elle serait incontestablement appelée à faire de rapides progrès dans son emploi, si elle n'aimait pas tant les parties d'âne à Montmorency, les promenades au bois de Boulogne en cabriolet de régie, les toilettes élégantes et les petits repas. Son début à la Comédie-Française ne sera pas plus heureux que celui d'Herminie Soufflot. Un feuilletoniste, auquel elle aura été recommandée, dira *qu'elle a de l'avenir*, et ce sera tout. Mais ne craignez pas que nous la perdions, ne craignez

pas qu'elle aille comme Herminie s'enterrer dans une ville de province! Frétillon quitter Paris! Frétillon, ne plus voir le boulevard Montmartre, ne plus souper au café Anglais, ne plus parader aux avant-scènes des théâtres, ne plus étaler ses grâces et ses dentelles au bal Musard!... Non... non!... Frétillon, restera à Paris! Elle profitera de ses études du Conservatoire pour jouer les amoureuses sur une scène de vaudeville, et longtemps encore elle fera l'orgueil et la joie des Lions littéraires et des Lions de la mode!

Quel est ce groupe d'où sortent des fioritures, des roulades et des points d'orgue? C'est celui de mesdemoiselles de la classe de chant. Toutes elles rêvent des débuts au grand Opéra, et les succès des Falcon et des Damoreau les empêchent de dormir! Combien d'entre elles échoueront au port et seront réduites à aller à Angers ou à Bayonne, tenir l'emploi des *Dugazon!* Heureuses encore quand elles ne tomberont pas dans l'une de ces troupes ambulantes, où la *prima donna* est obligée de venir, dans la même soirée, chanter la Rosine du *Barbier* et débiter les longues tirades de l'héroïne du mélodrame en vogue!

Passons maintenant à l'intéressante division des pianistes. — Les pianistes! — Essayez de les compter; elles sont aussi nombreuses que les étoiles au firmament! — Quelle est aujourd'hui la maison où l'on ne rencontre pas un méchant piano dans quelque coin? Quelle est la mère qui se refuse le plaisir de faire apprendre le piano à sa fille? Le piano n'est-il pas l'assaisonnement obligé de tous les maussades programmes des maisons d'éducation? Trouverez-vous une demoiselle à marier qui ne fasse pas tant bien que mal retentir les touches d'un piano sous ses doigts agiles?

Au Conservatoire, la division des pianistes a cela de particulier, qu'elle ne se compose pas seulement d'enfants des familles bohémiennes, ou de quelques intelligences d'élite entraînées vers l'art par une vocation irrésistible; elle compte dans son sein beaucoup de jeunes personnes de la classe moyenne et aisée. En effet, le bourgeois, être essentiellement positif et calculateur, se fait à part lui cette réflexion : — « Je paie trois ou quatre cents francs de contribution par an. C'est l'argent des contribuables qui défraie les dépenses du Conservatoire, qui y entretient les meilleurs professeurs de Paris, y propage les méthodes les plus parfaites! N'ai-je donc pas le droit d'envoyer ma fille Lili au Conservatoire pour y apprendre le piano.... le piano que moi et ma femme aimons tant! D'ailleurs cela m'éparguera un maître à domicile, et diminuera d'autant le chiffre de la somme que je verse tous les ans dans la caisse du percepteur de mon arrondissement. »

Profondément calculé, n'est-ce pas? — Le bourgeois, qui est juré, électeur, capitaine de la garde nationale et qui jouit d'une grande considération dans son quartier, trouve facilement le moyen d'obtenir pour sa fille l'entrée de l'école royale, et voilà pourquoi, lorsque par hasard vous allez acheter un briquet phosphorique le soir chez votre épicier, vous entendez retentir dans l'arrière-boutique le son d'un piano qui soupire la romance de *Guido*.

Les pianistes du Conservatoire font l'orgueil de leurs parents, la joie des fêtes de familles, les délices des concerts à trois francs par tête et le désespoir des infortunés qui demeurent au même étage qu'elles.

Je me croirais coupable, si je n'esquissais pas la silhouette de la harpiste. — Au Conservatoire, la harpiste est presque toujours seule de son espèce; aussi, lorsqu'à la distribution des prix, M. le ministre de l'intérieur recommande aux élèves une noble émulation, elle n'est pas forcée de prendre ces paroles pour elle. Une nouvelle harpiste succède tous les dix ou vingt ans à la harpiste qui se retire; mais il est inouï que deux harpistes se soient trouvées en même temps sur les bancs de l'école. Et, comme la harpe est un instrument fort difficile et qui exige de longues études, ordinairement la harpiste qui est entrée au Conservatoire dans la fleur de la jeunesse, en sort avec des cheveux gris et sans savoir pincer de cet instrument fatal auquel elle a voué son existence. Il est vrai qu'il lui reste une ressource pour ses vieux jours; la harpe exige des attitudes fort gracieuses et fort artistiques, et l'ex-élève du Conservatoire peut gagner sa vie en posant dans les ateliers. Les *Corinne au cap Mysène* lui sont naturellement dévolues.

La harpiste s'appelle Éloa. Elle porte une robe blanche, une ceinture bleue, qui flotte au gré des vents, et des cheveux bouclés. Son âme est pure comme l'azur d'un ciel pur, son œil erre dans l'espace, l'inspiration réside sur son front large et radieux... Elle est toujours dans les nuages, au-dessus des choses de la terre... On ne lui connaît d'autre faiblesse humaine que d'aimer la galette qui se vend à côté du Gymnase.

Je ne sais vraiment pas pourquoi messieurs les administrateurs de l'art dramatique en France ont, dans leur haute sagesse, séparé les classes de danse des classes de chant et de déclamation; les classes de danse ressortissent de l'Académie royale de musique, et sont justiciables de la haute surveillance de M. Duponchel. Je ne m'arrêterai pas à mettre en saillie ce qu'il peut y avoir de peu convenable à jeter de jeunes enfants dans toutes les agitations de la vie de coulisses; il serait hors de saison de prendre ici la grosse voix d'un moraliste. Je dirai seulement qu'il eût été raisonnable de réunir sous le même toit, sous la même main, sous la même direction, les trois branches de l'éducation scénique; on y eût gagné en progrès et surtout en ensemble.

Je veux réunir ce que messieurs les administrateurs ont séparé; et pour achever le tableau, je dirai quelques mots de mesdemoiselles les élèves de la classe de danse. Ce ne sont plus ici les mêmes physionomies, ce n'est plus la même nation.

Vous avez entendu parler de cette colonie de jeunes et jolies femmes qui peuple certains quartiers de la Chaussée-d'Antin. Par une belle soirée d'été, toutes les fenêtres de la rue Notre-Dame-de-Lorette, de la rue de Bréda, de la rue de Navarin, de toutes ces rues élégantes que l'industrie des entrepreneurs vient de jeter comme par enchantement sur la colline Saint-Georges, s'ouvrent avec mystère, et se garnissent de mille jolis visages, de mille bouches souriantes, de mille tailles divines, de mille regards bleus, noirs, verts, bruns; le vent se joue dans les longues boucles des chevelures, et de jolies petites mains blanches se dessinent coquettement sur le fonds grisâtre des jalousies entrebâillées. Au premier coup d'œil, on s'imaginerait, pour peu que l'on ait l'imagination poétique, avoir découvert tout à coup des échappées inconnues sur le paradis de Mahomet.

Parmi ces houris, les unes sont choristes des théâtres de vaudeville, les autres, danseuses ou coryphées au grand Opéra, les autres, grisettes des hauts magasins de modes et des grands ateliers de couture; les autres enfin mènent une existence douce et oisive. Aucune de ces dames n'a de rentes sur l'état, et cependant elles dînent chez Véry, soupent au café Anglais, ne sortent qu'en voiture, ont des toilettes éblouissantes, et sont entourées de toutes les jouissances du luxe.

D'où viennent toutes ces femmes de loisir, ou plutôt ces femmes aimables, comme elles s'appellent elles-mêmes? La classe ouvrière de Paris en fournit quelques-unes; la plupart nous sont envoyées par les départements. Dès qu'à Strasbourg ou à Bayonne une fille jeune et jolie a écouté avec trop de complaisance les doux propos d'un Lovelace de l'endroit ou de quelque bel officier de la garnison, dès qu'il lui devient matériellement impossible de dissimuler sa faute aux yeux indiscrets de ses excellentes voisines, vite elle prend la diligence et vient se cacher dans Paris, ce grand désert si peuplé. Là son éducation se fait vite, et bientôt elle brille au milieu des lionnes de la fashion! — Mais l'enfant? — Ah! tant que ce fruit d'une première erreur est encore jeune et tendre, la mère le tient enfermé dans quelque pension du voisinage et va tous les mois pleurer en l'embrassant. Mais l'âge vient; l'enfant grandit. Si c'est un garçon, il prend sa volée de bonne heure et sans demander la permission de personne : il devient sous-officier de lanciers, acteur de province, commis voyageur pour la partie des spiritueux, ou premier dentiste de sa majesté l'empereur de toutes les Chines à l'usage des paysans de la Beauce et du Forez, et n'écrit de temps en temps à sa respectable mère que pour lui rappeler l'exemple du Pélican et lui demander, au nom de la nature, quelques écus sonnant et ayant cours. La mère s'afflige peu de l'absence de ce mauvais sujet, et ne parle jamais de lui à ses amis des deux sexes.

Mais si elle a une fille, oh! sa conduite est bien différente. Elle n'est point jalouse d'elle, comme certaines mères du monde bourgeois. Non... elle a assez aimé, elle a été assez aimée, pour savoir au juste ce que vaut la passion, ce que valent les plaisirs, ce que valent les hommes et pour n'avoir plus rien à craindre, ni à envier de ce côté-là. Ce qu'elle rêve maintenant, c'est un brillant avenir; ce qu'elle redoute, après sa vie de luxe et de jouissances, c'est la misère; et la fortune qu'elle n'a pas su faire, elle veut que sa fille, sa chère Corinne, la fasse. Grâce à ses liaisons avec le corps diplomatique, Corinne entre dans la classe de danse de l'Académie royale de musique, où elle retrouve toutes les filles des amies de sa mère, Néala de Saint-Remy, Lisida de Barville, Antonia de Sainte-Amaranthe, Maria de Bligny, Fenella de Saint-Victor, etc., etc. Là elle apprend la *cachucha* et les choses du cœur. Sa mère suit ses progrès avec une admiration toujours croissante; elle vante partout le développement hâtif de ses formes, le perlé de ses pirouettes, la blancheur de son teint, la grâce de ses ronds de jambe, la délicatesse de ses traits et l'élévation de ses pointes. Pour obtenir des débuts pour elle, elle fait une cour assidue à toutes les puissances de l'opéra, depuis le concierge jusqu'au maître de ballets. Enfin le grand jour est arrivé; Corinne, riche de ses quinze ans, doit danser un pas de trois dans un ouvrage en vogue. Toutes les fées du quartier Notre-Dame-de-Lorette, tous les beaux du Jockey-club se donnent rendez-vous rue Lepelletier. La gentillesse et les jetés battus de Corinne ont un succès fou. La mode salue ce nouvel astre qui se lève à l'horizon. Quinze jours après Corinne se promène au Bois en galant équipage avec son protecteur, sa mère et l'amant de sa mère.

Mais toutes les élèves de la classe de danse n'ont pas le même bonheur que Corinne. Beaucoup d'entre elles végètent assez longtemps dans le corps de ballet, et ne sont que des sylphides à la suite : cela vient ordinairement de ce que leur première inclination a été mal placée ; elles ont eu la faiblesse de se laisser séduire par un étudiant en droit qu'elles ont rencontré au Ranelagh, ou par un musicien allemand qui les menaçait de s'empoisonner avec de la potasse ! Pour relever ces anges déchus, il ne faut rien moins que la protection d'un journaliste influent ou d'un banquier cosmopolite.

Une physionomie assez curieuse est celle du professeur de danse à l'Académie royale de musique. Quand un danseur, après trente ans de *loyaux services*, n'a plus la force de s'*enlever* et de piquer avec vigueur l'entrechat classique, quand il est fatigué, éreinté, fourbu, on en fait un professeur : ce sont là ses invalides. Il a des cartes de visite sur lesquelles on lit : *Polydore Larchet, ex-premier sujet de l'Académie royale de musique, professeur de danse à l'Académie royale de musique.*

Polydore Larchet est un petit vieillard qui marche, la tête haute, le jarret tendu et les bras arrondis. Il porte une perruque blonde, un habit bleu barbeau, un pantalon jaune collant et des escarpins en toute saison. C'est un partisan frénétique de la danse noble ; il ne fait qu'en soupirant des sacrifices aux méthodes nouvelles. Il rappelle sans cesse qu'il a eu l'honneur de danser à Erfurth devant leurs majestés les empereurs Napoléon et Alexandre, et que les grandes dames du temps ne pouvaient se rassasier de le voir en fleuve Scamandre. Il se découvre quand il prononce le nom de M. Vestris et soutient que Louis XIV est le plus grand roi que nous ayons eu, parce qu'il était le plus beau danseur de son époque.

C'est au milieu de sa classe qu'il faut voir M. Polydore Larchet : il est beau de dignité concentrée, ne se fâchant jamais, ne se servant que d'expressions choisies. Il ne parle à aucune de ses élèves, même à la plus jeune, qu'avec les formules les plus polies et les plus étudiées. — « Mademoiselle Julia, voulez-vous avoir la bonté de mettre les pieds en dehors. — Mademoiselle Amanda, voulez-vous être assez aimable pour lever davantage le bras gauche. » Polydore est le dernier représentant de la vieille galanterie française.

On ne veut plus de danseurs ; on les proscrit au nom du goût. Bientôt l'art chorégraphique ne sera plus cultivé que par la plus belle moitié du genre humain. Le professeur de danse à l'Académie royale de musique est donc une figure, qui dans peu de temps sera effacée de la collection des caricatures nationales. Il était, je crois, utile de l'esquisser dans notre recueil.

. . . .

Maintenant si vous me demandez combien le Conservatoire produit, par année, de grands talents? je vous engagerai à parcourir les différents théâtres de la capitale. Rachel, Duprez, Frédérick-Lemaître, ne sont pas élèves du Conservatoire. Je me contente de constater ce fait, sans vouloir entrer dans une discussion théorique qui pourrait vous endormir et vous laisser de moi un souvenir très-affligeant.

L. Couailhac.

LE POSTILLON.

Quelle que soit la route de France que vous parcouriez, il n'est pas une ville, pas un bourg où vos yeux ne soient tout d'abord frappés de ces mots inscrits sur les murs de l'une des principales maisons : *Poste aux chevaux*. C'est là qu'entouré de ses nombreux serviteurs réside le représentant de l'une de nos plus belles institutions, le maître de poste.

De création royale, tour à tour décorés du titre de *maistre* et de celui de *chevaucheur de l'escurie du roi*, maintenus dans leurs priviléges à ces époques de révolutions où les droits mêmes du souverain étaient méconnus, riches propriétaires pour la plupart, les maîtres de poste forment un corps d'élite dans les cadres duquel se trouvent étroitement joints, par un lien commun d'industrie, le prince et l'agriculteur, le duc et pair et le fermier.

Ce serait peu cependant pour la gloire de Louis XI d'avoir créé les postes, si, le même jour, il n'eût exclusivement attaché à leur service *la guide*, aujourd'hui le *postillon*. N'est-ce pas le postillon en effet qui entretient l'union et le mouvement entre ces nombreux relais dont notre France s'enorgueillit à bon droit? n'est-ce pas à lui que sont *matériellement* dus les rapports d'homme à homme, de ville à ville, d'état à état? à chaque voyage, arbitre de notre vie ou de notre mort, n'est-il pas enfin, par son travail, le principal élément de la prépondérance ordinaire dont son maître jouit, la source première de l'air d'aisance et de supériorité répandu sur tout ce qui l'approche?

Arrêtons-nous devant une de ces habitations placées sur la route de ***. Elle appartient, depuis la restauration, à un vieux général qui s'y repose en paix des fatigues de vingt années de guerre : accoutumé au tumulte des camps, c'est encore avec plaisir qu'il contemple le mouvement inséparable d'une maitrise de poste fréquentée. Nous ne dirons rien de la partie réservée à sa demeure particulière ; celle destinée à l'exploitation nous semble seule utile à décrire.

On la reconnaît facilement à un mur élevé qui, appuyé contre l'une des faces latérales de la maison de maître, est partagé par la grande porte, au-dessus de laquelle se lit en longs caractères noirs l'inscription sacramentelle : *Poste aux chevaux*.

Entrons, et si vous n'avez jamais été à même de parcourir un de ces intéressants établissements placés sous la surveillance immédiate de l'autorité et se ressemblant tous, à l'importance du lieu près, vous ne regretterez pas, j'espère, la visite que nous allons faire de compagnie.

A droite, à gauche, devant nous s'élèvent les bâtiments, tous destinés à des usages différents. Ici, les écuries surmontées de greniers aérés où se conserve le fourrage nécessaire à la consommation de chaque jour, là la *fainière* ou vaste magasin de réserve où s'entassent les provisions faites pour l'année ; de cet autre côté, les remises, les hangars, la sellerie, la forge, tous les communs enfin nécessaires à une exploitation de ce genre.

L'espace demeuré libre entre ces trois corps de logis forme une belle et vaste cour au milieu de laquelle s'élève un puits artésien qui fournit une eau saine et abondante.

Le pansage est terminé, les *musettes* [1] se reposent. L'heure du repas approche, de nombreux postillons se mettent en mouvement. Avant de passer outre, faisons une connaissance plus intime avec eux.

De toutes les classes, la plus difficile peut-être à régir, est celle des postillons. Après avoir vanté les services qu'ils rendent, pourquoi faut-il ajouter que, tiers de leur origine, ils possèdent au suprême degré les défauts ordinaires aux valets de grandes maisons, c'est-à-dire qu'ils sont pour la plupart insolents, ivrognes, paresseux, méchants et quelque peu bavards? Joignez à cela une grande propension à faire *danser* le fourrage confié à leur garde, des habitudes d'indépendance inséparables de la vie active qu'ils mènent, une haute opinion d'eux-mêmes due à de nombreux succès obtenus sur les Lucrèces du pays, et vous comprendrez facilement qu'être sévère, mais juste avec eux, est le seul moyen d'en obtenir la soumission nécesaire. Les règlements qui les régissent sont écrits dans ce double but. Récompenses pour blessures graves, indemnités en cas de maladie, pension de retraite au bout de vingt ans de service, devoirs à remplir, discipline exacte, tout y est prévu, voire les punitions qui, selon la faute, consistent tantôt dans une amende, tantôt dans une mise à pied, quelquefois dans le renvoi, mais pour les cas les plus graves seulement. Au maître de poste appartient l'exécution de ce code, sauvegarde de son autorité.

Ici le général a transmis cette tâche pénible à un de ses anciens compagnons d'armes qui, après y avoir gagné le surnom de *singe,* sobriquet obligé dans le métier,

[1] Sac dans lequel le postillon renferme les objets nécessaires au pansement, et qui sont sa propriété.

de tout gérant ou homme d'affaires, est parvenu avec l'aide d'une discipline toute militaire, à établir les choses sur le pied où elles sont aujourd'hui.

Aussi voyez quelle activité et pourtant quel ordre parmi ces hommes; les uns charrient le foin, les autres vannent l'avoine, celui-ci mouille le son, celui-là porte la paille : tous travaillent et les chevaux par des hennissements répétés témoignent à l'envi le désir de recevoir la ration qui leur est destinée.

Pénétrons dans l'intérieur des écuries assez larges pour laisser un libre passage entre une double rangée de chevaux normands parmi lesquels il est facile de reconnaître ceux de *volée* à leurs jambes fines, au feu qui s'échappe de leurs naseaux, les *porteurs* et les *sous-verges* à leur taille plus élevée, à leurs formes carrées et vigoureuses. *Râteliers, mangeoires, coffres à avoines, coussinets* destinés à recevoir les selles, *chandeliers* auxquels se suspendent les harnais, comme tout y est propre et bien tenu! Une litière fraîche attend les chevaux en course, dont les barres mobiles indiquent la place; à l'extrémité la plus reculée, des stalles fixes séparent ceux qu'une maladie récente ou légère met momentanément hors de service. Des sceaux, des lanternes fermantes, seul mode d'éclairage permis par la prudence, deux grandes boîtes sans couvercle appendues aux traverses supérieures et appuyées contre les murs complètent l'ameublement des écuries. Pompeusement décorées du nom de soupentes et placées à une distance convenable l'une de l'autre, ces caisses, auxquelles on ne parvient qu'à l'aide d'une échelle mobile, contiennent chacune un matelas à l'usage des postillons de garde la nuit. C'est là ce qu'ils appellent leur *chambre à coucher*.

Après le repas vient la conduite à l'abreuvoir.

Un seul homme suffit pour mener attachés l'un à l'autre les quatre, cinq, quelquefois même six chevaux dont se compose son *équipage*. Monté à poil sur l'un d'eux, n'ayant d'autre frein que son licol, il en demeure pourtant parfaitement maître, et il est fort rare qu'un accident fâcheux vienne interrompre les exercices de voltige auxquels il se livre souvent dans l'eau, aux applaudissements prolongés des villageoises accroupies au lavoir, et au grand ébahissement des *moutards*, espoir de la commune.

Rien ne peut donner une idée de l'union intime qui existe entre un bon postillon et les chevaux qui lui sont confiés. Ils se parlent, ils s'entendent, ils se comprennent. Un mot, un geste, un nom, — car chacun d'eux a le sien, — un coup de sifflet, le moindre signe suffit pour que l'ordre donné soit immédiatement exécuté. On a vu des postillons quitter un relais parce qu'on leur avait enlevé un animal favori, des animaux qui, privés de leur conducteur ordinaire, se sont laissé mourir misérablement, ne voulant recevoir de nourriture d'aucune main étrangère.

Bientôt, les chevaux rentrent de l'abreuvoir; après avoir été légèrement bouchonnés, tous, par un instinct infaillible, reprennent d'eux-mêmes leurs places accoutumées. Les longes sont attachées, les postillons libres, une scène nouvelle se prépare dans la cour. Quelques explications aideront à son intelligence.

En outre des lois auxquelles ils sont soumis, les postillons, ainsi que la plupart des corps d'état ou de métier existants, reconnaissent des coutumes dont l'usage seul perpétue chez eux les traditions. De ce nombre sont, avant tout, le *baptême* et la *savate*:

la *savate,* punition infligée au *capon,* c'est-à-dire au camarade convaincu d'avoir fait des rapports au maître; de lui avoir appris, par exemple, par quelle ruse nouvelle l'avoine continuait à se transformer en piquette au cabaret voisin. Tout le monde connaît ce genre de supplice qui consiste à appliquer au coupable sur les parties du corps le mieux appropriées à cet effet par la nature un nombre de *coups de soulier* proportionné à la gravité de la faute : justice expéditive et dont les suites compromettent parfois la vie même de l'infortuné patient.

Le *baptême* est une tout autre chose. Cette cérémonie, car c'en est une, n'a rien que de jovial et d'innocent. Elle s'adresse au novice qui paraît pour la première fois dans un relais. Sont seuls exceptés les enfants de la *balle,* ou fils de postillons, et le nombre en est assez grand, car ce n'est pas chose rare, malgré l'antipathie que ces derniers ont pour le mariage, que de rencontrer deux et même trois générations attachées à la même poste. C'est que le métier, quoique rude, n'est pas des plus mauvais. Le vrai postillon reçoit de toutes mains : du voyageur en poste, du courrier de malle, du conducteur, dont il seconde trop habilement la fraude, de l'hôtelier auquel il amène des voyageurs, de son maître enfin, qui ne lui paye pas moins de 50 à 60 francs de gages mensuels.

Initiés dès l'enfance aux devoirs de leur profession future, ces jeunes *louveteaux* ont à peine atteint leur seizième année, âge de rigueur, qu'ils passent en *pied*, et, grâce au livret octroyé par l'autorité municipale, acquièrent *gratis,* du moins aux yeux des camarades, le droit de nous verser, vous ou moi, à l'occasion.

Il n'en est pas de même à l'égard du surnuméraire auquel vont être accordés pour la première fois le privilége de faire connaissance avec les corvées d'écurie, et l'honneur insigne d'apprendre à manier la fourche à fumier. Celui-là doit subir une épreuve.

Nous allons y assister.

Au milieu de la cour, et tout à côté du puits, s'élève un tréteau de bois sur lequel une selle est posée. Recouverte de quelques planches mobiles, l'auge lui sert de piédestal ; des branches de verdure placées à l'entour achèvent la décoration, et cachent les supports du tréteau.

La *poste* entière est sur pied ; de nombreux spectateurs venus du dehors ont obtenu la faveur d'être admis dans l'intérieur de l'établissement ; les femmes surtout — avides de spectacles à la ville, comment ne le seraient-elles pas au village? — les femmes sont en grand nombre ; et là, comme partout, c'est à qui sera la mieux placée. Dans cet espoir, chaque postillon s'entend appeler de la voix la plus séduisante : « mon p'tit m'sieu Nicolas... Mon bon père Delorme... »

Soudain un profond silence s'établit. Le néophyte a paru, conduit par le *loustic* du relais qui lui sert de parrain ; il est amené près de la monture préparée. Là, il doit *s'enfourner* dans une paire de bottes fortes, bottes de l'une desquelles, pour notre bonheur passé et pour celui de nos enfants, sortit un jour l'épisode le plus curieux de la véridique histoire de Poucet. A peine a-t-il introduit la seconde jambe dans sa lourde prison de cuir, qu'on l'abandonne à lui-même. Que d'efforts ne doit-il pas faire en ce moment pour conserver un équilibre perdu à chaque pas! De trébuchement en trébuchement, de chute en chute, il arrive enfin au pied de l'auge ; alors on le hisse sur le tréteau plutôt qu'il n'y monte lui-même ; on lui met le fouet en main ; et comme, à dessein, la selle est demeurée veuve de ses étriers, et que les jambes du cavalier, cédant au poids énorme qui les entraîne, pendent, à sa grande souffrance, de toute leur longueur, on dirait, à le voir ainsi perché, d'une de ces figures de triomphateur romain peinte ou tissée dans quelque antique tapisserie de Flandre. Commence aussitôt, au milieu des rires et des lazzis de toute sorte, l'examen du récipiendaire, espèce d'interrogatoire que son *sel fort peu attique* nous interdit de reproduire. Chaque demande, chaque réponse devient le sujet de nouvelles acclamations joyeuses. Un nom lui est donné, nom de guerre qui, peut-être, remplacera pour toujours son véritable nom. Arrive enfin cette dernière question, prononcée d'une voix solennelle : « Tu as eu le courage de monter sur ce cheval, jeune homme, sais-tu comment on en descend? » Quelle que soit la réplique du malheureux, ces mots sont le signal de son supplice : à peine ont-ils été prononcés, que les planches qui recouvrent l'auge disparaissent sous les efforts instantanés des spectateurs les plus voisins. Le tréteau tombe de tout son poids dans l'eau dont elle est remplie, et entraîne nécessairement dans sa chute l'inhabile cavalier; mais ce bain n'est point encore assez pour la purification du novice ; chaque assistant, armé d'un seau rempli à l'avance, vient l'immerger à l'envi, et il ne recouvre sa liberté qu'après avoir consenti à arroser à son tour le gosier de ses anciens d'un nombre de *litres* illimité.

Laissons le malheureux se remettre de la rude épreuve à laquelle il vient d'être soumis, et examinons les figures qui nous entourent.

Vieilles et jeunes, toutes ont un galbe particulier, dû partie à la fatigue et aux veilles inséparables du métier, partie à l'intempérance, qui se trahit sous une peau plus ou moins bourgeonnée.

L'une d'elles surtout est remarquable : couronnée de rares cheveux presque blancs résumés dans une petite queue, image dégénérée de l'énorme catogan, gloire des postillons du siècle dernier, elle appartient au père Thomas, qu'achèvent de caractériser le serre-tête blanc noué autour du front, l'escarpin à boucles d'argent, le bas bleu et le pantalon de peau descendant jusqu'à la cheville qui l'embrasse étroitement. Agé de près de soixante ans, ses services datent du camp de Boulogne, et rien, en aucun temps, pas même la crainte de perdre un état qu'il ne saurait quitter sans en mourir, n'a pu l'engager à se séparer de deux choses qu'il estime avant tout, le portrait de son *empereur*, comme il le nomme, et ces quelques poils réunis qui lui rappellent ses plus beaux jours. Excellent postillon dans son temps, l'adresse supplée chez lui à ce qu'il peut avoir perdu du côté de la vigueur, et peu de jeunes gens réussiraient encore mieux que lui à *couper* un ruisseau ou à *brûler* une concurrence. La seule chose à laquelle il n'a pu se soumettre entièrement, c'est le *menage en cocher*, qu'il regarde comme bien au-dessous de lui ; et jamais il ne s'assied sur un siége de voiture sans pousser un profond soupir et marmotter entre ses dents, à travers la fumée de son vieux *brûle-gueule culotté* : « Si mon empereur n'était pas mort, ils n'auraient pas fait ça.... »

C'était beau, en effet, de voir ce postillon à la veste bleue, aux parements rouges, brodés d'argent et couverts d'une innombrable quantité de boutons, à la culotte de peau, aux grandes bottes éperonnées, le chapeau de cuir sur le coin de l'œil, la *verge* dans une main, la bride du porteur dans l'autre, guider d'un bras ferme cinq chevaux lancés au triple galop!

La sûreté des voyageurs gagne, dit-on, au mode de conduite presque généralement adopté aujourd'hui : c'est donc bien qu'on le préfère. Mais on ne peut nier que la tenue extérieure, que l'amour-propre de l'homme, si nécessaire en toute chose, que l'uniforme, quoique officiellement demeuré le même, n'y aient considérablement perdu. Sans catogan et sans bottes fortes, le postillon n'est plus que l'ombre de lui-même ; je l'aimerais presque autant en bas de soie, en gants beurre frais et en perruque à la Louis XIV...

Ohé! père Thomas! ohé! v'là *une poste* qu'arrive! — J'ai d'la chance aujourd'hui, répond l'ancien, dont c'est *le tour à monter*.

En effet, le son lointain des roues suffisait pour faire reconnaître une chaise de poste à une oreille exercée, et les triples appels du fouet indiquaient clairement que *le bourgeois* qu'elle renfermait payait les guides *au maximum*.

Dans ce cas, les chevaux sont lestement garnis et sortis à l'avance hors de la grande porte.

Le relayage s'opère donc en un clin-d'œil, et nous laisse à peine le temps de distinguer le voyageur assis dans la voiture ; cependant à ses bottes à l'écuyère ostensiblement placées près de lui, on reconnaît un courrier de cabinet ou de commerce. — Oui, un courrier : c'est ainsi qu'ils voyagent généralement. Notre délicatesse ne s'accommode plus des courses à franc étrier, et rien de plus rare à rencontrer aujourd'hui sur nos routes, qu'un courrier, proprement dit.

Le père Thomas est prêt ; une mèche neuve a été lestement ajoutée à son *fouet de malle;* il part faisant à son tour résonner l'air de ses *clics-clacs* les plus harmonieux.

C'est ici le lieu de faire observer que la langue du fouet est d'un usage universel parmi les postillons. Sur la grande route, endormi dans sa charrette, un voiturier du pays, un ami tarde-t-il à livrer passage? une salve prolongée le rappelle affectueusement à son devoir ; un roulier malappris met-il trop de lenteur à céder la moitié du pavé? le fouet, plus rude alors dans ses éclats, lui ordonne de se hâter ; hésite-t-il encore? — le fouet, au passage, lui lance une admonition des plus vives à la figure.

Sans le fouet, comment indiquer la générosité des voyageurs que l'on conduit? comment dire s'ils payent les *guides* à la *mylord, à l'ordinaire* ou *au réglement;* seul, dans son langage conventionnel, il sert de base à la célérité du service à leur égard

On raconte à ce sujet une anecdote assez singulière.

Un plaisant paria, il y a quelques années, aller en poste, de Paris à Bordeaux, dans le laps de temps le plus court, en ne payant cependant aux postillons que les 75 centimes de pour-boire rigoureusement dus par cheval.

Affublé d'une grande robe de chambre, entouré d'oreillers et de fioles de toute espèce, il réussit à se donner l'air d'un moribond prêt à trépasser, et comme, à chaque relais, il demandait avec instance qu'on le menât au pas le plus doux, et qu'on épargnât sa tête et ses membres endoloris, le postillon, prévenu de son avarice par celui qu'il remplaçait, se faisait un malin plaisir de le secouer de son mieux en le menant au galop le plus forcé et de l'assourdir, en ne laissant aucune interruption entre des salves de coups de fouet, lancées de toute la vigueur de son poignet. Chaque relais étant trompé par cette fausse annonce, la ruse réussit : il gagna. Mais à moins que vous ne soyez décidé à l'imiter, mieux vaudrait, je vous assure, voyager en patache que de vous entendre annoncer par un seul coup de fouet, indice ordinaire de *M. Gillet*, c'est-à-dire de celui qui ne paie les guides qu'au taux prescrit par l'ordonnance.

A la chaise de poste succède la malle. Celle qui arrive est du dernier modèle. C'est un coupé à trois places, très-large, parfaitement peint, on ne peut mieux verni, dans l'intérieur duquel rien n'a été épargné pour la commodité des voyageurs ; coussins élastiques, accotoirs moelleux, portières en glaces, rien n'est épargné. Deux choses seules, — assez peu importantes d'ailleurs, — semblent avoir été négligées dans sa construction : la sûreté des dépêches qui, placées dans un coffre en contrebas à l'arrière de la voiture ne peuvent, en aucune façon, être surveillées par celui à qui elles sont confiées et la vie du courrier qui, perché à la manière anglaise, sur la banquette dure et étroite d'un cabriolet élevé derrière la caisse, demeure exposé à toutes les intempéries et court risque de se casser le cou, au moindre cahot. Le postillon appelé à conduire la *nouvelle mode*, comme il l'appelle, se presse d'autant moins que le courrier le gourmande d'autant plus. Enfin il monte sur le siége, en rechignant, et celui qui en descend nous apprend, non sans accompagner ses plaintes de jurements fort énergiques : « Que ces *guimbardes*-là ne pourront marcher longtemps, qu'elles sont trop *brutales* à traîner ; avec ça, que les roues *cassent des noix,* et que *la Mistration* ne paie que trois chevaux au lieu de cinq qu'on y attèle, etc., etc. »

Le temps apprendra s'il a raison.

Quant à nous, notre visite au relais est terminée ; il ne nous reste plus qu'à nous mettre en route.

La diligence arrive.

— Conducteur, de la place? — Deux banquettes. — C'est bon. — Vos bagages? — Voilà !

Hissés tant bien que mal sur l'impériale, nous demeurons silencieux auditeurs du colloque suivant établi entre le conducteur et le postillon, dernier coup de pinceau à ajouter au portrait de ce dernier.

« Bonsoir, m'sieu Bibi, vous v'là ben à bonne heure aujourd'hui ; l's autres sont pas encore passés. — J' crois ben, j' les ai perdus au repas. — Ohé ! oh ! toi Pêchard. — Amène-donc le porteur? — Arrière, arrière, Cou de Cygne. — A cheval, à cheval. — Donne-moi les traits, Abel Cadet ; y êtes-vous, m'sieu Bibi? — Marche, marche, — Hi !.... »

La voiture roule emportée par cinq chevaux habilement lancés au grand trot.

La conversation continue. Le postillon raconte en détail le baptême dont il a été l'un des principaux acteurs.

Il est interrompu par le conducteur : « Fais donc attention à ton sous-verge. — Ahu! ahu!... Queu dommage qu'ma Suzon ait pas pu voir ça, aurait-elle ri, aurait-elle ri! vous la connaissez ben, m'sieu Bibi ; c'est c'te p'tite blonde qu'a de grands yeux de couleur, si ben que l' neveu à M. Cornet, l'épicier, dit toujours, histoire d' compliment, qu'all' r'semble à un vrai gruyère! farceur, va!... Ahu! le marsouin!... Vous voyez pas l's autres, m'sieu Bibi! — Hardi, hardi! — Amour d' femme, va!... St!.... Flamme de punch !... J'sis altéré tout de même ; l'air est sèche à c' soir. Nous allons arrêter aux volets noirs, pas vrai, m'sieu Bibi, c'est vous qui régale. — J'arrête pas, j'ai des ordres. — Des ordres, est-y bon enfant, pisque l'inspecteur a passé z'hier, à même que c' gros qui marche avant vous, vous savez ben, m'sieu Bibi, il avait cinq lièvres qu'étions pas su feuille ; si ben que l'inspecteur a dit : pincé, vieux, qu'y dit ; tes lièvres c'est des *lapins*[1]. Fameux. Enfoncé l' gros. Avec ça qu'y a pas gras avec lui pour les pour-boire[2] ; quand y a des enfants, y m' fait rendre deux yards... Attends, la Marquise, j' t' vas ressoigner le cuir... Voyez-vous l' bouchon au bas d' la côte. La mécanique y est, pas vrai?—N' t'inquiète pas.— Hu, l's Arabes!.. C'te satannée descente, elle est d'un mauvaise. Et les cantonniers qui s' foulent pas la rate, et qu'y sont pas gênés pour dire que l' gouvernement fait pas les routes pour s'en servir, que la loi nous y défend. Obé! oh!... oh!... »

La voiture s'est arrêtée devant les volets noirs. Le postillon et le conducteur sont descendus.

« Du rouge ou du blanc, m'sieu Bibi? — J'y tiens pas la main. — A vot' santé, m'sieu Bibi, la compagnie ; r'doublons-nous? — Pu souvent:... enlevé, c'est payé. — Nous allons nous r'venger d' ça, ayez pas peur... donnes mon fouet, toi, malappris... Hu, les braves!... »

Nous repartons au galop ; on dirait que le *canon* bu par le maître, a donné un nouveau nerf à ses chevaux.

La nuit est venue ; la lassitude et le balancement de la voiture invitent le voyageur au sommeil...

Bonne nuit donc, et surtout bon voyage!...

J. Hilpert.

[1] On appelle *lapin*, en terme de messagerie, toute place ou tout port d'article perçu en fraude par le conducteur au détriment de son administration.

[2] Le pour-boire, légalement dû par le conducteur au postillon, est de 05 centimes par poste et par voyageur.

LA NOURRICE SUR PLACE.

Si j'avais l'honneur d'être père de famille, je n'oserais pas écrire cet article, tant je craindrais d'exposer ma race au ressentiment des nourrices futures; il y a trop de petits vices, trop de péchés mondains, trop de qualités négatives à dévoiler. La seule chose qui pourrait peut-être accroître mon courage, c'est cette pensée consolante qu'en général les nourrices ne savent pas lire.

Quoi qu'en puisse dire Jean-Jacques Rousseau, pendant longtemps encore, sinon jusqu'à la fin du monde, toutes les dames de France, et celles de Paris en particulier, continueront à ne pas allaiter leurs enfants. Ce sont pour la plupart d'excellentes mères de famille, irréprochables à l'endroit des mœurs, élevées dans le respect de l'opinion et la crainte du bavardage, et qui savent à une unité près le nombre de sourires et de valses qu'elles peuvent oser sans risquer de se compromettre. Si donc elles n'allaitent pas les héritiers que la Providence leur octroie, c'est que toute leur bonne volonté échoue devant ces deux grands obstacles indépendants l'un de l'autre : le mari et le bal.

Pour ces pauvres femmes, le monde est un despote impertinent auquel il faut obéir sous peine de voir l'ennui se glisser au sein du ménage : le bal ne souffre point de rival, et si les jeunes mères donnaient leur lait à leurs enfants comme elles leur ont donné la vie, que deviendraient les fêtes, les parures, les danses, les concerts? La chambre à coucher serait un cloître habité par la solitude, et nous savons beaucoup de hauts dignitaires de l'état, beaucoup de satrapes de la banque, qui ne voudraient pas d'une vertu dont le premier acte serait d'enlever au monde les charmantes reines qui aident à leurs projets par les grâces de leur esprit, et le charme de leur sourire.

Quant aux maris, aujourd'hui que toute chose se calcule et s'exprime par des chiffres, ils savent combien il y a de dépenses économiques et d'économies coûteuses; ils n'ignorent pas que toutes les femmes sont plus ou moins poitrinaires ou sérieusement affligées par des symptômes de gastrite, quels que soient d'ailleurs l'éclat de leurs yeux et la fraîcheur de leur teint. Donc l'allaitement ne pourrait que développer la malignité du mal que leurs lèvres roses respirent dans l'atmosphère chaude et parfumée des bals; et quand viendrait le sevrage, un pèlerinage en Suisse ou en Italie, une promenade aux eaux des Pyrénées, seraient indispensables pour raffermir la santé précieuse ébranlée par les devoirs de la maternité.

Or, toutes choses égales d'ailleurs, il est plus économique de payer une nourrice que de courir en chaise de poste avec une adorable malade qui prend texte de ses souffrances pour se faire pardonner ses plus chères fantaisies.

Tous les maris savent cela. Lors donc qu'en vertu de la parole divine, qui au commencement du monde a dit aux hommes: Croissez et multipliez, une femme riche des hautes classes de la société approche du terme de sa grossesse, le médecin de la maison se met en quête d'une nourrice jeune et vigoureuse.

Bientôt, par les soins de ce personnage imposant sous un frac de jeune homme, la nourrice est amenée de la campagne. Soit qu'elle arrive de la Normandie avec le haut bonnet traditionnel, soit qu'elle vienne du Bourbonnais avec le chapeau de paille recourbé et garni de velours, c'est toujours une forte et puissante fille qui trahit la richesse de son organisation par la vigueur de ses contours. Son fichu de cotonnade grossière à carreaux a peine à contenir les rondeurs sphériques de deux seins qui promettent une nourriture aussi abondante que saine à l'enfant qui dort au berceau.

La nourrice est installée. Sa chambre communique par un cabinet à celle de sa maîtresse et tout le luxe du confort lui est prodigué.

Pauvre femme des champs habituée aux rudes labeurs de son ménage, aux travaux incessants de la ferme, transportée soudain au milieu des splendeurs que donne la fortune, éblouie de l'éclat qui l'entoure, elle ose à peine se servir des belles choses qui sont à son usage, ni toucher aux meubles qui garnissent sa chambre; silencieuse et craintive, elle obéit sans répondre, remue sans bruit, baisse les yeux, et prodigue à son nourrisson les gouttes emmiellées d'un lait suave et pur.

Son caractère a des contours arrondis comme ceux de ses formes; toujours douce, avenante, timide et bonne, elle sourit et remercie quoi qu'on fasse. Elle a l'humeur calme et patiente ainsi que l'onde d'un petit ruisseau qui glisse sur un lit de sable et de mousse, et rien ne saurait obscurcir la placide lumière de ses yeux ou plisser l'épiderme brun de son front poli comme du marbre.

La jeune mère s'applaudit du hasard qui lui a fait rencontrer la perle des nourrices, et s'étonne qu'un aussi angélique caractère se puisse trouver sous la robe d'une femme.

C'est l'aurore splendide et vermeille d'un jour souillé d'orage. Un mois s'est à peine écoulé que déjà de petites bourrasques de mauvaise humeur ont rendu boudeuse la bouche entr'ouverte qui n'avait jamais fait divorce avec le rire; les sourcils se sont froncés; des paroles rapides, grommelées à voix basse, accompagnent des gestes brusques qui coûtent la vie à quelque porcelaine, tasse ou soucoupe; et l'enfant s'endort, s'il peut, sans le secours de la complainte.

La fille d'Ève se révèle sous l'enveloppe de la nourrice, et la maîtresse du logis reconnaît enfin que l'ange n'était qu'une femme, et quelle femme encore! un vrai diable plein de malice et d'astuce, de rouerie et d'entêtement.

Cependant la transformation ne s'opère pas avec la magique rapidité d'un coup de baguette : la femme ne se dévoile que lentement; ses progrès négatifs suivent une marche oblique, mais, soyez-en bien sûr, il ne s'écoulera pas un long temps avant que le masque ne soit tout à fait arraché.

Les premiers symptômes de la métempsycose se développent d'ordinaire dans les basses régions de l'office; c'est autour de la table commune où cuisinières et laquais, grooms et femmes de chambre dévorent, en se reposant de leur oisiveté, que la nourrice laisse apparaître les inégalités d'un caractère revêche que la timidité, autant que la diplomatie naturelle aux gens de la campagne, avait couvert d'un voile menteur.

Une aile de poulet est souvent la pomme de discorde; le majordome la réclame, et la nourrice l'exige. Le droit des préséances de l'antichambre est mis en discussion; l'un s'appuie sur les galons de son habit brodé et sur l'importance de ses fonctions; l'autre fait parade de la sacro-sainteté de son emploi intime, qui suspend entre ses bras l'héritier présomptif de l'hôtel. L'office se divise en deux camps; mais l'envie que tout domestique inférieur nourrit en secret contre les serviteurs qui ont leurs entrées dans les petits appartements, donne la majorité à l'intendant. L'aile de poulet tombe dans l'assiette masculine, et la nourrice quitte l'office en roulant dans sa main le taffetas gommé de son tablier, et dans son cœur des projets de vengeance.

Elle boude un jour, deux jours, trois jours même, s'il le faut. La gravité la plus sombre siége sur son visage; son allure affecte la colère dédaigneuse d'une grande dame insultée par des manants. Un désordre inaccoutumé préside à sa toilette, de lamentables soupirs soulèvent sa poitrine, et bientôt la pauvre mère, inquiète, cherche à pénétrer le mystère effroyable qu'on ne lui cache si bien que pour lui donner plus d'importance. Enfin après mille détours, mille circonlocutions entrecoupées d'exclamations plaintives, le fait de l'aile de poulet est révélé dans toute son horreur, avec enjolivement de petits mensonges, de médisances anodines, de doucereuses calomnies qui noircissent le malheureux intendant, et prêtent à la nourrice la blancheur d'une colombe innocente et persécutée. Pauvre victime d'un infernal complot, elle s'étiole ainsi qu'une fleur privée de nourriture; on lui refuse le nécessaire à elle qui prodigue son sang le plus pur au petit bonhomme qu'elle aime tant. Au besoin, l'embonpoint progressif de sa taille, la rotondité lustrée de son cou, orné d'un double menton, pourraient donner un éclatant démenti à sa mélancolique élégie; mais la mère ne voit que son fils en tout cela. On lui a si souvent répété que les enfants ne se portent bien qu'à la condition d'être allaités par des femmes dont rien n'altère la bonne humeur, qu'elle tremble déjà de voir le sien pâtir bientôt, victime des infortunes culinaires de sa nourrice.

Le majordome est appelé sur l'heure, vertement réprimandé et sérieusement averti que l'estomac d'une nourrice a des droits imprescriptibles auxquels il fait bon d'obéir.

A dater de ce jour, une haine sourde et profonde surgit entre elle et la gent de l'office ; mais, orgueilleuse de sa position et fière de son premier triomphe, elle se joue des efforts de la coalition qu'elle domine à l'antichambre comme au salon.

Les femmes, comme les enfants, n'ont jamais conscience de leur force qu'après l'avoir essayée ; mais sitôt qu'elles la connaissent, elles en usent et en abusent sans pitié ni merci. Le premier essai tenté par la nourrice lui ayant révélé toute l'étendue de sa puissance, elle se hâte de la mettre de nouveau à l'épreuve.

Transplantée de la campagne, où du matin au soir elle vaquait à de pénibles travaux, dans une ville où les soins de l'allaitement vont devenir sa seule occupation, il était à craindre que la florissante santé de la nourrice, habituée à l'activité, à l'air, au soleil, ne s'altérât dans le repos, le silence et l'ombre d'un hôtel de la Chaussée-d'Antin. Le changement eût été trop rapide et trop complet. Afin de ménager à son sang et à ses humeurs une circulation toujours facile, et d'après les conseils du docteur, on attribue à la nourrice certains petits travaux d'intérieur qui ne demandent que du mouvement sans fatigue ; l'arrangement et le nettoyage de sa chambre, les apprêts de son lit et du berceau en représentent presque la totalité.

D'abord humble et résignée, elle remplit sa tâche avec une ponctualité mathématique et une ardeur sans pareille. Mais une si louable activité se dissipe bientôt au souffle des mauvaises passions. La nourrice, après sa victoire sur l'office, trouve qu'il est malséant à ses maîtres de la laisser se fatiguer à balayer, frotter et nettoyer ainsi que peut le faire une simple femme de chambre. D'aussi viles occupations sont désormais incompatibles avec son caractère. N'est-elle pas payée pour être nourrice et non pour être servante ?

Alors commence une nouvelle lutte qui se termine encore par le triomphe de la nourrice. Elle murmure tout bas, se plaint, gémit, accuse de sourdes douleurs vagues, qui toutes proviennent d'une grande lassitude ; si la maîtresse feint de ne pas comprendre, les douleurs deviennent intolérables, l'appétit cesse, la fatigue succède à la lassitude, l'accablement à la fatigue. Le médecin consulté ne découvre aucune fièvre ; mais la mère effrayée pour l'enfant prescrit immédiatement le repos le plus absolu, et le retour de la joie et de la santé coïncide avec la promulgation de l'ordonnance.

La nourrice a vaincu ; une servante subalterne est chargée d'office de l'administration de son appartement ; comme sa maîtresse, elle gouverne et gronde quand tout n'est pas en ordre une heure après son grand lever.

Cependant l'enfant a grandi. Il s'agite dans ses langes ainsi qu'une carpe sur l'herbe ; plus fort, il a besoin d'air et de mouvement ; le docteur conseille la promenade, et la nourrice avec l'enfant, l'une portant l'autre, sont dirigés vers les Tuileries, cette patrie de l'enfance et de la vieillesse. C'est fort bien. Mais voilà qu'au bout d'un temps fort court, la face arrondie de la commère se rembrunit progressivement. De nouvelles manifestations agressives éclatent dans son geste et dans sa parole; des réponses aigre-douces se croisent sur ses lèvres, et les symptômes de sa mauvaise humeur apparaissent surtout au retour de la promenade. Enfin, après de minutieuses investigations, la maîtresse parvient à découvrir que la distance qui sépare la rue du Mont-Blanc des Tuileries est énorme pour une pauvre femme qui, quelques mois auparavant, franchissait sans se plaindre trois ou quatre lieues en pleines terres; quelques tours d'allée dans le jardin, entremêlés de stations prolongées sur les chaises, à l'ombre des marronniers, achèvent d'épuiser ses forces. Ses jambes fléchissent, et dans ce labeur quotidien, elle sent que le dévouement seul peut encore la soutenir. L'insomnie vient pendant la nuit; l'enfant crie et pleure; au réveil la nourrice a les yeux battus, la mère s'épouvante. Faut-il s'étonner alors si le lendemain l'équipage de madame stationne à la grille des Tuileries, attendant qu'il plaise à la nourrice de reprendre le chemin de l'hôtel?

Mais l'orgueil est insatiable comme la paresse ; c'est peu de revenir, il faut encore aller en calèche découverte, au trot de deux chevaux coquettement harnachés; or ce que nourrice veut, Dieu le veut, car avant tout les nourrices sont femmes, et bientôt elle parvient à ne plus fouler de ses pieds dédaigneux les pavés de la rue de la Paix.

Jusqu'à ce jour les articles du budget n'avaient pas été discutés; chaque mois la nourrice touchait son traitement et en appliquait la totalité à satisfaire ses fantaisies sans contrôle. Mais une mauvaise administration absorbe et gaspille bientôt un budget ordinaire; il arrive souvent que la nourrice cherche vainement un écu dans le désert de ses poches et de ses tiroirs; alors la nécessité lui révèle le mécanisme des chapitres additionnels, des ressources extraordinaires, des crédits supplémentaires, tous les arcanes du système financier à l'usage des gouvernements représentatifs. Elle se pose devant ses maîtres, femme et mari, comme un ministère devant les deux chambres, en solliciteur. Le capital du traitement demeure intact, mais le traité est une lettre morte que l'esprit vivifie, et l'esprit en pareille circonstance, c'est l'adresse à exploiter les sentiments maternels. A ce jeu-là la nourrice est d'une habileté à en remontrer aux plus fins diplomates; il n'est pas de ruses qu'elle n'emploie, pas de fils qu'elle ne fasse mouvoir, pas d'intrigues qu'elle n'ourdisse!

Elle est tour à tour et tout à la fois souple et roide, joyeuse et maussade, triste et gaie, rieuse et chagrine, naïve et madrée, impertinente et timide. Mais toujours et sans cesse elle fait jouer son nourrisson, comme le bélier qui brise les obstacles; pour elle, il est le nerf de la guerre invisible et infatigable qu'elle a déclarée à la bourse des père et mère. L'enfant est entre ses mains l'enclume et le marteau qui lui servent à battre monnaie.

Les contributions indirectes qu'elle ne cesse d'obtenir, sans avoir l'air de les demander, arrivent sous toutes les formes : en offrandes métalliques aux anniversaires et aux jours de fêtes ; en cadeaux de toutes sortes à des époques indéterminées; robes, foulards, bonnets, fichus, tabliers, tout est de bonne prise pour son insatiable vanité. A l'apparition de la première dent, il n'est pas rare de lui voir octroyer par la mère la chaîne et la croix d'or, objet d'une longue et patiente convoitise.

Elle se partage avec la femme de chambre, *camera-mayor* au petit pied, la défroque de sa maîtresse ; à l'une ceci, à l'autre cela ; l'adjudication se fait à l'amiable ; car dans la hiérarchie de la domesticité, la femme de chambre est la seule personne avec qui la nourrice vive en paix, encore est-ce à l'état de paix armée. Ce sont deux puissances qui se respectent en se jalousant.

En ceci comme en beaucoup d'autres choses de ce monde, la forme emporte le fond ; les intérêts triplent le capital, et il arrive à la fin du mois que les revenus perçus d'une façon indirecte dépassent de beaucoup le chiffre du traitement fixe.

La chrysalide a fait peau neuve. Quelques mois de séjour à Paris ont fait tomber la rude enveloppe qui cachait le papillon frais et dodu. La fille des campagnes a jeté, une à une et petit à petit, les pièces de son trousseau champêtre : la Berrichonne abdique le chapeau de paille tressée ; la Cauchoise le haut bonnet de tulle ; toutes mordent à l'hameçon de la coquetterie, et une toilette fringante succède au déshabillé modeste de la fermière.

La dentelle s'entortille autour d'un bonnet coquet ; les cordons de soie d'un soulier de prunelle se croisent sur un bas de coton blanc bien tiré ; la robe est façonnée avec sabots, ou manches plates, suivant la mode ; un mouchoir de Baréges s'enroule autour du cou protégé par une collerette : on dirait une grisette en bonne fortune. Tous ces changements se sont opérés graduellement à la sourdine ; l'œil jaloux des cuisinières peut seul en suivre les modifications successives, depuis la jupe de percale blanche, jusqu'au gant de peau de Suède.

Fraîche, pimpante, accorte, la nourrice dans tout l'éclat de ses atours, se prélasse aux Tuileries en compagnie de ses collègues, tandis que les enfants s'amusent comme ils le peuvent, en suçant leur pouce ou leur hochet. Leurs vigilantes gardiennes ont bien d'autre choses à faire qu'à veiller sur leurs jeux, et parce qu'on est nourrice faut-il abdiquer tout droit à la coquetterie, cette nourriture des âmes féminines?

Aux Tuileries la nourrice tient sa cour pleinière ; elle a pour boudoir les quinconces de marronniers, les longues allées pour galeries. Elle trône sur un banc ou sur deux chaises et reçoit les hommages de ses vassaux, sur la terrasse des Feuillants en été, à la petite Provence en hiver. Le cercle de ses adorateurs s'étend ou diminue, soumis aux variations numériques de la garnison de Paris ; un statisticien pourrait faire le compte des régiments qui casernent dans la capitale, d'après le chiffre des guerriers qui flânent ou stationnent autour d'elle. L'artillerie passe l'aigrette rouge au vent et broyant le gravier sous ses bottes ferrées ; la cavalerie tourne et retourne, faisant reluire au soleil ses grands sabres d'acier et ses longs éperons ; l'infanterie est au port d'arme, le shako sur l'oreille et le petit doigt sur la couture du pantalon, comme un jour d'inspection ; on y peut découvrir même le casque jaune du sapeur-pompier, dont l'inflammable sensibilité est devenue proverbiale.

C'est une joute de galanterie où l'on se bat à armes courtoises, à l'aide du pain d'épice, du sucre d'orge, de l'échaudé, modestes offrandes d'un cœur épris, et dont chaque prétendant en uniforme se dispute le privilége.

Ici une question se présente tout naturellement à l'esprit, question grave dont la solution morale n'est pas sans souffrir quelques exceptions. La nourrice, pendant son séjour à Paris, y demeure-t-elle vertueuse comme on l'est au village, à ce que disent les romances?

Hâtons-nous de le dire : malgré certaines apparences équivoques, la nourrice conserve presque toujours sa vertu aussi blanche que son tablier; cependant, en notre qualité d'historien impartial et véridique, nous devons ajouter que si cette vertu demeure intacte, elle le doit en grande partie au système de surveillance active que la maîtresse de la maison exerce envers la nourrice. La chair est faible et l'esprit est prompt, comme on sait, et il pourrait se faire que si par hasard... Mais à quoi bon analyser l'intention en dehors du fait?

De ses pérégrinations diurnes sous de frais ombrages, il résulte pour la nourrice un certain nombre de connaissances vêtues d'habits ou de redingotes, de fracs militaires surtout, dont quelques-unes viennent lui rendre visite jusqu'au logis. Il n'est pas rare même de les voir déjeuner, avec d'énormes tranches de gigot et de bonnes bouteilles de vin, aux frais de l'office. Aux questions qu'on lui pourrait faire à ce sujet, la nourrice a toujours une réponse prête; réponse invariable, imprescriptible, cosmopolite, que chaque nourrice répète avec aplomb à Paris comme à Brest ou à Marseille. Toutes ces connaissances sont des *pays*; au besoin même elles sont des *pays*-cousins. On aurait vraiment mauvaise grâce à refuser quelques dîners aux parents de celle qui nourrit le jeune héritier, car il n'est pas tout à fait impossible que la réponse soit vraie, par hasard.

La nourrice fait donc en liberté les honneurs de céans; mais on a seulement grand soin de ne pas les lui laisser faire en tête à tête.

Cependant dix-huit ou vingt mois se sont écoulés; une révolution va s'accomplir dans l'éducation matérielle de l'enfant; une nourriture plus vigoureuse est offerte à son estomac. La nourrice comprend que son règne touche au crépuscule ; au lait succède la panade. C'est alors que, pour prolonger autant que possible la douce existence qu'elle goûte au sein de l'abondance et du *far niente,* elle a recours aux ruses les plus adroites. Tout ce que son esprit excité par la crainte lui suggère pour reculer le terme fatal, elle l'emploie. Un quart d'heure avant la présentation de la soupe abominable qui lui donne le cauchemar, la nourrice abreuve l'enfant de plus de lait qu'il n'en désire, et l'enfant, qui tetterait volontiers jusqu'au *de Viris illustribus,* repousse avec horreur le mets qu'on lui présente, sans prendre garde aux cajoleries dont on l'entoure.

Ce manége dure un certain temps; mais enfin l'heure critique a sonné. Malgré ses roueries, la nourrice ne peut éviter l'épreuve du sevrage, et son règne finit le jour où l'épreuve commence.

Elle se sépare enfin de son nourrisson avec des larmes et des gémissements. Madeleine repentante ne pleurait pas davantage; mais ce n'est peut-être pas la tendresse seulement qui la rend si plaintive et si larmoyante, un autre sentiment se mêle à sa douleur : elle pleure ses revenus directs et ses ressources indirectes, sa molle oisiveté, et la chère succulente qu'elle a si longtemps savourée. Dans la bruyante expression de ses regrets, l'estomac a autant de part que le cœur.

Quant à l'attachement maternel qui accompagne et suit l'allaitement, à ce que prétendent certains philanthropes, l'expérience démontre, hélas! qu'il ne subsiste pas longtemps, et ne résiste jamais à l'absence. Sa durée, le plus souvent, égale la cause qui l'a fait naître, et quand la cause n'est plus, l'attachement s'évanouit. Cependant on compte quelques exceptions à cette fatale règle.

Lorsque la nourrice a quitté sa première place, la comparaison de ce qui est avec ce qui a été lui fait vivement désirer de regagner le bien perdu; parfois elle s'évertue avec tant d'ardeur qu'elle parvient à trouver un second enfant à nourrir immédiatement après l'autre; mais ce cas est rare; les familles prudentes ne veulent pas d'un lait déjà vieux. Le plus souvent elle retourne au pays natal, au sein de sa famille, près de son mari. Mais elle s'est déshabituée au travail; les souvenirs du luxe de l'hôtel parisien la poursuivent dans la ferme, où l'aisance habite à peine. Alors elle persuade à son mari, bon gros laboureur, simple et naïf, que la paternité est une source inépuisable de richesse, et que chaque enfant que le ciel lui envoie est une rente annuelle dont il lui fait cadeau, sans qu'il y mette beaucoup du sien. La fortune viendra sans grande fatigue pour lui le jour où il aura doté le monde d'une demi-douzaine de chérubins.

Le fermier ne sait rien à opposer à d'aussi beaux raisonnements marqués au coin de la logique, et, Dieu aidant, il se trouve si bien convaincu que neuf mois après son retour au village, la nourrice accouche d'un nouvel enfant, ou, pour nous servir de son langage, d'une nouvelle rente.

Alors elle retourne à Paris et postule une place que sa forte et belle santé campagnarde ne tarde pas à lui faire obtenir. La fermière redevient nourrice; elle recommence encore la série de ses travaux, de ses bouderies, de ses promenades, de ses diplomatiques concussions; pendant vingt nouveaux mois elle exploite une nouvelle maison, et plus habile encore cette fois elle fait rendre à l'enfant tout ce qu'il est possible d'espérer, en pressurant les bons sentiments qu'il inspire à sa mère.

Elle économise et fait passer au pays de petites sommes successives qui un jour agglomérées acquitteront la valeur d'un pré ou d'un moulin; elle accapare peu à peu un vaste trousseau dont elle paie chaque pièce avec un merci peu coûteux; et elle bâtit l'aisance de son avenir en détournant les miettes du présent.

A trente ans elle clôt sa carrière. La nourrice a quatre ou cinq enfants au moins, souvent plus; la ferme appartient à son mari; quelques petits champs s'arrondissent alentour : elle a payé le tout avec des gouttes de lait.

L'allaitement, je dirais presque le *nourriçat*, n'était mon respect pour l'Académie, est aujourd'hui une profession périodique et lucrative qui est en grand honneur au village; elle fait partie des industries en usage aux champs, et beaucoup de mères villageoises la font entrer pour une grosse somme dans l'inventaire de la dot qu'elles concèdent à leurs filles en les mariant à quelque meunier.

AMÉDÉE ACHARD.

L'EMPLOYÉ.

Il en est de l'employé comme de ces lépidoptères dont les naturalistes comptent des variétés innombrables. Il existe mille nuances d'employés, mais pour l'observateur qui les examine avec soin, la loupe à l'œil, toutes ont entre elles de nombreuses ressemblances, de frappantes analogies. A quelque espèce de la grande famille administrative qu'ils appartiennent, on reconnaît toujours en eux l'influence d'un but unique, les mêmes préoccupations, une commune destinée.

Voici en quelques mots cette destinée commune de l'employé. A trente ans, l employé qui émarge 1800 francs d'appointements, se marie avec une héritière qui lui apporte en dot six ou huit cents livres de rentes. Il prend au fond du Marais ou dans la banlieue de Paris un logement dont le prix ne doit pas excéder 400 francs. Il fait tous les jours deux lieues pour aller remplir des registres, copier des lettres, mettre des paperasses en ordre, délivrer des ports-d'armes, des passeports, des acquits-à-caution, des récépissés; enregistrer ceux qui viennent, et ceux qui s'en vont, et ceux que l'impôt de la conscription menace d'atteindre; préparer un pont à cette commune, une école primaire à celle-ci, une garnison de cavalerie à celle-là; faire circuler les pensées, les mensonges de Paris dans la France et dans le monde entier; surveiller du fond de son fauteuil de cuir tel joueur, tel forçat, tel complot; que sais-je encore? avoir l'œil sur les trente-huit mille communes de France, épier leurs besoins, leurs vœux, leur opinion, sur tout ce qui se rattache à la politique, au commerce, à la fortune publique, à la religion, à la morale, à l'hygiène, sur tout enfin. Telles sont les fonctions de l'employé pendant six heures par jour et pendant six jours de la semaine. Vient le dimanche. Ce jour-là, l'employé dort voluptueusement jusqu'à dix heures et fait sa barbe beaucoup plus tard que de coutume. Vers trois heures, il quitte les profondeurs du Marais ou les hauteurs de Belleville, se dirige vers Paris avec sa femme, se promène encore deux heures pour gagner de l'appétit, et va dîner à 40 sous chez Richefeu avec de la perdrix aux choux, une salade de homard, une sole au gratin et une méringue à la crême pour dessert ! Après le dîner, il se rend aux Champs-Élysées, si c'est en été, et au concert Musard, en hiver. Puis, à dix heures et demie, il reprend à pied le chemin du logis, où il n'arrive guère avant minuit, parce que sa femme succombe à la fatigue. La journée est finie.

Cependant, les enfants sont venus et l'employé en a au moins deux, souvent trois. Après avoir pesté, maugréé, juré toute sa vie contre l'état que lui a donné son père, après avoir dit mille et mille fois avec ce personnage des *Fourberies de Scapin* : Qu'allais-je faire dans cette galère? l'employé s'estime très-heureux de pouvoir y faire entrer son fils, et celui-ci, à son tour, dira et agira comme a fait son père. Telle est, jusqu'à l'époque de sa mise à la retraite, dont nous ne parlerons qu'en terminant, la destinée ordinaire de l'employé qui s'est marié.

Car il y a les employés célibataires, et l'on en compte un plus grand nombre que des premiers. « A quoi bon se marier? se dit en effet le célibataire. Si je fais un mariage d'inclination, que n'aurai-je pas à souffrir de ne pouvoir donner à ma femme ces mille distractions, ces riens charmants, ces rubans et ces gazes, ces fleurs et ces perles qui entrent pour une si grande partie dans le bonheur des femmes de Paris! Si, au contraire, mon ménage doit ressembler à tant d'autres, pourquoi me jeter de gaieté de cœur, et sans compensation aucune, dans l'affreux guêpier des échéances, des modistes, des nourrices et des médecins? Est-il donc impossible de vivre autrement? Essayons. » C'est ainsi, c'est par ces douloureux motifs d'insuffisance pécuniaire que la plupart des employés se vouent au célibat. Mais pour ceux-là la vie est peut-être plus triste encore que pour ceux de leurs confrères qui ont accepté les charges du mariage. Il est vrai que l'employé célibataire est heureux, libre, et fier de sa liberté jusqu'à l'âge de quarante ans. Il dîne aux tables d'hôte à 32 sous, fréquente les promenades, les concerts, les spectacles, les bals champêtres et autres, et se ranime de temps en temps aux feux voyageurs d'une existence aventureuse. Mais peu à peu la décoration change d'aspect : l'employé a grisonné, il a quarante-cinq ans, et l'âge des illusions est passé pour ne plus revenir. Alors, ni les promenades, ni les concerts, ni les spectacles, ni les bals de toute sorte, rien ne l'amuse plus. Que faire? à quelle innocente passion se livrera-t-il? comment remplir les longues matinées d'été et les interminables soirées d'hiver? Quelle solitude! D'un autre côté, la vie des tables d'hôte lui est devenue insupportable, odieuse. Quoi! voir tous les jours en face, à ses côtés, des visages nouveaux qu'on ne reverra plus! quel ennui! Et puis, s'il compare les potages sans saveur et les invariables liquides où nagent les viandes de sa table d'hôte aux succulents consommés et aux sauces si habilement nuancées des dîners de famille, quelle différence! C'est alors qu'une grande révolution s'opère dans la vie de l'employé célibataire. Il renonce au monde, à ses divertissements, aux bruyantes réunions, pour étudier quelque bonne et douce science, pour se livrer à quelque tranquille manie. Il fait de l'ornithologie ou de la numismatique, recueille des minéraux, classe des papillons ou des coquillages, empaille, tant bien que mal, les serins du voisinage, et s'abonne à cinq ou six éditions pittoresques. Enfin il prend une gouvernante, mange chez lui, et s'arrange, ma foi! comme il peut.

Étrange inconséquence! C'est à l'État, sans contredit, qu'il appartient de favoriser le développement de la vie de famille, car le mariage est en même temps une garantie de moralité individuelle et de stabilité sociale; et, à ne considérer cette institution que dans ses rapports avec la politique, il est évident qu'un pays où le nombre des célibataires dépasserait celui des hommes mariés, serait en proie à de perpétuels bouleversements. Cependant voilà que la plupart des employés de l'État, en France, restent garçons malgré eux, et se mettent forcément en révolte flagrante avec les lois de la morale et de l'Évangile. Ainsi, c'est l'État lui-même..... Il est superflu, je pense, de pousser plus avant ce raisonnement.

On a calculé que la moyenne du traitement des employés du gouvernement en France était de 1500 francs environ. 1500 francs d'appointements!...

Et pourtant quel empressement, quelle foule, quelle cohue dans l'antichambre des distributeurs d'emplois! C'est à qui entrera avant les autres dans la bienheureuse phalange. On se pousse, on se heurte, on se renverse, on se dénonce, on se calomnie. Voyez-vous la députation, je dis la députation entière d'un des premiers départements du royaume? Elle va solliciter du ministre de l'intérieur ou des finances une place de surnuméraire ou de commis à mille francs. Peut-être réussira-t-elle.

Il faut tout dire : il y avait autrefois quelques existences d'employés bien faites pour fasciner les regards et pour éveiller l'ambition de la multitude des prolétaires qui ont reçu l'éducation des colléges. Jeunes encore, ces employés avaient dix ou douze mille francs d'appointements, arrivaient tard à leur ministère, et en partaient de bonne heure. Du reste, qu'ils y vinssent ou n'y vinssent pas, la besogne se faisait toujours à son temps, ni mieux, ni plus mal, car ils s'y entendaient médiocrement, et la France ne paraissait pas souffrir de leur paresse. Jeter les yeux sur un dossier, conférer un quart d'heure avec le chef de division, le secrétaire-général ou le ministre, répondre aux lettres des solliciteurs importants, jeter les demandes obscures dans le panier, telle était leur tâche de tous les jours. Puis le soir, vous pouviez les voir étaler leur ruban rouge et leur frais visage tantôt à la promenade des Tuileries, tantôt à l'amphithéâtre de l'Opéra ou au balcon des Italiens. C'étaient là d'heureux jours et un facile travail. Mais les employés de cette catégorie s'en vont. Les temps sont changés, et c'est au gouvernement représentatif, c'est aux honorables scrutateurs du budget de l'état, qu'on aura dû de voir disparaître peu à peu ces scandaleuses sinécures. Cependant, la multitude, qui ignore encore cette réforme, se rue toujours sur les emplois publics avec la même ardeur, comptant, du reste, sur l'éternité de ses protecteurs. Solliciteurs imprudents, examinez donc l'époque où vous vivez? y a-t-il rien de stable, de solide? Qui sait sur quelle influence d'aujourd'hui l'ouragan parlementaire soufflera demain? Voyez plutôt. Chaque jour, tel employé qui avait rêvé douze mille francs d'appointements, le ruban rouge et un emploi sans travail, regarde autour de lui, cherche en vain son protecteur évanoui, et s'aperçoit avec effroi qu'il lui faudra végéter toute sa vie dans les sous-lieutenances de l'administration.

Un exemple fera mieux apprécier encore quels désenchantements sont réservés à la majorité des employés et de quels trésors de patience ils doivent avoir fait provision, pour ne pas se laisser décourager par les raisons dilatoires qu'on oppose à leur impatience. Il est pris au hasard entre mille.

Félicien a l'honneur d'appartenir à une administration publique. Il avait vingt ans quand il y fut admis, et il en a trente-deux aujourd'hui. Il compte donc douze ans de service, et ses supérieurs ont toujours fait les plus grands éloges de son travail. Cependant, Félicien n'a que douze cents francs de traitement, et, comme il n'est pas sans quelque ambition, il languit, il s'impatiente, il sollicite de l'avancement. Que de lettres n'a-t-il pas écrites du fond de sa province pour faire valoir ses droits, et ses bons services, et son âge, et les favorables rapports de ses chefs! Combien de fois n'a-t-il pas prié, supplié, conjuré *son* député d'aller le recommander en personne au ministre duquel dépend son avenir! Soins inutiles! Un beau jour, pourtant, Félicien, furieux, désespéré, prend une résolution énergique : il écorne son patrimoine d'un millier de francs, et vient à Paris. Le voilà dans l'antichambre de son chef suprême, dans le sanctuaire de la faveur. Que répondre à un homme de trente-deux ans, qui a douze ans d'excellents services, 1,200 francs d'appointements et qui sollicite deux ou trois cents francs d'augmentation? Le ministre lui promet la première place vacante.

« Celle de Verrières le sera bientôt, répond Félicien préparé à tout.

— Eh bien! vous l'aurez. »

Cependant huit jours se passent, et sa nomination n'est pas signée. Qu'apprend-il alors? La place de Verrières est vivement sollicitée par le protégé d'un personnage puissant et elle vient de lui être promise. « Malédiction! s'écrie Félicien, aurai-je donc fait un voyage inutile? » Le voilà qui se remet en course. Bon gré mal gré, il amène, deux ou trois députés chez son ministre, il lui fait écrire par des pairs et des lieutenants-généraux; il obtient même une lettre de quelqu'un de la cour. Enfin, grâce à ce formidable déploiement de forces, son concurrent est évincé, et quelques jours après il se rend tout joyeux au ministère. Mais là, au lieu d'une commission qu'il s'attendait à recevoir, un chef de service laisse tomber sur lui ces foudroyantes paroles : « M. le ministre éprouve un vif regret, monsieur, de n'avoir pu vous accorder la place que vous avez sollicitée. La justice qui dirige ses actes lui a fait un devoir d'y nommer un employé, père de famille, qui compte vingt-deux ans de service. Du reste, soyez assuré, monsieur... — Eh quoi! dit Félicien s'écartant visiblement, en cette circonstance, de sa prudence ordinaire, est-ce ma faute si vous avez été injuste envers ce père de famille pendant douze ans? Il faudra donc que j'aie vingt-deux années de service et une demi-douzaine d'enfants pour aspirer à un traitement de quinze cents francs! La perspective est agréable. » Le lendemain de cette fatale journée, Félicien avait repris le chemin de son département.

Combien d'employés se seraient faits dans le commerce, dans l'industrie, dans les arts libéraux ou mécaniques, une position considérable, s'ils y avaient consacré le quart de la persévérance, de l'habileté, du tact, de l'esprit de suite et quelquefois du talent réel dont il leur a fallu faire preuve pour s'avancer médiocrement dans les fonctions publiques!

Il y a ensuite l'employé qui est jaloux et celui qui ne l'est pas du tout, le trembleur, le flaneur, le malade imaginaire, le piocheur, le flatteur, le pêcheur à la ligne, le cumulard, celui qui professe pour la politique une indifférence profonde et celui qui, attentif aux moindres mouvements de l'Egypte, de l'Angleterre et de la Russie, suppute chaque matin, dans son intelligence, les futures destinées des empires.

Esquissons rapidement quelques-unes de ces intéressantes silhouettes.

Être employé et jaloux! imagine-t-on un plus terrible supplice? Vous écrivez à un maire, à un curé, à un receveur de l'enregistrement, n'importe, ou bien vous réglez les dépenses de telle commune située à deux cents lieues de Paris. Tout à coup une idée, une affreuse idée se présente à votre esprit : « Et ma femme, où est ma femme? est-elle chez elle? qui est avec elle? » A cette pensée, votre tête se trouble, la phrase suspendue se fige dans votre cerveau, vous serrez la plume avec rage entre vos doigts, vous faites d'immenses erreurs d'addition. Subjugé, poussé, entraîné par le démon de la jalousie, vous vous esquivez furtivement de votre bureau, vous arrivez chez vous, haletant, sous un prétexte quelconque, et vous embrassez, avec une joie mêlée de honte, votre femme, qui déchiffrait à son piano une contredanse de Musard ou quelque valse de Jullien; puis vous revenez vous mettre au travail un peu plus tranquille pendant quelques heures. C'est très-bien... Mais malheur à vous si ces visites sans motifs se renouvellent un peu trop souvent! La crainte du Minotaure vous précipite entre ses griffes, et dès l'instant où l'on vous soupçonne d'avoir des soupçons, vous êtes un mari perdu sans retour.

L'employé à qui les rages de la jalousie sont inconnues, n'est-il pas mille fois plus heureux? Voyez comme il est calme, tranquille, reposé. D'abord, il se lève à son heure, avant ou après sa femme, comme il lui plait, commande chez lui, mange tous les jours un de ses plats de prédilection et arrive à son bureau quand il veut, pour n'y faire que ce qu'il veut. Peut-être qu'en examinant son visage avec attention dans certains moments, on y surprendrait un pli de colère, un froncement de sourcil, une velléité de révolte; mais quelques secondes se sont à peine écoulées, et ce nuage s'est évanoui; le teint de l'employé est redevenu serein, pur, transparent. Au fait, que manque-t-il à son bonheur? Il a une jolie femme, il avance rapidement sans avoir jamais sollicité, et il récolte d'abondantes gratifications; son secrétaire-général, qui a les plus grandes tendresses pour sa dernière fille, le charge souvent d'aller inspecter telle prison, tel haras ou tel receveur de province, et ses collègues disent malicieusement de lui, sous le manteau de la cheminée : « Il paraît que la femme de Léopold va le doter bientôt d'un nouveau *gage de son amour*, car on vient de le nommer sous-chef. *E sempre bene!* »

N'oublions pas le trembleur. Ce type comporte plusieurs subdivisions. Il y a d'abord l'employé qui a peur des révolutions, des dénonciations et des destitutions. Mais passons légèrement sur cette variété; elle est digne de compassion. Vient ensuite l'employé très-exact : celui-là tremble pendant trente ans d'arriver trop tard à son bureau, et la peur de ne pouvoir signer, le lendemain, ce que, dans le langage administratif, on nomme l'Etat de présence, le poursuit jusque dans son sommeil. Aussi se défie-t-il des accidents, des rues barrées, des encombrements, des embellissements, de sa montre, des horloges publiques et particulières, de tout enfin. Mais, hélas! il peut se trouver une fois en sa vie retardé de cinq minutes, et vous pouvez alors le reconnaître à son air préoccupé, effaré, à la manière dont il se fait place à travers la foule, à la légèreté avec laquelle il rase l'asphalte des trottoirs. Qu'a-t-il besoin d'un omnibus? il les laisse tous derrière lui. Enfin, il arrive, et il n'est pas réprimandé. N'importe, il ne s'exposera pas de longtemps au reproche d'inexactitude, et pendant un an son nom figurera en première ligne sur l'Etat de présence.

J'ai connu un martyr de ce terrible Etat de présence. Il avait vingt-quatre ans et il était amoureux, très-amoureux. Un jour, il obtint de sa belle un rendez-vous pour le lendemain à dix heures du matin. « Dix heures! pensa-t-il quand il se trouva seul, et le ministère! et mon avenir! et l'Etat de présence! Moi, qui jusqu'à présent n'ai pas manqué de le signer une seule fois! Que dirait mon Chef? » Le pauvre diable n'alla pas à son rendez-vous; mais quinze jours après, il aperçut l'objet de ses amours au bras d'un de ses camarades qui était malade régulièrement deux fois par semaine.

Il y a de ces nuances d'employés sur lesquelles il serait oiseux d'insister, et que le nom dont on les désigne peint suffisamment. Tel est le flaneur, qui trouve le moyen de travailler une heure par jour; le piocheur, qui se fait scrupule de perdre une minute; le malade imaginaire, qui est menacé pendant trente ans d'une grave maladie dans l'attente de laquelle il se repose, se fait saigner, prend médecine tous les quinze jours; le loustic, chargé de la partie des calembours et des mystifications; le flatteur, auquel ses camarades attachent ordinairement le grelot d'espion, etc., etc. : mais le cumulard demande un coup de pinceau spécial et un cadre à part.

La vie administrative commence généralement à dix heures du matin et finit à quatre. Tant qu'un employé est garçon, il passe à dormir ou à ne rien faire les dix-huit heures de liberté que lui laisse l'état. Mais si cet employé se marie et que la misère arrive avec les enfants, il faut bien songer à tirer parti de son temps. Alors commence pour lui la vie la plus laborieuse et la plus remplie qui se puisse imaginer. Il est à peine six heures du matin, et le voilà déjà qui copie des actes ou des matrices de rôles, colorie des gravures, donne des leçons de danse ou de cornet à piston, rédige des articles pour les magasins pittoresques, barbouille des romans ou des résumés à cinquante francs le volume, suivant l'intelligence ou la vocation qu'il tient de Dieu. De dix à quatre, il est à l'État. A six heures, son dîner fini, il va jouer de la contrebasse à quelque théâtre du boulevard, ou bien, si la nature ne l'a pas fait artiste, tenir les livres du tailleur, du grainetier, de l'épicier ou de tout autre négociant de son quartier. Voilà son existence de tous les jours jusqu'à onze heures du soir. Pauvre martyr du mariage! quelle activité! quel dévouement! Moyennant cela, il est vrai, grâce à ce travail constant de dix-sept heures par jour, l'employé cumulard parvient à donner des vêtements et du pain à sa femme, à ses enfants ; il augmente de huit ou neuf cents francs, les quinze cents francs dont l'engraisse le budget de l'État.

Tels sont les principaux types de l'employé. La vie de l'employé dans les départements diffère un peu de celle qu'il mène à Paris. D'abord, presque tous les employés de province sont mariés à trente ans ;

Car, que faire en province, à moins qu'on s'y marie ;

et, mariés ou non, ils sont plus heureux que leurs confrères de la capitale. Là, au moins l'existence n'est pas matériellement impossible, et ils peuvent voir de riches négociants et d'aisés propriétaires vivre aussi sobrement qu'eux. Et puis, dans les petites villes de province, l'employé est entouré d'une certaine considération. Garçon, ses quinze ou dix huit cents francs font envie à bien des mères, et plus d'une demoiselle le préfère à quelque bon marchand du pays, parce qu'avec lui elle n'aura pas de magasin à surveiller, parce qu'elle pourra dîner à cinq heures, parce qu'elle sera reçue à la préfecture. Marié, il est invité, recherché, admis dans les maisons les plus considérables de la ville, sauf dans l'Œil-de-bœuf de l'endroit, lorsqu'une particule bien positive ne précède pas son nom Si sa femme est jeune, jolie, ou spirituelle, elle est l'intime amie de madame la Préfète, de madame la Générale, de madame la Sous-Intendante (pardonne, Académie, mais ces mots ont cours en province); il est de tous les dîners, et il va les jours des grandes et des petites soirées chez le receveur-général. Quelle douce existence! Et ce n'est pas tout! Chaque soir, quand le marchand aune encore ses mousselines, quand l'ouvrier regarde le ciel avec dépit, impatient de voir le soleil disparaître à l'horizon, quand la couturière laborieuse redouble d'ardeur en s'apercevant qu'elle n'a pas encore gagné ses vingt sous, l'employé et sa femme, frais, bien attifés, pimpants, vont se promener nonchalamment au jardin des plantes de l'endroit, à l'esplanade, sur les lices, dans la campagne ; ou bien, si l'hiver est venu, ils se réunissent à d'autres employés pour jouer la bouillotte à un centime la fiche, caqueter, contrôler les dames du pays, lire les revues nouvelles et parler de leurs droits à l'avancement jusqu'à onze heures du soir.

Cependant, ces mêmes employés ne sont pas heureux, ils ont un chagrin, un ver rongeur dans l'imagination. Le croirait-on? ils portent envie aux employés de Paris. « Ah! si nous étions à Paris, on ne nous oublierait pas ainsi! se disent-ils. Il n'y a d'avancement, de faveurs, de gratifications, que pour les employés de Paris. On gagne toujours quelque chose à vivre près du *soleil*. Quand pourrons-nous aller à Paris? » Le jour vient enfin où, après mille privations préalables, il leur est possible de faire le grand voyage, et comme ils ont su capter la bienveillance des députés, pairs de France et lieutenants-généraux de toutes leurs résidences, ils ne doutent pas qu'en les faisant *donner* habilement, ils n'emportent la place objet de leurs vœux. Mais ici je m'arrête. On n'a pas oublié le désenchantement et l'exaspération de l'infortuné Félicien. Ces déconvenues se renouvellent plus d'une fois tous les jours.

On le voit donc, l'employé se plaint à Paris, il se plaint en province, il n'est heureux nulle part. Règle générale, il n'y a pas de plus triste condition, d'imagination plus mécontente et plus tourmentée que celle de l'employé. Qu'on se figure un homme gagnant à peine de quoi vivre, obligé de solliciter, de s'abaisser, de ramper pour obtenir justice, et convaincu par les plus tristes expériences que s'il ne sollicite pas, ne s'abaisse pas, ne rampe pas, s'il se borne à attendre, se confiant dans l'impartialité des dispensateurs d'emplois, il pourrira au pied ou sur les derniers barreaux de l'échelle administrative. Que faire? dans cette dure alternative, il se résigne aux nécessités que l'intrigue lui a faites : il intrigue à son tour, il se démène, il s'ingénie à deviner les hommes qui deviendront puissants, s'attache à eux et parvient quelquefois, en coudoyant celui-ci, renversant celui-là, laissant derrière lui des droits réels, incontestables, à se carrer dans une sinécure de huit à dix mille francs.

Quoi qu'il en soit, tandis que les uns et les autres maugréent, se lamentent, maudissent l'intrigue ou profitent de l'intrigue, le temps a marché pour tous. L'époque de la retraite est venue et l'employé compte trente ans de service. Mais ici, nouvelles doléances, nouveaux sujets de désolation. Tant que l'employé a été jeune, il a soupiré après le jour où il pourrait prendre sa retraite, briser ses chaînes, recouvrer sa liberté, son indépendance, son franc parler, etc. ; mais vienne l'époque jadis tant desirée, et son langage n'est plus le même. On dirait le bûcheron de la fable en face de la Mort. « Quoi ! déjà ! s'écrie-t-il ; quelle injustice ! quelle barbarie ! A peine commençais je à recueillir le fruit de mes travaux, à pouvoir vivre de ma place, et l'on me renvoie, et l'on supprime d'un trait de plume la moitié de mes revenus! Moi, qui ai tant de plaisir à juger, classer, rédiger, calculer, expéditionner ! que vais-je devenir? » L'employé oublie alors qu'il fut un temps où il s'indignait de ce que des vieillards, des ganaches, s'obstinaient à barrer le chemin aux jeunes gens. N'importe ; on le met à la retraite à son tour, contre son gré, en dépit de ses réclamations, et si tous ses enfants sont mariés ou placés, si rien ne le retient plus à Paris, il se retire dans quelque petite ville des environs où il vit d'ordinaire jusqu'à quatre-vingts ans. Heureux quand ses économies lui ont permis d'acheter un carré de terre et de s'abonner, de moitié avec le maire de l'endroit, au vétéran des journaux de l'opposition !

Cependant, cette résignation et cette longévité rencontrent des exceptions fâcheuses. « Connaissez-vous la nouvelle? dit quelquefois, en taillant sa plume, un employé à ses camarades de bureau; notre ancien Chef?

— Eh bien?

— Vous savez qu'il s'était retiré dans les environs de Chantilly, aux portes d'un charmant village, en face d'une végétation magnifique, admirable; mais, le pauvre homme! c'est la verdure de ses cartons qu'il lui fallait. Dès qu'il a cessé de la voir, sa santé est allée en dépérissant, il a langui six mois, lui, si content et si heureux dans la poussière de son bureau! Enfin, l'ennui a voûté son dos, fait vaciller ses jambes ; il s'est peu à peu affaibli, affaissé.....

— Et comment va-t-il maintenant?

— Très-bien : il est mort. »

PAUL DUVAL.

L'AME MÉCONNUE.

Voici un état tout à fait nouveau, une existence qui n'a pas d'antécédents, comme la plupart de celles dont on s'occupe dans ce livre. L'écolier de la Sorbonne du quinzième siècle est l'ancêtre pittoresque de l'étudiant; l'avoué descend en ligne directe du procureur et a recueilli exactement tout l'héritage; le dandy n'est qu'une transformation du raffiné, du muguet, du roué, de l'homme à la mode, de l'incroyable et du merveilleux; et l'académicien de nos jours n'est qu'un dérivé très-altéré des grands écrivains du dix-septième siècle. Mais l'âme méconnue ne se trouve pas au delà de notre époque, j'ose même dire, au delà de notre littérature. Ce n'est pas non plus une importation comme le lion, le touriste, l'amateur de courses; c'est un produit indigène de notre industrie littéraire : l'âme méconnue appartient à la France; elle appartient au peuple le plus gai et le plus spirituel de la terre, à ce qu'il dit.

Peut-être que si les Anglais étaient moins occupés à nous souffler nos plus petites inventions mécaniques pour en faire des moteurs colossaux de fortune; peut-être que s'ils n'avaient pas à nous enlever notre commerce des lins, notre fabrique de soies, et que s'ils n'étaient pas en quête de quelque lentille monstrueuse pour donner aux rayons de leur mauvais soleil borgne une chaleur qui pût mûrir la vigne, et transplanter dans les marécages d'Écosse les récoltes de Bordeaux; peut-être, dis-je, que, s'ils n'étaient pas occupés à tout cela, ils pourraient encore nous disputer la vocation de l'âme méconnue. En effet, le premier germe de cet être réel, et fantastique tout à la fois, se trouve peut-être dans les œuvres de leur grand Byron. Mais, il faut le reconnaître, c'est la graine d'une fleur poétique que nous avons seuls recueillie ; et tandis que ces pauvres gens, tout préoccupés d'intérêts vulgaires et matériels, ramassaient à nos pieds les inventions de toute sorte de M. Brunel, que nous y avons laissées dédaigneusement, nous enlevions à leur barbe cette admirable semence pour la répandre et la propager sur notre sol.

Il faut le reconnaître, la culture a été bonne; il y a eu de profonds sillons tracés à bec de plume; il y a eu engrais de poésies mélancoliques, fumier de romans : aussi comme elle a grandi, prospéré, multiplié ! L'ivraie le dispute au bon grain, et l'étouffera bientôt. Qu'est-ce donc que l'âme méconnue? Je vais tâcher de vous l'expliquer.

Ce n'est pas sans intention que je l'ai comparée à une fleur (il y a des fleurs très-laides et qui sentent mauvais). En effet, comme la fleur, elle est des deux sexes : il y a l'âme méconnue-homme, et l'âme méconnue-femme.

L'âme méconnue-homme est assez rare, et ne pousse guère que dans la zone littéraire. On la qualifierait mieux peut-être en l'appelant génie méconnu, attendu que les individus de cette espèce appellent *génie* tout ce qu'ils pensent, tout ce qu'ils sentent, tout ce qu'ils disent. Cependant ce nom n'est pas généralement adopté. Les pères de famille les appellent des fainéants; les gens d'affaires, des imbéciles, et les marchandes de modes les confondent quelquefois avec les poëtes. Donc, si nous en avons parlé, c'est pour prier nos confrères en botanique morale de vouloir bien diriger leurs observations sur ce genre de végétaux, si par hasard il en tombe quelque individu sous leur loupe.

Je ne m'occuperai donc que de l'âme méconnue-femme, dont la multiplication mérite de fixer les regards du philosophe.

L'âme méconnue-femme est, en général, d'un aspect plutôt bizarre qu'agréable. Elle affecte des formes insolites et cependant très-diverses. Toutefois, la plus commune se reconnaît aux signes extérieurs suivants : des robes d'un taffetas bistre passé, ou de mousseline-laine noire et rouge, un chapeau de paille cousue orné de velours tranchant, des gants de filets, très-peu ou point de cols ou de colerettes : tout ce qui est linge blanc lui est antipathique ; un lorgnon d'écaille suspendu au cou par un petit cordon de cheveux, une broche avec dessus de cristal où il y a des cheveux, bague où il y a des cheveux, bracelets tissus de cheveux, avec fermoir enfermant d'autres cheveux : l'âme méconnue a énormément de cheveux, excepté sur la tête. Le peu que les profondes rêveries lui en ont laissé pend à l'anglaise le long de joues creuses et d'un cou remarquablement long et fibreux. L'auréole des yeux est d'un jaune sentimental et terreux, que les larmes ne lavent pas toujours suffisamment ; la main est blanche, tachetée d'encre à l'index et au médius, et légèrement bordée de noir à l'extrémité des ongles. Quant à ce parfum de femme que Don Juan percevait de si loin, il nous a paru sensiblement altéré en elle par l'absence de toute espèce de parfums.

En général, l'âme méconnue ne prend tout son développement que fort tard, entre trente-six et quarante ans. C'est une fleur d'automne qui souvent passe l'hiver et résiste aux frimats qui blanchissent sa corolle. On cite cependant quelques exemples d'âmes méconnues qui ont fleuri au printemps, de dix-huit à vingt ans. Mais ce n'a pu être qu'à l'aide d'une chaleur factice, d'une culture forcée, chauffée de romans dévorés en cachette, qu'on a pu obtenir de pareils résultats. Et encore, le plus souvent, avortent-ils complétement à la moindre invitation de bal ; et il suffit de les transporter à cet âge dans le terrain solide du mariage pour les transformer complétement.

Il n'en est pas de même de l'âme méconnue qui s'est développée à son terme ; et celle-ci a cela de particulier que, lorsqu'au lieu d'être transportée dans ce terrain légitime dont nous parlions tout à l'heure, elle y vient d'elle-même, elle est d'autant plus vivace et plus dévorante.

Toutefois, avant d'aborder la partie philosophique de cette analyse, il convient de dire quelque chose des lieux où se plaît l'âme méconnue. Elle aime les chambres closes où les bruits de l'extérieur arrivent difficilement et d'où les soupirs intérieurs ne peuvent être entendus. La vivacité du jour lui est insupportable comme aux belles-de-nuit et elle se ferme comme elles sous un voile vert, si par hasard elle s'y trouve exposée ; mais elle s'arrange pour vivre presque toujours dans un clair-obscur profond : elle se le procure au moyen de jalousies constamment baissées, de rideaux de mousseline d'autant plus *propres* à cet usage qu'ils le sont moins. Pardonnez-moi ce calembourg, c'est Odry qui me l'a prêté.

Dans ces mystérieux réduits il y a une foule de petits objets inutiles et précieux, et dont l'âme méconnue pourrait seule expliquer la valeur. Quelquefois un crucifix, souvent une pipe culottée, de ci de là un bouquet flétri, une boucle de pantalon, une image de la Vierge, un nécessaire de travail dont on a enlevé la partie utile pour en faire une cassette à correspondance, des évantails ébréchés et un poignard en guise de coupoir, quoi qu'elle ne lise jamais de livres neufs et qu'elle les loue tout crasseux et tout déchirés au cabinet de lecture, ni plus ni moins que si elle était portière ou duchesse.

Maintenant que je crois avoir établi quelques-uns des éléments physiques de l'existence matérielle de l'âme méconnue, je crois pouvoir aborder les intimes secrets de son existence morale. Ici le champ est immense, par son étendue et par ses détails. La pensée de l'âme méconnue vole des régions les plus basses des affections illégales aux régions les plus éthérées des rêves d'amour mystique. Et dans ce vol à perte de vue, chaque mouvement est un mystère, chaque effort une douleur, chaque mot un problème, chaque aspiration un désir illimité, chaque soupir une confidence. Qui pourrait dire en effet tout ce qu'il y a dans les paroles ou les gestes d'une âme méconnue, dans sa pantomime éloquente? Qui pourrait surtout comprendre les mystères et la sublimité de son immobilité et de son silence? C'est alors qu'elle ne remue pas et qu'elle ne dit rien, que tout ce volcan qu'elle porte en elle, gémit, brûle, se roule, s'embrase, la dévore, bondit, et finit par éclater par un regard jeté au ciel, comme une colonne de lave qui emporte avec elle les cendres de mille sentiments consumés dans cette lutte intérieure. Heureusement que l'âme méconnue en a tellement à consumer, que la matière ne manque jamais à l'incendie.

Quant à l'histoire de l'âme méconnue, avant d'arriver à sa perfection, elle est toujours un abîme où l'œil cherche vainement à pénétrer : dans sa bouche elle se résume toujours en ces mots : J'AI SOUFFERT!!! mais quant à la nature de ces souffrances, c'est un mystère qu'on ne peut guère apprendre que de quelque sage-femme indiscrète, ou de la *Gazette des Tribunaux*. L'âme méconnue est indifféremment fille, femme ou veuve.

Mais quel que soit celui de ces états auquel elle appartienne, il y a toujours, dans son passé, un, souvent deux, quelquefois quatre ou cinq de ces grands malheurs qui pèsent sur son existence.

A l'état de fille, l'âme méconnue est le châtiment des vieux célibataires qui ont été libertins. Quand l'âge a usé leurs forces, trop vieux pour chercher un refuge assuré dans le mariage, ils demandent du moins le repos à une association où ils mettront la fortune et où elle apportera les soins. Leur vieille expérience croit avoir trouvé une compagne convenable en choisissant une fille plus que mûre, mais dont la modestie languissante a encore un certain attrait : ils savent ce qui en est de ses retours plaintifs sur le passé. Mais eux, dont la vie s'est passée à faire faillir les plus pures et les plus jeunes consciences, ne pensent pas devoir se montrer trop sévères pour des fautes dont ils auraient pu être les complices. Ils s'imaginent follement que ces pauvres filles vieillies ne demandent qu'à se reposer de leurs malheurs comme eux de leurs plaisirs, et sur la foi d'une résignation admirablement jouée ils leur ouvrent leur maison.

A partir de ce jour commence entre le vieillard cacochyme et la fille valide une lutte où le misérable subira toutes les tortures avant de succomber.

Et d'abord, avec une persévérance et une effronterie que rien ne peut troubler, elle insinue peu à peu que sa vie a été pure comme celle d'une vestale et que la calomnie seule l'a flétrie. Le vieux bonhomme, qui n'a plus même la force de discuter, la laisse dire et lui accorde cette satisfaction ; car elle est prévenante, bonne, empressée. Peu à peu la vertu angélique de la sainte personne devient un fait établi, incontestable, reconnu par tout le monde, même par quelques amis qui ne veulent pas contrarier un pauvre fou. Alors les soins, sans cesser d'être empressés, deviennent impérieux ; on règle la vie du vieux libertin. Peut-on refuser cet empire à la femme qui a si bien réglé la sienne ! Bientôt ces soins toujours offerts sont cependant marchandés, les exigences paraissent, le vieillard cède une fois, deux ; mais enfin un jour arrive où il tente une observation ; alors l'âme méconnue éclate, comme ce cactus fantastique qui s'épanouit en une seconde avec un bruit pareil à celui d'un coup de canon : « Un noble cœur qui s'est sacrifié à un pieux devoir et qui n'en recueille qu'ingratitude. Ah ! sa vie a commencé par le malheur et elle doit finir de même. » Que si le vieillard trop irascible veut discuter ces prétendues infortunes, c'est alors que l'âme méconnue triomphe. « Ce n'est pas ainsi qu'il parlait naguère : il appréciait alors cette âme candide et fière qui s'était donnée à lui ; ou plutôt elle s'était trompée, il n'avait jamais compris quel trésor de vertu Dieu avait placé près de lui. Eh ! comment pouvait-il en être autrement, lui qui n'a jamais vécu qu'avec des femmes de mœurs perdues, qu'avec des malheureuses dont elle rougirait de prononcer le nom. » Que si le vieillard, blessé dans son orgueil, veut défendre quelques-uns de ses bons souvenirs d'autrefois et réplique, alors, oh ! alors, elle se tait ; et c'est une dignité froide, implacable, silencieuse, un abandon fermement calculé qui répondent pour elle.

Le vieillard déjeune mal, dîne mal; tout lui manque : sa tisane, sa potion, son journal, son tabouret pour mettre son pied goutteux, son auditeur de tous les jours pour l'écouter. Il lutte, il veut être fort et se suffire, mais il ne peut pas; alors il se résigne, il rappelle celle qui lui fait mal et lui demande pardon, il l'a *méconnue*. Elle est proclamée âme méconnue. A partir de ce moment, ce malheureux appartient à cette femme, comme sa proie au vautour. Dès ce moment elle peut avoir un amant, qui boit le vin du vieillard, dîne avec lui, prend du tabac dans sa tabatière, s'il ne prend pas la tabatière. C'est un beau-frère, un cousin, un neveu, tout ce qu'il vous plaira; mais c'est un membre de cette vertueuse famille, dont l'âme méconnue est le plus bel ornement. La famille se trouve introduite. Elle est nombreuse la famille; les cousins se succèdent et ils viennent quelquefois avec les cousines, alors on chasse la vraie famille du vieillard, devenu de plus en plus caduc et imbécile, pour recevoir cette famille ignoble qui n'a d'autre parenté que le vice. Du lit de souffrance où on laisse le malheureux, il entend quelquefois venir jusqu'à lui, du fond de son appartement, le bruit des verres et de l'orgie. Il tempête, il sonne; elle paraît, sévère, terrible. « Qu'a-t-il? que veut-il? — J'ai cru entendre.... il m'a semblé. — Quoi? — il balbutie ses griefs; s'il est assez fort pour se lever et aller vérifier ses soupçons, on pleure, on se lamente, on s'indigne; s'il est trop malade pour bouger, on menace de le quitter et on ne veut pas être plus longtemps méconnue. Méconnue! toujours le mot tout-puissant! et le malheureux cède, qu'il soit dit, avec des pleurs ou avec des menaces; c'est un talisman. Cela dure jusqu'à la mort du vieillard et à l'héritage, que recueille l'âme méconnue, auquel cas elle se fait dévote et épouse un marguillier, ou prend un établissement orthopédique, ou un cabinet de lecture. Celle-ci est de l'espèce la plus commune.

Passons à une espèce plus distinguée. A l'état de veuve, l'âme méconnue est la chenille vorace des petits jeunes gens. Les plus tendres, les plus naïfs, les plus gracieux, sont sa proie habituelle. L'âme méconnue veuve a presque toujours une espèce de petite existence assurée, quelques mille livres de rente accrochées à son mariage défunt. C'est cette variété surtout qui entend admirablement le romantique de l'intérieur et du clair-obscur. J'en pourrais citer qui ont des veilleuses en plein midi dans des lampes de porcelaine. C'est une de ces femmes qui a répondu à une de ses amies qui la trouva étendue sur une causeuse avec ce faible luminaire à l'heure de midi :

— Est-ce que vous êtes malade?

— Non, je l'attends.

Quel pouvait être l'infortuné? Malheureux enfant! que Dieu te fasse l'amant d'une marchande de pommes plutôt que d'une âme méconnue! Du moment qu'un malheureux bon jeune homme qui entre dans le monde a été aperçu par un de ces vampires dans le coin du salon où on le laisse, voilà le boa qui le guigne, qui s'approche doucement de lui, qui le couve des yeux, se l'assimile et l'absorbe par la pensée. C'est un incident de rien qui commence la conversation; un mouchoir qu'on laisse tomber et que le maladroit ramasse avec politesse. Alors on s'informe de lui, en moins de rien on sait ses habitudes, ses allures, sa façon d'être. Le jeune homme, quel qu'il soit, a bien un goût, une préférence. Il est bien sorti du collége, où l'on apprend tout, en sachant un peu de quelque chose, ou il a touché du piano, ou dessiné des yeux, ou fait des vers qui n'avaient pas la mesure. Quoi que ce soit dont il parle, l'âme méconnue ne rêve pas autre chose : la musique est sa vie, ou bien elle a un album pour lequel il lui faut un dessin, ou des vers. Le jeune homme ne peut lui refuser cela. Qu'il vienne un moment dans le modeste ermitage de la recluse, et on lui montrera tous les trésors de poésie qu'elle possède ; il doit aimer et approuver cela, lui ! car son visage a le cachet des nobles sentiments, des goûts élevés. Pauvre petit ! il se sent flatté, il croit qu'il est fait pour aimer hors du collége ce qu'il y détestait cordialement. Il promet et ira ; il y va.

L'antre s'ouvre et se referme ; c'est toujours le fameux clair-obscur, plus une tablette du sérail ; c'est une femme dans un long peignoir blanc avec des bracelets de jais et un collier de même avec une croix qui se perd dans la ceinture. Elle souffre, elle est languissante ; l'enfant inexpérimenté s'attendrit et la plaint.

— Oh ! vous êtes bon, mais vous me faites bien au cœur.

Et on lui serre la main.

De deux choses l'une : ou le patient est tout à fait novice, et alors c'est lui qui devient entreprenant, c'est la belle qui succombe et qui menace d'en mourir ; ou il a quelque instinct du danger dont il est menacé, et il cherche à battre en retraite, et alors il est pris au collet de la façon la plus irrésistible. Il arrive qu'on se trouve mal, qu'on a une attaque de nerfs ; l'urgence demande des secours, mais une femme sait-elle ce qu'elle fait dans son attaque de nerfs, sait-elle où elle s'accroche ? c'est quelquefois au cou du visiteur ; et comme cette femme n'est pas absolument affreuse, les dix-huit ans du jeune homme font le reste.

A partir de ce moment, l'infortuné est perdu ; il appartient corps et âme à cette femme pour qui le ciel vient de s'ouvrir après tant d'années ténébreuses de douleur, et qui croit, à ces transports soudains et invincibles qui l'ont dominée qu'elle a enfin trouvé celui qu'elle rêvait dans sa souffrance intime, dans son âme brisée. Le jeune homme croit à tout cela ; il se sent adoré, et la vanité lui tient lieu d'amour pendant une semaine ou deux. Mais bientôt la scène change : ce n'est plus lui qui a été violé, c'est cette femme qui a été indignement séduite ; et à ce titre elle est exigeante, elle est jalouse ; elle veut toute sa vie. Il veut essayer de secouer le joug, et demande un peu de liberté : ici l'âme méconnue se révèle. Il est bien difficile que le premier jour il ne soit pas échappé à l'imprudent quelques-unes de ces phrases que la politesse fait dire à toute femme qui se tord de désespoir dans vos bras de la faute qu'elle vient de commettre ? On l'a rassurée, on lui a promis de l'aimer toujours. Voilà le point de départ de toutes les déclamations, le piédestal de l'âme méconnue ; elle se pose en victime.

L'infortuné, qui n'a pas encore le féroce courage des ruptures ouvertes, écrit une lettre où il croit avoir inventé un prétexte irrésistible ; il l'envoie le soir par son portier, se couche et s'endort. Le lendemain matin, quand il s'éveille avec le vague sentiment de sa liberté rachetée, il voit au pied de son lit un visage en pleurs qui lui dit douloureusement : « Vous dormez, et moi je veille. » Le portier du petit jeune homme a donné la clef de son petit appartement à la femme qui s'est présentée le matin. Ce n'est pas que ce ne soit un homme de mœurs très-rigides ; mais l'âme méconnue a si bien l'air d'une tante, qu'il croit faire acte de père de famille en introduisant près de son jeune locataire une personne raisonnable qui le tancera ; car il commence à se déranger un peu.

Surpris au lit, le malheureux fait presque toujours tourner l'explication à son désavantage ; il a été égaré par de faux amis, et il retombe dans l'abîme auquel il avait voulu s'arracher. C'est alors que la vie devient un affreux supplice : ce sont des lettres tous les matins, des rendez-vous tous les soirs ; il ne répond pas, il y manque ; il va dîner gaiement au café Douix près d'une fenêtre ; il rit, il parle, il boit. Tout à coup sa gaieté se ternit, son visage devient sombre : c'est que l'âme méconnue vient de lui apparaître au fond d'une citadine à un cheval : elle est folle, exaspérée, elle peut monter, faire une scène et le perdre ; oui, le perdre, car elle le rendra ridicule. Alors il prend un prétexte pour sortir, il descend, et pour se débarrasser de cette funeste apparition, il promet tout ce qu'on veut. Il remonte, mais il n'a plus d'appétit ; son dîner tourne, il a une indigestion ; et quand il rentre chez lui où on l'attend, il faut qu'il remercie encore l'âme méconnue du thé qu'elle lui donne : horreur ! En être réduit à avoir une indigestion devant une femme. Il y a de quoi l'étrangler.

Mais vouloir écrire tous les accidents d'une pareille histoire, ce serait entreprendre un livre de dix volumes : et les menaces de suicide, et l'honneur perdu pour lui seul, et les suppositions de grossesse impossible, et toute la fantasmagorie des sentiments faux, exagérés. Cela peut durer six mois, au bout desquels le malheureux déménage ou part pour les îles. Ce sont les âmes méconnues qui lèguent aux autres femmes ces cœurs d'hommes secs et impitoyables qui ne croient à rien, qui brutalisent les sentiments les plus délicats, ricanent des affections les plus tendres, et qui ont créé cette phrase : Elle est morte d'amour et d'une fluxion de poitrine.

Quelque ignoble que soit l'âme méconnue à l'état de fille, quelque féroce qu'elle soit à l'état de veuve, ce n'est rien encore auprès de ce qu'elle est à l'état de femme. Elle parvient à cet état par des voies bien différentes : quelquefois elle y apporte les germes de cette espèce d'affection cérébrale chronique qui constitue l'âme méconnue ; c'est alors quelque sous-maîtresse de pension qui épouse un marchand de vin veuf, et qui veut donner une seconde mère à ses filles. Le gros gaillard continue à boire, à manger, à rire fort, tandis que la femme se renferme dans le dédaigneux silence de la supériorité, mangeant du bout des lèvres, parlant de même, rendant de même à son époux ses caresses et ses bons baisers d'affection. Il joue le piquet, tandis qu'elle lit Lamartine, et il ronfle dans son lit, tandis qu'elle rêve éveillée à côté de lui. Il est inutile de dire où doit aboutir une pareille union. D'autres fois l'âme méconnue est entrée en ménage avec toute l'envie sincère d'être une bonne femme ; alors il peut arriver que l'affection la gagne par les livres ou par le contact avec une personne gangrenée. Dans ces cas-là, comme nous l'avons dit plus haut, le développement de l'âme méconnue est énorme ; car c'est tout son passé sacrifié et perdu dont il faut qu'elle se venge, et le mari lui doit, en souffrances qu'elle lui inflige, toutes les joies ineffables d'un amour céleste qu'il ne lui a pas procurées. L'employé dans les administrations, qui laisse sa femme toute la journée dans la solitude, est très-sujet à la femme âme méconnue; car, en son absence, tout pénètre dans sa maison, amies, livres, consolations, et le mal s'y développe à l'aise, jusqu'à ce qu'il arrive à un degré d'intensité qui amène les querelles les plus violentes, et enfin les ruptures les plus scandaleuses. D'autres fois encore le mari accepte l'âme méconnue pour ce qu'elle est : c'est presque toujours quand elle s'est trouvée apporter une dot considérable dans la communauté; alors c'est l'esclave le plus insulté, le plus bafoué, le plus déconsidéré de la terre : il n'a ni la volonté d'avoir une opinion, ni celle de rentrer quand il veut, ni de sortir, ni d'être indifférent, ni attentionné; et avec cela il est réputé le tyran le plus insupportable et le plus barbare : il ne comprend pas ce qu'est une femme; il ignore ces sentiments secrets de sensibilité qu'il blesse à chaque instant; il a tué le rêve de ce cœur qui croyait en lui; il écrase de sa vie vulgaire la vie ineffable de cette âme méconnue. Pour le mari qui a une pareille femme, le supplice est de tous les jours, de toutes les minutes, de tous les instants. S'il reste seul avec sa femme, elle rêve; à la première question qu'il lui adresse, elle se détourne dédaigneusement : que vient-il faire dans ses pensées, lui qui ne saurait les comprendre? S'il insiste, elle éclate : le brutal a posé son pied de bœuf sur cette âme méconnue qui ne peut même se réfugier dans le silence. S'il a quelques amis à dîner, elle se tait encore, et lorsqu'il lui dit de servir la crême, elle essuie une larme, affecte une gaieté forcée et douloureuse et salit la nappe. Le dîner est gêné, ennuyeux. Le soir venu, le mari demande une explication, qui se résout toujours en une attaque de nerfs (ceci tient à la variété la plus élégante de l'âme méconnue). C'est tous les jours la même vie, jusqu'à ce que tout cela finisse par un procès en séparation intenté par la femme pour sévices graves, et prononcé contre elle pour adultère.

Enfin, quand l'âme méconnue a enterré son célibataire, ou perdu son dernier jeune homme, ou abandonné son époux, elle écrit un jour la lettre suivante à un homme de lettre quelconque :

« Monsieur,

« Vous qui savez si bien peindre les douleurs des femmes, vous me comprendrez. J'ai bien SOUFFERT, monsieur, et peut-être le récit de mes douleurs, retracé par votre plume, pourrait-il intéresser vos lecteurs. Si vous vouliez recevoir ces tristes confidences d'un cœur qui n'a plus d'espoir en ce monde, répondez-moi un mot, A madame A. L., poste restante. »

L'homme de lettres, qui est un gros bonhomme très-rond, qui rit, et siffle la cachucha en corrigeant ses épreuves, prend la lettre, la tortille et s'en sert pour allumer son cigare, qu'il va fumer dans les allées de son jardinet en rêvant à quelque histoire bien touchante.

L'âme méconnue va à la poste huit jours de suite, et, ne trouvant pas de réponse, elle s'écrie en guignant un boisseau de charbon : « J'ai vécu méconnue et je mourrai méconnue! » Là-dessus, elle fait chauffer son café au lait et demande un gigot pour son dîner. O! âme méconnue!

FRÉDÉRIC SOULIÉ.

L'ECCLÉSIASTIQUE.

De toutes les existences sociales que notre première révolution a atteintes, c'est assurément l'état ecclésiastique qui a été frappé avec le plus de rigueur et de persévérance. La noblesse a repris ses titres, après avoir recouvré une grande partie de ses biens, dont l'indemnité a complété la restitution; la bourgeoisie, dans toutes ses professions, a fini par acquérir plus d'importance qu'elle n'en avait autrefois; mais le clergé, raillé et déchu dans le dix-huitième siècle; proscrit et décimé par la convention; haï et persécuté par le directoire et ses théophilanthropes; protégé politiquement par l'empire; malheureusement favorisé par la restauration; dédaigné, mais ménagé par le *juste-milieu*, le clergé, ou, pour mieux dire, sous le point de vue social : la position, la fortune, les dignités du prêtre n'ont pu se relever des coups qui lui ont été portés par le protestantisme, la philosophie et l'indifférence, enfants trop bien connus aujourd'hui de toutes les passions mauvaises.

En vain, l'Assemblée Constituante avait *décrété* une dotation de quatre-vingts millions comme indemnité de la spoliation des biens du clergé; en vain, et plus tard, des temps meilleurs sont-ils venus pour l'Église! Plus de ces princes ecclésiastiques dont le patronage, généreux et éclairé, reflétait dans les moindres membres du clergé une partie de son influence sociale; plus de ces conciles diocésains et de ces assemblées générales qui, en assurant le maintien de la discipline et de l'indépendance ecclésiastiques, montraient aux peuples la valeur et la puissance de l'église locale et nationale; plus de ces nombreuses hiérarchies cléricales qui, dans tous leurs degrés, permettaient à chaque prêtre de trouver une place que le mérite, quoi qu'on en ait dit, obtenait aussi souvent que la faveur; plus de ces domaines agricoles qui fournissaient aux besoins du pauvre et donnaient à leurs propriétaires le droit naturel de siéger, comme les autres citoyens, dans les États-généraux de la nation; plus, ou presque plus de ces modestes presbytères, habitations retirées, mais honorables de l'humble curé et de sa servante canonique; enfin, plus même de ces asiles garantis à la vieillesse ou aux infirmités ecclésiastiques, puisque, à l'exception d'un seul établissement fondé pour douze pauvres prêtres, par le plus illustre écrivain de nos jours, sous les noms vénérés de la plus auguste des filles de Bourbon, il n'existe en France aucune maison où puisse se retirer et mourir l'ecclésiastique sans ressources, que les travaux de l'Église ont mis hors de combat.

L'individualité du prêtre doit nécessairement se ressentir de la situation que des lois athées ou indifférentes ont créée pour le clergé. L'état social, ou plutôt *légal*, de l'ecclésiastique ne commence qu'à la dignité de vicaire par le salaire officiel qu'il reçoit en vertu du budget annuel. A partir de ce *grade*, son traitement est voté, comme celui du souverain et du garçon de bureau, à titre de fonctionnaire public; et les vingt-huit millions environ que la loi de finances attribue aux trente mille lévites du royaume qu'elle daigne solder pour répondre aux besoins du culte, ne représentent pas 1000 francs de revenu pour chaque prêtre, et pas un prêtre pour chaque millier de chrétiens.

C'est donc en dehors du prêtre légalement rétribué, depuis le vicariat jusqu'à l'archevêché, que se trouve le plus grand nombre d'ecclésiastiques dont l'existence dépend alors ou des ressources qui leur sont personnelles, ou des produits de l'église qu'ils desservent, lesquels sont perçus et répartis par *la fabrique*, ou congrégation de marguilliers, présidée par le curé de la paroisse.

Il résulte de cette condition générale et particulière du clergé de France sous le rapport matériel, que le sacerdoce ne peut guère se recruter, sauf quelques exceptions, que dans les classes inférieures et dans des familles honorables, mais pauvres, là où les privations domestiques, nécessairement imposées dès l'enfance, rendront plus tard moins rudes et moins sensibles toutes les autres privations d'un âge plus avancé auxquelles le prêtre est condamné par la situation sociale que lui ont faite les lois *philosophiques* et les mœurs publiques qui en ont été la conséquence.

Il en résulte aussi que les vocations spontanées et libres qui se manifestent dans les sphères plus élevées de la société, maintenant dégagées de toute suspicion ambitieuse ou cupide, sont plus assurées, plus durables, plus imposantes, plus respectées.

L'Église actuelle, heureusement délivrée de ces abbés qui n'avaient d'ecclésiastique qu'un titre banal et un demi-costume; de ces abbés dont on voyait les statues coquettes dans les jardins de l'*ancien régime;* de ces abbés qui faisaient des tragédies, à moins qu'ils ne fissent des chansons ou des opéras-comiques : espèce de troupe déréglée, sans chef, sans solde, et qui, quoiqu'ils n'appartinssent pas plus au clergé militant que des corps francs à une armée régulière, n'en déshonoraient pas moins la milice sacrée dans l'esprit de l'ignorant et du vulgaire; l'Église actuelle, débarrassée de membres parasites ou honteux, dispose, de bonne heure, les jeunes lévites qu'elle élève à grand'peine, dans son sein, à la vie solitaire et semée de privations que plus tard ils pourront retrouver au milieu des hommes de la société nouvelle. En effet, ceux-ci ne profèrent plus, comme jadis, le blasphème ou le sarcasme contre le prêtre ; *la mode en est passée; cela est de mauvais goût;* mais, toutefois, conduits ou par une antipathie naturelle, ou par la crainte des muets reproches de la robe ecclésiastique et de la cisconspection qu'elle impose, ou par une indifférence systématique, ou par le genre de plaisirs et d'habitudes auxquels ils se livrent, ou, enfin, par un fâcheux *respect humain,* les hommes de la société nouvelle, disons-nous, fuient, n'admettent pas, ou admettent bien rarement à leurs foyers et à leurs distractions domestiques le prêtre, que tous cependant ils sont obligés de rechercher à chaque circonstance importante de leur vie, y compris celle de leur mort. Le prêtre de nos jours, à la vérité, est bien éloigné de désirer ces distractions et de s'y livrer, alors même qu'elles ne devraient choquer aucune bienséance ; et même, si elles se présentent, il les évite, car il voit, il connaît, il pénètre, à travers quelques apparences favorables, les sourdes hostilités, les préventions ou les mauvais instincts qui règnent toujours contre lui, et il ne veut ni les braver ni les exciter. Mais ces tribulations, cet abandon, ces dédains, le prêtre a été appris à les supporter, par l'éducation prévoyante et forte qu'il a reçue, et qui a été dirigée dans ce sens que le prêtre, toujours prêt à toutes les situations, doit savoir se passer du monde, tandis que le monde ne peut se passer de lui, tant est grande, réelle, indestructible la place que l'Évangile, les siècles et les mœurs lui ont assurée dans toute société civilisée.

Sans parler de pauvres enfants charitablement élevés chez des curés de campagne ; sans parler de quelques élèves instruits, comme *enfants de chœur,* dans les maîtrises des paroisses et qui, les uns et les autres, poursuivent quelquefois jusqu'au bout les études sacerdotales ; au séminaire, les jeunes gens se servent eux-mêmes dans leurs chambres ; par humilité pour eux-mêmes et par économie pour la maison, ils se servent entre eux dans les réfections communes, auxquelles participent, comme dans toutes les promenades et avec une parfaite égalité, les supérieurs et professeurs. Lever, coucher, heures de classes, d'études, de prières, distribution des lettres du dehors, répartition aux pauvres des restes de chaque repas, infirmerie, achat et vente à l'intérieur de tous les objets nécessaires à la vie scolastique, en un mot, tous les devoirs et tous les mouvements de la maison s'accomplissent, à tour de rôle, sous la direction d'un élève qui, de bonne heure, prend ainsi l'habitude de l'ordre, d'un commandement patient et régulier, d'une obéissance raisonnable et facile. Les abstinences, les longues méditations, les exercices de la piété, accoutument le corps à toutes les volontés de l'esprit. Là, en même temps, jamais de punitions corporelles ; tout est conduit, tout cède, tout s'assouplit devant la seule autorité de la raison et de la règle. L'élève qui ne peut ou qui ne veut s'y soumettre, n'y est point contraint et se retire aussi paisiblement qu'il est entré. Soit à la maison de ville, soit à la maison de campagne, les recréations et les plaisirs, selon l'âge et les goûts, sont animés et joyeux, sans devenir bruyants et querelleurs ; pour ceux-ci, les conversations littéraires et philosophiques, pendant une marche continuelle et rapide ; pour ceux-là, la gymnastique, la balle, le cerceau, la corde, les barres; puis, les échecs, le tric-trac, le billard pour ceux qui les préfèrent à des exercices plus vifs.

Ainsi et longuement préparé à toutes les situations, à toutes les sollicitudes de la vie, il n'est en quelque sorte aucun mouvement de l'ordre social auquel le prêtre ne prenne part et où il ne porte, avec l'influence salutaire de son exemple, la résignation, la dignité, la convenance de son ministère et du caractère qui lui est propre.

En sortant du séminaire, devient-il *Précepteur* de l'enfant de quelque grande ou opulente maison, laquelle continue ou affecte les traditions aristocratiques? grave, mais affectueux avec son élève qu'il ne quitte jamais, c'est par le respect qu'il inspire à ce surveillant continuel et malicieux de toutes ses actions, que l'abbé finit par gagner une confiance et une amitié que son pupille, devenu homme et père, transmet plus tard à ses fils.

Placé, par la nature même de cet emploi, dans la double et difficile position de quasi-domesticité vis-à-vis du maître de la maison, et de supériorité mixte vis-à-vis des domestiques; tout à la fois, lui-même, maître et serviteur, on ne le voit jamais servile ou impérieux, hautain ou familier. S'il flatte c'est avec mesure; s'il commande, c'est avec réserve. On ne peut accuser ni son humilité, ni son exigence. Et, enfin, après le voyage obligé en Suisse, en Italie, en Allemagne, quand l'éducation de son pupille est terminée, qu'il reste ou non le pensionnaire viager de la famille, l'abbé n'en demeure pas moins, presque toujours, l'ami de la maison et le confident de tout le monde.

Dédaigneux ou effrayé des avantages et des difficultés du préceptorat, a-t-il préféré se vouer sur-le-champ aux devoirs sacerdotaux, et, après l'ordination de Noël, son évêque l'a-t-il nommé prêtre habitué de quelque paroisse de grande ville? c'est là qu'il faut étudier avec admiration les labeurs et la résignation du prêtre français! Admis au dixième ou au douzième dans le partage du produit volontaire des baptêmes et de quelques messes commémoratives (les mariages et les services mortuaires devant être réservés aux vicaires et aux curés), c'est tout au plus si, dans ce casuel très-variable, il trouve de quoi pourvoir aux premiers besoins de la vie. S'il est abrité, c'est au haut de quelque maison décente, mais obscure; s'il a quelques meubles, il n'a point de mobilier; s'il est servi, c'est parce que quelque pieuse *femme de ménage* trouve dans sa propre charité une compensation suffisante à l'insuffisance du salaire qu'elle reçoit du prêtre.

Sera-t-il permis de dire : si ce n'était que cela! Si ce n'était encore que les visites aux malades, aux pauvres, aux prisonniers, là, où les dégoûts naturels à l'humanité sont surmontés chez le prêtre par le sentiment du devoir, de la mansuétude évangélique et de la récompense céleste! Mais qui pourrait justement apprécier les ennuis douloureux d'un esprit cultivé qui se trouve en contact obligé et continuel avec des enfants, des femmes, des hommes de la condition la plus inférieure, dont l'intelligence n'est en quelque sorte ouverte à aucune lumière, qui ne savent ni discerner, ni définir la portée de leurs actions journalières, qui ne savent pas même la valeur des mots qu'ils emploient, espèce de demi sauvages qui n'offrent pas, en compensation de leur ignorance et de leur stupidité, l'attrait spirituel et fortifiant d'une conversion à opérer, d'une civilisation à fonder! Conçoit-on le supplice de ces instructions réitérées, de ces directions de confréries de vieilles filles dévotes, de ces confessions inintelligibles qui sont toujours le partage du jeune prêtre à son début dans le ministère de quelque paroisse? A la vue de pareilles misères intellectuelles, qu'il est cependant aussi nécessaire que méritoire de subir; à la pensée de telles douleurs qui sont supportées avec patience, courage et joie, les prêtres de nos églises ne pourraient-ils pas, à bon droit, répondre à ceux de nos héroïques missionnaires qui vont s'exposer aux tortures matérielles : *Et nous, sommes-nous donc sur des roses?*

Puis, il faut, au catéchisme, que l'ecclésiastique joigne à la lucidité de ses instructions, si délicates devant de tels auditeurs, la variété, l'enjouement indispensable, pour soutenir et encourager leur attention, par un mélange de récits, d'anecdotes, de plaisanteries même, lesquelles, il faut en convenir, ne sont pas toujours bien plaisantes et bien agréablement racontées, mais qui n'en ont pas moins de succès et de fruit, si l'on doit en juger par l'exactitude des enfants aux leçons du directeur, par leurs travaux sur les compositions qu'il leur donne, par la gaieté qu'ils laissent éclater.

Ce n'est pas tout pour le prêtre que de savoir et de savoir parler; il faut encore qu'il sache chanter et que, par son exemple, il apprenne à ses jeunes pénitents des hymnes de piété. Disposés sur des airs dont le prêtre et ses ouailles innocentes ne connaissent pas toujours le type mondain, ces hymnes excitent les railleries de quelques auditeurs plus âgés et, malheureusement pour eux, trop bien instruits de l'origine profane de ces airs, purifiés d'ailleurs par l'exécution et l'intention des choristes du catéchisme et de leur dévot *impresario.*

Nous ne pouvons suivre le prêtre dans le détail de tous ses devoirs, au baptême, au mariage, à la sépulture, puisque nous devons surtout le montrer, en dehors du ministère de l'église, dans ses rapports avec le monde et l'ordre social. Après de longues années d'épreuve, son mérite, sa famille ou quelques protecteurs aidant, il finira peut-être par devenir vicaire et curé; qui sait? vicaire-général, chanoine; qui sait encore? évêque, archevêque; que vous dirai-je? cardinal et pape; car, pour peu qu'il ait d'humilité, le prêtre peut toujours, sinon espérer, du moins redouter d'être chargé du gouvernement du monde.

Comme il a été élevé pour toutes les conditions, il est préparé à toutes les fortunes et il saura également bien les subir toutes. La chasteté, la pauvreté, la résignation qu'il a constamment observées ont fini par le rendre maître de lui-même. Indifférent, sans égoïsme; charitable, sans accès de sensibilité; observateur, sans médisance; silencieux sans dédain; prudent, sans lâcheté, il agira toujours de façon à se trouver sans reproche aux yeux du monde dans lequel il ne se mêle pas parce qu'il sait qu'il est plus facile de s'abstenir que de se contenir. Vous n'entendez guère parler du prêtre, en effet, que quand vous avez besoin de lui. N'est-ce rien, de bonne foi, n'est-ce pas au contraire chose merveilleuse que, pauvre ou riche, simple ecclésiastique ou dignitaire de l'Église, le prêtre qui touche à tous les mouvements sociaux, ne soit jamais compromis dans aucun d'eux! Vous tous que de bonnes ou de mauvaises affaires ont conduit devant tous les degrés de la justice humaine, dites-le : y avez-vous jamais entendu prononcer le nom d'un ecclésiastique, créancier ou débiteur, demandeur ou défendeur dans aucun litige? Jamais, assurément; et si j'ose ici réveiller un instant les souvenirs publics sur deux hommes, dont l'un même n'était pas Français, et que l'Église avait condamnés avant que les Cours d'assises en eussent fait justice, c'est que ces deux seuls exemples au milieu d'un siècle dont les oreilles et les yeux sont incessamment ouverts sur les moindres égarements ecclésiastiques, sont une des plus complètes démonstrations du caractère et des qualités du clergé français auquel nul autre ne saurait être comparé. Qu'est-ce en effet, que deux et même qu'une seule brebis coupable parmi les trente mille prêtres que notre Église compte dans son sein? et quel corps ecclésiastique de l'Italie, de l'Allemagne, du Portugal, de l'Angleterre, de l'Espagne et des deux Amériques, fournirait, comme le clergé français, le tableau de si grandes, de si générales vertus, unies à tant de pauvreté, de dignité, de lumières.

Depuis que, enseveli désormais dans quelques momies législatives, académiques et municipales, l'esprit *voltairien* a cessé d'inventer et de publier les prétendus méfaits ecclésiastiques, on voit au contraire, la vérité succédant à la calomnie, les feuilles publiques journellement remplies des traits de courage, de dévouement, de bienfaisance, accomplis par des prêtres qui pourraient se borner à recommander les œuvres qu'ils pratiquent. C'est le saint prélat de la capitale qui, dans toute l'intensité d'une maladie contagieuse, ne quitte plus les hôpitaux et se charge des orphelins que le fléau mortel a laissés à son inépuisable charité; c'est un jeune vicaire qui se précipite dans les flots pour en retirer, au péril de sa propre vie, l'imprudent ou l'insensé qui allait y périr. C'est celui-là qui brave les dangers d'un incendie pour sauver la chaumière du pauvre, ou l'établissement industriel qui nourrissait un grand nombre d'ouvriers. C'est celui-ci qui se jette entre deux hommes, égarés par un faux point d'honneur, et qui entraîne à une sincère réconciliation ceux que la haine portait à s'égorger. Il n'y a pas de jour, enfin, que la publicité, mieux éclairée, ne révèle quelque action généreuse de ceux que naguère elle chargeait de torts et de crimes.

Reprenons les plus près de nous.

Aumônier des colléges de l'université, c'est avec douleur sans doute, mais sans découragement, que le prêtre offre aux élèves des instructions et des exemples dont l'efficacité est au moins affaiblie par l'indifférence ou l'éloignement des supérieurs de ces pensionnats officiels.

Aumônier des maisons de détention, et moins gêné par les gardiens de la prison que par les geôliers du collége, il laisse quelquefois dans l'âme et presque toujours dans la bourse des malheureux qu'il visite des secours mieux reçus et mieux employés que le monde ne l'imagine.

Il n'est plus possible d'esquisser les effets de l'intervention et de la présence de l'ecclésiastique sur les vaisseaux de l'état et dans les régiments de l'armée, puisque, depuis 1830, il a été décidé que nos soldats et nos marins, malades, blessés ou mourants, pouvaient très-bien se passer des distractions, des consolations ou des forces spirituelles que, après avoir partagé leurs périls, les *aumôniers militaires* leur prodiguaient naguère à l'hôpital ou à l'ambulance.

Mais dans une autre épreuve dont il n'a pas été privé du moins, dans les bagnes ou dans l'assistance que le prêtre accorde au condamné que l'on conduit au supplice, quelle patience, quel courage, quelle force d'âme et d'esprit ne doit-il pas posséder pour aborder, pour accompagner, avec le visage et la parole de l'espérance et de la paix, ceux qui croient avoir à jamais perdu l'une et l'autre! Est-il un seul de nous, animé même des sentiments les plus chrétiens, et doué à la fois des facultés les plus résistantes à toute émotion, qui pût supporter, que dis-je? qui eût choisi ce redoutable devoir que le prêtre français accomplit avec majesté, alors même que toute la nature comprimée de son être fait malgré lui jaillir de son front sublime quelques gouttes de cette sueur surhumaine qui rappelle celle de la divine agonie!

Est-ce tout enfin? non; et comme on le dirait dans le langage vulgaire, vous avez pire ou mieux que cela : c'est le missionnaire; non pas, entendez-vous bien, le missionnaire des sociétés étrangères et protestantes, qui s'en va, songeant à sa fortune, avec femme et enfants, roulant dans une bonne voiture, monté sur un bon vaisseau, vendre ou jeter avec insouciance ou bénéfice des bibles anglaises, genevoises ou allemandes à des gens qui ne savent et ne sauront jamais ni l'allemand ni l'anglais : c'est le missionnaire catholique, qu'il faut seulement nommer ici, celui dont nous vous donnerons bientôt le portrait complet, qui se dévoue avec joie à tous les sacrifices, parce qu'il croit à la parole de son Dieu, et qu'en parvenant à la communiquer à ceux qu'il élève au bonheur du christianisme, il sait qu'il aide à la propagation de la science, de l'art, du commerce, et qu'il contribue ainsi à la gloire de sa patrie.

Et puis, avec toutes ces obligations, ces abnégations, cette pauvreté, imposez donc encore au prêtre le devoir du mariage! Cédez aux déclamations, aux niaiseries, aux exigences du protestantisme et de la philosophie! faites que notre prêtre ait une femme, et il ne pourra plus être le soutien de toutes celles qui, dans leurs faiblesses ou leurs douleurs, n'ont recours qu'à lui; faites qu'il ait des enfants, et il ne pourra plus se consacrer aux enfants du peuple; faites qu'il ait les besoins, les jalousies du ménage et de la paternité, et vous ne le verrez plus charitable, doux, patient, discret; car il ne pourra plus l'être soit au milieu des joies, soit au milieu des chagrins domestiques et des scandales que lui ou les siens ne manqueront pas de donner au monde; et vous ne pourrez plus en tirer aucun service; et pour tout dire, vous ne croirez plus au prêtre, vous n'irez plus à lui. Qui sait? vous le mépriserez peut-être. Et d'ailleurs, il ne vous demande pas le mariage; au contraire. Aussi bien que nous, il en connaît les charges et les dangers, qu'il place avant ses bénéfices et ses douceurs. Ce n'est pas seulement pour suivre l'exemple du Fils de Dieu; ce n'est pas seulement parce que le juste sens de l'Écriture lui indique le célibat; ce n'est pas seulement parce que la discipline générale de l'Église le lui interdit, que le prêtre répudie le mariage pour lui-même; c'est encore parce qu'il comprend combien la pureté de ses esprits, la chasteté de ses sens, la liberté de sa personne, l'absence de tous les besoins individuels, sont nécessaires à la majesté de son ministère, à l'autorité de ses fonctions, à la dignité de son caractère, à l'accomplissement de ses devoirs si nombreux qu'il manquerait à la fois aux obligations du prêtre et de l'époux s'il n'avait pas la possibilité d'être l'un sans être l'autre.

Dans ces tableaux rapides et forcément restreints, il n'y a ni exaltation, ni poésie ; il n'y a que des vérités et des faits simplement rapportés. C'est le portrait de l'ecclésiastique français, placé sous son véritable jour, et dégagé, en même temps, du respect irréfléchi dont l'entoure une dévotion étroite et de l'hypocrisie dont le libertinage veut toujours le couvrir. Ce n'est pas le prêtre, tel que le fait ou le voudrait un monde niais ou calomniateur ; c'est le prêtre tel qu'il est, plus homme des besoins, des idées, des progrès, que dans aucun autre siècle, parce que le temps et les malheurs de l'Église n'ont pas été perdus pour lui.

Peut-on désirer ou craindre de le voir, comme à d'autres époques, se jeter dans les intérêts, dans les combats, dans le gouvernement des peuples et des rois? Armé de son caractère, de sa prudence, de ses lumières, le prêtre reparaîtra-t-il sur la scène du monde comme directeur ou conseiller des affaires publiques? le doit-il? le peut-il? grande question, plus *actuelle*, plus prochaine peut-être que le vulgaire ne le soupçonne! grande question que quelques ecclésiastiques de nos jours semblent résoudre affirmativement par l'éclat et la solidité de leurs talents, de leurs écrits, de leurs vertus qui paraissent les rendre dignes et capables de conduire les nations; mais, en même temps, question à laquelle la masse du clergé, dans ses discours, et la masse du peuple, dans ses dispositions, semblent répondre : non.

Quoi qu'il en soit, et dans le résumé de tous les traits sociaux et distinctifs de la physionomie ecclésiastique, regardez, depuis le séminaire, regardez à la chapelle du collége, à la caserne du régiment, à la proue du vaisseau, au berceau du baptême, à la bénédiction du mariage, au lit du mourant, devant la chaumière du pauvre et la hutte du sauvage, sur les degrés, les pavés, les tapis de l'hôtel, du palais, de la prison, du bagne ou de l'échafaud, vous verrez toujours le prêtre catholique, l'homme de tous et de tout, universel comme son Église, avec l'attitude et la parole qui conviennent aux temps, aux lieux, aux personnes; car le caractère typique, général et particulier de l'ecclésiastique, dans l'ordre social, celui dont l'éducation lui a imprimé l'ineffaçable empreinte, c'est l'observation de toutes les convenances, c'est le sacrifice facile à toutes les situations. On a dit avec raison : « Il n'y a pas de convenance qui ne renferme une vertu ; » et c'est, en effet, parce que le prêtre français est le parfait modèle de toutes les convenances qu'il laisse toujours apercevoir, ou supposer en lui, l'exercice de toutes les vertus.

A. DELAFOREST.

LA FEMME DE MÉNAGE.

TOUTE créature du sexe féminin qui consacre humblement la moitié de sa vie à élever proprement ses enfants, qui mesure elle-même, avant de le mettre en des mains étrangères, le calicot destiné au remplacement futur des vieilles chemises de son seigneur et maître, qui possède à fond la théorie de la gelée de groseille et de la marmelade d'abricot, qui se reprocherait comme une énormité très-condamnable de faire imprimer une seule ligne, prose ou vers, signée de son nom, dans un journal quel qu'il soit, et qui regardera l'auteur du présent article comme un sacrilége ou tout au moins comme un être fort dangereux; toute femme, dis-je, qui réunit en elle les qualités trop rares, hélas! que nous venons d'énumérer ici, peut à bon droit, le dictionnaire aidant, se glorifier du titre pompeusement vulgaire de femme de ménage.

Mais ce n'est point de celle-ci qu'il s'agit.

Sept heures ont successivement sonné à toutes les horloges environnantes, Paris se réveille. Le mouvement et le bruit, circonscrits jusqu'alors dans les quartiers lointains, vont éclater bientôt. Quelques rares piétons, semblables aux rats du bon La Fontaine, se hasardent seuls sur le pavé désert. Des ouvriers se rendant à leurs travaux, s'arrêtent aux angles des rues pour allumer leur pipe ou éteindre, si faire se peut, cette soif ardente qui saisit dès l'aurore les ouvriers de Paris. Le quartier s'anime, la rue se peuple et s'émeut, les maisons silencieuses et endormies s'éveillent insensiblement, la porte cochère fait entendre un bâillement prolongé, les fenêtres entr'ouvrent leurs volets comme des paupières alourdies. Dans un instant la vie circulera dans ce corps de pierre. La laitière matinale a déjà repris ses vases de cuivre et ses cafetières de fer-blanc; le commissionnaire sourit de l'œil à ses préparatifs de départ, et le garçon épicier, debout sur sa porte, le nez et le tablier retroussés, regardant tout d'un air goguenard et bon enfant, complète par sa présence la physionomie de Paris à sept heures du matin.

Mais voici venir une femme : au milieu de cette blême population en cornette et en casaquin, en jupons courts et en mouchoirs chiffonnés, déshabillé de femmes-de-chambre et de bonnes d'enfants, débraillé matinal de la domesticité, cette femme est une anomalie, elle fait tache. Sa figure calme et reposée, son œil clair, sa démarche dégagée, tout annonce qu'elle est déjà levée depuis longtemps. Sa toilette est irréprochable; l'observateur le plus rigide, le moraliste le plus scrupuleux ne trouverait rien à reprendre à son ajustement, au point de vue de la décence et de la sévérité. Jamais bonnet de mousseline fanée ne fut plus symétriquement posé sur cheveux plus problématiques. Jamais fichu ne fut mieux joint, jamais guimpe ne fut plus inflexible. Rien dans la tournure, dans le visage ou dans les vêtements de cette femme, ne laisse transpirer le plus petit indice de passion ou de vie accidentée.

S'il est vrai que le visage conserve quelque empreinte des affections de l'âme, des tendances de l'esprit; si les blessures intérieures ouvrent une plaie visible, si la vie déteint au dehors, si le cœur de l'homme, semblable à ces vases d'airain dans lesquels les négociants de Smyrne ou de Constantinople renferment les essences d'Orient, laisse toujours arriver à nos sens quelque émanation fugitive du parfum le mieux concentré; en un mot, si chacun porte en soi le cachet indélébile de sa profession, de ses habitudes, de ses vertus ou de ses vices, nous ne saurons trop quel rang assigner à cette femme, quels souvenirs évoquer à sa vue, quels fantômes faire surgir autour d'elle.

Voyez-la : elle est seule; elle marche dans la rue, d'un pas tranquille, mais réglé. Rien n'annonce qu'elle s'empresse. Ce n'est point l'ouvrière qui se rend au travail journalier; elle n'a rien de l'effronterie mutine de la femme de chambre; elle passe sans répondre au sourire amical dont chaque apparition nouvelle est saluée; elle n'est pas du quartier, car elle semble ne connaître personne. Elle seule est vêtue parmi ces quelques femmes couvertes à peine du vêtement de la nuit; son regard est calme et sans voile, tandis que chacun autour d'elle semble en guerre ouverte avec le sommeil. Quelle est-elle donc? Son visage, empreinte usée, n'offre à l'analyse aucun signe saillant; son costume ressemble, à bien peu de chose près, au costume habituel de la femme du peuple. Elle a pourtant dans son arrangement plus d'uniformité que la bonne, moins d'opulence que la boutiquière, plus de sévérité que la grisette. Elle est propre, mais d'une propreté froide et triste à voir. Eh bien ! cette femme, qui n'est ni bourgeoise, ni commerçante, ni cuisinière, ni grisette; cette femme, qui a moins de cinquante ans et plus de trente; cette femme, qui ne sourit pas au commérage matinal des gazetiers en jupons; cette femme, que le concierge vigilant d'une maison de simple apparence salue à son entrée d'un bonjour affable et d'un geste amical, c'est la femme de ménage.

La femme de ménage est une création toute parisienne. S'il en existe ailleurs qu'à Paris, c'est que rien au monde ne saurait empêcher l'exportation. La femme de ménage est en province ce que sont nos livres en Belgique : des éditions contrefaites.

C'est à Paris, à Paris seulement, pays de ressources et de subterfuges s'il en fut, que la femme de ménage a vu poindre son aurore. La femme de ménage est la domestique de ceux qui ne sont pas assez riches pour en avoir d'autres et pas assez pauvres pour s'en passer. Servitude au rabais, domesticité bâtarde, qui lui vend sa vie en détail, qui lui donne parfois toutes les douleurs de l'esclavage sans qu'elle en ait les profits, qui lui fait changer de maître, et d'humeur, et de travaux, à chaque instant de la journée. Pauvre femme, que l'on fait travailler à la tâche ou que l'on prend à l'heure, si l'on veut, tout comme l'on prendrait un fiacre.

D'un caractère triste, mais facile, la femme de ménage, surtout dans ses instants de repos, offre une douce image de la résignation pieuse et du pardon des offenses. Quoique mariée le plus souvent, sa vie s'écoule solitaire au milieu du monde, et ses jours pleins d'amertume s'en vont côtoyant les existences heureuses ou gaies pour le service desquelles Dieu l'a fait naître. Quand la femme de ménage n'est pas mariée, c'est qu'elle ne l'est plus; elle est veuve; n'allez pas croire pour cela qu'elle ait changé de condition : cette perte de l'objet de ses affections, comme on dit aujourd'hui, n'influe en rien sur sa vie, le mariage n'étant pour elle qu'un veuvage anticipé. Mariée fort jeune, comme on se marie dans le peuple, elle n'a fait que changer d'esclavage; elle a quitté le toit paternel où elle était préposée à la garde des enfants et aux soins de la maison, pour prendre, sous l'empire d'un époux brutal et grossier, le collier de force de la domesticité : les premiers jours de son union n'ont point eu de miel pour ses lèvres; les fleurs dont on avait paré son sein se sont flétries avant la fin du jour sous l'haleine avinée de son époux. Et alors a commencé pour elle cette existence toute de misère, de déboires et de privations, qu'elle traîne comme une lourde chaîne jusqu'au jour où il plaira à Dieu de la délivrer de ce fardeau. Combien y en a-t-il, hélas! de ces douleurs secrètes cachées sous le regard audacieux de la femme du peuple! Combien de pauvres femmes souffrantes et désolées vous avez coudoyées dans la rue, et qui vous ont apostrophé d'une voix hargneuse, tant la douleur et le chagrin peuvent aigrir les naturels les plus doux! Si vous saviez quels drames poignants et sombres le vice, la misère et la honte jouent parfois entre les quatre murs d'une mansarde; si vous aviez sondé du regard toute la profondeur de ces abîmes où la vertu se débat et lutte contre les suggestions de la misère et de la faim; si vous aviez vu à quel degré d'abrutissement l'ivresse ou le malheur peut précipiter un homme, car la misère a son ivresse aussi, alors vous comprendriez tout ce qu'il y a de grandeur et d'héroïsme sous cette enveloppe vulgaire; vous liriez dans ces rides prématurées toute une histoire de larmes et de courageuse résignation, et vous seriez saisi d'une respectueuse pitié pour cette créature fragile qui, surmontant les faiblesses de son sexe, domptant son corps comme elle a dompté son âme, se crée une profession ingrate, se plie à un dur labeur, et passe silencieusement sa vie entre un mari brutal, ivrogne et fainéant, qui la vole et la bat, et un maître grondeur, d'autant plus exigeant qu'elle est plus résignée.

J'ai entendu quelque part, dans une bouche provençale, ce dicton populaire auquel l'expression pittoresque du patois ajoutait encore une originalité nouvelle :

« *Si une merluche devenait veuve, elle engraisserait.* »

C'est surtout à la femme de ménage que ce proverbe est applicable. En effet, selon la règle à peu près invariable des ménages populaires dans lesquels la femme joue un rôle actif, son mari ne fait rien; je me trompe, il fait deux parts de sa vie : l'une se passe au cabaret, c'est-à-dire chez le marchand de vin, attendu qu'il n'y a plus de cabarets aujourd'hui; l'autre, chez lui, à cuver son ivresse ou à battre sa femme. Toutes les femmes de ménage sont battues par leur mari : il n'y a qu'une exception à cette règle, elle est en faveur des veuves.

Après tout, il ne faut pas croire que la femme de ménage en soit plus triste pour cela; oh! mon Dieu, non : il n'y a guère qu'elle seule qui soit dans le secret de ses misères; sa vie est aussi claustralement fermée que son fichu, et peut-être n'aurais-je jamais pu vous apprendre un mot de tout ceci, si le hasard qui m'a favorisé ne m'avait fait rencontrer un jour sur mon passage celle dont je vous entretiendrai tout à l'heure.

Courageuse par état, patiente par tempérament, économe par nécessité, et sobre par inclination, la femme de ménage est sans contredit le plus précieux de tous les serviteurs. L'habitude de voir chaque jour de nouveaux visages a donné à sa physionomie une excessive souplesse; si le plus souvent elle conserve à ses traits cette teinte de tristesse qui les immobilise, c'est que l'indifférence la plus complète règne autour d'elle. Mais qu'elle veuille pour un instant ranimer le sourire éteint sur vos lèvres, vous rendre communicatif et confiant; qu'elle essaie de dissiper le nuage amassé sur votre front, de disjoindre vos sourcils contractés, alors elle inventera des ruses prodigieuses pour vous arracher à vos préoccupations et vous distraire de vos ennuis; elle se fera insinuante et persuasive pour vous attirer sur le terrain solide de son gros bon sens populaire. Ayant beaucoup vécu, elle a beaucoup vu, et, partant, beaucoup retenu. Son expérience, augmentée de l'expérience des autres, lui a fait une sorte de philosophie pratique propre à toutes les exigences de la vie, et qu'elle a malheureusement la bonhomie de vouloir appliquer à tout. En un mot, la femme de ménage, abstraction faite de ses griefs individuels et de ses antipathies particulières, dont le nombre est, au reste, fort restreint, la femme de ménage est ce que l'on peut appeler une bonne femme.

Levée avec le soleil, elle consacre ses premiers soins à sa toilette; ne faut-il pas qu'elle traverse tout un quartier, quelquefois plusieurs, pour se rendre à son ménage du matin? D'ailleurs, pour elle, la propreté est plus qu'un luxe, plus qu'un besoin, c'est un devoir. Comment lui confierez-vous sans cela le soin de votre appartement, de vos habits et de vos meubles? Elle le sait, et elle en profite. Sa toilette achevée, après avoir donné un coup de poing préalable au mince matelas de sa couchette, elle se prépare à sortir, non toutefois sans adresser de fréquentes et vives recommandations au seul être qui partage les misères de sa vie et les joies de sa solitude, au seul compagnon qui lui soit resté fidèle.

C'est une erreur profonde et malheureusement trop propagée qui a fait jusqu'à ce jour considérer le chat comme un animal malfaisant. Si le chien est l'ami de l'homme, le chat est l'ami de la femme, de la femme de ménage surtout. Quand le veuvage a étendu ses voiles sur sa tête, la femme de ménage reporte sur son chat toute l'affection vouée autrefois à l'époux défunt; car, malgré tous les maux qu'il lui fait souffrir, la femme du peuple aime assez généralement l'homme que le sort lui a donné. Son chat, en héritant de cette nouvelle dose de tendresse, comprend sans aucun doute quelles obligations lui sont imposées en retour; aussi voit-on bientôt s'établir entre ces deux créatures isolées un touchant et mutuel échange de procédés délicats et de bienveillantes attentions.

Pour rien au monde la femme de ménage ne consentirait à se séparer de son chat; la mort seule peut les désunir, mais l'absence ne les séparera jamais : ils sont liés l'un à l'autre comme la plante est attachée au sol, comme la femme de ménage tient au pavé de Paris. A ce propos, il est bon que vous sachiez que, pour elle, Paris ne s'étend pas au dehors de son arrondissement, les extrêmes limites du territoire français n'ont jamais dépassé la barrière; sa patrie, c'est la rue dans laquelle elle vit, la maison où elle est née; et, sans nul doute, si elle avait elle-même présidé à sa naissance, on lirait aujourd'hui sur les registres de l'état civil : « Catherine Bourdon, née le 5 fructidor an VIII, faubourg Martin, nº 11, au cinquième, département de la Seine. »

En politique, la femme de ménage est toujours pour la dynastie déchue, quelle que soit au reste la dynastie régnante. Peu lui importe le bouleversement des empires, la crise ministérielle et la question d'Orient. Elle n'a de sympathie que pour le malheur. Le nom seul de la république la fait frémir, et ses yeux ne sont pas encore tellement taris, qu'elle n'y pût trouver au besoin quelques pieuses larmes à verser en holocauste au souvenir de Louis XVI.

Son éducation littéraire n'est guère plus avancée. *Victor*, ou *l'Enfant de la Forêt*, la *Gazette des Tribunaux*, et les drames noirs du théâtre de l'Ambigu, sont les colonnes d'Hercule que son intelligence ne lui a jamais permis de franchir.

Si l'espace ne me manquait je pourrais vous donner ici son opinion en matière d'art, et ses observations non moins curieuses sur l'interprétation de songes appliquée à la loterie. — Encore une puissance déchue, encore un aliment à ses éternels regrets.

Enfin huit heures vont sonner : la femme de ménage entre en fonctions, après avoir pris en passant votre journal, dont elle ne s'est jamais permis de soulever la bande; elle tourne le bouton de votre porte, et s'introduit d'elle-même. Son premier soin est d'ouvrir largement vos rideaux, d'écarter bruyamment les persiennes, et de laisser arriver brusquement jusqu'à vous un vif et gai rayon de soleil, un rayon printanier, qui entre tout d'un trait, escorté du bruit de la rue et du glapissement guttural des cris de Paris.

« Bonjour, madame Charlemagne; quelle heure est-il?

— La demie de neuf heures vient de sonner. »

Son premier mot est un mensonge, mais un mensonge officieux, un mensonge d'ami. Vous êtes tant soit peu enclin à la paresse; qui ne l'est pas? Employé d'une administration quelconque, l'exactitude doit être votre première vertu : aussi madame Charlemagne (c'est le nom que nous lui donnerons), a imaginé ce stratagème pour vous arracher plus sûrement aux douceurs du *far niente*. En veillant à vos intérêts, la femme de ménage n'oublie jamais les siens : sa ruse a le double avantage de stimuler votre activité et d'avancer ses affaires; son zèle est louable, et, bien que cette supercherie soit recouverte d'un fil d'une entière blancheur, elle obtient en tout temps un succès infaillible. A peine levé, madame Charlemagne vous persécute de nouveau; transporté sur les hauteurs du premier-Paris, ou égaré dans les riantes contrées du feuilleton, vous vous abandonnez au plaisir de savourer à votre aise le journal, si obligeamment déposé près de vous, et soudain vous êtes interrompu par un « Monsieur, voici vos bottes, » qui vous précipite des régions éthérées où vous avait emporté votre imagination dans la plus triviale réalité. Mais votre patience n'est pas au bout. Tout en allant et venant, en faisant le lit, en frottant le parquet, la femme de ménage a trouvé le moyen d'activer votre toilette, de gourmander votre lenteur, et bientôt le grand mot, le mot fatal est prononcé: « Le déjeuner de monsieur est servi. » Dans sa bouche, cette formule sacramentelle pourrait se traduire ainsi : « Il est neuf heures, vous ne serez jamais rendu à dix heures à votre bureau; dépêchez-vous : je n'ai pas que votre ménage à faire; il faut que je m'en aille. Si vous ne vous dépêchez pas, je m'en vais, et vous vous servirez tout seul. »

NOTA. Ce déjeuner se compose invariablement de la tasse de lait de rigueur ou de la côtelette de fondation.

Une fois à table, vous obtenez quelques instants de répit : c'est l'heure de la causerie familière et confidentielle. Pour peu que vous le désiriez, appuyée sur un manche à balai, ce qui ajoute encore un charme nouveau au pittoresque de son récit, elle vous narrera pour la centième fois au moins les faits et gestes de sa chatte favorite ou les cures miraculeuses opérées dans sa maison par un cordonnier empirique qui possède un secret pour guérir la migraine. Car la femme de ménage a toujours été le providence des charlatans et des marchands de vulnéraire; elle possède une multitude de recettes pour faire cuire des œufs avec une seule feuille de papier, et pour couper la fièvre avec une pièce de cuivre rougie au feu. De plus, elle sait détacher les habits et fabriquer toutes sortes de boissons apocryphes, sous le titre inoffensif de tisane. C'est la panacée universelle que cette femme-là : à chaque infirmité elle connaît un remède; et si quelque chose surpasse sa science, c'est son désir de se rendre utile.

Voici un trait dont j'ai, pour ainsi dire, été témoin. Je ne puis résister au plaisir de le raconter; il peint d'une manière simple mais touchante jusqu'à quel point l'abnégation et le dévouement peuvent se rapprocher de l'héroïsme.

Un vieux garçon, caissier retraité d'une ancienne maison de banque, avait à son service depuis fort longtemps une pauvre femme dont la santé débile ne résistait qu'imparfaitement à des travaux au-dessus de ses forces. Ces deux créatures, perdues au milieu de Paris, n'avaient jamais pu vivre en parfaite intelligence, malgré leur isolement presque complet. L'homme était irascible et bilieux; quant à la femme, toute sa bonté native, toute son angélique douceur ne pouvaient l'empêcher de se brouiller définitivement trois ou quatre fois par semaine avec ce vieillard emporté, rachitique et goutteux. Heureusement que, semblables à des pluies d'orage, ces querelles étaient presque aussitôt dissipées, et tous deux recommençaient la guerre sur de nouveaux frais, après s'être juré une paix et une amitié éternelles.

« Madame, disait le vieux garçon en frappant obstinément sur le bras du fauteuil dans lequel il était cloué par la goutte, vous me ferez mourir, cela est sûr.

— Mais...

— Taisez-vous, taisez-vous, vous dis-je; vous voulez m'assassiner avec ces portes battantes qui me brisent le crâne. Voulez-vous bien vite fermer cette porte? Allez-vous-en. »

Et la pauvre femme se retirait, le cœur mortifié et les larmes aux yeux, mais pour revenir le lendemain. Le lendemain tout était oublié.

Un jour pourtant l'orage avait été plus violent que de coutume; la colère du vieillard était montée à un diapason si élevé qu'il fut tout à coup saisi d'un transport frénétique, et qu'il se renversa raide et glacé dans son fauteuil; la goutte était remontée au cerveau. Trois mois durant cette pauvre femme garda jour et nuit le chevet du vieillard insensé. Elle ne l'abandonna pas d'une seconde; ses économies de vingt années passèrent en remèdes de toutes sortes, les soins les plus assidus furent prodigués au malade, les plus habiles médecins le visitèrent, rien ne fut épargné pour le sauver. Il mourut.

Il fallut voir alors la sombre douleur de cette femme se reprochant cette mort comme un crime. Elle resta près du corps jusqu'à ce qu'on vînt l'enlever de son grabat; surmontant sa douleur, elle l'accompagna elle-même, seule, à sa dernière demeure; et quand la terre eut recouvert le cercueil, seulement alors elle se retira.

Huit jours après elle s'éteignit sur un lit d'hôpital; elle fut enterrée dans la fosse commune, car il ne lui restait de toutes ses économies passées qu'une bonne action; et si la récompense en est au ciel, cela ne préserve sur cette terre ni de l'hôpital ni de l'oubli.

En général, la femme de ménage nourrit une grande prédilection pour les célibataires. Je n'oserais affirmer que ce soit en haine du dieu d'hyménée, dont autrefois elle eut tant à se plaindre; toujours est-il qu'un ménage de garçon est ce qui lui convient le mieux, soit que l'isolement rapproche ces deux natures incomplètes, soit qu'une certaine parité de goûts et d'opinion les ramène vers un but commun. Il arrive assez fréquemment que sur le déclin de sa carrière la femme de ménage, abjurant ses répugnances matrimoniales et ses préventions d'autrefois, s'unisse par des liens indissolubles à quelque vieux garçon dont l'honnête médiocrité est depuis longtemps l'objet de sa convoitise, après avoir été le résultat de son économie et de ses soins.

Il est une vérité qui se reproduit à l'état d'axiome dans toutes les sociétés anciennes et modernes, qui revêt toutes les formes, qui emploie tous les moyens, quels qu'ils soient, pour arriver au grand jour et se faire admettre. On la retrouve au théâtre et dans les livres, dans les journaux et dans les salons, à la campagne et à la ville, partout en un mot; cette vérité, la voici : de tout temps les domestiques ont volé les maîtres. Cela est incontestable : hâtons-nous toutefois d'ajouter que la femme de ménage n'est pas un domestique.

La femme de ménage est un exemple vivant jeté sur la terre pour démontrer à tous que l'immortalité de l'âme n'est pas une utopie, et que les peines de la vie présente ne sont qu'une expiation prématurée des joies de la vie future. Telle est du moins son opinion. Quant à nous, nous persistons à considérer la femme de ménage comme un serviteur fidèle et dévoué; nous déclarons ici qu'à part quelques exceptions heureusement fort rares, elle n'a pas son pareil pour épousseter proprement un habit, brosser un pantalon ou faire à un vêtement quelconque une reprise imperceptible; c'est que la femme de ménage étend sa sollicitude et son affection jusqu'aux objets inanimés, c'est que dans la tendresse de son cœur elle enveloppe du même amour et du même culte, l'homme qu'elle sert, et les choses de cet homme. C'est que pour la femme de ménage il y a peut-être quelque chose au-dessus du célibataire lui-même; c'est le ménage du célibataire.

Aussi voyez de quelles précautions elle entoure le moindre meuble, avec quelle sorte de respect elle y touche, elle seule possède parfaitement le secret de la conservation des antiques; une main moins légère et moins attentive aurait déjà vingt fois fait voler en poussière tout ce mobilier sexagénaire, qui semble rajeunir chaque jour sous ses doigts. Mais c'est surtout dans l'entretien du vêtement que la femme de ménage est admirable. Persuadée de cette vérité, que, si l'habit ne fait pas l'homme, il le pare, la femme de ménage réserve tous ses soins les plus assidus, toutes ses plus délicates attentions pour l'habit.

Elle le brosse et le choie, elle le flatte, elle le caresse, elle le fait beau, elle se complaît dans son ouvrage, elle aime à faire disparaître une déchirure anticipée; elle panse avec un soin extrême les nombreuses blessures que l'usage et le temps lui ont faites. Elle seule a le talent de rendre aux coutures blanchies leur première fraîcheur, car les habits de l'homme blanchissent, hélas! encore plus promptement que ses cheveux; puis, lorsqu'elle a achevé la toilette de l'habit comme celle des meubles, lorsqu'il ne reste plus une seule tache à faire disparaître, un seul coup de balai à donner, la femme de ménage replace tranquillement son fichu sur ses épaules, elle quitte le tablier de cuisine, rempart obligé derrière lequel se dérobe la propreté de sa mise, pour voler à de nouveaux travaux, à de nouveaux succès.

Quand la femme de ménage a achevé sa ronde quotidienne, elle rentre chez elle vers le soir, et après avoir consacré sa journée aux autres, elle se dilate à son aise dans toute sa liberté. Son quart d'heure de joie sonne à l'instant où elle met le pied dans sa mansarde; les folles expansions de *Minette* lui rappellent les jours heureux et lointains de son adolescence, et tout en vaquant aux soins de son ménage, du sien cette fois, elle aime à se bercer dans un monde fantastique d'illusions et de rêves. C'est sans doute pour la femme de ménage que ce proverbe « Comme on fait son lit on se couche » a été inventé; car la femme de ménage ne fait son lit que le soir; c'est là un des signes distinctifs de sa profession. Au bout d'un certain temps, la femme de ménage vieille et retirée des affaires sollicite une place de gardeuse de chaises à l'église paroissiale de son quartier, car la femme de ménage devient infailliblement dévote sur ses vieux jours; ou bien, si elle se refuse à cette consolation, elle meurt silencieusement dans une misère froide et voilée, car l'hospice lui fait peur, et cette femme qui a passé toute sa vie à faire le ménage des autres n'a pas eu le temps de songer au sien.

CHARLES ROUGET.

LAVIEILLE

LE MAITRE D'ÉTUDES.

Il n'est personne, quelque éloigné qu'il soit de la vie de pension, qui ne jette avec plaisir un regard sur cet âge où l'on fait sa joie d'une *exemption;* où un *pensum*, une *privation de sortie* sont des douleurs poignantes et de grands sujets de larmes. Il n'est personne qui ne se prenne à sourire en pensant à la crainte que lui inspirait ce *tyran sans pitié*, ce *despote injuste*, ce *tigre altéré de punitions*, qu'on appelle maître d'études.

Le maître d'études! Pauvre homme! Quel est celui d'entre nous qui, sorti du collége, n'a senti sa commisération s'éveiller en faveur de cet infortuné pédagogue? Qui ne s'est accusé d'injustice en se rappelant les épithètes plus ou moins injurieuses dont il avait gratifié cet argus impitoyable, depuis l'antique dénomination de *chien de cour*, jusqu'à la moderne expression de *pion?* Quant à moi, je me sens plein de pitié pour lui, et je plains son sort plus que celui d'un caporal de la garde nationale dans la jouissance de son grade.

Si vous ne comprenez pas d'où peut venir cette grande compassion pour le maître d'études, jetez un regard sur sa vie. La veille, il s'est couché comme les poules, — expression commune, mais juste; — comme le coq, il fera entendre le premier dans la maison son chant matinal : *Allons, debout! la cloche a sonné.* Le voilà en fonctions; sa journée commence. On se lève, il se lève; on descend, il descend; on se lave, on se brosse, il surveille; le maître d'études est censé avoir fait toutes ces choses avant ses élèves. On entre à l'étude; sa voix glapit le premier *Silence* de la journée; malheur à qui n'aura pas entendu l'avertissement, malheur à qui dira bonjour à son voisin, ou adieu à son lit tant regretté! L'imprudent élève eût-il parlé bas, n'eût-il fait que remuer les lèvres, le maître d'études l'entendra, il a l'oreille exercée, et mesurera sa vengeance sur l'ennui qu'il doit éprouver jusqu'au soir. Le voilà en chaire!... Ce n'est plus un homme, ce n'est plus un simple mortel, c'est un maître d'études. Gare à vous, jeunes étourdis, oiseaux babillards; gare à vous! Pendant les deux heures qui vont s'écouler il ne fera rien... que vous épier, que vous surveiller, que répéter le sempiternel *Silence!* accompagné du classique *pensum*. Voilà comment il passera ses deux heures, et nous ne le plaindrions pas! Deux heures à l'affût, comme un braconnier, pour voir sortir furtivement une parole, pour surprendre un geste! Mais écoutez, la cloche sonne, et qu'elle influence la cloche n'a-t-elle pas sur la vie du maître d'études? Elle le fait agir, elle le domine. Sonne-t-elle le repas, il faut qu'il ait faim; la récréation, il faut qu'il aille prendre l'air; l'étude, il faut qu'il rentre; le lever, il ne doit plus avoir envie de dormir; le coucher, il faut qu'il se livre au sommeil. Fût-il très-éveillé, eût-il la tête pleine d'idées, — chose rare! — on ne lui laisse que cette alternative: dormir ou se livrer à ses réflexions, car le dernier tintement s'est fait entendre, et toutes les lumières doivent être éteintes.

Esclave d'une cloche, voilà sa destinée! Mais cette fois elle sonne sa liberté. Libre pendant... une heure et demie! Oh! durant ce temps, il est son maître, rien ne le retient, aucun pouvoir ne pèse sur lui, il secoue ses ailes, il prend sa volée. Personne n'est là pour l'empêcher d'aller où bon lui semble; Paris ou la banlieue, Versailles ou Saint-Germain, Corbeil ou Melun, il peut tout visiter, il en a le droit; nul ne s'y oppose... pourvu qu'il ne dépasse pas le temps fixé, pourvu qu'à l'expiration de la bienheureuse heure et demie qu'on lui a donnée pour redevenir un homme, il se retrouve à son poste, ni plus tôt, ni plus tard, à l'heure dite. C'est là de la liberté, de l'indépendance admirable! Cependant, comme le bon sens lui suffit pour comprendre qu'une course lointaine l'entraînerait à un manque d'exactitude, il ne quitte point Paris. Que fait-il alors? Le café lui ouvre ses portes, le journal ses colonnes; il lit la politique du moment et apprend par cœur quelques-unes des réflexions du journaliste, pour s'en servir à l'occasion; ou bien, si le maître d'études tourne à l'obésité, cas exceptionnel, si son médecin lui a ordonné de prendre de l'exercice, malheur à ses jambes! pendant son heure et demie il parcourt toutes les rues de Paris, et fait en sorte de rentrer en nage à la pension; ou bien encore, s'il a dans le cœur un amour heureux ou malheureux, vous vous en apercevez à l'impatience avec laquelle il attend le signal de son indépendance, à la rapidité inconcevable avec laquelle il disparaît dès qu'il est enfin son maitre. Il vole aux pieds de son inhumaine plus ou moins apprivoisée; mais le temps, plus cruel que toutes les cruelles, le temps court sans pitié pour lui, et l'heure le surprend au milieu d'une protestation bien tendre ou d'une dispute bien vive, suivant le degré de sa passion. L'amoureux reste coi, s'arrête, balbutie, et remet au lendemain la fin de son dithyrambe ou de sa diatribe, car depuis un instant il n'est plus homme, il est redevenu maître d'études. Le voilà de nouveau trônant dans sa prison scolastique, en attendant qu'il passe de l'étude au réfectoire, du réfectoire à la récréation, de la récréation à l'étude; jusqu'à ce qu'enfin le dortoir vienne lui offrir le sommeil, et l'oubli de la vie régulière et monotone qui doit recommencer le lendemain.

Pour le maître d'études, le proverbe est faux : les jours se suivent et se ressemblent. Ce qu'il a fait hier, il le fera aujourd'hui ; ce qu'il fait aujourd'hui, il le fera demain, à moins que le jeudi n'arrive. Oh ! ce jour-là il est heureux, dites-vous. N'en croyez rien. Il maudit le jeudi à l'égal des autres jours de la semaine, du dimanche même, quand il est *de garde*. On lui permet, il est vrai, de se promener pendant trois heures, mais il est tenu en laisse par une longue chaîne d'élèves, chaîne pesante dont il ne peut se débarrasser, qu'il doit traîner pendant toute la promenade et ramener intacte au logis. Chaque quinzaine pourtant revient pour lui un beau jour, un dimanche. Depuis le jeudi qui précède, vous l'entendez parler de son dimanche *de sortie*. Dieu seul peut savoir la quantité de projets qu'il forme pour ce jour fortuné : l'été, parties de campagne, promenades sur l'eau, glaces à Tortoni ; l'hiver, déjeuner copieux, dîner succulent, conquêtes, spectacle ; il a tout rêvé. Nous voilà au dimanche tant désiré ; il est habillé dès le matin, il ne veut pas perdre une heure de sa journée. Jamais la messe, à laquelle il faut qu'il conduise les enfants, ne lui a paru si longue ; il se rend coupable de nombreuses distractions pendant l'office. Fera-t-il beau ? pleuvra-t-il ? Voilà ce qui l'occupe exclusivement, au risque de scandaliser ses élèves. Enfin il quitte la pension ; dès huit heures il bat le pavé : déjeuner, dîner, promenades en liberté, il réalise tout, tout jusqu'au spectacle. Mais au milieu d'une chansonnette d'Achard ou d'une tirade dramatique de Saint-Ernest ; mais au moment où le vaudeville dilate les poumons du pauvre maître d'études par ses saillies, où le drame inonde ses lacrymales par ses effets les mieux calculés, il regarde à sa montre... Neuf heures et demie ! Adieu, vaudeville ! adieu, drame ! adieu Achard ou Saint-Ernest ! Il faut tout quitter sous peine de coucher à la belle étoile et de perdre sa place. Le réglement de la pension est là : à dix heures les portes sont fermées à triple tour. Il lui faut abandonner le plaisir, chercher à négocier sa contremarque, et venir en courant présenter de nouveau son cou au collier qui doit le serrer, jusqu'à l'expiration de la quinzaine qui va commencer.

En récompense de son exactitude à remplir ses agréables fonctions ; le maître d'études est nourri sainement et abondamment (style de prospectus), en outre, couché sur un lit à estrade, chauffé au charbon de terre et éclairé aux quinquets. Il touche une somme mensuelle de 40 ou 50 francs, que, sans pitié pour ses créanciers, il affecte à ses plaisirs de toutes sortes, et qu'il consacre à embellir son existence pendant les deux jours par mois qui lui appartiennent.

Passer ses jours au milieu d'enfants qui l'obsèdent, posé devant eux comme un mannequin habillé dont on se sert pour effrayer les oiseaux dans les jardins ; être un instrument à faire faire silence, est-ce là une vie ? Le professeur se plaint ; mais au moins, lui, il communique son savoir, il travaille en instruisant ses élèves ; le répétiteur trouve des jouissances dans les succès de ses disciples ; ceux-là agissent, ils ont un but, une pensée ; le maître d'études n'a rien de tout cela : sa condition est passive, et si passive que je m'étonne que les législateurs, en accumulant les peines dans leurs codes, en infligeant la détention, la prison, les galères, n'aient pas admis comme pénalité les fonctions de maître d'études à perpétuité. Je crois qu'il y aurait eu peu de coupables d'une faute passible d'un si cruel châtiment.

Et pourtant il ne manque pas de gens qui ambitionnent une telle place! Pourquoi? C'est que bien des causes peuvent pousser un homme à cette résolution désespérée, à ce suicide moral.

Vainement vous avez tenté d'aborder tous les rivages, vous avez heurté à toutes les portes, vous avez essayé d'entrer dans tous les chemins; vous vous êtes fait tour à tour négociant, administrateur, soldat, chirurgien-dentiste, homme d'affaires, que sais-je? vous n'avez réussi à rien, tout vous a manqué; l'incapacité vous a successivement rendu inabordables tous les rivages, fermé toutes les portes, barré tous les chemins; il ne vous reste plus d'espoir de succès en rien: — vous vous faites maître d'études. Vous avez vu votre jeunesse enrichie tout à coup de biens paternels; sans souci de l'avenir, jouissant du présent, vous avez tout dissipé, fortune, santé, jeunesse. Le désespoir vous saisit, il vous vient des pensées de suicide; au moment de les mettre à exécution, vous hésitez: une idée surgit en votre esprit, et vous dit que, sans se tuer, on peut se faire maître d'études; vous accueillez avec avidité cette pensée salutaire, vous suivez cet instinct conservateur: — vous vous faites maître d'études.

Il en est d'autres que ni l'incapacité ni la détresse ne poussent à cet extrême moyen; la raison seule est leur guide. L'un a quitté sa province pour venir chercher à Paris une condition honorable; il ambitionne l'éloquence de l'avocat, ou la science du médecin; il est pauvre, il est laborieux; il lui faut un état qui le fasse vivre provisoirement et lui permette de se livrer à ses travaux. Que pourrait-il trouver de mieux? Un autre vise droit à la toge du professeur, il ne rêve qu'hermine doctorale, et il se sert de cette position infime de l'Université comme d'un marchepied d'où il s'élancera plus haut. Mais ceux-là font classe à part; pour eux, cette profession n'est pas une voie sans issue, un impasse où doit s'enterrer leur vie; ils ont une pensée qu'ils poursuivent, un but vers lequel ils marchent sans cesse, un avenir enfin.

Cependant chacun de ces hommes apporte au milieu des enfants qu'il doit surveiller un caractère différent. Tous tendent à se relever aux yeux de leurs élèves; mais ils s'y prennent de diverses manières. L'*incapable* se vante sans cesse; à l'entendre, il était destiné à de grandes choses, et ses malheurs sont le résultat d'un concours de circonstances extraordinaires. Injustice des hommes, caprice de la fortune, fatalité, il vous demandera compte de son avenir perdu, et se gardera bien d'accuser son manque de mérite, qui seul l'a conduit à cette extrémité. Il est apathique, lourd, inerte; il dormira volontiers dans sa chaire, sera sans force devant l'indiscipline, sans colère devant la paresse, et finira par s'avouer vaincu dans la lutte qui s'engage toujours entre l'élève et le maître pour savoir lequel des deux dominera l'autre. Pauvre souffre-douleurs, il est constamment berné par ses élèves et réprimandé par ses chefs. Il sert de point de mire à toutes les espiégleries d'enfants sans pitié. « Je te parie, dit l'un, que je jette ma balle en plein dans le dos à m'sieur. — Je t'en défie, reprend un camarade, et je te parie trois feuilles de papier que non. » Aussitôt la balle est lancée avec force, et atteint juste le but désigné.

Meissonier

« Oh! m'sieur! s'écrie l'enfant, je ne l'ai pas fait exprès; c'est *chose* que je visais, et il s'est dérangé. » Puis il s'en retourne en riant sous cape, et le pauvre homme se contente de cette excuse.

Une fois qu'on l'a éprouvé par une *plaisanterie* de ce genre, et qu'il a laissé l'insulte impunie, il ne se passe pas de jour qu'il ne pleuve sur lui une quantité prodigieuse de *niches*. Brosse coupée dans le lit, verre d'eau dans la poche, boulettes de pain sur les lunettes, il supporte tout sans se plaindre. Et ne pensez pas que les élèves lui sachent gré de sa longanimité; au contraire : y a-t-il une révolte, les plus gros dictionnaires, les encriers les plus pesants lancés à la tête, sont pour lui. Je ne vous parle pas du nombre infini de charges que ces Daumier en herbe lithographient sur les murs : toutes ont quelque chose du modèle; mais tantôt il est gratifié d'un nez tuberculeux, tantôt une pipe vient ajouter à l'agrément de sa physionomie, et le tout est embelli par une de ces inscriptions caractéristiques : *Oh! c'te balle!* ou bien: *Oh! ce cadet-là, quel pif qu'il a!*

Cet homme, constamment en butte aux railleries et aux reproches, passera dans cinq ou six pensions par an, et traînera ainsi sa misérable existence jusqu'à ce qu'il arrive à une échoppe d'écrivain public, d'où il sortira pour être admis dans un hospice de vieillards, s'il a des protections. Vous le reconnaîtrez facilement à sa mise : rarement il manque à se couvrir d'un habit jadis noir, dont le collet et les manches sont gras à faire honte à un perruquier, et il est bien rare aussi que la forme accidentée de son chapeau jaunâtre ne se marie pas parfaitement avec l'habit. Cette espèce du genre se pare de sa crasse, comme Anthistène de son manteau troué, et se pose en philosophe. Une seule fois par an peut-être le maître d'études se plaint de la vétusté de son ajustement, c'est le jour de la fête du maître de pension : il y a bal, il est invité; mais après avoir vainement retourné son habit dans tous les sens, il se voit forcé de refuser l'invitation et de se retirer au dortoir, où le bruit de la fête le poursuit encore. Il prend sa part du bal en insomnie.

Bien différent de son confrère, le *ruiné* suit la mode aux dépens de son tailleur et fait des dettes pour n'en pas perdre l'habitude. Sa fortune passée lui sert à se poser devant ses élèves. Son caractère n'est pas égal : il est trop bon, ou trop brutal; il ne punit pas, ou il frappe au risque de blesser. Et si l'on vient à chercher la cause de sa brusque fureur, on la trouve dans les comparaisons que le malheureux a faites tout le jour entre son passé brillant et sa position actuelle. — Celui-là est dangereux, on doit l'éviter avec soin.

Quant aux autres, à ceux que la raison a fait maîtres d'études, ils sont vêtus comme tout le monde, se montrent généralement patients, parce qu'ils ont une espérance, et s'enveloppent de leur dignité à venir devant leurs élèves. — Ceux-là méritent d'être recherchés; ils sont d'un commerce assez agréable, et susceptibles de s'attacher à la maison qui les nourrit.

Mais tous ces maîtres d'études sont vulgaires, ce sont les plébéiens du métier. Foin de pareilles gens! n'en parlons plus. Un seul a des droits à notre admiration; à celui-là tous nos hommages! à celui-là l'attention respectueuse qu'on apporte à l'examen des choses rares! Il est beau, il est grand, il est saint : c'est le maître d'études par vocation ! Honneur à lui ! nous le répétons, cette espèce est rare, mais elle existe.

Et d'abord, voyez cette figure grave et impassible, ce regard d'aigle, ce maintien composé ; écoutez cette voix compassée, monotone, caverneuse. Que de soins ne lui a-t-elle pas coûtés ? A combien de travaux ne lui a-t-il pas fallu se livrer pour arriver à cette perfection ? A quelles rudes épreuves n'a-t-il pas dû soumettre son gosier pour obtenir cet organe imposant ? Et ce maintien ! croyez-vous qu'il lui appartienne naturellement ? Gardez-vous de tomber dans cette erreur. Comme sa voix, son maintien est le fruit d'études longues et pénibles. Et ce regard d'aigle, et cette figure grave ! ne vous y trompez pas, ils ne sont pas non plus dans sa nature ; il peut, quand il le veut, avoir des yeux sans expression et une figure insignifiante. Voilà où est le mérite, où est l'art, où est le génie : tout cela est acquis à grand'peine, tout cela est composé par lui.

Grand homme ! il entre dans son étude : les clameurs de la récréation cessent tout à coup, les bruits s'apaisent, les chuchotements s'éteignent. Et pour obtenir ce calme si prompt, si instantané, il n'a pas eu un mot à prononcer, pas le plus petit *silence* à jeter à la foule bruyante, rien ; sa présence a suffi. Aussi comme il jouit de l'effet produit ! comme il se pose fièrement en chaire ! Ce sont là de ses triomphes ! il les chérit, il en est glorieux, il en deviendrait fou de bonheur. Amoureux du pouvoir qu'il exerce, sûr de son influence, il se plaît à l'éprouver. Au moment où on s'y attend le moins, il sort, il laisse l'étude seule, la chaire vide ; il s'éloigne assez pour ne pas être aperçu, mais pas assez pour ne point entendre. C'est alors qu'il ressent ses plaisirs les plus vifs, ses joies les plus enivrantes ; même silence à l'étude, pas un mot, pas un chuchotement ! Son esprit plane encore dans cette salle qu'il vient de quitter. Il est si heureux en ce moment, que vous lui offririez une fortune, un empire, la papauté, il vous renverrait bien loin en vous disant avec une noble fierté : N'ai-je pas mon étude ?

Comme cette salle enfumée lui plaît ! c'est son royaume ; là il trône, là sa voix est souveraine. Son étude, c'est lui ; lui, c'est son étude ; il s'identifie avec elle ; l'odeur de la classe fait partie de sa vie ; car les classes ont cela de particulier, qu'elles ont une odeur à elles, qui leur est propre, et que nulle autre part on ne pourrait retrouver.

Ordinairement celui-là, au milieu des rêves de son enfance, parmi ses ambitions de jeune homme, s'est senti un vague désir d'épaulettes. A trente ans, il est maître d'études : ses rêves sont en partie réalisés, ses ambitions, presque satisfaites. Il a un commandement, de petits soldats qui lui obéissent ; il joue au général, il est heureux. Alors son discours est empreint de ses idées premières : il donnera une forme militaire à tous ses ordres. Entend-il la cloche qui annonce la promenade, il dira aussitôt : « *A cheval ! le boute-selle a sonné !* » Veut-il punir un élève, il dira d'un ton sévère : « *Aux arrêts ! et militairement.* » Un autre, un vulgaire se serait contenté du simple mot *en retenue*. Quelle trivialité ! Généralement aussi, en donnant un cachet militaire à toutes ses actions, il n'en exclut pas une propreté méticuleuse : il poursuit avec acharnement un soulier mal ciré, il ne pardonne pas une tache, et, il faut le dire à son honneur, il est bien rare qu'il ne donne pas l'exemple à ses élèves.

Le maître d'études par vocation, à cause de sa rareté, et pour sa scrupuleuse exactitude dans l'accomplissement des devoirs de sa charge, est avidement recherché par les chefs d'institution. Il le sait, il a la conscience de son génie, la conviction de son importance; et n'est-ce pas naturel? Malheureusement son langage se ressent de la bonne opinion qu'il a de sa personne et tourne souvent à la prétention. Une chose qui le blesse, qui l'irrite, la seule partie de son état qu'il renie, c'est le nom qu'on y attache : maître d'études! quel titre peu sonore! quelle expression dépourvue de noblesse! L'indignation le saisit à ce mot : aussi, quand il écrit en province, gardez-vous de croire qu'il ajoute à son nom cette dénomination qu'il méprise; il signe *membre de l'Université de Paris*. A la bonne heure! voilà un titre ronflant! voilà une qualité! On peut, on ose la dire; quel effet ne produit-elle pas sur ses parents, sur ses amis du département? Cependant, comme ce titre est trop général, son amour-propre en a inventé d'autres : demandez-lui ce qu'il fait, il vous répondra qu'il est *préfet des études* et *censeur des retenues*.

Le maître d'études par vocation a des parties de son caractère qui ne lui sont pas propres, mais qui appartiennent à toute l'espèce. Parmi ces signes distinctifs, le plus distinctif peut-être, c'est la sécheresse de corps. Le maître d'études est communément maigre, ce qu'on peut attribuer, soit à l'impatience continuelle qu'il éprouve, soit à la nourriture saine et abondante dont il se repaît. Sa figure et ses mains osseuses sont, pour me servir de l'expression technique, *culottées* par le soleil des récréations; et depuis que la révolution de 1830 a proclamé le règne de la moustache, il s'est fait un de ses plus dévoués sujets. Il ajoute cet agrément aux favoris qu'il possédait seuls jadis, et il y tient tant, que l'on peut dire, je crois, avec raison : que « si la moustache était bannie de la terre, on la retrouverait sur la lèvre d'un maître d'études. » Sa tournure est raide et guindée; enfin il a ce je ne sais quoi dans l'ensemble qui le fait deviner sous le costume le plus brillant comme sous l'habit le plus misérable.

Voyez-le dans l'exercice de ses fonctions : sa tête est couverte d'une calotte de drap noir, ou d'une casquette, dont il se sert jusqu'à ce qu'elle le quitte; il est vêtu d'une redingote à la propriétaire, ornée nécessairement de deux poches sur le côté, dans lesquelles il introduit habituellement ses mains. Et son pantalon, presque toujours noir au fond, mais gris en apparence et dépourvu de toute espèce de sous-pieds, fait de vains efforts pour tomber sur une botte ordinairement large, carrée et poudrée.

De même qu'il a adopté un costume pour son métier, il s'est fait un langage de classe qui a passé de l'un à l'autre, et qui, revu, corrigé et augmenté, a fini par composer un formulaire généralement suivi. Ainsi, pour réclamer le silence, il vous dira qu'il veut *entendre une mouche voler*. Dieu sait qu'elle quantité prodigieuse d'imitations du fameux *quos ego*... il a faite pour rappeler à l'ordre. *Le premier qui parle*... et il s'arrête, sûr de son effet; ou bien : *cent vers*... et il ne nomme pas celui qu'il veut avertir, de sorte que, grâce à cette réticence adroite, chaque élève voit les redoutables cent vers suspendus sur sa tête.

Quelques-uns, méprisant ce langage traditionnel, cherchent leur effet dans un mutisme complet. A un moment où la dissipation semble vouloir faire irruption dans leur domaine; ils se lèvent tout à coup, descendent gravement de l'estrade, promènent çà et là des regards perçants, et, les mains armées du fatal carnet à punitions, qu'ils appellent ambitieusement *le livre rouge*, ils attendent. Ainsi posés au milieu de l'étude, sans prononcer une parole, ils inscrivent quelques noms sur le terrible livret. Il est rare que ce manége ne produise pas son effet, et si vous leur en demandez la raison, ils vous répondront orgueilleusement : « C'est seulement par le sang-froid qu'on impose aux masses. Si j'étais chef d'un gouvernement, je ne calmerais pas autrement une émeute populaire. »

Une chose certaine, irrécusable, une de ces vérités qui acquièrent force de lois, c'est que le maître d'études est susceptible au delà de tout ce qu'on peut dire. Que le ciel vous préserve d'une conversation avec un maître d'études! il vous faudra peser toutes vos expressions, veiller à la tournure de vos phrases, épier le sens caché d'un mot, au risque de blesser votre interlocuteur; car sa susceptibilité se tiendra éveillée et vous demandera compte de chaque mot, de chaque phrase, de chaque expression. Et pour preuve écoutez ce fragment de conversation :

« M. Scribe est un ignorant, disait un maître d'études du ton de la plus vive indignation : et penser qu'il y a des gens qui osent appeler cela un homme d'esprit!

— Mais il y en a beaucoup, lui répondit quelqu'un; et il est fort malheureux pour lui que votre opinion soit différente.

— Ce qui veut dire que je suis incapable de le juger, repartit aigrement le maître d'études; je vous comprends bien, mais je m'en soucie fort peu. Jamais je n'appellerai spirituel un homme qui écrit de telles phrases : « *On ne peut rien en faire. — Mettez-le dans l'instruction.* »

Tenez-vous donc sur vos gardes, moyennant votre attention à ne rien dire qui puisse le choquer, il vous charmera de sa conversation aussi longtemps que vous pourrez le désirer, et cela sans aucune rétribution. Il arrive souvent aussi qu'il se montre dur et hautain envers les domestiques. Doit-on s'en étonner? Dans la hiérarchie d'une pension, le maître d'études a le dernier rang, c'est bien le moins qu'il use de son autorité sur les seuls inférieurs qu'il ait. Il le fait donc largement, en homme qui se dédommage.

Malgré cela, et à cause de ses vertus privées, le maître d'études éveille toutes mes sympathies, je le déclare hautement, et je vois avec plaisir sa position s'améliorer chaque jour, grâce au soin que les chefs d'institution apportent à exclure les incapables du sein de cette classe d'hommes si utiles. Espérons que bientôt ces derniers ne reparaîtront plus qu'à de rares intervalles, et qu'ils s'effaceront même tout à fait pour la plus grande gloire de cette partie recommandable de la société.

EUGÈNE NYON.

LA FRUITIÈRE.

QUAND on s'est promené dans Paris, et que l'on a passé en revue ces boutiques étincelantes de dorure, aux marbres précieux, aux glaces richement encadrées, véritables salons où le chaland confus n'ose pas entrer, et dont il s'éloigne avec son argent, on s'arrête avec plaisir devant le modeste *étalage* de la *fruitière*. Rien n'est plus frais, et ne repose plus agréablement les yeux et la pensée.

Malgré le désordre apparent de l'humble boutique, un ordre secret a présidé à l'arrangement des fruits et des légumes. Ils pendent en grappes, se réunissent en gerbes, s'élèvent en pyramides, ou gisent confusément épars. Des *carottes* éclatantes, des *oignons*, et de longs *poireaux* verts et blancs encadrent la *devanture* comme d'une riche guirlande. Plus bas s'étalent, suivant la saison, des *bottes* de *navets* ou d'*asperges*, des *aubergines* et de gros *choux cabus* qui contrastent avec leurs frères aristocratiques, les élégants *choux-fleurs*. Derrière cette espèce de rempart s'abritent tour à tour les *petits pois*, les *haricots* dans leur cosse fragile, les *cerises*, les *groseilles* et les *framboises ;* tandis qu'en dehors, près de la porte, un *potiron*, gardien muet et peu vigilant, pose gravement sa masse rabelaisienne sur un escabeau boiteux.

A ces produits de nos climats que manque-t-il, pour être admirés, qu'une origine exotique? Et pourtant les tropiques, si fiers de leurs *bananes*, de leurs *dattes* et de leurs *ananas*, ont-ils des fruits plus savoureux et d'un ambre plus flatteur que nos pêches et nos abricots, plus vermeils que nos pommes d'api, plus parfumés que nos fraises des bois, plus rafraîchissants et mieux colorés que nos groseilles et nos cerises?

Tous ces trésors sont placés sous l'œil et sous la main des passants, à la portée des voleurs, auxquels la fruitière n'a pas l'air de songer. Sa noble confiance fait honte aux précautions des autres marchands. Ceux-ci ont de mystérieux tiroirs et de sombres cartons. Ils se cachent, avec leurs marchandises, derrière des grilles en fer et des treillis; la fruitière mettrait ses fruits dans la rue. Tout lui est bon pour étalage, et sa fenêtre incessamment ouverte, et le devant de sa porte, et les chaises qu'elle expose au dehors chargées de provisions. On la voit qui s'agite, qui passe et circule avec facilité, et retrouve sa route à travers ce labyrinthe de légumes. Si mêlés qu'ils soient, sa main sait où les prendre au besoin, son pied ne les heurte jamais; et d'ailleurs qu'en arriverait-il? Excepté pour ses œufs, elle ne craint pas la *casse*.

La fruitière est un des types de Paris. Toutefois ne la cherchez pas dans le Paris élégant. On voit à la Chaussée d'Antin, aux environs de la Bourse et de la place Vendôme, des fruitiers qui se décorent du titre emphatique de *verduriers*; mais on n'y voit pas la fruitière. Elle ne s'acclimate que dans les quartiers Montmartre et Poissonnière, Saint-Denis et Saint-Martin. Elle affectionne le Marais et les faubourgs. C'est là qu'elle pousse et qu'elle fleurit dans sa luxuriante originalité. Il lui faut, comme à ses légumes, l'humidité des rues étroites.

C'est une femme qui a passé l'âge moyen de la vie, d'une physionomie honnête qui prévient tout d'abord, et d'un embonpoint assez prononcé. Elle n'est pas haute en couleurs comme l'écaillère et la marchande des halles; elle n'a pas le coup d'œil ferme, la voix masculine, et les gestes provoquants qui *distinguent* ces dames. Il y a en elle quelque chose de champêtre et de potager. Femme de tête néanmoins, active et suffisamment intelligente, ne soignant ni sa personne ni son langage, et tirant sa beauté de son propre fonds. Si sa robe ne lui serre pas trop étroitement la taille, c'est peut-être que, n'ayant plus de taille, elle ne saurait au juste où se serrer. Elle va, les manches relevées jusqu'aux coudes, montrant des bras d'un rouge légèrement foncé, et affublée d'un large tablier dont on ne saurait vanter l'entière blancheur. Elle aime tant son costume de tous les jours, qu'elle le garde aussi le dimanche. Seulement elle croit devoir changer de bonnet. — La coquette!

On comprend qu'une telle femme, alors même qu'elle est mariée, n'est jamais en puissance de mari. La loi, qui lui a fait un devoir de la soumission, s'est trompée en cela comme en mainte autre chose. Un mari de fruitière est un être problématique qui existe sans doute, mais qu'on ne voit pas, qu'on ne connaît pas, et dont on ne parle pas. Vivant, sa femme l'a enterré, tant elle le cache et le dissimule sous son importance et l'ampleur de sa personne. On prétend qu'il se meut, qu'il parle et vit comme les autres hommes. On dit même qu'il court dès le matin aux halles et aux marchés, qu'il achète et transporte chez sa femme les divers *articles* de son commerce, et qu'il l'aide à nettoyer certains légumes, et à écosser les petits pois. Nous voulons le croire; mais, loin de donner son nom à sa femme, il perd jusqu'à son prénom. Il ne s'appelle ni Pierre, ni Simon, ni Jacques; c'est sa femme, au contraire, qui lui impose le nom de son état. *La fruitière!* C'est ainsi qu'on la désigne; et quand par hasard il est question du mari, on ne le connaît que sous ce titre, *le mari de la fruitière!*

Telle est même la force de l'habitude que, si d'aventure un homme se faisait *fruitier*, on dirait de lui la *fruitière*.

Elle est placée immédiatement après l'épicier, sur cette limite moyenne où se rencontrent le riche et le pauvre. Elle a toutes les qualités de l'épicier, et n'a peut-être aucun de ses défauts. Les prétentions de celui-ci sont connues. Malgré son air candide et débonnaire, malgré son grade de sergent dans la garde nationale et sa casquette obséquieuse, il vise à l'esprit et au beau langage; il exhale je ne sais quel parfum colonial et aristocratique. Il est fier de son *encoignure* qui domine deux rues, fier des grandes maisons qui l'honorent de leur pratique, et du comptoir d'acajou dans lequel trône superbement son *épouse*. La fruitière ne connaît pas tout cet orgueil : son comptoir, à elle, c'est une simple table ; son trône, c'est une chaise dépaillée; ses pratiques, ce sont les bourgeois et les pauvres gens. Elle ne tient ni *livres* ni *registres*, et l'on n'a jamais dit qu'elle eût une *caisse*.

Les plus humbles entrent familièrement chez elle. Elle vend un peu cher, et surfait souvent. Mais quoi! on ne lit pas sur son enseigne ces mots cabalistiques : *prix fixe*; on a le droit, aujourd'hui si rare, de marchander avec elle, et où est le plaisir d'acheter quand on ne marchande pas? Prenez-la à son premier mot : elle sera toute fâchée et toute honteuse. Chose remarquable! on voit fréquemment des *bouchers* et des *boulangers*, ces princes du commerce, condamnés pour vente à faux poids. L'épicier lui-même, ce type d'honnêteté, subit quelquefois la honte d'un jugement. La *Gazette des Tribunaux*, qui attache les délinquants au pilori de la publicité, n'a pas encore inscrit le nom de la fruitière dans ses colonnes vengeresses. Elle y brille par son absence.

A-t-on bien calculé jusqu'où s'étendent ses relations, et quelle importance morale et commerciale elle exerce dans un quartier? Elle tient à tout, et tout vient aboutir à elle. Sa boutique est un centre autour duquel s'établissent et se rangent les autres professions; et, tandis que l'épicier et le marchand de vin se carrent aux deux extrémités de la rue, elle règne paisiblement au milieu. Les riches, qui envoient leurs pourvoyeurs aux halles et aux marchés, se passeront de son voisinage; mais la classe pauvre et la bourgeoisie veulent l'avoir sous la main. Sans elle le quartier ne serait pas habitable. Où trouverait-on les provisions du ménage, toutes ces mille petites nécessités de la vie, et les nouvelles de chaque jour, qui sont encore un besoin? Comment déjeuneraient la grisette, l'étudiant, l'artisan de tout état et de toute profession, sans le morceau de fromage quotidien, sans les fruits et les noix qu'elle leur mesure ou leur compte d'une main vraiment libérale? Le *pot-au-feu* des petits ménages pourrait-il se passer des carottes, des choux, des poireaux et des oignons qui relèvent si merveilleusement le goût de la viande, colorent le bouillon et lui donnent de la saveur? L'habitant de Paris, qui ne connaît que sa ville, qui ne sait pas comment le blé pousse, quand se font la moisson et les vendanges, suit la marche des saisons en regardant la boutique de la fruitière. Elle lui rappelle ce qu'il eût sans doute fini par oublier, que, loin de ces rues boueuses, s'épanouissent de riants coteaux et des plaines verdoyantes. La nature parle à son cœur de Parisien; et si, par un beau dimanche, il se détermine à franchir la barrière, ces colonnes d'Hercule sur lesquelles les badauds croient lire : — Tu n'iras pas plus loin; s'il s'écarte, et va parcourant les bois de *Belleville*, et les *Prés Saint-Gervais*;

si, dans des chemins poudreux, il s'extasie sur la pureté de l'air qu'il respire; si tenté par n'importe quel *fruit défendu*, il tombe entre les mains inévitables du *garde-champêtre*, qui le suivait pas à pas, et qui lui *déclare procès-verbal* au nom de la loi et de la pudeur publique : ces plaisirs, cette promenade enchantée, ces émotions si variées et si nouvelles, et surtout l'*aspect de la verdure*, à qui les doit-il, sinon à la fruitière?

Chaque mois lui envoie ses productions. On voit paraître chez elle tour à tour l'oseille, la laitue, les asperges, la chicorée; puis viennent les choux-fleurs et les petits pois, ces douces prémices de l'été; les fraises, et toute la famille des fruits rafraîchissants. Attendez : voici les pommes de terre nouvelles, toutes petites, toutes rondes, ou délicatement allongées. La pomme de terre suffirait seule à la gloire de la fruitière. La boutique où l'on trouve ce pain naturel doit être la première parmi les plus utiles et les plus honorées. L'automne arrive les mains pleines de ses brillants tributs, et l'hiver, qui ne produit rien, se pare longtemps des richesses de l'automne. La neige couvre déjà les campagnes et les jardins, que l'étalage de la fruitière, ce jardin artificiel, est aussi fourni que jamais.

Elle vend bien d'autres choses encore. Elle est renommée pour le beurre, le fromage et les œufs frais, et elle partage avec l'épicier l'honneur de cultiver les cornichons, ce légume proverbial. Regardez : voilà des plumeaux et de mystérieux balais dont l'usage ne s'exprime pas; voilà des pots de toute forme et de toute couleur; voilà des vases en faïence plus utiles qu'élégants, et dont le besoin se fait généralement sentir; et, par le plus heureux contraste, le bon La Fontaine trouverait encore ici :

De quoi faire à Margot pour sa fête un bouquet.

Le petit oiseau lui-même n'y est pas oublié; outre le *mouron* (que deviendrait Paris sans mouron!), on voit suspendus en dehors de longs épis de millet, et des gâteaux circulaires, image trompeuse de nos échaudés.

Enfin c'est la fruitière qui fournit ces petits vases en terre cuite, dont l'étroite ouverture ne sait pas rendre ce qu'elle a reçu : les *tirelires*. Saluez, ô vous qui ne les connaissez pas. Les tirelires, si chères à la grisette, à la demoiselle de boutique, à l'enfant, à l'artisan laborieux! Les tirelires, ces *caisses* d'*épargne* des plaisirs innocents! Les tirelires, que la fruitière vend un sou, et qu'une femme si rangée et si économe était seule digne de vendre!

Fleurs et fruits, fromage, beurre et œufs frais : tout cela, direz-vous, s'achète aux halles. Mais les halles sont si loin, et le temps à Paris est si cher! La boutique de la fruitière est une petite halle établie dans chaque rue. Chaque maison y envoie chercher les provisions de la journée, et l'hôtel orgueilleux lui-même, quand la halle lui a manqué, se voit contraint de recourir à l'humble boutique, et s'étonne d'y être si bien servi.

Comprend-on maintenant l'importance morale de la *fruitière?* Nul ne vient chez elle sans y échanger quelques paroles. C'est le rendez-vous favori des servantes; et, par elles, les secrets des ménages descendent chaque matin et arrivent à son oreille. Placée sur la rue, et au pied de ces hautes maisons qui contiennent un monde entier, elle voit tout, elle sait tout. Amours de jeunes filles, querelles, scandales de tout genre, rien ne lui échappe ; et les pratiques, qui se succèdent sans relâche, et qui lui apportent le tribut de leurs liards et de leurs nouvelles, la tiennent au courant de ce qui se passe au loin, hors de son horizon et dans les quartiers avoisinants. Elle est la confidente de toutes les *bonnes d'enfant*. La portière ne jouit ni de son crédit, ni de sa considération. La portière est méchante, hargneuse et notoirement indiscrète. La fruitière est vantée pour sa discrétion et ses sages conseils. Et puis,—n'est-ce pas une *femme établie?* Elle écoute et parle tout à la fois ; souvent elle s'interrompt pour ranger quelque chou qu'un pied distrait a délogé, quelque gros artichaut qui s'est écarté étourdiment de ses compagnons. Il y a toujours chez elle une histoire commencée, une de ces interminables histoires des *Mille et une Nuits*. On entre, on sort : l'auditoire féminin se renouvelle, et l'histoire continue ; elle s'égare en longs détours : elle se perd en mille anecdotes incidentes ; mais, à l'exemple du fameux couteau de Jeannot, c'est toujours la même histoire.

La fruitière a le cœur sur la main ; son amitié est solide, son obligeance est éprouvée ; tous les petits services qu'elle peut rendre, elle les rend avec empressement. Bien que son commerce soit plus qu'un autre un commerce en détail et ne supporte pas les longs crédits, elle ne laisse pas d'avancer à de pauvres voisines quelques liards et même quelques sous, elle, pour qui les sous et les liards sont des francs. A l'ouvrier indigent, à la veuve ou à l'orphelin, la brave femme fera, comme on dit, *bonne mesure*. — Aumône magnifique, noblement et délicatement déguisée, dont personne ne lui saura gré, et pour laquelle elle ne recevra pas même un *merci* ; car ceux qu'elle oblige ainsi ne s'en doutent pas!

Les écoliers, les *gamins* des carrefours qui s'arrêtent avec admiration devant les merveilles opulentes de l'épicier, contemplent avec une convoitise plus naturelle et mieux sentie les bonnes choses que vend la fruitière ; souvent même ils organisent de petits vols à ses dépens : la maraude réussit presque toujours, et les voilà qui fuient, en se pressant d'anéantir le corps du délit. L'épicier dépêcherait son garçon à leurs trousses ; il s'élancerait lui-même après eux, en dépit de sa gravité, et, d'un air formidable, il les conduirait au *violon*. La fruitière, avertie trop tard, accourt, comme l'araignée, du fond de son domaine, et apparaît, les deux poings sur les hanches et le bonnet légèrement posé de travers : elle crie *au voleur* et *à la garde*, et poursuit les maraudeurs de sa voix glapissante. Si un voisin officieux parvient à les attraper et les amène tout confus devant leur juge, elle les charge d'imprécations ; elle leur prédit l'échafaud, et finit souvent par les renvoyer avec un bon sermon et une poignée de cerises.

Qui comprendra les joies, les soucis de cette existence paisible, où tous les jours se ressemblent, où les contre-coups des plus grandes convulsions viennent s'amortir ? Napoléon prétendait qu'il y avait peut-être, dans quelque coin de Paris, un être isolé qui n'avait pas entendu le retentissement de son nom. Eh bien ! la fruitière, qui sait tant de choses de la vie usuelle, ne sait presque rien des événements politiques ; bien différente de la portière sa voisine, qui a les prétentions et le savoir d'un homme d'état. Parfois, dans ses heures de désœuvrement, elle emprunte à celle-ci une moitié de vieux journal. Elle lit rarement, et ne sut jamais bien lire ; elle épelle donc à grand'peine, et en estropiant les mots : elle ne comprend pas beaucoup ; mais c'est sans doute la faute du journal ; et puis, la fin de la phrase ou de la page lui expliquera ce qui lui semble obscur et incohérent. La phrase finit, la page s'achève, et la lectrice n'a recueilli que des termes étranges, des noms qu'elle a entendu prononcer, mais dont elle ignore l'histoire. Lasse enfin et découragée, elle abandonne cet exercice fatigant pour ses yeux et pour son intelligence, et en revient à son vieux livre de prières, livre qu'elle sait par cœur, ce qui ne veut pas dire qu'elle le comprenne. Qu'importe au surplus ? où l'esprit manque, le cœur suffit.

Elle sort rarement de sa boutique : tant de monde s'y donne rendez-vous qu'elle a toujours compagnie. Les dimanches, quand un beau soleil a séché les pavés, la fruitière, assise devant sa porte, tient salon dans la rue, à l'ombre des hautes maisons et à la fraîcheur des *bornes-fontaines* qui coulent en petits ruisseaux. Tout en discourant avec ses voisins, elle jette un regard de complaisance sur son jardin potager. Que d'autres courent à la *barrière* et se ruinent en danses et en plaisirs de toute sorte ; ses jouissances à elle sont plus intimes. Trouver, découvrir une *belle partie* de légumes : pouvoir exposer des prunes mieux colorées, des œufs plus gros, des choux plus massifs ; mettre devant sa porte, comme une enseigne, quelque potiron monumental, que l'on se montre du doigt, dont on parle dans le quartier, et à l'aspect duquel les curieux ébahis s'arrêtent avec respect : voilà sa joie, son orgueil, son triomphe, ce qu'elle aime à voir et à entendre.

Faut-il qu'un si beau caractère ait ses taches et ses défauts ! elle est jalouse : elle a le cœur de *César*, et ne veut pas être la seconde dans sa rue. Les *primeurs*, qu'une rivale parvient à étaler quelques jours avant elle, l'empêchent de dormir. Ces boutiques ambulantes de légumes, ces petits comptoirs improvisés sous les portes cochères et devant les *allées*, et qui ne payant ni loyer ni patente peuvent vendre à meilleur marché, contristent la fruitière et lui causent des déplaisirs mortels. Elle incrimine le commissaire de son quartier, les agents de police et *môsieur* le préfet de police lui-même, et dans l'excès de la passion elle s'écrie : « Si j'étais gouvernement !... »

On lui reproche encore de se livrer immodérément à l'interprétation des songes, et de se demander chaque matin, après de longs efforts de mémoire : Ai-je rêvé chien, chat ou poisson ? — Ne rions pas trop de cette faiblesse, nous qui faisons les esprits forts. N'est-ce pas une récréation innocente, une source intarissable d'émotions qui ne coûtent rien à personne ? heureux qui, au milieu des tristes réalités de la vie, s'inquiète d'un songe ! Il y a là plus de bonhomie, plus de naïveté, plus de poésie peut-être que dans tout un poëme. Eh bien, oui : malgré de trop nombreuses déceptions, la fruitière croit aux rêves. Ne lui parlez pas, ne la questionnez pas : gardez-vous surtout de rire devant elle, et de chercher à la tirer de cette humeur chagrine où elle semble se complaire. Ce jour est un jour funeste. Ses fruits se moisiront ; on viendra lui échanger une pièce fausse ; elle trouvera une pierre frauduleusement cachée dans sa motte de beurre. A quoi ne doit-elle pas s'attendre? Apprenez qu'elle a fait un rêve, et qu'elle a vu quelque chose d'effrayant, dont le souvenir la poursuit; quelque chose enfin qui la menace de tous les malheurs et qu'elle ne peut interpréter d'une manière un peu rassurante.—C'était un matou...... un matou noir!

La nature de quelques-uns de ses articles ne lui permet pas d'avoir un chat, cet ami déclaré, ou, si l'on veut, cet ennemi du fromage; car tant d'amour ressemble presque à de la haine. Elle remplace souvent le luxe d'un perroquet par un *geai* ou une *pie,* ces perroquets de la petite propriété; oiseaux babillards, qui lui font une concurrence redoutable. Mais, le plus communément, elle suspend à côté de sa porte une cage qui renferme un chardonneret ou un serin. Le petit chanteur, bien fourni de mouron et de millet, et entouré de verdure, se croit au milieu d'un jardin, et, dans cette douce illusion, il ne ne se tait pas de tout le jour.

Il est des fêtes réservées où la fruitière s'arrache enfin à cet étroit domaine qui est pour elle un univers; des occasions solennelles où elle s'aventure à visiter les Tuileries, les musées, et, mieux encore, le Jardin des Plantes. Il ne faut rien moins que l'arrivée à Paris d'une parente à qui l'on veut faire les honneurs de la *capitale.* La fruitière s'est parée de ses plus brillants atours; son mari, cet être de raison, apparaît enfin en chair et en os, et entièrement semblable aux autres hommes. Il est chargé d'un ample parapluie rouge, et donne le bras à sa femme. Le couple patriarcal s'avance lentement au milieu des merveilles que le progrès enfante tous les jours; il jouit de l'étonnement de la *provinciale,* que la vue de tant de belles choses semble pétrifier, et s'étonne lui-même à l'aspect des maisons et des trottoirs élevés et construits depuis sa dernière excursion. Il reconnaît à peine les quartiers qu'il a parcourus autrefois; il s'égare au milieu des rues nouvelles, et se voit contraint de demander son chemin dans Paris. Pour des *Parisiens* quelle humiliation! Les tableaux de nos musées, qu'il s'efforce de comprendre et qu'il explique à sa manière, lui causent plus de fatigue que de plaisir. Il n'est véritablement heureux qu'au Jardin des Plantes: il se pâme d'admiration devant les ours; il ne les quitte que pour aller à l'éléphant, et de là à la giraffe qu'il s'obstine à appeler *girafle;* il tressaille d'effroi au rugissement du tigre et du lion, et se communique mainte réflexion sur la férocité de l'hyène et le naturel licencieux du singe.

Ainsi vieillit la fruitière. Peu à peu l'âge a courbé sa taille et roidi ses membres. Elle est encore rieuse et d'humeur facile; mais elle a perdu la vivacité de ses mouvements. Qui lui succédera? Elle a une fille dont elle est fière, et qu'elle déclare être son vivant portrait. Simple et prosaïque en ce qui la regarde elle-même, à force d'amour maternel elle devient romanesque, et rêve pour *son enfant* un état propre et sans fatigue, une vie sans travail, et, finalement, un riche mariage. Les blanches mains, les doigts effilés de son *Angélina* sont-ils faits pour soulever de grossiers légumes? Non, sans doute. Aussi mademoiselle sait-elle lire, écrire et broder. Elle sera ouvrière en robes, modiste, artiste peut-être; elle ne sera pas fruitière, ce qui eût été plus sûr.

Un matin la boutique s'ouvre plus tard qu'à l'ordinaire, et l'on y voit avec étonnement un homme qui va et vient d'un air effaré au milieu des légumes, marchant sur les uns, culbutant les autres et ne sachant où trouver ceux qu'on lui demande : c'est le mari devenu *fruitière*, tandis que sa femme malade s'inquiète et se tourmente, et souffre moins de son mal que de la contrariété d'être retenue dans son lit. A cette nouvelle, le quartier s'attriste et s'émeut : la rue n'est point jonchée de paille pour amortir le bruit des passants, effort impuissant de la richesse contre la douleur, vaine précaution que dissipe le pied des chevaux et qu'emportent les roues des voitures ; mais les voisines, mais les bonnes amies, mais les commères de la brave femme se pressent en foule à sa porte. Elles accablent de leurs questions, elles étourdissent de leurs conseils le malheureux mari qui ne sait à laquelle entendre. Toutes lui recommandent une recette différente, une recette infaillible dont la vertu est souveraine et qui ne peut manquer de guérir la malade : c'est un bruit, une confusion, un mélange bizarre de paroles, jusqu'à ce que la troupe bruyante, cessant de s'entendre, baisse subitement la voix et se taise tout à coup, pour recommencer quelques instants plus tard.

Le jour où la fruitière est rendue à ses pratiques est un jour de fatigue et de joie. Il lui faut dire elle-même et raconter de point en point, bien que son mari l'ait racontée cent fois, toute l'histoire de sa maladie. L'auditoire en cornette, debout et le panier au bras, écoute avidement, et fait sur les moindres circonstances de longs et savants commentaires. La *Faculté* elle-même en serait à bon droit étonnée. On apprend alors quelle est la voisine dont la recette a été suivie de préférence. Approchez-vous, prenez votre part du spectacle. Regardez cette mortelle extraordinaire, contemplez son visage, étudiez ses traits pendant qu'elle se laisse complaisamment admirer. Tous les yeux sont fixés sur elle ; on l'envie, on lui en voudrait presque de son succès. Voilà une réputation faite, voilà une femme dont on parlera dans le quartier, et qu'on viendra consulter de toutes les rues avoisinantes. Désormais sa clientèle est assurée. Elle jouit déjà de sa célébrité : elle triomphe, elle est heureuse. — C'est elle qui a guéri la fruitière !

Avertie par cet accident, celle-ci prend enfin le parti de vendre sa boutique, et elle abandonne le quartier qu'elle anima si longtemps. Une autre succède à sa popularité et à son importance. C'est un grand événement dans la rue. Mais quoi ! tout s'oublie. Peu à peu on parle moins de l'ancienne fruitière, suivant l'usage de ce monde inconstant qui ne sait pas se souvenir de ceux qu'il ne voit plus. Elle disparaît ; elle se retire aux extrémités de Paris, et s'enferme dans un petit enclos qu'elle sème et qu'elle arrose, où elle s'entoure de fleurs, où elle cultive, sans les vendre, ces légumes bien-aimés qu'elle vendit pendant tant d'années sans les cultiver. Elle reste fidèle à ses goûts et à ses habitudes, et jusqu'au bout elle est, du moins à l'endroit du *chou*, comme ces honnêtes lapins de Boileau

> Qui, dès leur tendre enfance élevés dans Paris,
> Sentaient encor le chou dont ils furent nourris.

FRANÇOIS COQUILLE.

LE COMMIS-VOYAGEUR.

Et d'abord, qu'est-ce qu'un commis-voyageur?

Par le temps qui court, un commis-voyageur est un être essentiellement malléable et cosmopolite, auquel on a donné une forme, une qualité et un nom. Le commis-voyageur est voué au culte de l'aune et du kilogramme, de la canne à sucre et du gingembre, de la toile peinte et du calicot. Le commis-voyageur est l'expression la plus active de la civilisation mercantile, le *nec plus ultra* de l'honneur et de la dignité du magasin; l'élément artériel du fabricant, du consignataire et du négociant en gros; le *vade semper* du *double emploi, du rossignol* et *du trop plein*; le pourvoyeur aimé du caissier-emballeur, du commissionnaire de roulage et du camioneur; le messie chéri de l'hôtellier, de la servante et du décrotteur; le despote de la table d'hôte, le privilégié de la tabagie, surtout du billard; le....... Mais que n'est donc pas le commis-voyageur? S'est-il jamais fait sans lui un calembour, un coq-à-l'âne, un logogryphe ou un rébus? S'est-il jamais dit sans lui un bon mot, une facétie ou un joyeux lazzi? Non. Vous devez donc reconnaître que le commis-voyageur est un être éminemment agréable et utile.

L'espèce commis-voyageur se divise à l'infini, en catégories, en sections, en types et en prototypes, mais on en distingue particulièrement sept sortes, qui sont : le voyageur *patron*, le voyageur *intéressé*, le voyageur à *commission*, le voyageur *libre*, le voyageur *fixé*, le voyageur *piéton*, le voyageur *marottier*.

Le voyageur *patron* se reconnaît à la sévérité de son visage, à la prudence de ses manières, à la dignité de son maintien. Il se place, à l'hôtel, au bout le moins habité de la table, mange tranquillement, ne dit pas un mot, observe en-dessous, fronce le sourcil, plie méthodiquement sa serviette, prend un cure-dent, se lève et va stimuler la pratique endormie. Son entrée dans une maison est digne, calme, et mesurée sur l'importance de ses relations avec elle. D'un coup d'œil il a vu, il a calculé les besoins du commettant, et déjà, avant que celui-ci ait eu le temps de récapituler ce qui lui manque, le voyageur-patron a inscrit sur son carnet une kyrielle d'articles, en disant : « Il vous manque telle chose, vous vendez bien tel objet : je vous enverrai cette pièce, nous y ajouterons cette autre. » Cela s'appelle une commission à la *patron,* prise d'assaut, sans que le commettant, fasciné par le prestige, ait pu placer le mot *refus*.... Et puis, diable! c'est le chef de la maison, il peut faire des avantages, des concessions, et l'on ne peut décemment pas le laisser passer *en blanc,* c'est-à-dire sans commission. Le voyageur-patron obtiendra une commission là où il n'y a rien à *gratter* pour son pauvre représentant. Quelque zèle, quelque amour-propre qu'y déploie celui-ci, l'autre l'emportera toujours sur lui; effet de certaines petites influences auxquelles le commettant cède involontairement. — Le costume du voyageur-patron n'est ni pincé, ni bouffant, ni voyant; il est propre, luisant, bien brossé, et surtout bien étoffé.

Le voyageur-patron n'a jamais qu'une main de gantée, un gant neuf et un gant troué. De nos jours, et surtout depuis la révolution de 1830, il risque le foulard, le foulard de soie, impression de Lyon, un véritable foulard.

Quant au voyageur *intéressé*, il est d'un âge problématique, il vogue le plus ordinairement entre trente-cinq et quarante ans, indubitablement orné d'un toupet *Tibierge* et d'une dentition *Billard;* si, par aventure, il ne porte ni perruque ni fausses dents, il a le soin de se munir d'un petit peigne de plomb à l'aide duquel, pour parer aux dégradations du temps..., il ramène sur le devant les mèches isolées qui vont s'égarer sur l'occiput; puis, il s'exprimera de manière à ne jamais ouvrir la bouche plus qu'il ne le faut pour permettre à la langue d'exécuter son jeu. Le voyageur intéressé est un bipède intéressant, ordinairement petit, un peu *boulot,* un peu ventru, mais en résumé bon garçon. Il est coquet dans sa mise, sent l'eau de Cologne, quelquefois le patchouli, met une cravate blanche, un gilet blanc, un pantalon noir et un habit idem, — toute la rhétorique d'autrefois. A l'index de sa main droite, vous remarquerez une chevalière or massif; à sa chemise, des boutons de nacre ou de dent d'hippopotame, et à son gousset une chaîne plate à la Vaucanson. A table, il cause peu, mais bien et posément; c'est-à-dire que ses paroles sont empreintes d'un certain ton prétentieux et saupoudrées d'une légère couche de *menterie* qui glisse, s'infiltre et prend racine sous un air de bonhomie et de véracité. Le voyageur intéressé ne fraie pas avec le menu fretin de la confrérie; il prend sa demi-tasse à table d'hôte, se lève, va causer un instant avec le maître d'hôtel, appelle le garçon afin que celui-ci donne un coup de brosse à ses bottes, et demande un gamin pour porter *sa marmotte.* Chez le commettant, il est, comme partout, poli, prévenant, obséquieux; il embrasse le bambin morveux, caresse le chien caniche, dit une douceur à la demoiselle de comptoir, et offre une prise de tabac au patron. Il s'informe de l'état des vignes, prédit le résultat de la saison, entreprend une dissertation agronomique sur le cours des blés, des avoines et des cantalous, demande des nouvelles de madame, et engage monsieur à le venir voir à Paris. « Nous irons dîner au Rocher de Cancale, » dit-il en riant d'une manière calculée; puis il ajoute, mais dans le tuyau de l'oreille : « Et nous décollerons la fine fiole d'Aï frappé, hein! » Bref, il obtient une commission, souvent une bonne commission.

Le voyageur à *commission* était au temps de l'empire un être apocryphe, idéal, ou tout au moins dubitatif; à la restauration, il se matérialisa, prit un corps, une tête et des bras; enfin, depuis *les glorieuses*, il s'est tellement identifié avec son rôle, et il a si scrupuleusement embrassé la perfectibilité de notre époque, qu'il est parvenu à se rendre la terreur des boutiquiers, des magasins et du commerce en général. Or, pour vous faire une idée de cette ingénieuse procréation du siècle, imaginez un être qui frise la cinquantaine, un peu plus, un peu moins, mais plutôt plus que moins. Cet être est propriétaire d'une tête couronnée d'une auréole de cheveux gris, gras et collant sur les tempes; il est en outre revêtu d'un habit râpé, d'un pantalon à plis, d'un col crinoline Oudinot, d'un chapeau blond et de bottes éculées. Avec cet accoutrement quelque peu Robert-Macaire, il fait le merveilleux, l'incroyable, et secoue fréquemment le tabac de son jabot fané, afin d'avoir occasion de faire briller le chaton doré de la bague de cheveux que lui a donné sa dernière conquête. Le voyageur à commission a longtemps parcouru le monde entier, il a tout vu, tout examiné, tout observé, tout apprécié. Il connaît tous les moyens, toutes les ressources, toutes les marches et contre-marches, les points et les virgules, les entrées et les sorties, en un mot tous les arcanes de son métier, de son état, de son art. Parlez lui d'une maison importante; alors il n'hésitera pas seulement; en guise de préambule obligé, il se balancera un instant sur sa chaise, puis, introduisant un doigt dans l'entournure de son gilet velours-coton, à boutons ciselés, il vous répondra en clignant de l'œil : « Telle maison? connu! j'ai été commis avec le patron en l'an IX. » Citez-lui le nom d'un négociant : « Connu! il était *placier* au moment où je faisais l'expédition pour l'étranger. » Nommez-lui un banquier : « Connu! c'était un garçon de caisse que déjà je.... » Le voyageur à commission a tout fait, tout été, et en résumé il ne fait rien et n'est rien. Par exemple, il faut lui rendre cette justice, il sait par cœur tous les hôtels de France, leurs bonnes et mauvaises qualités; il connait tous les *chefs*, les plats où ils excellent, les mets qu'ils servent le mieux; enfin il est très-bien avec les *bonnes*. Non qu'il soit généreux; au contraire : la générosité! allons donc! la civilisation et le positivisme l'ont abolie; mais, par contre, il est doucereux, bavard et séducteur. Il vante en termes congrus les charmes de la chambrière, exalte emphatiquement les sauces du chef et débite force compliments à l'hôtelier.

Règle générale, il hante de préférence les jeunes voyageurs, les nouveaux émoulus. Pourquoi? Parce qu'il connaît par A plus B le domino, le whist, l'écarté, et surtout le doublé au billard, et qu'une fois au café, il est sûr de *passer* au débutant et la demi-tasse, et le petit verre, et le cigare, et la bouteille de bière, toutes dépenses quotidiennes qui viennent d'autant ménager son maigre budget. Le voyageur à commission (nous lui en demandons bien pardon, mais la vérité avant tout), le voyageur à commission est de mœurs particulièrement diogéniques : si vous entendez à table une conversation dénudée, débraillée et sans fard, une de ces conversations qui vous clouent la bouche et obligent votre voisine à baisser les yeux, regardez au bout, tout à fait au haut bout, et là vous remarquerez un être crasseux, barbe inculte, nez bourgeonné, menton gibbeux, l'œil glauque et terne comme de la nacre sale : cela s'appelle un voyageur à commission ; c'est le Roger Bontemps, l'Arétin ressuscité, le narrateur graveleux qui ne sait respecter ni le lieu où il se trouve, ni les personnes qui l'approchent, ni les femmes qui peuvent être auprès de lui. Nous l'avons dit : chez la pratique on le voit avec humeur, avec effroi, la fièvre en prend ; pour se débarrasser de sa présence, on lui accorde une commission, petite il est vrai, mais qu'importe ! N'a-t-il pas le soin de la doubler en l'envoyant à la maison qui a eu le malheur de lui confier des échantillons. Aussi, la commission faite, partie, arrivée, le commettant reconnaît la fraude, peste, jure, envoie le voyageur à tous les diables et *laisse le tout pour compte.* Pendant ce temps, le voyageur à commission est rentré au logis, il a réclamé son 2 ou 3 pour 100, ses bénéfices sont réalisés, c'est tout ce qu'il lui faut ; il a *enfoncé* la pratique et *floué* le patron, il n'en demande pas davantage. A d'autres !

Le voyageur *libre* est grand, jeune et blond ; c'est le damoiseau, le dandy, le Lovelace de la partie. Il a de beaux appointements, une allocation quotidienne indéterminée et la confiance de son patron. Souvent il a fait ses études, et alors il lui est difficile d'échapper au pédantisme de son éducation ; souvent il est bachelier de l'illustre académie, et alors il affectera un purisme d'élocution qui eût mis en joie Vaugelas et Le Tellier. A chaque ville où il s'arrête, il prend un bain, se soigne comme une petite maîtresse, et renouvelle l'air de ses coussins élastiques. Toujours il fume le vrai Havane, cigare à quatre sous, porte des gants paille, un binocle octogone et un flacon d'alkali. A table, il boit du Bordeaux-Médoc et de l'eau de Seltz, ne touche pas aux gros plats, dédaigne les mets ordinaires et se réserve pour les pots de crême, biscuits, macarons et autres chatteries, lorsqu'il y en a. En somme, il parle peu, mange peu, sort de table avant les autres. En le voyant, à sa démarche importante, à sa mise boulevard de Gand, à ses manières polies et légèrement dédaigneuses, au luxe de sa table et aux égards que partout dans l'hôtel on a pour lui, on se dit : « C'est le représentant d'une bonne maison. » Habituellement il ne va point au café, ou, s'il y va, c'est pour lire les journaux et de là *filer* à ses affaires. En entrant dans une maison, il salue avec courtoisie, fait ses offres de service avec aisance ; mais sans bruit, sans fracas, s'y annonçant ainsi : « Monsieur, je représente telle maison. » Là s'arrête sa formule sacramentelle : si le commettant a envie de lui confier une commission, il la lui donne ; autrement le voyageur libre sait trop bien la dignité de sa maison pour descendre à la supplication, pour se résoudre à *faire petitement l'article.* En diligence, le voyageur libre prend le coupé, toujours le coupé ; il est galant avec les dames et honnête avec tout le monde, même avec le conducteur et le postillon. C'est le type, aujourd'hui perdu, du voyageur élégant, du bon voyageur. L'art de Watt et la concurrence l'ont étouffé, il a disparu, on n'entend plus parler de lui, son règne est fini.

Le voyageur *fixé* vous représente un écolier de dix-huit à vingt-deux ans ; cet écolier est habituellement un petit avorton, suffisant, barbu, cambré et beau parleur. C'est le papillon de la confrérie, frisé, musqué et vantard. Il est bien mis : pantalon collant, bottes vernies et gilet court. Dans sa main frétille une canne de houx tordu, et sa tête est décorée d'une chevelure à la Périnet ou à la malcontent, suivant la pluie, le soleil ou le vent. Par jour, on lui alloue de 10 à 12 francs, et par an, de 1,000 à 1,200 francs. On lui trace un itinéraire; il doit rester tant de jours dans une ville, tant dans une autre, et s'arranger de manière à ce que ses affaires soient faites pendant le laps de temps qu'on lui a accordé. En descendant de diligence (la rotonde toujours), voici la distribution de son temps : 1° Il va se promener, flairer la ville, prendre le vent et récolter de l'appétit; il est réellement trop matin pour aller voir la pratique : elle n'est pas levée, on est paresseux en province, on aime, on savoure le *far niente*. L'argent s'y gagne lentement, c'est vrai; mais aussi bien facilement, il faut en convenir. 2° Il rentre pour déjeuner, déjeuner longtemps et bien; ce qui n'est pas défendu, d'autant que ça ne coûte pas un centime de plus. Ayez de l'appétit ou n'en ayez pas, aux yeux de l'hôtelier, vous en avez toujours. Aussi le voyageur fixé sait-il si bien cela, qu'il aimerait mieux consommer pour deux que de ne pas manger pour un. 3° Il se rend au café, prend la demi-tasse de rigueur, la joue, perd; joue contre, perd encore; joue de nouveau, et fait la récolte générale. Il a *régalé* toute la société; aussi a-t-il mangé 18 francs : or, il faudra, quoi qu'il arrive, récupérer cette perte, et, pour cela, rester un jour de plus dans une ville. En ville, il faut jouer au café, on fait des économies; ce sont les diligences qui assomment. 4° Une heure sonne; on va voir la pratique, bien! mais la pratique ne sympathise pas avec le voyageur fixé. « Monsieur, lui dit-on, nous n'avons besoin de rien... Monsieur, vous repasserez demain... Oh! monsieur, des voyageurs et des chiens, on ne voit que cela dans les rues... Des voyageurs! ne m'en parlez pas, j'en ai *plein le dos!* » A toutes ces observations plus ou moins flatteuses, le voyageur fixé s'incline et remercie. On lui dit : « Vous nous.... ; » il répond : « Monsieur, c'est un dessin nouveau, exclusif à notre maison. » On lui crie : « Vous nous fatiguez... » et lui de répliquer avec enthousiasme : « Trois mois et trois pour cent, chose que jamais personne ne vous fera. — Mais, mon cher monsieur, vous perdez votre temps. — Monsieur, je voyage pour cela ! » Quand un commettant devine au fumet ou entrevoit le nez d'un voyageur fixé, avant que celui-ci ait mis la main sur le bouton de la porte, il lui crie : « Monsieur, c'est inutile, absolument inutile; nous avons tout ce qu'il nous faut! » Et souvent il n'a pas une aune de marchandise dans ses rayons, pas une once de cassonade dans ses casins, pas un kilo de vitriol vert ou d'indigo. En vérité, convenons-en, on ne ferait pas pire accueil au marchand d'aiguilles, au repasseur de couteaux-ciseaux ou à l'étameur, voire au propriétaire à l'échéance du terme.

Observation essentielle, le voyageur fixé doit sortir par la porte et rentrer par la fenêtre, jusqu'à ce que commission s'ensuive; cela est renfermé dans ses prescriptions. *Labor omnia vincit improbus*. Par contre, c'est le patron qui doit payer le café, le blanchissage, le spectacle, et autres menues dépenses portées sous un pseudonyme décent au débit du compte de voyage. Cela est connu de tous, excepté du patron. Le patron croit ou ne croit pas à la sincérité de son commis; ce qu'il y a de certain, c'est qu'il paie toujours le compte que ce dernier lui présente infailliblement, c'est-à-dire les frais d'un voyage de cinq mois au lieu de trois. Le voyageur fixé traite le patron comme la pratique.

Le voyageur *piéton* est un honnête garçon, malicieux quoique franc, et roué quoique plein de dévouement. Il est ordinairement Picard et riche de vertus. On lui *passe* 6, 7 ou 8 francs, suivant les saisons et les affaires. Il endosse une blouse, met des guêtres, s'arme d'un gourdin, et, le gousset garni de quelque menue-monnaie, juste de quoi humecter son gosier aux bouchons de la route, il part, léger comme l'oiseau et heureux comme le poisson dans l'eau. Il remet ses échantillons et ses effets aux petites voitures, économie commerciale, profits et pertes. Arrivé dans une ville, il se décrasse, essuie la poussière qui macule ses souliers, fait sa barbe, prend sa marmotte et court à la pratique. Le voyageur piéton, reconnu paisible et peu dangereux, quoiqu'à tort, est, par suite de cette conviction du commettant, admis dans tous les magasins. Il commence, en entrant, par déposer sa carte, ôter son chapeau, et dire familièrement au patron, avant que celui-ci lui ait seulement adressé la parole : « Ça va pas mal, et vous? » Et le patron de répondre dignement : « *Môsieu*, j'ai bien l'honneur d'être le vôtre. » Le voyageur piéton ne voit que les petites maisons, les *margoulins*, et les margoulins sont plus fiers que les négociants en gros. Le voyageur piéton est sans gêne : il s'assied sur le comptoir, bat la mesure avec ses talons ferrés, parle du beau et du mauvais temps, et entame la politique. C'est alors que le front de la pratique commence à se dérider : le margoulin est profond politique; de son côté, le voyageur-piéton, qui est carliste avec le carliste, républicain avec le républicain, philippiste avec le philippiste, le voyageur piéton n'en *pince* pas trop mal. Or donc, la discussion s'ouvre, s'élève, s'échauffe, s'irrite, se gonfle ; un voisin vient y prendre part, y émettre son opinion, y mêler sa dialectique et ses théories. On fait des suppositions, des rêves creux, des utopies à perte de vue. Le voyageur piéton est d'abord de l'opposition ; il parle avec chaleur, il pérore avec enthousiasme, en français ou non, peu lui importe assurément; il fait le Mirabeau, gesticule, s'exténue, se démène comme un énergumène ; sa voix prend du volume, de l'extension ; ses paroles jaillissent à tort et à travers : ce sont des étincelles, des éclairs; il fait du bruit, de l'effet; il en impose à son auditoire ébahi : c'est tout ce qu'il veut. Ensuite, lorsque la discussion est arrivée à son apogée, à son dernier degré d'exaltation (savante stratégie!) il baisse de suite pavillon, et accorde au commettant une victoire qui chatouille d'autant plus l'amour-propre de celui-ci, que cette victoire a été rudement disputée. Le commettant est flatté, enchanté, entraîné; impossible à lui de refuser une commission.

Le voyageur piéton poursuit son triomphe jusque sur la personne du commis (le commis est un être prépondérant chez le commettant margoulin); il le traite de « mon cher ami ! » il lui promet une place à Paris, il lui offre le verre d'absinthe, il va à la salle d'armes avec lui ; il lui démontre mathématiquement *le chausson,* il lui explique ex-professo la manière d'utiliser *les armes de la nature,* etc. Le voyageur piéton est peut-être de tous les voyageurs celui qui obtient le plus de commissions.

Le voyageur *marottier*, ou marchand ambulant, est une espèce d'Alcide emblousé de bleu à mille raies. Pour armes offensives et défensives, il porte à la main un fouet, verge de houx, corde de cuir. Il se reconnaît particulièrement à la toile cirée qui protége son chapeau, au pantalon de velours bleu qui couvre son fémur, aux brodequins ferrés qui *cothurnent* ses pieds, et au juron traditionnel *domiciliairement* établi sur ses lèvres. Débarqué dans une sous-préfecture (les sous-préfectures sont ses ports de mer, ses *endroits* de prédilection), il s'enquiert d'un magasin temporaire. Les auberges où il descend ordinairement ont une chambre réservée *ad hoc* pour cette espèce de voyageurs à petites journées. Une fois pourvu, le marottier déballe et range ses marchandises dans des rayons enfumés et sur lesquels le jour n'a jamais pénétré en plein midi. Tant mieux! la pratique n'a pas besoin de voir le grain écrasé d'un *double-boite* ou la paille d'un rasoir, la reprise d'une dentelle ou le mauvais teint d'un madras alsacien. C'est fait exprès, c'est superbe! et l'acheteur vient se prendre là comme un oiseau à la glu. Ces préliminaires achevés, le marottier va *allumer* le chaland : pour cela, il le flatte, le caresse, le cajole, l'*endort,* à sa manière, suivant ses moyens, rudement, durement, rondement; il ne fait assurément pas de fleurs de rhétorique, et ne prend pas de roses pour point d'exclamation. Mais enfin, pourvu qu'il réussisse, c'est tout ce qu'il demande, c'est tout ce qu'il lui faut; et il réussit, parce que le chaland de la sous-préfecture aime mieux choisir lui-même que s'en rapporter au choix du voyageur. Le voyageur marottier conserve toujours le même vêtement, hiver comme été; il mange avec les rouliers, boit avec les rouliers, couche dans sa *marotte* avec sa *limousine,* sa femme et son chien. De cette manière, il amasse des puces, mais il économise 50 centimes par nuit. Le jour, il travaille comme un galérien, va liardant comme un Grandet, et, au bout du compte, il n'en est pas plus riche. Autrefois, il faisait fortune la balle de laine sur le dos; aujourd'hui, il a une voiture, trois fois plus de marchandises, et trois fois moins de bénéfices.

Que si vous nous demandez maintenant ce que devient sur ses vieux jours le commis-voyageur, nous vous répondrons : Sauf de très-rares exceptions, le voyageur-patron devient goutteux, millionnaire et juge-de-paix de son quartier. Après avoir distribué aux commettants, et du madapolam, et de l'orseille, et du trois-six, il distribue aux plaideurs, et des sermons, et des exhortations, et du papier timbré. Il n'a point changé de métier, la forme est toujours la même, il n'y a que le fond qui ait varié.

Le voyageur intéressé devenu septuagénaire a passé par toutes les étamines de la partie, et a finalement obtenu pour sinécure la place d'instrumentiste dans quelque théâtre du boulevard, il a su ainsi mettre à profit un talent problématique, mais qui lui procure l'avantage d'employer ses soirées, d'assister aux répétitions et de s'occuper des aventures de coulisses. Après avoir été intéressé, il s'intéresse aux autres, ce qui fait que sa condition est à peu près toujours la même.

Le voyageur à commission naît, vit et meurt ou mourra en diligence : pour lui l'état doit être immuablemement héréditaire; aussi est-il inhérent à la marmotte, comme la marmotte est inhérente à lui, aussi ne saurait-il *pas plus* abandonner la bâche de l'impériale que le vétéran sa guérite et son coupe-chou ; aussi, tant que, comme feu le Juif errant, il aura 5 sous dans sa poche et un commettant en perspective, sera-t-il toujours heureux, content, sans chagrins, sans soucis et sans envie d'en avoir. La diligence est tout pour lui, sa patrie, sa famille et ses amis ; la diligence doit donc, recevant son premier sourire, accepter en fin de compte son dernier soupir.

Le voyageur libre, rentré à la maison, est devenu *magasinier,* débitant de rubans, de briquets phosphoriques ou de graines de sain-foin ; puis il a succédé à son patron, s'est plongé jusqu'au cou dans les délices du *primo mihi,* a ramassé de quinze à vingt mille livres de rente, et est ainsi arrivé à l'âge de quarante ans, âge raisonnable qui lui a permis de devenir député, et, pour ne pas sortir de son rôle primitif, d'aller défendre à la chambre la liberté du pays.

Le voyageur-piéton s'est métamorphosé en boutiquier Saint-Denis, en fabricant de bougies diaphanes ou de bonnets de coton ; alors il a eu l'ambition de suivre le progrès. Il possède donc une épouse, des marmots qui l'appellent *papa,* et un chien basset qui fait l'exercice en douze temps et porte un panier entre ses dents, à l'instar de défunt l'illustrissime Munito.

Quant au voyageur-marottier, à force de glisser dans l'*estipot* le liard rouge, le gros sou et la pièce blanche, il a résumé un petit *saint-frusquin* qu'il a expédié pour le pays (presque toujours l'Auvergne ou le Limousin) ; puis, lorsque son soixantième hiver, comme disait Dorat, lui a fait sentir le besoin du repos, il vend voiture et cheval, bagage et vieux fonds, et revient au milieu de ses pénates, riche de 450 francs de rente, d'un demi-arpent de vignes et de douleurs rhumatismales laborieusement amassés pendant quarante années d'inquiétudes et de privations.

Tel est le septemvirat du commis-voyageur, tel qu'il a été, tel qu'il est, tel qu'il sera longtemps encore, en dépit des vicissitudes de la fortune et de l'animadversion du commettant ingrat. Autrefois, au bon vieux temps, où, lorsqu'il s'agissait de franchir les frontières du département, l'on dictait son testament par-devant notaire, on savait si bien apprécier toutes les qualités de cet ordre estimable et dévoué, que, chaque matin, le commettant venait très-humblement s'informer à l'hôtel de l'arrivée du voyageur. Le commettant tenait toujours sa commission prête huit jours d'avance ; il priait, il suppliait pour que cette commission fût acceptée ; il se serait volontiers mis à genoux pour arriver au but de ses désirs ; il s'évertuait jusqu'à offrir *ad rem* le dîner du ménage, jusqu'à payer la demi-tasse et le petit verre y compris le *bain de pied;* il recommandait à ses commis d'être polis, prévenants, affectueux ; à sa femme, d'ôter ses papillotes et de mettre un bonnet ruché ; à sa progéniture, de faire la révérence et d'envoyer un baiser avec la main ; à son caissier, de conduire le voyageur au café pour prendre la bouteille de bière, au spectacle pour entendre les vaudevilles de M. Scribe ; à la cathédrale, pour voir les vitraux coloriés ; au Musée, pour ne rien voir du tout ; enfin, c'était un déploiement de luxe inouï, de complaisances mirobolantes et de frais à bon marché, attendu que le voyageur payait partout. Tandis qu'aujourd'hui les rôles sont, ma foi ! bien changés. Les astres, les hommes et les commis voyageurs ont subi la plus étrange des transubstantiations : les astres sont bouleversés, les hommes se bouleversent encore, et les commis voyageurs les ont précédés, les suivent et les suivront *in extremis*, dans ce bouleversement général.

Naguère le commettant ne connaissait Paris, Reims et Amiens que de nom, rien que de nom. Les commis voyageurs, ces canaux de l'industrie française, éparpillaient partout les produits hétérogènes qui sortaient de leurs *marmottes* comme les bonbons de la corne d'abondance à la porte du confiseur, et le provincial, en voyant affluer chez lui ces merveilles de la création humaine, trônait avec fierté sur son comptoir de bois blanc ou de sapin. C'est qu'un colifichet né à Paris était une œuvre particulièrement exotique que l'on avait en grande vénération; aussi cette vénération rejaillissait-elle sur le commis voyageur, l'heureux et bien estimâble dispensateur des plus fériques productions. Mais aujourd'hui, *ô tempora! ô mores!* aujourd'hui que Satan a soufflé au cerveau de l'homme je ne sais trop quelle diabolique invention qui permet au timide indigène de Brives ou d'Avallon de se faire transporter à Paris en moins de temps qu'il n'en faut pour fermer les yeux, les rouvrir, éternuer ou aspirer une prise de tabac, il n'est plus possible que le commettant se prive du voyage de la capitale. Le *margoulin* seul, ce petit débitant à demi-once ou à demi-aune, cette infime traduction de l'industrialisme et du comptoir, le margoulin seul en est encore à redouter Paris, son brouhaha, son tohubohu, et surtout les dépenses *conséquentes* qu'il faut y faire pour vivre plus chétivement qu'à Laval ou à Bar-le-Duc, avec le pot au feu, les confitures ou la poule au riz. Aussi dans son quiétisme béotien le margoulin est-il le sauveur, la providence du pauvre voyageur. En effet, que deviendrait ce dernier sans la petite commission à 150, 200, et quelquefois même 300 francs?

Tel est pourtant le résultat de la civilisation et du progrès : la civilisation a tué le modeste boutiquier, et de la chrysalide de celui-ci est sorti un négociant ambitieux ; le progrès a enfanté les diligences, qui, conjointement avec le bas prix du transport, ont tué les commis voyageurs ; la civilisation a étouffé l'obséquieux marchand, et des cendres de celui-ci s'est échappé l'orgueilleux commettant ; le progrès a innové les chemins de fer, qui tueront les diligences, et finalement, grâces à Gréen et à Margat, céderont le pas aux aéronautes et aux ballons. Et ainsi de suite, jusqu'à ce que la perfection, donnant un démenti à l'impossible, rencontre en elle-même sa destruction.

Voilà ce qui fait que, de nos jours, les commis voyageurs qui ont pu échapper au naufrage deviennent les martyrs, les souffre-douleurs, les victimes expiatrices des insatiables besoins de leurs patrons; voilà ce qui fait que les commis voyageurs deviennent les frères récolteurs, ou mieux les mendiants rebutés, bafoués, honteux, de la maison qu'ils représentent ou essaient de représenter. « Va donc, pauvre hère, va, moyennant 12 francs par jour y compris la nourriture à table d'hôte et le logement en diligence, va prostituer ton caractère ,va vendre ta conscience, va mesurer la sincérité de tes protestations sur la qualité de tes sucres et le bon teint de tes étoffes. Cours de porte en porte quêter le sourire de l'un, la poignée de main de l'autre, une commission de tous, pour, en résumé, ne rien obtenir. Cours, toi qui n'as ni foi ni loi, ni principes ni religion; non, car quelle foi peut te guider, quelle loi peux-tu suivre, quels principes peux-tu professer, et quelle est la religion qui t'inspire? Tu n'as rien, rien ne t'appartient; tu ne dois pas même avoir d'opinion à toi. Tout doit te venir du commettant, foi, loi, principes et religion; caméléon, tu te mires sur la pratique, tu reflètes ses couleurs, tu copies son langage, tu reproduis ses manières, tu marches à sa remorque, tu la suis pas à pas, tu es à elle, tout à elle, rien qu'à elle; c'est ta divinité, ton idole, ton étoile bienfaisante; c'est ton espoir, ta boussole et ton appui; c'est ta désolation, ton bon ange et ton ancre de salut... Salut donc à elle, la toute-puissante! puisse-t-elle être reconnaissante de cette servile dévotion à sa personne sacrée; puisse-t-elle récompenser ton abnégation personnelle en sa faveur, et, par la remise d'une bonne commission, répandre le baume de sa confiance sur les blessure qu'elle a faites si souvent à ton amour propre et à ton repos! »

RAOUL PERRIN.

LA REVENDEUSE A LA TOILETTE.

Une femme passe, puis derrière elle un jeune homme provincialement gauche et timide ; cette femme est de celles qui méritent d'être audacieusement escortées et suivies, mais suivies sans réflexion d'abord, puis d'instinct et comme on suit d'un œil distrait les élans capricieux de la demoiselle ou l'essor fantasque du papillon. Elle voltige, se cadence en marchant plus qu'elle ne marche ; sa taille souple et sinueuse tient à la fois de la guêpe et de la couleuvre ; son pied est mignonnement relié dans un brodequin en maroquin cuivré. Si vous vous approchez d'elle, vous respirez le patchouli et le musc : certes, en voilà plus qu'il n'en faut pour éblouir, exalter un jeune homme sensible et clerc d'avoué, qui n'a encore risqué près d'une femme aucune témérité en plein air ; en un mot, ce qu'on est convenu d'appeler, dans les familles de départements, *un bon sujet*, et dans le monde dissolu des nymphes de l'aiguille et des tapageurs de la Grande-Chaumière, *un jobard*.

Mais voici que tout à coup, ce jeune homme métamorphose ses mœurs et amende la coupe de ses habits : il devient *gant jaune*, casse intrépidement l'angle de son faux col et se permet à la boutonnière l'œillet rouge républicain. D'où viennent ces équipées subites de maintien et de costume? C'est qu'il a rencontré sur un trottoir, et suivi de toutes les fibres de son être, une de ces inconnues parfumées dont la rencontre devait équivaloir pour lui à une révolution complète de vocation et de destinée. Il la revoit et la rencontre sans cesse, elle flotte et se balance dans les brillants atômes de son cerveau, il caracole avec elle au bois de Boulogne et bâille dans sa loge au dernier ballet de l'Opéra. Tout cela est daté du poêle de l'étude et se confond même quelquefois avec la grosse d'un jugement en séparation de corps. Au bout de quelques mois de passion sans espoir, ce jeune homme dépérit et s'étiole ; il est perdu pour la procédure; bientôt sa figure, devenue convulsive et plombée, s'encadre d'un magnifique collier moyen âge ; il sera peut-être vaudevilliste, écrivain dramatique, mais assurément son avenir d'avoué est manqué : tout cela pour avoir rencontré au détour d'une rue une impossibilité de sentiments, une inclination musquée ou vanillée ; le musc a engendré bien des gens de lettres !

Actuellement la scène change et se passe aux carreaux d'un magasin à prix fixe : les étoffes en tous genres roulent, ruissellent et bouillonnent à l'étalage, taffetas, lévantines, cachemires, mousselines brochées, crêpes roses, foulards chinés, peckinèts, gros de Naples, satins jaspés, valenciennes, malines, mousselines-laine, mousselines-coton, etc.... tout cela chiffré, numéroté au grand rabais, rien n'a été oublié pour allumer les imaginations féminines, dénaturer l'innocence d'un jeune cœur et y implanter les désirs, les rêves, l'envie, l'ambition, ces monstres de la coquetterie aux dents de diamants qui rongent et dévorent la jeunesse et l'inexpérience d'une jolie femme.

Un cabat, des cheveux en bandeau et un solfége de Rodolphe stationnent derrière les carreaux du magasin : que ne pouvez-vous percer l'enveloppe discrète de ce jeune madras, vous verriez ce cœur naïf chatoyer, miroiter comme les étoffes qu'il reflète ; vous le verriez tour à tour chiné, jaspé, glacé, gaufré, incessamment traversé par des désirs gris de perle, des fantaisies à franges, des volans, des espérances couleur du temps, aux ailes de dentelle et d'azur. Elle soupire et mesure d'un œil désespéré la distance sociale qui sépare son tablier de serge noire et son cabas, de ces points d'Angleterre, de ces mantilles encadrées de fourrures. Tous les matins, en se rendant au magasin ou au Conservatoire, elle est ainsi pendant un quart d'heure duchesse ou grande coquette, — à travers les vitres. Le reste de son temps est consacré à border des souliers, ou à filer des sons à la classe de M. Ponchard. Pauvre fille qui ne voit ces trésors du luxe que derrière le prisme magique des carreaux ! Elle n'a pas comme la grande dame la faculté de pouvoir tout déployer, tout bouleverser sur le comptoir, suffisamment excusée par un chasseur en drap vert et des chevaux gris pommelé qui piaffent et font de l'écume à la porte. — Il faut être riche pour être en droit de ne rien acheter.

Que dirait cependant ce provincial au cœur vierge, qui erre sous les gouttières de ce balcon, éperdument épris d'une persienne cachée sous les toits ? que diriez-vous surtout, ô vous Olympe, Amanda, Modeste, Virginie, si quelqu'un venait vous annoncer que non pas l'année prochaine, ni dans l'avenir, ni dans un siècle, mais aujourd'hui, ce soir si vous voulez, tout ce que vous avez dévoré des yeux ce matin à travers les carreaux de Burty ou de Gagelin, tout cela vous sera donné, offert, et rien n'y manquera, pas même votre innocence : la redingote en gros de Naples, le châle garni de dentelles, la capote de crêpe blanc, l'éventail rococo, coloré d'après Watteau, le mouchoir bordé de jours, les brodequins de maroquin anglais, une toilette ravissante, accomplie, irrésistible, vous dis-je, avec laquelle vous pourrez usurper les titres d'une lady, si vous ne préférez être ce soir une des reines des quadrilles du Ranelagh ?

Et toi, jeune homme fasciné par une séduisante rencontre, crois-moi, jette Faublas par la fenêtre, et ne songe plus à soudoyer les portiers. Cette femme que tu as vue rayonner à toutes les premières représentations, ou bien se balancer nonchalamment comme une fleur matinale sous les arbres des boulevards, dont tu as espionné les moindres mouvements, enregistré les plus légers faux pas, apprends qu'elle appartient tout entière, corps et biens, à cette autre femme qui est plus que sa création, sa modiste, ou son ange gardien, puisqu'elle lui dispense ses charmes, ou du moins le moyen de les faire valoir, Metternich de la mode et de l'amour, caméléon femelle, sphynx aux mille ruses, argus aux mille regards; c'est elle qui régit incognito le cours et le mouvement de la bourse galante, qui y crée la hausse et la baisse, qui serpente, se glisse et s'insinue partout, puissance incalculable, banque souveraine, domination cachée mais irrésistible dans ses effets, enfin créature merveilleuse, incomparable et vraiment unique, vous l'avez nommée, reconnue, saluée sans doute ; c'est la Revendeuse à la toilette.

La plus jolie femme de la Chaussée-d'Antin est étendue sur sa causeuse, elle souffre et se plaint ; elle a, comme beaucoup de femmes de ce quartier fragile et sensuel, des crispations nerveuses et presque autant de créanciers que de nerfs.

« Je n'y suis pour personne, Rosalie, vous entendez, pour personne absolument. »

Cette consigne est à peine donnée à la caméristе, qu'on sonne à la porte : « Madame Alexandre. »

Le moyen d'empêcher madame Alexandre d'entrer? Madame n'a besoin de rien, elle est parfaitement assortie, encombrée même de robes et de châles sinécuristes, qui sommeillent sous les sachets de ses armoires ; n'importe, il n'y a point de force humaine qui puisse empêcher madame Alexandre de dénouer ses cartons, d'ouvrir ses coffres et de chamarrer les fauteuils, les meubles, le lit et les chaises, de dentelles, de fourrures, de châles, de rubans, de crêpes de toute espèce. Résistez maintenant, si vous pouvez, à ce coup d'œil prestigieux : voyez cette mantille, voyez ce cachemire et cette garniture ! Tout cela est délicieux, d'une fraîcheur parfaite et n'a jamais été porté.

« Mais, dit la malade, debout devant sa psyché en renfonçant les bouillons de ses cheveux blond cendré sous un chapeau en gaze transparente, c'est que je me trouve pour l'instant tout à fait sans argent....

— Eh! qu'importe, ma toute belle, vous savez, entre nous, — un petit bon à deux mois. — Cela vous va-t-il?... Du reste, ce chapeau vous sied à ravir. — Ne vous occupez de rien, j'ai sur moi du papier timbré. — Je baisserais un peu les anglaises. — Et puis, vous savez, le vieux prince de..., qui a la goutte et des chevaux qui vont comme le vent, il vous adore. — Nous disons donc un bon à six semaines, cela m'arrangera mieux. — Mais êtes-vous jolie comme cela ! Ah ! friponne, la petite N... de l'Opéra en mourra de dépit. — Amour que vous êtes, allez ! voulez-vous signer? »

Madame Alexandre sort de cette maison pour se rendre dans un entre-sol voisin, chez M. Alphonse gant jaune, l'un des dîneurs, l'un des débiteurs, veux-je dire, du café de Paris. Eh quoi ! dira-t-on, du pou de soie rose, de la blonde, des cachemires et des marabouts chez un habitué du café de Paris ! Patience, lecteur, écoutez cet autre colloque.

« Bonjour, Alexandre, comment te portes-tu, ma petite, ma grosse, ma bonne, ma vieille?...

— Pas trop mal, monsieur Alphonse. Je sors de chez une *de ces dames*; elle m'a chargé de vous demander ce que vous préfériez d'une pèlerine bordée de grèbe ou de chinchilla?

— Mon Dieu, à te dire vrai, cela m'est égal... Chinchilla! chinchilla! on dirait un nom de jument. Ah! à propos... Adieu, au revoir, Alexandre; tu sauras que je n'entre absolument pour rien dans les dépenses de ces dames.

— C'est bien ainsi que madame l'entend; elle m'a seulement chargée de vous demander votre goût, vous avez le goût si excellent! Et puis elle a appris que M. de... vous savez, ce gros blond qui joue si gros jeu, a parié que ce soir, à l'Opéra, mademoiselle Anastasie éclipserait toutes les autres femmes.

— En vérité l'imbécille! Combien cette garniture de chinchilla?

— Vous savez, ce qu'il vous plaira, je n'ai pas de prix avec vous, je ne vous demande qu'un petit bon... à deux mois ou à six semaines, si cela vous arrange mieux, j'ai sur moi du papier timbré. »

Du temps de Turcaret, la Revendeuse à la toilette s'appelait madame Jacob ou madame la Ressource; elle s'appelle aujourd'hui madame Alexandre. Son nom a changé, mais le métier proprement dit est toujours le même; il exige un tact infini, du machiavélisme assaisonné d'aplomb, de bonhomie et de rondeur, de l'audace et de la souplesse, enfin de la haute diplomatie.

On peut blâmer sans doute la Revendeuse à la toilette, lui faire son procès au nom de la morale et de la société; il me semble pourtant qu'il y a plusieurs manières d'envisager sa profession. Que fait-elle après tout? Elle rend d'éminents et incontestables services à une certaine classe d'individus, qui sans elle ne trouverait nulle part ni crédit, ni fournisseurs, ni toilette, ni avances. C'est une espèce de providence à domicile qui a bien sa partie faible sans doute, mais qui a aussi son côté utile et méritoire. Elle vous endette gaiement, vous ruine de même; quelquefois aussi elle vous sauve, vous rachète; il n'y a guère de fortunes de femmes sans dettes et sans usure.

Ainsi, une Revendeuse à la toilette surprend une femme à la mode le matin chez elle, enveloppée dans son peignoir, et noyée dans l'affliction: pauvre femme! Elle a vu s'envoler hier son trésor d'attachement, un sentiment de 500 francs par mois! La Revendeuse à la toilette entre au milieu de ses jérémiades. « Séchez vos larmes, ma belle, voici de quoi briller, et restaurer aujourd'hui même votre position. Vous redoutez les échéances, le papier timbré vous fait peur, eh bien, je vous loue une toilette complète, je vous loue des plumes, du velours, des bijoux, des dentelles, pour une semaine, pour un mois; abonnez-vous pour un semestre de coquetterie et d'atours. » Trouvez donc une créature plus arrangeante que celle-là! C'est du génie, sur ma foi! que de savoir compatir ainsi à 15 ou 20 pour cent aux infortunes et aux étoffes fanées d'une jolie femme. Hélas! pourquoi tous les métiers n'ont-ils pas leur madame la Ressource? pourquoi le peintre ou le poëte ne jouissent-ils pas des mêmes priviléges? Mais le système même de l'usure est déplorable. On escompte une jolie figure, mais on ne prête rien sur une tête de génie : le mont Parnasse est encore à chercher son Mont-de-Piété.

Ne confondons pas cependant la Revendeuse à la toilette avec la marchande à la toilette. Cette dernière race reste perdue dans l'innombrable et banal troupeau des industries ordinaires et nomades ; elle vend, brocante, fait de la friperie en détail ; elle a ses entrées chez plusieurs femmes du monde qui satisfont, grâce à elle, leurs goûts de changement ; mais c'est là du négoce subalterne : elle parle de sa conscience et de ses mœurs ; elle a, je crois, de la probité et une patente.

La Revendeuse, elle, n'a rien de tout cela, et ne dépasse guère la sphère équivoque des coquettes à prix fixe ; mais en revanche la nature équitable lui a donné ou prêté, si vous voulez, sans intérêt, du génie. Or ce génie éclate dans toutes les actions de sa vie, mais surtout dans celle de racheter ; car la Revendeuse rachète, et c'est même là une des plus importantes ramifications de son négoce, et en même temps une des plus heureuses propriétés qu'elle possède aux yeux de sa clientèle. Admirez son talent ! Elle vous présente sur son poing fermé en champignon un objet quelconque, soit un chapeau rose. A l'entendre, on s'agenouillerait devant les fleurs qui le décorent, on se pâmerait d'admiration devant les rubans, les plumes, le crêpe et la dentelle. Tout cela est d'un goût, d'une fraîcheur incomparables !

Cependant qu'il s'agisse de lui revendre ce même chapeau séance tenante ; dans le fait seul de passer des mains de la revendeuse vendante dans celles de la revendeuse achetante, ce chapeau aura vieilli d'au moins dix ans, perdu cent pour cent de sa jeunesse ; les rubans, tout à l'heure frais comme la rose, sont maintenant effroyablement fanés, éclipsés, décolorés. Qui est-ce qui oserait mettre un pareil chapeau? A midi, on ne portait que du rose et toujours du rose, la couleur par excellence ; mais à midi un quart : « Qui est-ce qui porte du rose? grand Dieu ! Si c'était du jaune, du lilas, du coquelicot, du gris de souris, de l'œil de mouche effrayée, je ne dis pas, mais du rose, fi l'horreur ! c'est la nuance du croque-mort. »

Il est certain qu'il y a dans le geste, la pose et l'épithète de la véritable Revendeuse à la toilette quelque chose qui lustre, embellit et magnétise ce qu'elle vend, et en même temps déprécie et dégomme ce qu'elle rachète. Elle est incomparable sur ce point-là : elle fait de ce qu'elle touche de l'or comme Midas, et suivant la pierre de touche de son commerce. Un cachemire sort de son carton, indien, et il y rentrera pur et simple lyonnais. Quand il fera une nouvelle sortie, il redeviendra légitime et authentique enfant des plaines de Sirinagur. Singulière femme qui possède ainsi le don de distribuer une nationalité, une religion, un baptême, aux tissus nomades et aux étoffes judaïques qu'elle colporte ! Elle vend tout, rachète tout ; elle vous vendrait même la mule du pape si vous consentiez à lui en payer les intérêts.

Où loge-t-elle? où sont situés ses magasins et ses dieux lares? qui peut le dire? Elle n'a guère, à proprement parler, d'autre domicile que les trottoirs et les escaliers qu'elle arpente du matin au soir avec son immense boîte en bois attachée avec une lisière ; elle loge en chambre, rarement en boutique. On lui suppose générale ment de nombreuses connivences avec la police, mais il n'en est rien. La police vend quelquefois, mais ne rachète jamais. Elle jouit, ainsi que les maisons à parties, d'une sorte de tolérance anonyme. Son intérieur est simple et a même un certain cachet de dissimulation. On n'y remarque que des armoires; on devine qu'elle ne vit et n'agit qu'au dehors. Ordinairement elle est à la tête de plusieurs noms, dont elle change comme ses clientes de chapeaux.

Quant à son signalement physique, il est simple et fort répandu dans la circulation parisienne.

Représentez-vous une grosse et large commère entre quarante et cinquante ans, un nez barbouillé de tabac avec un tablier noir à poche, un tartan qui lui lèche les talons, une robe en taffetas puce, un chapeau de paille à gouttières, sensiblement incliné vers l'oreille, un carton de bois au poignet, l'autre poignet sur la hanche, un faux tour défrisé qui pleure sur une de ses paupières, une montre d'or à l'estomac, des perles en poire aux oreilles, des bagues à toutes les jointures, une bouche en cœur, des yeux louches, des dents larges comme des dominos, et des socques articulés; — c'est elle.

Elle parle tous les patois, mais surtout ceux du midi; elle décore en première ligne cette classe d'industriels aux bénéfices cachés, aux manœuvres inconnues, les prêteurs sur gages, les bijoutiers ambulants, les tailleurs du Havre ou de Haïti qui troquent le vieux drap contre le drap neuf, les racheteurs de reconnaissances du Mont-de-Piété, négociants souterrains et rusés qui laissent quelquefois à leurs héritiers un million de fortune en monnaie de Monaco et en billets protestés.

Certes, si l'on voulait prendre les choses sous un certain point de vue, on pourrait adresser de grands reproches à ce genre d'industrie, coupable à la fois par son origine et les menées qu'elle emploie dans son exécution. Nous devrions peut-être rembrunir un peu le fond du tableau, pour indiquer dans le lointain certaines figures de femme avilies et perdues par le vice, avec l'indélébile cachet de la honte et du désespoir au front. Il est certain que plus d'une innocence a trébuché à ce piége de dentelles et de rubans placé sans cesse sous ses pas. Ces commerçantes sont après tout des conseillères sataniques et infatigables qui agissent impitoyablement sur les parties faibles de la nature de la femme, la vanité et le désir de briller; elles l'enlacent, l'enveloppent dans leur irrésistible filet, et la prennent chaque jour à de nouveaux hameçons. C'est en général par cette pente de cachemires usuraires, de dentelles et de parures, qu'une femme se trouve insensiblement poussée vers ce dernier pied à terre du vice et de la tristesse, qui devrait avoir à la fois pour fondatrice et pour portière la plus considérable et la plus enrichie de toutes les Revendeuses à la toilette, je veux parler de l'hôpital.

Mais que voulez-vous? jusqu'à nouvel ordre, les mœurs françaises glisseront et voltigeront sur l'épiderme des grandes questions; nous avons des philosophes moraux et des socialistes, nous applaudissons à leurs justes récriminations, mais nous ne nous empressons guère de souscrire à leurs réformes. C'est pourquoi, avant d'être un grand abus, un scandale avéré, une grave immoralité sociale, la Revendeuse à la toilette n'est et ne sera longtemps encore sans doute pour le public, c'est-à-dire pour les gens qui ne lui ont jamais souscrit de billets, que ce qu'elle était du temps de Lesage et de Regnard, un personnage de comédie.

ARNOULD FRÉMY.

LAVIEILLE

LE VIVEUR.

On ne saurait trop embellir
Le court espace de la vie.
— *Vieil opéra comique.* —

La vie est comme le mouvement, me disait un jour le gros et joyeux Nollis, le plus aimable de nos camarades, et qui, dans le monde le plus gai et le plus spirituel, a su conquérir une réputation d'esprit et de gaieté. On ne peut ni enseigner ni démontrer la vie : c'est en vivant qu'on apprend à vivre. Et il ajoutait aussitôt : « Donne-moi cette journée; tant qu'elle durera, je suis chargé de ton bonheur; j'espère faire plus pour ton instruction dans l'art de vivre, j'allais dire pour ton expérience, si ce mot n'avait un air de vieillesse qui m'a toujours déplu, que ne pourraient le faire vingt années d'études et de méditations. Les livres d'Épicure, les exemples les plus fameux depuis Sardanapale jusqu'à Louis XV, depuis Lucullus jusqu'à M. de Cussy, et depuis Alcibiade jusqu'à Lauzun, ne valent pas vingt-quatre heures de notre vie parisienne. Suis-moi! »

L'enthousiasme avec lequel Nollis avait prononcé ces paroles ne me laissait pas la moindre chance d'hésitation ; j'obéis, je cédai à sa volonté comme on cède à un charme irrésistible ; jamais je n'avais été aux prises avec un tel ascendant de tentation : il y avait déjà de la volupté dans cette soumission. Mon guide me dominait; j'écoutais sa voix comme si elle eût été celle de l'archange : il continua sans même s'apercevoir de mon trouble :

« Il est midi, nous pouvons aller chez Adolphe, l'heure est fort convenable ; d'ailleurs, pour prendre la nature sur le fait, il faut assister à son réveil ; tu vas contempler le viveur face à face, recueille-toi. »

Adolphe demeurait dans le faubourg Montmartre ; il occupait dans la rue Bergère un entresol d'assez modeste apparence, et situé dans un corps de logis au fond d'une cour. Le portier de la maison ne nous demanda pas même où nous allions; il sourit, fit un signe de tête à Nollis, et en un instant nous fûmes près d'une petite porte, sans sonnette, que trois vigoureux coups de poing firent trembler sur ses gonds. On entendit dans l'intérieur un énorme bâillement, puis une imprécation énergiquement prononcée ; enfin, après deux minutes environ, il parut que quelqu'un sautait à bas d'un lit : la porte s'ouvrit alors, et nous eûmes à peine le temps d'apercevoir un être qui fuyait dans le simple appareil dont parle le poëte, et qui regagnait en toute hâte la couche qu'il venait de quitter.

« Que le diable t'emporte ! dit le dormeur éveillé à Nollis, qui s'installait dans un fauteuil.

— Il paraît que la nuit a été chaude, répondit Nollis en allumant un cigare qu'il avait pris sur la table de nuit.

— C'était magnifique ! Achille nous rendait le souper de mardi, et vraiment il a bien fait les choses.

— Où avez-vous soupé? Quels étaient les convives?

— Au café anglais! La bande ordinaire. On nous a présenté un jeune gentilhomme périgourdin qui prétendait savoir boire le vin de Champagne. Pauvre amour! il n'en est pas même aux premières notions.

— Quelles étaient les femmes?

— Ma foi ! je t'avouerai qu'il n'y en avait pas. Ernest voulait amener ses deux danseuses ; j'ai insisté pour qu'il n'y eût que des hommes ; la galanterie m'ennuie, même celle qui convient à ces espèces. Les femmes n'entendent rien au souper : si elles se modèrent, elles sont gênantes; si elles s'abandonnent, elles risquent d'inspirer le dégoût. La régence s'est trompée en admettant les femmes à table ; c'est une des erreurs de nos pères.

— Jusqu'à quelle heure êtes-vous restés?

— Jusqu'à quatre heures. Maître et garçons tombaient de sommeil. Tiens, mon cher Nollis, je te le dis avec une douleur véritable, malgré nous le souper s'en va. (*Profond soupir.*) Tu sais tout ce que nous avons fait pour le relever, pour surpasser son ancienne splendeur et lui donner un éclat nouveau. Vains efforts ! mon digne ami ; le souper, ce repas des viveurs, se perd, on ne le comprend plus ; le carnaval en a fait une débauche grossière ; et pendant tout le reste de l'année il est oublié et méconnu. Le dîner a tué le souper.

— Et le souper renaîtra du dîner, s'écria Nollis avec feu. Ne vois-tu pas comme le dîner s'avance de plus en plus dans la soirée, comme il marche d'heure en heure vers la nuit? On finira par ne dîner que le lendemain. Le temps n'est pas loin où la politique, l'industrie, les querelles littéraires, et je ne sais quelles autres graves bagatelles seront chassées de nos salles à manger, comme des harpies. Alors on verra refleurir le souper ! Mais présentement il s'agit de déjeuner. As-tu quelque idée?

— Oui ! D'abord je vais me lever. »

Pendant qu'Adolphe procédait à cette importante opération, j'examinais l'appartement et celui qui l'habitait. Le mobilier n'avait jamais été riche, mais il avait été choisi avec goût ; malheureusement il portait les traces d'une négligence extrême : il était facile de deviner qu'Adolphe ne se piquait ni de soin ni de conservation ; quelques livres, parmi lesquels je trouvai Gil Blas, les romans de Crébillon, Horace, et plusieurs volumes dépareillés des œuvres de Voltaire, deux groupes de statuettes modernes représentant le galop et la *chahut*, trophées du carnaval, *les Souvenirs du bal Chicart*, dessinés par Gavarni, un paquet de cigares, une boîte d'allumettes chimiques, quelques morceaux de sucre, une bouteille d'eau-de-vie à moitié vide, un rouleau d'eau de Cologne encore intact, et six ou sept louis, étaient les seuls objets qu'on voyait épars çà et là sur les meubles, depuis la toilette jusqu'au divan. La première pièce, celle qui servait d'antichambre, était plus modestement garnie : on n'y trouvait pour tout ornement qu'un carreau cassé, une paire de bottes fraîchement cirée, et les habits, que le portier sans doute avait placés sur une chaise unique, après les avoir nettoyés.

Adolphe était un homme de taille moyenne ; son visage affectait la forme ronde ; il avait les yeux bleus, le teint parfait, malgré l'air de fatigue répandu sur toute sa physionomie ; ses cheveux étaient blonds, sa bouche était vermeille et gracieuse, ses dents étaient admirables ; un embonpoint précoce se manifestait dans tout son être : il avait trente-quatre ans ; tout son extérieur annonçait la force et la bonté.

« Je deviens gros, dit-il à Nollis ; mais je me console en songeant que les hommes gras ont toujours été les meilleurs et par conséquent les plus heureux. Presque tous les grands criminels et les tyrans étaient minces.

— Oui, mais le génie est maigre.

— Et Napoléon?

— La fortune l'a quitté à mesure qu'il prenait de l'embonpoint.

— Soit, mais l'homme d'esprit est ordinairement gros.

— Le génie, c'est la gloire.

— Eh bien! l'esprit, c'est le bonheur. Ne vas-tu pas, en vérité, t'évaporer en poésie? Le sensualisme, mon gros ami, le sensualisme, voilà notre lot! Nous avons beau faire pour nous idéaliser, nous serons toujours de l'école charnelle ; c'est notre vocation. »

Pendant cet entretien, Adolphe s'était habillé. Sa mise était sage ; elle n'était ni trop loin, ni trop près de la mode ; elle était surtout adaptée à sa personne avec une remarquable intelligence, et il y avait beaucoup d'art dans la manière dont il avait su éviter la contrainte, sans blesser ni l'usage ni les convenances. Ce qui ne m'avait pas échappé, c'était le sentiment de propreté exquise et même de délicatesse qui avait présidé à tous les arrangements de sa toilette ; c'était presque de la recherche.

« Monsieur est des nôtres? dit Adolphe en me regardant.

— Assurément, reprit Nollis ; pourquoi l'aurais-je amené? Où allons-nous?

— Bien loin d'ici.

— Bah!

— Ne t'épouvante pas, nous allons à Bercy... — Ah! monsieur, répliqua-t-il en voyant la moue involontaire que m'avait fait faire ce nom, il ne faut pas vous scandaliser. Je connais et je fréquente les beaux endroits ; mais je préfère les bons endroits. Si vous voulez venir chez Tortoni, je suis prêt à vous y accompagner ; c'est, sans contredit, le plus joli déjeuner de Paris : le buffet y est bien pourvu et finement approvisionné, la chère est friande, la société aimable ; on y cause avec esprit et avec liberté ; on y agit sans façon et avec politesse. Je sais peu de repas aussi charmants qu'un déjeuner chez Tortoni, bien dirigé et bien commandé ; mais il me faut quelque chose de plus. Nous sommes d'assez bonne compagnie pour ne pas craindre qu'on gâte nos manières ; nous avons l'avantage de ne répondre de nous qu'à nous-mêmes. Pour moi, Paris ne renferme que deux sortes d'individus : ceux qui me connaissent et ceux qui ne me connaissent pas : les uns savent qui je suis ; que me fait l'opinion des autres ? A Bercy, nous trouverons de la marée fraîche et du poisson de Seine nouvellement pêché, de braves gens fort contents et fort honorés de nous recevoir, une vue admirable et du vin comme il n'y en a que là. Voilà mes raisons pour y aller ; quelles sont les vôtres pour ne pas y venir ? »

Nollis me regardait ; je n'avais qu'une réponse à faire, je pris la main d'Adolphe et je m'écriai : « A Bercy ! »

Adolphe avait raison ; ce fut un déjeuner délicieux. En entrant chez le traiteur, il avait causé avec la belle écaillère ; je crois même qu'il lui avait pris familièrement le menton : elle nous apporta elle-même les huîtres dans un plat énorme ; elle riait en nous recommandant de les avaler vivantes et dans leur eau : le vin de Chablis était d'une qualité supérieure, doré et merveilleusement sec et perlé ; l'entrecôte de bœuf, dûment relevée par une sauce qu'Adolphe indiqua par écrit ; la sole, accommodée par un procédé nouveau qu'il a lui-même importé d'Angleterre ; et enfin, la matelote, faite d'après les vieilles traditions du port, composèrent un repas que le vin de Beaune arrosa sans relâche. Adolphe affirmait que le matin il ne fallait pas faire usage de vin de Bordeaux ; il me promit de m'expliquer à dîner cette règle hygiénique.

A la fin du déjeuner Adolphe et moi, que Nollis lui avait présenté comme un jeune homme qui donne des espérances, nous étions les meilleurs amis du monde. Je savais qu'il était venu à Paris pour y faire son droit, et qu'après avoir pris ses licences à la Faculté, il avait suivi, sans penchant vicieux, mais avec une molle insouciance, son instinct pour le plaisir ; c'était ainsi qu'il s'était toujours trouvé loin du travail. Au delà de son éducation, sa famille n'avait pu rien faire pour lui. Il lui était arrivé ce qui arrive à tous les jeunes gens sans patrimoine, il avait formé des projets et contracté des dettes : les projets s'étaient évanouis, les dettes étaient restées ; maintenant Adolphe s'était donné aux lettres : à ses yeux, cette occupation était presque un loisir ; mais il n'avait jamais pu renoncer au bien-être du moment pour sauver l'avenir ; il vivait donc toujours aux prises avec des embarras nouveaux ; et toujours livré à de nouveaux plaisirs, il affirmait qu'en dépit de sa misère, il avait su faire pencher la balance du côté du contentement. Adolphe avait une morale qui n'était pas diablesse : il était assurément incapable d'une action lâche, malhonnête ou mauvaise ; mais le plaisir était à ses yeux une chose si excellente, qu'il ne s'appliquait qu'à le goûter ; ce n'était pas seulement sa grande affaire, c'était son unique affaire : il le cherchait partout où il pensait le trouver ; quelquefois il se baissait pour le prendre. Il appelait cela prolonger la jeunesse.

Du reste, il ne demandait qu'à tenir dans le monde le moins de place possible ; il faisait bon marché de l'indépendance de sa personne pour assurer la liberté de ses goûts. « Si j'eusse été dévot, me disait-il, je n'aurais récité d'autre prière que cette phrase de l'oraison dominicale : « Donnez-nous aujourd'hui notre pain de chaque jour. »

Cet entretien avait lieu sur un balcon, sous les rayons d'un beau soleil de printemps ; le port et le fleuve étaient animés par le mouvement du commerce ; les bateaux à vapeur de la Haute-Seine passaient à chaque instant sous nos yeux : tous ces mille tonneaux qui s'étendaient vers la berge, cette agitation d'un négoce qui ne se fait qu'au bruit des verres, excitaient la verve d'Adolphe ; il parlait et il buvait ; il vantait le vin et s'extasiait devant le ravissant coup d'œil que présentait le paysage : à force d'admirer et de boire, après avoir pris du café fait par lui et pour lui, après les trois verres de liqueurs variées qu'il appelait la Trinité alcoolique, il était chancelant ; il s'aperçut que je le regardais avec un pénible étonnement. « Voilà pourquoi, me dit-il, j'ai voulu venir déjeuner ici ; chez Tortoni, on ne se grise pas ; du reste, on ne doit jamais se griser dans le jour : j'ai trop causé, c'est une faute, une grande faute, une très-grande faute, entendez-vous, jeune homme... »

Il balbutiait.

Nollis riait et veillait sur lui.

Il était trois heures ; j'étais curieux de savoir comment le viveur remplirait l'intervalle qui sépare le déjeuner du dîner ; je ne voyais guère pour combler cette lacune que le léger somme du prélat du *Lutrin*.

Adolphe était déjà sur la porte, batifolant avec l'écaillère, et échangeant des lazzis grivois avec des ouvriers du port qui s'amusaient de sa bonne humeur. Un fiacre vint à passer, il le héla d'une voix de Stentor, et le fit arrêter. Tous trois nous entrâmes dans la voiture, et le cocher reçut l'ordre de nous conduire aux Champs-Élysées. Chemin faisant, Adolphe était d'une gaieté folle ; il rappelait à Nollis ses meilleurs contes et quelques traits de leur existence de buveur ; les disgrâces de l'ivresse, les divertissantes bévues qu'elle leur avait fait commettre, les saillies qu'elle leur avait inspirées, et toutes les merveilles qui avaient illustré la vie et le nom de quelques-uns de leurs compagnons de table, ceux qu'Adolphe nommait avec emphase les premiers *verres* du siècle ; car les viveurs jurent par leur verre, comme les raffinés d'honneur juraient par la lame de leur épée.

Que d'amusantes histoires ! C'était une épopée contemporaine ; quelquefois cela ressemblait à un chapitre de la vie de Gargantua et de Grandgousier.

C'était un viveur qui avait eu la sublime idée du lampion libérateur placé sur un ami abattu sous l'ivresse, et qu'il fallait préserver des roues de carrosse. Un viveur voulait faire la connaissance d'un homme dont on célébrait les prouesses bachiques : il pénétra dans le logis de celui qu'il désirait voir, au milieu de la nuit ; sans l'éveiller, il dressa la table, la couvrit d'un souper succulent, puis, silencieux comme une apparition, il fit lever son hôte, le fit asseoir, l'invita par geste à souper. Ils burent et mangèrent jusqu'au matin, sans échanger entre eux un seul mot. Au point du jour, celui qu'on avait visité d'une si étrange manière dit à l'autre : « Vous

vous nommez nécessairement R.... : il n'y a que vous capable de faire cela et que moi capable de le souffrir. »

Un viveur qui venait d'hériter de son oncle rendait ainsi compte de l'enterrement : « Il n'y avait que les héritiers qui riaient ; pour les autres, ça leur était égal. »

Il y avait aussi des traits héroïques. En juillet 1830, un viveur fit frapper une bouteille de vin de Champagne à la porte d'un marchand de vin, devant le Louvre, sous le feu des soldats suisses ; il la but avec quelques combattants, et il se rua à l'attaque. Dans un duel, un viveur, frappé d'une balle qui lui fracassa le bras droit, dit tranquillement : « Je boirai de la main gauche. »

En écoutant ces récits, j'ai compris ce mot d'un viveur que son esprit faisait rechercher en tous lieux : « Je dîne tous les mercredis chez mademoiselle M.... Eh bien ! au jour de l'an, elle ne m'a rien donné pour mes étrennes ! Quelle ingratitude ! »

Il nous raconta aussi cette fête de Montmorency, dans laquelle une compagnie de viveurs avait loué une famille d'aveugles, pour avoir les violons pendant la collation : ces braves gens, je parle des aveugles, n'entendant autour d'eux que des propos sages, chastes et vertueux, bénissaient le ciel qui les faisait assister à de si honnêtes délices ; ils ne se doutaient pas que leurs détestables convives étaient des démons cachant leurs méfaits sous le langage des anges.

De là on passa en revue les destinées des grands viveurs de l'âge actuel. On les retrouve partout, dans les deux chambres, par l'hérédité et par l'élection, au conseil-d'état, dans la magistrature, dans les hautes fonctions publiques ; ils sont décorés, enrichis, titrés, presque jamais corrigés. Seulement, au lieu de la vie publique, ils ont de petits appartements ; à l'orgie éclatante, ils ont substitué le plaisir discret et mystérieux.

Adolphe s'irritait contre la race fashionable ; il ne lui pardonnait ni son luxe inutile, ni son jeu effréné, ni ses ruineuses amours ; il n'avait d'indulgence que pour les repas étincelants et qui font resplendir la nuit, pour la volupté sans joug, pour le culte du beau matériel et pour la poésie des sens. Dans les courses, dans les merveilles du Bois, de l'hippodrome, de la plaine, de la forêt, de la chasse et de tout l'appareil du chenil et de l'écurie, il ne voyait que les haltes avec leurs repas homériques, l'appétissante venaison et les coupes ciselées que le soir, devant le café de Paris, les vainqueurs remplissaient de vin de Xérès et vidaient d'un seul trait.

C'est en devisant de la sorte que nous arrivâmes à la porte du tir de ***. Adolphe y fut reçu avec acclamations ; on le salua avec des transports d'allégresse. En un moment vingt paris furent engagés et vingt verres furent remplis de vin de Champagne ; les assiettes de biscuits circulaient, et les tireurs buvaient d'une main et ajustaient de l'autre. Le dieu des bonnes gens protégeait Adolphe : ses jambes flageolaient et sa main était sûre ; il gagnait tous les paris.

Du tir au pistolet, Adolphe nous conduisit à Saint-Cloud ; il nous engagea à faire un tour de parc et à boire de grands verres de *soda-water ;* l'effet de ce spécifique fut prompt et infaillible ; je me pris à désirer le dîner, dont la seule idée me glaçait d'épouvante quelques moments auparavant.

A six heures et demie, Adolphe jouait son verre de bitre à l'estaminet de ***. Là, il avait repris quelque chose du ton du matin, celui de Bercy, et il fumait gaillardement, non plus le cigare, mais une *bouffarde* remplie de tabac-caporal.

A sept heures, nous étions chez Véry, non pas dans la salle commune toute peuplée de hauts et puissants dîneurs, mais dans un cabinet au premier étage. Le dîner était simple; j'en ai conservé le menu : des huîtres d'Ostende, un potage printanier, une barbue, un gigot de mouton, des haricots et des asperges; vin de Bordeaux ordinaire, vin de Madère frappé. Adolphe défendait le vin de Bordeaux le matin, comme trop faible pour réparer les avaries de la nuit; il proscrivait le vin de Bourgogne le soir, comme trop chaud, et pouvant compromettre la raison; il ne voulait pas qu'on bût de vin de Champagne à déjeuner, il ordonnait de ne pas boire d'autre vin au souper; le vin de Madère glacé était à ses yeux une des plus belles conquêtes des temps modernes.

Le dîner fut long et animé. Adolphe parcourut avec nous toute l'échelle des variétés du viveur. Il nous le montra plus indépendant et moins embarrassé que le voluptueux et le sybarite de l'antiquité; il nous le présenta comme plus éclairé que le roué, ce fanfaron de dissolution; il le plaça au-dessus de tout ce que les autres époques avaient produit, depuis Athènes jusqu'à Florence, depuis le siècle de Périclès jusqu'au Directoire. A ses yeux, le viveur était l'expression vraie d'une civilisation vraie, non pas poursuivant le beau idéal et de convention, mais cherchant la vie positive, étant la personnification vivante de ce précepte d'Adam Smith : « Être, et être le mieux possible; » la fusion animée de ces deux adages proclamés par les deux plus fortes têtes du dix-neuvième siècle : « *Jouir de tout. — Ne se priver de rien.* » Il se proclamait sage entre les sages; sa conduite résumait les tendances exactes du siècle; elle les résumait en leur ôtant la tristesse de l'égoïsme : voilà pourquoi le viveur est le produit d'une ère de calculs et de lumières; c'est la raison appliquée aux sensations.

Au-dessous de ces régions supérieures du sensualisme, il évoqua le viveur artiste qui a réhabilité le cabaret de ses devanciers; il nous peignit aussi le viveur qui se mêle à la joie de tous et oublie volontiers un peu de sa dignité pour trouver des plaisirs plus vifs et moins apprêtés; celui qui se plonge pendant quelques mois de l'année dans le tourbillon populaire, comme les grands seigneurs qui allaient danser aux Porcherons; celui qui ne se condamne à six jours de travail que pour vivre pleinement le septième jour, le viveur des *goguettes*, qui rit, chante, boit, et descend en chancelant le *fleuve de la vie;* et au dernier degré, *le noceur*, celui que rien ne peut arracher aux chères distractions de la dive bouteille, qui a toujours tant de bonne volonté pour le travail et tant de penchant pour la paresse.

Au delà tout est hideux.

Loin de Paris, le viveur mourrait de chagrin ou de consomption. « La province, me disait Nollis, n'est à mes yeux qu'un immense garde-manger, je ne veux pas plus y aller que je ne veux passer par la cuisine avant de me mettre à table. En province les estomacs n'ont pas d'esprit; ils mangent, mais ils ne savent pas manger; le viveur de département n'est qu'un glouton, ce n'est pas même un gourmand. »

De toutes les nations étrangères, celle qui a les prédilections du viveur, c'est la nation anglaise : Adolphe se rappelait avec attendrissement être venu de Turin à Paris avec un gentleman qui ne reconnaissait les villes qu'il avait déjà traversées que par les salles à manger des auberges dans lesquelles il s'était arrêté.

Adolphe n'est d'aucune société chantante, et cependant il sait ce que tous les chansonniers ont fait de plus spirituel et de plus charmant, et puis il sait aussi des chansons qui n'appartiennent à personne et qui feraient honneur à tout le monde; il a des croquis de mœurs, des souvenirs, des pochades, et des charges les plus grotesques, les plus divertissantes, et qui provoquent infailliblement le fou-rire. Il sait tout ce qui inspire la joie; sa compagnie est celle d'un être qui veille à la félicité de ceux qui l'entourent. Adolphe procède de l'artiste, du gastronome, du bon enfant, du bon garçon et du bon vivant; il y a en lui du Désaugiers, du Philibert cadet et du D. Juan, moins la scélératesse et l'amour féminin. De tous les types heureux, divins ou diaboliques, il a pris ce qui pouvait le mieux composer une végétation intelligente. Au moral, il se peignait en peu de mots : « Je n'ai pas de vices, disait-il, mais j'ai presque tous les défauts. »

Son existence a été arrangée tout entière pour connaître, aimer et servir le plaisir, et par ce moyen obtenir la vie réelle. Son portier compose tout son domestique; il l'a formé, dressé, élevé. Adolphe a en lui plus qu'un serviteur, c'est un ami; cet homme a même pour lui la tendresse et la sollicitude d'un père. « Que faites-vous quand je rentre? lui dit-il un jour.—Je regarde attentivement monsieur, pour savoir s'il faut laisser marcher monsieur, conduire monsieur, ou porter monsieur. » Il a fait ainsi un catéchisme à l'usage de son portier.

Adolphe a horreur du travail; mais ce qu'il craint le plus au monde, c'est l'ennui : il le redoute plus qu'il ne redoute la douleur. Il m'a avoué que, dans sa pensée, le mot avenir n'avait pas un sens bien défini; il n'y croit pas.

Ce soir-là Adolphe nous quitta de bonne heure; il se disposait à un souper solennel. Il devait y avoir des *toast* immenses, une lutte d'*ingurgitation* gigantesque, la coupe d'Hercule, « un retour vers les grandes choses que nous avons faites ensemble, » disait-il à Nollis. Pour Adolphe, c'était un tournoi; il s'y préparait en noble chevalier par la promenade et par l'usage des sorbets. Chaque convive, en se mettant à table, devait porter sur son dos une étiquette indiquant son nom et son adresse. Il fallait qu'après le combat on pût reconnaître les morts. C'était un souper à outrance.

Le roi des viveurs a une santé des plus robustes; il pense qu'il y a quelque mérite intellectuel à se bien porter. On lui annonçait dernièrement la mort d'un illustre camarade, jeune encore. « Cela ne peut pas être, s'écria-t-il, il avait trop d'esprit pour mourir si tôt! » Il avait raison, il a conservé son ami. Selon lui, ce sont les sots qui ont dit qu'il fallait faire la vie courte et bonne. Il prétend que le viveur l'embellit pour la prolonger.

L'enfer du viveur, c'est la goutte : elle est à sa vieillesse ce que le remords est à une vie coupable.

EUGÈNE BRIFFAULT.

LE SPÉCULATEUR.

> La gloire et la vertu ne sont considérées aujourd'hui que comme des biens de théâtre, qui ne subsistent qu'en apparence ou comme des Fantosmes des Romans, après lesquels courent leurs Héros, qui sont d'autres Spectres et d'autres Fantosmes.
>
> Le sieur de BALZAC, 1658.

LE spéculateur est l'homme par excellence de l'époque actuelle, le caractère dominant de la génération présente, la physionomie-modèle du siècle de l'argent. Qui mieux que lui a longuement étudié le passé, le présent et l'avenir pour y découvrir le germe de quelque exploitation d'un genre neuf?... Qui mieux que lui a savamment médité sur les monarchies naissantes et les royautés vieillies, sur les révolutions probables et les républiques possibles, pour savoir de quel chaos social il y aurait le plus d'or à extraire? Le spéculateur, semblable au génie du déluge, rase les montagnes et comble les vallées pour courir en poste à la fortune sur les ailes de la vapeur. Il analyse les sciences et raisonne les gloires, persuadé que toutes les fumées sont des forces motrices dont on peut tirer des billets de banque. Il combine l'alliance du bien et du mal, du profane et du sacré, du fait et du droit, du vrai et du faux, du juste et de l'injuste, pour voir s'il n'en pourrait pas faire sortir, par je ne sais quel procédé chimique, quelque produit industriel à mettre en commandite. Il regarde passer les destinées du pays comme un spectacle curieux dont il y a moyen de tirer un pécule avantageux en faisant payer leur place aux assistants. Il sait par A plus B ce que doit rapporter, bon an mal an, chaque crise ministérielle, à qui n'y aura vu autre chose qu'une *hausse* et une *baisse* à la Bourse. Enfin n'est-ce pas lui qui en est arrivé à faire du commerce un assaut de supercheries? de la politique un tripotage d'écus? de la morale publique une combinaison de finance, et de la société en masse une caverne de Roberts Macaires?... O homme prodigieux! salut!

Ce grand personnage commence habituellement ses opérations sans avoir ni biens ni argent: mais, en revanche, il a des dettes; et c'est son apport social dans la mise de fonds des compagnies qu'il organise. Aussi agit-il hardiment sur des millions avec un aplomb remarquable et un gracieux entrain; car il ne risque absolument rien... que la fortune des autres. Sa conscience et son honneur pourraient bien, il est vrai, s'y trouver un peu compromis; mais le spéculateur voit les choses de trop haut pour descendre à s'occuper de semblables minuties. Les chaînes du devoir et de la morale ne sauraient entraver sa marche. Pourvu qu'il agisse de manière à être en deçà d'une possibilité de plainte en police correctionnelle, il se croit dignement placé. Tant que la cour d'assises ne se charge pas de lui offrir un siége, il s'étale, ici et là, avec le *laisser-aller* de la vertu dont la pose vise au génie. Du moment où il ne dépasse pas, fût-ce d'une tête d'épingle, la petite ligne de démarcation qui sépare le citoyen apte à tous les emplois, du citoyen que va flétrir la marque, il se promène tête haute, il est au sentier de l'honneur. Regardez-le jouir en paix de la plénitude de ses droits: il n'est pas une dignité à laquelle il ne puisse prétendre. Il sera, au gré de son caprice, juré, mouchard, garde national, recors, diplomate, sergent de ville, ministre, émeutier, cabotin; et, fondant au besoin toutes ces natures dans la sienne, il marchera l'égal d'un monarque.

O bienfait de la civilisation! le spéculateur, à la recherche de sa proie, se jetant hardiment au milieu des labyrinthes de l'époque et du pays, n'a besoin, lui, pour y vaincre et s'y retrouver, ni du glaive de Thésée ni du fil d'Ariane. Il n'attaque ni ne tue les minotaures qu'il y rencontre; il leur propose tout uniment des rentes fin de mois avec des reports et des primes; il les fascine avec le miroir à facettes des découvertes fantastiques; il les gave avec des boulettes d'actions industrielles; et les monstres domptés, séduits, subtilisés, ébahis, apposant vite leur griffe au bas de quelque chose de timbré, se hâtent de lui donner, au lieu de le combattre, une poignée de mains citoyenne, à la façon des potentats parlementaires et constitutionnels qui débutent dans la carrière.

La haute figure ici peinte pourrait se diviser, à un certain point, en deux êtres divers et distincts: le mystificateur et le mystifié. Mais le spéculateur véritablement digne de ce nom, le beau idéal de l'espèce, a le double avantage d'offrir à la fois les deux types réunis. Tour à tour dupeur et dupé, il est joué par ceux qu'il joue. Ce soir vendeur, demain vendu, il fait des fourberies, marchandise; et des déloyautés, négoce. C'est un commerce qui prospère.

Le spéculateur en bonne veine se met à merveille; il vous fait remarquer l'admirable étoffe de son pantalon et le charmant tissu de son gilet. Ce sont de nouvelles inventions dont il sollicite le brevet. *Le besoin se faisait généralement sentir* d'une amélioration dans l'industrie de la toilette: il a là-dessus de vastes données où accourront les capitaux, car les déboursés seront minimes, et le gain sera gigantesque.

Ce disant, le spéculateur monte dans un ravissant tilbury attelé d'un cheval pur sang, qu'il s'est procuré par la plus heureuse occasion du monde. Il va revendre généreusement tout cela à un ami qui en raffole, et à qui il désire faire faire une excellente acquisition. Il se sacrifie à cet effet, et n'exigera d'autre bénéfice... qu'une bagatelle de cent louis : les petits résultats lui donnent des nausées. Il est des gens qui, au surplus, se sont fait de ce genre de mal une sorte d'immortalité.

Arrivé au bois de Boulogne, le spéculateur, descendant du coussin prodigieux d'où il regarde du haut en bas son petit groom et les passants, court en toute hâte proposer à de riches fashionables du *jockey-club* plusieurs opérations magnifiques où l'on remuera l'or avec des pelles. Il s'agit seulement d'avancer quelques centaines de mille francs pour constituer chacune d'elles. Une des plus remarquables entre autres est l'établissement en grand d'une maison de commerce intime et d'alliance étroite entre la force et la faiblesse, entre la puissance et la grâce, c'est-à-dire entre les deux sexes[1]. On n'y admettra que le mieux en tout genre dans les diverses parties qui composeront l'ensemble. Un goût exquis présidera à la composition de cette institution éminemment philanthropique et nationale, qui sera à la fois une voie ouverte aux natures passionnées, une garantie promise à l'hygiène publique, une sécurité donnée aux pères de famille, soit de Paris, soit de province; enfin un débouché offert à toute espèce d'entraînements. Les fondateurs et associés auront des numéros et des cachets qui, indépendamment des entrées et des rentrées générales, leur assureront des entrées et des rentrées particulières. Où trouver, en fait de sociétés, une corporation plus active dans ses œuvres et plus large dans ses produits? Les intéressés seront régulièrement tenus au courant de l'affaire par un relevé exact de toutes choses. Le spéculateur se charge, lui, des embarras et difficultés de l'organisation première; ces messieurs auront, sans s'être mêlés de rien, les bénéfices qui en seront la suite; lui, il ne voit là dedans que l'intérêt du pays, l'extension de l'ordre, et une question toute morale. Aussi se résigne-t-il, de la manière la plus désintéressée, à prendre sans rétribution tous les ennuis de l'affaire, l'administration, la comptabilité, les discussions, les écritures... et la CAISSE.

Le spéculateur en haute position n'attend pas longtemps la fortune : il a le télégraphe qui lui tend les bras, les émeutes qui lui donnent un coup d'épaule, les conspirations qui lui font un signe de tête; et tout cela bien combiné, c'est la pierre philosophale. Il connaît quelques heures à l'avance ce qui doit sortir des éléments en fusion qui se tournent avec bouillonnement, et s'écument sans épuration dans la grande chaudière représentative. Il a sa combinaison préparée en tout état de cause. Il gagnera 10 centimes à la Bourse sur le doctrinaire, un peu moins sur le dynastique, beaucoup plus sur le centre gauche. L'essentiel est d'être averti à temps. Or, pour cela faire, il a échelonné du palais des législateurs au temple des agents de change des *factionnaires-signaux* qui, par gestes convenus, le tiennent au courant d'heure en heure, moyennant récompense honnête, des pulsations de la crise gouvernementale et des fièvres de la tribune. Qui triomphera? Peu importe! Avant tout

[1] Voyez PARENT-DUCHATELET, *de la Prostitution dans la ville de Paris*, tome 1, page 326.

la spéculation. Aussi, par suite, a-t-il en un clin d'œil des hôtels, des villas, des grandes croix, des héritières, des fanfares. Tout cela dure-t-il? Plus ou moins. C'est un cortége impertinent et fantastique à la façon des contes arabes, qui surgit, resplendit... et passe. A un autre : la France paie.

Le spéculateur de moyenne classe a un appartement confortable, un dîner prêt au cercle de son quartier, une entrée aux théâtres royaux, une place marquée à la Bourse, un poste d'habitude à Tortoni, une famille quelque part, et une maîtresse n'importe où. Il a, pour se mettre à l'abri des événements politiques, un pied dans le camp légitimiste, un bras dans l'opinion juste-milieu, et une autre partie du corps plus ou moins heureusement choisie, dans le parti républicain. Du reste, il ne fait pas plus de cas des croix de la Légion-d'Honneur que des soupes économiques. « Les pauvretés, dit-il, ne rapportent rien. » Il a autant d'aversion pour les réjouissances de juillet que pour les batailles de polichinelle, autant de dégoût pour les programmes de l'Hôtel-de-Ville que pour les expositions de phénomènes vivants. « Il n'y a rien à gagner, dit-il, avec les mauvaises plaisanteries. »

Lorsqu'il sait écrire, et cela peut se rencontrer, le spéculateur vend cinq ou six fois ses manuscrits. Il les distribue d'abord à celui-ci en *feuilletons*, puis à cet autre en *volumes in*-8°, enfin, n'importe à qui, en *drame* ou en *vaudeville*. Cela commence par faire une trilogie littéraire qui a trois formes, trois allures, trois titres, et qui n'est au fond qu'une seule et même chose; l'admirable de cette combinaison, c'est qu'au bout du compte il y aura eu trois ventes, trois paiements, trois publications, et que le bon public aura pu y être trois fois mystifié. Cela n'empêchera pas d'ailleurs la *trilogie* d'être plus tard vendue de nouveau pour paraître in-12 ou in-18, puis d'être revendue peu après pour se remettre en *Œuvres complètes*. O sublime progrès des lettres!

Le spéculateur a peu de goût pour la campagne. A quoi servent, en effet, les champs et les moissons? A nourrir les habitants de ce globe? Il est certain que cela n'a rien de déraisonnable et peut occuper la caste vulgaire; mais, pour lui, le point capital ici-bas, ce n'est point d'engraisser l'humanité, c'est de nourrir la spéculation.

Oh! qu'il est beau, le spéculateur, lorsque, mollement étendu sur un fauteuil à la Voltaire, il lit voluptueusement le prospectus d'une entreprise étourdissante, où il apportera toute sa capacité, et ses amis tout leur argent. Comme il en étudie les chances! Elle lui paraît d'autant plus magnifique, qu'elle a l'air à peu près impraticable. Allez donc proposer, dans Paris, aux hommes à haute intelligence, un projet simple et raisonnable, sans éclat à porter aux nues, mais promettant un gain honnête : avec quelle risée dédaigneuse votre plan sera accueilli! *Un gain honnête!* juste ciel!... autant vaudrait demander l'aumône. Qui oserait se compromettre au point d'attacher son nom à une pareille niaiserie? *Un gain honnête!* mais un homme bien placé n'accepte pas la responsabilité d'un tel ridicule! Il faut une fortune assurée dans les vingt-quatre heures, ou, au plus tard, dans le trimestre; il faut, du moins, si l'on attend, des dividendes anticipés. Sans quoi, vaut-il la peine d'y arrêter sa pensée!... Parlez-nous d'une entreprise de voitures qui chevaucheront toutes seules par monts et par vaux sans haquenées et sans charbon; parlez-nous de lunettes d'approche découvrant des actionnaires sur une comète avec ou sans queue, le tout venant à nous bride abattue; parlez-nous de toiles mirobolantes qu'on va tisser avec du jasmin, des roses et du chèvrefeuille, changés d'abord en épaisse marmelade, puis transformés en écheveaux de fil par des procédés incompréhensibles : à la bonne heure! Comme cela ravit l'imagination! quel vaste champ à l'enthousiasme! quelle carrière aux jongleries!... Le succès de ces merveilles est certain d'avance, non pas seulement *quoique* absurdes, mais précisément *parceque* absurdes. Ces deux adverbes ont du bonheur.

Le spéculateur, prince souverain du pays des chimères, passe une partie de sa vie doucement bercé par le songe argenté... des illusions. Il voit la pluie d'or de Danaé tomber de toutes parts sur ses conceptions mercantiles; il fait continuellement la conquête en espérance de toutes les toisons d'or que son imagination lui montre suspendues à chacun des arbres de l'industrie, vraie forêt Noire de l'époque. Il a sans cesse devant les yeux l'exemple de je ne sais quel millionnaire qui aurait commencé par vendre du bétail et qui aurait fini par vendre des peuples, ce qui lui paraît se ressembler beaucoup. Il cite une foule de ses camarades qui, à leur début dans la carrière, ne fréquentaient que les nécessiteux de la taverne, et qui maintenant ne daignent se familiariser qu'avec les puissances du palais. Il est, du reste, une foule d'incrédules qui rient de ses plans et de ses rêves, qui affirment que plus d'un de ces apôtres de l'or ont été vus, eux et leurs disciples, arrivant de succès en succès, de bénéfice en bénéfice et de fortune en fortune, à une des chambres de Sainte-Pélagie, à un des lits de l'Hôtel-Dieu, voire même à une des loges de Bicêtre... Mais ces odieux propos n'atteignent pas la grande figure qu'ils insultent. Que la prédiction se réalise ou non, elle n'en est pas moins déclarée impossible. La notabilité de l'époque a le rare privilége de puiser une illustration dans ses avanies elles-mêmes; le féodal poursuivant d'armes de la spéculation fournit brillamment sa carrière contre tout venant; et, qu'il soit applaudi ou hué, il ne s'en élancera pas moins, à la suite de ce paladin du dix-neuvième siècle, une foule de chevaliers... d'industrie.

Regardez-le dans son appartement, au milieu des papiers et des cartons, qu'il classe avec amour et méthode. Oh! que de trésors sous ses doigts!... Prenons au hasard et lisons. (N° 3.) « Manière de courir la poste dans des wagons suspendus sur des fils de fer presque invisibles, à quelques pieds du sol. » (N° 8.) « Mines de houille, de cuivre, d'asphalte et de vif-argent, sur le point d'être découvertes à l'une des barrières de Paris. » (N° 9.) « Tontine pour assurer des maris à leur aise aux jeunes vierges qui ne le seraient pas. Nota. On donnera là-dessus des explications sérieuses. » (N° 17.) « Association musicale et dansante pour dédommager des tremblements de terre, des incendies et de la peste. » (N° 18.) « Société pour garantir le public, moyennant une prime, de toutes les contributions forcées nommées vulgairement dans les salons : billets d'artistes, loteries des pauvres, souscriptions de charité, etc. » (N° 33.) « Communauté scientifique, par actions, pour l'industrie des vers à soie, d'après les procédés de l'enseignement mutuel. » Voilà-t-il des idées heureuses!... Le spéculateur entreprendra toutes ces belles choses; il les proclamera *nationales*, et chacune l'enrichira. Car pour lui point de mauvaises chances : si l'affaire réussit, il joue sur le succès ; si elle échoue, il jouera sur la déconfiture. Il spécule sur l'édifice qui se construit comme sur l'édifice qui s'écroule ; et on le verra, après avoir opéré d'une manière prépondérante sur une société en enfantement, agir d'une façon victorieuse sur cette même société en liquidation. Tout lui est bon, bâtisse et décombres.

Le spéculateur a une famille : des neveux, des cousins, des frères. Cela n'est pourtant pas de rigueur : n'importe! le cas échéant, il s'agit d'en tirer parti. Quelques-uns d'eux peuvent mourir ; or, le spéculateur, qui s'est établi le chef et le protecteur de tous les siens, peut devenir aussi leur héritier. Oh! alors qu'il lui paraîtrait doux et touchant de larmoyer sur les admirables trépassés qui viennent de lui léguer, avec l'exemple de leurs vertus, haute nourriture pour son âme, quelque chose de non moins sonnant, mais de plus substantiel pour son corps!.... Le spéculateur, à la fois inspiré par le ciel et la terre, s'occupe avec un intérêt chaleureux de la destinée de ses proches. *Celui-ci*, il le place dans l'état militaire, en lui recommandant cette noble susceptibilité de la bravoure française qui ne permet pas le moindre mot équivoque dans la conversation sans en demander raison sur l'heure, et mettre, tout de suite, flamberge au vent : c'est le grand devoir du métier, la loi première de l'honneur ; hors le duel point de salut. *Celui-là*, il lui souffle la passion des voyages aventureux, des explorations d'outre-mer. Oh ! l'Inde, le Brésil, la Turquie, le Mogol, la Chine, la Perse!.... ce n'est que là maintenant que se trouve encore du neuf, de l'énergie, de la séve, du grandiose et de la vie. Ailleurs, et surtout en Europe, tout est rachitique ou défunt, on n'y voit qu'atomes ou cretins. *Cet autre*, il le fait entrer dans les ordres : il a senti sa vocation ; l'âme de ce sublime parent avait besoin de se baigner dans les flots de la sainteté évangélique. Dieu l'appelle depuis longtemps, pour sa plus grande gloire, à la Chartreuse ou à la Trappe : ce sont les péristyles du ciel, le portail des béatitudes. Quant à *ce dernier*, autre affaire. Il est du monde et né pour le monde ; il faut qu'il soit à lui tout entier : c'est le spéculateur qui l'y lance. Il l'enivre à toutes ses coupes ; il l'assied à tous ses banquets, il le livre à tous ses amours ; et le maître est fier de l'élève. Mais, pour supporter tant de joies, ce dernier, malheureusement, a peu de force et de santé... En résultat définitif, tous ceux dont le spéculateur a entrepris l'éducation, dirigé les pensées et soigné la carrière, ont successivement disparu. Qu'en dit l'homme aux vastes desseins? « C'est moi ! s'écrie-t-il avec orgueil ; moi, qui ai soutenu ma famille ! je m'étais dévoué à elle. Le Ciel m'en a récompensé. En faisant le bien de mes proches, voyez comme j'ai prospéré. Dieu merci ! tout s'est bien passé : j'ai dignement casé tous les miens. »

Il est hors de doute que le spéculateur peut se marier comme tout autre individu de l'espèce humaine ; mais l'amour n'entrera pour rien dans la balance de cette opération : il n'y sera pesé que la dot. Le futur fera peu de cas de la *beauté*, à moins toutefois que ladite *beauté* ne lui offre un moyen d'élévation, et ne lui ouvre une voie particulière à la fortune, en l'alliant naturellement à de puissants amateurs du *beau* : c'est une position comme une autre. Il ne tiendra pas précisément à l'âge ; une vieille femme riche ne saurait être trop avancée dans la vie : son mérite est en proportion de ses années. Oh ! l'inestimable bien qu'une caducité dorée, dont le coffre-fort lève son couvercle au moment où le tombeau s'ouvre!... Comme on le pleure avec effusion, ce vieil ange avec qui l'on avait fait, d'une manière voilée, une sorte de traité de commerce dont l'article *héritage* était le point sacramentel!... Il épousera même une enfant, si l'occasion s'en présente, dût-il jouer à la poupée; la chose a souvent du ressort. « L'innocence, dit-il, a pour lui tant de charmes, et puis l'on est si pur au sortir du berceau! » Mais bien entendu que l'enfant sera une héritière opulente, et qu'il y aura fusion dans les biens; car il sait son code par cœur : « Le mari est le chef de la communauté. »

Une fois marié, le spéculateur fait assurer sa femme par une compagnie *ad hoc*. Car, dans le cas où sa douce moitié, douce ou non, viendrait à décéder, sa mort lui serait payée d'après les statuts de ladite compagnie; et ce serait une bonification dans sa fortune à ajouter aux rentrées de la succession vacante. Il fera aussi assurer ses enfants, vu que si les fruits de son mariage venaient à trépasser de la dentition, de la vaccine, du choléra, de la croissance, ou de toute autre chose fâcheuse, il aurait à toucher le montant de quelque prime à chaque pompe funèbre de sa famille; et notez bien qu'actionnaire du grand établissement des catafalques, il a un intérêt majeur et positif à voir prospérer les sépulcres. Il y aurait évidemment pour lui, dans les enterrements lucratifs de sa race, un encouragement à obéir à cette loi du Seigneur : « Croissez et multipliez! » Quant à lui personnellement, il ne se fait pas assurer; car la somme à payer au jour de sa mort ne devant pas rentrer dans sa poche, il n'y attache aucune importance.

Mais la soif de la spéculation ne dévore pas uniquement les privilégiés de l'existence, les gens de la haute sphère; elle s'empare des individus de tous les états et de toutes les classes. Le spéculateur des derniers rangs a son genre et sa route à part. A l'affût des solennités dramatiques, il en achète d'avance les billets pour les revendre à bénéfice aux amateurs qui, à l'heure du spectacle, craignent de faire queue au bureau, et se la font faire à la porte. Il sait qu'à propos de l'exposition des produits industriels il sera joué des pièces de circonstance où beaucoup de noms seront honorablement cités; qu'imagine le spéculateur? Il va trouver les commerçants qui aiment le parfum des louanges, et, d'accord avec auteurs, acteurs et directeurs de spectacles, il intercallera dans les comédies à jouer une série d'éloges pour messieurs tels et tels, à tant le couplet, à tant la phrase, et même à tant la ligne. Tout le monde y aura son profit : d'abord, les auteurs, acteurs et directeurs, qui, par là, attireront à leur théâtre les particuliers vantés et à vanter; puis ces mêmes particuliers qui, mis en lumière, auront ainsi donné sur la scène au bon public une manière de prospectus; puis enfin le bon public, qui aura gagné à tout cela le double avantage d'écouter une sorte de pièces, et d'y trouver un genre d'affiches... O sagacité lumineuse!

Ce n'est pas tout; descendons plus bas encore : nous arriverons aux spéculateurs peints par Vidocq. Ceux-ci, errant çà et là dans la foule à toutes les fêtes de tous les régimes, spéculent hardiment sur les encombrements, la presse et le désordre. Ils se serrent contre l'individu qui pleure de joie en voyant défiler un prince quelconque allant à une cérémonie telle quelle, ainsi qu'il en a tant passé et qu'il en passera tant encore ; et, en un tour de main, ils se procurent à bon compte l'agrément de savoir l'heure au détriment dudit enthousiaste. Puis les mouchoirs, les portefeuilles et les bijoux changent de maître à son approche. C'est un commerce par substitution d'autant plus fructueux, que celui qui prend ne donne rien en retour à celui avec lequel il s'est mis en rapport. Ce mode est dangereux, il est vrai ; le spéculateur de ce genre en vient presque toujours à ajouter à sa signature le titre suivant : *détenu* ou *forçat*. Tandis que l'industriel de haut rang, qui a fait en grand ce que faisait l'autre en petit, roule dans un bel équipage, et finira peut-être par daigner mettre au bas de son nom : *député* ou *pair de France*. Belle chose que la moralité sociale !

En résumé, le spéculateur sait tout, il voit tout, calcule tout, saisit tout. D'un même coup d'œil, il embrasse à la fois les avantages que, par une heureuse combinaison, il pourrait recueillir d'une association républicaine et d'un amalgame de bitumes, du triomphe des petites reines du Midi et de la destruction des punaises ; tout lui est lucre et trafic. Il enjambera gracieusement la ruine de vingt familles pour sauter de pied ferme au milieu des démolitions, qu'il espère relever à la plus grande gloire de sa rapacité. Il rira malignement en passant sur les désastres du prochain, car il a fait une légère variante à son usage au plus fameux des commandements : *Le bien des autres tu prendras et retiendras à ton escient.* Il prétend qu'il a, à l'appui de cette phrase et de sa morale, des exemples d'une grande valeur et des approbations d'une haute portée.

Pour lui, qu'est-ce que le bien et le mal? *le bien,* c'est d'être capitaliste ; *le mal,* c'est d'être prolétaire. Pour lui, qu'est-ce que le vice et la vertu? *le vice,* c'est l'absence des qualités qui servent à enrichir ; *la vertu,* c'est l'art d'escamoter légalement au prochain ce qu'on a le désir de s'approprier. Pour lui enfin, qu'est-ce que l'industrie et le commerce? C'est tout bonnement une guerre ouverte entre concitoyens pour s'arracher son bien l'un à l'autre, avec le plus d'adresse et le moins de scandale possible ; c'est un combat à outrance entre celui qui tient et celui qui veut prendre, entre celui qui a et celui qui veut avoir ; enfin, c'est cet adage en actions là-haut et là-bas en pratique : *Ote-toi de là que je m'y mette!*

Ne demandez pas au spéculateur ce que c'est que la piété, le culte et les choses saintes. Sa piété, c'est un religieux amour pour les douceurs de la vie ; son culte, c'est l'observation scrupuleuse des statuts et règlements de la Bourse ; les choses saintes, ce sont tous les objets de prix que les Hébreux au désert jetaient dans la chaudière embrasée d'où allait sortir le veau d'or.

A-t-il une conscience? Oui : mais elle est semblable à la bulle de savon brillamment colorée qui sort du fétu de paille d'un enfant : à son apparition, on la prendrait pour quelque chose. Hélas! Dieu sait ce que c'est, d'où ça vient et où ça va !

A-t-il un cœur, cet homme? Sans doute, mais il ne bat que pour sa spécialité ; et par conséquent les choses de l'honneur et du sentiment n'entrent en rien ni pour rien dans les habitudes de sa nature. On disait d'un grand capitaine qu'à la place du cœur il avait *un boulet de canon;* on pourrait affirmer que le spéculateur a, en guise d'âme, *des bons payables au porteur.*

Le vicomte D'ARLINCOURT.

LES
FRANC
PORRET

www.ingramcontent.com/pod-product-compliance
Lightning Source LLC
LaVergne TN
LVHW010529100826
845148LV00001B/131

* 9 7 8 2 0 1 2 5 7 6 1 4 8 *